동의수세보원주석

東醫壽世保元註釋

대원출판

동의수세보원 주석

저자 / 한동석

초판1쇄 발행 / 단기4339(2006)년 1월 15일
초판2쇄 발행 / 단기 4350(2017)년 3월 15일
발행처 / 대원출판
발행인 / 안병섭
등록번호 / 제 27 호
06336 서울 강남우체국 사서함 1775호
전 518-2532 / 팩스 549-1607

ISBN 978-89-7261-188-2 03110

파본은 서점에서 바꿔드립니다.

값은 표지에 있습니다.

동의수세보원주석

東醫壽世保元註釋

東醫壽世保元註釋 目次

卷之三

卷之四

머 리 말

1. 본서는 동무 이제마 선생이 그의 독특한 철학을 토대로 하고 계발한 사상의학을 알기 쉽게 설명한 해설서이다.

2. 본서 중에 있는 성명론 사단론 확충론 광제설은 사상 일찍이 볼 수 없었던 철학이며 생리학이며 심리학인바 이것을 평이하게 풀어놓음으로써 의학은 물론이고 철학이나 심리학을 연구하는 이들에게 필수불가결의 반려가 되게 하였다.

3. 본서는「자구해석」「대의」「본주」「보주」등을 삽입하면서 본 장의 어려운 곳이나 또는 철학의 심오한 점을 설명하여 놓았으므로 누구든지 이해할 수 있게 되어있다.

4. 본서는 모든 질병의 변화는 체질의 특성에 따라서 달라진다고 한 동무의 원리를 분석하였을 뿐만 아니라 또 그 위에 그의 처방에 대한 입방 원리 즉 동무가 이러한 체질적 특수성 때문에 처방을 이렇게 만들었다고 하는 점을 밝혀 놓음으로써 누구든지 그의 입방원리와 인간생리의 특수성을 알고 처방을 운용할 수 있게 하였다.

5. 그러므로 본서는 의학이나 철학이나 심리학을 연구하는 학도는 물론이거니와 또 자기가 타고난 체질을 알고 거기에 맞추어서 양생하려는 일반 사회인에게도 절대로 필요한 안내자가 될 것이다.

6. 본서의「성명론」「사단론」「확충론」「장부론」「광제설」은 심오한 철학이므로 이해하기 어려울지도 모른다. 그러한 경우에는 의원론(醫源論) 이하를 먼저 숙독하고 그 다음에 이것을 연구할 것이며 또 그래도 어려운 곳이 있으면 졸저(拙著)「우주변화의 원리」를 먼저 공부하고 다시 이것을 연구하면 이해가 안될 리가 없을 것이다.

서 론

나는 동무東武선생의 철학과 그의 의학을 해설하려고 붓을 드는 이 순간에 있어서 두 가지의 난관에 부딪치고 있음을 은연중 느끼게 되었다.

그 하나는 어떻게 하든지 그 위대한 철학과 의학에 대해서 추호의 그르침이라도 있어서는 안되겠다는 생각이오 또 다른 하나는 어떻게 표현하여야만 독자제현이 용이하게 받아들일 수 있을까? 하는 문제이다.

그러나 아무리 생각하여 보아도 이 두 가지 문제는 간단하게 처리해 낼 수가 있을 것 같지 않다.

'첫째'로 동무선생이 사상체질을 구분하고 거기에 부합되는 의학을 창조할 때에 천운(天運)이 운행하는 그대로 운행하는 것이 바로 인간의 생리적 정신적 운동이며 또는 천기(天機)로서의 바탕[質]을 받은 것이 인간자체라고 하는 소우주론적 입장을 견지하면서 출발한 것이 바로 사상의학인즉 자연철학의 우주론에서부터 해설하지 않고서는 동무선생의 철학적 인생관을 해설할 수가 없는 것이다.

그런데 필자의 머리에 담겨있는 의학과 철학의 지식이란 지극히 유치한 것인즉 이것을 가지고 감히 대철이며 대의(大醫)인 동무의 사상을 파헤쳐 낼 수가 있을 것인가? 하는 문제에 사로잡히지 아니 할 수가 없는 것이다.

그럼에도 불구하고 감히 붓을 들기로 결심한 것은 이 학설의 전도(前途)를 위하여 일시적으로나마 가교를 가설하여 놓는 역할이라도 할까? 하는 생각에서인 것이다.

'둘째'로 문제되는 것은 이것을 어떻게 하여야 알기 쉽게 해설할 수 있을까? 하는 것이 대단히 곤란한 문제인 것이다. 필자가 전년에 「우주변화의 원리」를 저술한 바 있는데 그 논지가 대단히 어렵다는 평을 받은 바 있다. 그러므로 필자는 금후에 글을 쓸 때에는 우선 용이하게 쓰는 방법부터 먼저 공부하여야 되겠다는 것을 절실히 느낀 바 있다.

그러나 막상 붓을 들고 보니 머리가 막막하다. 왜 그런고 하니 철학이란 것은 본시 형이상(形而上)에 속하는 문제를 논구(論究)하는 학문이므로 특수한 개념의 설정에 의하여 인간의 감각에 느껴지지 않는 사물의 율동원리를 파악하는 법칙을 연구하는 학문이다.

그런즉 이것은 또 하나의 특수분야이다. 그런 까닭으로 본서를 논함에 있어서 그 분야까지를 논할 수는 도저히 없는 것이다. 그런즉 비록 그것까지 함께 논할 수는 없다고 할지라도 독자가 어느 정도까지라도 이해할 수 있을 만큼 논지(論旨)를 펴놓고 싶은 것이 필자의 심경이다. 그러므로 필자는 이와 같은 고민에 사로잡히는 것이다.

동무선생은 오동(吾東)의 대철(大哲)이다 철인의 필치는 그 심도와 정비례로 심오한 것이 옛날부터 전해 오는 통례이다. 그러므로 사상론의 기본을 이루는 성명론, 사단론, 확충론, 장부론의 네 편은 바로 우주변화의 특수성을 기본으로 하고 인간의 사대형질이 생기게 되는 바와 또는 그 변화하는 바를 설명한 것이다.

그러나 선생의 논술 방법이 너무나 간략하기 때문에 대철이 떠난 지 66년(1900년에 서거)이 되는 오늘날까지 아직도 그 심오한 웅도(雄圖)를 발굴하여서 동무의 뜻을 소개한 자 없는 것 같다.

1894년 갑오(甲午)에 공(公)이 「동의수세보원」을 저술하고 1900년에 별세한 후에 1901년부터 출판되기 시작하여 우금(于今)까지 8~9판(여러 가지 형태로)이 나왔지만 아직도 그의 철학적 진수를 계발한 저서는 한 권도 없는 것이 실정이다.

필자가 우주변화의 법칙인 음양오행의 원리를 약득(略得)한 후에 공의 철학의 윤곽만이라도 채척(採摭)할 수 있는 자신이 생기게 되었던 바 우연히 「성명론주해(性命論註解)」라는 일서(一書)를 입수하고 심사숙고하여 본 결과 이것이 동무선생의 자주(自註)란 것을 인정하기에 이르렀던 것이다.

이것은 선생의 종손인 고 이진윤(李鎭胤)씨가 보관하였던 것이라고 전하는 바 그 내용으로 보나 그 필치로 보나 또는 개념 구사의 방법으로 보나 틀림없이 선생의 자작이 분명하다고 생각되고도 남음이 있는 것이다.

공자가 「易」 건곤궁(乾坤宮)에 문언(文言)을 삽입함으로써 「역」을 터득하는 방법을 제시하였고 묵자(墨子)가 그의 경편(經篇)에 경설(經說)을 첨부함으로써 「經」을 풀어 낼 수 있는 방안을 제시하여 놓았던 것이다. 그런 점으로 미루어 볼 때 동무가 그의 철학의 난해를 이해시키기 위한 방법으로써 자주를 남겨 놓았으리라고 생각하기는 그다지 어렵지 않은 것이다.

그러므로 필자는 동무철학을 논함에 있어서 「성명론주해」를 함께 싣고 논술하기로 한 것인즉 이 점을 미리 양해해 주기를 바라는 바이다.

그런데 문제되는 바는 위에서도 잠깐 언급한 바와 같이 음양오행이 변화하는 기본원리를 터득하여야만 이 글이 쉽게 이해될 것이다. 물론 필자도 이 면에 주의를 기울이면서 논술할 것이지만 독자 제현도 여기에 많은 노력을 가하여야 할 줄로 믿는 바이다. (졸저 「우주변화의 원리」를 정독할 것)

'세째' 로 문제되는 점은 사상(四象)의 판정방법이다. 그러나 거기에 대해서는 동무의 철학편에 사상인의 특징들이 일일이 계시되어 있다. 그러므로 수세보원의 수(首)4편(성명론, 사단론, 확충론, 장부론)을 완전히 이해하고 그 원리를 잘 구사한다고 하면 묘재기중(妙在其中)이 아닐까 생각하는 바이다. 그러나 이것은 가장 중대한 문제점이므로 별항을 설정하고 상세히 진술하기로 하겠다.

'네째' 로 중요한 것은 사상의학의 처방해설이다. 가령 태음인의 소화불량에 태음조위탕(太陰調胃湯)을 사용하라고 한 바 그 처방이 어떠한 이론적 근거에 의하여 소화를 시킬 수 있는가? 하는 문제를 연구하여야만 하는 것이다. 오인(吾人)이 만일 그것을 연구하지 않으면 동무(東武)의 인생관과 의료방법이 혼연일체 된다는 것을 알지 못하고 말게 될 것이다. 그러므로 우리는 이것까지를 연구한 연후에라야 동무선생의 의학과 철학의 표리관계를 알게 되는 동시에 또한 의리(醫理)를 추구하는 차원이 일단(一段) 제고되는 것을 느끼게 될 것이다.

생각컨데 이 세상에서 과연 인간은 어떻게 태어났는가? 인간장부는 왜 제한적으로 움직여야 하는가? 사람은 왜 병들게 되는가? 하는 것과 같은 문제를 완전히 해결한 철학자는 누구였으며 의학자는 누구였더냐? 하는 질문을 받았을 때에 오직 정답을 줄 수 있는 사람이 있다면 그것은 동무와 동무의 사상을 아는 사람들뿐일 것이다.

東醫壽世保元註釋　卷之一

성 명 론

性命論

천기유사　일왈 지방　이왈 인륜
天機有四하니 一曰 地方이오 二曰 人倫이오

삼왈 세회　사왈 천시
三曰 世會이오 四曰 天時니라.

자구해석

| 천기(天機)　천운(天運)이 행하는 중추적인 기회처를 의미하는 것인바 이것은 특히 유형체에 있어서의 木 火 金 水 혹은 金 火 木 水의 운동요충인 시점을 말하는 것이다. (즉 천기는 유형체에서 행하는 천운) 그의 운동하는 상태를 본질적인 면으로 보면 목화금수의 운동이지만 그것을 현상적인 면에서 보면 금화목수의 운동인 것이다. (우주변화의 원리 오행개념의 질량 변화를 참조)

| 지방(地方)　지방이란 말은 음기가 주정(主靜)함으로 인하여 사물이 수장(收藏)하는 곳을 말하는 것이니 方자의 뜻은 줄어든다는 의미이다. 그러므로 모든 문물이 위축상태에 놓인 곳을 지방이라고 하고 발전상태에 놓인 곳을 도회(都會)라고 하는 것이다. 그런즉 이것을 지지(地支)로써 그 방위를 따져본다고 하면 유술해(酉戌亥)의 서북방인 것이다.

| 인륜(人倫)　륜(綸)이란 것은 사물이 천기의 운동에 의하여 원운동을 하는 과정에서 혼륜상태에 빠지는 계기—즉 물(物) 같기도 하고 기(氣) 같기도 하여서 도시 무엇인지를 구별할 수가 없는 시점적 변화상태를 말하는 것이다. 그런즉 천운에 이러한 시점이 있다면 인사에도 이러한 시점이 있어서 오륜(五倫)이 질서를 유지하기 곤란할 만한 요인을 만들고 있는 것이므로 성인은 항상 인륜을 바로 세우기에 노력하였던 것인바 이것을 지지로서 방위를 따져보면 자축인(子丑寅)의 동북방인 것이다.

| 세회(世會)　우리말에 회합이란 말이 있는데 회란 것은 많은 사람이 모여서 의론이 백출하는 것을 말하는 것이오. 합이란 것은 다소 수를 물론하고 의론이 통일되는 것을 말하는 것이다. 그런데

천운에 있어서 單이 多로 변화하는 과정 즉 만물이 분열하는 과정인 묘진사(卯辰巳) 동남의 방위적 발전상태가 바로 세회인 것이다.

| **천시(天時)** 위에서 지방을 말할 때에 지는 음도(陰道)요, 방은 줄어드는 것이란 것을 말했다. 그런즉 여기에서 말하는 천은 양이오, 시는 원운동의 정지점이다. 그런데 時자의 뜻은 양의 운동이 그의 운행과정에서 토를 만나서 일단 정지하는 상태를 만나는 것을 말하는 것이다. 그러므로 우주운동의 법칙인 오행의 운동은 토를 만날 때마다 일단 정지하였다가 다시 행하는 것인바 그 중에서도 미토(未土)를 만나게 되면 양의 운동은 완전히 정지되어서 최대한의 원을 그리면서 다시금 만물의 性을 창조하는 것인 즉 거기에 바로 정지의 의미와 원의 의미가 있는 것이다. 그러므로 천시를 지지(地支)의 방위로써 따져 보면 오미신(午未申)의 서남방에 해당하는 것이다.

대 의

동무공東武公은 생각하기를 인간의 질병을 치료하려면 먼저 인간의 신체조직과 그의 생리현상을 알아야 하고 따라서 그것을 가장 옳고 정확하게 알려면 인간이 인간으로서 생겨 날 때의 천부天賦—즉 선천에서 받은 바의 특징을 자세히 알 수 있는 방법부터 먼저 알아야 된다고 생각하였던 것이다.

다시 말하면 인간이나 만물은 모두 천기天機로서의 명命을 받아 가지고 났는바 천운天運에 사대 요충인 바의 사대 시점時點이 있으므로 인간인 천기는 이 시점에서 그 시점이 지닌 바의 특징을 받아 가지고 났던 것이다. 그러므로 사람은 이와 같은 네 가지의 특징을 타고 탄생할 수밖에 도리가 없다고 본 것이니 이것이 바로 사상적 특질이 생겨나게 된 선천적 동기라고 본 것이다.

그러므로 그는 서두에서 천기天機에 네 가지가 있다는 전제에서부터 논술했던 것이다. 좀 더 자세히 말하면 천기의 운행과정에는 사대 요충이 있으니 그것은 바로 지방地方(줄어드는 곳) 인륜人倫(혼륜 상태에 빠져서 질서를 잃은 곳) 세회世會(분열과 경쟁이 심한 곳) 천시天時(모든 분열과 경쟁이 중지되고 다시 새로운 정신과 생명을 창조하는 곳)의 사대요인으로써 인물이 창조되며 또는 발전한다고 본 것이다.

그러므로 그는 지방적인 특징을 타고난 것을 소음인이라고 하고 인륜적인 특징을 타고난 것을 태음인이라고 하고, 세회적인 특징을 타고난 것을 소양인이라고 하고 천시적인 특징을 타고난 것을 태양인이라고 한 것이다. 그렇다면 동무가 이와 같이 사상의 기본을 세웠다는 것을 어떻게 인정 할 수 있는가 하는 것이 문제된다. 그러나 그것은 지방, 인륜, 세회, 천시라는 개념 자체에 이미 그 내용이 포괄되어 있는 것이다.

그뿐만 아니라 동무는 그 개념이 지닌 바의 내용을 밝히기 위하여 이른바 「성명론 주해性命論 註解」를 남겨 놓았으니 그것을 상찰하면 거기에서 저간這間의 소식이 명료히 나타난다.

본 주

(여기에서 본주라고 한 것은 우주운행의 본질을 본뜬 주(註)라는 의미에서 취한 것이다. 그런즉 동무의 자주(自註)는 물론 여기에 속한다. 그런데 이것은 상당히 어려울 것인즉 혹시 이해하기 곤란할 때는 이것을 후일의 연구분야로 미루고 우선 자구해석과 대의만으로써 연구하여도 좋으리라고 생각한다.)

지방 즉소음 태상절 서방야 인륜 즉태음 감중련 북방야
地方은 卽少陰이니 兌上絕 西方也오, 人倫은 卽太陰이니 坎中連 北方也라.

차양방 합진좌상 지유여천부족지방 고 일왈 지방운
此兩方은 闔鎭左上하니 地有餘天不足之方이니라, 故로 一日 地方云하다

개태소음인지 상초부족 즉천부족 서북이연즉 우이목 불여좌이목
蓋太少陰人之 上焦不足은 卽天不足 西北而然卽 右耳目이 不如左耳目이니라

우이목 태소음지이목 불여태소양지이목 시청지력 불급야
右耳目은 太少陰之耳目이 不如太少陽之耳目이니 視聽之力이 不及也니라

(이상 동무자주)

이제 다음에 동무東武의 자주自註를 토대로 하여 고찰해 보면 지방地方이란 것은 태괘兌卦(이하는 모두 문왕괘도)의 부위인 서방西方을 말하는 것인즉, 이것은 유술해酉戌亥의 방위인 것이오, 인륜人倫이란 것은 감괘坎卦의 부위인

북방北方을 말하는 것인즉 이것은 자축인子丑寅의 방위를 말한 것이다.

그러즘 이 양방兩方—즉 태방과 감방은 진鎭(陰)은 한闔하면서 자편으로 상향하게 하려는 준비를 하는 방위인 것이다. 그러므로 여기에서는 지기地氣(음기)는 표면에서 유여有餘하게 되면서 천기天氣는 이면裏面에서 포장包藏됨으로써 천기가 항상 부족하게 되는 방위이다. 그러므로 「일왈 지방一日 地方」이라고 한 것이다.

그런즉 태음인이나 소음인의 상초上焦가 부족하게 되는 것은 천기天氣가 포장包藏되어서 잠장潛藏하고 있는 방위인 바의 태감방兌坎方의 본질을 본받아서 탄생한 것이므로 상초上焦에서 양기陽氣가 포산布散되기 어려운즉 그렇게 될 수밖에 도리가 없는 것이다. 그러므로 태 · 소음인은 우이목右耳目이 좌이목左耳目만큼 총명하지 못하게 되는 것이니 이것은 태 · 소음인의 양기가 항상 내부인 음부위—즉 간신肝腎의 부위에 있으므로 외부인 양부위—즉 비폐脾肺의 부위에까지 상승하여 내지 못하기 때문에 애오라지 좌이목左耳目이 총명을 유지할 뿐이고 우이목右耳目의 총명까지에는 미치지 못하는 것을 의미하는 것이다.

반대로 태 · 소양인의 경우는 동남에서 지기地氣의 부족을 느끼게 되는데 이것은 여기에서 음기(地氣)가 불만不滿하게 된다는 말인즉 그것은 바로 양이 상승되어서 동남에 많이 충양充陽된 즉 자연히 음기가 부족하게 된다는 것을 말하는 것이다. 그러므로 양인은 천운의 법칙을 따라서 좌이목보다도 우이목이 충양작용을 잘하게 될 것이므로—즉 시력이 좌보다도 우에 많이 집중되기 때문에 우이목右耳目이 더욱 총명하게 될 수밖에 없다.

이와 같이 인간의 이목총명耳目聰明 여하도 역시 천기에서 받은 바의 특징—즉 체질 여하에 의하여 명암관계가 결정된다는 것을 진술한 것이다.

본 주

세회 즉 소양 손하절 동방야 천시 즉 태양 이허중 남방야
世會는 卽 少陽 巽下絕 東方也오 天時는 卽 太陽 離虛中 南方也니

차 양방 벽진우하 천유여 지불만지방 고 사왈 천시운
此 兩方은 闢鎭右下하니 天有餘 地不滿之方이니라 故로 四日 天時云하다

개태소양인지 하초부족 즉 지불만동남이연즉 좌수족
蓋太少陽人之 下焦不足은 卽 地不滿東南而然卽 左手足이

불여우수족 좌수족 태소양인지수족
不如右手足이니라 左手足은 太少陽人之手足이

불여 태소음인지수족 행거지력 불급야
不如 太少陰人之手足이니 行去之力이 不及也니라.

(동무자주)

위에서 본 바를 상찰하여 보면 세회世會란 것은 손괘巽卦의 부위인 동남방을 말하는 것인즉 이것은 진사오辰巳午의 방위를 말하는 것이오. 천시天時는 이괘離卦의 부위인 서남방을 말하는 것인즉 이것은 미신유未申酉의 방위를 말하는 것이다. 그러므로 이 양방은—즉 손방巽方과 이방離方은 진鎭(음)을 열면서 우편으로 하향시키는 작용을 하는 방위인 것이다. 그런즉 이것은 천기天氣(양기)는 표면에서 유여有餘하게 되고 지기地氣(음기)는 이것(양기)에 저항해 내기 어려움으로써 항상 불만不滿하게 되는 것이다.

그러므로 「사왈 천시四日天時」라고 함으로써 세회世會 때에 지불만地不滿하리 만큼 강하던 양기가 천시天時에 이르게 되면 정지되어서 다시 지방작용地方作用에 계승繼承한다는 것을 명시하여 놓은 것이다.

그런즉 태양인이나 소양인이 하초下焦가 부족하게 되는 것은 바로 지기地氣가 부동浮動하게 됨으로써 상부에서 음이 부족하게 되는 방위인 손이방巽離方을 본질로 하고 탄생한 까닭인 것인바 그렇게 되면 하초下焦에서 양기의 수장력收藏力이 부족하게 되기 때문에 수족이 무력하게 되는 것이다.

이와 같이 인간은 수족의 강약强弱 여하도 역시 천기로써 받은 바의 특징—즉 체질여하에 의하여 강약관계가 결정되는 것이다.

(註) 위에서 본 바와 같이 인간은 천운(天運)을 본질로 하고 탄생한 존재이므로 사상적 특징을 타고나지 않을 수가 없다. 그렇다면 우리는 천기(天機)인 인간은 무슨 까닭으로 이와 같은 특징을 내포하고 있는가 하는 것을 연구할 필요가 있다. 또는 동무는 거기에 대해서 왜 언급하지 않았을까 하는 문제를 연구할 필요가 있다.

그러므로 태 · 소양인은 좌수족이 우수족보다 힘이 불급하게 되는 것이다. 그런즉 이것은 태 · 소양인은 음기가 동남에서 부족한 까닭에 바로 그 부위에 해당하는 좌편의 수족은 양성음허陽盛陰虛하게 되어서 무력하게 되지만 우편수족은 비록 과항過亢하는 양이라고 할지라도 이미 우편右便인 바의 수장지부위收藏之部位에 접어들었기 때문에 유력하게 되는 것이다.

보 주

(註) 이 註는 동무(東武)가 유의이불언(有意而不言)한 곳을 보충하기 위해서 논하는 주다 그런즉 이것은 本註보다도 오히려 어려울지도 모르겠다. 그러므로 이것이 이해되지 않을 때에는 본주와 마찬가지로 후일의 연구자료로 미루고 우선 넘어가도 좋다.

여기에서 연구하려는 「천기天機」는 인간의 선천적 성질性質을 창조함에 있어서 왜 사상四象적인 특징을 타고 탄생하도록 했던가? 하는 것을 연구하려는 데에 그 목적이 있다. 그런데 필자가 위에서 이 문제는 동무가 「유의이불언有意而不言」한 곳이라고 말한 바 있는데 그것은 곧「지방地方은 즉 소음少陰이니 태상절서방야兌上絕西方也오. 인륜人倫은 즉 태음太陰이니 감중련북방야坎中連北方也오, 세회世會는 즉 소양少陽이니 손하절동방야巽下絕東方也오, 천시天時는 즉 태양太陽이니 이허중남방야離虛中南方也」라고 한 곳에 바로 인간이 사상적 특징을 타고나지 않을 수가 없다는 의미가 내포되고 있는 것이다.

그런데 거기에 그런 의미가 내포되고 있다는 것은 말할 수 있지만 상술하였다고 할 수는 없다. 그러므로 필자는 동무가 「유의이불언」했다고 한 것이거니와 내가 보주에서 말하려는 바도 바로 그것이다.

天機運行圖

인간이나 만물은 천기天機를 본질로 하고 탄생한다. 그런데 천기는 그 변화 작용에 있어서 항상 태과불급太過不及이란 편파적偏頗的 혹은 상쟁적相爭的 승부작용을 하면서 인간과 만물을 생성하고 있다. 그렇다면 오인吾人은 먼저 그것이 왜 그렇게 되는가 하는 것을 연구하여야 한다.

연구의 편의를 위하여 위의 그림에 의해서 연구하는 것이 좋을 것이다. 천기운행도天機運行圖는 바로 문왕괘도文王卦圖를 바탕으로 한 것이다 그런데 문왕괘도는 그림에 표시된 바와 같이 지축이 경사져 있는 그림이니 즉 현실적인 상태를 의미하는 것이다.

그러므로 여기에서 천기운행도를 살펴보면 감坎이 정북正北에 있는데 정북방은 응고력凝固力이 가장 심한 중축점中軸點이다. 그런데 이러한 조건 하에서 생生하게 되는 간토艮土가 목木을 생生할 때에 과연 어떠한 목木을 생生하게 될까 하는 것이다. 그것은 말할 것도 없이 과강過强한 목木일 수밖에 없다.

왜 그런가? 하면 감坎이 정북에 있고 또 간艮이 동북인묘東北寅卯의 위位에서 생生하여지는 것인즉 그 토艮는 반은 목木, 반은 수水인 토土가 생生할 수밖에 없다. 그런즉 이것은 전혀 지축의 경사로 말미암아 동북에서부터 그 위位가 일보一步씩 후퇴되어 있기 때문에 이와 같이 강한 응고작용이 일어나게 되는 것이다. 그러므로 그 다음에는 진괘震卦와 같은 반발력이 강한 상象이 반드시 나타나게 된다.

그런즉 오인吾人은 여기에서 태음인이란 것은 이러한 조건 즉 지구가 경사된 때의 북방감北方坎(즉 응고성이 강한 감(坎))을 기본으로 하고 탄생한 것이기 때문에 간肝의 요소인 금목金木이 공대共大할 수밖에 없다는 것을 알 수 있는 것이다.

그 다음에 손괘巽卦가 놓인 부위를 관찰하여 보면 손巽은 동남 사오巳午의 위位에 있는데 그것은 바로 사오화巳午火 중에 손巽의 상象이 내포되어 있다는 말인 것이다. 게다가 진震과 같은 강력한 양陽을 발판으로 한 것인즉 거기에서 이루어지는 비화脾火가 태과太過하지 않을 수가 없을 것은 물론이다. 그러므로 소양인은 비대脾大하다고 단정한 것이다.

그 다음으로 이괘離卦의 부위를 살펴보면 이離는 미위未位에 위位하고 있을 뿐만 아니라 진손震巽이 각각 돈후敦厚하게 발전한 힘을 발판으로 하고 이루어진 것인즉 그 불火이 왕旺할 것은 말할 것도 없다. 게다가 未(즉 이(離)의 부위)는 구금九金을 형성하기 시작하는 자리이다. 다시 말하면 미신유未申酉가 바로 폐기肺氣를 형성하는 자리이다. 그런데 그 내용을 양養하는 바의 이화離火가 그처럼 왕성한 즉 폐대肺大할 수밖에 없다. 그러므로 동무는 태양인이 폐대肺大하다고 한 것이다.

그 다음에는 그것이 곤토坤土의 포위를 얻어서 태兌를 형성하게 되는데 상술上述한 바와 같이 이것은 너무나 왕성한 불火을 포장한 태兌인즉 이것이 비록 술해자戌亥子의 과정을 거쳐서 귀장歸藏되는 곳이라고 할지라도 여기에서 수기水氣가 아직 클 수밖에 없다. 게다가 지축이 경사져 있은 즉 이때에 있어서의 술해자戌亥子의 수장收藏과정이란 것은 아직까지 미완성의 상태일 수밖에 없는 것이다. 그러므로 동무는 소음인을 신대腎大하다고 하였던 것이다.

이상에서 논한 바와 같이 인간이 편파적인 성질을 타고나게 된 것은 천기운동에 있어서 불가피한 운명인 것을 알 수 있는 것이다. 물론 지축이 다시 변경하게 되면 그것은 별 문제려니와 현실적으로는 피할 수 없는 운명인 것이다.

위에서도 말한 바와 같이 동무는 이와 같은 모든 철학적 내용을 말하지 않고 다만 「소음少陰은 태상절서방야兌上絕西方也오, 태음太陰은 감중련북방야坎中連北方也오, 소양少陽은 손하절동방야巽下絕東方也오, 태양太陽은 이허중남방야離虛中南方也」라고만 하였지만 그 속에는 복잡한 모든 철학적 내용을 내포시키고 요약하였던 것이다. 오인吾人이 그렇게 생각할 수 있는 것은 만일 동무가 이와 같은 변화작용을 달관하지 못하였다면 그러한 줄거리를 세울 수가 없었을 것이기 때문이다. 그러므로 필자는 이것을 가리켜서 「유의이불언有意而不言한 곳」이라고 하였던 것이다.

인사유사 일왈 거처 이왈 당여 삼왈 교우 사왈 사무

人事有四하니 一曰 居處오 二曰 黨與오 三曰 交遇오 四曰 事務니라.

자구해석

| **거처(居處)** 居는 좌야(坐也)라 處는 주야(住也)라—즉 들어앉아서 휴식하는 곳이 거처다.

| **당여(黨與)** 설문(說文, 허신(許愼)이 지은 중국 후한 때의 자전, 설문해자(說文解字)를 의미하는 것으로 보임-편집자주)에는 불선(不鮮, 곱지 못한 것)을 당여(黨與)라고 하였고 유가(儒家)는 오족

(五族) 혹은 오백가(五百家)를 당(黨)이라고 하였다. 그런즉 당여란 것은 아직 「鮮」이 되기까지에는 이르지 못한 것이오, 또는 오족(五族)이나 오백가를 당이라고 했다는 뜻 속에는 「十」化의 반 즉 五 밖에 못되는 존재라는 뜻이 있은 즉 당여란 것은, 아직 미완성의 단체이므로 그 내면에서 윤리를 위배하고 있는 불선(不鮮)한 무리를 칭하는 것이다.

| 교우(交遇) 교(交)자는 「六」자와 「乂」자가 합하여서 된 字다. 「乂」자는 「五」자의 古字다. 그런즉 「交」자에는 五와 六이 상합(相合)하여서 土(十一)를 만드는 象이 있다. 그렇다면 교(交)라는 것은 이질적인 양성(兩性)이 서로 모아서 一로 융화되려는 것을 말하는 것이 분명하다. 그러므로 이렇게 하는 행위를 교제(交際)라고 한다. 그런데 여기에서 「우(遇)」자를 쓴 것은 우는 만난다는 의미인데 교우라고 한 것은 반드시 장소와 목적이 있다는 것을 의미하는 것이다. 즉 사시(巳時)에 만나서 十一이 합덕하여가지고 土를 만들려는 것이 바로 교우(交遇)인 것이다.

| 사무(事務) 사(事)란 것은 「변고야(變故也)」라고 하였은즉 다시 옛적의 모습대로 변하는 것을 사(事)라고 한다는 것을 의미하는 것이다. 그러므로 「易」 산풍고괘(山風蠱卦)에 「고자(蠱者)는 사야(事也)」라고 하였던 것이다. 또 이기(李奇)는 「이물수지중 위사(以物垂地中 爲事)」라고 하였으니 이것들은 모두 사물의 완성과정을 가리켜서 사(事)라고 한다는 것을 의미하는 것이다. 「무(務)」자의 뜻은 힘쓴다는 것을 의미하는 것이다. 만병서(滿炳書)에는 「적유사무 수자경영 불획시좌(適有事務 須自經營 不獲侍坐)」라고 하였으니 이것은 사리사욕이 없는 것을 말하는 것이다. 그런즉 사무(事務)란 것은 사물의 완성이란 공적 목적을 위해서 힘쓸 뿐이고 사리사욕에 오불관언(吾不關焉)하는 것을 말하는 것이다.

대 의

동무는 천기天機에 지방, 인륜, 세회, 천시라는 4대 특징이 있어서 그것을 중축中軸으로 하고 인간이나 만물이 이루어지기 때문에 인간은 사상四象적인 특징을 발판으로 하고 탄생하였다는 것을 전제로 하였다. 천하 만물이 이와 같이 생성된다면 인간사도 또한 이 범주를 벗어 날 수가 없을 것이다.

그러므로 그는 인사人事에도 또한 천기와 같은 네 가지의 범주가 있다고 한 것이다. '첫째' 로 인사에는 거처居處가 있으니 이것은 천기에 있어서 지방과 같은 것이다. 천기에서 사물을 완성시키고 또한 정신과 생명을 보양하기 위한 소음이라는 태상절兌上絕의 요충要衝이 있다고 하면 인사에 있어서도 또한 좌坐와 입立, 활동과 휴식의 요약점이 있어야 할 것은 물론이다.

그러므로 동무는 「立」의 기본이며 또한 활동의 기초가 되는 휴식처가 바로 거처居處라고 논하였던 것이다.

'둘째' 로는 인사에 당여黨與가 있다고 하였으니 이것은 천기에 인륜이 있어서 만물발생의 제 1단계인 갑토甲土가 그의 요충이 됨으로써 혼륜混綸상태를 일으키면서 생장의 기반을 이루는 것이니 이것이 태음太陰인 감중련坎中蓮의 象이다. 그렇다면 인사에서도 역시 이러한 상태가 일어나게 되는 것이므로 인간사회에 있어서도 여기에서 불선무실不鮮無實한 당여黨與의 기본이 이루어지게 되는 것이다.

왜 그런가 하면 천기의 인륜人倫은 비록 혼륜混綸상태라고 할지라도 그 「륜綸」속에 이미 경륜經綸의 요소가 있은 즉 이것은 곧 질서의 기초가 내포되어 있다는 것을 말하는 것이다. 그런즉 인사에 있어서도 이 과정에서 이미 당여의 불선성不鮮性이 생겨나게 되는 것이니 이것은 앞으로 선명鮮明할 것인 바의 사무事務를 창조하려는 준비인 것이다.

'셋째' 로 동무는 인사에는 교우交遇가 있다고 논했다. 천기의 세회世會는 사물의 경쟁장競爭場인 동시에 또한 화려한 분열처分裂處이기도 하였다. 그러나 여기에서 일어나는 모든 일들은 금화金火가 교역交易하려는 전조이기도 하다.(금화교역은 우주변화의 원리 5장3절 참조) 그런데 동무는 이것을 소양少陽인 손하절巽下絕의 象이라고 하였다. 그런즉 인사에 있어서도 또한 이러한 계기가 없을 수가 없다 그런즉 인사에 있어서 교제交際관계란 것은 바로 이 범주範疇에 의한 것이다. 그러나 인사의 교우는 천기의 세회에 있어서처럼 공리공욕을 따라야 할 것임에도 불구하고 오직 사리사욕에 몰두하고 있는 것이다.

'넷째' 로 동무는 인사에서 사무事務를 논하였다. 천기에는 천시天時가 있어서 사물의 정신과 생명을 완성하려는 준비를 갖추고 있은 즉 이것이 바로 태양太陽인 이허중離虛中의 象이다. 그런즉 인사에 있어서도 이러한 계기가 없을 수가 없다. 그러므로 인사에 있어서의 이와 같은 계기를 가리켜서 사무라고 한 것이다. 그러나 인사에 있어서의 사무는 매양 인사 본연의 뜻을 받들지 못하는 모순을 범하게 되는 것이다. 동무는 이와 같이 천기天機에 과부족過不足이 될 수밖에 없는 요인이 있기 때문에 그것을 본받은 인간은 오장五臟의 생리조직이나 또는 인간사에 있어서 이와 같은 편벽성偏僻性이 생기게 된다는 것을 논하였던 것이다.

耳聽天時(이청천시)하며 目視世會(목시세회)하며 鼻嗅人倫(비후인륜)하며 口味地方(구미지방)이니라.

대 의

동무는 위에서 본 바와 같이 천기天機는 천운天運의 조화본원造化本源을 본받은 것이므로 인사의 변화를 창조한다는 결론을 짓고 계속하여서 말하기를 인체의 외부에 있으면서 내부에 있는 폐비간신肺脾肝腎의 작용과 상응하는 耳目鼻口는 천기에 속한다고 하였고 내부에 있으면서 외부에 있는 이목비구를 돕고 있는 폐비간신을 인사에 속한다고 말한 것이다.

이와 같이 이목비구와 폐비간신이 호근互根작용을 하도록 천기에서 수명受命한 것이 인간이기 때문에 인간의 귀耳는 천시가 생명과 정신을 창조하는 일과 같이 체내에 있는 모든 부산지양浮散之陽을 수렴收斂하여서 신腎으로 귀장歸藏시키는 일을 맡고 있는 것이다. 그런즉 이것은 바로 귀耳가 천시의 일을 대행하여 주는 것이다. 그러므로 동무도 그것을 본따서 귀耳가 천시를 빨아들인다聽고 한 것이다.

그 다음은 목시세회目視世會라고 하였는데 천기에 있어서 세회의 작용은 일방으로는 방금 일어나고 있는 분열작용을 조장하면서 타방他方으로는 그 분열을 정지시키려는 준비를 하고 있는 것이다.

그러므로 인간의 눈도 또한 그러한 작용을 병행할 수밖에 도리가 없다. 그렇기 때문에 인도人道에 있어서 눈目이 비화脾火의 작용을 대행하는 것이니 이것이 세회世會가 하는 대로 본받는 눈의 동작인 것이다. 그러므로 목시세회目視世會라고 한 것이다.

그 다음은 비후인륜鼻嗅人倫이라고 하였는데 천운에 있어서 인륜은 만물발생의 준비를 하기 위하여 혼륜混綸상태가 일어나는 것이다. 그러나 그것은 영속되는 것이 아니고 점점 묘금卯金의 수렴收斂을 받으면서 그 혼륜상태는 완전히 내부에 집중 통일되어서 새 싹을 발하게 되는 것이다.

그렇다면 인도人道에 있어서도 이렇게 되어야만 한다. 그러므로 코鼻는 간금肝金의 작용을 대행하여서 혼륜상태를 통일함으로써 火를 생하는 기본을 만드는 것이니 동무는 이것을 가리켜서 비후鼻嗅(빨아 들이는 것) 인륜人倫이라고 하였던 것이다.

그 다음은 구미지방口味地方이라고 하였는데 입口이란 것은 오관기五官器 중에서도 그 형상에 있어서 특수한 면이 있다. 이것을 좀 더 풀어서 말하면 상하 양순上下兩唇은 금에 속해 있고 치齒는 수에 속해 있고 설舌은 화에 속해 있다. 그런즉 입口의 형상에는 金水가 표면에서 화를 내부에 몰아넣고 통일하려는 상이 있다. 그러므로 「易」은 「태위구兌爲口」라고 하였다.

그런데 천기天機에 있어서 지방이란 것은 만물을 완성시키기 위하여서 줄어드는 방위인 것이다. 그러므로 인체의 입口은 위에 말한 바와 같은 작용을 하는 것인즉 신腎을 대행하여서 인간의 정신과 생명을 보양保養하는 유일한 역군이 되어야 할 것이므로 동무는 구미口味(속에 몰아 넣는 것) 지방地方이라고 한 것이다.

(註) 위에서 폐목(肺木) 비화(脾火) 간금(肝金) 신수(腎水)라고 하였는데 이것은 동무가 배정한 것이 분명하다고 생각되는 것이다. 그렇다면 동무가 왜 그렇게 배정하였을까? 하는 것은 다음에 연구할 것이므로 여기에서는 略한다.

본 주

다음은 우선 동무의 自註를 소개하기로 하겠다.

이 속 신　　　무 형 지 물 고　　능 청 천 시 경 청 무 형 지 성
耳屬神하니 無形之物故로 能聽天時輕淸無形之聲하고

목 속 영　　　유 상 지 물 고　　능 시 세 회 부 동 유 상 지 색
目屬靈하니 有像之物故로 能視世會浮動有像之色하고

비 속 혼　　　무 적 지 물 고　　능 후 인 륜 침 정 무 적 지 상
鼻屬魂하니 無跡之物故로 能嗅人倫沈靜無跡之像하고

구 속 백　　　유 질 지 물 고　　능 미 지 방 중 탁 유 질 지 자 야
口屬魄하니 有質之物故로 能味地方重濁有質之滋也니라.

(동무자주)

東武는 이청천시耳聽天時 목시세회目視世會 비후인륜鼻嗅人倫 구미지방口味地方을 註하기를 위와 같이 하였다. 그러므로 다음에 그것을 풀어보면 귀耳는 신神을 부착屬시키기 위한 기관이다. 그러나 神이란 것은 형체가 없으므로 보통 수단을 가지고는 이것을 부착시킬 수가 없다. 그런즉 이것을 부착시킬 수 있는 유일한 방법으로는 동일한 무형지기無形之氣를 이용할 수밖에 도리가 없는 것이다. 그러므로 오행 중에서 가장 경청輕淸하고 또 순수 무형한 폐중지토肺中之土를 빌어서 그 神을 포착捕捉하려는 것이다.

이제 이것을 좀더 풀어서 말하면 「易」에서는 손위이巽爲耳라고 하였고 「내경內經」에서는 이주신耳主腎이라고 하였다. 손위이巽爲耳라고 한 것은 이耳의 작용이 손괘巽卦의 象을 취하면서 神을 포괄包括한다는 말이오, 신주이腎主耳라고 한 것은 귀耳는 腎坎의 흡인지력吸引之力에 의해서 들聽을 수 있다는 말이다. 그런즉 이것은 그 설명하는 방법에 있어서 다만 그 표본이 다를 뿐이고 목적하는 바의 내용은 동일한 것이다.

그러므로 동무는 신腎이 귀를 통해서 소리를 듣는 방법이 폐가 손巽의 작용을 함으로써 미신유未申酉의 단계를 거쳐서 神을 腎坎중에 포장包藏한다는

것을 암시했던 것이다.

(註) 여기에서 성(聲)이란 것을 神의 발(發)을 말하는 것이다. 그러므로 神의 수장기능(收藏機能)이 약한 사람은 말을 많이 하거나 혹은 노래를 많이 부르면 못쓴다.

그 다음에 눈目이란 것은 영靈을 부착시키는 것인데 영靈은 상像이 있는 것이다. 상像이란 것은 유형과 무형의 중간이므로 일견 有 같기도 하고 無 같기도 하여서 감히 유무를 판별할 수 없는 경지를 말하는 것이다. 그러므로 눈은 세회世會에서 만물이 부동浮動하며 또 분열할 때에 생기는 상像을 볼 수 있다고 한 것이다.

이제 다음에 이것을 풀어서 말하면 「易」에서는 이위목離爲目이라고 했고 「내경」에서는 간주목肝主目이라고 하였던 것이다. 다시 말하면 「易」에 이위목離爲目이라고 한 것은 눈의 볼 수 있는 바탕이 이괘離卦의 허중虛中에 있는 것을 의미하는 것이오, 「내경」에서 간주목肝主目이라고 한 것은 눈이 볼 수 있는 시력의 본원이 바로 간목肝木에 있다는 것을 말한 것이다.

그런데 눈이 볼 수 있는 요소로서 속에서 나아가는 양도 충족하여야 하지만 또한 이것을 적당하게 포용할 만한 음도 필요하다. 그런데 이 두 가지 요건이 가장 잘 구비될 때가 바로 영靈의 기능인 상像이 충족한 때이다. 그런즉 이러한 조건이 구비된 눈目이 세회부동지색世會浮動之色을 잘 볼 수 있을 것은 말할 것도 없다.

(註) 色이란 것은 물(物)이 가장 세분화되었을 때에 나타나는 것이다. 그러므로 여기에 부동유상지색(浮動有像之色)이라고 한 것은 바로 그 성상(成像)하는 상태를 말하는 것이다.

그 다음에 코鼻는 혼魂을 부착시키기 위한 것이다. 그런데 혼이란 것은 자취를 남기지 않고 내왕하는 존재이다. 위에서 말한 바의 神은 그 자체의 형을 갖추지 않은 것이었지만 혼 그 자체는 형形속에서 살고 있다. 그러나 그 행적은 감히 알 수가 없는 것이다. 왜 그런가 하면 혼은 침정무적沈靜無跡한 인륜人倫을 우주로 하고 있기 때문이다. 그러므로 간肝의 외관인 코가 능히 그 지닌 바의 금기金氣로서 수렴하여 줌으로써 혼을 보호하는 것이다.

이제 다음에 이것을 좀 더 풀어서 말하면 「역」에서는 간위비艮爲鼻라고 했고 「내경」에서는 폐주비肺主鼻라고 하였다. 간위비艮爲鼻라고 한 것은 코가 간艮의 상을 띠고 있은 즉 코는 간괘艮卦의 상을 띠었으므로 양의 모산耗散을 정지시키는 일을 한다는 말이오, 폐주비肺主鼻라고 한 것은 비鼻의 흡수력이 바로 폐의 흡수지력吸收之力을 빌어서 작용한다는 뜻이다. 그런즉 양 설은 모두 표본을 달리할 뿐이고, 그 목적은 동일한 것이다.

그러므로 동무가 코는 자기가 지닌 바의 흡인지력吸引之力으로써 양을 흡인하여 가지고 간肝의 인륜人倫 상태가 생장지력生長之力을 발휘할 수 있도록 한다는 것을 암시하였던 것이다.

그 다음에 동무는 입口은 백魄을 붙이기 위한 것인데 백은 질質이 있는 물物이라고 하였다. 위에서 말하기를 영靈은 상像이 있다고 하였는데 그 상은 바로 이 백의 질이 南에 이르러서 분열됨으로써 이루어진 것이다. 그런데 천기天機가 여기에 이르게 되면 무형이 유형으로 변화하면서 질을 형성하는 것이다.

그런즉 천시 때에 경청무형輕淸無形의 수단으로써 포위했던 神이 여기에 이르게 되면 중탁유질지자력重濁有質之滋力으로 변함으로써 드디어 神을 감중坎中에 포장包藏하게 되는데 여기에서 최후의 입신入神 작용을 하게 하는 것을 백魄이라고 한 것이다.

이것을 다음에 좀 더 풀어 보면 「역」에서는 태위구兌爲口라고 하였고 「내경」에서는 비주구脾主口라고 하였다. 易에서 태兌가 구口가 된다고 한 것은 입은 태금兌金의 작용을 하면서 陽神을 수장收藏한다는 말이오, 내경에서 비주구脾主口라고 한 것은 土가 입의 포양작용包陽作用의 주체가 된다는 것을 말한 것이다. 다시 말하면 위에서 말한 바와 같이 입口에는 金水로서 양을 포위包圍하는 상像이 있다고 하였는데 그 像은 바로 土에 의해서 이루어졌던 것이므로 비주구脾主口라고 한 것이다.

이와 같이 본즉 여기에 神을 포장하는 최종단계의 작용이 있다는 것을 넉넉히 알 수 있는 것이다. 그러므로 동무는 이것을 가리켜서 「구미지방중탁유질지자口味地方重濁有質之滋」라고 했던 것이다.

천시 극탕야 세회 극대야
天時는 極蕩也오 世會는 極大也오

인륜 극광야 지방 극막야
人倫은 極廣也오 地方은 極邈也니라.

자구해석

| **탕(蕩)** 탕(蕩)자의 의미에는 부지런하다 평이하다 윤곽이 맑다 안일하다 하는 등의 의미가 있다.

| **대(大)** 대(大)라는 것은 폭도 넓고 길이도 길어야 비로소 大하다고 할 수 있다.

| **광(廣)** 광(廣)이란 것은 폭만 넓은 것.

| **막(邈)** 막(邈)이란 것은 아주 멀어서 행방을 알 수 없는 것.

대 의

동무東武는 이청천시耳聽天時 목시세회目視世會 비후인륜鼻嗅人倫 구미지방口味地方이라고 함으로써 이목비구耳目鼻口의 운동이 천기天機의 운동과 같은 것을 가리켜 놓고 계속하여서 천시天時 세회世會 인륜人倫 지방地方이란 개념을 해석하여 놓았던 것이다.

그는 말하기를 「천시天時란 것은 극히 탕蕩한 것이다.」라고 하였으니 이것을 좀 더 풀어 보면 천시는 그 자체의 성性은 곽청廓淸한 것인데 그 하는 일을 보면 아주 평이하여서 다만 안일하게 놀고 있는 것 같이 보인다. 그러나 사실은 지극히 근면하다. 그러므로 이 뜻을 다만 「탕蕩」자 한 자字로써 표현하였던 것이다.

그런즉 이것은 경청무형지성輕淸無形之聲을 발하며 또 수렴하는 천시天時의 성격과 아울러서 그의 활동상태를 표시한 것이 분명하다.

그 다음에는 세회世會는 극대極大하다고 함으로써 세회에서 발하는 분열작용도 그 극에 이르게 되어서 거의 土化하게 될 무렵에는 다시 통일되기 시작하여서 일단을 이루는 상태가 大의 극極을 이루는 것이다.

그 다음에 인륜人倫은 극광極廣하다고 함으로써 인륜의 혼돈상태가 폭幅으로 늘어나면서 목기木氣를 발하는 것을 가리킨 것이다.

그 다음에는 지방은 극막極邈하다고 함으로써 만물이 감坎의 극에 이르게 되면 과연 그 속에 정신이나 생명이 포장되어 있는지 없는지를 알 수 없게 되므로 이것을 가리켜서 극막極邈이라고 한 것이다.

폐달사무　　비합교우　　간입당여　　신정거처
肺達事務하며 脾合交遇하며 肝立黨與하며 腎定居處니라.

대　의

위에서 인간의 이목비구耳目鼻口는 천기天機와 상응한다는 것을 말했다. 동무는 거기에 연속해서 인간의 폐비간신肺脾肝腎은 인사人事와 상부相符한다고 논한 것이다. 그렇다면 왜 그렇게 보았던가 하는 것을 잠깐 생각해 보기로 하겠다.

우선 그는 인간의 생이나 존재라는 자체부터가 천기에서 그 바탕을 받고 있다고 보았던 것이다. 왜냐하면 인간의 생이란 것은 천지정신의 응결凝結

로 인하여 생겨났고 生한 후에 존재한다는 것도 또한 천시정신을 계승함으로써 가능한 것이다. 그런데 인간은 우주정신을 어떻게 계승하는가 하면 이목비구를 통해서 받아들이는 것이다.

그것은 바로 위에서 논한 바와 같이 이청천시耳聽天時 목시세회目視世會 비후인륜鼻嗅人倫 구미지방口味地方하는 방법으로 받아들이는 것이다. 이제 다음에 본문을 연구하여 보면 폐달사무肺達事務라고 하였는데 이것을 상고하여 보면 폐肺라는 것은 인체에 있어서 인사의 사무事務와 상부相符함으로써 金으로써 수렴하면서 木을 양養하는 것인데 만일 그 속에 있는 목성木性이 불충분하다면 후일 충분한 木을 이루어내지 못하게 된다. 그런즉 이 과정에 있어서는 木이 金에게 반항하면서 수렴되어야만 충실한 목정木精을 양養하게 된다. 그러므로 폐달사무肺達事務라고 한 것이니, 달達이란 말은 바로 木이 金에 반항하는 상태를 말하는 것이오. 사무事務란 것은 金이 木을 수렴하는 상태인 것이다. 그 다음에는 비합교우脾合交遇라고 하였는데 인체에 있어서 비脾는 인사의 교우交遇와 상부相符하면서 음양이기陰陽二氣가 교접交接하는 상을 말하는 것인데 만일 이것이 합당한 작용을 하지 못한다면 金火가 교역交易될 수가 없으므로 사물은 생장만 할 뿐이고 완성의 계기를 이루어 내지 못한다. 그렇게 되면 비脾는 인체에 있어서 경락經絡이나 혈맥血脈의 음양을 조절하여 주지 못할 것이다. 그러므로 이것을 비합교우脾合交遇라고 한 것이다.

(註) 금화교역은 우주변화의 원리 금화교역론을 참조

그 다음에는 간입당여肝立黨與라고 하였는데 인체에 있어서 간肝은 인사의 당여黨與와 상부相符하면서 앞으로 당파黨派가(火의 분열상태를 가리키는 것임) 봉기할 것에 대비하는 방비책을 세우려는 것이니 이것을 가리켜서 당여黨與를 세운다고 한 것이다.

이 때에 만일 간肝의 흡인력이 불급不及한다면 간목肝木이 파생하게 됨으로써 인간의 간장肝臟은 공연히 당파를 조성하는 것과 분열을 일으키는 것과 같은 결과만을 초래하게 됨으로써 모든 양陽적 활동의 기반을 상실하게 될 것이다. 그러므로 간금肝金은 여시如斯한 회를 방지하기 위하여서 당파黨派를 통일하는 방법으로써 당여黨與를 정립하여야 되는 것이니 이것을 가리켜서 간입당여肝立黨與라고 한 것이다.

그 다음에는 신정거처腎定居處라고 하였는데 인체에 있어서 신腎은 인사의 거처와 상부相符된다. 그런데 신은 생장성生長成을 귀일시키는 곳인즉 모든 작용이 이때에 이르러서 휴식함으로써 차기의 준비를 하게 되는 것이다. 그러므로 그것을 거처라고 하는 것인바 이것이 바로 감坎이며, 또한 정신과 생명의 귀숙처인 것이다. 신腎은 이와 같은 일을 하는 장臟이므로 신정거처腎定居處라고 한 것이다.

본 주

폐 주 호　호 즉 필 유 응 대 지 리　이 기 직 승 지 애 력　능 달 사 무 지 기 야
肺主呼하니 呼則必有應對之理라 以其直升之哀力으로 能達事務之欺也오

비 주 납　납 즉 필 유 영 허 지 리　이 기 횡 승 지 노 력　능 합 교 우 지 모 야
脾主納하니 納則必有盈虛之理라 以其橫升之怒力으로 能合交遇之侮也오

간 주 흡　흡 즉 필 유 치 래 지 리　이 기 방 강 지 희 력　능 입 당 여 지 조 야
肝主吸하니 吸則必有致來之理라 以其放降之喜力으로 能立黨與之助也오

신 주 출　출 즉 필 유 갈 진 지 리　이 기 함 강 지 낙 력　능 정 거 처 지 보 야
腎主出하니 出則必有竭盡之理라 以其陷降之樂力으로 能定居處之保也니라.

(동무자주)

위에서 논한 본문에 「폐달사무肺達事務 비합교우脾合交遇 간입당여肝立黨與 신정거처腎定居處」라고 하였는데 동무는 그의 自註에서 폐비간신肺脾肝腎이 어떻게 그와 같은 작용을 하는가 하는 것을 해설하였다. 다음에 그것을 풀어보면 폐라는 것은 호呼(내뿜는)하는 것인바 천하만물이 호呼하면 반드시 거기에서 반대(응대)되는 세력이 대두하는 법이다. 그런데 폐가 호呼한다는 것

은 폐 속에서 양이 분출되려는 상태를 말하는 것인데 그 양은 본질적으로는 분출되어서는 안 되는 존재이다. 그러나 폐 속에 양이 충실되어 있을 때에는 마치 풍선모양으로 「불룩」하게 되는 것이다. 그러므로 동무는 그 상태를 가리켜서 「직승지애력直升之哀力」이라고 하였다.

그런데 폐에는 응대지리應對之理가 있기 때문에 능히 양의 분출을 방지하는 것이다 그러므로 폐는 이와 같은 작용을 함으로써 사무, 즉 폐가 공각空殼으로써 속임수를 하려는 것을 방지하려는 것이니 이것이 바로 양을 상달시켜서—즉 위기危機를 만들면서 폐의 기능을 완성시키는 상태이다. 그러므로 「이기직승지애력以其直升之哀力으로 능달사무지기야能達事務之欺也」라고 한 것이다.

그 다음에 비脾는 납納하는 장기臟器라고 하였다. 다시 말하면 비는 음양을 조화시킴으로써 양을 귀납하는 작용을 하는 것인데 그러한 「납納」의 작용이 이루어질 때에는 반드시 양성음허陽盛陰虛하는 이치가 생기게 되므로 천연天然은 이것을 방지하도록 대비하지 않을 수 없다.

그렇기 때문에 사오화巳午火의 작용단계에서 양이 확장작용을 할 때에 손巽이 들어와서 횡승지노력橫升之怒力이 생기게 함으로써 교우交遇때에 생기는 양의 과항過亢을 미연에 방지하게 하는 것이다. 그러므로 동무는 이 상태를 「이기횡승지노력以其橫升之怒力으로 능합교우지모야能合交遇之侮也」라고 표현하였던 것이다.

(註) 횡승지노력(橫升之怒力)이란 것은 음으로써 양을 포위할 때에 양이 그 속에 충일(充溢)하게 되면서 생기는 양의 반발력을 견제(牽制)하는 것을 말하는 것이니 즉 본질적으로 상향성(上向性)이 있는 양을 횡행(橫行)토록 강요할 때에 노력이 일어나는 것이다.

그 다음에 간肝은 흡吸하는 것인데 천하만물이 흡하면 반드시 반기反起-치래致來-하는 이치가 있다고 말하였다. 이것은 간이 흡하는 것은 반생反生하기 위한 준비작용이란 것을 의미하는 것이다. 그러므로 동무는 그 강降하는 작용—즉 흡입하는 힘에서 해방됨으로써 반대로 상향하는 힘—즉 희력

喜力으로써 당여黨與를 돕는다고 하였다. 그리하여 그것을 표현하기를 「이기방강지희력以其放降之喜力으로 능입당여지조야能立黨與之助也」라고 하였다.

그 다음에는 「신주출腎主出 하니 출즉필유갈진지리出則必有竭盡之理」라고 함으로써 신腎속에 있는 것을 내보내는 작용을 하는 것을 교시敎示하였다. 즉 천하만물이 출出한즉 반드시 그 내용이 갈진하게 되므로 출出할 때에는 이에 대비하지 않으면 안 된다. 그러므로 함강지력陷降之力을 이용하여서—즉 낙력樂力으로써 그 거처가 갈진하지 않도록 대비하는 것이다. 그러므로 동무는 이것을 가리켜서 「출즉필유갈진지리出則必有竭盡之理니 이기함강지낙력以其陷降之樂力으로 능정거처지보야能定居處之保也」라고 한 것이다.

(註) 함강지낙력(陷降之樂力)이란 것은 함강(陷降)할 때에 陽이 충실함으로써 속에서 반발하는 힘을 양(養)하는 상이 바로 낙력(樂力)의 상태이다.

사무　　극수야　　교우　　극성야
事務는 克修也오 交遇는 克成也오

당여　　극정야　　거처　　극치야
黨與는 克整也오 居處는 克治也니라.

자구해석

| 극수(克修)　수(修)는 리야(理也) 최종지정야(最終之正也)라고 하였은즉 이것은 사심(邪心)이 없는 公理의 완성으로 향하게 하는데 能(克)하다는 것을 말하는 것이다.

| 극성(克成)　이것은 생장이 성수(成遂)로 향하게 하는 데에 능하다는 것을 말하는 것이다.

| 극정(克整)　이것은 꾸짖어서 바로잡는 데에 능하다는 것을 말하는 것이다.

| 극치(克治)　이것은 완전히 목적을 달성하는 것을 의미하는 것이다. 다시 말하면 修 成 整 함으로써 사물의 질서가 정돈된 다음에 완결되는 곳을 가리키는 것이다.

대 의

東武는 위에서 「폐달사무 비합교우 간입당여 신정거처肺達事務 脾合交遇 肝立黨與 腎定居處」라고 하였는데 여기에서는 그 개념을 해설한 것이다.

사무事務란 것은 천기天機가 천시天時에 이름으로써 그것이 인사에 그대로 미쳐지는 것을 말하는 것인바 이것은 천지자연의 「理」가 최종의 정중지도正中之道를 행하는 데에 능하다는 말이요 교우交遇는 천기에서 세회를 본받은 것이므로 다음 단계에서 이루어질 바의 성成을 준비하는 데에 능하고 당여黨與는 천기의 인륜을 본 받은 것이므로 일시적으로는 혼돈상태에 있지만 앞으로 이루어질 생장과정의 질서를 바로잡는 일에 능하고 거처居處는 천기의 지방을 본받은 것이므로 앞으로 올 만물의 정신과 생명을 보존하는 바의 감중坎中에 양陽을 귀숙歸宿시켜서 천하사를 완결治하게 하는 일에 능한 것이다.

(註) 동무는 여기에서 사무 교우 당여 거처의 순으로 말하였지만 이것을 거처 당여 교우 사무의 순으로 바꾸어서 생각하면 水 木 火 金의 생장성수(生長成遂)의 순서가 되므로 이해하기가 더욱 쉬울 것이다.

함유주책 억유경륜 제유행검 복유도량
頷有籌策하고 臆有經綸하고 臍有行檢하고 腹有度量이니라.

자구해석

| 주책(籌策) 이 말의 어원은 본래 산법(算法)에 의하여 음양의 비책(秘策)을 밝혀내는 것을 말하는 것인데 일반적으로는 정확한 계산을 의미한다.

| 경륜(經綸) 경(經)이란 것은 종(縱)을 말하는 것이오 륜(綸)이란 것은 횡(橫)을 말하는 것이다. 그

러므로 여기에서 경륜(經綸)이라고 하는 것은 종횡(縱橫)이 구전(俱全)한 것을 말하는 것인즉 이것은 사물을 측정하는 기본조건의 구비(俱備)를 말하는 것이다.

| **행검(行檢)** 품행을 방정하게 하는 것을 행검이라고 한다. 검(檢)은 교정한다는 의미이다.

| **도량(度量)** 본래 장(丈)과 척(尺)을 도(度)라고 하고 두(斗)와 곡(斛, 石)을 량(量)이라고 하였는데 거기에 의해서 난이(難易)를 잘 측정하는 것을 도량(度量)이라고 한다. 그런즉 이것을 경륜과 비교하면 다만 천(淺, 경륜), 심(深, 도량)의 차이가 있을 뿐이다.

대 의

위에서는 이목비구耳目鼻口는 천기天機와 상응하고 폐비간신肺脾肝腎은 인사와 상부相符된다는 것을 말한 바 있다. 그런데 인간은 이와 같이 이목비구와 폐비간신이 상응 상부하는 것으로써만 모든 생리기능이 완성되는 것은 아니다. 그러므로 동무는 다시 두견요둔頭肩腰臀과 함억제복頷臆臍腹이 장臟(四臟) 기器(耳目鼻口)와 연결됨으로써 비로소 한 개의 우주를 형성할 수 있다는 것을 논했던 것이다.

그러므로 그는 함頷에는 주책籌策이 있고 억臆에는 경륜經綸이 있고 제臍에는 행검行檢이 있고 복腹에는 도량度量이 있다고 말했다. 그런데 여기에 대한 상세한 것은 아래의 동무자주를 토대로 하고 논하겠다.

본 주

함 속 진 해　이 지 근 본 이　이 속 폐 즉　태 음 인　폐 소 고
頷屬津海니 耳之根本而 耳屬肺則 太陰人은 肺小故로

이 무 청 력　탁 연　자 유 후 사 지 재　주 책 야
耳無聽力이나 卓然 自有嗅思之才니 籌策也오

(동무자주)

함頷은 바로 진해津海인데 그 진해는 또 한 귀耳의 근본이다. 그런데 그 귀

는 폐에 속해 있은 즉 청력聽力의 근본은 폐목肺木에 있다는 말인 것이다. 그러나 함頷의 진津은 肝金에 의하여서 주책籌策을 형성하게 되는 것이다. 그런즉 말을 들을 수 있는 힘은 폐에 있으나 주책을 형성하는 근본은 간에 있는 것이다.

그러므로 폐소 간대한 사람은 청력이 부족하고 후사지력嗅思之力이 풍부하게 되므로 자연히 주책籌策이 많게 된다. 그런즉 태음인은 폐소肺小하여서 폐중지목肺中之木이 상향해 내지 못하므로 청력이 부족하게 되는 것인바 이것이 바로 태음인의 특징이다. 그러므로 동무는 이것을 지칭하여 「태음인 폐소고 이무청력 탁연 자유후사지재 주책야太陰人 肺小故 耳無聽力 卓然 自有嗅思之才 籌策也」라고 표현하였다.

본 주

억 속 고 해 　 목 지 근 본 이 목 속 비 즉 소 음 인 　 비 소 고
臆屬膏海니 目之根本而 目屬脾則 少陰人은 脾小故로

목 무 시 력 　 탄 연 자 유 미 변 지 재 　 경 륜 야
目無視力이나 坦然 自有味辯之才니 經綸也오

(동무자주)

억臆(가슴)은 고해膏海－억속비화고위고臆屬脾火故爲膏－인대 그 고해는 또한 눈目의 근본이다. 그런즉 눈의 시력은 신腎에 속해 있으나 눈의 보는 작용은 비脾에 있는 것이다. 왜냐하면 고해가 눈의 거울을 이루고 있기는 하지만 그 시력은 신화腎火가 비화脾火로 화하면서 금화교역을 함으로써 이루어지기 때문이다.

그러므로 여기에서 비주납脾主納 신주출腎主出하면서 납출納出 작용이 일어나게 된다.

그렇다면 신腎이 왕旺하여야만 가슴이 후厚하게 될 것이고 따라서 그 힘

으로써 미변지력味辯之力(미변지력은 腎에서 생긴다)이 풍부하게 되는 것이다. 그러나 소음인은 비소脾小하여서 경륜본經綸本이 되는 것이다. 그러나 소음인은 비소하여서 신양腎陽을 비양脾陽으로 화하게 하는 힘이 적으므로—즉 비脾가 양을 눈에까지 인상引上하여 내지 못하므로 시력이 부족하게 된다. 그러므로 동무는 이것을 가리켜서 「소음인 비소고 목무시력 탄연 자유미변지재 경륜야少陰人 脾小故 目無視力 坦然 自有味辯之才 經綸也」라고 하였던 것이다.

본 주

제속유해 비지근본이 비속간즉 태양인 간소고
臍屬油海니 鼻之根本而 鼻屬肝則 太陽人은 肝小故로

비무후력 편연 자유청학지재 행검야
鼻無嗅力이나 便然 自有聽學之才니 行檢也오

(동무자주)

제臍는 유해油海(제속간고(臍屬肝故)로 고변위유(膏變爲油))인데 그 유해油海는 또한 비鼻의 근본이다. 그런데 코는 간에 속해 있은 즉 결국 코의 근본은 간금肝金이란 말이 된다. 그런즉 사람은 폐목肺木이 왕旺하면 청학지재聽學之才가 많을 것이고 간금肝金이 왕旺하면 후사지력嗅思之力이 풍부하게 될 것이다.

그런데 태양인은 폐목은 왕旺하나 간소하므로 후사지력은 적으나 청학지재가 많아서 품행을 단정하게 교정할 수 있는 것이다. 그러므로 동무는 이것을 가리켜서 「태양인 간소고 비무후력 편연 자유청학지재 행검야太陽人 肝小故 鼻無嗅力 便然 自有聽學之才 行檢也」라고 하였다.

본 주

복속액해 구지근본이 구속비즉 소양인 신소고
腹屬液海니 口之根本而 口屬脾則 少陽人은 腎小故로

구무미력 회연 자유시문지재 도량야
口無味力이나 恢然 自有視問之才니 度量也니라

(동무자주)

복腹은 액해液海(복속신고 진변위액(腹屬腎故津變爲液))인데 그 액해는 또한 구口의 근본이다. 그런즉 입은 비에 속해 있으나 결국 입이 움직일 수 있는 근본은 신腎에 있는 것이다. 왜냐하면 액해液海는 구口의 근본인 바 그 미력味力은 신腎의 귀장歸藏 작용으로 인하여 이루어지는 것인즉 그 근본이 신腎이 아닐 수가 없는 것이다. 그러므로 신주출腎主出 비주납脾主納하면서 출납出納 작용이 일어나게 된다.

그렇다면 신음腎陰이 왕旺하여야만 복腹의 운동이 건전하게 될 것이고 따라서 미변지재味辨之才가 생길 것인데 소양인은 신음이 부족하므로 미력味力은 적으나 비대脾大하므로 시문지재視問之才가 많고 따라서 도량度量이 많게 되는 것이다. 그러므로 동무는 이것을 가리켜서 「소양인 신소고 구무미력 회연 자유시문지재 도량야少陽人 腎小故 口無味力 恢然自有視問之才 度量也」라고 하였던 것이다.

여기에서 위에 논한 바의 함억제복頷臆臍腹에 대해서 잠깐 고찰하여 보면 이것은 金 水 木 火의 순서로 되어 있다. 다시 말하면 함속금頷屬金 억속수臆屬水 제속목臍屬木 복속화腹屬火로서 그 소속을 구분한 것이다. 왜 그렇게 하였는가 하면 복腹은 陰인즉 거기에서 일어나는 소속배열이 陰에서부터 먼저 시작되는 것은 당연하다고 할 것이다.

수책 불가교야 경륜 불가긍야
籌策은 不可驕也오 經綸은 不可矜也오

행검 불가벌야 도량 불가과야
行檢은 不可伐也오 度量은 不可夸也니라.

자구해석

| **교(驕)** 마고육척왈교(馬高六尺曰驕)라고 하였으니 필요 이상의 항양(亢陽, 馬爲陽) 상태를 가지고 뽐내는 것을 교(驕)라고 한다.

| **긍(矜)** 세모난 창 자루를 긍(矜)이라고 하는데 무기(武器)로써 자랑할 수 있는 것은 모(矛, 세모난 창 모)이고 그 자루(柄)는 아니다. 그런데 그 자루를 쥐고 뽐내는 것은 일종의 허세—즉 실속없이 뽐내는 것이니 이것을 긍(矜)이라고 한다.

| **벌(伐)** 다른 사람이 하는 일은 멸시하고 자기 혼자만 유능한 것처럼 뽐내는 것.

| **과(夸)** 위에 있는 사람에게는 아부하고 아래 있는 사람에게는 자기만이 잘난 체 하는 것.

대 의

東武는 위에서 주책籌策 경륜經綸 행검行檢 도량度量의 소재 부위를 논했는데 이제 여기에서는 그의 경계해야 할 점을 설명했다.

주책籌策이란 것은 그 기본을 간肝에 둔 것인즉 만일 간이 항고亢高하여서 육척마六尺馬처럼 높게 되면 여기에서는 교만이 생기게 되는 것이니 이렇게 되면 주책은 그 바탕을 상실하게 되므로 자연히 자기 상실을 초래하게 된다. 경륜經綸은 그 기본을 신腎에 두고 있는데 여기에서 긍矜하는 것은 마치 水火 상교相交하는 기본의 형성만을 가지고 뽐내는 허세와도 같은 것이다. 왜냐하면 비록 水가 상승하여서 경륜의 기본을 이룬다고 할지라도 그의 실행자實行者는 흉억胸臆이고 신수腎水 자체가 경륜을 이루는 것은 아니다. 그런즉 자기自己는 그 자루柄에 불과한 것이므로 자기를 알고 자중하라는 뜻이다.

행검行檢은 그 기본이 폐에 있으나 사실상 행해지는 곳은 간이다. 그런즉 제臍에서 행검이 이루어 질 때에 제臍는 비천지지卑賤之地이므로 폐가 이것을 멸시하고 자기만을 앞세우게 되면 그것은 행검일 수가 없을 뿐만 아니라 또한 肝金의 자기부정이기도 한 것이다. 도량이란 것은 자尺로 재고 말斗로 되는 것을 의미하는 것인데 이것은 그 기본을 비脾에 두고 있다. 그러나 이 것이 행해지는 곳은 배腹이다. 그런데 배는 지음至陰인즉 여기서는 귀천貴賤이 공존한다.—즉 감坎의 영역이므로 비화脾火가 여기에서 아부하고 또는 깔보는 것과 같은 행동을 하게 되면 이것은 비脾가 귀장지사歸藏之事를 알지 못하는 것인즉 도량度量을 상실하게 하는 결과가 되는 것이다.

두유식견 견유위의 요유재간 둔유방략

頭有識見하고 肩有威儀하고 腰有材幹하고 臀有方略이니라.

자구해석

| 식견(識見) 식(識)은 기야(記也)라 심찰사물(深察事物)하며 판별시비야(判別是非也)라고 하였으니 식(識)이란 것은 기억력이오 견(見)이라는 것은 이해력이다. 그런즉 식견이란 것은 그러한 식과 견이 작용을 잘 하는 것을 의미한다.

| 위의(威儀) 위(威)라는 것은 위엄이오, 의(儀)는 법야(法也) 예야(禮也)라고 하였다. 그런즉 위의(威儀)라는 것은 위엄이 있으면서 예절이나 법도를 바르게 하는 것이다.

| 재간(材幹) 목(木)이 경직(勁直)하여서 재료로 쓸 수 있는 것을 재(材)라고 하고 그 재를 생(生)한 바의 기본을 간(幹)이라고 한다. 그런즉 재간은 금수지기(金水之氣)를 많이 받음으로써 이루어지는 것이다.

| 방략(方略) 표면에 나타나지 않고 속에서 계책을 꾸미는 것.

대 의

위에서는 함억제복頷臆臍腹이 金頷 水臆 木臍 火腹를 바탕으로 하고 발달했다는 것을 말했거니와 동무는 다음에 두견요둔頭肩腰臀의 작용을 논했다.

두頭에는 식견이 있고 견肩에는 위의威儀가 있고 요腰에는 재간材幹이 있고 둔臀에는 방략方略이 있다고 했다. 그런데 그것은 왜냐 하는 문제에 대해서는 그의 자주에 상술되어 있으므로 여기에서는 략略하겠다.

본 주

두지이해 신지소사야 신지위기 광명이감조화 자유식견
頭之膩海는 神之所舍也라 神之爲氣 光明而鑑造化하니 自有識見이니라

(동무자주)

즉 머리에는 이해膩海(膩라는 것은 기름이 엉킨 것이다. 석기釋器에 말하기를 「膩는 빙지氷脂야」라고 한 것을 보면 알 수 있다)가 있는데 一身의 神은 모두 여기에 거주한다고 했다. 그런데 신이 기화氣化(신이 통일하는 것)하게 되면 그 광명이 렌즈의 작용을 하면서(렌즈작용에 대한 것은 우주변화의 원리 인신상화론 참조) 스스로 식견을 창조하는 것이다. 이것을 좀 더 풀어 말하면 인간의 머리에 식견이 있는 것은 머리에 있는 이해膩海에 神이 우거寓居하기 때문이다. 그렇다면 신이 어떻게 하여서 머리에 우거하는가? 그것은 인신상화寅申相火가 「렌즈」작용을 하면서 조화를 창조할 때에 그 상화의 기운으로 인하여 이해膩海가 형성됨으로써 神이 부착할 수 있는 조건이 이루어지게 되고 그러한 조건이 이루게 됨으로써 신이 우거寓居하게 되는 것인 즉 거기에서는 자연히 정이사지靜而思之하고 동이학지動而學之하는 식견이 생기게 되는 것이다. 그러므로 여기에서 사색력思索力과 기억력과 판별력이 생기는 것이다.

본 주

즉 차 구 지 론　태 양 인 언 이　특 거　소 음 인 언 자
則此句之論은 太陽人言而 特擧 少陰人言者는

개 소 음　출 태 양 이　탈 기 모 신 고 야
蓋少陰이 出太陽而 奪其母神故也라

(동무자주)

즉 위와 같이 論한 것은 본시 태양인을 가리켜서 말한 것인데 여기에서 (사상의학에서) 특별히 소음인을 가리켜서 논하는 것은 천도운행天道運行에 있어서 소음수少陰水는 태양목太陽木을 생하는 바 태양은 그 모신母神을 겁탈怯奪하면서—즉 수중지신水中之神을 소모消耗하면서 生하기 때문인 것이다.

이제 이것을 좀 더 자세히 말하면 머리의 식견은 태양인에게 많은 것이 원칙이다. 그러나 식견은 모신母神을 소모하는 태양에 있을 것이 아니라 바로 태양의 공급원인 소음에 잘 축적되므로 소음인에게 식견이 많다고 지칭한 것이다. 다시 말하면 태양인은 폐대하므로 神을 포섭包攝하는 기능이 풍부한 것인데도 불구하고 소음인을 특거特擧한 것은 우주의 운행은 소음水이 태양의 神木을 生함으로써 발전하는 것이기 때문이다.

본 주

견 지 막 해　영 지 소 사 야　영 지 위 기　엄 숙 이　혹 태 도　자 유 위 의
肩之膜海는 靈之所舍也라 靈之爲氣 嚴肅而 酷態度하니 自有爲儀니라

(동무자주)

견肩에는 막해膜海가 있는데 이것은 영靈의 집이다. 그런데 영靈이 기화작용氣化作用을 하게 되면 그 성품性稟이 엄숙하게 됨으로써 그 태도가 대단히 혹독酷毒하게 된다고 말했다.

이제 이것을 다음에 좀 더 풀어서 말하면 견肩에 있는 막해膜海란 것은 바로 영의 거처라고 말했다. 왜냐하면 견의 부위는 火에 속해 있지만 천연天然은 이러한 화위火位에서 미리 金氣를 준비하게 마련이다. 그러므로 견肩은 일면으로 보면 火位이지만 타면으로 보면 金氣가 작용하기 시작하는 곳인 것이다. 그런데 인체에 있어서는 간肝이(肝主膜) 金氣를 배급하기 때문에 여기에서 막해膜海를 이루는 것이다. 그런즉 영靈은 신神을 양養하려는 준비과정에 있는 것이므로 아직 이해膩海에 들어갈 수는 없고 우거寓居하게 되는 것이다.

그러므로 영靈이 일단 기화氣化, 陰化하게 되면 그 성품은 더욱 혹독하게 되므로 여기에서 위엄威嚴이 생겨나게 되는 것인데 위엄이란 것은 전혀 金火의 소생이기 때문이다. 그러나 그것은 제멋대로의 위엄이 아니고 예의적이며 법의적인 위엄인 것이다. 왜냐하면 인체는 소우주이기 때문이다.

본 주

즉 차 구 지 론　소 양 인 언 이 특 거 태 음 인 언 자
則此句之論은 少陽人言而 特擧 太陰人言者는

개 태 음　생 소 양 이 가 기 자 영 고 야
蓋太陰이 生少陽而 假其子靈故也니라

(동무자주)

그런즉 위에서 말한 것은 소양인을 지칭한 것이다. 그러나 여기에서 특별히 태음인을 가리킨 것은 본시 태음은 소양에서 生하는 것인데 그 생할 때에 소양은 반대로 태음의 영靈을 빌어 가지고 생生하기 때문이라고 하였다.

이제 이것을 좀 더 풀어서 말하면 여기에서 말하는 바 견肩에는 막해膜海가 있고 또 그 때문에 영이 우거寓居하게 되며 따라서 견肩에 위의威儀가 있다는 말은 본시 소양인을 지칭한 것이다. 왜냐하면 천도天道는 소양에서 손

巽이 들어와서 음기를 시생始生하는 것인즉 인신에 있어서도 그 위에 해당히는 소양인은 비대脾大한즉 응당 그러하여야 할 것이기 때문이다. 그런데 여기에서 특히 태음인을 지칭하는 것은 소양인은 비화脾火가 많으므로 위의威儀의 기본인 음이 부족하지만 태음인은 간금肝金이 많으므로 자령子靈인 바의 태음지음太陰之陰으로써 소양지령少陽之靈을 生하기 때문에 이와 같이 말한 것이다.

본 주

요 지 혈 해　혼 지 소 사 야
腰之血海는 魂之所舍也라

혼 지 위 기　현 달 이 기 행 장　자 유 재 간
魂之爲氣 顯達而奇行裝하니 自有材幹이니라

(동무자주)

허리의 혈해血海는 혼魂이 우거寓居하는 곳이라고 하였는데 왜냐하면 요腰는 간의 부위인바 혈은 인신寅申의 인에서부터 生한다. 그런데 인묘寅卯는 간담肝膽이 작용하는 곳인즉 여기에서 혈해血海가 이루어질 수밖에 없다.

그런데 혼은 이와 같은 혈해에 우거寓居하는 것인 바 혼이 만일 기화氣化, 陰化하게 되려면 먼저 통가다리가 져가지고 불쑥 올라오게 되어야 하므로 이것을 가리켜서 현달이기행장顯達而奇行裝이라고 한 것이다. 그것은 즉 간肝主魂이 금기金氣의 포위를 당하였을 때에 금기의 포위가 과강過强하게 되면 간에서 발생지력發生之力(太過之力)이 생겨서 살肌肉은 안 붙고 길이만 자라게 되는 것을 말하는 것인바 이렇게 되면 간의 부위인 허리腰는 줄거리만 남게 되는 것이다. 그러므로 인간도 이러한 사람은 반드시 재간才幹이 있는 것이다.

본 주

즉 차 구 지 론 태 음 인 언 이 특 기 소 양 인 인 지
則此句之論은 太陰人言而 特擧少陽人言者는

개 소 양 출 태 음 이 빙 기 모 혼 고 야
盖少陽이 出太陰而 憑其母魂故也니라

(동무자주)

이 구句에서 논하는 바는 태음인을 지칭하는 것이다. 그런데 특히 소양인을 가리켜 말하는 것은 소양에서 태음이 나오는 것인즉 태음은 그 모혼母魂에 의지하는 까닭이다. 이제 이것을 좀 더 자세히 풀어서 말하면 여기에서 논하는 바는 본시 태음인을 지칭하는 것이다. 왜냐하면 요腰의 혈해血海는 간肝의 부위인데 태음이 간대肝大하기 때문이다. 그런데 여기에서 특별히 소양인을 지칭하는 것은 천도의 운행이 태음은 반드시 소양의 부위인 진사오辰巳午의 과정에서 길러지게 되는 것인즉 이것은 그 모혼母魂이 작용하는 비脾(少陽)의 음이 바탕이 되어 가지고 이루어지는 것이므로 소양인의 요腰에서 재간才幹이 이루어지게 되는 것이다.

본 주

둔 지 정 해 백 지 소 사 야 백 지 위 기 성 태 이 장 경 영 자 유 방 략
臀之精海는 魄之所舍也라 魄之爲氣 盛太而壯經營하니 自有方略이니라

(동무자주)

둔臀의 정해精海는 백魄이 우거寓居하는 곳인 바 백魄이 기화氣化하면 태太(坎)를 왕성하게 하여 가지고 경영을 활발하게 하는 것인즉 여기에서 스스로 방략이 생긴다고 하였다.

이제 이것을 좀 더 풀이 말하면 둔臀에는 정해精海가 있는데 여기에 백魄이 우거寓居한다고 말했다. 왜냐하면 인체에 있어서 둔臀은 음중지음부陰中之陰部이다. 그러므로 인체의 정기신精氣神 운동이나 기정형氣精形 운동이 모두 감坎 부위인 둔臀을 목표로 하는 것이다.(우주변화의 원리 정신의 운동과 기혈의 동정을 참조) 그러므로 둔臀에 정해精海가 있다고 하였거니와 이러한 정해精海에는 백魄이 우거寓居하는 것이다. 백魄이란 것은 혼魂이 노화한 것인데 이 백魄의 작용이 태太(坎)를 창조하는 작용을 활발히 하게 되면 목적하는 바의 감화작용坎化作用이 완성됨으로써 스스로 우주변화의 최종단계인 방략方略이 여기에서 이루어지게 되는 것이다.

본 주

즉 차 구 지 론 　 소 음 인 언 이 특 거 태 양 인 언 자
則此句之論은 少陰人言而 特擧太陽人言者는

개 태 양 　 생 소 음 이 시 기 자 백 고 야
盖太陽이 生少陰而 恃其子魄故也니라

(동무자주)

여기에서는 본시 소음인을 지칭하는 것인데 태양인을 특거特擧한 것은 태양이 소음에서 生하지만 반면으로 소음은 또한 그 자백子魄(肺腎)에 의지하여서 生하기 때문인 것이다. 이제 이것을 좀 더 풀어서 말하면 둔지정해臀之精海에서 방략方略이 이루어지는 것을 말하는 것인즉 이것은 신대腎大한 소음인을 지칭하는 것이 분명하다.

그런데 여기에서 특히 태양인을 지칭하는 것은 천기天機란 본시 태양의 부위인 미신未申을 기본으로 하는 것인바 그것은 술해자戌亥子의 소음에서 生하는 것이다. 그런데 반면으로 소음이 生하여지는 것은 사실상 태양이 만든 백魄에서 生하여지는 것이기도 하므로 방략方略도 또한 소음에 있는 것

이 아니라 사실상 태양에 있는 것인즉 인간에서 볼 때에 태양인에 방략方略이 있을 것이 분명한 것이다.

보 주

그런데 여기에서 한 가지 더 생각해 볼 것은 위에서 말한 함억제복頷臆臍腹의 실제적인 작용은 金 水 木 火의 순으로 배열되어 있는데 두견요둔頭肩腰臀의 작용은 水 金 火 木의 순으로 배정되어 있다고 본 것이다. 좀 더 자세히 말하면 함은 金, 억은 水, 제는 木, 복은 火로 되어 있다. 그러나 이것을 반대로 보면 두는 水, 견은 金, 요는 火, 둔은 木의 작용을 하고 있는 것이다.

그런데 이것이 왜 이렇게 배열하면서 작용하는가 하는 것을 연구해야 한다. 함억제복頷臆臍腹은 음부위에 있다. 그런즉 이것은 음부위이므로 물水이 반드시 내려오게 마련이다. 그러므로 金 水 木 火의 순서로 배열되었고 배背는 양의 부위이다. 양부위에서는 물이 올라가게 마련이므로 木 火 金 水가 아래에서부터 위로 배열되어 있다.

그런데 함억제복頷臆臍腹에서 내려오는 것은 火를 하강시키기 위함이오 두견요둔頭肩腰臀에서 상승하는 것은 木을 상승시키기 위함이다.

위에서 말한 바와 같이 이목비구耳目鼻口는 천기天機와 상응했고 폐비간신肺脾肝腎은 인사人事와 상부相符해서 이루어 졌는데 그와 같이 生한 인간은 함억제복頷臆臍腹과 두견요둔頭肩腰臀이 생김으로써 비로소 수승화강水升火降하는 완전한 인간으로 형성되었던 것이다. 동무는 이와 같이 인간의 기원과 그의 형성 순서부터 선술先述하여 놓고 인간에서 일어나는 모든 변화를 차차 전개 논술하였던 것이다.

식견　　필무탈야　위의　　필무치야
識見은 必無奪也오 威儀는 必無侈也오

재간　　필무나야　방략　　필무절야
材幹은 必無懶也오 方略은 必無竊也니라.

자구해석

| 탈(奪) 빼앗을 탈, 좁은 길 탈
| 치(侈) 사치할 치, 갈라질 치
| 나(懶) 미워할 뇌, 게으를 나
| 절(竊) 엳을 절[淺(얕을 천)也]

대 의

식견은 폐에서부터 생기는 것인바 폐는 사무事務를 본받은 것인즉 공리공도에 의해서 거처인 신腎에까지 이르러야 하는 것인바 이것은 폐목肺木이 간금肝金에 포위당할 때에 나타나는 현상이므로 탈奪하지 않아야만 충양充陽이 잘 될 것이고 위의威儀는 비脾가 간금肝金을 만들면서 생기는 것인즉 이것은 교우交遇를 본받아서 火가 金을 만들면서 생기는 것이므로 허영虛榮이나 분열分裂이 없도록 하여야 할 것인즉 치侈하지 않아야만 교역交易이 잘 될 것이고 재간材幹은 간肝이 비령脾靈을 이어 받아서 생기는 것인바 그 때에 간음肝陰이 간양肝陽의 흥기興起만 믿고 나懶하지 않아야 재간이 해이해지지 않을 것이고 방략方略은 신腎에서 생기는 것인바 간금肝金과 신수腎水가 상조함으로써 이루어질 것인즉 천박한 꾀를 쓰지 말고 천도의 공리처럼 공공연히 행하여져야만 모든 양이 잘 귀장歸臟하게 될 것이다.

그런즉 이것은 소음인의 식견識見과 태음인의 위의威儀와 소양인의 재간材幹과 태양인의 방략方略이 그의 신대腎大 간대肝大 비대脾大 폐대肺大때문에 결여되는 것을 경계한 것이다.

본 주

이 아 지 단　　학 피 지 장　　이 아 지 장　　교 피 지 단　　동 시 조 성
以我之短으로 學彼之長하고 以我之長으로 教彼之短하면 同時助成하여

공 귀 정 고　　왈 무 탈 무 치 무 나 무 절 지 위 야
功歸正故로 日無奪 無侈 無懶 無竊之謂也니라.

(동무자주)

위에서 논한 바를 잠깐 회고하여 보면 함억제복頷臆臍腹에는 교긍벌과지심驕矜伐夸之心이 있고 두견요둔頭肩腰臀에는 탈치나절지행奪侈懶竊之行이 있다는 것을 알 수 있다. 그러나 이것은 인간마다 골고루 이러한 단점만 있는 것이 아니다. 반대로 주책籌策 경륜經綸 행검行檢 도량度量과 같은 심성도 있고 또는 식견識見 위의威儀 재간才幹 방략方略과 같은 웅지雄志도 있는 것이 인간이다. 그런즉 이상에서 논한 바에 의하여 인간이 소유래所有來한 기원과 그의 사상四象적인 장단을 알았은즉 여기에 맞추어서 교장학단教長學短하는 것을 사람마다 다 습득한다고 하면 인간세상의 역사는 다른 방향으로 창조될 것이다.

그러므로 동무는 그 註에서 아我의 단점을 보충하기 위하여서는 피彼의 장점을 학學하고 아我의 장점을 가지고서는 피彼의 단점을 가르치라고 하였다. 그렇게만 한다면 이것은 함께 완성을 도와주는 것이 되므로 반드시 정도正道로 돌아갈 것이다. 그러므로 그는 무탈無奪 무치無侈 무나無懶 무절無竊하라는 일대 경종警鍾을 울려놓았던 것이다.

이목비구 관어천야 폐비간신 입어인야
耳目鼻口는 觀於天也오 肺脾肝腎은 立於人也오

함억제복 행기지야 두견요둔 행기행야
頷臆臍腹은 行其知也오 頭肩腰臀은 行其行也니라.

대 의

이것은 위에서 말한 바에 대한 총괄이다. 이것을 풀어 말하면 이목비구는 천기천시 세회 인륜 지방의 운행과 상응하는 것인즉 바로 천기의 운행대로 만들어진 것이오 폐비간신은 인사사무 세회 당여 거처와 상부한 것인즉 이것은 인사에서 기립基立된 것이오 함억제복은 인간의 心이 작용하는 주책 경륜 행검 도량 산실인즉 여기에서 지知가 행하여지고 두견요둔에서는 방략 재간 위의 식견을 통하여 복腹에서 행하는 지知가 행하는 대로 행하여지는 것이라고 요약했다.

본 주

천기지소당 무처불응지위야 인사지소행 무시불용지위야
天機之所當에 無處不應之謂也오 人事之所行에 無時不用之謂也오

심지소시 발기지지위야 신지소처 달기행지위야
心之所恃에 發其知之謂也오 身之所處에 達其行之謂也니라

(동무자주)

이목비구가 천기와 상응하여서 이루어지는 것은 천기는 공리公理대로 행하는 것이므로 그 행이 마땅하지 않음이 없으니 어디에 처하든지 서로 응하지 않음이 없으므로 이목비구는 천기가 운행하는 대로 작용하는 것이다.

폐비간신은 인사가 행하는 데에 의하여서 그 건부健否와 소장消長이 결정

되는 것인즉 인사가 천기대로 행하여지면 폐비간신에 병이 없을 것이지만 일반적인 인간생활은 천도와 배치되기 때문에 노사老死와 쇠약衰弱의 함정에 빠지게 되는 것이다. 그러므로 「인사지소행人事之所行에 무시불용지위야無時不用之謂也」라고 한 것이다.(상세는 우주변화의 원리 정신론 참조)

함억제복에서는 주책 경륜 행검 도량과 같은 心적인 작용이 일어나는 바 이것은 모두 지知의 소발所發인즉 함억제복은 인간지人間知의 모체인 것이므로 인간의 심리가 의지하는 대로 지知를 발한다고 한 것이다. 그런데 함억제복에는 교긍벌과지심驕矜伐夸之心이 있으므로 그 지知도 그 만큼 발달에 저해가 되는 것이다.(상세는 우주변화의 원리 인간정신의 통일 참조)

두견요둔에서는 식견 위의 재간 방략 등이 행하여지는 것인바 여기에서는 함억제복에서 이루어진 지知의 영令이 행하여지는 것이다. 그러므로 두견요둔에 탈치나절지행奪侈懶竊之行이 없어야만 그 영令이 바르게 펴질 것이다. 그런즉 두견요둔에서 식견 경륜 재간 방략이 이루어질 수 있는가 없는가 하는 열쇠는 자기의 지知에 있는 것이다. 그러므로 이것을 행기행行其行이라고 하였다.

그런즉 이것을 요약해보면 인간은 천운대로 행하면 천기가 응하지 않음이 없을 것이므로 인사지소행人事之所行에서 그대로 작용하지 않을 수가 없는 것이다. 그러므로 인간의 심지心持가 순천기順天機하면 자연히 지능知能이 발發하게 되고 따라서 그 행실이 지知대로 행하게 되어서 천기天機에 달할 것이므로 자연히 정신과 육체가 건전하게 될 것이다.

천시 대동야 사무 각립야
天時는 大同也오 事務는 各立也오

세회 대동야 교우 각립야
世會는 大同也오 交遇는 各立也오

인륜 대동야 당여 각립야
人倫은 大同也오 黨與는 各立也오

지방 대동야 거처 각립야
地方은 大同也오 居處는 各立也니라.

대 의

위에서 이목비구는 천기天機에 속한 것이므로 천기가 운행하는 대로 작용하는 것이고 폐비간신은 인사人事에 속한 것이므로 인사가 행하는 바 여하에 의해서 정조精粗가 결정된다는 것을 논했다 그것은 왜냐하면 이목비구는 천기에 속한 것인바 천기는 모두 천시 세회 인륜 지방 대동화大同化 운동을 하는 것이기 때문에 여기에서는 모순이나 대립이 끊임없이 조화되는 것이다. 그런데 인사에 있어서는 모두 사무 교우 당여 거처 분열하려는 방향으로 기울어진다. 왜냐하면 인간의 폐비간신은 조화의 요인이 부족하기 때문에 그렇게 되는 것이다.(우주변화의 원리 인간정신론을 참조)

그러므로 동무는 천시는 대동大同한데 사무는 각립各立하려 하고 세회는 대동한데 교우는 각립하려 하고 인륜은 대동한데 당여는 각립하려 한다고 논한 것이다. 그런데 동무는 그의 자주에서 그 이유를 밝혀 놓았으므로 이것을 아래에 소개하겠다.

본 주

인의예지 여천 동 시무변역지위야 인시제의
仁義禮智는 與天으로 同하니 是無變易之謂也로대 因時制宜하니

여우횡공야 충효우제 여세 동 시유제립지위야
如羽横空也오 忠孝友悌는 與世로 同하니 是有齊立之謂也로대

종속성화 여화염상야 농공상우 여인 동
從俗性化하니 如火炎上也오 農工商虞는 與人으로 同하니

시무휴식지위야 작류병변 여린종학야 전택방국 여지
是無休息之謂也로되 作類秉便하니 如鱗縱壑也오 田宅邦國은 與地로

동 시유흥성지위야 수록응변 여수추하야
同하니 是有興盛之謂也로되 隨錄應變하니 如水趨下也니라

(동무자주)

이제 이 글을 풀어 보면 인의예지는 인간소작人間所作이 아니고 인간이 탄생할 때에 천부天賦로써 받아 가지고 난 것이다. 왜냐하면 인간의 잉태孕胎란 바로 천시의 포양작용包陽作用 그대로이기 때문이다. 그런즉 天道에 생장성수生長成遂가 있는 한 인간에게 인의예지가 없을 수가 없는 것이다. 그러므로 인의예지는 천도와 같이 수시응변隨時應變하는 것이다. 그런즉 인의예지란 것은 마치 새가 공중에서 날 때에 날개로써 상하완속上下緩速의 작용을 그때그때에 마땅하도록 조종하는 것처럼 인의예지도 또한 그와 같이 인시제의因時制宜하는 것이다. 왜냐하면 천도는 토에서 목화금수를 조절하는 것이므로 인시제의因時制宜가 가능한즉 인의예지란 것도 또한 목화금수의 운동이 천시에서 조절되는 상象 그대로이므로 그 근본이 다를 수는 없고 다만 천도대로 인시제의因時制宜하는 것이므로 이것은 천시와 대동하게 되는 것이다.

충효우제忠孝友悌는 교우交遇에 속하는 것인즉 인도人道에 있어서도 불가결의 법칙이다. 왜 그처럼 필요한가 하면 인사人事의 교우는 천기天機의 세회를 본 받은 것인즉 세회가 만물의 생장과정에서 일어나는 모든 모순을 조절하여서 금화교역을 할 수 있도록 제립齊立시키는 것처럼 충효우제忠孝友悌도 그와 같이 조화되어야 하는 것이다. 그러나 인사는 종속성화從俗性化—즉 세속의 교제交際과정은 여화종상如火從上하는 火를 인간의 종속성으로써 제

립齊立시키려고 하므로 농공상우에는 천도의 세회에 있어서처럼 대동회되지 못한다는 말이다.

농공상우農工商虞(우는 수렵 어업 등)는 천도의 인륜이다. 인륜이란 것은 축인묘丑寅卯의 생화生化과정의 혼륜상태인 바 이때는 세회의 준비를 하는 때인즉 소호小毫의 각립各立이나 휴식도 없는 때이다. 그러므로 천도의 인륜에는 각립이 없고 오직 동화同化만이 있는 것이다. 그럼에도 불구하고 인간생활에 있어서는 천하 만물이 작류병변作類秉便하는 운명 때문에 마치 여린종학如鱗從壑하는 음물陰物과도 같이 각립各立하게 되는 것이다.

전택방국田宅邦國은 천기의 지방을 본뜬 것이다. 그러므로 여기에는 마땅히 흥성興盛의 전조前兆가 있어야 한다. 왜냐하면 지방은 정신과 생명의 귀일처歸一處인즉 이것은 다음 때의 흥성興盛을 위한 준비인즉 인사의 전택국田宅國이란 것은 天道의 흥성興盛을 말하는 것임에도 불구하고 인간들은 부귀와 영화를 위하여서 세속이 변하는 대로 따라가면서 아부하는 것과 같은 행동을 자행하고 있다. 왜냐하면 인간의 전택방국田宅邦國은 지방—즉 태감兌坎과 같으므로 미래의 흥성을 위해서는 비록 비천지지卑賤之地라고 할지라도 낙도樂道로 하여야만 천기와 상응하는 방법이 된다는 것을 알지 못하기 때문이다. 그럼에도 불구하고 수록응변隨祿應變하고만 있으니 이것은 大同하여야할 거처居處를 各立시키는 역천지결과逆天之結果가 되는 것이다.

본 주

순 덕 자　　인 지 소 찬 야　　역 실 자　　목 지 소 기 야
順德者는 人之所贊也오 逆失者는 目之所欺也오

정 학 자　　사 지 소 구 야　　사 음 자　　신 지 소 노 야
正學者는 思之所懼也오 邪陰者는 神之所怒也니라

명 진 자　　성 지 유 외 야　　암 퇴 자　　경 지 유 욕 야
明進者는 聖之攸畏也오 暗退者는 景之攸辱也오

덕겸자 구지유치야 요과자 혜지유증야
德謙者는 仇之攸恥也오 妖誇者는 惠之攸憎也니라

(동무자주)

동무는 위에서 인의예지仁義禮智와 충효우제忠孝友悌와 농공상우農工商虞와 전택방국田宅邦國이 천운天運대로 운행되어지지 않는 것을 경계했는데 이것을 다시 설명하기를 덕德에 순順하는 것은 사람마다 찬성贊成하는 것이라고 하였으니 덕은 천시에 응하는 것인데 천시는 천기의 중추이고 인의예지가 또한 거기에 속하므로 그와 같이 극찬한 것이다. 역실逆失이란 것은 세회世會에서 음양이 교회할 때에 양이 과다하여서 산실散失되는 것을 말하는 것인데 천도의 세회는 인간에 있어서는 목目의 시력을 生하는 영靈이 생기는 곳이다. 그런즉 이 영靈이 만일 과항過亢한 양陽때문에 역실逆失하게 되면 이것은 바로 눈을 속이는 것과 같은 것인즉 교우交遇에서 충효우제가 제립齊立되지 못한다면 그것은 세회世會에서 양을 역실逆失하여서 눈이 보이지 않은 것과 같은 것이다.

농공상우란 소박한 자연대로의 인간이다. 그러므로 이것은 천도에 있어서 인륜의 혼륜混綸상태와도 같다. 그러나 이들도 정학正學만 한다면 후사지력嗅思之力이 강한 것과 같은 편벽偏僻이 자멸自滅하고 가장 알맞게 생장할 것인즉 가령 간대肝大의 특징으로 생겼던 바의 후사嗅思라고 할지라도 이와 같은 정학 앞에서는 반드시 굴복하게 될 것이므로 정학자正學者는 사지소구야思之所懼也라고 했다. 전택방국은 천기에 있어서는 지방이오 인사에 있어서는 거처이다 그런데 이것은 태감지지兌坎之地인즉 사음邪陰이 거처하는 곳이다. 그런즉 이것들은 태감兌坎에 의해서 귀일한 신神을 압박하려는 방종을 범하기 쉽다. 그러므로 전택방국에 이러한 경계를 한 것이다.

동무는 이와 같이 말하고서는 다시 이어서 말하기를 명明이 나아가는 것을 범인은 좋아하지만 성인은 이것을 두려워한다. 왜 그런가 하면 陰이 절멸絶滅할새 이미 그러한 것이니. 또 어두움이 후퇴하는 것은 경景(선 빛)을 오히려 욕辱되게 하는 것이다. 왜 그런가 하면 암暗의 후퇴는 표면으로 보면 경景의 전진前進같지만 이것은 사실상 경景의 소멸을 의미하는 것이기 때문에 경景을 욕되게 한 것이다.

또 덕이 있는 사람이 겸손한 것은 일견 비굴한 것 같을지도 모르지만 이것을 알고 있는 원수仇는 도리어 두려워한다고 하였다.

또 요사妖邪하고 허영虛榮에 떠서 없어도 있는 체 하는 사람은 시혜施惠하는 것을 보고 오히려 미워憎한다고 하였다.

동무가 이상에서 여차如此 논술한 이유는 인의예지仁義禮智나 충효우제忠孝友悌나 농공상우農工商虞나 전택방국田宅邦國이 본시 천기天機에 의해서 이루어진 것인바 인간이 이것을 행함에 있어서 천기에 있어서처럼 대동화大同化하지 못하고 각립各立함으써 천기의 법도를 어기고 있기 때문에 이와 같이 가르친 것이다.

즉 명진明進 암퇴暗退나 덕겸德謙 요과妖誇도 음양의 진퇴에 불과한 것인즉 사람이 자기의 지행知行여하에 의하여 능히 음양을 조절함으로써 각립各立하는 행위를 동화시키면 천기天機를 본받을 수 있다는 것을 가르친 것이다.

籌策은 博通也오 識見은 獨行也오
(주책 / 박통야 / 식견 / 독행야)

經綸은 博通也오 威儀는 獨行也오
(경륜 / 박통야 / 위의 / 독행야)

行檢은 博通也오 材幹은 獨行也오
(행검 / 박통야 / 재간 / 독행야)

度量은 博通也오 方略은 獨行也니라.
(도량 / 박통야 / 방략 / 독행야)

대 의

위에서는 이목비구는 천기에 속해 있으므로 대동하고 폐비간신은 인사에 속해 있으므로 각립한다는 것을 말했다. 그런데 거기에서 함억제복은 지知를 생하고 두견요둔은 그 知가 행하는 대로 행하여지는 곳이라고 말했던 것이다. 그런데 천기와 상응하는 이목비구는 천기에서 받은 神을 함억제복에 전달하고 인사와 상부相符한 폐비간신은 그 기운을 인사에서 받아서 두견요둔에 전달하는 것이다. 그러므로 知性는 함억제복에서 이루어지고 명命은 두견요둔에서 행해진다고 한 것이다.

이 만큼 하고 여기에서 본문을 연구해 보면 주책籌策 경륜經綸 행검行檢 도량度量은 박통博通한다고 하였는데 여기에서 知는 천시天時에서 이루어지는 바 천시는 곤坤을 본질로 하고 행하여지는 것이므로 무소불입無所不入하며 무소불통無所不通하면서 양陽을 포회包懷함으로써 능能히 박통博通하는 것이다.

(註) 박博은 광야廣也 대야大也 실야悉也.

그러나 두견요둔은 인사소주人事所做이므로 폐비간신의 氣를 받은 것인데 인간의 행위는 각립하기 쉬운즉 대동하는 작용을 하는 이목비구함억제복의 知와 반대되는 작용을 할 수 밖에는 도리가 없으므로 분열작용에 가담하는 것이다. (獨行이란 말은 동화하지 않고 자기만 좋으면 그만이라는 의미인즉 이것은 생장과 같은 陽의 작용을 말하는 것이다.)

대동자 천야 각립자 인야
大同者는 天也오 各立者는 人也오

박통자 성야 독행자 명야
博通者는 性也오 獨行者는 命也니라

대 의

위에서 천시 세회 인륜 지방은 대동大同한다고 했는데 그것은 모두 천기天機를 말하는 것이오 사무 교우 당여 거처는 각립各立한다고 하였는데 이것은 모두 인사人事를 말하는 것이오 주책 경륜 행검 도량은 박통博通한다고 하였는데 이것은 모두 성性을 말하는 것이오 식견 위의 재간 방략은 독행獨行한다고 하였는데 이것은 모두 명命을 말하는 것이라고 하였다. 동무는 이와 같이 인간이 탄생하게 된 바의 천부天賦의 소자출所自出에서부터 시작하여서 인간의 성명性命이 어떻게 이루어 졌는가 하는 데에까지 부연敷衍하였다. 그런즉 다음에 성명性命이란 것은 어떻게 이루어지는 것인가 하는 것을 잠깐 논하지 않을 수 없다.

보 주

인간은 이 세상에 태어날 때에 부모의 살肌를 잠깐 비는 것이고 부모가 자식을 탄생하는 것은 아니다. 인신人身은 소천지小天地이므로 인체 속에서도 항상 천도와 똑 같은 운동이 일어나게 된다. 그런데 그 운동이란 바로 음과 양이 산합散合하는 운동이다. 그러므로 그 운동은 음이 양을 수렴하는 과정에서 성性을 창조하게 되는 것인바 성性이란 바로 정신과 생명의 모체인 동시에 또한 자체自體이기도 하다. 그런데 이와 같이 하여서 이루어진 성은 바로 함억제복頷臆臍腹의 소산所産이다. 이와 같은 성性이 두견요둔頭肩腰臀에서 행하여지게 되면 이것을 명命이라고 하는 것인즉 명이란 것은 곧 성性의 수명자受命者이다. 그런즉 命이 행하여지게 되면 명命은 자기의 성性을 소모하지만 완전소모完全消耗는 하지 못하는 것이 우주의 법칙이다. 그러므로 그 명命은 또 다시 성性을 생산하게 되는 것이니 이것이 바로 함억제복의 운동은 두견요둔의 운동으로 전환하면서 성명을 교차 생산하는 작용을 말하는 것이다. 그러므로 동무는 이상과 같이 인간의 유래를 역설계시力說啓示하였

던 것이다.(상세는 우주변화의 원리 정신론 참조)

이호선성 목호선색 비호선후 구호선미
耳好善聲하고 目好善色하고 鼻好善嗅하고 口好善味니라.

대 의

귀는 선성善聲을 좋아하고 눈은 선색善色을 좋아하고 코는 선후善嗅를 좋아하고 입은 선미善味를 좋아한다고 하였다. 이것은 동무자주東武自註에 밝혀 있으므로 거기에서 논하기로 하겠다.

본 주

선성 비청아지성 선색 비화려지색
善聲은 非淸雅之聲이오 善色은 非華麗之色이오

선후 비방향지후 선미 비미감지미야
善嗅는 非芳香之嗅오 善味는 非美甘之味也니

차등지사 영인반위농맹색결지병 부족위칭야
此等之事는 令人反爲聾盲塞缺之病이니 不足爲稱也니라

(동무자주)

동무는 선성善聲 선색善色 선후善嗅 선미善味를 이상과 같이 논했다. 즉 선성이란 것은 청아淸雅한 것을 말하는 것이 아니다. 왜 그런가 하면 청아지성淸雅之聲은 폐기형성肺氣形成에 해를 끼치는 까닭이다. 그 다음 선색이란 것은 화려지색華麗之色을 말하는 것이 아니라고 하였으니 화려지색은 비脾의 기능을 상실하게 함으로써 금화교역을 저해하기 때문이다 선후라고 하는 것은 방향지후芳香之嗅를 말하는 것이 아니라고 하였으니 방향지후는 간의 기능을 확장시킴으로써 간금肝金의 기능을 해할 염려가 있기 때문이오, 선미란 미감지미美甘之味를 말하는 것이 아니라고 하였으니 미감지미는 비화脾火의 작용을 너무 돕는 것인즉 신腎을 해칠 염려가 있기 때문이다.

그러므로 이와 같은 것들聲色嗅味은 사람으로 하여금 농맹색결聾盲塞缺과 같은 병에 걸리게 하는 데에 족한 것인즉 칭찬할 것은 못된다고 말했다.

보 주

귀머거리聾가 되는 것은 귀에 水氣를 잘 상승시키지 못하는 까닭인데 청아지성淸雅之聲은 金에 속하는 것이므로 그러한 소리를 많이 들으면 水의 상승을 해치기 때문에 이롱耳聾하기 쉽고 화려지색華麗之色은 火에 속하는 바이 色을 많이 보면 목目의 精水을 해치기 때문에 목맹目盲이 되기 쉬운 것이다.

그 다음 방향지후芳香之嗅는 간금肝金을 해쳐서 화화火化 작용을 과다하게 하므로 흉격胸膈을 옹색壅塞하게 하고 미감지미美甘之味는 土에 속해 있으므로 水氣가 상산上散하는 병을 만들기 쉬운 것이다.

선성 순이야 선색 순목야
善聲은 順耳也오 善色은 順目也오

선후 순비야 선미 순구야
善嗅는 順鼻也오 善味는 順口也니라

(원문에는 嗅가 臭로 되어 있으나 한동석 선생의 지적에 따라 嗅로 정정함- 편집자주)

대 의

선성善聲이란 것은 귀에 순順한 것을 말하는 것이오, 선색善色이란 것은 눈에 순한 것을 말하는 것이오, 선후善嗅란 것은 코에 순한 것을 말하는 것이오, 선미善味란 것은 입에 순한 것을 말하는 것이다. 그렇다면 성색후미聲色嗅味에서 선한 것은 과연 어떠한 것일까? 그것은 다음의 본주에서 논하기로 하겠다.

본 주

선성 시충후지성 선색 시근검지색
善聲은 是忠厚之聲이오 善色은 是勤儉之色이오

선후 시신질지후 선미 시인애지미
善嗅는 是信質之嗅오 善味는 是仁愛之味니라

차등지사 사인원투총명덕혜지정 가위소지야
此等之事는 使人遠偷聰明德慧之正이니 可爲所知也니라

(동무자주)

충후지성忠厚之聲이란 것은 화순化順한 소리라는 뜻이다. 왜냐하면 충후忠厚는 土化작용에서 생기는 것이기 때문이다. 토화 작용은 폐肺를 생하는 것인즉 귀耳가 이것을 좋아하기 때문에 선성善聲이 되는 것이다.

근검勤儉은 비화脾火가 작용하는 사오巳午에서 요구하는 것인데 이것은 간肝에 의해 공급되는 것인즉 여기에서 손巽이 明을 生함으로써 시력을 生하게 되는 것이다. 그런데 근勤은 陽이오, 검儉은 陰이다. 그러므로 눈은 근검지색勤儉之色—즉 음양동정지색陰陽動靜之色을 얻어야만 明이 생기는 것이다.

신질信質이란 것은 수토합덕水土合德으로(즉 자축子丑이 합하여서) 이루어지는 것인데 이것은 水를 질質로 하고 土丑를 신信으로 하여서 만물이 생장하는 기본을 만드는 것이다. 그런데 코는 간肝에 속해 있은즉 간이 이러한 냄새를 좋아한다는 말은 바로 코가 이러한 냄새를 맡음으로써 신체에서 생장지본生長之本을 잘 기를 수 있다는 말이다.

인애지미仁愛之味라는 것은 새싹新芽을 발할 수 있는 요인을 말하는 것이다. 그런즉 입이 바라는 것은 먹어서 충양充陽할 수 있는 맛인즉 그것이 곧 인애지미仁愛之味다. 그러므로 입의 형성이 토금수土金水로써 火를 속에 넣은 상像으로 생겼던 것이다.(즉 설(舌)이 속에 있고 표부(表部)에 양순(兩脣)과 치(齒)가 포위됐다는 것을 위에서 말한 바 있다.)

(註) 차단此段은 좀 이해가 곤란할지 모르겠지만 간단하게 쓰기 위하여서 그렇게 한 것인즉 우주변화의 원리 오행론을 연구하면 이것을 쉽게 이해할 수 있을 것이다.

그러므로 이와 같은 성색후미聲色嗅味는 사람의 총명덕혜聰明德慧를 기르게 하여 줄 것이니 이것은 꼭 알아두어야 한다고 한 것이다.

그런즉 우리가 여기에서 기억하여 두어야 할 선善한 성색후미聲色嗅味란 것은 모두 충후忠厚 근검勤儉 신질信質 인애仁愛와 같은 토화지성색후미土化之聲色嗅味를 말하는 것인즉 인간정신이 요구하는 것은 바로 이와 같은 중용지기中庸之氣라는 것을 알 수 있는 것이다.

肺惡惡聲(폐오악성)하고 脾惡惡色(비오악색)하고 肝惡惡臭(간오악취)하고 腎惡惡味(신오악미)니라

대 의

폐肺는 악성惡聲을 미워하고 비脾는 악색惡色을 미워하고 간肝은 악취惡臭를 미워하고 신腎은 악미惡味를 미워한다고 했는바 그런즉 악성惡聲 악색惡色 악취惡臭 악미惡味란 것은 어떠한 것인가 하는 것은 다음 自註에 해석 하였은

즉 거기에서 논하겠다.

본 주

악성 비살벌지성 악색 비추루지색
惡聲은 非殺伐之聲이오 惡色은 非醜陋之色이오

악취 비부비지취 악미 비신고지미
惡臭는 非腐癰之臭오 惡味는 非辛苦之味니라

차등지상 영인 도위 엄폐두토지노 부족위난야
此等之狀은 令人이 徒爲 掩閉杜吐之勞니 不足爲難也니라

(동무자주)

악성惡聲이란 것은 金氣가 살벌殺伐하는 것과 같은 소리가 아니오, 악색惡色이란 것은 水氣가 추루醜陋로 변한 것과 같은 색이 아니오, 악취惡臭란 것은 습열濕熱이 왕旺하여 부패腐敗하게 된 냄새가 아니오, 악미惡味란 것은 인신상화寅申相火와 같은 것에 의해서 신고辛苦로 변한 미味를 말하는 것이 아니다. 그런즉 이와 같은 것을 가리켜서 성색후미聲色嗅味의 악惡으로 생각하는 것은 어리석은 짓이니 이러한 것은 마치 엄폐掩閉함으로써 토吐를 막으려는 것掩閉杜吐과 같은 것인즉 비난할 가치가 없다고 하였다.

악성 역폐야 악색 역비야
惡聲은 逆肺也오 惡色은 逆脾也오

악취 역간야 악미 역신야
惡臭는 逆肝也오 惡味는 逆腎也니라

내 의

그런즉 악성惡聲이란 것은 폐肺에 거슬리는 소리를 말하는 것이오 악색惡色이란 것은 비脾에 거슬리는 색을 말하는 것이오 악취惡臭란 것은 간肝에 거슬리는 냄새를 말하는 것이오 악미惡味란 것은 신腎에 거슬리는 맛을 말하는 것이라고 말했다. 그렇다면 폐비간신肺脾肝腎에 거슬리는 성색후미聲色嗅味란 과연 어떠한 것인가 하는 것은 다음의 자주自註에 상술되어 있다.

본 주

악성　시훼방지성　악색　시난패지색
惡聲은 是毁謗之聲이오 惡色은 是亂悖之色이오

악취　시음해지취　악미　시투도지미
惡臭는 是陰害之臭오 惡味는 是偸盜之味니

차등지상　사인 공성전광나류지환　가위소신야
此等之狀은 使人 空成癲狂癩瘤之患이니 可爲所愼也니라

(동무자주)

폐肺에 악영향을 미치는 소리는 폐금肺金을 과렴過斂하게 하는 것과 같은 살벌지성殺伐之聲이란 것보다도 오히려 폐肺의 수렴작용을 방해毁방하는 화성火聲이오 악색惡色이란 것은 흑기黑氣가 변질하여서 火를 응고하려는 추루지색醜陋之色이란 것보다도 오히려 火를 패란悖亂시켜서 금화교역金火交易을 방해하려는 패란지색悖亂之色이오 악취惡臭란 것은 간에 火가 과항過亢하여서 나는 냄새라기보다는 오히려 간금肝金이 지나쳐서 생장을 음해陰害하는 냄새오 악미惡味란 것은 상화相火가 과다하여서 신고辛苦로 변한 수불급지미水不及之味라기 보다도 오히려 水氣가 지나쳐서 감坎의 생화生化작용을 막아 버리려는 도적盜賊과 같은 맛을 말하는 것이다.

그런즉 이와 같은 것은 사람으로 하여금 전광나류癲狂癩瘤의 질환으로 유인誘引하는 데에 불과한즉 삼가지 않을 수 없는 일이라고 하였다. 왜냐하면 훼방지성毁謗之聲과 난패지색亂悖之色은 폐비肺脾속의 木火를 소멸하게 되므로 악한 성색聲色이 되고 음해지취陰害之臭와 투도지미偸盜之味는 간신肝腎 표면의 金水를 과렴過斂하게 하므로 악한 취미臭味라고 한 것이다.

(註) 이와 같이 악성(惡聲) 악색(惡色)은 전광(癲狂)의 원인이 되고 악취(惡臭) 악미(惡味)는 나류(癩瘤)의 원인을 만드는 것인즉 이것으로써 이양(裏陽)이 항(亢)하면 전광(癲狂)의 원인이 되고 표음(表陰)이 성하면 나류(癩瘤)의 원인(原因)이 된다는 것을 명시해 놓은 것이다.

함유교심 억유긍심 제유벌심 복유과심
頷有驕心하고 臆有矜心하고 臍有伐心하고 腹有夸心이니라

교심 교의야 긍심 긍려야
驕心은 驕意也오 矜心은 矜慮也오

벌심 벌조야 과심 과지야
伐心은 伐操也오 夸心은 夸志也니라.

자구해석

| **교의(驕意)** 자기가 우월한 것처럼 마음속으로 자부하는 마음이고 그 뜻을 표시하는 것은 아니다.

| **긍려(矜慮)** 자기가 잘난 척하는 것을 속으로 생각하는 것만이 아니고 간혹 이것을 겉으로 표현하기도 하나 아주 소극적(消極的)이다.

| **벌조(伐操)** 조(操)라는 것은 명령대로 행동하는 것을 말한다. 그러므로 군사가 연습하는 것을 조군(操軍)이라고 하고 배를 젓는 것을 조주(操舟)라고 한다. 그런데 벌(伐)이란 것은 남을 깔보는 것을 말하는 것인즉 남을 사람 앞에서 멸시(蔑視)하는 언동이나 행위를 감행하는 것은 벌과 조가 합세한 것을 의미하는 것이다.

| **과지(夸志)** 과지란 것은 자기가 위대한 척하는 뜻을 간직하고 있지만 이것을 표현하지 않는 마음이다. 그밖에 아부를 좋아하는 것이나 사치를 좋아하는 것도 또한 과지(夸志)의 소발(所發)이다.

대 의

턱에는 교심驕心이 있고 억臆에는 긍심矜心이 있고 제臍에는 벌심伐心이 있고 복腹에는 과심夸心이 있다. 동무는 이와 같이 전제해 놓고 다음에 교긍벌과驕矜伐夸란 무엇인가 하는 것을 설명했다.

이제 그것을 풀어보면 인간의 함억제복頷臆臍腹에는 위와 같은 결점이 있게 마련이므로 함억제복頷臆臍腹이 비록 천기天機를 본받은 이목비구耳目鼻口와 상응하면서 인간의 성性을 창조하는 것이라고 할지라도 인간은 오행의 승부적인 특징을 타고났기 때문에 교긍벌과지심驕矜伐夸之心을 면할 수가 없으니 그것이 곧 오행의 반응인 것이다.

그런데 사람의 함頷에 교의驕意가 있는 것은 함頷은 폐에 속해 있으므로 폐 속에 있는 陽木이 「불룩」해지는 그것이 바로 교의驕意의 원천인데 폐기肺氣는 금중지목金中之木이므로 그 뜻을 발發하지 못하는 것이다.(그러므로 유의이불발(有意而不發)을 「意」라고 하는 것이다) 그 다음으로 긍려矜慮란 것은 억臆에서 生하는 것인데 억臆은 비脾에 속해 있고 비脾는 火이므로 발표發表하는 힘을 가지고 있다. 그런데 비脾는 火이면서도 또한 土이므로 긍려矜慮가 있는바 이와 같이 긍矜과 려慮로써 개념을 만든 것은 그 개념이 가지고 있는 바의 긍려에는 음양 반반의 이면성二面性이 내포되어 있기 때문에 이와 같은 개념을 취한 것이다. 그러므로 우리는 긍려는 비脾의 작용에서 나타난다는 것을 알 수 있는 것이다.

그 다음으로 벌조伐操란 것은 마음으로만 자랑하는 것이 아니라 그것을 행동에까지 나타내는 것을 말하는 것이다. 그런데 벌조伐操는 제臍에 속해 있고 제臍는 간에 속해 있는바 간은 金木이 공영共榮하는 장군지관將軍之官이기 때문에 조종지심操縱之心이 생기며 또는 실제로 조종操縱하는 것이다. 그런즉 벌伐은 간금肝金의 주동력主動力을 말하는 것이고 조操는 金이 명령을 행하는 것을 말하는 것이다. 그 다음 과지夸志는 복腹에서 생기는데 복은 신腎에 속해 있은 즉 여기에서는 자랑을 표현할만한 용기가 아직 없으므로 마음속으로만 「큰 척」 하는 것이다. 그러므로 과夸와 지志를 합하여서 과지夸志라고 한 것인 바 지志란 것은 결의決意가 이미 굳어져서 곧 발發할 수 있는 준비를 갖춘 정靜의 상태를 말한 것이다.

보 주

위에서 태음인은 함유주책頷有籌策하고 소음인은 억유경륜臆有經綸하고 태양인은 제유행검臍有行檢하고 소양인은 복유도량腹有度量이라고 했다. 그런즉 그것은 왜냐 하는 것을 생각할 필요가 있다. 즉 태음인은 간대肝大함으로써 폐목肺木에 속한 함頷에 金氣를 잘 보내게 되므로 함頷의 형성이 잘되고 소음인은 신대腎大하므로 비화脾火에 속한 억臆에 水가 잘 상승하게 됨으로써 억臆의 형성이 잘되고 태양인은 폐대肺大하므로 간금肝金에 속한 제臍에 木이 잘 하강하게 되므로 제臍의 형성이 잘되고 소양인은 비대脾大하므로 신수腎水에 속한 복腹에 火가 잘 하강하게 되므로 복腹의 형성이 잘 되기 때문에 이와 같이 말한 것이다.

두유천심 견유치심 요유나심 둔유욕심
頭有擅心하고 肩有侈心하고 腰有懶心하고 臀有欲心이니라

천심 탈리야 치심 자존야
擅心은 奪利也오 侈心은 自尊也오

나심 자비야 욕심 절물야
懶心은 自卑也오 欲心은 竊物也니라

대 의

머리에는 전횡專橫하면서 통일하려는 마음이 있고 어깨에는 사치함으로써 존신尊身하려는 마음이 있고 허리에는 게으르거나 미워하는 마음이 있고 엉덩이에는 욕심이 있다고 하였다. 그런데 이렇게 말한 동무는 다음에 천심擅心 치심侈心 나심懶心 욕심欲心에 대한 개념을 설명했다.

즉 머리에는 통일하려는 마음이 있는 바 이것은 일견一見하기에는 제멋대로 하려는 마음이 나타나는 것 같다. 왜냐하면 머리는 폐목肺木의 부위인데 폐는 사실상 木을 창조하려는 金이므로 여기에서는 인신상화寅申相火의 과정적 현상이 나타나므로 천심擅心이 생기게 되는 것이니 이 象을 탈리奪利라고 하는 것이다. 즉 양陽을 협로狹路로 유인하면서 재생지원再生之元을 만드는 상태를 말하는 것이다. 그 다음으로 견肩에서 치심侈心이 생기는 것은 어깨는 비화脾火가 왕旺하는 부위인데 비화脾火는 금화교역지원金火交易之元이므로 이 과정에서 자연은 분열과 화려華麗로써 장식하는 때이다. 그러므로 인도人道에 있어서도 사치나 분열이 조장되는 것이니 이것을 치심侈心의 자존自尊이라고 한다.(우주변화의 원리 금화교역과 토화작용을 참조)

그 다음 나심懶心은 요腰에서 생기는데 요腰는 간금肝金의 부위이다 그런데 간금肝金은 사실상 그 속에 있는 木을 기르는 金이다. 그런즉 간목肝木이 만일 과다하여서 간음肝陰이 거기에 도취陶醉하게 되면 나태지심懶怠之心이 생기게 되고 따라서 간음肝陰이 부족하게 되면 금중지목金中之木의 생화지력生化之力이 감퇴하는 것이므로 나심懶心이 자비自卑라고 한 것이다.

그 다음 욕심欲心은 절물竊物한다고 하였는데 인간의 둔臀은 신腎에 속한다. 그런즉 水가 만물을 生하기 위하여 木火金을 구사함으로써 천하에 흩어져 있는 양陽을 모두 자기의 품속에 귀일시키는 것을 우리가 관망할 때에 이것이 바로 인사의 욕심慾心과 방불彷佛하다는 것을 알 수 있다. 그러나 그것은 만물을 생성하기 위하여서 일어나는 공욕公欲일 뿐이고 결코 사욕이나 사심이 아니다 그러므로 이것이 만일 공도에서 실도失道하면 사욕으로 변하게 되는 것이므로 절물지심竊物之心이 생기게 되는 것이다.(우주변화의 원리 오행론 참조) 그런즉 절심竊心이란 것은 사욕인 동시에 또한 얕은 꾀인 것이다.

인지이목비구 호선 무쌍야 인지폐비간신 오악 무쌍야
人之耳目鼻口는 好善이 無雙也오 人之肺脾肝腎은 惡惡이 無雙也오

인지함억제복 사심 무쌍야 인지두견요둔 태심 무쌍야
人之頷臆臍腹은 私心이 無雙也오 人之頭肩腰臀은 怠心이 無雙也니라.

대 의

여기에서 우리가 한번 회고해 볼 것은 위에서 말한바 인간의 이목비구는 천기와 상응하는 것인바 이것은 거기에 상응하는 제 1단계이기 때문에 천성天性처럼 선한 것이다. 그러므로 호선好善이 무쌍無雙이라고 하였거니와 폐비간신肺脾肝腎은 인사人事를 본받은 것이다. 즉 인사人事는 지地의 이理에 속한 것이므로 악하게 될 수 있는 요인이 잠복되어 있거니와 더욱이 인간은 잉태할 때부터 사리사욕에 찬 인간적인 환경에서 길러져서 세상에 나온 후에도 또다시 그러한 환경의 지배를 받게 되는 것이다. 그런즉 이러한 인간의 형체 안에서 생성활동을 하는 오장五臟은 여기에서 벌써 천기天機로서의 순수성을 상실하게 되는 것이다. 그러나 인간은 인사를 본 받은 순수지도純粹地道이기 때문에 자기가 선행은 못하지만 악을 미워하는 정도는 되는 것이다.(우주변화의 원리 인간정신의 유전(遺傳)과 수요(壽夭)를 참조) 그러므로 폐비간신肺脾肝腎은 오악惡惡이 무쌍야無雙也라고 한 것이다.

그런데 인간은 이와 같이 이목비구耳目鼻口와 폐비간신肺脾肝腎만으로써 완성된 것은 아니다. 그렇기 때문에 함억제복頷臆臍腹과 두견요둔頭肩腰臀이라는 외형이 생기고서야 현실적인 인간이 되는 것이다.

그러므로 함억제복頷臆臍腹은 천기를 제 3단계로써 받아 들여서 생긴 것인즉 (즉, 天機—耳目鼻口—頷臆臍腹) 그 때문에 이목비구에서 호선好善이 무쌍無雙하던 인간이 다시 변질되어서 사심邪心이 무쌍無雙한 인간으로 바꿔지게 되는 것이다

즉 사심邪心이란 것은 부정지심不正之心인데 왜 천기天機가 함억제복頷臆臍腹에 이르러서 부정하게 되는가 하면 함억제복이 비록 인성人性을 창조하고 있지만 성性의 창조에 있어서 가장 중요한 토화土化작용이 천기에 비하면 월등하게 불급不及하므로 교호착잡交互錯雜한 승부지심勝負之心(즉 목화금수의 승부)을 잘 조화하지 못하기 때문에 (인간에 있어서 토화 작용이 불급한 이유는 우주변화의 원리 우주정신 참조) 함억제복은 사심이 무쌍하게 되는 것이다.

그런데 두견요둔頭肩腰臀은 인사人事에서 제 3단계로 이루어진 것이다. 인사의 제 2단계인 폐비간신肺脾肝腎은 오악지심惡惡之心이 있었지만 두견요둔에 이르러서는 태심怠心이 생기게 되는 것이다. 왜냐하면 인사에서 폐비간신지기肺脾肝腎之氣를 받은 인간은 함억제복頷臆臍腹에서 양을 통일시켜서 두견요둔으로 상승시켜야 하는 것인바 만일 함억제복에 사심邪心이 무쌍無雙하여서 여기에서 양을 수장통일하기 어렵게 된 즉 두견요둔에서 음화한 양이 상승하지 못하게 된다. 그렇게 되면 두견요둔은 자기가 활동할 수 있는 기본이 약화하게 되므로 태심怠心이 발하게 되는 것이다.

동무는 이와 같이 인간생리의 기원을 논함에 있어서 인성人性이 타락墮落하여 악으로 변하고 또 그것이 태심怠心으로 변하는 원리를 우주론에서부터 시작하여서 생리조직生理組織과 그의 작용에까지 결부시켰던 것이다. 오호라 동무는 19세기말이 낳은 얼마나 위대한 철인哲人이었더냐 얼마나 위대한 성의聖醫였더냐 그의 소론은 비록 의철학醫哲學의 골간만 세운 것이라고 할지라도 이것이야말로 빛나는 현주玄珠이며 또한 옥형玉衡인 것이다. 지금 吾人이 불초함에도 불구하고 이 글을 초抄하는 것도 실로 희대稀代의 진보珍寶

를 그냥 매몰하여 두기는 너무나 애석하기 때문이다.

요순지행인 재어오천년전이지우금
堯舜之行仁이 在於五千年前而至于今하여

천하지칭선자 개왈 요순즉 인지호선 과무쌍야
天下之稱善者 皆曰 堯舜則 人之好善이 果無雙也오

걸주지행폭 재어사천년전이지우금
桀紂之行暴이 在於四千年前而至于今하여

천하지칭악자 개왈 걸주즉 인지오악 과무쌍야
天下之稱惡者 皆曰 桀紂則 人之惡惡이 果無雙也오

이공자지성 삼천지도 수교이 유안자
以孔子之聖으로 三千之徒 受敎而 惟顔子

삼월 불위인 기여 일월 지언이
三月에 不違仁하고 其餘는 日月이 至焉而

심열성복자 지유 칠십이인즉 인지사심 과무쌍야
心悅誠服者 只有 七十二人則 人之邪心이 果無雙也오

이문왕지덕 백년이후 붕 미흡어천하
以文王之德으로 百年而後에 崩하사대 未洽於天下러시니

무왕 주공 계지연후 대행이 관숙 채숙 유이지친
武王 周公이 繼之然後에 大行而 管叔 蔡叔이 猶以至親으로

작난즉 인지태행 과무쌍야
作亂則 人之怠行이 果無雙也니라

자구해석

| **걸주(桀紂)** 하(夏)나라의 걸과 상(商)나라의 주를 통칭할 때에 걸주라고 한다. 이 두 사람은 모두 무도지주(無道之主)인데 걸은 탕(湯)에게 멸하고 주는 무왕(武王)에게 멸했다.

| **문왕(文王)** 주(周)나라의 시조인데 97세에 붕(崩)했다.

| **관숙(管叔) 채숙(蔡叔)** 이 두 사람은 무왕(武王)의 동생인데 관숙의 名은 「선(鮮)」이요 채숙의 名은 「도(度)」이다. 그런데 무왕이 87세에 붕(崩)한 후에 아들 성왕이 즉위했지만 유군(幼君)이었다. 그런데 「선」은 관(管)땅에 봉(封)했으므로 관숙(管叔)이라고 했고 「도」는 채(蔡)땅에 봉(封)했기 때문에 채숙(蔡叔)이라고 불리우게 된 것이다.

각설(却說) 성왕(成王)은 유군(幼君)이므로 주공(周公)이 섭정(攝政)을 하게 되자 관숙과 채숙은 이에 시기하기 시작하여서 형제가 방언(放言)하여 소문을 펴기를 「공장불리어유자(公將不利於儒子)」라고 하였던 것이다. 즉 성왕(成王)은 유자(儒者, 조그마한 선비라고 하여 깔보는 말)이기 때문에 불리(不利)하리라는 소문을 편 것이다. 주공은 이 말에 격분하여서 동도(東都)로 도망쳐 버렸는데 (자신이 성왕을 내쫓고 왕이 되려한다는 소문을 피하기 위해서 이다 – 편집자주) 성왕이 사람을 파견하여서 주공을 모셔오게 되었다. 그런즉 관숙과 채숙은 신변에 두려움을 느끼고 난을 일으켰는데 이것이 소위 관채지란(管蔡之亂)이라고 하는 것이다.

대 의

동무는 위에서 사람은 이목비구와 폐비간신으로써 천인지기天人之氣를 받아 가지고 함억제복과 두견요둔으로써 음양의 승강작용升降作用을 한다는 것을 논하고 거기에서 선악과 사태지심邪怠之心이 일어난다는 것을 말했다. 그런데 여기에서는 역사적 사실을 열거함으로써 이것을 증명하였던 것이다.

그는 말하기를 요순堯舜이 인仁을 행한지 5천년이나 되었는데 아직까지 선을 말하는 사람들은 모두 요순의 공적을 말하는 것을 보면 사람이 선을 좋아하는 마음이 얼마나 작용하고 있는가 하는 것을 알 수 있다고 말했다.

이것은 무슨 말인가 하면 사람의 성性은 본시 선을 바탕으로 한 것이기 때문에 후천적으로—즉 인체가 토화작용土化作用의 방해를 받는 환경에서 5천년 동안이나 대를 바꾸었다고 할지라도 아직까지 호선지심好善之心이 남아 있는 것을 보면 사람의 본성이 얼마나 선한가 하는 것을 알 수 있는 것이며 또한 인간의 본성은 천기에서 받았다는 것을 반증할 수 있지 않느냐고 하는 의도에서 이와 같이 논한 것이다.

그 다음은 걸주桀紂가 폭정을 한 것이 4천년이나 되지만 아직까지 악을 말하는 사람들은 모두 걸주를 가리켜서 말하는 것을 보면 사람들이 악을 미워하는 마음이 얼마나 많다는 것을 알 수 있지 않느냐고 말했던 것이다.

이것이 무슨 말인가 하면 천기는 말할 것도 없고 인간의 폐비간신이 비록 인사에서 받은 것이라고 할지라도 여기에 또한 우주 대자연의 선한 모습이 그냥 남아 있은즉 이것은 비록 호선지심好善之心만은 못하다고 할지라도 4천년 동안이나 악을 미워하는 마음이 남아 있었다고 하는 것은 바로 폐비간신의 본질도 그만큼 선한 성을 유지하고 있다는 것을 말하는 것이 아니냐고 한 것이다.

그 다음에 동무는 또 말하기를 공자 같은 대성으로써 3천 제자를 가르쳤지만 그 중에서 한번 인仁에 대한 수교垂教에 접하면 3개월 동안은 반드시 인을 행하는 제자는 안자顔子 1인뿐이었고 그 다음 사람들 중에서는 세월이 흐름에 따라서 성심으로 열복悅服한 제자가 겨우 72인 뿐이었은즉 인간에게 사심邪心이 얼마나 많은가 하는 것을 알 수 있지 않느냐고 말했다.

이것은 왜냐하면 사심邪心의 근본이 되는 함억제복이 천기에서 볼 때에 이것은 3단계의 뒤이므로 폐비간신보다도 그만큼 더 부정에 기울어졌던 것이다.

그 다음에는 말하기를 문왕이 대덕大德으로써 근 100년이나 이 세상에 살아 있었는데 치천하지실적治天下之實績이 흡족洽足한 경지에 이르지 못했던 것이다. 그 후에 성왕이 계승하여 주공지성周公之聖을 섭정攝政으로 하고 전심치력專心致力함으로써 그 덕이 대행大行하였지만 그럼에도 불구하고 관숙채숙이 작란作亂한 것을 보면 인간의 나태지심懶怠之心이 얼마나 무서운가 하는 것을 알 수 있지 않느냐고 논했다.

여기에서 동무가 왜 이렇게 말하였는가 하는 것을 생각해보면 '첫째' 로 함억제복이라는 부정한 조건을 바탕으로 하고 이루어진 것이 인간인즉 비록 문왕 주공의 전심치력專心致力이라고 할지라도 천지생물심天地生物心이 인仁, 發生之意을 잃은 지 이미 오랜지라 어찌 인체생리에 있어서 태심怠心이 일지 않을 수 있겠느냐 하고 반문했던 것이다.

'둘째'로는 천부天賦로 받은 인성人性은 세월이 흐름과 함께 점점 악화되어가기 마련인바 이것은 인간이 대代를 거듭함에 따라서 천운天運이 성쇠盛衰에 봉착하게 되므로 이와 같은 혼란에 빠지게 된다는 것을 가리켜서 이와 같이 말한 것이다.

이목비구 인개가이위요순
耳目鼻口는 人皆可以爲堯舜이로대

함억제복 인개자불위요순
頷臆臍腹은 人皆自不爲堯舜이오

폐비간신 인개가이위요순
肺脾肝腎은 人皆可以爲堯舜이로대

두견요둔 인개자불위요순
頭肩腰臀은 人皆自不爲堯舜이니라.

대 의

사람의 이목비구耳目鼻口는 사람마다 모두 요순堯舜과 같이 인仁을 행하려고 하고 함억제복頷臆臍腹은 사람마다 다 자기 자신으로 만든 부정지심不正之心에 사로잡혀서 요순과 같은 인을 行해내지 못하고 폐비간신肺脾肝腎은 사람마다 다 요순과 같은 인을 행하려고 하나 두견요둔頭肩腰臀은 사람마다 다 자기 자신의 나태지행懶怠之行 때문에 요순처럼 인을 행해내지 못한다고 한 것이다.

그런데 왜 이렇게 말했는가 하면 이목비구耳目鼻口는 천기天機에서 받은 것이므로 이것은 천심天心 그대로인즉 사심邪心이란 조금도 없어야 한다. 그러나 인간의 함억제복頷臆臍腹은 사심邪心에 매운 육체肉體를 빌어서 이루어진 것이므로 요순과 같은 인을 행하기에는 노력이 필요한 것이다.

그 다음 폐비간신肺脾肝腎은 人事에서 받았다. 인사란 것은 본시 「天地人三才」의 「人」에서 이루어지는 것이다. 그런즉 人事는 천도天道에 비하면 비록 그 차원이 하위에 있다고 할지라도 천지의 배합으로써 이루어진 것이므로 여기에 편사偏斜와 不正이 없다. 그러나 인간정신이 生할 때에 천기天機는 이목비구耳目鼻口를 통해서 비로소 함억제복頷臆臍腹에 반영되고 人事는 폐비간신肺脾肝腎을 통해서 두견요둔頭肩腰臀에 반영되는 것이다. 그런즉 함억제복頷臆臍腹과 두견요둔頭肩腰臀은 이목비구와 폐비간신과 같은 천인지기天人之氣에 의하여 이루어지는 것이지만 이것이 후천적으로 육체에 속해 있기 때문에 사심邪心과 태행怠行에 얽매이게 된 것이다. 그렇기 때문에 여기에서는 자기 자신이 스스로 인을 행하지 말려고 하는 심리가 생기게 되고 또 그렇게 행하여지게 되는 것이다.

인지이목비구 호선지심 이 중인이목비구 논지
人之耳目鼻口 好善之心을 以 衆人耳目鼻口로 論之컨대

이요순 미위일가편야
而堯舜에 未爲一加鞭也오

인지폐비간신오악지심 이요순폐비간신 논지
人之肺脾肝腎惡惡之心을 以堯舜肺脾肝腎으로 論之컨대

이중인 미위일소편야 인개가이위요순자이차
以衆人은 未爲一少鞭也니 人皆可以爲堯舜者以此니라.

인지함억제복지중 무세지심 매매은복야
人之頷臆臍腹之中에 誣世之心이 每每隱伏也니

존기심양기성연후 인개가이위요순지지야
存其心養其性然後에 人皆可以爲堯舜之知也오

인 지 두 견 요 둔 지 하　강 민 지 심　종 종 암 장 야
人之頭肩腰臀之下에 罔民之心이 種種暗藏也니

수 기 신 입 기 명 연 후　인 개 가 이 위 요 순 지 행 야
修其身立其命然後에 人皆可以爲堯舜之行也이니

인 개 자 불 위 요 순 자　이 차
人皆自不爲堯舜者 以此니라.

대 의

사람의 이목비구耳目鼻口가 善을 좋아하는 마음을 중인衆人들의 이목비구耳目鼻口에서 생기는 마음과 비교해서 논해보면 중인衆人은 요순堯舜이 될 수 있는데 요순보다 일편一鞭만큼 못함에 불과하고 또 사람의 폐비간신肺脾肝腎이 악을 미워하는 마음을 요순堯舜의 폐비간신肺脾肝腎이 악을 미워하는 마음과 비교해 보면 중인衆人은 요순堯舜보다 일소편一少鞭만큼 못한 것뿐인즉 사람이 다 요순堯舜이 될 수 있는 것은 그 차이가 이와 같이 사소한 것이다.

사람의 함억제복頷臆臍腹 가운데는 세상을 속이려는 부정한 마음이 매양每樣 은복隱伏하여 있지만 그 마음을 바르게 가지고 그 성性을 양養한다면 사람은 누구나 다 요순堯舜의 지知와 같은 知를 창조할 수 있을 것이오, 두견요둔頭肩腰臀에는 사람마다 다 강민지심罔民之心이 암장暗藏되어 있지만 만약 천도天道대로 몸을 닦고 인도人道대로 명命을 세운다면 사람마다 다 요순堯舜과 같은 행위를 할 수 있을 것이다. 그럼에도 불구하고 사람이 다 자기 스스로 요순이 되지 못하는 것은 바로 이와 같은 일에 게으르기 때문이라는 것을 말한 것이다.

이목비구지정 행로지인 대동어협의고 호선야
耳目鼻口之情은 行路之人이라 大同於協義故로 好善也니

호선지실 극공야 극공즉역극무사야
好善之實은 極公也라 極公則亦極無私也오

폐비간신지정 동실지인 각립어천이고 오악야
肺脾肝腎之情은 同室之人이라 各立於擅利故로 惡惡也니

오악지실 극무사야 극무사즉 극공야
惡惡之實은 極無私也라 極無私則 極公也니라

함억제복지중 자유불식지지 여절여차 이교긍벌과지사심
頷臆臍腹之中에 自有不息之知니 如切如磋하면 而驕矜伐夸之私心이

졸연패지 자기기지 이불능박통야
卒然敗之려니와 즉 自棄其知하면 而不能博通也오

두견요둔지하 자유불식지행 혁혜훤혜 이탈치나절지욕심
頭肩腰臀之下에 自有不息之行이니 赫兮咺兮하면 而奪侈懶竊之慾心이

졸연함지 자기기행 이불능정행야
卒然陷之려니와 즉 自棄其行하면 而不能正行也니라

대 의

이목비구耳目鼻口의 정情은 마치 행로지인行路之人과 같아서 의義를 보면 서로 협동하기 때문에 선善을 좋아한다. 그런데 그 선을 좋아하는 내용을 상찰詳察하여 보면 그 바닥에는 지극한 공도公道가 있다 그런즉 극공極公이란 결국 극히 무사無私한 것을 의미하는 것이다.

폐비간신肺脾肝腎의 정情은 마치 동실지인同室之人과 같아서 서로 자기의 이익을 취하려는 마음에 사로잡혀 있지만 동실지인이기 때문에 거기에서 오악지심惡惡之心이 생기게 된 것이다. 그러므로 악을 미워하는 그 바탕을 파헤쳐 보면 부정한 마음이 없는 것인즉 극히 부정한 마음이 없다는 말은 바로 공정지심公正之心이 지극하다는 말인 것이다.

함억제복頷臆臍腹 가운데에는 스스로 생화生化하려는 끊임없는 지知가 있어서 그것이 칼로 끊는 것과도 같고 숫돌에다 가는 것과도 같은즉 이것으로써 마음 속에서 일어나는 교긍벌과지심驕矜伐夸之心을 패퇴敗退시키게 하는 것이다. 그럼에도 불구하고 스스로 자기의 지知를 버리려는 행동을 하게 되면 함억제복지심頷臆臍腹之心이 박통작용博通作用을 할 수 없게 되는 것이다.

그 다음 두견요둔頭肩腰臀 밑에서는 스스로 쉬지 않는 운동이 일어나는데 이것이 혁혁赫赫하고도 훤훤咺咺하여서 탈치나절지심奪侈懶竊之心을 함복陷伏시키는 것인바 만일 스스로 그러한 불식지행不息之行을 버리게 되면 부정지심不正之心이란 것은 있을 수가 없다고 말했다. 이제 다음에 이것을 풀어보면 이목비구耳目鼻口는 천기天機의 정신을 그냥 받아들이는 것이다. 천기天機의 정신인 천시天時 세회世會 인륜人倫 지방地方은 그 본질에 있어서는 천시를 바탕으로 한 동질적인 존재인데 이것이 천시天時에서 세회世會로 세회世會에서 인륜人倫으로 인륜人倫에서 지방地方으로 다시 천시天時로 통일분열 하였다가는 또다시 지방으로 합동合同하는 것이다. 그러므로 이것을 자세히 살펴보면 그 가는 바의 방위는 비록 다르다고 할지라도 모두 지방地方에 돌아가려는 목적에 있어서는 동일한 것이다.

그러므로 이것을 철학의 전문술어를 빌어서 말하면 오행의 운동이라고 한다. 그런데 이것이 바로 천운天運의 여행이다. 천운의 여행은 이와 같이 각각 동일한 목적을 위하여 행하는 것인바 이것을 역수逆數로 보면 각립各立하는 것 같지만 순수順數적인 면에서 보면 오직 천시天時로 돌아가려는 협동운동인 것이다. 그러므로「행로지인 대동어협의行路之人 大同於協義」라고 한 것이다. 그런데 천기의 운동은 그 정신이 이와 같이 극공무사極公無私하기 때문에 순수정신을 바탕으로 할 수 있는 것인바, 사람의 이목비구는 이와 같은 순수한 천지정신을 받아들일 수 있는 것이기 때문에 이목비구는 천기와 상응한다고 한 것이다.

그 다음에 폐비간신지정肺脾肝腎之情은 동실지인同室之人과 같다고 하였는데 위에서 말한바 우주의 여행은 천시 세회 인륜 지방이라는 공도의 여행이었지만 인사에 있어서 사무 교우 당여 거처라는 것은 여차旅次(여행중에 머무르는 곳)— 즉 그의 숙사宿舍와 같다. 그런데 이 숙사宿舍에 머물고 있는 사람이 바로 폐비간신肺脾肝腎이란 사람들인바 이 사람들은 인사에서 정기를 받고 있는 사람들이다. 그러므로 이 사람들은 동실同室에 처하면서도 각각 딴 생각을 하고 있는 것이다.

그러므로 단지 아름다운 점은 惡을 미워한다는 점이다. 그런데 폐비간신肺脾肝腎은 모두 인사人事에서 선善을 받아 가지고 살고 있는 존재인즉 만일 惡陰이 선을 해친다면 자기들의 생도生道가 막연하게 될 것이다. 그런즉 악을 미워하는 그 바탕에는 不正이란 있을 수 가 없다. 그러므로 「폐비간신지정肺脾肝腎之情 동실지인同室之人 각립어천이고各立於擅利故 오악야惡惡也」라고 한 것이다.

그 다음 함억제복頷臆臍腹에서는 스스로 불식지지不息之知를 소유한다고 하고 또 그것들이 여절여차如切如磋하면서 교긍벌과지심驕矜伐夸之心을 패퇴敗退시킨다고 하였는데 대저 함억제복頷臆臍腹가운데에서 불식지지不息之知가 어떻게 절차切磋운동을 하는가 하는 것을 연구하여야 한다.

이목비구耳目鼻口를 통해서 천기天機를 받아 가지고 진해津海 고해膏海 유해油海 액해液海를 이루면서 주책籌策 경륜經綸 행검行檢 도량度量과 같은 지知를 양養하고 있는 것이 함억제복頷臆臍腹인바 만일 여기에 인간생활에서 미치는 악영향—즉 사심이 일어나지 않는다고 하면 함억제복頷臆臍腹이 받은 바의 우주정신은 부단히 知를 생산할 것이지만 만일 부정지심不正之心이 일어나게 되면 知는 점점 멸망滅亡의 독 안에 빠지게 될 것이다.

그 다음은 두견요둔지하頭肩腰臀之下에서는 스스로 불식지행不息之行을 소유하고 있은즉 이것이 혁혁훤훤赫赫咺咺한 운동을 하면 탈치나절지욕심奪侈懶竊之慾心이 다 몰락되고 말 것이라고 하였는데 이것이 무슨 말인가 하면 두견요둔頭肩腰臀은 신神을 함억제복頷臆臍腹에서 받아 가지고 여기에서 기화氣

[illegible] 하는 것인데 만일 두견요둔頭肩腰臀이 [illegible] 재간[illegible] 방략方略과 같은 자연지행을 행하지 못하고 탈치나절지행奪侈懶竊之行과 같은 태행怠行을 행한다고 하면 그 행위는 정행正行이라고 할 수 없는 것이다. 그런즉 오인吾人은 여기에서 천기天機와 인사人事에서 받은 이목비구耳目鼻口와 함억제복頷臆臍腹의 정신이 극공極公한 입장에서 대동협의大同協義하지 못한다면 우주에서 받은 불식지지不息之知와 불식지행不息之行은 병들게 된다는 것을 명심하여 두어야 할 것이다. 따라서 동무가 이와 같이 논한 것은 이것이 바로 인간이 인간으로서 생성된 소이所以이며 또한 인간에게 정신과 생명이 부착附着한 유서由緖란 것을 밝히기 위함이었다.

이 목 비 구　인 개 지 야　함 억 제 복　인 개 우 야
耳目鼻口는 人皆知也오 頷臆臍腹은 人皆愚也오

폐 비 간 신　인 개 현 야　두 견 요 둔　인 개 불 초 야
肺脾肝腎은 人皆賢也오 頭肩腰臀은 人皆不肖也니라

인 지 이 목 비 구　천 야　천　지 야
人之耳目鼻口는 天也니 天은 知也오

인 지 폐 비 간 신　인 야　인　현 야
人之肺脾肝腎은 人也니 人은 賢也오

아 지 함 억 제 복　아 자 위 심 이 미 면 우 야　아 지 면 우　재 아 야
我之頷臆臍腹은 我自爲心而 未免愚也니 我之免愚는 在我也오

아 지 두 견 요 둔　아 자 위 신 이　미 면 불 초 야　아 지 면 불 초　재 아 야
我之頭肩腰臀은 我自爲身而 未免不肖也니 我之免不肖는 在我也니라.

대 의

이목비구耳目鼻口에는 사람마다 다 知가 있다고 하였으니 이것은 천기天機

에 속해 있기 때문에 이와 같이 말했고 함억제복頷臆臍腹은 사람마다 다 어리석다고 하였으니 이것은 이목비구에서 계승한 것이기 때문에 그렇게 말했고 폐비간신은 사람마다 다 현賢하다고 하였으니 이것은 人事에서 받은 것이기 때문에 知할 수는 없고 다만 「현賢」하는 정도에 그친다고 했고 두견요둔頭肩腰臀은 사람마다 다 불초不肖하다고 하였으니 이것은 폐비간신肺脾肝腎을 통해서 人事에서 받았기 때문에 인사와 꼭 같지 못한 것이라고 한 것이다. 그리고 동무는 다시 계속하여서 그렇게 되는 이유를 설명했다.

사람의 이목비구耳目鼻口는 바로 천기天機이다. 왜냐하면 이목비구는 천기에서 제 1단계—즉 직접 받은 것인즉 그것은 천기와 그다지 틀릴 것이 없는 것이다. 그런데 天性이 본시 「知」(즉 총명)인즉 이목비구가 「知」하지 않을 수 없는 것이다. 그 다음 사람의 폐비간신肺脾肝腎은 인사에서 제 1단계—즉 직접 받은 것인즉 인사가 천지인삼재天地人三才의 「人」에 속한 것인바(天機만은 못하지만) 인사는 현賢한 것인즉 여기에서 계승한 폐비간신肺脾肝腎이 현賢하지 않을 수가 없는 것이다. 그 다음 나의 함억제복頷臆臍腹은 내我가 스스로 내 마음을 창조하는 것인 바 내가 주책籌策 경륜經綸 행검行檢 도량度量이 나올 만큼만 심지心持를 養하면—즉 무사無私한 심지心持를 養하면 여기에서 知가 나올 터인데도 불구하고 내我가 私에 사로잡혀 있기 때문에 어리석게愚되는 것이다. 그런즉 내我가 어리석은 것은 바로 내가 만든 것이라고 하였다.

나我의 두견요둔頭肩腰臀은 나 자신이 만든 몸이다. 그런데 그 몸이 인사人事나 오장五臟과 같지 못한 것은 인간적인 사리사욕을 담고 있는 함억제복頷臆臍腹을 바탕으로 하고 이루어진 것이기 때문에 매양 불초한 행동을 하고 있으므로 거기에서 인사나 폐비간신과 꼭 같은 선행을 할 수는 없는 것이다. 그런즉 이것도 역시 나 자신이 만든 것이 분명한 것이다.

보 주

이제 여기에서 한가지 더 연구하여야 할 것은 사람人과 나我를 구분하였다는 사실이다. 즉 이목비구지정耳目鼻口之情이나 폐비간신지정肺脾肝腎之情이 변질되지 않고 천기나 인사의 본연의 모습대로 행하여지는 것이므로 사람人이라고 했고 이것이 함억제복頷臆臍腹이나 두견요둔頭肩腰臀의 운동으로 전환해서 私心이나 태심怠心때문에 타락墮落되면 그것을 나我라고 규정한 것이다. 그러므로 인간이 나我로서 人으로 전환하려면 천도天道에 순응하여야 한다. 그런즉 人이 아我에로 타락墮落되는 것은 바로 천도天道에 역행逆行한 까닭인 것이다.

천생만민 성이혜각 만민지생야 유혜각즉생
天生萬民에 性以慧覺하니 萬民之生也에 有慧覺則生하고

무혜각즉사 혜각자 덕지소유생야
無慧覺則死니 慧覺者는 德之所由生也니라

천생만민 명이자업 만민지생야 유자업즉생
天生萬民에 命以資業하니萬民之生也에 有資業則生하고

무자업즉사 자업자 도지소유생야
無資業則死니 資業者는 道之所由生也니라

자구해석

| 성(性) 성(性)이란 萬物의 心을 창조하는 것을 性이라고 한다. 그러므로 성(性)자의 상(象)을 취할 때에「心」자와 「生」자를 合함으로써 「心」을 生하는 것이 성(性)이란 의미를 표시했다 그렇다면 성은 과연 어디에서 창조되는가 하면 천시(天時)와 지방(地方)—즉 오행의 土金水의 과정에서 창조되는 것이다.

| 명(命) 명(命)이란 것은 성(性)이 만들어놓은 대로 행해지는 것을 命이라고 한다. 가령 性이 사

람으로 된 것이 인간의 정자(精子)라고 하면 그 정자(精子)는 인간으로서의 命을 행하는 것이오 성(性)이 초목(草木)으로 된 것이라고 하면 그것은 種[씨]이 초목(草木)으로서의 명(命)을 행하는 것뿐이니 그것이 바로 命이다.

| **혜각(慧覺)** 心이 진리를 터득하는 것을 혜각(慧覺)이라고 한다 그런즉 여기에서 心이란 것은 어떠한 心인가 즉 순수무구(純粹無垢)한 心이니 그것은 바로 性이다.

| **자업(資業)** 자(資)란 것은 천부(天賦)로서 받은 재질을 말하는 것인즉 자업(資業)이란 것은 그러한 재질이 행하는 상(象)을 말하는 것이다. 그러므로 동무는 두견요둔(頭肩腰臀)은 그러한 재질이 행해지는 곳이오 그것이 행하는 일을 가르쳐서 자업(資業)이라고 했다.

대 의

천기天機가 인간을 生할 때에 인간이 혜각慧覺 작용을 할 수 있으리만큼 순수한 성性을 주어서 탄생하게 하였다. 그러므로 혜각慧覺이 있으면 살고 혜각慧覺이 없은 즉 죽는 것이다. 그런즉 혜각慧覺이란 것은 덕德이 生한 것이라고 하였다.

또 말하기를 천기天機가 사람을 生할 때에 命은 반드시 자업資業을 행할 수 있도록 生하였은 즉 자업이 있으면 生할 수 있을 것이고 만일 자업이 없으면 죽는 법이다 그런즉 자업이란 것은 道가 生한 것이 틀림없다고 하였다.

이제 이것을 다음에 상술詳述하면 천기天機가 사람을 生할 때에 제일 먼저 성性을 창조하였는데 그 성은 어떻게 창조하였는가 하면 천기는 먼저 진리를 깨달을 수 있으리 만큼 순수한 성性을 창조했던 것이다. 그런데 이와 같은 性의 작용인 혜각慧覺은 진리를 터득하는 데에만 그치는 것이 아니고 이것이 또한 생명과 정신의 본원이기도 한 것인즉 인간은 혜각으로써 生한 것이 분명하다. 그런즉 인간에게 만일 혜각이 전혀 없다고 하면 인간은 죽고 말 것이다 그러므로 동무는 「그렇다면 혜각慧覺이란 것은 덕德이 生한 것이 아니겠느냐」하고 말했다.

그런즉 천기天機가 인간을 生할 때에 性만 주어서 生했다면 인간은 정신과 생명은 있겠지만 육체는 없을 것이다. 그렇기 때문에 性 밖에 또 명命을 부여賦與했던 것이다.

그렇다면 명命이란 것은 무엇인가? 그것이 곧 자업資業인 바 자업資業이란 것은 명이 행할 수 있는 재질才質과 그의 작용을 말하는 것이니 그 재질이란 것은 두견요둔頭肩腰臀을 말하는 것이오 작용이란 것은 두견요둔頭肩腰臀의 작용을 말하는 것이다 그런데 인체는 여기에서 음陰—즉 육체를 生하는 작용이 일어났던 것이다. 그런즉 천기가 사람을 생할 때에 만일 혜각慧覺만 주고 재질才質을 주지 않았다고 하면 인간은 정신精神과 생명生命만 있고 육체肉體는 없을 것이다.(물론 그러한 인간이란 있을 수가 없을 것인즉 이것은 논외(論外)하려니와) 그러므로 동무는 자업資業이 없으면 죽는다고 하였고 또 그는 바로 위에서 「아지두견요둔我之頭肩腰臀은 자아위신自我爲身」이라고 한 것도 바로 그것을 말한 것이다. 그렇기 때문에 자업資業이란 것은 道가 生한 것이라고 말한 것이다.

그런데 여기에서 「혜각慧覺은 덕지소유생德之所由生」이라고 하고 「자업資業은 도지소유생道之所由生」이라고 하였은즉 도덕이란 것은 과연 무엇인가 하는 것을 검토하여야 하겠다.(다음 보주에)

보 주

道란 것은 정행지도正行之道를 말하는 것이오 德이란 것은 자기를 유리하게 해 주는 것이라고 생각하는 것이 일반적인 통례이다. 그러나 이와 같은 통례通例가 생기게 된 것은 우주운행에 그러한 법칙이 있기 때문에 생긴 것이다. 그렇다면 天運에 있어서 道란 것은 과연 어떠한 것일까? 그것은 바로 음양과 오행이 운행하는 길을 말하는 것이다. 그런즉 동서남북이 전부 道일 것은 말할 것도 없다.

그런데 이것은 광의廣義적인 의미로서 말하는 道이고 이것을 다시 구분할 때에는 양방陽方의 운행지도運行之道를 道라고 하고 陰方의 수장지도收藏至道에서 生하는 바의 시혜施惠를 덕德이라고 한다. 왜냐하면 陽方은 陰方에 의해서 만물을 生하는 것뿐인즉 사실상 그것을 生하게 하는 기원起源을 창조하는 곳이 바로 음방陰方이기 때문이다 이것을 간단하게 말하면 甲乙丙丁에서는 道가 행해지고 庚辛壬癸에서는 德이 이루어지는 것이다.

그런데 인체에 있어서 함억제복頷臆臍腹은 陰方에 속해 있고 두견요둔頭肩腰臀은 陽方에 속해 있다 그러므로 陰方에서 창조하는 혜각慧覺은 덕지소유생德之所由生이라고 하고 양방陽方에서 生하는 자업資業은 도지소유생道之所由生이라고 論한 것이다.

仁義禮智(인의예지) 忠孝友悌(충효우제) 諸般百善(제반백선)은 皆出於慧覺(개출어혜각)이오

士農工商(사농공상) 田宅邦國(전택방국) 諸般百用(제반백용)은 皆出於資業(개출어자업)이니라

대 의

위에서 동무는 그의 自註에서 인의예지仁義禮智는 천시天時와 같고 충효우제忠孝友悌는 세회世會와 같고 농공상우農工商虞는 인륜人倫과 같고 전택방국田宅邦國은 지방地方과 같다고 한 바 있다.

그런데 여기에서는 인의예지仁義禮智나 충효우제忠孝友悌에서와 같은 모든 선은 다 혜각慧覺에서 나온다고 하였는데 그것은 인의예지仁義禮智와 충효우제忠孝友悌는 천시와 세회에 속하기 때문에 혜각에서 나온다고 말한 것이오 사농공상士農工商과 전택방국田宅邦國은 인륜과 지방에 속한 것이므로 모든

사회적 활동이나 개인적 활동 —즉 제반백용諸般百用은 자업資業에서 나온다고 한 것이다.

그런데 모든 선이 혜각慧覺에서 나온다고 한 것은 천시天時와 세회世會는 사천司天의 부위—즉 天(天地人의 天)의 활동부위인 까닭이오 모든 활동이 자업資業에서 나온다고 한 것은 인륜人倫과 지방地方은 재천在泉의 부위—즉 地(天地人의 地)의 부위이기 때문이다.

혜각 욕기겸인이 유교야 자업 욕기염기이 유공야
慧覺은 欲其兼人而 有教也오 資業은 欲其廉己而 有功也니

혜각 사소자 수유기걸 교여조조이 불가위교야
慧覺이 私小者는 雖有其傑이라도 巧如曹操而 不可爲教也오

자업 횡람자 수유기웅 맹여진왕이 불가위공
資業이 橫濫者는 雖有其雄이라도 猛如秦王而 不可爲功也니라.

자구해석

| **겸인(兼人)** 겸(兼)은 병야(並也)라고 하였은즉 겸인(兼人)이란 말은 인도(人道)와 천도(天道)가 병행(並行)하는 것 즉 物과 心이(精神) 병행(並行)하는 것을 겸인(兼人)이라고 한다. 그러므로 겸(兼)자의 상(象)을 상찰(詳察)하면 겸(兼)자는 병(秉)자 두 개를 하나로 묶어 놓은 자이다.

| **염기(廉己)** 염(廉)자의 뜻은 탐욕이 없는 것 즉 청렴한 것을 의미한다. 그런데 이 글자는 위에서 말한 바와 같은 겸(兼)을 「广」(돌집 엄)자 속에 넣은 상(象)을 취하였다. 그런즉 염기(廉己)란 말은 물심(物心)이 병행하는 부정한 인간을 엄중도사(广中道士)와 같은 경지로 들어가게 하는 것을 말하는 것이다.

| **횡람(橫濫)** 부정한 곳으로 넘쳐 흐르는 것

대 의

혜각慧覺은 순수한 선성善性에서 生하는 것인즉 이것은 바로 물심物心이 교착交錯된 인간—즉 청탁淸濁이 혼효混淆된 정신을 정화淨化할 수 있는 인간의 본성을 말하는 것이오, 자업資業이란 것은 자기 자신을 수양함으로써 자기 몸을 희생犧牲하면서(세속적으로 볼 때) 득도이유공得道而有功할 수 있는 재행材行을 말하는 것이다. 그런즉 혜각慧覺이 不正함으로써 자업資業이 감퇴減退된 사람은 비록 걸출傑出이라고 할지라도 이것은 교활狡猾하기를 조조曹操와 같아서 가르칠 수가 없는 것이오 만일 자업資業이 불규칙하게 낭동浪動하는 사람은 비록 웅도雄圖가 있다고 할지라도 이것은 진왕秦王과 같은 용맹에 불과할 것이므로 천하에 유익한 공을 세울 수 없는 것이다.

보 주

성명론性命論은 사실상 우주론적 입장에서 해석하며 또 이해해야 옳다. 그런데 동무는 이것을 인도적으로 설명했다. 왜냐하면 그렇게 함으로써 일반적으로 「수박 겉 핥기」식으로라도 알게 함이리라. 그러나 그 이면에는 어느 하나 할 것 없이 우주운동의 원리와 법칙이 뿌리박지 않은 것은 없다. 그런데 필자는 그 중에서 특히 차절此節만이라도 이러한 면으로 논해야 옳다고 느껴졌기 때문에 다음에 이것을 약론略論하기로 하겠다.

혜각慧覺이란 것은 성性의 창조과정에서 생기는 것인데 그것은 미토未土와 상화相火와 金의 부위에서 이루어지는 것이다. 그런데 그것이 생겨야할 이유는 그것이 정신과 생명의 원천이 되어 가지고 木火土의 陽 부위에서 일어나는 물질적 재료에 정신과 생명을 공급함으로써 만물을 창조하려는 데에 목적이 있다. 그러므로 이것을 겸인兼人작용이라고 하거니와 또 한 가지 더 말하여야 할 것은 우리가 보통 교육을 말하는 바 참다운 교육이란 것은 어떠한 것인가 하면 우주의 겸인兼人작용을 가르치는 교육이야말로 진실로 가치 있는 교육인 것이나. 그런즉 이른바 혜지慧知적인 교육이란 것은 이러한 것이기 때문에 「욕기겸인이유교야欲其兼人而有敎也」라고 한 것이다.

각설却說 이와 같이 하여서 木火土의 陽부위에서 命이 행해지는 것을 자업資業이라고 하는데 그 자업資業의 목적은 과연 무엇인가? 즉 목화토의 陽방에서 만물을 生하는 것은 그것을 길러서 차츰 무한無限분열을 시켜서 土化작용을 만들어 가지고—즉 天時를 만들어 가지고 다시 정신과 생명을 통일하려는 데에 목적이 있는 것이다. 그런데 그와 같이 통일하는 작용의 시초는 기토己土에서 이루어지는 바 기토己土가 陽방에서 올라올 陽을 금수金水속에 환원시키는 그 모습이 바로 「己」로써 제양諸陽을 돌집广속에 몰아 넣는 것과 같으므로 이것을 염기廉己작용이라고 했거니와 그 모습은 청렴하고 탐욕이 없는 공행公行이기 때문에 인도적으로도 이것을 본 받는 것을 염기廉己라고 하는 것이다. 그러므로 「자업資業은 염기이 유공야廉己而 有功也」라고 한 것이다.

그런즉 인간이 만일 혜각慧覺이 사소私小하면 조조曹操와 같이 지력知力이 불급不及할 것이고 우주가 만일 혜각慧覺이 부족하다면 만물을 생성하지 못할 것이다. 인간이 만일 육체적인 자질만 왕성하고 지력知力이 불급不及하면 진왕秦王과 같을 것이고 우주에서 만일 음陰만 왕성하고 陽이 陰속에 충만充滿하지 못한다고 하면 만물은 저절로 위사萎死하고 말 것이다. 그런즉 우주나 인간을 구분할 것 없이 혜각慧覺과 자업資業—성性과 명命—육체와 정신은 그 진퇴가 병행하여야 할 것이므로 동무는 이와 같이 가르친 것이다.

好人之善而(호인지선이) 我亦知善者는(아역지선자) 至性之德也오(지성지덕야)

오인지악이 아필불행악자 정명지도야
惡人之惡而 我必不行惡者는 正命之道也라

지행 적즉도덕야 도덕 성즉인성야
知行이 積則道德也오 道德이 成則仁聖也니

도덕 비타 지행야 성명 비타 지행야
道德이 非他라 知行也오 性命이 非他라 知行也니라

자구해석

| **지성(至性)** 일반적으로 지극한 性이라고 해석하는 경우가 많으나 만일 지성(至性)이란 것은 구체적으로 어떠한 것인가 하고 반문한다면 대답하기 곤란할 것이다. 그러므로 이것을 구체적으로 말하면 성은 미신유술(未申酉戌)에서 이루어지는 것인데 그 이루어지는 시종점인 未戌土에서 잠양(潛養)해지는 성을 지성이라고 한다.

| **정명(正命)** 일반적으로 가장 바르게 행해지는 명(命)을 정명(正命)이라고 하나 구체적으로는 丑辰土에서 행해지는 命을 정명(正命)이라고 한다.

대 의

사람의 선행을 보고 그것을 좋아할 뿐만 아니라 육체적인 나我 즉 함억제복頷臆臍腹이나 두견요둔頭肩腰臀의 사심私心과 태행怠行으로써 이루어진 세속적인 인간이 선하여 질 수 있는 것은 전혀 지성至性 즉 기술토己戌土의 덕德이오 사람의 악을 미워하고 또 나 자신이 악을 행하지 않는 것은 정명正命 즉 축진토丑辰土의 行이 명命을 바르게 행해지는 까닭이라고 말했다.

그런즉 지知와 행行이 쌓였다는 말은 바로 함억제복頷臆臍腹에서 성性을 잘 만들고 두견요둔頭肩腰臀에서 명命이 잘 행해지고 있다는 말인즉 그것은 바로 도덕道德이라는 말이오 이와 같이 하여서 도덕이 이루어진즉 그것이 바로 인성仁聖이라고 말했다. 그러므로 도덕이란 것은 지와 행이란 말일 것이오. 성명性命이란 것도 역시 지知와 행行이란 말일 것인즉 도덕과 성명이 지행知行의 근본인 한 이것은 모두 한 개의 본질에서 갈라진 동질同質 이칭異稱에 불과한 것이다.

보 주

여기에 인성仁聖이라는 개념이 있는바 이것을 인도적으로 보면 선善을 행하는 것을 仁이라고 하고 善을 창조하는 것을 성聖이라고 한다. 그러나 이것을 우주 운행의 법칙으로 따져보면 仁이란 것은 만물이 새싹新芽을 발하는 것을 仁이라고 하고 만물의 생명과 정신을 창조하는 것을 성聖이라고 한다. 그러므로 여기에서 「도덕성즉인성道德成則仁聖」이라고 한 것은 道에서 만물의 생명과 형체가 길러지고 덕德에서 만물의 생명과 정신이 완성되는 것인즉 그 말을 바꿔서 말하면 도덕道德이란 것은 인성仁聖이란 말과 상통되는 것이라고 한 것이다.

혹왈 거지이 논성 가야이 거행이 논명 하의야
或曰 擧知而 論性은 可也而 擧行而 論命은 何義耶아

왈명자 명수야 선행즉 명수 자미야 악행즉 명수 자오야
曰命者는 命數也니 善行則 命數 自美也오 惡行則 命數 自惡也니

불대복서이 가지야
不待卜筮而 可知也니라

시운 영언배명 자구다복 즉차의야
詩云 永言配命이 自求多福이라 하니 卽此義也니라.

자구해석

| 명수(命數) 수(數)에는 운수(運數)—즉 역수(曆數)와, 명수(命數)가 있다. 운수(運數, 曆數)라는 말은 우주운행이 분합(分合)하는 것을 말하는 통칭(通稱)이오 명수(命數)라는 것은 우주운행(宇宙運行) 중에서 양도(陽道)가 갈라져 나가는 것을 말하는 것이다.

그러므로 이것을 「팔자(八字)」라고도 하는데 팔자란 말은 『삼』『팔』 木에서부터 분화하여 나아가는 상(象)에서 연유된 것이다.

| 영언배명(永言配命) 永자의 뜻은 설문에 수장야(水長也)라고 하였다 즉 만물이 그 형체가 늘어나는 것을 모두 「永」이라고 하는 바 이것은 모두 水가 늘어나는 상태이다. 言자의 뜻은 陽氣가 발하는 것을 言 이라고 한다. 그러므로 말한다는 것은 바로 양기를 발산하는 것이다 그런즉 「永言」이란 것은 양(陽)을 길게 내보내는 것을 말하는 것이니 「書」 순전(舜傳)에 가영언(歌永言)이라고 한 것을 보아도 이것을 알 수 있는 것이다.

그런데 이러한 영언(永言)도 반드시 命(즉 材質)과 배합(配合)되어야만 하는 것이다.

대 의

동무는 여기에서 자문자답自問自答의 형식을 취해서 가장 어려우리라고 짐작되는 바를 다시 해명하였다.

즉 선생이 지知가 곧 성性이라고 한 것은 이해할 수 있습니다. 왜냐하면 함억제복頷臆臍腹에 사심私心이 가득 차 있으면 성性이 성화聖化하지 못할 것인즉 이것은 당연하다고 생각됩니다. 그러나 사람의 행위 여하로서 명命이 결정된다는 것은 이해할 수 없습니다. 라고 반문하는 형식을 취했던 것이다.

그때에 응답하기를 「명命이란 것은 명수命數이다」라고 대답한 것이다. 이것을 좀 더 풀어서 말하면 명命의 바탕이 지知와 성性에 있는 것은 사실이다. 그러나 지성知性에서 이루어진 명命이 두견요둔頭肩腰臀으로 행해질 때에 인간이 만일 선행善行을 하면 명命의 행로行路에 양陽(善이란 陽)이 충만할 것이므로 명수命數가 잘 펴져 나갈 것이지만 만일 악행惡行을 한다면 명命의 행로行路에서 음陰(惡은 陰이다)이 저해沮害함으로써 명이 순탄할 수 없다.

그러므로 동무는 말하기를 「선행즉 명수 자미야善行則 命數 自美也 악행즉 명수 자오야惡行則 命數 自惡也」라고 한 것이거니와 수주운명의 여지가 이러한 즉 이것을 복서卜筮에게 물을 필요가 없지 않느냐고 한 것이다. 그런즉 시전詩傳에 말하기를 「영언배명永言配命이 자구다복自求多福」이라고 한 것은 선행善行을 게을리 하지 않음으로써 육체적인 악惡을 제거하여 나갈 때에 비로소 성명性命은 균형을 얻음으로써 「영언배명永言配命」이 된다는 것을 가르친 것이다.

혹 왈 오자지언 왈 이청천시 목시세회
或曰 吾子之言에 曰 耳聽天時하며 目視世會하며

비후인륜 구미지방
鼻嗅人倫하며 口味地方이라 하니

이청천시 목시세회즉가야이 비하이후 인륜
耳聽天時와 目視世會則可也而 鼻何以嗅 人倫하며

구하이미 지방호 왈 처어인륜 찰인외표
口何以味 地方乎아 曰 處於人倫하야 察人外表하야

묵탐각인재행지현불초자 차비 후야 처어지방
默探各人才行之賢不肖者 此非 嗅耶아 處於地方하야

균상각처인민생활지지리자 차비 미야
均嘗各處人民生活之地理者 此非 味耶아.

대 의

동무는 또 계속하여 문답問答한다. 혹인或人이 말하기를 이청천시耳聽天時하며 목시세회目視世會하며 비후인륜鼻嗅人倫하며 구미지방口味地方이라고 한 가운데에서 이청천시耳聽天時와 목시세회目視世會는 알겠습니다. 그러나 코가 어찌 인륜人倫을 냄새 맡을 수 있으며 입이 어찌 지방地方을 맛볼 수 있겠습니까 하고 반문한 것이다.

거기에 대답하기를 인륜에 처해 있으면서 가만히 각인各人의 재행才行이 현賢한가 혹은 불초不肖한가 하는 것을 탐지探知하는 것이 바로 냄새를 맡는 것이 아니겠는가 하고 대답했다 그런즉 이것을 좀 더 풀어 볼 필요가 있다. 인륜이란 천도에 있어서 물物이 환혼圜渾작용을 하는 것처럼 인사에 있어서도 이와 같은 상태에서 질서를 세우려는 방법이나 수단을 말하는 것이다.

그러므로 코는 인륜人倫과 상응處於人倫해서—즉 제臍 소장小腸 요腰 척脊과 상응相應해서 제소장臍小腸이 불현不賢한 것은 현賢하게 해 주고 요척腰脊이 불초不肖한 것을 초肖하게 해주는 것이다.

그런즉 제臍 소장小腸과 요척腰脊의 행동이 바로 「각인지재행各人之才行」이다. 그런데 코가 제소장臍小腸이 火를 잘 수렴하는가? 또는 요척腰脊이 火를 잘 상승하는가 어떤가 하는 것을 살피는 것이 「묵탐각인지재행默探各人之才行」이다. 그런데 코가 어떻게 이것을 바로잡는가 하면 비금鼻金이 火를 통일하여서 제소장臍小腸의 부위에 흡입吸入하여 줌으로써 요척지기腰脊之氣가 잘 행할 수 있도록 하는 것이므로 동무는 이것을 가리켜서 후嗅한다고 표현한 것이다.

그 다음 지방地方이란 것은 천도天道에 있어서는 정신과 생명을 완성하는 곳이오 인사人事에 있어서는 모든 활동을 정지하고 휴식을 취하는 곳이다. 그런데 인체에 있어서 복腹 대장大腸은 火를 최종적으로 수렴하는 곳이오 방광膀胱은 그것을 바탕으로 하고 陽을 다시 상승시키는 것이다.

그런즉 복腹 대장大腸 방광膀胱이란 것은 여기에서 말하는 각처인민各處人民이다 그렇다면 이와 같은 각처 인민의 생활지지리生活之地利를 돌보고 있는 것이 입口인 바 입은 신腎과 상응해서 복腹 대장大腸에서 양陽을 수렴하게 하여 가지고 방광膀胱으로 하여금 상승하게 하는 임무를 맡고 있는 것이다. 그런즉 이것이 바로 지방地方을 맛보는 상象이므로 동무는 각처인민 생활지지리자 차비미야各處人民 生活之地理者 此非味耶아 하고 표현한 것이다.

(註) 이런 것은 인체를 논하는데 있어서 인도적인 방법으로 설명했기 때문에 오히려 더 어렵게 되었다. 차라리 천도원리天道原理를 인용하면서 生理활동을 설명하였더라면 이해하기 훨씬 쉬웠을 것이다.

존기심자 책기심야 심체지명암 수약자연이 책지자청

存其心者는 責其心也니 心體之明暗이 雖若自然而 責之者淸하고

불책자탁 마지심각 할어우자 마지책심 할어우야

不責者濁이니 馬之心覺이 黠於牛者는 馬之責心이 黠於牛也오

응지기세 맹어치자 응지책기 맹어치야 심체지청탁

鷹之氣勢 猛於鴟者는 鷹之責氣 猛於鴟也니 心體之淸濁과

기우지강약 재어 우마치응자 이리추지이 유연

氣宇之强弱이 在於 牛馬鴟鷹者를 以理推之而 猶然커든

황어인호 혹상배사 혹상천만자 기기생이 첩득

況於人乎아 或相倍蓰하며 或相千萬者라도 豈其生而 輒得이오

망연불사 거연자지이 연재

茫然不思에 居然自至而 然哉아

자구해석

| 할(黠) 약을 할 (慧也), 치(鴟)—솔개 치, 응(鷹)—매 응

| 사(蓰) 오곱 사(五倍也), 기(豈)—어찌 기(曾也)

| 첩(輒) 문득 첩, 번번이 첩

대 의

마음을 옳게 두려는 사람은 먼저 자기 마음부터 바르게 되도록 꾸짖어야

하는 법이다. 그러므로 심체心體의 명암明暗은 표면으로 보기에는 비록 자연과 같지만 사실은 자연과 배치背馳되고 있은 즉 이것을 바르게 되도록 꾸짖으면 심성이 맑게 되고 꾸짖지 않으면 탁濁하게 되는 법이다.

가령 이것은 우마牛馬나 응치鷹鴟에서 보면 말馬의 심각心覺이 소牛보다 약은 것은 말의 책기지심責己之心이 소보다 영리玲悧하기 때문이오 매鷹의 기세氣勢가 솔개鴟보다 사나운 것은 매의 책기지기責己之氣가 솔개보다 사납기 때문이다.

그런즉 이상에서 본 바와 같이 심체心體의 청탁淸濁과 기우氣宇의 강약强弱이 우마牛馬나 치응鴟鷹에도 있다는 것은 이치로 미루어 보아도 유연猶然하거든 사람은 말할 것도 없다. 물론 거기에는 혹은 곱이나 오五곱의 차도 있을 것이고 혹은 몇 천 만 배의 차가 있는 것도 있겠지만 일찍이 그 생태를 관찰한다면 번번이 깨달을 수가 있는 것이다. 그러므로 아무런 사색思索도 하지 않고 가만히 있으면서 이것을 자득自得할 수 있겠는가? 그럴 수는 물론 없다.

사 단 론
四端論

인 품 장 리 유 사 부 동 폐 대 이 간 소 자 명 왈 태 양 인
人稟臟理 有四不同하니 肺大而 肝小者를 名曰 太陽人이오
간 대 이 폐 소 자 명 왈 태 음 인 비 대 이 신 소 자 명 왈 소 양 인
肝大而 肺小者를 名曰 太陰人이오 脾大而 腎小者를 名曰 少陽人이오
신 대 이 비 소 자 명 왈 소 음 인
腎大而 脾小者를 名曰 少陰人이니라.

(註) 단(端)이란 것은 사물의 시초나 혹은 그 기본을 단(端)이라고 한다. 그런데 「端」자는 「立」자와 「耑」자를 합하여서 상을 취한 것인데 古時에는 「耑」자와 「端」자는 구별 없이 통용되었다. 이제 여기에서 이 字를 잠깐 분석하여 보면 「山」자와 「而」자가 합하여서 「耑」자를 이루었은즉 이것은 본천지공(本天之空) 즉 天을 의미하는 것이다. 그러므로 「而」자는 古時에 「天」자와 상통(相通)했던 것이다.

그런즉 「단耑」자의 상(象)은 바로 「易」의 산천대축괘(山天大畜卦)에서 취상(取象)한 것이 분명하다. 그런데 대축괘(大畜卦)는 만물의 시초(始初)이며 기본(基本)인즉 「耑」이라는 것은 만물(萬物)의 단수(端首)임을 알 수 있는 것이다. 그러므로 耑자에는 사실상 생물 이전에의 상(象)은 있지만 실질적인 물(物)의 시본(始本)을 대표할 수 있는 상(象)은 없다. 그러므로 「耑」자에 「立」자를 첨가하여서 물(物)의 단수(端首)를 표현한 것이다. 그런즉 우주(宇宙)에는 사상(四象)이 있고 인물(人物)에는 사단(四端)이 있으니 이것이 바로 목화금수(木火金水)와 폐비간신(肺脾肝腎)이다. 그런데 동무는 이것을 논하기 위하여서 사단론(四端論)을 입론(立論)하였던 것이다.

자구해석

| 폐(肺) 이 字는 월(月)자와 시(市)자로써 이루어졌는데 市자의 뜻은 買也 利也라고 하였다. 그런즉 市라는 것은 사물을 자기 품에 모아 들이는 것을 뜻하는 것이다. 그러므로 여기에 판(賣)다는 뜻이 내포될 것은 물론이다. 그러므로 오장(五臟) 중에서 이와 같은 작용을 하는 폐(肺)를 상징하기 위하여서 폐(肺)자를 이와 같이 취상(取象)한 것이다.

| 비(脾) 비(脾)자의 뜻은 자전에는 천(賤)야 저(低)야 쇠미(衰微)야 라고 되어 있지만 이 자의 상(象)을 상찰하여 보면 이 자는 十자와 白자를 합해서 취상(取象)한 자이다. 十은 무극(無極)이오 白은 금(金)인즉 무극(無極)이 금(金)으로 포위되어서 충양(充陽)시킬 때에 외양(外樣)이 비천(卑賤)하게 보이는 상을 이와 같이 취한 것이다. 그런데 우주간에 있는 모든 물은 그의 상하 고비(高卑)를 막론하고 모두 그 속에 있는 불의 고저(高低)를 바탕으로 하고 그 가치를 결정하는 것이다. 그런즉 비(卑)라는 것은 불이 위축(萎縮)된 상태를 표시하는 것에 불과한 것인바 비화(脾火)란 것은 아직 그 위(位)가 비천지지(卑賤之地)에 있는 불(火)이다. 그러므로 비(脾)자를 취상(取象)할 때에 월(月)자와 비(卑)자를 합하여서 음월(陰月)때문에 비(卑)하게 된 상(象)을 이와 같이 표시한 것이다.

| 간(肝) 간(肝)자는 월(月)자와 간(干)자로써 취상(取象)하였는데 간(干)이란 것은 방위(防衛)하는 무기(武器)를 말하는 것이다. 또 사물생성의 본질을 이루는 천간(天干)을 대표하는 字이기도 하다. 그런데 간(肝)은 그 본질로 보면 木을 生하는 작용을 하는 것이지만 그것을 외형적인 면으로 보면 사실상 금(金)의 호위(護衛)를 받음으로써 목(木)을 생하는 것이다. 그러므로 간(肝)자는 一이 十을 포복(包覆)하면서 양(陽)을 기르는 상(象)을 나타내고 있거니와 간(干)자와 월(月)자를 합(合)하고 본즉 간(肝)자에는 발생(發生)의 상(象)보다 흡인(吸引)의 상(象)이 더 많은 것이다.

| 신(腎) 신(腎)자는 「臤(굳을 간)자」와 월(月)자로써 취상(取象)한 자이다. 만물생성을 관찰하건대 그것을 천상(天象)에서 보면 감(坎)에서 완성되고 이것을 인체에서 보면 신(腎)에서 완성되는 것이다. 그러므로 그것이 감(坎)으로 표시되든 혹은 신(腎)으로 표시되든 그곳이 바로 사물이 가장 굳어지는 곳임은 틀림없다. 그러므로 신(腎)자를 이와 같이 취상(取象)함으로써 만물이 陰(月)에 의하여 굳어지는 작용을 하는 것이 인간에 있어서는 신(腎)이라는 것을 표시했던 것이다.

대 의

선생은 위의 성명론性命論에서는 인간이 천기天機와 인사人事로써 이루어졌기 때문에 그 본성은 선하면서도 결국 악惡에 기울어지게 된다는 것을 논한 바 있는데 본론에서는 인간의 장기臟器에 木火金水의 사단四端이 있음으로써 폐비간신肺脾肝腎에 大小와 과불급過不及이 생기게 되고 따라서 편벽偏僻된 정욕情慾이 생生하게 되므로 인간의 정신이 육체에 미칠 때에 역천逆天한다는 것을 논한 것이다.

그러므로 단수端首에서 인간장기人間臟器가 네 가지의 과불급過不及이 생기는 것부터 논하기 시작한 것이다. 즉 인간이 천품天稟으로 받은 장리臟理가 네 가지가 있는데 이 네 가지가 모두 동일하지 않다. 그러므로 폐대간소肺大肝小한 것을 태양인이라고 하고 간대폐소肝大肺小한 것을 태음인이라고 하고 비대신소脾大腎小한 것을 소양인이라고 하고 신대비소腎大脾小한 것을 소음인이라고 구별하였던 것이다.

그렇다고 하면 여기에서 인간은 왜 그와 같이 장기에 과불급過不及이 생기게 되었는가? 하는 것을 말해야 할 것이나 이것은 이미 성명론性命論에서 필자가 논한 바 있으므로 여기에서는 略하기로 하겠다.

인추심욕　유사부동　　기례이 방종자　명왈비인
人趨心慾이 有四不同하니 棄禮而 放縱者를 名曰鄙人이오

기의이 투일자　명왈나인　　기지이 식사자　명왈박인
棄義而 偸逸者를 名曰懦人이오 棄智而 飾私者를 名曰薄人이오

기인이 극욕자　명왈탐인
棄仁而 極慾者를 名曰貪人이니라.

자구해석

| 방종(放縱)　제멋대로 하는 것을 방종이라고 하는데 이 말은 천기(天機)에서 폐(肺)가 충양(充陽) 작용을 하기 위해서 길이로 양(陽)을 방산(放散)하면서 충양(充陽)하는 상태를 말하는 것인 바 이것은 천기(天機)가 수렴하기 위한 공적(公的)목적인 방종(放縱)과 인간의 사리사욕(私利私慾)적인 방

종(放縱)과 대조해 보면 공도(公道)와 사도(私道)간에 엄연한 차이가 있다는 것을 알 수 있는 것이다.

| **비인(鄙人)** 시골사람이란 말. 즉 변읍(邊邑)을 비지(鄙地)라고 한다.

| **나인(懦人)** 약인(弱人)야 또는 태인(怠人)야

대 의

인간의 심욕心慾에 네 가지가 있는데 예禮를 버리고 방종放縱하는 자를 비인鄙人이라 하고 의義를 버리고 게으르기를 좋아하는 자를 나인懦人이라고 하고 지智를 버리고 사욕私慾을 좋아하는 것을 박인薄人이라고 하고 인仁을 버리고 욕심慾心에 급급汲汲하는 것을 탐인貪人이라고 한다. 그런즉 이것은 바로 태양인은 비인鄙人이오 태음인은 나인懦人이오 소양인은 박인薄人이오 소음인은 탐인貪人이라는 말이 된다.

그렇다면 그 내용이 그러하다는 것을 무엇에 의해서 알 수 있는가? 하는 것이 문제일 것이다. 그런데 그것은 동무가 구사한 개념이나 문맥文脈속에 그러한 내용이 포괄되어 있기 때문에 그와 같이 논할 수 있는 것이다. 그러므로 그것은 다음의 보주補註에서 논하기로 하겠거니와 이것을 일단 요약하면 동무가 인간의 체질적인 사단四端이 그 성질과 기국器局을 이와 같이 특징짓는다는 것을 논술한 것이다.

보 주

'첫째' 로 예禮라는 것은 질서를 유지하기 위한 공적公的수단이다. 그런데 질서가 가장 문란紊亂하여지는 곳은 미신유未申酉의 과정이다. 또 한가지는 본격적으로 모아드는 곳을 도회都會라고 하고 모아드는 것이 미미한 곳을 변읍邊邑이라고 한다. 그렇다면 예禮를 버리고 방종放縱하는 변읍邊邑사람이 과연 누구겠는가? 물론 신유申酉에 위位하는 사람들일 것은 말할 것도 없다.

그런즉 태양인은 폐대肺大한 사람이므로 숭례이미신유崇禮而未申酉의 폐금肺金을 잘 보호하면서 충양充陽하여야 종천기從天機할 것인데 만일 기례이방종棄禮而放縱한다면 결국 양성음약陽盛陰弱하게 되어서 수렴지도收斂之道에서 질서를 잃게 될 것인즉 이것은 결국 비인鄙人이 되고 말 것이다.

'둘째' 로 의義라는 것은 공리공욕公利公慾을 위하여서 사리사욕을 희생하는 행위이다. 그런데 태음인의 간이 작용하는 축인묘丑寅卯의 과정에서는 간 중의 木(즉 생명력)을 生하기 위하여 간금肝金이 의義로써 그 생명력을 기르는 것이다. 그럼에도 불구하고 태음인의 金이 만일 간목肝木의 장점(즉 간목의 항진)에 도취하여서 의義를 버리고 안일에 빠져 버린다면 이것은 역천逆天하는 행위이므로 나인懦人이 되고 말 것이다.

'셋째' 로 지智라는 것은 사물의 완결점—즉 「水」에 있다. 그런데 소양인은 비화脾火가 왕旺한 것을 특징으로 하고 있는 바 이것은 진사오辰巳午의 과정이기 때문이다. 그러므로 소양인은 비대신소脾大腎小하게 되어서 항상 수기水氣가 부족하게 된다. 그런데 이와 같은 자기의 결점을 알지 못하고 만일 허영허식虛榮虛飾에 도취하여 버린다면 이것은 지智(水)의 부족을 돌볼 줄 모르는 망동妄動이다. 더욱이 수부족지인水不足之人으로써 이와 같은 행위에 도취하게 된다면 그 사람의 행위는 점점 경박輕薄하여질 것이므로 이러한 역천지인逆天之人을 박인薄人이라고 한다.

'네째' 로 인仁이란 것은 수水(腎)가 알맞을 때에 발하는 것이다. 그런데 사람이 만일 신기腎氣의 응고력凝固力이 아직 미급未及하거나 혹은 태과太過함으로써 생인지심生仁之心을 버리게 될 때는 탐욕이 생기게 되는 바 소음인은 신대비소腎大脾小한즉(이것은 火小水大한 것이므로) 인을 버리고 사욕에 사로잡히기 쉬운 것이다. 그런즉 이것은 역천도逆天道하는 결과가 되므로 탐인貪人이라고 규정한 것이다.

오인吾人이 위에서 차절此節은 선생이 태소양인太少陽人과 태소음인太少陰人의 체질적 특징을 논한 것이라고 말한 것은 이와 같이 그 문장과 개념 속에 그러한 내용들이 숨어 있기 때문이다.

오장지심 중앙지태극야 오장지폐비간신 사유지사상야
五臟之心은 中央之太極也오 五臟之肺脾肝腎은 四維之四象也니라

중앙지태극 성인지태극 고출어중인지태극야
中央之太極은 聖人之太極이니 高出於衆人之太極也오

사유지사상 성인지사상 방통어중인지사상야
四維之四象은 聖人之四象이니 旁通於衆人之四象也니라.

자구해석

| 중앙(中央) 「央」자는 「大」자의 위에 「冖」자를 씌워 놓은 상(象)을 취한 자이다. 그런데 「冖」자에는 원(遠)자의 뜻이 있다. 본시 「원(遠)」자와 「근(近)」자의 개념적 차이는 수화(水火)의 차이로써 규정한 것이다. 즉 사물의 관찰은 남방(南方)을 기본으로 하기 때문에 남방에서 가까운 곳을 근방(近方)이라고 하고 남방에서 먼 곳을 원방(遠方)이라고 한다. 그런즉 최원방(最遠方)은 북방(北方) 즉—감수(坎水)의 방위이다 그런데 「大」자의 위에 「冖」자가 놓였다는 말은 水가 大—즉 화(火)의 위에 씌워졌다는 말이 된다. 그러므로 자전(字典)에서는 「央」자의 뜻을 「盡也」라고 하였던 것인즉 「央」이란 것은 극진처(極盡處)를 말하는 것이 분명하다. 그렇다면 중앙(中央)이란 것은 중(中)의 극진처(極盡處)를 말하는 것이니 그것이 바로 중앙토(中央土)의 부위(部位)인 것이다.

| 태극(太極) 경소(經疏)에 말하기를 천지미분지전(天地未分地前)에 원기혼이위일(元氣混而爲一)이라고 하였으니 태극이란 바로 그것이 갈라지기 이전에 음양지기(陰陽之氣)가 혼동되어서 다만 분별할 수 없는 상(象)만이 있던 때이니 소위 열자(列子)가 말한 태초(太初)의 象이 바로 그것이다.

| 사유(四維) 유(維)자의 뜻은 연결한다. 또는 우야(隅也)[모퉁이] 여야(與也)라고 하였은즉 사유(四維)란 것은 연결하는 위(位)가 사개처(四個處)가 있다는 말이다. 그런데 유위(維位)는 모두 사정지방(四正之方)에 있지 않고 사우(四隅)에 있다.

| 방통(旁通) 「旁」자의 본 자는 「㫄」으로 쓴다. 그런데 이 자는 「오그릴방」자다. 또 사해(辭海)에는 「횡교(橫交)를 방(旁)」이라고 하였다. 그런즉 방(旁)이란 것은 내왕이 횡교되는 것을 말하는 것이니

즉 모순 없는 교류를 한다는 말이다. 또 「心」자는 「心」자 사이에 [illegible] 의미가 있다.

대 의

오장五臟 가운데에서 심心은 중앙에 의한 태극이오 오장의 폐비간신肺脾肝腎은 사유四維에 의한 四象이다.(四象은 오행의 사위(四位)인 즉 폐비간신(肺脾肝腎)을 말하는 것이다.) 그런데 여기에서 말하는 중앙지태극(心)이라는 것은 곧 성인의 태극(心)을 말하는 것인 바 그것은 중인衆人의 太極(心)보다 높이 있고 사유四維의 사상四象이란 것은 성인의 사상(肺脾肝腎)을 말하는 것인바 이것은 중인衆人의 사상四象(폐비간신)에 비하면 서로 횡교橫交하고 있다고 말했은 즉 이것은 낮게 있다는 말이다. 그런데 이것을 이해하기 쉽게 하기 위하여서는 다음에 그림을 그리고 논하기로 하겠다.

土가 사정중四正中에서 작용하게 되면 그것은 우주의 성聖이 득위得位한 상태가 된다. 그런즉 인간에 있어서도 토가 사정중四正中에서 작용하게 되면 사상四象(즉 四臟)에 태과불급太過不及이 없게 될 것이므로 이것은 가히 성인聖人의 장기臟器라고 할 것이다. 그러므로 을도乙圖는 그림과 같이 심心이 갑도

衆 人 五 臟 圖(甲)

聖 人 五 臟 圖(乙)

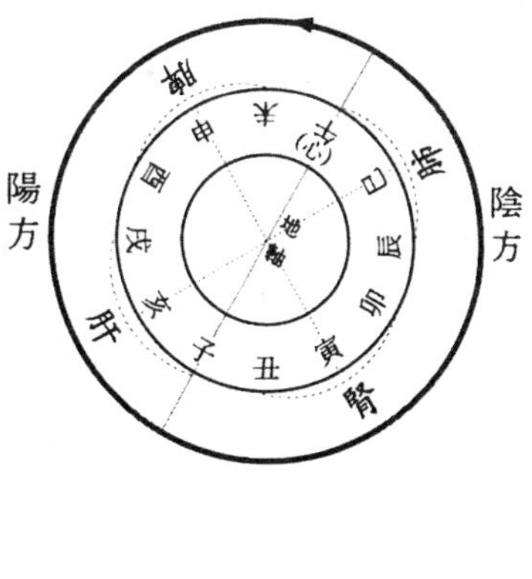

甲圖보다 고출高出되어 있은 즉 이것이 바로 「성인지태극聖人之太極이 고출어중인지태극高出於衆人之太極」이라고 한 곳이다

그 다음 또 四象(四臟)을 갑을도甲乙圖에서 비교해 보면 갑도甲圖는 비신脾腎이 을도乙圖보다 횡입橫立되어 있고 폐간肺肝은 을도乙圖보다 종입縱立해 있다. 그런데 사유四維에 있는 사상四象은 본시 성인聖人의 四象을 말한 것인바 이것을 중인衆人의 四象(四臟)과 비교해 볼 때에 이와 같이 방통旁通하고 있는 것이다.

이제 이것을 다시 고찰하여 보면 을도乙圖는 축인묘丑寅卯에 신腎이 위位하여서 우방右方으로 향상向上하고 있으므로 신주출腎主出이 제대로 될 것이나 갑도甲圖는 신腎이 술해자戌亥子에 위位하여서 좌방左方으로 향상하고 있으므로 신주출腎主出에 지장이 있게 된다. 또 을도乙圖는 폐肺가 진사오辰巳午에서 향상하고 있으므로 폐주호肺主呼가 알맞게 될 것이나 갑도甲圖는 폐肺가 미未에서 우방右方으로 하향으로 있으므로 폐주호肺主呼가 과대過大하게 될 수밖에 없다. 그 다음 을도乙圖는 비脾가 미신유未申酉에서 좌편左便으로 하향하고 있은 즉 비주납脾主納이 알맞게 된다. 그러나 갑도甲圖는 비脾가 진사오辰巳午에서 우편右便으로 상향하고 있으므로 비대脾大하게 되어서 비주납脾主納에 지장이 있게 된다. 그 다음 을도乙圖는 간肝이 술해자戌亥子에서 하향하고 있으므로 간주흡肝主吸이 알맞게 될 것이나 갑도甲圖는 간肝이 축인묘丑寅卯에서 상향하고 있으므로 간대肝大하게 되어서 간주흡肝主吸이 알맞게 될 수 없게 되는 것이다.

이와 같이 고찰해 보면 성인聖人의 장기臟器는 평화平和할 것이고 중인衆人의 장기臟器는 태과불급太過不及하게 된다는 것을 알수 있는 것이다. 그렇다면 '첫째'로 성인聖人의 장기臟器가 이와 같이 방통旁通(오그리는 것)하는 이유는 무엇인가?

'둘째'로 갑을 양도兩圖에서 심心의 위치를 그와 같이 배정한 이유는 무엇인가 하는 것을 연구할 필요가 있다.

보 주

'첫째'로 성인지장聖人之臟은 방통旁通하는데 중인지장衆人之臟은 방통旁通하지 못하는 이유를 알려면 우선 천기天機운행의 선 후천 관계부터 먼저 알아야 한다. 천기天機가 선천운행先天運行을 주로 하는 때란 것은 바로 지축地軸이 서북에서 동남으로 경사져 있는 때를 지칭하는 것이다. 이때는 지축의 자오子午가 서북西北과 동남東南에 있으므로 태양광선이 지구의 서북에까지 양陽을 발사하게 되지만 반대로 동남에서는 양陽을 적게 받게 된다.

그런데 그러한 때에는 지축의 자오子午가 부단히 동에서 서로 회전하려고 한다. 왜냐하면 자오는 지구의 중심인 바 만물의 중심은 언제나 음양의 중앙에 정립하여서 동정動靜의 균형을 얻으려고 하고 있기 때문이다. 그런즉 이때가 바로 선천이며 또한 태과불급太過不及의 작용을 하는 중인지장衆人之臟이 생기게 되는 때인즉 이것이 소위 선천先天의 운동조건이다.

그러므로 지지地支의 방위는 이러한 때에는 자子가 서북에서부터 동으로 운행하기 시작하므로 항상 양陽의 태과太過를 면免할 수 없게 된다. 그러므로 간대肝大 비대脾大 폐대肺大 신대腎大하는 결과가 나타나는 것이며 따라서 장臟의 부위도 갑도甲圖와 같이 되는 것이다. 그런즉 지축이 이러한 조건을 나타내고 있는 한 오늘과 같은 인간장기人間臟器의 작용은 피할 수 없는 것이다.

그러나 반대로 지축이 만일 동북에서 서남쪽으로 경사지게 된다고 하면 지구의 동북에는 양陽이 많게 되고 서남에는 음陰이 많게 될 것이다. 그러한 때에는 지구의 子午는(乙圖의 子午) 다시 동쪽으로 향하면서 子午가 음양陰陽의 중심점에 서려고 할 것이다.

그런데 이러한 때의 오행의 운동방향은 선천과 반대로 된다. 왜냐하면 지구는 항상 子午를 음양의 중앙에 세우려고 하며 또는 그러한 방향으로 운동할 수밖에 없는 것이다 지지地支의 자子는 동북에서 시작하여서 선천과는 반대방향으로 운동하게 된다. 그러므로 지구의 방위는 을도乙圖와 같이 되는 것이다. 이러한 운동을 후천 운동이라고 하는바 후천 운동을 한다는 만은 바로 성인聖人의 장기臟器운동이 그렇게 되다는 말과 공통되는 것이다.

그런즉 여기에서 甲圖와 乙圖에서 폐비간신肺脾肝腎의 위位를 대조해 보면 乙圖(즉 성인지장(聖人之臟))는 방통旁通하고 있지만 甲圖(즉 중인지장(衆人之臟))는 방통旁通력이 약하다. 그렇다면 여기에서 乙圖에는 방통旁通하는 상象이 어디에 있는가 하는 것을 연구하여야 한다.

乙圖를 상찰하여 보면 축인묘丑寅卯에는 출出하는 신腎이 있고 진사오辰巳午에는 호呼하는 폐肺가 있는바 모두 음방陰方에 속해 있은즉 이것은 금수金水의 속에다가 양을 많이 포위하려고 하는 상象인 것을 알수 있으며 또 미신유未申酉에는 납納하는 비脾가 있고 술해자戌亥子에는 흡吸하는 간肝이 있는 바 모두 양방陽方인 즉 이것은 목화木火의 표면에다가 음陰을 알맞게 싸우려는 공리公理의 운동이라는 것을 알 수 있는 것이다.

그런즉 이 그림에서 볼 때에 乙圖(後天圖)는 甲圖(先天圖)에 비해서 양陽을 포위하는 데에 얼마나 만전을 기하고 있는가 하는 것을 알 수 있다. 그러므로 우리는 선생이 방통旁通이라는 개념을 설정한 속에는 오행五行작용이 횡교橫交되어 있다는 의미도 있고 또는 후천聖人之臟 은 이와 같이 양을 수렴하는 일—즉 방통旁通하는 일을 위주로 하고 있다는 것까지 아울러 설명한 것이라는 것을 알 수 있는 것이다.

'둘째' 로 신腎의 위位는 자子에 있고 심心의 위位는 오午에 있다. 그런데 선천은 (甲圖와 같이) 午心가 동남에 있으니 이것은 낮低게 있는 것이오 후천(즉 乙圖)은 오午가 서남에 있은 즉 이것은 높게 있는 것이다.(고하(高下)의 표준은 금목(金木)에 있다. 즉 「금기작용즉천고(金氣作用則天高)하고 목기작용즉천저야(木氣作用則天底也)」라고 한 것을 표준으로 한다.) 그러므로 성인지태극聖人之太極이 고출어중인지태극高出於衆人之太極이라고 했던 것이다.

태소음양지장국장단 사부동중 유일대동 천리지변화야
太少陰陽之臟局長短은 四不同中에 有一大同하니 天理之變化也에

성인 여중인 일동야 비박탐나지심지청탁 사부동중
聖人이 與衆人으로 一同也오 鄙薄貪懦之心地淸濁은 四不同中에

유만부동 인욕지활협야 성인 여중인 만수야
有萬不同하니 人欲之闊狹也에 聖人이 與衆人으로 萬殊也니라.

대 의

위에서는 성인지심聖人之心과 중인지심衆人之心이 서로 다르고 성인지사상聖人之四象과 중인지사상衆人之四象이 서로 다르다는 것을 논했다. 그런데 여기에서는 성인聖人의 장기臟器와 중인衆人의 장기臟器가 어느 정도의 차이가 있는가? 하는 점을 논하는 것이다.

선생은 논하기를 태소음양인太少陰陽人의 장국臟局에 장단점이 있으므로 폐비간신肺脾肝腎의 사장四臟이 그 장점과 단점이 각각 다르지만 「一」을 有한다는 점에 있어서는 같다고 했다.(有一이 大同) 왜냐하면 천리가 변화할 때에 성인聖人과 중인衆人은 차별이 없이 그 「一」이라는 본원本源은 동일하기 때문이라고 말했던 것이다.

좀 더 자세히 말하면 사상인四象人의 장부臟腑에 장단이 있는바 인간의 생명력인 「一」점으로 돌아간다는 면에서 볼 때에는 장국臟局의 장단長短과는 별도로 그 목적이 동일한 것이다. 왜냐하면 천기天機가 변화할 때에 일수一水로 환원하면서 생명과 정신을 창조한다는 점에 있어서는 성인聖人이나 중인衆人이 차별이 없이 동일하게 창조되어 있기 때문이라고 논한 것이다.

그러나 인간은 모두 사상四象의 범주範疇에 속해 있지만 그 가운데에서도 비인鄙人 박인薄人 탐인貪人 나인懦人이 또 있게 되는 것은 사상이라는 선천적 편파성이 있는데다가 그 심지心地를 혹은 맑게 가지며 혹은 탁하게 가지게

됨으로써 생기는 것이다. 그러므로 탁한 사람은 분열하려고만 하고 전혀 동화하려고 하지 않는다. 이제 다음에 그 상태를 따서보면 사상이라는 네 가지의 구별밖에 또 몇 만 가지의 분열에서 오는 차별이 있으니 그것은 바로 중인衆人의 심지가 갈라지려고만 하고 동화를 거부하기 때문에 일어나는 현상인 것이다. 그런 즉 이것을 요약하면 정욕이 많고 또 체구體軀가 적은데(人欲之闊狹) 그 원인이 있다고 말 할 수 있는 것이다.

그러므로 성인은 정욕情慾이 동하지 않고 중인은 정욕이 낭동浪動하는 것인즉 성인과 중인의 사이에는 몇 만층의 차이가 있을 수밖에 도리가 없는 것이다.

태소음양지장단변화 일동지중 유사편 성인 소이희천야
太少陰陽之長短變化는 一同之中에 有四偏하니 聖人은 所以希天也오

비박탐나지청탁활협 만수지중 유일동
鄙薄貪懦之清濁闊狹은 萬殊之中에 有一同하니

중인 소이희성야
衆人은 所以希聖也니라.

대 의

위에서는 사상인四象人이 비록 각분各分하려고 하고 있지만 「一」한다는 점에 있어서는 동일한 것이며 비박탐나鄙薄貪懦는 그 심지청탁心地清濁이 만부동萬不同함으로써 성인과 거리가 멀다는 것을 논했다. 그런데 여기에서는 다음과 같이 논했다.

태소음양인의 장국臟局의 장단이 변화하는 것은 결과적으로 보면 일수一水가 동화同化작용을 하려고 하는 과정에 네 가지의木火金水 편파偏頗작용이

있는 것에 불과한즉 이것은 바로 천운天運에 사편四偏—즉 태과불급太過不及이 있기 때문이므로 인력으로는 어찌 할 수 없는 일인 것이다.

그런데 성인이란 지성이 구비한 사람이므로 이 원리를 명료히 알고 있기 때문에 다만 천기天機에 이것을 희구希求하는 것이다. 그러나 비박탐나鄙薄貪懦에서 일어나는 심지心地의 청탁淸濁은 선천소치先天所致가 아니고 다만 인간의 정욕情慾에서 일어나는 것이다. 그렇지만 인간도 역시 천기와 인사에서 성性과 명命을 받은 것인즉 심지청탁心地淸濁이 비록 만수萬殊하다고 할지라도 그 가운데서 일수一水로 동화하려는 본천지심本天之心은 다르지 않은 것이다. 그러나 중인衆人은 중인이기에 이것이 천운의 선천적 작용이라는 점까지는 알지 못하므로 다만 성인의 가르침에 의해서 육체적인 탁기濁氣를 정화하려고 하는 것이 바로 성인에게 희구希求하는 목적이라고 논했다.

성인지장 사단야 중인지장 역사단야 이성인일사단지장
聖人之臟은 四端也오 衆人之臟도 亦四端也니 以聖人一四端之臟으로

처어중인만사단지중 성인자 중인지소락야
處於衆人萬四端之中하니 聖人者는 衆人之所樂也오

성인지심 무욕야 중인지심 유욕야 이성인일무욕지심
聖人之心은 無慾也오 衆人之心은 有慾也니 以聖人一無慾之心으로

처어 중인만유욕지중 중인자 성인지소우야
處於 衆人萬有慾之中하니 衆人者는 聖人之所憂也니라.

대 의

위에서 말한 바와 같이 태소음양太少陰陽의 장단長短변화와 비박탐나鄙薄貪懦의 청탁활협淸濁闊狹이 있는 것이 사람인데 이것이 성인과는 어떻게 다른

가 하는 것을 여기에서 논한 것이다.

인간에게 사단四端이 있는 것은 중인衆人이나 성인聖人이나 다 일반一般이다. 왜냐하면 천지의 사단은 木火金水오 인간의 사단은 폐비간신인즉 사람은 누구나 다 사단이 있을 것은 명약관화한 것이다. 그런데 다만 다른 것은 성인의 사단은 일사단一四端 즉 一水로써 통일하려는 목적에 충실한 장臟인데 중인의 사단은 만사단萬四端 즉 정욕 때문에 一水의 통일에 충실하지 못하고 만 갈래나 갈라짐으로써 생명과 정신을 타락墮落시키고 있는 사단인 것이다.

그러므로 중인은 성인에게서 낙을 구하게 되는 것이다. 그렇다면 어떻게 하여서 중인은 성인에게서 낙을 구할 것인가? 성인이란 것은 지와 성이 완전하므로 그 언동을 천도의 운행대로 하는 것이다. 천도는 언제나 낙을 창조하고 있으니 그것은 바로 양을 水속에 환원시키려는 일이다. 그런즉 중인도 자연히 낙도하는 방법을 배우게 될 것은 물론이다. 그러므로 「성인자聖人者는 중인지소낙야衆人之所樂也」라고 했다.

이렇게 하면 중인도 낙도樂道로 향하게 될 것은 물론이나 성인의 가슴에는 걱정을 가득히 담게 된다. 왜냐하면 성인은 정욕에 동하지 않는데 중인은 정욕에 잘 동하는 것이기 때문이다. 그런데 이와 같은 일무욕지심一無慾之心을 가지고 있는 성인이 중인의 만유욕萬有慾—즉 정욕 때문에 정을 만 갈래나 분열시키는 행동을 하는 중인사회에 처해 있으므로 성인은 거기에 대한 걱정이 그칠 사이가 없는 것이다. 그런즉 아무리 성인의 가르침이라고 할지라도 만유욕萬有慾을 일무욕一無慾으로 만들기는 난중지난사難中之難事인 것이다.

보 주

위에서는 일무욕지심一無慾之心으로 만유욕萬有慾한 사회에 처하는 성인이 걱정이 많다는 것을 논했다. 성인은 천운을 지실知悉하고 또 천도대로 행하는 사람인데 왜 이러한 사회상을 걱정하는가 하는 것을 천도운행의 원리로써 논해 보기로 하겠다.

인간이 만일 정욕이 과다한 작용을 하게 되면 그것은 바로 목화지기木火之氣의 발생이 도를 지나치게 된다. 그런데 목화가 과항過亢하면 천도는 금화교역을 못하게 되어서 우주정신을 일수一水의 위位에다가 완결시키지 못한다. 마찬가지로 인간의 정욕이 과항過亢하게 되면 인간정신과 생명을 보존하기 어렵다. 그런데 우주가 분열작용이 과항하는 때에는 인간도 따라서 목화가 과항하게 되는 것인즉 이것을 시운時運이라고 한다.

그런데 이러한 시운에 처한 성인은 우주에서 금화교역의 불급때문에 야기되는 혼란이 우주정신을 귀일歸一시키지 못할까 하여 이것을 걱정하는 것이다. 왜냐하면 우주정신의 불귀일不歸一은 곧 인간정신의 파산을 의미하기 때문이다.

연즉 천하중인지장리 역개성인지 장리이 재능
然則 天下衆人之臟理는 亦皆聖人之 臟理而 才能은

역개성인지재능야 이폐비간신성인지재능
亦皆聖人之才能也니 以肺脾肝腎聖人之才能으로

이자언왈 아무재능운자 기재능지죄재 심지죄야
而自言曰 我無才能云者는 豈才能之罪哉리오 心之罪也니라.

대 의

성인의 장臟도 사단四端이오 중인의 장도 사단인데 다만 다른 점은 성인은 일사단一四端하려고 하는데 중인은 만사단萬四端하려는 심적작용만이 다른 것이다.

그렇다면 오인은 여기에서 천하의 중인지장리衆人之臟理와 성인지장리聖人之臟理가 동일하다는 것을 알 수 있으며 재능도 또한 동일하다는 것을 알 수 있는 것이다. 그런즉 사람의 폐비간신은 모두 성인의 재능을 구유具有하고 있어야 할 것이다. 그럼에도 불구하고 성인과 동일한 폐비간신과 재능을 가져야 할 중인이 스스로 말하기를 나는 재능이 없다고 말하는 사람이 있으나 이것이 어찌 재능의 죄겠느냐?

중인의 재능이 성인보다 못한 것은 중인의 심지가 흐려 있기 때문에 지행知行이 올바르게 작용하지 못하는 것뿐이오 재능 자체가 부족한 것은 아니라고 논했다.

호연지기 출어폐비간신야 호연지리 출어심야
浩然之氣는 出於肺脾肝腎也오 浩然之理는 出於心也니

인의예지사장지기 확이충지즉 호연지기 출어차야
仁義禮智四臟之氣를 擴而充之則 浩然之氣는 出於此也오

비박탐나일심지욕 명이변지즉 호연지리 출어차야
鄙薄貪懦一心之慾을 明而辨之則 浩然之理는 出於此也니라.

자구해석

| **호연지기(浩然之氣)** 정대강직지기(正大剛直之氣)를 말하는 것인데 정대강직지기(正大剛直之氣)란 것은 출입(出入)에 군색(窘塞)하지 않는 기(氣)를 말하는 것이다. 이 말의 어원은 맹자가 「아선양오호연지기(我善養吾浩然之氣)」라고 한 데에서부터 시작된 것이다.

| **호연지리(浩然之理)** 주자(朱子)는 「부리자(夫理者)는 인의예지지총명(仁義禮智之總名)이니 인의예지는 편시천리지건수야(便是天理之件數也)」라고 하였다. 송대(宋代) 이후에 이(理)에 대한 논설이 구구하나 주자의 이 일언(一言)으로 끝나는 것이다. 왜냐하면 이는 천(天)에서 생하고 기는 지(地)

에서 生하는 것이다. 그러므로 이(理)는 신생지원(神生之源)이오 기(氣)는 물생지본(物生之本)이란 것을 알 수 있는 것인바 인의예지는 또한 이기(理氣)가 행할 때에 나타나는 목화금수에 불과한 것인즉 이것은 이기(理氣)의 건수(件數)에 불과한 것이다.

비록 그렇다고 할지라도 우주운행의 법칙으로 볼 때 천리는 통솔자인즉 지기가 행해지는 때에도 또한 천운의 통솔(統率)하에 들어가게 되는 것이다. 그런즉 「이는 인의예지를 총괄」하는 명칭인 것이 분명하다. 그러므로 자전에 「이자(理者)는 치옥야(治玉也)」라고 하였으니 이것이 그 뜻이 아니고 무엇이겠는가?

이렇게 생각해 보면 理는 우주운행의 총괄자인 동시에 또한 그의 본원 즉 기(己)를 주체로 하는 작용을 말하는 것이오 氣는 理의 사역자인 동시에 생장의 본원인 축(丑)을 주체로 하고 이루어지는 것을 말하는 것인즉 따라서 理는 청(淸)의 주체오 氣는 탁(濁)의 주체란 것도 알 수 있는 것이다.

| **명이변지(明而辨之)** 밝게 하여서 후환이 없도록 한다는 말이다. 그런데 여기에서 명이변지라는 말은 마음을 밝게 함으로써 머릿속이 조금도 흐림이 없이 修道한다는 말이다.

대 의

위에서는 인간이 재능이 없는 것은 폐비간신의 죄罪가 아니고 심성이 탁하기 때문이라는 것을 논했다. 그런데 여기에서는 인간정신의 출입지기出入之氣인 호연지기는 본시 지기地氣에 속한 것이기 때문에 폐비간신에서 나오고 호연지리浩然之理는 천운에 속한 것이므로 심心에서 나오는 것이라고 하였다. 그런데 호연지리가 심에서 나온다고 한 것은 심은 중앙의 태극이며 사장四臟의 통괄자統括者이기 때문이다.

그러므로 인의예지의 소질을 가지고 있는 사장지기四臟之氣에다가 양陽을 잘 충족시켜서 탁기濁氣 즉 사기邪氣를 제거한다면 사장四臟이 비록 인사에서 그 기운을 받은 것이라고 할지라도 호연지기가 거기에서 저절로 나올 것이오 비박탐나鄙薄貪懦의 욕심이 함억제복頷臆臍腹에서 나오는 것이라고 할지라도 심본心本이 태극이므로 욕심을 억제하고 심지心志를 명석하게 한다면 호연지리浩然之理가 여기에서 저절로 나올 것인즉 인간의 이기理氣는 여기에서 완전하게 될 것이다. 그런즉 나我의 재능을 탄식할 것이 아니라 나의 심지를 청탁하게 한다면 호연지리浩然之理나 정기는 그 가운데에 있을 것이 아니냐고 논한 것이다.

성인지심 무욕운자 비청정적멸 여노불지무욕야 성인지심
聖人之心이 無慾云者는 非淸淨寂滅 如老佛之無慾也니 聖人之心이

심우천하지불치고 비단 무욕야 역미가급어 일기지욕야
深憂天下之不治故로 非但 無慾也오 亦未暇及於 一己之慾也니

심우천하지불치이 미가급어 일기지욕자 필학불염이 교불권야
深憂天下之不治而 未暇及於 一己之慾者는 必學不厭而 敎不倦也니라

학불염이 교불권자 즉성인지무욕야
學不厭而 敎不倦者는 卽聖人之無慾也니라

호유일기지욕즉 비요순지심야 잠무천하지우즉 비공맹지심야
毫有一己之慾則 非堯舜之心也오 暫無天下之憂則 非孔孟之心也니라.

대 의

위에서는 호연지리기浩然之理氣는 전혀 심성心性과 기우氣宇의 청탁淸濁여하에 달려있다는 것을 논했는데 여기에서는 성인의 심기에서 발하는 무욕이라 할지라도 거기에 시비판단이 없을 수가 없다는 것을 논함으로써 결론한 것이다.

즉 위에서 성인의 심에 욕심이 없기 때문에 호연지리浩然之理가 충족하게 된다는 것을 말했지만 그렇다고 그것이 노불老佛의 무욕無慾처럼 청정적멸淸淨寂滅의 경지만을 희구하는 그러한 무욕을 말하는 것은 아니란 것이다. 왜냐하면 그와 같은 무욕은 일신의 도통에는 좋을는지 모르지만 그것은 공욕도 사욕도 전부 부인하는 것이므로 천도와도 위배되며 세상에도 필요 없는 무욕일 것이다.

성인은 본시 천하의 혼란을 몹시 걱정하는 것인바 이것은 욕심이 없기 때문이 아니라 일신의 욕심을 생각할 겨를이 없기 때문인 것이다. 그러므로 천하의 불치不治를 걱정하기 위하여서 일신의 욕심 같은 것을 생각할 만한 겨를이 없는 자는 학學하는 데에도 부지런 할 것이고 또한 가르치는 데에도 게으르지 않을 것인즉 이러한 것을 성인이라고 한다고 논했다.

그런즉 만일 티끌만큼이라도 일신에 대한 욕심이 있다면 이것은 요순堯舜의 심지가 될 수 없을 것이고 잠깐 동안이라도 천하에 대한 걱정이 없다고 하면 이것은 공맹의 심지가 아니라고 하였다. 동무는 이와 같이 성인지무욕聖人之無慾에 대한 시비를 판단함으로써 인성人性의 사단四端이 비록 청정하게 된 성인이라고 할지라도 천하지란을 그때 그때에 바로잡으려 하지 않고 노불老佛처럼 청정적멸淸淨寂滅의 완전경完全境 만을 기다린다면 중생의 무지를 인도해내기는 어려울 것이라고 논한 것이다.

태양인 애성 원산이 노정 촉급
太陽人은 哀性이 遠散而 怒情이 促急하니

애성 원산즉 기주폐이 폐익성
哀性이 遠散則 氣注肺而 肺益盛이오

노정 촉급즉 기격간이 간익삭
怒情이 促急則 氣激肝而 肝益削하나니

태양지장국 소이성형어 폐대간소야
太陽之臟局이 所以成形於 肺大肝小也오

소양인 노성 굉포이 애정 촉급
少陽人은 怒性이 宏抱而 哀情이 促急하니

노성 굉포즉 기주비이 비익성
怒性이 宏抱則 氣注脾而 脾益盛이오

애정 촉급즉 기격신이 신익삭
哀情이 促急則 氣激腎而 腎益削하나니

소양지장국 소이성형어 비대신소야
少陽之臟局이 所以成形於 脾大腎小也오

태음인 희성 광장이 낙정 촉급
太陰人은 喜性이 廣張而 樂情이 促急하니

희성 광장즉 기주간이 간익성
喜性이 廣張則 氣注肝而 肝益盛이오

낙정 촉급즉 기격폐이 폐익삭
樂情이 促急則 氣激肺而 肺益削하나니

태음지장국 소이성형어 간대폐소야
太陰之臟局이 所以成形於 肝大肺小也오

소음인 낙성 심확이 희성 촉급
少陰人은 樂性이 深確而 喜性이 促急하니

낙성 심확즉 기주신이 신익성
樂性이 深確則 氣注腎而 腎益盛이오

희정 촉급즉 기격비이 비익삭
喜情이 促急則 氣激脾而 脾益削하나니

소음지장국 소이성형어 신대비소야
少陰之臟局이 所以成形於 腎大脾小也니라.

자구해석

| **성정(性情)** 성(性)이란 것은 보이지 않는 것이니 즉 이(理)를 말하는 것이오 정(情)이란 것은 성이 상(像)으로 나타나는 것을 말하는 것이니 즉 기(氣)를 말하는 것이다. 가령 사람이 마음 속에 있는 희노애락 가운데에서 무엇이 동(動)했는지를 알 수 없는 것은 아직 정(情)이 동하지 않은 까닭이다. 그러나 만일 안색이 우울하다고 하면 그것은 애노(哀怒)의 정(情)이 동(動)한 까닭이오. 안색이 명랑(明朗)하면 그것은 희락(喜樂)의 정이 동(動)해 있는 징조인 것이다. 그런 즉 성과 정은 본시 하나인데 다만 표리(表裏)관계를 나타낼 때에만 두 가지로 나타나는 것이다.

| **희노애락(喜怒哀樂)** 희(喜)라는 것은 물 속에서 양기(陽氣)가 나아갈 때에 물방울을 이루는 것과

같은 상태이다. 그런즉 이것은 금수지기(金水之氣)가 불급(不及)하고 목화지기(木火之氣)가 많이 일어나는 현상이다.

노(怒)라는 것은 비(脾)의 음기(陰氣)와 그 속에 있는 양(陽)이 상쟁(相爭)함으로써 음양이 서로 버티는 상태이고 애(哀)라는 것은 폐(肺) 속에 있는 양이 수렴되지 못하고 발산해 버리려는 상태이다.

낙(樂)이란 것은 폐에서 수렴된 양이 신(腎)속에 수장(收藏)되려고 할 때에 발하는 양횡지상(陽橫之象)이니 그것이 바로 낙(樂)인 것이다.

그런데 희노애락의 개념도 여기에 성과 정이 붙는데 의해서 다소간 달라지게 되지만 이것은 표리(表裏)관계이므로 이(理)로써 추지(推之)하면 용이하게 해결된다.

대 의

태양인의 특징은 애성哀性이 원산遠散하기 때문에 노정怒情이 촉급促急하게 되는 것인데 만일 애성哀性이 원산遠散하게 되면 될수록 양기가 폐 속에 많이 주입하게 되므로 폐는 더욱 왕旺하게 되고 노정怒情이 촉급하게 되면 양기가 간肝의 음陰과 상격相激하게 되므로 간의 음은 점점 쇠약하게 된다. 그 때문에 태양인의 장국臟局이 폐대간소肺大肝小하게 형성되는 것이다.

이제 이것을 좀더 풀어서 말하면 태양인은 본시 애성哀性이 많은데 애성이란 것은 폐중지화肺中之火를 속에 몰아 넣으려고 할 때에 일시적으로 일어나는 성이다. 그런데 이때에 폐화肺火 때문에 애성이 만일 멀리로 흩어져 버리게 되면 안되므로 이것을 방비하기 위하여서 비음은 간음을 동원하게 되나 이때에 간비지음肝脾之陰은 맹렬한 화火에 대항하여야 하는 것인즉 그와 같이 하여 음肝金이 화火를 포위할 때에 노정怒情이 생기는 바 이때에 나타나는 음의 부족이 바로 노정怒情의 촉급促急인 것이다.

이와 같이 하여서 애성哀性이 원산遠散하게 되면 될수록 폐중지양肺中之陽이 불어나게 될 것이고 노정怒情이 폐화肺火를 포위하기에 촉급하게 되면 될수록 간음肝陰이 쇠衰하게 된다.(비음(脾陰)은 간음(肝陰)을 기본으로 한 것이므로) 그러므로 태양인은 폐대간소肺大肝小하게 되는 것이다.

그 다음 소양인은 노성怒性이 크게 둘러싸이게 되고 반면으로 애정哀情은 촉급促急하게 되는바 만일 노성怒性이 굉포宏抱하게 된즉 양기가 비脾에 많이 주입注入되어서 비화脾火가 더욱 왕성하게 되고 애정이 촉급하게 된즉 양기가 신腎과 상격相激함으로써 신기腎氣가 더욱 쇠약하게 된다. 그러므로 소양인의 장국臟局이 비대신소脾大腎小하게 형성되는 것이다.

이제 다음에 이것을 풀어 말하면 소양인은 노성怒性이 많은바 노성이란 것은 간금肝金이 비脾에 이르러서 화화火化하면서 폐肺로 횡행橫行하려고 할 때에 비음脾陰속에서 작용하는 화성火性을 지칭하는 것이다. 그런데 소양인은 비화가 강렬하기 때문에 이것을 방위하려는 애정哀情—즉 폐음肺陰이 원산遠散할 때에 이루어진 음기陰氣가 이것을 방위防衛하기 바쁘게 된다.

그런데 이와 같이 되어서 간화肝火를 기본으로 한 노성怒性이 굉포宏抱하게 된즉 비脾에 주입되는 양기陽氣의 양量은 점점 많게 됨으로써 비화는 더욱더욱 왕성하게 되고 반면에 신수腎水는 폐음肺陰(즉 哀情)을 구하려다가 점점 쇠약하여지게 된다. 그러므로 소양인의 장국臟局이 비대신소脾大腎小하게 형성되는 것이다.

그 다음에 태음인은 희성喜性이 넓게 퍼지게 되고 반면에 낙정樂情은 촉급하게 되는 바 만일에 희성喜性이 광장廣場하게 된즉 간에는 많은 양기가 주입되어서 더욱 왕성하게 되고 만일에 낙정樂情이 촉급하게 된즉 양기가 폐금肺金과 상격相激함으로써 폐금肺金이 점점 쇠약하게 되는 것이므로 태음인의 장국臟局이 간대폐소肝大肺小하게 형성되는 것이다.

이제 이것을 좀 더 자세하게 말하면 희성喜性이란 것은 신수腎水에서 간중지목肝中之木이 발發할 때에 축토丑土의 기운이 작용하는 것을 말하는 것이다. 그런데 태음인은 이 기운이 넓게 퍼지게 되는 것이니 그것은 바로 수水의 정情인 바의 낙정樂情이 촉급促急하게 된다는 것을 의미하는 것이다. 왜냐하면 신腎에서 양이 넓게 퍼져 나아가게 되면 그것을 방비하여야 할 것은 신음腎陰의 임무이다. 그러므로 여기에서 낙정樂情인 바의 신음腎陰이 바쁘게 되는 것이다.

그런데 이와 같이 하여서 희성喜性이 광장廣張하게 된즉 간에 주입되는 양기의 양은 점점 많게 되고 반면으로 이것을 방위하려는 폐음肺陰은 그 힘이 점점 약하게 된다. 그런데 폐음은 간금肝金을 받아서 이루어지는 것인데 폐음이 이와 같이 그의 음원陰源을 잃게 되므로 낙정樂情이 점점 약화하게 된다. 그러므로 태음인의 장국이 간대 폐소하게 형성되는 것이다.

그 다음에 소음인은 낙성樂性이 깊게 되며 희정喜情은 촉급하게 된다. 이와 같이 낙성이 심확深確한즉 양기가 신腎에 많이 주입되어서 신기腎氣가 더욱 왕성하게 되고 또 희정喜情이 촉급한즉 간음肝陰이 비음脾陰과 상격相激하게 되어서 비화脾火가 더욱 쇠약하게 된다. 그러므로 소음인은 신대비소腎大脾小하게 형성되는 것이다. 이제 이것을 좀더 자세히 논하면 낙성이란 것은 양陽이 신腎으로 주입될 때에 포양작용包陽作用의 충족을 만족하게 여기는 상태이다. 그런데 소음인이 이와 같은 낙성이 깊게 되는 것은 신음腎陰이「태괘兌卦」의 상태에 놓여 있기 때문이다. 그러나 반면으로는 신출지력腎出之力이 부족하게 되어서 비화脾火가 불급하게 되므로 희정喜情이 촉급하게 된다. 그런즉 소음인이 신대비소腎大脾小하게 될 수밖에 없는 것이다.

폐기 직이신 비기 율이포
肺氣는 直而伸이오 脾氣는 栗而包오

간기 관이완 신기 온이축
肝氣는 寬而緩이오 腎氣는 溫而畜이니라.

폐이호 간이흡 간폐자 호흡기액지 문호야
肺以呼하며 肝以吸하니 肝肺者는 呼吸氣液之 門戶也오

비이납 신이출 비신자 출납수곡지 부고야
脾以納하며 腎以出하니 脾腎者는 出納水穀之 府庫也니라.

자구해석

| 직이신(直而伸) 직(直)은 정야(正也) 불유예야(不猶豫也)(당장 하는 것)라고 하였은즉 바르게 펴면서도 곧게 한다는 말이다.

| 율이포(栗而包) 두려워하면서 싼(包)다는 말

| 관이완(寬而緩) 표면을 너그럽게 함으로써 목기(木氣)의 남발(濫發)을 완화한다는 말

| 온이축(溫而畜) 강제로 축지(蓄止)하는 것이 아니고 온화하게 하면서 축지한다는 말

| 비이납(脾以納) 납(納)이란 것은 순리대로 받아들이는 것

대 의

선생은 위에서 사상인四象人의 장기에 장단長短이 생기게 되는 이유를 설명했다. 그러나 그 내용이 어려우므로 그것을 알기 쉽게 하기 위하여 다음에 그 논지의 핵심이었던 폐비간신의 작용을 밝힘으로써 이해에 도움을 주려고 한 것이다.

즉 폐기肺氣는 바르게 펴면서도 그 일을 유예猶豫없이 당장 하는 것이오 비기脾氣는 항상 두려워하면서 포위하고 간기肝氣는 표면에 있는 음을 너그럽게 하면서 속에 있는 목木을 완화시키고 신기腎氣는 화기和氣로써 축적한다고 하였다.

이제 이것을 좀 더 자세히 설명하면 폐는 표면의 금으로써 내부의 화를 싸包가지고 핵을 만들려는 것인 바 그(肺의) 생성과정은 미신유未申酉이므로 직直하면서 신伸하게 하는 것이다. 왜냐하면 미未에는 직直할수 있는 성性이 있고 신申에는 신伸할수 있는 성性이 있고 유酉에는 유예猶豫없는 성性이 있기 때문이다.

그 다음에 비기脾氣는 화왕작금火旺灼金하는 진사오辰巳午의 과정에서 금화교역金火交易을 시작하는 것이므로 항상 두려워하면서 포위하는 것이오 간기肝氣는 수에서 목을 발하는 일을 하는 것인즉 항상 간금肝金의 과강過强이 두려우므로 축토丑土로써 관寬하게 하고 인상화寅相火로써 완緩하게 하면서 부화지기敷和之氣(적당한 木)를 발하게 하고 신기腎氣는 수중水中에서 양을 응고시키려는 것인즉 혹시 수음水陰의 과응過凝이 두려우므로 술戌로써 온화溫和하게 하여 가지고 해자亥子에서 축적하는 것이다.

그러므로 동무는 이와 같이 사장四臟의 작용을 논함으로써 사상의 편파된 원리를 해득하는데 도움을 주기 위하여서 이와 같이 말했던 것이거니와 다시 계속하여서 그렇기 때문에 폐는 호呼하는 작용을 하며 간은 흡吸하는 작용을 하는 것인즉 간과 폐는 기액氣液을 호흡하는 문호門戶오 비脾는 납納하는 작용을 하고 신腎은 출出하는 작용을 하는 것인즉 신腎과 비脾는 수곡水穀을 출납出納하는 부고府庫의 역할을 하는 것이라고 말한 것이다.

이제 이것을 좀더 자세히 말하면 위에서 말한 바 폐가 직이신直而伸하는 작용을 하는 것은 호呼하기 위함이오 간이 관이완寬而緩하는 작용을 하는 것은 흡吸하기 위함이다. 그러므로 간폐肝肺는 기액氣液을 호흡하는 문호門戶가 된다고 한 것이다.(여기에서 기액(氣液)의 문호라고 한 것은 간(肝)은 생기지본(生氣之本)이오 폐(肺)는 화액지원(化液之源)이기 때문이다.) 또 비脾가 율이포栗而包하는 것은 납納하기 위함이오 신腎이 온이축溫而畜하는 것은 출出하기 위함이다. 그러므로 신비자腎脾者는 출납수곡지 부고야出納水穀之 府庫也라고 한 것이다.(신(腎)은 대소장(大小腸)과 방광으로 배설하고 비(脾)는 수곡(水穀)을 받아들여서 기혈(氣血)을 만들기 때문이다.)

애기 직승 노기 횡승 희기 방강
哀氣는 直升하고 怒氣는 橫升하고 喜氣는 放降하고

낙기 함강 애노지기 상승 희락지기 하강
樂氣는 陷降이니라 哀怒之氣는 上升하고 喜樂之氣는 下降하나니

상승지기 과다즉 하초상 하강지기 과다즉 상초 상
上升之氣가 過多則 下焦傷하고 下降之氣 過多則 上焦 傷하나니라.

대 의

선생은 위에서는 폐비간신이 작용을 논함으로써 사상체질의 특징을 이해시키는 데에 도움을 주었는데 여기에서는 또 계속하여서 희노애락의 작용을 논함으로써 사상적 특징을 완전히 이해할 수 있게 하였던 것이다.

즉 애기哀氣는 직승直升하는 것이오 노기怒氣는 횡승橫升하는 것이오 희기喜氣는 방강放降하는 것이오 낙기樂氣는 함강陷降하는 것이라고 말했다.

이제 여기에서 이것을 좀 더 자세히 풀어보면 애기哀氣란 것은 폐肺속으로 곧게 올라가는 기운이오 노기怒氣란 것은 간의 기운이 비화脾火로 변하면서 가로퍼져 나가는 기운이오 희기란 것은 수축됐던 기운이 반대로 향상하려는 기운이오 낙기樂氣란 것은 금의 수축을 받아 가지고 수水 속으로 빠져 들어갈 때에 생기는 기운의 현상이다.

그런즉 애노지기에는 직승과 횡승의 차이는 있지만 대체로 볼 때 모두 상승하려는 기운이오 희낙지기란 것은 방강과 함강의 차이는 있지만 모두 하강지기에 속하는 것이다. 그러므로 상승지기—즉 애노지기가 과다하게 되면 상초에서 화가 과왕過旺하게 되어서 하초가 상하게 될 것이오 하강지기—즉 희낙지기가 과다하게 되면 하초에서 수기가 과성過盛하여서 상초에 화불승火不升하게 될 것이다.

애노지기 순동즉 발월이 상등
哀怒之氣 順動則 發越而 上騰하고

희낙지기 순동즉 완안이 하추
喜樂之氣 順動則 緩安而 下墜하나니

애노지기 양야 순동즉 순이 상승야
哀怒之氣는 陽也니 順動則 順而 上升也오

희낙지기 음야 순동즉 순이 하강
喜樂之氣는 陰也니 順動則 順而 下降하나니라.

애노지기역동즉 폭발이 병어상야
哀怒之氣逆動則 暴發而 並於上也오

희낙지기 역동즉 낭발이 병어하야
喜樂之氣 逆動則 浪發而 並於下也니

상승지기 역동이 병어상즉 간신 상
上升之氣 逆動而 並於上則 肝腎이 傷하고

하강지기 역동이 병어하즉 비폐 상
下降之氣 逆動而 並於下則 脾肺 傷하나니라.

자구해석

| **발월(發越)** 발(發)은 개야(開也) 월(越)은 추야(墜也)라고 하였은즉 발월(發越)이란 것은 발(發)해 나아가면서도 이웃과 아래로 떨어지려는 기운이 있다는 뜻

대 의

애노지기哀怒之氣가 순順하게 동하면 목화지기가 발월發越하면서 올라가고 희낙지기喜樂之氣가 순하게 동하면 금수지기金水之氣가 천천히 하추下墜하게 되는 것이다. 그러므로 애노지기란 것은 양이므로 순동順動하게 되면 순하게 올라 갈 것이오 희낙지기란 음이므로 순동하게 되면 순하게 하강하는 것이다.

반대로 만일 애노지기가 역동하게 되면 발월發越하여야 할 양이 폭발하게 되어서 상승지기가 항양亢陽이 됨으로써 발월작용을 못할 것이오 만일 희낙지기가 역동하게 되면 발생지기가 물 속에 함몰되어서(낭발되므로) 함강지기와 병합됨으로써 완안이하추緩安而下墜하지 못할 것이다. 그러므로 상승지기가 역동하여서 하강력이 과다하게 되면 비폐脾肺가 상하게 되는 것이라고 하였다.

동무는 이와 같이 희노애락이 사장四臟의 태과불급으로 인하여 순동되지 못함으로써 상승지기와 하강지기—즉 음양작용에 변고를 일으키는 것을 논함으로써 사상체질에 대한 불완전성을 논하였다.

빈기노이 빈복노즉 요협 빈박이 빈탕야
頻起怒而 頻伏怒則 腰脇이 頻迫而 頻蕩也니

요협자 간지소주착처야 요협 박탕부정즉 간기불상호
腰脇者는 肝之所住着處也라 腰脇이 迫蕩不定則 肝其不傷乎아

사발희이 사수희즉 흉액 사활이 사협야
乍發喜而 乍收喜則 胸液이 乍濶而 乍狹也니

흉액자 비지소주착처야 흉액 활협부정즉 비기불상호
胸腋者는 脾之所住着處也라 胸液이 濶狹不定則 脾其不傷乎아

홀동애이 홀지애즉 척곡 홀굴홀신야 척곡자 신지소주착처야
忽動哀而 忽止哀則 脊曲이 忽屈忽伸也니 脊曲者는 腎之所住着處也라

척곡 굴신부정신기불상호 누득낙이 누실낙즉 배추폭양이
脊曲이 屈伸不定腎其不傷乎아 屢得樂而 屢失樂則 背顀暴揚而

폭억야 배추 자 폐지소주착처야
暴抑也니 背顀 者는 肺之所住着處也라

배추 억양부정즉 폐기불상호
背顀 抑揚不定則 肺其不傷乎아

대 의

자주 노하였다가 자주 풀어지게 되면 요협腰脇이 자주 압박됐다가는 곧 이완弛緩하게 될 것인바 요협에는 간이 부착되어 있은 즉 요협의 박(압박)탕

[illegible]이 부릴 때에는 간이 상傷한다고 하였다.

이제 이것을 좀더 풀어 말하면 이것은 태양인이 애성哀性이 원산遠散하게 됨으로써 노정怒情이 촉급하게 되는 것을 말하는 것이다. 즉 태양인은 폐호지기肺呼之氣가 과다하므로 간흡지기肝吸之氣가 폐금肺金을 도울 수 없으리 만큼 결핍缺乏하게 되어서 간이 붙어있는 요협이 박탕迫蕩작용을 반복하게 되므로 간이 상하게 된다. 그러므로 태양인의 간음肝陰은 약화되고 폐양肺陽은 반항하여서 드디어 폐대간소하여지게 된다.

그 다음 희노애락을 반복하면서 변덕을 부리는 행동을 반복한즉 흉액胸液이 또한 넓어졌다 좁아졌다 하게 되는 바 흉액은 비脾가 부착한 곳인즉 흉액이 이와 같이 변덕을 부릴 때에 비가 상하게 된다고 하였다.

이제 이것을 좀더 자세히 말하면 이것은 소음인이 낙성樂性이 심확深確하고 희정喜情이 촉급하게 됨으로써 일어나는 현상을 말하는 것이다. 즉 소음인은 신중지화腎中之火가 심확深確한즉 비화脾火가 이것을 승양할 수 없어서 하함下陷하게 된다. 그런즉 비화가 만일 신중지화를 승양하는데에 성공한즉 희喜가 되고 성공하지 못한즉 우울憂鬱하게 되는바 이때에 비가 부착한 흉액胸液이 활협闊狹작용을 반복하게 되므로 비가 상하게 되는 것이다. 그러므로 소음인은 신대비소腎大脾小한 장국臟局으로 점점 기울어지게 되는 것이다.

그 다음 애哀가 동動했다 말았다 하면서 변덕을 부린즉 척곡脊曲이 굴屈했다 신伸했다 하게 되는바 척곡脊曲이란 신腎이 부착한 곳인즉 척곡이 이와 같이 굴신부정屈伸不定하게 되면 신腎이 상傷하게 마련이라고 하였다.

이제 이것을 좀더 자세하게 말하면 이것은 소양인은 노성怒性이 굉포宏抱하고 애정哀情이 촉급하기 때문에 노怒의 화성火性이 많고 애哀의 금정金情이 부족하게 되므로 신수腎水의 강화지력降火之力이 부족하게 되어서 신수가 학갈涸渴하게 되므로 애정哀情이 이와 같은 변덕을 부리게 되는바 그렇게 되면 신이 붙어있는 척곡脊曲이 굴신屈伸작용을 함부로 반복할 것인즉 그러고도 신이 상하지 않을 수 있겠느냐고 한 것이다. 그러므로 소양인은 점점 비대신소脾大腎小하게 되어 가는 것이다.

그 다음 낙樂하였다 말았다 하면서 변덕을 부린즉 배추背顀가 눌렸다 들렸다 하게 될 것인바 배추背顀란 폐가 부착한 곳인즉 배추背顀가 이와 같이 억양부정抑揚不定하게 되면 폐가 상한다고 하였다. 이제 이것을 좀 더 자세히 말하면 이것은 태음인이 희성喜性이 광장廣張하고 낙정樂情이 촉급한 데에서 기인된 것이다. 즉 태음인이 간화肝火가 많으므로 희성이 광장하게 되는바 그렇게 된즉 간금肝金이 견디어 내기 어려우므로 신수腎水의 구원救援을 받아야 한다. 그런데 폐금肺金이 만일 신음腎陰의 도움을 받게 되면 낙樂하게 되고 못 받으면 실낙失樂하게 되므로 이때에 폐가 붙어있는 배추背顀에서 억양抑揚작용을 반복하게 되는 것인즉 그러고도 폐가 상하지 않을 수 있겠느냐 하고 반문한 것이다. 그러므로 태음인은 자연히 간대폐소肝大肺小하게 된다고 하였다.

태양인 유폭노심애 불가불계
太陽人이 有暴怒深哀하니 不可不戒오

소양인 유폭애심노 불가불계
少陽人이 有暴哀深怒하니 不可不戒오

태음인 유랑낙심희 불가불계
太陰人이 有浪樂深喜하니 不可不戒오

소음인 유랑희심낙 불가불계
少陰人이 有浪喜深樂하니 不可不戒니라

대 의

태양인이 폭노심애暴怒深哀하는 일이 있고 소양인이 폭애심노暴哀深怒하는 일이 있고 태음인이 낭낙심의浪樂深喜하는 일이 있고 소음이 낭희심낙浪喜深樂하는 일이 있으니 경계하지 않으면 안 된다고 하였다. 그러면 무엇 때문에 이렇게 경계하여야 할까 하는 것을 생각하여야 한다.

즉 태양인은 애성哀性이 직승直升하면서 폐중지양肺中之陽을 잘 양하는 것인데 만일 폐중肺中의 양을 포위하려는 노정怒情이 애성哀性(肺中之陽)을 심장深藏하게 하려면 본시 작은 간기肝氣가 더욱 소모하게 될 것이므로 이것은 대병大病이 될 것이오 소양인은 노성怒性이 향상할 때에 애정이 횡승橫升하면서 토화작용의 기반을 잘 창조하는 것인데 만일 애정이 노성을 담당하지 못하게 되면 본래 작은 신수腎水는 더욱 학갈涸渴을 초래하게 되어서 결국 대병大病이 생하게 될 것이다.

태음인은 희기喜氣가 방강放降하면서 간중지양肝中之陽을 잘 양養하는 것인데 이때에 만일 낙정樂情인 금수지기金水之氣가 낭동浪動하게 되어 희성喜性인 목화지기木火之氣가 심장深藏하게 되면 본래 작은 폐목肺木은 더욱 약하게 되어서 대병이 될 것이고 소음인은 낙기樂氣가 함강陷降하면서 목화木火를 양할 수 있는 기틀을 잘 만드는 것인바 만일 낙성樂性은 너무 심장深藏하게 되면 본시 작은 비화를 더욱 상승시키지 못하게 되므로 기하함이대병氣下陷而大病이 되는 것이다.(낭희(浪喜)란 것은 수외지희(水外之喜)인즉 소음인의 낭희(浪喜)는 무근지희(無根之喜)인 것이다.) 선생은 이와 같이 인간장기의 편경성偏傾性과 또 그 때문에 생기는 성정性情의 폭발과 폭장暴藏때문에 원양元陽을 과항過亢하게 하거나 혹은 과장케 하여서는 안 된다는 것을 밝히고 경계했던 것이다.

고요왈 도 재지인 재안민
皐陶曰 都라 在知人하며 在安民하나이다.

우왈 우 함약시 유제 기난지 지인즉 철
禹曰 吁라 咸若時는 惟帝도 其難之러시니 知人則 哲이라

능관인 안민즉 혜 여민 회지 능철이혜
能官人하며 安民則 惠라 黎民이 懷之하리니 能哲而惠면

하우호 환두 하천호 유묘 하외호 교언영색공임
何憂乎 驩兜며 何遷乎 有苗며 何畏乎 巧言令色孔壬이리오

자구해석

| **고요(皐陶)** 순(舜)의 신(臣)

| **도(都)** 칭미지사(稱美之辭) 백성이 도읍에 모여드는 것을 찬미하는 것이니 서(書) 요전(堯傳)에서 기인(起因)한 말이다.

| **함약시(咸若時)** 태평성세(泰平聖世)를 만들고 거기에 동화시키는 것. 약(若)이란 것은 분열이 없이 아름답게 되기 시작하는 것을 말하는 것이니 약시(若時)란 것은 그러한 때를 말하는 것이다. 「咸」자의 뜻은 동화하는 것을 말하는 것이므로 「咸」자는 「戌」자 속에 「口」자를 넣은 것이니 이것은 일양(一陽)이 술(戌)에 의해 동화되는 상에서 취한 것이다. 또 「易」의 「澤山咸」卦에서 택산(澤山)이 감(感)한다는 것도 바로 이렇게 하여서 「咸」이 되는 것을 말한 것이다. 그러므로 함약시(咸若時)의 뜻에는 성세(聖世)에 동화(同化)한다는 내용이 있는 것이다.

| **환두(驩兜)** 요(堯)의 신(臣)인데 음흉한 작난(作亂)을 잘하기 때문에 숭산(崇山)에 추방하였다.

| **유묘(有苗)** 묘란 것은 묘족을 말하는 것인데 우(禹)가 섭생하였을 때에 난을 일으켰기 때문에 우가 정벌하였다.

| **공임(孔壬)** 크게 망영된 것을 공임이라고 한다.

대 의

이 일절一節은 「書」 고요모皐陶謨의 일절을 동무가 인용한 것이다. 거기에서 말하기를 고요가 가로되 '아름답고나 왕도에 백성이 모이는 일이여' 하고 감탄感歎하면서 '이것은 전혀 왕이 사람을 아는 데에 있으며 또 백성의 생활을 안정시켜 주는 데에 달려 있습니다' 하고 순에게 충언하였다는 고사가 있는데 후일 우禹가 이 말에 감탄하고 말하기를 '태평성세를 만들고 거기에 백성을 동화시키는 일(咸若時)을 요순堯舜(惟帝)과 같은 성제聖帝도 어려워하셨구나!' 하면서 감탄하였던 것이다. 그런즉 지인知人할 줄을 알면 이것은 철인이니 이런 사람은 공직에 있어도 좋을 것이오 안민安民할 줄을 알면 이것은 혜인惠人인즉 이러한 사람은 백성들이 따를 것은 말할 것도 없을 것이다. 그렇다면 이와 같은 태평성세에는 혜철惠哲들이 정치를 할 것인즉 어찌 환두驩兜의 난亂인들 두려울 것이며 어찌 묘족苗族의 정복이 필요할 것이며 또는 이러한 세상에 교언영색공임巧言令色孔壬이 있을 수가 있겠는가? 동무는 이와 같이 고사를 인용함으로써 인성人性의 전지全知를 찬탄讚歎하면서 또 계속하여 다음과 같이 논했다.

삼 복 대 우 지 훈　이 흠 앙 지 왈　제 요 지 희 노 애 락
三復大禹之訓에 而欽仰志曰 帝堯之喜怒哀樂이

매 매 중 절 자　이 기 난 어 지 인 야
每每中節者는 以其難於知人也오

대 우 지 희 노 애 락　매 매 중 절 자　이 기 불 감 경 이 어 지 인 야
大禹之 喜怒哀樂이 每每中節者는 以其不敢輕易於知人也니라

천 하 희 노 애 락 지　폭 동 낭 동 자　도 출 어　행 신 불 성 이　지 인 불 명 야
天下喜怒哀樂之 暴動浪動者는 都出於 行身不誠而 知人不明也니

지 인　제 요 지 소 난 이　대 우 지 소 우 야 즉　기 수 첩 첩 자 희 호
知人은 帝堯之所難而 大禹之所吁也則 其誰沾沾自喜乎아

개 역　익 반 기 성 이　필 부 가 경 이 취 사　인 야
盖亦 益反其誠而 必不可輕易取舍는 人也니라.

자구해석

| **삼복대우지훈(三復大禹之訓)** 논어 선진편에 「남용(南容)이 삼복백규(三復白圭)」라는 말이 있는데 이것은 남용이 시전을 읽다가 이 구절에 이르러서 삼반복지(三反復之)하는 것을 보고 공자가 찬탄하면서 제자들에게 수훈(垂訓)한 것이니 이것이 삼복대우지훈(三復大禹之訓)이다.

| **중절(中節)** 마디에 알맞게 하는 것을 중절이라고 한다. 그런데 천하사물은 반드시 정지하였다가 전진하는 것인바 이것은 알맞게 하기 위한 마디인 것이다.

| **첨첨자희(沾沾自喜)** 세상사에 어려움이 없다는 듯이 자만(自慢)하는 것.

대 의

공자의 삼복대우지훈三復大禹之訓에 흠앙欽仰하여 가로대 제요帝堯는 희노애락이 동할 때마다 매양 적당하게 중절中節하는 데에 노력하였다. 그렇게 한 이유는 만일 그와 같이 음양을 조절하지 않는다면 정신이 흐려져서 사람을 알기 어렵기 때문이오 또 대우大禹가 이렇게 한 것도 그렇게 하지 않으면 쉽게 사람을 알 수 없기 때문이다.

그런즉 천하에서 희노애락이 폭동낭동暴動浪動하는 자는 전부 처신을 함부로 하기 때문이니 따라서 지인知人하는 총명이 없게 되는 것이다. 이것은 요순堯舜도 어려워했고 대우大禹도 탄식嘆息한 곳인데 그 어느 누구가 자신이 있다는 듯이 첨첨자희沾沾自喜 할 수 있겠는가? 동무는 인간이 만일 반기성反其誠하는 데에 전심전력하더라도 이 일만은 쉽게 취사取舍할 수 없다는 것을 논論함으로써 사람을 아는 일처럼 어려운 일이 없다는 것을 강조한 것이다.

그런즉 오인吾人은 여기에 은연히 다음과 같은 의미가 내포되어 있다는 것을 알 수 있는 것이다. 즉 성명론에서부터 논한 바와 같이 인간의 소자출所自出과 그의 생성원리를 파악하고 사상적 특징과 행동과 심지가 어떻게 작용하는가 하는 것을 연구한 후라야 지인안민知人安民할 수 있는 혜철지명惠哲之明이 생긴다는 것을 암시하여 놓았다는 사실이다.

수호선지심 편급이 호선즉 호선 필불명야
雖好善之心이라도 偏急而 好善則 好善이 必不明也오

수오악지심 편급이 오악즉 오악 필부주야
雖惡惡之心이라도 偏急而 惡惡則 惡惡이 必不周也니라

천하사 의여호인주야 불여호인주즉 희락 필번야
天下事는 宜與好人做也니 不與好人做則 喜樂이 必煩也오

천하사 불의 여불호인주야 여불호인주즉 애노익번야
天下事는 不宜 與不好人做也니 與不好人做則 哀怒益煩也니라

자구해석

| **호인(好人)** 「好」자의 뜻을 書 홍범(洪範)에는 「무유작호(無有作好)」라고 했고 모씨전(毛氏傳)에는 「호인(好人)은 호녀수지인(好女手之人)」이라고 했고 주자(朱子)는 「품행순정왈호인(品行純正曰好人)」이라고 했다. 그런데 오늘날 전해지는 것은 겨우 주자의 말 정도의 것이다.

그러므로 「好」자는 옛적에 취상(取象)할 때에 음(女)양(子)이 잘 화합되는 것을 호라는 의미로 취상했다. 무엇에 의하여 그렇다는 것을 알 수 있는가 하면 홍범(洪範)에 「무유작호(無有作好)」라고 한 것이 바로 그것이다. 즉 무(陽)와 유(陰)가 好를 만들었다고 하는 것은 바로 음양이 화합하여서 호(好)를 만들었다는 말이다.

또 모씨전(毛氏傳)에 「호인(好人)을 호녀인지수(好女人之手)」라고 한 것도 바로 그것을 의미하는 것이다. 왜냐하면 女는 음이고 手는 양인즉 女手를 좋아한다는 것은 바로 음양화합을 좋아한다는 말이기 때문이다.

대 의

비록 선善을 좋아하는 마음을 소유한 사람이라 할지라도 편급偏急한 성질을 가지고 호선好善한다면 여기에서 명明이 생길 수가 없고 비록 오악지심惡惡之心을 가졌다고 할지라도 성질이 편급하면서 악을 미워한다면 그러한 오

악惡惡은 반드시 주밀周密하지 못할 것이다. 그런즉 천하사天下事는 마땅히 호인과 교제하여야 하는 것이니 만일 호인과 교제하지 않으면 희낙지심喜樂之心이 번잡해질 것이오 천하사는 불호인不好人과 교제하여서는 안되는 법이니 만일 불호인과 교제하면 애노지심哀怒之心이 더욱 번잡하게 될 것이기 때문이라고 말하였다.

그런즉 선생은 왜 이러한 말을 하였는가 하면 비록 호선지심好善之心이 있다고 할지라도 사상적 체질을 받고 탄생한 사람은 사장四臟이 편급偏急하기 때문에 중앙태극을 가진 성인과 같은 명明을 지닐 수 없을 것이다. 또 오악지심惡惡之心이 있다고 할지라도 현인賢人과 방불彷佛한 오악지심惡惡之心이 일어나지 못할 것인즉 여기에서 성현의 장기를 타고 난 사람과 중인과의 사이에는 두뇌에 현격한 차이가 있다는 것을 논한 것이다.

그러므로 천하사는 반드시 호인好人과 상교相交하여야 할 것인데 호인이란 것은 음양이 잘 조화된 사람이다. 왜냐하면 이러한 사람과 교제하면 비록 중인이라고 할지라도 선천적 천품天稟이나 후천적 심리가 교정校正되어지기 때문이다. 그러므로 만일 호인과 사귀지 않으면 신간지화腎肝之火가 망동하여서 희낙지심喜樂之心이 번기煩起할 것이고 또 불호인과 사귀게 되면 비폐지화脾肺之火가 망동하여서 애노지심哀怒之心이 번기煩起하게 될 것이라고 논했다.

그런즉 우리가 여기에서 알아두어야 할 것은 비록 선천적으로 중인으로 태어난 사람이라고 할지라도 호인과 교제하면 총명을 제고시킬 수 있은즉 토화작용이 풍부한 사람과 교제하는 것이 가장 좋은 후천적 수양방법이란 것을 가르쳤다는 점이다.

애노상성 희낙 상자 애성 극즉노정 동
哀怒相成하며 喜樂이 相資하나니 哀性이 極則怒情이 動하고

노성 극즉애정 동 낙성 극즉희정 동
怒性이 極則哀情이 動하고 樂性이 極則喜情이 動하고

희성 극즉낙정 동
喜性이 極則樂情이 動하나니라

태양인 애극부제즉 분노격외
太陽人이 哀極不濟則 忿怒激外하고

소양인 노극불승즉 비애동중
少陽人이 怒極不勝則 悲哀動中하고

소음인 낙극불성즉 희호부정
少陰人이 樂極不成則 喜好不定하고

태음인 희극불복즉 치낙 무염
太陰人이 喜極不服則 侈樂이 無厭하나니

여차이동자 무이어이도할장 일차대동
如此而動者는 無異於以刀割臟이라 一次大動이면

십년난복 차 생사수요지기관야 불가부지야
十年難復이리니 此는 生死壽天之機關也니 不可不知也니라.

대 의

사람은 사정四情이 서로 상성상자相成相資하고 있기 때문에 애노哀怒가 상성相成하고 희낙喜樂이 또한 상자相資하고 있는 것이다. 그러므로 애성哀性이 극에 달하면 뒤따라서 노정怒情이 동하게 되고 낙성樂性이 극에 달하게 되면 희정喜情이 뒤따라 동하게 되고 희성喜性이 극에 달하게 되면 낙정樂情이 뒤따라 동하게 되는 것이다. 그러므로 태양인이 만일 애성哀性인 폐중지화肺中之火가 극에 달하였을 때에 이것이 귀원歸元하지 못한즉 분노가 밖으로 폭발하게 되고 소양인이 만일 노성怒性인 비중지화脾中之火가 극에 달하여서 횡승

橫升하여 내지 못하고 흉중에 잠복한즉 중中에서 비애悲哀가 동하게 되고 소음인이 만일 낙성樂性인 신중지화腎中之火가 극에 달하여서 종승縱升하지 못한즉 희호喜好가 안정되지 못하고 태음인이 만일 희성喜性인 간중지화肝中之火가 극에 달하였을때에 이것을 복종시키지 못하면 치낙侈樂에 빠지게 되는 것이다. 그런즉 이와 같이 동하는 것은 칼로써 배를 가르는 것과 같은 것이다. 그러므로 이와 같은 폭랑지동暴浪之動은 한번 동하면 비록 십년이라 할지라도 회복하기 어려운 것인바 이것이 바로 생사수요生死壽夭의 기관인즉 반드시 알아두어야 되는 것이라고 하였다.

선생은 여기에서 태소양인의 애노哀怒와 태소음인의 희낙喜樂은 호근 관계에 있으므로 애극변노哀極變怒 노극변애怒極變哀하며 또는 낙극변희樂極變喜 희극변낙喜極變樂한다는 것을 논했다. 그런즉 여기에서 그것이 왜냐 하는 것을 잠깐 논하기로 하겠다.

애성哀性이란 것은 폐금肺金속에 포위된 불—즉 폐목肺木이 때가 되면 반드시 비화脾火가 만들어 놓은 음陰에 의하여 포위하게 됨으로써 수중水中으로 환원하게 되는 것인데 만일 애성이 극심하면 비음脾陰도 이것을 상제相濟하지 못하게 되는 것이므로 「애극부제즉哀極不濟則 분노격외忿怒激外」라고 한 것이다.

노성怒性이란 것은 비토脾土속에 있는 불火인데 이것이 비록 동한다고 하여도 때가 되면 간금肝金속에 포위되게 마련이다. 그런데 만일 노성이 극하게 되었을 때에 간금이 이것을 이기지 못하게 되면 흉중에서 화성火盛하게 되므로 비애悲哀가 동중動中하게 되는 것이다. 즉 흉중지화胸中之火를 발하지 못하면 비애로 변하게 되는 것이므로 「노극불승즉 비애동중怒極不勝則 悲哀動中」이라고 한 것이다.

낙성樂性이란 것은 신수腎水 속에 있는 불火의 낭동浪動을 말하는 것인데 신화腎火는 때가 되면 수중水中에서 발하기 마련이다. 그럼에도 불구하고 만일 낙성樂性이 극極하게 되어 태불성감兌不成坎하게 되면 시발이 시불발時發而

呼吸不及하게 되어서 희호喜好가 부정不定하게 되는 것이다. 그러므로 「낙극불성즉 희호부정樂極不成則 喜好不定」이라고 한 것이다. 희성喜性이란 것은 간중肝中의 불火을 말하는 것인즉 이것은 반드시 간음肝陰에 의해서 포위되면서 발하여야 하는 것인바 희성이 만일 극에 달하였을 때에 이것이 음정陰精앞에 굴복하지 않는다고 하면 간화肝火가 과왕過旺하게 되어서 필요이상의 분열을 조장하게 된다. 그러므로 「희극불복즉 치낙무염喜極不服則 侈樂無厭」이라고 한 것이다.

太少陰陽之 臟局短長은 陰陽之變化也니 天稟之已定은 固無可論이어니와 天稟已定之外에 又有短長而 不全其天稟者는 則人事之 修不修니 而命之傾也를 不可 不愼也니라.

(태소음양지 장국단장 음양지변화야 천품지이정 고무가론 천품이정지외 우유단장이 불전기천품자 즉인사지 수불수 이명지경야 불가 불신야)

대 의

태소음양의 장국에 단점과 장점이 있는 것은 음양의 변화 때문에 생기는 것인즉 이것은 선천적으로 이미 정해진 바이므로 어찌 할 수 없는 일이거니와 이와 같은 천품天稟밖에 또 인간적인 단점과 장점이 있어서 자기의 천품을 유지하지 못하는 것이 있는바 이것이 바로 인간생활에서 일어나는 결점이다. 그런즉 이것은 인사에서 자기를 수양하고 못하는 데에 달려 있으므로 삼가지 않으면 안 된다고 하였다.

태양인노 이일인지노이 노천만인
太陽人怒는 以一人之怒而 怒千萬人하나니

기노 무술어천만인즉 필난감천만인야
其怒는 無術於千萬人則 必難堪千萬人也오

소음인희 이일인지희이 희천만인
少陰人喜는 以一人之喜而 喜千萬人하나니

기희 무술어천만인즉 필난감천만인야
其喜는 無術於千萬人則 必難堪千萬人也오

소양인애 이일인지애이 애천만인
少陽人哀는 以一人之哀而 哀千萬人하나니

기애 무술어천만인즉 필난감천만인야
其哀는 無術於千萬人則 必難堪千萬人也오

태음인낙 이일인지낙이 낙천만인
太陰人樂은 以一人之樂而 樂千萬人하나니

기낙 무술어천만인즉 필난감천만인야
其樂은 無術於千萬人則 必難堪千萬人也니라.

대 의

태양인노太陽人怒는 한 사람의 노怒로써 천만인을 노하게 하는 것이다. 그런즉 비록 천만인이라도 막을 방법이 없다는 말인즉 이것은 바로 천만인이라도 감당해 낼 수가 없는 대노大怒인 것이다. 왜냐하면 이것은 애극부제哀極不濟하여서 분노격외忿怒激外함으로써 생긴 노怒인즉 그 노는 몇 천만인지도 모르는 비음脾陰을 대상으로 하고 금화교역을 하려는 과정에서 일어난 노인즉 사상四象 가운데서 여기를 제외하고는 그러한 노가 일어날 수 없으므로 「필난감천만인必難堪千萬人」이라고 한 것이다. 소음인의 희喜는 한 사람의 희喜로써 천만인을 희喜하게 할 수 있는 것이다. 그런즉 그 희喜는 비록 천만인이라 할지라도 막을 방법이 없을 것인즉 이것은 천만인이라도 견딜 수 없는 대희大喜인 것이다. 왜냐하면 이것은 낙극불성樂極不成함으로써 희호부정喜好不定하게 된 것이기 때문이다. 그것을 좀 더 자세히 말하면 낙이 지나쳐서 양陽을 감坎에 완장完臟하지 못함으로써 하함下陷한 양기가 표불성表不成하게 될 때에 일어나는 희이므로 그 상태가 「희호부정喜好不定」하게 되는 것이므로 「필난감천만인必難堪千萬人」이라고 한 것이다. 소양인의 애哀는 한 사람의 애로써 천만인을 애하게 할 수 있는 것이다. 그런즉 그 애는 비록 천만인이라고 할지라도 막을 도리가 없을 만큼 큰 애哀인즉 천만인이라도 견딜 수가 없는 것이다. 왜냐하면 이것은 「노극불승怒極不勝함으로써 비애동중悲哀動中」하게된 애哀이기 때문이다. 다시 말하면 비음脾陰이 폐중肺中의 화火를 대항하면서 그것을 금金속에 주입하려고 하다가 생긴 것이 소양인의 애哀인 바 결국 그 애哀는 화火를 이기어내지 못함으로써 노변위애怒變爲哀한 애哀인즉 사상四象중에서 이러한 애를 감당할 수 있는 곳은 다시 없다. 그러므로 「필난감천만인必難堪千萬人」 이라고 한 것이다.

태음인의 낙樂은 일인의 낙으로써 천만인을 낙樂하게 할 수 있는 낙이다. 그러므로 비록 천만인이라고 할지라도 이것을 막을 도리는 없을 것인즉 비록 천만인이라도 이것을 감당해 낼 수가 없는 것이다. 왜냐하면 태음인의 간음肝陰이 간중지양肝中之陽을 막아 낼 수가 없기 때문에 음이 부동하는 상태가 바로 「희극불복喜極不服」하여 「치낙무염侈樂無厭」하는 상태이다. 그런즉 여기에서도 이러한 상태는 천만갈래나 분열되면서 이루어지는 상태이므로 「필난감천만인必難堪千萬人」이라고 한 것이다.

그런즉 이상에서 논한 바는 '첫째' 로 태양인의 노와 소음인의 희와 소양인의 애와 태음인의 낙은 감당하기 어려우리 만큼 크므로 주의를 환기했다는 점이오 '둘째' 로는 여기에서 「천만인」이라는 개념을 쓴 것은 사상인의 폐비간신이 모두 천만갈래나 분열하는 작용에 치우치기 쉽다는 것을 암시수훈暗示垂訓하기 위함이란 것을 기억해야 한다.

태양소양인 단항계애노지과도이 불가강주희낙 허동불급야
太陽少陽人은 但 恒戒哀怒之過度而 不可强做喜樂이니 虛動不及也에

약강주희낙이 빈수지즉희낙 불출어진정이 애노익편야
若强做喜樂而 頻數之則喜樂이 不出於眞情而 哀怒益偏也오

태음소음인 단항계희낙지과도이 불가강주애노 허동불급야
太陰少陰人은 但 恒戒喜樂之過度而 不可强做哀怒니 虛動不及也에

약강주애노이 빈수지즉 애노불출어 진정이 희낙 익편야
若强做哀怒而 頻數之則 哀怒不出於 眞情而 喜樂이 益偏也니라

대 의

위에서 말한 바를 주의하기 위하여서는 태소양인은 그의 애노의 과도를 경계하여야 한다. 그렇다고 억지로 희낙喜樂하는 행위를 하여서는 안된다. 왜냐하면 만일 허동불급虛動不及할 때에 억지로 희낙喜樂의 행위를 자주하게 되면 그 희낙은 진정眞情이 아니기 때문에 도리어 애노哀怒를 조장하게 될 것이오 태소음인이 희낙의 과도를 경계하기 위하여 억지로 애노하는 행위를 강행하지 말 것이니 만일 허동불급虛動不及 할 때에 억지로 애노를 강주强做한즉 반대로 희낙喜樂이 조장되기 때문이다.

희노애락지미발 위지중 발이중절 위지화
喜怒哀樂之未發을 謂之中이오 發而中節을 謂之和라 하니

희노애락 미발이항계자 차비점근어중자호
喜怒哀樂이 未發而恒戒者는 此非漸近於中者乎아

희노애락 이발이자반자 차비점근어절자호
喜怒哀樂이 已發而自反者는 此非漸近於節者乎아.

대 의

「희노애락지미발喜怒哀樂之未發을 위지중謂之中이오 발이중절자發而中節者를 위지화謂之和」라고 한 것은 송대宋代 성리학의 말이다. 그런데 선생은 이 말을 인용하면서 사단론을 결론지었다.

즉 희노애락이란 말 자체부터가 중中이 아니다. 왜냐하면 희노애락이란 개념은 편벽偏僻된 인성人性을 대표한 것이다. 그런즉 진정眞正한 중中 즉 중용지도中庸之道라는 것은 희노애락이 아직 발發하기 이전의 상태이고 결코 발한 후의 상태는 아니다. 그러므로 「희노애락지미발喜怒哀樂之未發을 위지중謂之中」이라고 한 것이다.

또 희노애락喜怒哀樂이 이미 발했다고 할지라도 이것을 중절中節(알맞게 하는 것) 할 수 있다면 그것은 바로 사상四象(喜怒哀樂)에 치우치지 않으리만큼 오장五臟이 화평和平하게 된 사람일 것이라고 성리학은 말하고 있는 것이다. 그렇다면 희노애락이 발하기 전에 항상 경계하는 사람은 「중中」에 점근漸近하는 사람이 아니겠느냐 또 희노애락이 이미 발한 사람으로써 반성反省을 게을리하지 않는다고 하면 이것은 「절節」에 점근漸近한 사람이 아니겠느냐고 반문反問하는 것으로써 결론한 것이다.

확 충 론

擴充論

위에서 성명론과 사단론을 논함으로써 천도와 인간과의 생성관계를 논하고 계속하여서 인간장부의 선후천성先後天性과 지행知行의 선악으로 인하여 인도는 결과적으로 타락된다는 것을 논했다. 그러나 거기에서는 원칙적인 골자만을 논함에 불과했으므로 선생은 후인의 이해를 돕기 위하여 다시 확충론擴充論을 썼다. 그런즉 확충론의 목적은 이상에서 논한 바의 성명론과 사단론의 내용을 확충함으로써 그 내용을 더욱 보충하려는 데에 있는 것이다.

太陽人은 哀性이 遠散而怒情이 促急하나니 哀性이 遠散者는

太陽之耳 察於天時而 哀衆人之相欺也니 哀性이 非他라 聽也오

怒情이 促急者는 太陽之脾가 行於交遇而 怒別人之侮己也니

怒情이 非他라 怒也니라.

少陽人은 怒性이 宏抱而哀情이 促急하나니 怒性이 宏抱者는

소양지목 찰어세회이 노중인지상모야 노성 비타 시야
少陽之目 察於世會而 怒衆人之相侮也니 怒性이 非他라 視也오

애정 촉급자 소양지폐 행어사무이 애별인지모기야
哀情이 促急者는 少陽之肺 行於事務而 哀別人之侮己也니

애정 비타 애야
哀情이 非他라 哀也니라.

태음인 희성 광장이낙정 촉급 희성 광장자
太陰人은 喜性이 廣張而樂精이 促急하나니 喜性이 廣張者는

태음지비 찰어인륜이 희중인지상조야 희성 비타 후야
太陰之鼻 察於人倫而 喜衆人之相助也니 喜性이 非他라 嗅也오

낙정 촉급자 태음지신 행어거처이 낙별인지보기야
樂情이 促急者는 太陰之腎이 行於居處而 樂別人之保己也니

낙정 비타 낙야
樂情이 非他라 樂也니라

소음인 낙성 심확이희정 촉급 낙성 심확자
少陰人은 樂性이 深確而喜情이 促急하나니 樂性이 深確者는

소음지구 찰어지방이 낙중인지상보야 낙성 비타 미야
少陰之口 察於地方而 樂衆人之相保也니 樂性이 非他라 味也오

희정 촉급자 소음지간 행어당여이 희별인지조기야
喜情이 促急者는 少陰之肝이 行於黨與而 喜別人之助己也니

희정 비타 희야
喜情이 非他라 喜也니라.

자구해석

| 찰(察) 찰은 자세히 살피는 것이오 관(觀)은 대강 살피는 것을 말하는 것이다. 그런데 관찰에 대한 궁극적인 내용은 표면(表面)에서 이면(裏面)을 보는 것을 관(觀)이라고 하고 이면에서 표면을 내다보는 것을 찰(察)이라고 한다.

| 중인(衆人) 예(禮) 제의(祭儀)에 말하기를 「중생(衆生)이 필사(必死)니 사필귀토(死必歸土)」라고 한 것이 가장 「중(衆)」의 의미를 잘 밝힌 것이라고 하겠다. 또 법화경에는 「겁초(劫初)에 광음천하

(光音天下)하야 생세간(生世間)할새 무남여존비(無男女尊卑)하고 중공생세고(衆共生世故)로 언중생(言衆生)」이라 하였다. 또 반야경에는 「유정자(有情者) 수수생고(數數生故)로 명중생(名衆生)」이라고 하였다. 이 글들을 일일이 설명하기는 겨를이 없으므로 략(略)하고 다만 연구의 과제로서 남겨 두거니와 「중(衆)」이란 것은 분화(分化)에만 급급(汲汲)함으로써 「명(明)」을 창조하지 못하는 상태를 말하는 것이다. (우주변화의 원리 정신의 생사를 참조)

| **별인(別人)** 이단자(異端者)를 말하는 것이니 통합(統合)을 싫어하고 분열(分裂)을 좋아하는 사람을 말하는 것이다.

| **상기(相欺)** 기(欺)의 뜻을 진책(秦策)에는 「자매기심왈(自昧其心曰) 기(欺)」 라고 하였다. 그런즉 기(欺)자를 「기(其)」자와 「흠(欠)」자로써 성상(成象)한 것은 상승지력(上升之力)(其)이 부족(欠)된 것을 의미하는 것이니 그것이 바로 자매기심(自昧其心)이다.

대 의

태양인은 애성哀性이 원산遠散함을 따라서 노정怒情이 결핍缺乏하게 되는데 애성이 원산한다는 말은 태양의 이耳가 천시天時에서 찰察하려고 할 때에 중인衆人들이 상기相欺하는 것을 슬퍼하는 것인즉 애성이란 것은 바로 청력聽力이다. 노정怒情이 촉급하다고 한 것은 태양의 비脾가 교우交遇에서 행할 때에 이단자異端者가 자기를 업신여기는 것을 노怒하는 것인즉 노정이란 바로 거기에서 오는 노怒 자체를 말하는 것이다.

이제 이것을 좀 더 상술하면 애성은 호이납지呼而納之하려고 하는 폐중지양肺中之陽인바 천시天時에 속한 귀耳는 이때에 안에서 폐중지양肺中之陽의 안부를 상찰詳察하는 것이다.(察天時) 그런데 폐가 제일 염려하는 것은 중인衆人(土化作用)들이 자기 속에 양을 많이 충족시키지 못하는 것을 염려哀衆人之相欺하는 것이다. 그런즉 애哀의 본성이란 무엇인가 하면 그것은 폐가 호이납지呼而納之하려는 양의 작용 즉 「청聽」자체가 애哀의 본성本性이다.

그런데 이와 같은 애성을 본질로 하는 청聽이 만일 분화分化할때에 원산遠散하게 되면 뒤따라서 노정이 일어나는 바 이것은 태양의 폐가 수렴작용을 할 수 있도록 하기 위한 준비로서 비음脾陰이 모이는 것을 말하는 것이니 이것이 노정이다. 이와 같은 노정이 교우에서 행해질 때에 이단자가 생겨서 노정의 실상인 비음脾陰을 모멸侮蔑하게 되는 바 그것이 바로 노정을 결핍하게 하는 원인이다 다시 말하면 간금肝金이 부족하기 때문에 비음脾陰이 부족하게 되는 것인바 이것은 바로 간금이 자기의 토를 생하지 못하는 데에 원인이 있는 것이므로 '노별인지모기怒別人之侮己' 라고 한 것이다.

그 다음 소양인은 노성이 굉포宏抱하기 때문에 뒤따라서 애정이 결핍하게 된다. 그런데 노성이 굉포한다는 말은 소양의 눈은 세회世會를 살피는 것인데 이때에 중인衆人이 모멸하는 것을 노하는 것인즉 노성이란 것은 바로 시력視力을 말하는 것이다. 또 애정이 결핍하다는 말은 소양의 폐가 사무事務에서 행할 때에 이단자가 들어와서 자기를 업신여기는 것을 애哀하는 것이니 애정이란 것은 거기에서 오는 애哀자체를 말하는 것이다.

이것을 좀더 풀어서 말하면 소양인이 노성이 굉포하다는 말은 눈이 세회世會에서 보는 시력이 많다는 것을 말하는 것인바 눈이 보는 시력은 간肝에서 올라오는 양陽이지만 그것으로써 시신視神을 만드는 것은 비화脾火다. 그러므로 이와 같은 양을 노성怒性이라고 하고 그 포위하는 바의 음陰을 애정哀情이라고 한다. 그런데 이때에 만일 분열分裂이 조장되면 시력이 보이지 않게 되므로 이것을 통일하려는 음의 노怒가 바로 '노중인지상모怒衆人之相侮' 의 상태다. 그런즉 노성怒性이란 즉 시력이오 애정哀情이라 것은 그 시력이 나오게 하는 음인즉 그것은 바로 수정水精을 말하는 것이다. 그렇다면 이때에 만일 음陰인 바의 애정이 결핍缺乏하게 되면 사무事務에서 양을 포위하려는 음이 결핍하게 될 것이다. 그러므로 애정肺中之陰은 이단자가 자기를 업신여기는 것을 슬퍼하는 것인데 그 이단자란 것은 바로 양衆人인 것이다. 그런즉 애정인 음은 이단자 때문에 결핍되는 것을 슬퍼하는 것이다.

그 다음 태음이 희성喜性을 광장廣張하게 되면 곧 뒤따라서 낙성樂性이 결핍缺乏하게 되는 것이다. 그런데 희성喜性이 확장擴張한다는 말은 태음의 코가 인륜人倫에서 중인衆人이 상조相助하는 것을 살피는 상태를 말하는 것인즉 희성喜性이란 것은 즉 흡후吸嗅함으로써 생기는 상태를 말하는 것이다. 그 다음에 낙정樂情이 결핍하게 된다는 말은 태음太陰의 신腎이 거처居處에서 행할 때에 딴 사람이 와서 자기를 보호해주는 힘이 결핍된다는 말인즉 낙정이란 것은 거기에서 오는 낙樂자체를 말하는 것이다.

이제 이것을 좀더 풀어서 말하면 희성이 광장廣張한다는 말은 간肝중의 양陽이 확장擴張력을 많이 가지고 있다는 말이다. 그런데 코는 인륜의 혼돈混沌상태를 살펴서 인간과 생물의 발생질서를 정돈整頓하는 인륜의 대행자인 바 그 정돈방법은 비鼻가 흡수吸收함으로 간금肝金이 난립하지 못하도록 방지하는 것이다.

이와 같이 코는 중인衆人의 도움을 받으면서 난립을 방지하는 것인즉 여기에서 말하는 '중인지상조衆人之相助'란 것은 코의 호출상태를 말하는 것이다. 그런즉 코는 그 본성은 후입嗅入하는 것인데도 불구하고 오히려 호출呼出하는 것을 좋아한다.(희(喜)의 본성은 곧 후(嗅)인 것이므로) 그런즉 코의 희성喜性이란 것은 흡성吸性에서 일어난 반발력을 말하는 것이므로 여기에서 음의 결핍을 초래하게 되는 것이니 그것이 바로 낙정樂情이 결핍되는 원인이다.

그런데 태음의 신腎은 거처居處에서 행하는 것인 바 딴사람 즉 분열하던 음이이 와서 자기樂情를 도아 주는 것을 좋아한다. 왜냐하면 그렇게 되어야만 신중腎中에다가 양陽을 축적蓄積할 수 있을 것이며 또 간肝의 과항過亢을 방지할 수도 있기 때문이다. 그런즉 낙정樂情이란 것은 희성喜性이 생길 때에 부수적附隨的으로 일어났던 호신지재護身之材이므로 희喜가 이것을 즐기는 것이다. 그러므로 '낙별인지보기야樂別人之保己也'라고 한 것이다.

그 다음 소음인은 낙성樂性은 견고하나 희정喜情이 결핍한 것이다. 그런데 낙성이 심확深確하다고 한 것은 소음의 입口이 지방地方을 살필 때에 중인시음衆人之陰이 보아서 보호해 주는 것을 즐기는 것인즉 낙성이란 것은 바로 맛보는 것과 동일한 상태이다. 그런데 희정이 결핍하다고 한 것은 소음인의 간은 당여黨與에서 행할 때에 딴 사람이 자기를 도와주는 것을 기뻐하는 것인즉 희정喜情이란 것은 바로 이것을 희喜하는 것이라고 하였다.

이제 이것을 좀 더 자세히 말하면 낙성이란 것은 폐에서 흡吸하기 시작한 양陽이 신중腎中으로 들어가서 이루어지는 것을 낙성樂性이라고 한다. 그런데 소음인의 낙성이 심확深確하다고 한 것은 소음인의 口腎는 지방地方으로 양을 응고시키면서 중인衆人의 보호를 즐기는 것이니 여기에서 중인이라고 하는 것은 미신유未申酉와 같은 중인이니 그들이 신腎의 낙성을 창조해 주었기 때문에 중인의 상보相保를 즐긴다고 한 것인바 그것은 바로 지방坎으로 삼켜 들이는 상태이므로 '구미지방口味地方' 이라고 하였다.

그러나 여기에서는 희정이 결핍하게 되는 것인바 왜냐하면 간肝이 다시 신腎의 때를 지나서 희력발생喜力發生을 행사行使하여야 할 것인데 이때에 부득이 딴사람別人의 도움을 받아야 한다. 그런즉 낙성은 여기에서 비로소 희정으로 변하는 것인즉 희정이란 것은 이와 같이 도움을 받음으로써 이루어지는 희喜자체 즉 생장지재生長之材를 의미하는 것이다.

태양지이 능광박어천시이 태양지비 불능광박어인륜
太陽之耳는 能廣博於天時而 太陽之鼻는 不能廣博於人倫이오

태음지비 능광박어인륜이 태음지이 불능광박어천시
太陰之鼻는 能廣博於人倫而 太陰之耳는 不能廣博於天時오

소양지목 능광박어세회이 소양지구 불능광박어지방
少陽之目은 能廣博於世會而 少陽之口는 不能廣博於地方이오

소음지구 능광박어지방이 소음지목 불능광박어세회
少陰之口는 能廣博於地方而 少陰之目은 不能廣博於世會니라.

자구해석

| **광박(廣博)** 광(廣)은 폭(幅)이 늘어나는 것이오 박(博)은 두터우면서 퍼지는 것이니 이것은 설문계주(說文桂註)에 「박후배지(博厚配地)」라고 한 것에 잘 부합된다. 그런즉 광박이란 말은 넓고 두텁게 퍼지는 것을 의미하는 것인즉 그것은 내용의 충실을 말하는 것이다.

대 의

태양太陽의 귀耳는 천시天時에서 광박廣博하지만 그 코鼻는 인륜人倫에서 광박廣博하지 못하고 태음의 코는 인륜에서 광박하지만 그의 귀耳는 천시에서 광박하지 못한다. 소양의 눈目은 세회世會에서 광박하지만 그의 입口은 지방에서 광박하지 못하고 소음少陰이 입口은 지방에서 광박하지만 그의 눈目은 세회世會에서 광박하지 못한다.

이제 이것을 풀어 말하면 태양은 폐대간소肺大肝小하므로 귀의 청력은耳屬肺 폐肺의 분야인 천시未申酉에서 중후광대重厚廣大하게 퍼질 수 있지만 반대로 코의 후력嗅力은 간소肝小하므로 인륜에서 경박협소輕薄狹小함을 면할 수 없는 것이다.

태음인은 간대폐소肝大肺小하므로 코의 후력은 인륜丑寅卯에서 중후광대重厚廣大하게 퍼지지만 반대로 폐소肺小하므로 귀의 청력은 경박협소輕薄狹小함을 면하지 못한다.

소양인은 비대신소脾大腎小하므로 눈의 시력視力은 目屬脾 비脾의 분야인 세회辰巳午에서 중후광대하게 퍼질 수 있지만 반대로 입口의 미력味力은 신소腎小하므로 지방地方에서 경박협소輕薄狹小함을 면할수 없는 것이다. 소음인은 신대비소腎大脾小하므로 입의 미력口屬腎은 신腎의 분야인 지방에서 戌亥子 중후광대하게 퍼질 수 있지만 반대로 눈의 시력은 비소脾小함으로써 세회世會에서 경박협소輕薄狹小함을 면하지 못하는 것이다.

太陽之脾는 能勇統於交遇而 太陽之肝은 不能雅立於黨與오
少陰之肝은 能雅立於黨與而 少陰之脾는 不能勇統於交遇오
少陽之肺는 能敏達於事務而 少陽之腎은 不能恒定於居處오
太陰之腎은 能恒定於居處而 太陰之肺는 不能敏達於事務니라.

자구해석

| **용통(勇統)** 용기있게 통일하는 것

| **아립(雅立)** 정립야(正立也) 언어위의왈아(言語威儀曰雅) 성출통중왈아(聲出桶中曰雅)라고 하였은즉 이것은 간금(肝金)이 통가다리로 나오는 상(象)을 말하는 것이다.

| **민달(敏達)** 민자질야(敏者疾也) 면야(勉也)라고 하였은즉 빨리 도달하는 것을 말하는 것이다. 그러므로 후일 통명(通明)한 상태를 가리켜서 민달(敏達)이라고 하게 되었다.

| **항정(恒定)** 항정은 일반적으로 상정(常定)이란 의미로 쓴다. 그러나 설문에는 「월상현이 취영왈항(月上弦而 就盈曰 恒)」이라고 하였은즉 항(恒)이란 것은 영구불변이란 뜻이 아니고 미래에 대비하기 위한 일시적인 항정상태(恒定狀態)를 말하는 것이다. 그러므로 뇌풍항괘(雷風恒卦)는 손(巽)위에 진(震)을 배치(配置)하고 작괘(作卦)했던 것이다.

대 의

태양의 비脾는 교우交遇에서 용통勇統하는 데에는 능能하지만 태양의 간肝은 당여黨與에서 아립雅立하지는 못하고 소음少陰의 간肝은 당여黨與에서 아립雅立하는 데에는 능하지만 소음의 비脾는 교우에서 용통勇統하지는 못하고 소양의 폐는 사무에서 민달敏達하는 데에는 능하지만 소양의 신腎은 거처居處에서 항정恒定하지는 못하고 태음의 신은 거처에서 항정하는 데에는 능하지만 태음太陰의 폐肺는 사무事務에서 민달敏達하지는 못한다.

이제 이것을 상술詳述하면 태양인은 폐대간소肺大肝小한데 간소肝小란 것은 간중지목肝中之木이 부족한 것을 말하는 것이다. 간에 목木이 부족하면 비음脾陰이 많게 되므로 교우에서 폐중肺中의 화火를 통일하기는 대단히 쉽다. 그러나 반면으로 태양의 간肝은 간중지화肝中之火가 부족하므로 당여에서 간화肝火를 아립雅立(통가다리로 만드는 것) 할 수는 없다.

소음인은 신대腎大하므로 수생목水生木을 잘 할 수 있은즉 간중肝中의 목木이 당여黨與에서 아립雅立하기는 쉽다. 그러나 소음인은 비소脾小하므로 교우에서 용기있게 폐중지화肺中之火를 통일하지 못한다. 왜냐하면 소음은 수성화약水盛火弱하기 때문에 폐화肺火를 통일할 수 있는 비음脾陰이 지고지분至高之分까지 올라가지 못하므로 교우交遇에서 통일할 材料水火의 상승력이 부족하기 때문이다.

소양인은 비대脾大한즉 소양의 비脾는 폐의 통일작용에 가담하는 데에는 민속敏速하지만 腎小하므로 거처에서 항정恒定할 수가 없다.

태음인은 폐소肺小한즉 폐목肺木이 잘 음화陰化하기 때문에 거처를 항정恒定시키기는 용이하지만 간대肝大하므로 비화脾火만 왕하고 비음脾陰이 부족하게 되므로 폐의 통일작용에는 민첩敏捷하지 못하는 것이다.

태양지청 능광박어 천시고 태양지신 충족어두뇌이
太陽之聽은 能廣博於 天時故로 太陽之神이 充足於頭腦而

귀폐자대야 태양지후 불능광박어 인륜고
歸肺者大也오 太陽之嗅는 不能廣博於 人倫故로

태양지혈 불충족어요척이 귀간자소야
太陽之血이 不充足於腰脊而 歸肝者小也니라

태음지후 능광박어 인륜고 태음지혈 충족어요척이
太陰之嗅는 能廣博於 人倫故로 太陰之血이 充足於腰脊而

귀간자대야 태음지청 불능광박어 천시고
歸肝者大也오 太陰之聽은 不能廣博於 天時故로

태음지신 불충족어두뇌이 귀폐자소야
太陰之神이 不充足於頭腦而 歸肺者少也니라

소양지시 능광박어 세회고 소양지기 충족어배려이
少陽之視는 能廣博於 世會故로 少陽之氣 充足於背膂而

귀비자대야 소양지미 불능광박어 지방고
歸脾者大也오 少陽之味는 不能廣博於 地方故로

소양지정 불충족어방광이 귀신자소야
少陽之情이 不充足於膀胱而 歸腎者小也니라

소음지미 능광박어 지방고 소음지정 충족어방광이
少陰之味는 能廣博於 地方故로 少陰之情이 充足於膀胱而

귀신자대야 소음지시 불능광박어 세회고
歸腎者大也오 少陰之視는 不能廣博於 世會故로

소음지기 불충족어배려이 귀비자소야
少陰之氣 不充足於背膂而 歸脾者小也니라.

대 의

태양인은 폐대肺大하므로 청력聽力이 광박廣博하게 천시天時에서 퍼지게 된다. 청력이 광박하게 된즉 그때에 신神이 두뇌에 충족하게 되어서 다시 폐금肺金속에 돌아가는 양量이 많게 된다. 그러나 반면에 태양인은 간소肝小하므로 후력嗅力이 인륜人倫에서 광박廣博하게 흡수吸收하지 못한다. 후력이 광박하지 못하면 요척腰脊에 피가 충족되지 못하므로 피의 귀간歸肝작용이 부족하게 된다.

태음인은 간대肝大하므로 후력嗅力이 인륜에서 광박하게 흡수된다. 인륜에서 후력이 광박하게 흡수된 즉 그때에 피血가 요척腰脊에 충족하게 되어서 간으로 돌아가는 양이 많게 된다 그러나 반면에 태음인은 폐소肺小하므로 청력이 천시에서 광박하게 퍼지지 못하므로 신神이 두뇌에 충족하게 되지 못하는 것인즉 자연히 신神의 귀폐歸肺작용이 부족하게 된다.

소양인은 비대脾大하므로 시력視力이 세회世會에서 광박廣博하게 퍼져 나아가게 된다. 세회世會에서 시력이 광박하게 퍼져 나아간즉 그때에 기氣가 배려간背膂間에 충족하게 되어서 비脾로 돌아가는 양量이 많게 된다. 그러나 소양인은 반면으로 신소腎小하므로 미력味力이 지방地方에서 광박하게 납인納引하지 못하여서 정精이 방광膀胱에 충족하게 축적되지 못하므로 정의 귀신歸腎작용이 부족하게 된다.

소음인은 신대腎大하므로 미력味力이 지방에서 광박하게 퍼져 가게 된다. 지방에서 미력이 광박하게 작용한즉 그때에 정이 방광膀胱에 충족하게 되어서 신腎으로 돌아가는 양이 많게 된다. 그러나 소음인은 반면으로 비소脾小하므로 시력이 세회에서 광박하게 퍼지지 못하므로 기가 배려背膂에 충족하지 못하여서 기氣의 귀비歸脾작용이 부족하게 된다.

태 양 지 노　능 용 통 어　교 우 고　교 우 불 모 야
太陽之怒는 能勇統於 交遇故로 交遇不侮也오

태 양 지 희　불 능 아 립 어 당 여 고　당 여 모 야
太陽之喜는 不能雅立於 黨與故로 黨與侮也니

시 고　태 양 지 폭 노 부 재 어　교 우 이　필 재 어 당 여 야
是故로 太陽之暴怒不在於 交遇而 必在於黨與也니라

소 음 지 희　능 아 립 어 당 여 고　당 여 조 야
少陰之喜는 能雅立於黨與故로 黨與助也오

소음지노 불능용통어교우고 교우부조야
少陰之怒는 不能勇統於交遇故로 交友不助也니

시고 소음지낭희부재어 당여이 필재어 교우야
是故로 少陰之浪喜不在於 黨與而 必在於 交遇也니라

소양지애 능민달어 사무고 사무불기야
少陽之哀는 能敏達於 事務故로 事務不欺也오

소양지락 불능항정어 거처고 거처기야
少陽之樂은 不能恒定於 居處故로 居處欺也니

시고 소양지폭애부재어 사무이 필재어 거처야
是故로 少陽之暴哀不在於 事務而 必在於 居處也니라

태음지락 능항정어 거처고 거처보야
太陰之樂은 能恒定於 居處故로 居處保也오

태음지애 불능민달어 사무고 사무불보야
太陰之哀는 不能敏達於 事務故로 事務不保也니

시고 태음지낭락 부재어 거처이 필재어 사무야
是故로 太陰之浪樂이 不在於 居處而 必在於 事務也니라.

대 의

태양의 노怒는 교우交遇에서 용감하게 통일해 내는 일에 능能하기 때문에 교우의 화화火化작용이 이것을 업신여길 수 없고 태양의 희喜는 당여黨與에서 아립雅立작용을 하는 일에 능하지 못하기 때문에 당여의 업신여김을 받게 된다. 그런즉 태양인이 폭노暴怒하는 허물은 교우에 있는 것이 아니고 반드시 당여에 있다고 하였다.

이제 이것을 다음에 상술하면 태양인은 간금肝金이 잘 확장하지 못하는 것인바 이것은 태양지희太陽之喜가 당여에서 간肝을 아립雅立시키는 때에 그 힘이 부족하기 때문이다. 그러나 간화肝火가 부족한즉 반대로 비음脾陰이 넉넉하게 된다. 그러므로 교우에서 폐목肺木을 통일하기에는 그 힘이 넉넉하게 되므로 교우의 모멸侮蔑을 받지 않는다. 그러나 반면으로 태양인은 폐중지목肺中之木이 크므로 강력한 비음脾陰과 강력한 폐목肺木이 충돌하게 되는 바 이것이 바로 태양인의 대노大怒다. 그런즉 태양인이 폭노暴怒가 생기는 원인을 따져보면 그 원인이 비脾에 있는 것이 아니고 사실상 간肝에 있다는 것을 알 수 있는 것이다.

그 다음 소음인의 희喜는 당여黨與에서 아립雅立하는 일에 능하므로 당여의 도움을 받을 수 있다. 그러나 소음인의 노는 교우에서 용통勇統할 만한 능력이 없으므로 교우交遇가 조력助力하지 못하는 것인즉 이것으로써 소음인이 낭희浪喜하는 것은 당여黨與에 있는 것이 아니고 교우交遇에 있다는 것을 알 수 있는 것이다.

이제 이것을 다음에 상술하면 소음인은 신대腎大한즉 이것은 바로 감중지화坎中之火가 크다는 말이다. 그런즉 소음인이 희喜한다는 말은 신중지화腎中之火가 나아갈 수 있는 조건인 土丑가 잘 신음腎陰을 조화시켜 주므로 '당여조야黨與助也' 라고 한 것이다. 그러나 소음인은 이와는 반대로 비소脾小하므로 교우에서 폐목肺木을 용통勇統해 낼 수가 없다. 그런즉 소음인에는 대노大怒가 있을 수 없으니 이것은 전혀 교우에서 폐목을 통일할 수 있을 만큼 비음脾陰을 확대해내지 못하므로 비음과 폐목간에 큰 충돌이 없게 된다. 그런즉 소음인지노少陰人之怒는 교우가 부조不助하기 때문인즉 그 노는 대노大怒가 될 수 없는 것이다.

그러므로 소음인이 낭희浪喜하는 원인은 당여에 있는 것이 아니고 脾交遇에 있는 것이다. 왜냐하면 비가 폐목을 통일할 만큼 확대되지 못하고 다만 흉액胸液중에서 사발사수乍發乍收하게 되는 까닭이다. 그런즉 소음인의 낭희浪喜는 전혀 교우불급交遇不及 때문에 생긴 것이다. 다시 말하면 소음인은 비脾가 소小하므로 폐목을 포위해 내지는 못하고 오직 포위하려다가는 못하는 상태가 바로 낭희浪喜인 것이다.

그 다음 소양인의 애哀는 사무事務에 민달敏達하므로 사무가 이것을 속일 수가 없다 그러나 반면으로 소양인의 낙樂은 거처居處에 항정恒定해 내지 못하므로 거처는 이것을 기만한다. 그러므로 소양인의 폭애暴哀는 사무에 있는 것이 아니고 반드시 거처에 있는 것이다.

여기에서 이것을 상술하면 소양인은 비대脾大하므로 폐중지목肺中之木을 통일하는 사무에는 빨리 도달할 것인즉 사무에서 폐중지양肺中之陽이 부족하게 될 염려는 없다.(不欺) 그러나 반대로 소양인은 신수가 부족하기 때문에 항상 비화脾火의 과항過亢을 막을 수가 없게 되므로 소양인의 낙樂은 거처에서 항정恒定해내지 못한다. 그런데 애란 것은 양의 소멸消滅을 걱정하는 것인데 소양인이 폭애暴哀가 생기게 되는 원인은 비화의 과항 때문에 음불능섭양陰不能攝陽함으로써 이루어지는 것인즉 그 책임은 낙樂이 항정恒定하지 못하는 신腎에 있으므로 '필재어거처必在於居處' 하고 한 것이다.

그 다음 태음인의 낙은 거처에서 항정恒定할 수 있는 것인즉 거처에는 후고後顧의 염려가 없다 그러나 태음인의 애는 사무에 민달敏達해 낼 수가 없으므로 사무가 보전해 낼 수가 없는 것이다. 그런즉 태음인의 낭낙浪樂은 거처에 있는 것이 아니고 반드시 사무에 있는 것이다.

다음에 이것을 상술하면 태음인은 폐소肺小한즉 폐음肺陰으로써 신음腎陰居處을 보호하기에는 충분하다 그러므로 거처보전居處保全에는 아무런 염려도 없다. 그러나 반대로 태음인은 간대肝大한즉 그 간금肝金은 폐목肺木을 극克할 뿐이고 폐양肺陽을 충족시키지 못하므로 사무가 보전되지 못하는 것이다. 그런즉 태음인이 낭낙浪樂하게 되는 것은 신腎의 부족에서 오는 것이 아니고 폐목肺木의 부족事務不保에서 오는 것이다 다시 말하면 폐목이 부족하게 되면 발산력發散力보다도 침장력沈藏力이 많기 때문에 수水중에서 정하여야 할 양陽이 폐肺중에서 정하게 될 것이므로 낙樂(水中所生인)이 폐肺에서 낭발浪發하게 되는 것이다.

태양지교우 가이노 치지이당여 불가이노 치지야
太陽之交遇는 可以怒로 治之而黨與는 不可以怒로 治之也니

약 천노어당여즉 무익어당여이 간상야
若 遷怒於黨與則 無益於黨與而 肝傷也오

소음지당여 가이희 치지이교우 불가이희 치지야
少陰之黨與는 可以喜로 治之而交遇는 不可以喜로 治之也니

약 천희어교우즉 무익어교우이 비상야
若 遷喜於交遇則 無益於交遇而 脾傷也오

소양지사무 가이애 치지이 거처 불가이애 치지야
少陽之事務는 可以哀로 治之而 居處는 不可以哀로 治之也니

약 천애어거처즉 무익어거처이 신상야
若 遷哀於居處則 無益於居處而 腎傷也오

태음지거처 가이락 치지이사무 불가이락 치지야
太陰之居處는 可以樂으로 治之而事務는 不可以樂으로 治之也니

약 천낙어사무즉 무익어사무이 폐상야
若 遷樂於事務則 無益於事務而 肺傷也니라.

대 의

태양의 교우交遇는 노怒로써 다스릴 수 있으나 당여黨與는 노怒로써 다스릴 수 없다. 만일 노怒를 당여에 옮기면 당여에는 이익이 없고 간肝을 상傷하게 될 것이다. 다음에 이것을 풀어 말하면 태양인은 폐대肺大한즉 태양인이 교우에서 비록 비화脾火가 일어난다고 할지라도 비음脾陰(怒情)으로써 능히 이것을 치료할 수 있다. 그러나 당여는 노로써 다스릴 수가 없다. 왜냐하면 태양인은 간소肝小한즉 당여에서 혼란이 일어나지 않는다. 그런데 이때에 만일 노로써 즉 비음으로써 간을 치료한다고 하면 공연히 간양肝陽을 도상徒傷하는 결과가 되고 말 것이다. 왜냐하면 노정怒情이 간음肝陰을 증대시키면 간이 더욱 축소되기 때문이다.

다음에 소음少陰의 당여는 희喜로써 다스릴 수가 있다. 그러나 교우는 희로써 다스릴 수가 없다. 만일 희를 교우에 옮긴즉 교우에 이익이 없을 뿐만 아니라 도리어 비脾를 상傷하게 된다.

이제 이것을 풀어 말하면 소음인은 신대腎大한즉 간의 확장요소인 희정喜情으로써 당여黨與가 아립雅立할 수 있으며 또 그래도 무방하다.(腎大하므로) 그러나 소음인의 교우는 희정喜情으로써 다스릴 수가 없다. 왜냐하면 소음인의 교우부족은 비화脾火부족에서 생기는 것인바 이것을 도우려면 신중지양腎中之陽을 상승시키면서 비음脾陰을 조절하여야 할 것이다. 그런데 간을 도우면 간음肝陰이 도리어 승양작용升陽作用을 방해함으로써 오히려 비화脾火를 상하게 될 것이다.

그 다음 소양인의 사무事務는 애정哀情으로써 다스릴 수가 있으나 거처는 애정으로써 다스릴 수가 없다. 만약 애정을 거처에 옮긴즉 거처에 이익이 없을 뿐만 아니라 신腎을 상하게 된다.

다음에 이것을 상술하면 소양인少陽人은 비대脾大한즉 비음脾陰이 폐事務의 일을 도와줄 수 있으므로 애정哀情으로써 능히 다스릴 수가 있다. 그러나 소양인은 원래 신수腎水가 부족하므로 애정 정도로는 여기에 미치지 못한다. 왜냐하면 애정은 다만 신수腎水가 귀원歸元할 수 있는 기시基始를 만들뿐이고 신수를 완성할 수는 없기 때문이다. 그러므로 만일 애정으로써 거처居處를 다스리려고 하면 인신상화寅申相火의 기간만 길게 되므로 이것은 공연히 신수를 상하는 결과만 되고 말 것이다.

그 다음 태음인의 거처居處는 낙樂으로써 다스릴 수가 있으나 사무는 낙으로써 다스릴 수가 없다. 만일 낙樂을 사무事務에 옮긴즉 사무에 이익이 없을 뿐만 아니라 도리어 폐가 상하게 된다.

이제 이것을 풀어 말하면 태음인은 간대肝大한 즉 낙정樂情을 도와주면 금수金水가 공생共生할 수 있을 것이므로 이낙이치거처以樂而 治居處할 수가 있다. 그러나 낙정樂情으로써 사무肺를 다스릴 수는 없다. 왜냐하면 태음인의 폐는 항상 음陰의 수축이 과도한 것인즉 일체금수지기一切金水之氣는 도리어 사무를 해할 뿐이다.

그러므로 낙정樂情으로써 폐事務를 다스리려고 하면 공연히 폐만 상하게 된다 왜냐하면 태음인은 폐중지목肺中之木이 부족한데 낙정樂情이 비폐脾肺의 화를 수장收藏하게 되면 도리어 폐중지화肺中之火만 모극侮克하는 결과가 되기 때문이다.

태 양 지 성 기　항 욕 진 이 불 욕 퇴
太陽之性氣는 恒欲進而 不欲退하고

소 양 지 성 기　항 욕 거 이 불 욕 조
少陽之性氣는 恒欲擧而 不欲措하고

태 음 지 성 기　항 욕 정 이 불 욕 동
太陰之性氣는 恒欲靜而 不欲動하고

소 음 지 성 기　항 욕 처 이 불 욕 출
少陰之性氣는 恒欲處而 不欲出이니라.

대 의

태양太陽의 성기性氣는 항상 전진하려고 하고 후퇴하려고 하지 않으며 소양少陽의 성기性氣는 항상 거擧하려고 하고 조措하려고 하지 않으며 태음太陰의 성기性氣는 항상恒常 정靜하려고 하고 동動하려고 하지 않으며 소음少陰의 성기性氣는 항상 처處하려고 하며 출出하려고 하지 않는다.

이것을 풀어 말하면 태양인은 폐중肺中에 목木이 충실하므로 전진하려고 하는 것이니 목성은 항욕진이불욕퇴恒欲進而不欲退하기 때문이오 소양인은 비화가 횡행橫行하고 있으니(횡행이란 가로 가는 것) 횡행지성橫行之性은 승거

升擧코자 하고 하향下向코자 하지 않기 때문이오 태음인은 간대肝大하여서 신腎의 고정성固定性과 잘 합세하게 되므로 항욕정이불욕동恒欲靜而不欲動하고 소음인은 비소신대脾小腎大하여서 수극화水克火를 당當하고 있으므로 항욕처이불욕출恒欲處而不欲出하게 되는 것이다.

태양지진 양가이진야 자반기재이부장 불능진야
太陽之進은 量可而進也니 自反其材而不莊이면 不能進也오

소양지거 양가이거야 자반기력이불고 불능거야
少陽之擧는 量可而擧也니 自反其力而不固면 不能擧也오

태음지정 양가이정야 자반기지이부주 불능정야
太陰之靜은 量可而靜也니 自反其知而不周면 不能靜也오

소음지처 양가이처야 자반기모이불홍 불능처야
少陰之處는 量可而處也니 自反其謀而不弘이면 不能處也니라.

| 반(反) 반성야(反省也). 심야(審也).
| 장(莊) 엄야(嚴也). 성야(盛也). 여물기 시작한다.

대 의

이 절은 위에서 말한 절에 대한 해의解義이다. 즉 태양지성기太陽之性氣가 진進하려고 하지만 가可하도록 작량酌量한 뒤에 진進하여야 하는 것이니 만일 스스로 그 재材를 살펴서 장莊하지 못하면 진進할 수가 없을 것이고 소양인의 성기性氣는 항상 거擧하려고 하지만 가可하도록 작량酌量한 뒤에 거擧하여야 하는 것이니 만일 스스로 힘을 살펴서 고固하지 못하고서는 거할 수가 없을 것이고 태음인의 성기性氣는 정하고자 하지만 가可하도록 작량酌量한 뒤에 정하여야 하는 것이니 만일 스스로 그 힘을 살펴서 주밀周密하지 않으면 정해 낼 수가 없는 것이고 소음인의 성기性氣는 처處하려고 하지만 만일 스스로 그 모謀를 살펴서 홍弘하지 못하면 처處해 낼 수가 없는 것이다.

이제 이것을 풀어보면 태양太陽이 진進할 때에는 반드시 재材가 있어야 하는 것인즉 재材란 것은 화火의 위에 포위包圍하는 음陰을 말하는 것이다. 그러므로 그 재材가 여물기 시작하지 못하면 진進해 낼 수가 없는 것이다. 또 소양少陽이 거擧하려고 하면 반드시 거할 수 있는 힘力이 필요하다 그 힘이란 고固(水)라는 바탕의 수축收縮력이니 이것이 있어야만 횡행橫行력이 거할 수 있는 힘이 생기게 되는 것인즉 만일 이것이 없으면 거擧할 수가 없는 것이다.

태음의 성기性氣는 정靜하려고 하지만 그 지知—즉 금중지양金中之陽이 주밀周密하지 않고서는 정靜해 낼 수가 없다. 왜냐하면 만일 금중金中에 양이 없다면 공각空殼인즉 그것은 벌써 사死를 의미하기 때문이다. 또 소음은 처處하려고 하지만 먼저 수중지생력水中之生力(謀)을 살펴서 그것에 이미 홍弘(生)할 수 있는 기미幾微가 있어야만 처할 수 있는 것이다. 왜냐하면 그것이 만일 없으면 수水는 영구永久한 고장固藏인 것뿐이고 「항恒」이 못되기 때문이다.

태양지정기 항욕위웅이 불욕위자
太陽之情氣는 恒欲爲雄而 不欲爲雌하고

소음지정기 항욕위자이 불욕위웅
少陰之情氣는 恒欲爲雌而 不欲爲雄하고

소양지정기 항욕외승이 불욕내수
少陽之情氣는 恒欲外勝而 不欲內守하고

태음지정기 항욕내수이 불욕외승
太陰之情氣는 恒欲內守而 不欲外勝이니라.

자구해석

| 웅(雄) 용야(勇也). 세성야(勢盛也) 재걸지칭야(才傑之稱也).
조지부(鳥之父).

| 자(雌) 조지모(鳥之母). 유약야(柔弱也). 정이불양야(靜而不揚也).

대 의

태양의 정기情氣는 항상 용맹勇猛코자 할지언정 내약耐弱하려 하지 않고 소음少陰의 정기情氣는 항상 내약耐弱하고자 할지언정 용맹勇猛하려 하지 않고 소양의 정기情氣는 항상 외승外勝코자 할지언정 내수內守코자 하지 않고 태음의 정기는 항상 내수內守코자 할지언정 외성外盛하려 하지 않는다.

이제 이것을 상술하면 태양은 폐대肺大한즉 화부서남고火浮西南故로 용맹勇猛하고 소음은 신대腎大한즉 화복정북고火伏正北故로 내약耐弱하고 소양은 비대脾大한즉 화부동남고火浮東南故로 외승外勝하고 태음은 간대肝大한즉 화복동북고火伏東北故로 내수內守를 좋아하는 것이다.

보 주

여기에서 특별히 고찰하여야 할 것은 선생은 바로 위에서는 성기性氣를 논했는데 여기에서는 정기情氣를 논한 것이다. 그런즉 이것은 바로 성性과 정情을 구별한 것인데 인간의 성정性情이란 대체 어떻게 구별되는 것일까 하는 문제이다.

이것을 여기에서 비교해 보면 다음과 같다

性氣	欲進	欲擧	欲靜	欲處
精氣	欲雄	外勝	內守	欲雌

그런데 위에 있는 비교표를 일별一瞥해 보아도 얼핏 생각하면 대체 무엇이 다른지를 알 수 없다. 즉 욕진欲進과 욕웅欲雄이 무엇이 다르며 욕거欲擧와 외승外勝이 무엇이 다르며 욕정欲靜과 내수內守가 무엇이 다르며 욕처欲處와 욕자欲雌가 무엇이 다른지를 알 수 없는 것이다.

그러나 성性과 정情은 엄연히 다르며 또 달라야만 한다 즉 성은 사람의 마음 속에서 일어나는 선천적 본질이오 정은 인간의 행동이나 외형에 나타나는 상태이다. 그러므로 우리는 직접 인간의 성을 파악할 수는 없지만 정情에 의해서 그것을 알 수 있는 것이다. 그러므로 위에 있는 표에 기록한 욕진欲進 욕거欲擧 욕정欲靜 욕처欲處는 성리性理상태性의 움직임이므로 알 도리가 없다. 비록 그러나 욕웅欲雄 외승外勝 내수內守 욕자欲雌와 같은 것은 행동에 대한 상태인즉 이것은 정情으로써 성性의 움직임을 포착捕捉할 수 있는 것이다. 그러므로 선생은 이러한 근거에 의해서 성정의 구별을 표시했던 것이다.

태양지인 수호위웅 역혹의자
太陽之人이 雖好爲雄이나 亦或宜雌니

약전호위웅즉 방종지심 필과야
若全好爲雄則 放縱之心이 必過也오

소음지인 수호위자 역혹의웅
少陰之人이 雖好爲雌나 亦或宜雄이니

약전호위자즉 투일지심 필과야
若全好爲雌則 偸逸之心이 必過也오

소양지인 수호외승 역의내수
少陽之人이 雖好外勝이나 亦宜內守니

약전호외승즉 편사지심 필과야
若全好外勝則 偏私之心이 必過也오

태음지인 수호내수 역의외승
太陰之人이 雖好內守나 亦宜外勝이니

약전호내수즉 물욕지심 필과야
若全好內守則 物欲之心이 必過也니라

대 의

태양인은 폐대간소肺大肝小한즉 비록 용맹勇猛을 좋아하여도 좋다. 그러나 반드시 내약耐弱을 겸해야 한다. 왜냐하면 만일에 태양인이 용맹일로勇猛一路로만 달리게 도면 양의 과왕過旺이 조장되어서 방종지심放縱之心이 지나갈 것인즉 비단非但 거기에만 그치는 것이 아니라 화불입실火不入室하게 되어 신수腎水가 학갈涸渴하게 되어서 간肝을 생生하지 못하기 때문이다.

소음인은 신대비소腎大脾小한즉 비록 내약耐弱을 좋아하게 되나 반드시 용맹勇猛을 겸유兼有하여야 한다. 왜냐하면 소음인이 만일 내약하기만 하면 투일지심偸逸之心이 지나치게 될 것이다. 그렇게 된즉 그것이 비단 거기에만 그치는 것이 아니고 화불상승火不上升하게 됨으로써 비화를 생하지 못하기 때문이다.

소양인은 비대신소脾大腎小한즉 비록 외승을 좋아하나 반드시 내수를 겸해야 한다. 왜냐하면 만약 소양인이 외승外勝만 좋아하는 경우에는 편사지심偏私之心이 지나치게 된다. 그렇게 되면 거기에만 그치는 것이 아니라 火脾가 불귀납不歸納하게 됨으로써 신腎을 상하게 되기 때문이다.

태음인은 간대폐소肝大肺小한즉 비록 내수內守를 좋아하나 반드시 외승外勝을 겸하여야 한다. 왜냐하면 전혀 내수內守만 하는 경우에는 물욕이 지나치게 될 뿐만 아니라 양불횡거陽不橫擧하게 됨으로써 폐가 상하게 되는 까닭이다.

태양인 수지우 기성 편편연 유연납야
太陽人이 雖至愚나 其性이 便便然하야 猶延納也니

수지불초 인지선악 역지지야
雖至不肖라도人之善惡을 亦知之也오

소양인 수지우 기성 회회연 유식도야
少陽人이 雖至愚나 其性이 恢恢然하야 猶式度也니

수지불초 인지지우 역지지야
雖至不肖라도 人之知愚를 亦知之也오

태음인 수지우 기성 탁탁연 유교유야
太陰人이 雖至愚나 其性이 卓卓然하야 猶教誘也니

수지불초 인지근타 역지지야
雖至不肖라도 人之勤惰를 亦知之也오

소음인 수지우 기성 탄탄연 유무순야
少陰人이 雖至愚나 其性이 坦坦然하야 猶撫循也리니

수지불초 인지능부 역지지야
雖至不肖라도 人之能否를 亦知之也니라.

자구해석

| **편편연(便便然)** 편은 안리야(安利也) 의야(宜也) 즉야(卽也)라고 하였은즉 편편연이란 것은 천하

안리지도(天下安利之道)를 자유로이 처리한다는 의미이다 안리(安利)란 것은 利(收斂)를 평안하게 한다는 말이다.

| **연납(延納)** 늘었다 줄었다 하는 것.

| **회회연(恢恢然)** 회는 지대야(志大也). 비야(備也). 라고 하였는데 이 말은 노자가 「천강(天綱)이 회회(恢恢)하여 소이불실(疏而不失)」이라고 한 데에서 기인한 것인데 그 뜻은 크면서도 주밀(周密)한 것을 말하는 것이다.

| **탁탁연(卓卓然)** 높이 올라가는 것 같은 것.

| **탄탄연(坦坦然)** 평탄(平坦)해지려고 하는 것 같은 것.

| **무순(撫循)** 무(撫)는 진무야(鎭撫也)오 순(循)은 추야(追也)라고 하였은즉 무순(撫循)은 진무(鎭撫)하기도 하며 추종하기도 하는 것.

대 의

태양인太陽人이 지극히 어리석은 것 같아도 그 성性이 편편연便便然해서 잘 연납延納할 수 있으므로 비록 불초한 것 같아도 사람의 선악을 잘 알고 소양인少陽人이 비록 지극히 어리석은 것 같아도 그 성性이 회회연恢恢然하여서 법도에 잘 맞추므로 비록 불초不肖한 것 같아도 사람의 지우知愚를 잘 알고 태음인太陰人은 지극히 어리석은 것 같아도 그 성이 탁탁연卓卓然하여서 사람을 잘 교유敎誘할 수 있으므로 사람의 근타勤惰를 잘 알고 소음인少陰人이 비록 지극히 어리석은 것 같아도 그 성이 탄탄연坦坦然하여서 잘 무순撫循할 수 있으므로 사람의 능부能否를 잘 안다고 논하였다.

이제 이것을 상술하면 태양인太陽人은 폐대肺大한 것이 특징이다. 그런데 양陽은 선善하고 음은 악惡한 것으로써 그 특징이 규정되는 바 태양인은 마음대로 연납延納하면서 신축하는 음양의 전환점에 있는바 이것이 바로 선악의 분기점分岐點이다. 그런즉 이 점을(未申酉) 바탕으로 하고 이루어진 것이 태양太陽이므로 선악의 판단에 능한 것이다. 즉 그 성이 편편연便便然하여서 연납延納이 자유롭기 때문에 사람의 선악을 잘 알 수 있다고 하였다.

그 다음 소양인少陽人의 특징은 비대脾大에 있다. 그런데 소양인은 (즉 火는) 진사오辰巳午에서 발전하는 바 여기에서는 비록 질서가 문란紊亂되는 혼란한 현상을 노정露呈하고 있지만 반면反面으로 인지人知는 여기에서 이루어지기 시작하고 우愚는 여기에서 없어지는 곳이다. 황차況且 소양은 이러한 분기점辰을 바탕으로 하고 있으므로 지우知愚의 판단에 능한 것이다. 다시 말하면 소양은 사오巳午의 최대분열 과정이지만 여기는 이미 금화교역金火交易이 시작되는 곳인즉 회회연恢恢然하기만 한다면 만사를 식도式度할 수 있을 것이므로 사람의 지우知愚를 잘 알 수 있다고 가르친 것이다.

그 다음 태음인은 간대肝大를 특징으로 하는 것인즉 그 정情이 탁탁연卓卓然하여서 능히 사람을 가르치고 또 유도誘導할 수 있는 매력魅力이 있는 것이다. 그런데 태음이 바탕으로 하는 축인묘丑寅卯는 사람의 근타勤惰의 본원인즉 여기는 감중坎中에서 출발한 양陽이 부지런히 발동發動을 하는 곳이지만 반면 그것을 포위하여야할 음이 양을 포위할 생각은 하지 않고 타정惰情에 만족하여 버리게 되는 과정이기도 한 것이다. 그러므로 태음인이 만일 생성작용이 탁탁연卓卓然하기만 하면 사람의 근타勤惰를 가장 잘 알게 되는 것이다.

그 다음 소음인은 신대腎大한 것이 특징인바 그 정이 탄탄연坦坦然하여서 평정平定에 능할 뿐만 아니라 또 한 사람을 무마撫摩하며 추종追從하는 데도 능한 것이다. 더욱이 여기는 술해자戌亥子의 완성과정인즉 음이 양을 과연 포장할 수 있는가 없는가 하는 것을 판단할 수 있는 정신의 소장지지所藏之地인 것이다. 그러므로 그 성性이 탄탄연坦坦然하기만 하면 사람의 능부能否를 잘 알 수 있는 것이다.

보 주

태소음양인은 그 성이 편편연便便然 회회연恢恢然 탁탁연卓卓然 탄탄연坦坦

然하게 되는 수양修養을 쌓아야 한다. 왜냐하면 폐대肺大(太陽) 비대脾大(少陽) 간대肝大(太陰) 신대腎大(少陰)라는 편벽된 장기臟器를 타고났기 때문에 만일 이와 같은 결점을 시정하지 않는다면 만병이 족출簇出하기 때문이다.

太陽人은 謹於交遇故로 恒有 交遇生疏人慮患之怒心이로되

此心은 出於秉彜之敬心也니 莫非至善而 輕於黨與故로

每爲親熟黨與人所陷而 偏怒傷臟하나니

以其擇交之心이 不廣故也니라.

자구해석

| 병이지심(秉彜之心) 병은 집(執)야. 이(彜)는 상(常)야(떳떳할이)라고 하였은즉 병이지심(秉彜之心)이란 항상 가지고 있어야 할 마음이다.

대 의

태양인은 교우交遇에 주의하기 때문에 생소인生疏人의 여환慮患에 대한 노심怒心이 있으니 이 마음은 항상 가지고 있어야 할 경심敬心인즉 선善하지 않을 수가 없다. 그러나 반면에 친숙한 당여인黨與人에게 빠져서 편노偏怒하기 쉽기 때문에 장臟을 상傷하게 되는 것인즉 이것은 택교지심擇交之心이 넓지 못하기 때문이다.

이제 이것을 상술하면 태양이란 본시 음陰의 포위包圍를 기다리는 것이므로 교우交遇에 주의를 경주傾注하여서 후환後患을 예방하여야 한다. 그러나 만일 소홀히 하다가는 비음脾陰이 소중한 줄만 알고 간음肝陰이 우중尤重한 것은 알지 못하게 되기도 쉽다. 만일 그렇게 되면 이것은 도리어 비음지원脾陰之源인 간금肝金이 수상受傷하는 것을 알지 못하는 결과가 될 것이므로 친숙당여인소함親熟黨與人所陷이라고 한 것이다.

소음인　근어당여고　항유 당여친숙인택교지희심
少陰人은 謹於黨與故로 恒有 黨與親熟人擇交之喜心이로되

차심　출어병이지경심야　막비지선이 경어교우고
此心은 出於秉彝之敬心也니 莫非至善而 輕於交遇故로

매위생소교우인소무이 편희상장
每爲生踈交遇人所誣而 偏喜傷臟하나니

이기려환지심　부주고야
以其慮患之心이 不周故也니라.

대 의

소음인은 항상 당여黨與에 주의를 경주하기 때문에 항상 당여친숙인黨與親熟人과 교제交際하는 희심喜心이 있은 즉 이 마음은 옳은 마음이니 선하지 않을 수가 없다. 그러나 반면으로 교우를 경홀輕忽히 하기 때문에 생소교우인生踈交遇人의 속임수에 빠져서 편희상장偏喜傷臟하게 된즉 이것은 여환지심慮患之心이 주밀周密하지 못하기 때문이다.

이제 이것을 상술하면 소음인은 신대腎大하므로 간금肝金의 후력嗅力인 당여의 생생지심生生之心에만 경주傾注하는 경향이 있다. 그러나 그것은 친

속한 상이흥興의 중하려는 마음인즉 이것은 옳다 그렇게 하여야 할 상도常道이다.

그러므로 선하지 않을 수가 없지만 반면으로 교우交遇를 경솔하게 하기 때문에 생소한 교우인의 속임수에 빠지게 된다. 즉 신음腎陰이 간肝의 형성에만 급급한 결과 도리어 비화脾火의 발전을 저해하게 되기 때문에 반면으로 비화를 압박하는 결과가 된다. 그런데 이때의 생소교우인生疏交遇人이란 것은 바로 간금 신수와는 이질적인 것이므로 그것은 비를 상하게 되는 것이니 이것이 '편희상장偏喜傷臟' 이다 또 이것을 모르고 '희' 하는 것이 바로 '여환지심慮患之心이 부주不周' 이다.

少陽人은 重於事務故로 恒有 出外興事務之哀心이로되

此心은 出於秉彝之敬心也니 莫非至善而 不謹於居處故로

每爲主內做居處人所陷而 偏哀傷臟하나니

以其重外而 輕內故也니라.

대 의

소양인은 사무를 소중히 하기 때문에 항상 밖에 나아가서 사무를 흥興하게 하려는 애심哀心이 있으니 이 마음은 상도常道인 경심敬心에서 나온 것이므로 선하지 않을 수가 없다. 그러나 거처居處에 주의하지 않기 때문에 항상 안에서 거처를 만들려는 사람의 모함에 빠져서 편애상장偏哀傷臟하게 된즉 이것은 외면만 좋아하고 내면을 경홀輕忽하게 하기 때문이다.

다음에 이것을 상술하면 소양인은 비대脾大한데 비는 사무를 만들기 위한 화火이다 그러므로 그 성질은 항상 밖에 나아가서 사무를 흥하게 하려고 한다. 그런즉 이 마음은 비주납脾主納을 게을리 하지 말아야 하는 소양少陽으로 볼 때에 상도常道인즉 선하지 않을 수가 없다. 그러나 이것은 반면으로는 안에서 거처를 만들기 위한 사람의 모함에 빠지게 된다. 즉 소양인이 비화가 왕旺하려는 사이에 자기도 모르게 신수가 학갈涸渴된다 그렇게 된즉 이것은 결국 지나친 외향성 때문에 신장을 상하게 한 것이니 이것이 바로 편애偏哀(폐목을 양하는 데에 편착(偏着)되는것) 상장傷臟이다. 그런데 여기에서 '주내주거처인 소함主內做居處人 所陷' 이라고 한 것은 신腎이 부족한 수水를 계속하여서 비脾에 공급해 준 것은 비脾로 볼 때에 자기는 그것을 믿고 외향에만 급급汲汲하였던 바 이제 수원水源이 학갈涸渴되고 본즉 이것은 오히려 수水의 모함謀陷에 빠진 것 같이 느껴지는 것이다.

태 음 인　중 어 거 처 고　항 유　주 내 주 거 처 지 낙 심
太陰人은 重於居處故로 恒有 主內做居處之樂心이로되

차 심　출 어 병 이 지 경 심 야　막 비 지 선 이　불 근 어 사 무 고
此心은 出於秉彝之敬心也니 莫非至善而 不謹於事務故로

매 위 출 외 흥 사 무 인 소 무 이　편 낙 상 장
每爲出外興事務人所誣而 偏樂傷臟하나니

이 기 중 내 이　경 외 고 야
以其重內而 輕外故也니라.

해설

태음인은 거처를 소중히 하기 때문에 항상 안에서 거처를 만들려는 낙심樂心이 있으나 이것은 마땅히 걸어야 할 상도常道이다. 그런즉 선하지 않을 수가 없거니와 반면으로 사무事務에 부주의하기 때문에 밖에서 사무를 흥興하게 하려는 사람을 속이는 결과가 되어서 편낙상장偏樂傷臟하게 되는 것인즉 이것은 내향만 소중히 하고 외향을 소홀히 하기 때문이다.

이제 이것을 상술하면 태음인은 간대肝大한즉 무엇보다도 거처인 신腎을 소중히 할 필요가 있다. 왜냐하면 간대를 조절할 수 있는 것이 바로 신腎이기 때문이다. 그러므로 거처를 보호하려는 낙심이 동하게 되는 것은 바로 상도의 경심敬心인즉 선善하지 않을 수가 없다. 그러나 반면으로 사무에 부주의하게 된즉 이것은 밖에서 '흥사무興事務' 하려는 폐肺를 속이는 결과가 된다. 왜냐하면 낙심은 간대肝大의 폐단弊端을 방지할 수는 있지만 반면으로 폐목肺木의 충실을 방해妨害하기 때문이다. 그러므로 '출외흥사무인 소무이 편낙상장出外興事務人 所誣而 偏樂傷臟' 이라고 한 것이다.

태음지함 의계교심 태음지함 약무교심
太陰之頷은 宜戒驕心이니 太陰之頷에 若無驕心이면

절세지주책 필재차야 소음지억 의계긍심
絶世之籌策이 必在此也오 少陰之臆은 宜戒矜心이니

소음지억 약무긍심 절세지경륜 필재차야
少陰之臆에 若無矜心이면 絶世之經綸이 必在此也오

태양지제 의계벌심 태양지제 약무벌심
太陽之臍는 宜戒伐心이니 太陽之臍에 若無伐心이면

절세지행검 필재차야 소양지복 의계과심
絶世之行檢이 必在此也오 少陽之腹은 宜戒夸心이니

소양지복 약무과심 절세지도량 필재차야
少陽之腹에 若無夸心이면 絶世之度量이 必在此也니라.

대 의

태음인의 턱은 교심驕心을 경계하여야 하니 만일 태음인의 턱에 교심이 없으면 절세絕世의 주책籌策이 반드시 있고 소음인의 가슴은 긍심矜心을 경계하여야 하니 만약 소음인의 가슴에 긍심矜心이 없으면 절세의 경륜經綸이 반드시 있고 태양인의 배꼽은 벌심伐心을 경계하여야 하니 만약 태양인의 배꼽에 벌심伐心이 없으면 절세의 행검行檢이 반드시 있고 소양인의 배腹는 과심夸心을 경계하여야 하니 만약 소양인의 배에 과심夸心이 없으면 절세의 도량度量이 반드시 있는 것이다.

(상세한 것은 성명론에서 논했으므로 여기에서는 략(略)함)

소음지두 의계탈심 소음지두 약무탈심
少陰之頭는 宜戒奪心이니 少陰之頭에 若無奪心이면

대인지식견 필재차야 태음지견 의계치심
大人之識見이 必在此也오 太陰之肩은 宜戒侈心이니

태음지견 약무치심 대인지위의 필재차야
太陰之肩에 若無侈心이면 大人之威儀 必在此也오

소양지요 의계나심 소양지요 약무나심
少陽之腰는 宜戒懶心이니 少陽之腰에 若無懶心이면

대인지재간 필재차야 태양지둔 의계절심
大人之材幹이 必在此也오 太陽之臀은 宜戒竊心이니

태 양 지 둔　약 무 절 심　대 인 지 방 략　필 재 차 야
太陽之臀에 若無竊心이면 大人之方略이 必在此也니라.

대 의

소음인의 머리는 마땅히 탈심奪心을 경계하여야 하니 소음인의 머리에 만약 탈심奪心이 없으면 대인大人의 식견識見이 반드시 있고 태음인의 어깨는 마땅히 치심侈心을 경계하여야 하니 태음인의 어깨에 만약 치심侈心이 없으면 대인의 위의威儀가 반드시 있고 소양인의 허리는 마땅히 나심懶心을 경계하여야 하니 소양인의 허리에 만약 나심懶心이 없으면 대인의 재간材幹이 반드시 있고 태양인의 엉덩이는 마땅히 절심竊心을 경계하여야 하니 태양인의 엉덩이에 만약 절심竊心이 없으면 대인의 방략方略이 반드시 있다.

(상세는 성명론에서 논했으므로 략(略)함)

장 부 론

腸部論

여기에서는 인간이 수곡水穀을 섭취하면 그것이 어떠한 경로를 통하여서 정신기혈精神氣血을 생성하며 또는 오장五臟과 어떻게 연결하는가 하는 것 등을 상세히 논술한 것이 선생이 본고本稿를 세상에 보내게 된 목적이다.

폐부위 재추하배상 위완부위 재함하흉상고
肺部位는 在顀 下背上하고 胃脘部位는 在頷下胸上故로

배상흉상이상 위지상초 비부위 재려
背上胸上以上을 謂之上焦오 脾部位는 在膂하고

위부위 재격고 여격지간 위지중상초
胃部位는 在隔故로 膂膈之間을 謂之中上焦오

간부위 재요 소장부위 재제고
肝部位는 在腰하고 小腸部位는 在臍故로

요제지간 위지중하초 신부위 재요척하
腰臍之間을 謂之中下焦오 腎部位는 在腰脊下하고

대장부위 재제복하고 척제이하 위지하초
大腸部位는 在臍腹下故로 脊臍以下를 謂之下焦니라.

자구해석

| 추(顀) 이마 붉어질 추

| 완(脘) 밥통 완. 일반적으로 「위(胃)」와 「완(脘)」은 동일한 말로 사용한다. 그러나 동무는 이것을 구별해서 위는 밥통으로 보고 완은 위의 위에 있는 것으로 보았으니—즉 식도로 본 것이다. 그런즉 이것은 선생이 아마도 옛 성인이 「위(胃)」자와 「완(脘)」자를 작자취상(作字取象)한 저의(底意)를 관찰하고 취한 개념이라고 생각되는 것이다.

| 여(膂) 척골(脊骨)야. 등골뼈 려.

대 의

폐肺부위는 추하顀下에서부터 배상背上까지요 위완胃脘의 부위는 함하頷下에서부터 흉상胸上이므로 뒤로 배상背上과 앞으로 흉상 이상을 상초上焦라고 하고 비脾부위는 등심膂에 있고 위胃의 부위는 격膈에 있으므로 여격지간膂膈之間을 중상초中上焦라고 하고 간肝부위는 허리에 있고 소장小腸부위는 제臍에 있으므로 요제지간腰臍之間을 중하초中下焦라고 하고 신腎의 부위는 요척腰脊하에 있고 대장大腸의 부위는 제복臍腹하에 있으므로 척제이하脊臍以下를 하초下焦라 했다.

그런데 여기에서 특히 이채異彩가 있는 것은 중초中焦를 갈라서 중상초中上焦와 중하초中下焦로 구별하였다는 점이다. 그것은 물론 상중하삼초上中下三焦 가운데서 중초中焦에서 비위脾胃와 간소장肝小腸이 작용하고 있는데 이것들은 불과 척촌지지尺寸之地에서 서로 얽매어 있다. 그러나 작용으로 볼 때에 비간脾肝과 위소장胃小腸은 각각 그 성능이 완전히 다르므로 중초를 갈라서 중상초中上焦와 중하초中下焦로 구별한 것이다. 다시 말하면 상초上焦에서 폐주호肺主呼하기 위하여서는 위완胃脘이 호이흡지呼而吸之하고 하초下焦에서 신주출腎主出하기 위하여서는 대장大腸이 출이납지出而納之하면서 호흡출납작용呼吸出納作用을 하는 것이다. 그런데 중中이란 것은 상하의 요인을 내포하는 것이므로 간비肝脾는 이것들과 같이 비주출납脾主出納하고 간주호흡肝主呼吸하는 것인즉 중초中焦는 중앙이므로 상하에서 행하는 호흡출납呼吸出納의 요인이 모두 있어야 하며 또 사실 모두 있는 것이다. 그러므로 선생은 중상초와 중하초를 구별함으로써 명시차리明示此理한 것이다.

水穀은 自胃脘而 入于胃하고 自胃而 入于小腸하고
自小腸而 入于大腸하고 自大腸而 出于肛門者로대
水穀之都數가 停蓄於胃而 薰蒸하여 爲熱氣하고
消導於小腸而 平淡하여 爲凉氣하나니
熱氣之輕淸者는 上升於胃脘而 爲溫氣하고
凉氣之質重者는 下降於大腸而 爲寒氣니라.

대 의

음식은 식도를 통해서 위胃로 들어가고 위에서 소장小腸으로 들어가고 소장에서 대장大腸으로 들어가서 항문肛門으로 나아가게 되는데 모든 음식물은 위에 정축停蓄하면 훈증薰蒸하여서 열기熱氣로 변하고 소화되면서 소장에 이르게 되면 맑게 되면서 양기凉氣로 변하게 된다. 그런데 위장에서 열화熱化한 것 중에서 경청輕淸한 것은 위완胃脘에 상승하여서 온기溫氣가 되고 질중質重한 것은 대장에 내려가서 한기寒氣로 변한다고 하였다.

보 주

그런데 여기에서 논한 동무東武의 논법은 고의학古醫學의 원리와 비교하여 볼 때에 상당히 발전된 부분이 있으니 그것이 바로 음식물이 위胃에서는 열화熱化하게 되면 경청자輕淸者는 상승하여서 온溫하게 되고 소장小腸에서는 양화涼化하여 가지고 질중자質重者는 하강下降하여서 한寒하게 된다고 한 점이다. 그런데 이것은 다음과 같은 원리에 의해서 그렇게 말한 것이다. 위胃의 장臟은 비脾이고 소장小腸의 장臟은 간肝이므로 비화脾火의 기운은 위에서 작용하고 간금肝金의 기운은 소장에서 작용할 것인즉 위胃가 열화熱化작용을 하고 소장小腸이 양화涼化작용을 할 것은 물론이다. 그렇다면 여기에서 생각하여야 할 것은 동무의 사상생리四象生理가 틀린 것이냐 혹은 고의학古醫學의 생리가 틀렸느냐 하는 문제가 거두擧頭될 것이나 그러나 이것은 어느 것도 틀린 것이 아니고 다만 그 논법에 정조精粗의 차이가 있는 것 뿐이다. 다시 말하면 동무는 고래로 전래된 의철학醫哲學의 관념적觀念的이던 논법을 실제적實際的으로 밝혀 놓았다는 점만이 다른 것이다.

위완 통어구비고 수곡지기상승야
胃脘이 通於口鼻故로 水穀之氣上升也오

대장 통어항문고 수곡지기하강야
大腸이 通於肛門故로 水穀之氣下降也오

위지체광대이 포용고 수곡지기정축야
胃之體廣大而 包容故로 水穀之氣停蓄也오

소장지체협착이 굴곡고 수곡지기소도야
小腸之體狹窄而 屈曲故로 水穀之氣消導也니라

대 의

위완胃脘이 구비口鼻로 통했기 때문에 수곡지기水穀之氣가 상승하고 대장大腸이 항문肛門으로 통했기 때문에 수곡지기가 하강하고 위胃는 광대廣大하면서도 또 포용성包容性이 있기 때문에 수곡水穀을 정축停蓄할 수 있고 소장小腸의 체體는 협착狹窄하면서 굴곡屈曲되어 있기 때문에 수곡이 소도消導된다고 하였다. 이것을 좀 더 자세히 말하면 위완은 金肝과 상통하고 있기 때문에 위완胃脘에 흡인력이 생기게 되므로 기氣가 상승하게 되고 대장은 납력納力이 있기 때문에 여기에서 출出하는 작용이 생겨서 수곡이 하강下降하게 되고 위胃에는 출력出力이 있기 때문에 여기에서 비脾의 납력納力과 호응呼應하면서 수곡水穀을 정축停蓄하게 되고 소장小腸에는 호력呼力이 있기 때문에 간肝의 흡력吸力과 호응呼應하면서 수곡水穀을 소도消導하는 것이다. 그런즉 부腑가 장臟과 상반되는 요인을 내포하는 것은 사실상 장臟과 일치되는 작용을 하려는 물리적 호용互用반응에 불과한 것이다.

보 주

위완胃脘은 폐肺의 부腑인즉 목금지지木金之地인바 모든 물질이 상승하는 것은 목금木金의 발염發斂작용에 의하여서 이루어지는 것이므로 수곡지기水穀之氣가 구비口鼻로 상승하게 되고 대장大腸은 신腎의 부腑인즉 금수지지金水之地이므로 여기에서는 하강下降력이 작용하여서 수곡水穀이 항문肛門으로 방출되고 위胃가 광대廣大하게 생긴 것은 비위脾胃는 화토지지火土之地이므로 광대廣大하면서 또 포용할 수 있는 능력이 있고 소장지체小腸之體가 협착굴곡狹窄屈曲하게 생긴 것은 간소장肝小腸은 금목지지金木之地인바 그 포위包圍된 바로써 보면 소장小腸은 위胃보다도 더욱 응축凝縮된 화火를 금金으로써 포위하는 것이므로 굴곡협착屈曲狹窄하게 이루어진 것이니 즉 이것은 간주흡肝主吸함으로써 이루어진 목木이기 때문이다.

수곡온기 자위완이화진 입우설하
水穀溫氣는 自胃脘而化津하여 入于舌下하야

위진해 진해자 진지소사야
爲津海니 津海者는 津之所舍也라

진해지청기 출우이이위신 입우두뇌이
津海之清氣는 出于耳而爲神하고 入于頭腦而

위이해 이해자 신지소사야
爲膩海니 膩海者는 神之所舍也라

이해지이즙청자 내귀우폐 탁재 외귀우피모고
膩海之膩汁清者는 內歸于肺하고 濁滓는 外歸于皮毛故로

위완여 설이 두뇌 피모 개폐지당야
胃脘與 舌耳 頭腦 皮毛는 皆肺之黨也니라

대 의

수곡水穀이 위胃에서 열화熱化할 때에 경청輕清한 것이 위완胃脘에 올라가서 온기溫氣로 변變하여 가지고 화진化津하여서 설하舌下에 들어가서 진해津海를 이루게 되는 것인바 진해津海란 것은 진津이 머무르는 곳이다 그런데 이와 같이 하여서 진해津海를 이루게 된즉 진해에서 생긴 청기清氣는 귀에 나아가서 천시天時를 이루게 됨으로써 신神을 형성하게 되는바 그 신神이 두뇌頭腦에 들어가서 이해膩海를 이루게 되는 것인즉 이해膩海란 것은 신神이 머무르는 곳인 것이다. 그렇게 되면 이해膩海에서는 이즙膩汁의 청清한 것은 폐肺로 가고 탁濁한 것은 피모皮毛로 가게 된다. 그렇다면 위완胃脘과 설舌과 이耳와 두뇌頭腦와 피모皮毛는 폐肺의 일당一黨인 것인즉 이것은 폐肺의 계열에 속한 것이다.

수곡열기 자위이화고 이우단간양유
水穀熱氣는 自胃而化膏하야 入于膻間兩乳하야

위고해 고해자 고지소사야
爲膏海니 膏海者는 膏之所舍也라

고해지청기 출우목이위기 입우배려이
膏海之清氣는 出于目而爲氣하고 入于背膂而

위막해 막해자 기지소사야
爲膜海니 膜海者는 氣之所舍也라

막해지막즙청자 내귀우비 탁재 외귀우근고
膜海之膜汁清者는 內歸于脾하고 濁滓는 外歸于筋故로

위여양유목배려근 개비지당야
胃與兩乳目背膂筋은 皆脾之黨也니라.

대 의

음식이 위胃에 들어가서 직접 위에서 화열化熱한 것은 위胃에서 고화膏化하여 가지고 단간膻間과 양유兩乳에 들어가서 고해膏海를 이루게 되는 것인즉 고해膏海란 것은 고膏가 머무르는 곳이다. 그런데 고해에서 고膏가 이루어지면 청기淸氣는 눈에서 세회世會를 이루게 됨으로써 기氣—즉 영靈이 이루어지게 되고 다시 배려背膂에 들어가서 막해膜海가 되는 것인바 막해膜海란 것은 기氣가 머무르는 곳인 것이다. 그런데 막즙膜汁 가운데에서 청淸한 것은 비脾로 가고 탁濁한 것은 근筋으로 가는 것이다. 그런즉 위胃와 양유兩乳와 목目과 배背와 려膂와 근筋은 모두 비脾의 일당一黨인즉 이것은 비脾의 계열에 속한 것이다.

수곡량기 자소장이화유 입우제
水穀凉氣는 自小腸而化油하야 入于臍하야

위유해 유해자 유지소사야
爲油海니 油海者는 油之所舍也라

유해지청기 출우비이위혈 입우요척이
油海之淸氣는 出于鼻而爲血하고 入于腰脊而

위혈해 혈해자 혈지소사야
爲血海니 血海者는 血之所舍也라

혈해지혈즙청자 내귀우간 탁재 외귀우육고
血海之血汁淸者는 內歸于肝하고 濁滓는 外歸于肉故로

소장여제비요척육 개간지당야
小腸與臍鼻腰脊肉은 皆肝之黨也니라

대 의

음식을 섭취한즉 소장小腸에서 평담위양平淡爲凉하게 된 것이 유화油化하여서 제臍에 들어가게 되면 유해油海가 된다 그런즉 유해油海는 유油가 머무르는 곳인 것이다. 그런데 유해油海의 청기淸氣는 코에서 인륜人倫을 이루게 됨으로써 피가 되는데 이것이 요척腰脊에 들어가서 혈해血海가 되는 것이다 그런즉 혈해血海란 것은 혈血이 머무르는 곳인 것이 분명하다. 그런데 혈해血海에서 혈즙血汁이 맑은 것은 간肝으로 가고 탁濁한 것은 육肉으로 가는 것인즉 소장小腸과 제臍와 비鼻와 요腰와 척脊과 육肉은 폐肺의 계열에 속한 것이다.

수곡한기 자대장이화액 입우전음모제지내
水穀寒氣는 自大腸而化液하야 入于前陰毛際之内하야

위액해 액해자 액지소사야
爲液海니 液海者는 液之所舍也라

액해지청기 출우구이위정 입우방광이
液海之清氣는 出于口而爲精하고 入于膀胱而

위정해 정해자 정지소사야
爲精海니 精海者는 精之所舍也라

정해지정즙청자 내귀우신 탁재 외귀우골고
精海之精汁清者는 内歸于腎하고 濁滓는 外歸于骨故로

대장여전음구방광골 개 신지당야
大腸與前陰口膀胱骨은 皆 腎之黨也니라

대 의

소장小腸에서 양기凉氣의 질중質重한 것이 하추下墜하면서 대장에서 화액化液하여 가지고 전음모제지내前陰毛際之內에 들어감으로써 액해液海가 되는 것이니 액해液海란 것은 액液이 머무르는 곳이다 그런데 액해液海에서는 또 다시 청기淸氣는 입에 올라가서 정精이 되고 그것이 방광膀胱에 들어가면 정해精海가 되는 것인바 정해精海란 것은 정精의 머무르는 곳이 분명하다. 그런데 정해精海에서 정즙지청자精汁之淸者는 신腎으로 가고 탁濁한 것은 골骨로 가는 것인즉 대장大腸과 전음前陰과 구口와 방광膀胱과 골骨은 신腎의 당黨인 것이다. 그런즉 이것들은 모두 신腎의 계열에 속한 것이다.

보 주

위에서 논論한 바의 사조四條는 음식이 위胃에 들어가서 소화됨으로써 정신기혈精神氣血이 이루어지는 경로徑路를 논한 것이다. 그런데 고의학古醫學의 생리生理와 다르게 느껴지는 점은 여기에서 논할 성질이 아니므로 별문제로 하고라도 양부위陽部位에서 이루어지는 이막혈정膩膜血精과 음陰부위에서 이루어지는 진고유액津膏油液과 이목비구耳目鼻口에서 이루어지는 신기혈정神氣血精에 대한 것은 연구할 필요가 있다.

그런데 위에서 논한 사조四條를 상찰詳察하여 보면 함억제복頷臆臍腹에서 일어나는 진고유액해津膏油液海에서는 신기혈정神氣血精을 창조하고 두견요둔頭肩腰臀에서 일어나는 이막혈정해膩膜血精海에서는 신기혈정神氣血精을 소모하고 있다는 점이다. 그런데 이것을 우주에서 음양이 운동하는 것과 비교하여 보면 음陰에서는 율려律呂를 창조하고 양陽에서는 율려律呂가 소모消耗되고 있는 것과 같다 그렇다면 소우주인 인체에 있어서도 응당應當 동일원리가 행하여져야 할 것은 물론이다. 그런즉 동무는 진실로 이와 같은 우주원리에서 인간이 움직이는 참다운 모습을 발견하였다는 것을 알 수 있거니와 더욱 경탄驚歎할 만한 것은 인간장부의 움직이는 실상을 이와 같이 명료히 분석하였다는 점이다.

이제 다음에 이것을 좀 더 자세히 논술하여 보면 음식물이 입위入胃하면 청자淸者는 위완胃脘의 목기木氣와 조화되어서 온溫으로 변하여 가지고 함頷에서 진해津海가 이루어지면서 귀耳에 나아가서 신神을 성상成象하게 되는 것인즉 이것은 바로 천시天時에서 신神이 생기는 것을 인간이 그냥 본 따서 신神을 성상成象한다는 원리를 논한 것이다.

그 다음 음식물이 위장화기胃腸火氣에 의하여 열화熱化된 것이 인간에서 고해膏海를 이루어 가지고 눈에 나아가서 氣靈를 성상하는 것인즉 이것은 바로 우주의 운동이 세회世會에서 氣를 만드는 것을 본 따서 인간이 氣靈를 성상成象하는 원리를 논한 것이다.

그 다음 위胃에 들어간 음식물이 소장금기小腸金氣에 의하여서 양화凉化하여 가지고 제臍에서 유해油海를 이루게 되면 이것이 코鼻에서 혈血을 만드는 것인즉 이것은 바로 우주의 운동이 인륜人倫에서 목木을 성상成象하는 원리임을 논한 것이다.

그 다음 음식물이 대장한기大腸寒氣를 받아서 한화寒化하게 되면 전음모제지간前陰毛際之間에서 액화液化하여 가지고 입口에 나아가서 정精이 되는 것을 논한바 이것은 바로 우주의 운동이 지방地方에서 감坎(精)을 성상成象하는 것을 본 따서 인간의 魄이 성형하는 것을 밝혀놓은 것이다.

그런즉 오인은 여기에서 이목비구耳目鼻口는 천기天機를 대행한다는 성명론소술性命論所述을 이것으로써 이해할 수 있는 것이다.

이 이광박천시지청력 제출진해지청기
耳는 以廣博天時之聽力으로 提出津海之清氣하야

충만어상초 위신이주지두뇌 위이적누 위이해
充滿於上焦하고 爲神而注之頭腦하야 爲膩積累하야 爲膩海하고

목 이광박세회지시력 제출고해지청기
目은 以廣博世會之視力으로 提出膏海之清氣하야

충만어중상초 위기이주지배려 위막적누 위막해
充滿於中上焦하고 爲氣而注之背膂하야 胃膜積累하야 爲膜海하고

비 이광박인륜지후력 제출유해지청기
鼻는 以廣博人倫之嗅力으로 提出油海之清氣하야

충만어중하초 위혈이주지요척 위응혈적누 위혈해
充滿於中下焦하고 爲血而注之腰脊하야 爲凝血積累하야 爲血海하고

구 이광박지방지미력 제출액해지청기
口는 以廣博地方之味力으로 提出液海之清氣하야

충만어하초 위정이주지방광 위응정적루 위정해
充滿於下焦하고 爲精而注之肪胱하야 爲凝精積累하야 爲精海니라

대 의

귀耳는 천시天時에 속한 것인데 천시가 광대박후廣大博厚한 작용을 하면서 화火를 호呼하는 힘에 의하여 생기는 바의 청력聽力인 상화相火의 작용으로써 진해津海의 청기淸氣를 끄집어 올려서 이것을 상초上焦에 가득히 채운즉 거기에서 신神이 이루어지는데 그것을 점점 뇌腦에 주입한즉 쌓이고 쌓여서 이해膩海를 이루게 되는 바 여기가 바로 신神의 부고府庫가 되는 것이다.

그 다음 눈目은 본시 세회世會에 속한 것인바 세회世會가 광대박후廣大博厚한 작용을 하면서 화火를 포위包圍할 준비를 할 때에 명明이 생기는 것인데 그 때에 이루어진 시력—즉 발사發射하면서 포위하던 힘을 가지고 고해膏海에서 이루어진 청기淸氣를 끄집어 올려서 이것이 중상초中上焦에 충만하게 되면 배려背膂에 주입되어서 점점 누적累積되면 막해膜海를 이루어 가지고 기氣의 부고府庫가 되는 것이다.

(기(氣)는 신(神)을 보호하는 것인데 언제나 신의 명령에 복종하는 것이다. 그런즉 신(神)은 바로 양(陽)이고 기(氣)는 음(陰)이다.)

그 다음 코鼻는 본시 인륜人倫에 속한 것인바 인륜人倫은 광대박후廣大博厚한 작용을 하면서 인륜에서 일어난 혼돈混沌상태를 정리하던 간기肝氣—즉 흡력吸力으로써 유해油海의 청기淸氣를 제출提出하여 가지고 이것을 중하초中下焦에 충만시켜서 피血를 만드는 것이다. 그런데 이와 같이 피가 될 요소인 유해지청기油海之淸氣는 요척腰脊에 주입되면 응혈凝血이 시작되는바 그것이 누적累積되면 혈해血海가 되어서 피의 부고府庫가 되는 것이다.

그 다음 입口은 본시 지방地方에 속한 것인바 광대박후廣大博厚한 작용을 하면서 만물을 귀장歸藏하던 지방地方과 동일한 작용을 하는 것이다. 입口은 그러한 지방지미력地方之味力으로써—즉 입이장지入而藏之하는 힘으로써 액해液海의 청기淸氣를 제출하여서 하초下焦에 충만시키게 되면 정精이 되게 마련인바 이것이 방광膀胱에 주입되면 응고되고 그것이 점점 누적하게 되면 정해精海가 되어서 마침내 정精의 부고府庫가 되는 것이다.

폐 이연달사무지애력 흡득이해지청즙 입우폐
肺는 以鍊達事務之哀力으로 吸得膩海之淸汁하야 入于肺하야

이자폐원이 내이옹호진해 고동기기 응취기진
以滋肺元而 內以擁護津海하야 鼓動其氣하야 凝聚其津하고

비 이연달교우지노력 흡득막해지청즙 입우비
脾는 以鍊達交遇之怒力으로 吸得膜海之淸汁하야 入于脾하야

이자비원이 내이옹호고해 고동기기 응취기고
以滋脾元而 內以擁護膏海하야 鼓動其氣하야 凝聚其膏하고

간 이연달당여지희력 흡득혈해지청즙 입우간
肝은 以鍊達黨與之喜力으로 吸得血海之淸汁하야 入于肝하야

이자간원이 내이옹호유해 고동기기 응취기유
以滋肝元而 內以擁護油海하야 鼓動其氣하야 凝聚其油하고

신 이연달거처지낙력 흡득정해지청즙 입우신
腎은 以鍊達居處之樂力으로 吸得精海之淸汁하야 入于腎하야

이자신원이 내이옹호액해 고동기기 응취기액
以滋腎元而 內以擁護液海하야 鼓動其氣하야 凝聚其液이니라

대 의

위에서는 천기天機와 상응相應하는 이목비구耳目鼻口가 청력聽力과 시력視力과 후력嗅力과 미력味力으로써 두견요둔頭肩腰臀에 속하는 이膩, 막膜, 혈血, 정精 해海—즉 신기혈정神氣血精을 이룬다는 것을 논했다. 그런데 여기에서는 인사人事와 상부相符하는 폐비간신肺脾肝腎이 애노희락지기哀怒喜樂之氣로써 함억제복頷臆臍腹에 속하는 진津, 고膏, 유油, 액液 해海를 이루면서 폐비간신肺脾肝腎의 활력을 창조하는 과정을 논한 것이다.

이제 다음에 본문을 상술해 보면 폐肺는 인사人事와 상부相符되는 것이므로 인사人事의 사무事務가 연달鍊達하는 애정哀情—즉 금金이 화火를 포위包圍하는 음陰의 힘으로써 이해膩海의 청즙淸汁을 빨아 들여서 폐원肺元을 자윤滋

潤함으로써 진해津海가 진津을 생할 수 있는 계기를 만들어 주는 것이다. 그런즉 이것은 수곡지기水穀之氣가 위완胃脘에서 진津을 만들어 가지고 이해膩海에 이른즉 이해膩海에서부터는 신神을 소모하는 과정—즉 양陽의 소모 과정에 접어들게 되므로 이와 같이 연달사무지애력鍊達事務之哀力으로써 다시 폐원肺元을 창조하는 일을 하는 것이다.(이와 같은 음양반복은 폐비간신(肺脾肝腎)이 동일함)

그 다음 비脾는 교우交遇와 상부相符되는 것인바 교우交遇는 횡승지노정橫升之怒情 즉 비음脾陰으로써 연달鍊達하면서 막해膜海의 청즙淸汁을 흡득吸得하여 가지고 비원脾元을 자윤滋潤함으로써 고해膏海가 활동할 수 있는 요인을 창조하는 것이다.

그 다음 간肝은 당여黨與와 상부相符되는 것인바 당여黨與는 방강지희정放降之喜情—즉 간음肝陰의 연달력鍊達力으로써 혈해血海의 청즙淸汁을 흡득吸得하여 가지고 간원肝元을 자윤滋潤하면서 유해油海에서 고동기기鼓動其氣할 수 있는 힘을 양養하는 것이다. 그렇게 함으로써 여기에서 간원肝元은 활력소를 얻게 되어서 또 다시 혼魂을 창조하는 일을 반복하게 되는 것이다.

그 다음 신腎은 지방地方과 상부相符되는 것인바 지방地方은 함강지낙력陷降之樂力으로써 귀장歸藏의 바탕을 만드는 것인즉 인체에 있어서도 그것을 잘 보호하려면 거처居處를 연달鍊達하는 낙정樂情—즉 신음腎陰으로써 정해精海의 청즙淸汁을 흡득吸得하여 가지고 신원腎元을 자윤滋潤하여 줌으로써 액해液海가 고동기기鼓動其氣할 수 있는 요소를 만들어서 응취기액凝聚其液할 수 있게 하는 것이다. 그런즉 인간생리人間生理는 이와 같이 소모消耗와 생산生産을 반복함으로써 자기의 수壽를 누리게 되는 것인즉 항상 생산生産에 지장이 없도록 하고 소모消耗에 과도過度함이 없도록 수양修養하여야 할 것은 물론이다.

진해지탁재즉 위완 이상승지력 취기탁재이 이보익위완
津海之濁滓則 胃脘이 以上升之力으로 取其濁滓而 以補益胃脘하고

고해지탁재즉 위이정축지력 취기탁재이 이보익위
膏海之濁滓則 胃以停蓄之力으로 取其濁滓而 以補益胃하고

유해지탁재즉 소장 이소도지력 취기탁재이 이보익소장
油海之濁滓則 小腸이 以消導之力으로 取其濁滓而 以補益小腸하고

액해지탁재즉 대장 이하강지력 취기탁재이 이보익대장
液海之濁滓則 大腸이 以下降之力으로 取其濁滓而 以補益大腸이니라

대 의

위에서는 폐비간신肺脾肝腎의 활력을 재생산함에 있어서 이막혈정해膩膜血精海의 청즙淸汁으로써 진고유액해津膏油液海가 다시 고동鼓動할 수 있는 기반을 만든다는 것을 논했다. 그런데 여기에서는 위완胃脘 위胃 소장小腸 대장大腸이 진고유액津膏油液의 탁재濁滓로써 자기들의 보익소補益素를 창조하고 있다는 것을 논하는 것이다.

즉 진해津海의 탁재濁滓는 위완胃脘의 상승지력上升之力(위완(胃脘)은 폐(肺)의 부(腑)이면서 양(陽)에 속해 있으므로 상승지력(上升之力)이 강함)으로써 자기를 보補하게 하고 고해膏海의 탁재濁滓는 위胃가 자기의 정축지력停蓄之力으로써(위(胃)는 비(脾)의 부(腑)인즉 양(陽)이다 그러나 이것은 진(津)이 고(膏)로 변하는 양(陽)인즉 다시 말해서 火가 金으로 변하는 양(陽) 즉 불火을 포위함으로써 생긴 양(陽)이므로 정축력(停蓄力)이 있다.) 그 탁재濁滓를 취하여 위胃를 보補하고 유해油海의 탁재濁滓는 소장小腸이 자기의 소도력消導力으로써(소장(小腸)은 간(肝)의 부(腑)인바 소장은 간금(肝金)의 수축을 받아서 이루어진 火인즉 신축(伸縮)이 자유로움으로써 소도(消導)에 능하다.) 소장을 보하고 액해液海의 탁재濁滓는 대장이 하강지력下降之力으로써(대장은 신(腎)의 부(腑)인바 신(腎)은 지방(地方)이므로 그의 부(腑)에 하강지력(下降之力)이 생긴다.) 자기를 보補하는 것이다.

이 해 지 탁 재 즉 두 이 직 신 지 력 단 련 지 이 성 피 모
膩海之濁滓則 頭以直伸之力으로 鍛鍊之而 成皮毛하고

막 해 지 탁 재 즉 수 이 능 수 지 력 단 련 지 이 성 근
膜海之濁滓則 手以能收之力으로 鍛鍊之而 成筋하고

혈 해 지 탁 재 즉 요 이 관 방 지 력 단 련 지 이 성 육
血海之濁滓則 腰以寬放之力으로 鍛鍊之而 成肉하고

정 해 지 탁 재 즉 족 이 굴 강 지 력 단 련 지 이 성 골
精海之濁滓則 足以屈强之力으로 鍛鍊之而 成骨이니라

대 의

위에서는 진고유해津膏油海의 탁재濁滓로써 위완胃脘 위胃 소장小腸 대장大腸을 양養한다는 것을 논했는데 여기에서는 이막혈정膩膜血精의 탁재濁滓로써 두수頭手(견(肩)) 요족腰足(둔(臀))을 양養하는 것을 논한 것이다.

즉 머리에 있는 이해膩海의 탁재濁滓는 머리의 직신지력直伸之力으로써(머리는 폐(肺)에 속하므로 직신지력(直伸之力)이 있다.) 단련하여 피모皮毛를 이룬다. 즉 이膩를 직신지력直伸之力인 양陽으로써 단련하면 점점 목화木化되면서 피모皮毛가 이루어지는 것이다. 그 다음 막해膜海의 탁재濁滓는 수手의 능수지력能收之力으로(수견(手肩)은 비(脾)에 속해 있으므로 수렴력(收斂力)이 있다.) 단련鍛鍊하여서 근筋을 만드는 것이다. 즉 수手는 양陽을 상징하는 것인바 양陽은 수렴력收斂力으로써 단련하면 근筋이 되는 것이다. 다시 말하면 수手의 굴신력屈伸力은 금화金火가 공존하기 때문에 생기는 바 그것은 비위脾胃의 출납出納작용에서 생기기 때문이다.

그 다음 혈해血海의 탁재濁滓는 요腰의 관방지력寬放之力으로(허리는 간(肝)에 속해 있는바 간주희(肝主喜)하는 것이므로 간금(肝金)을 관방(寬放)한다.) 단련하여서 육肉을 만든다. 즉 간금肝金이 陽喜의 단련을 받게 되면 이것이 소장화小腸火와 합

하여서 단련될 때에 관방지력寬放之力이 생기면서 금기金氣를 늘리므로 육肉이 형성된다.

그 다음 정해精海의 탁재濁滓는 족足의 굴신지력屈伸之力으로써(족둔(足臀)은 신(腎)에 속해 있기 때문에 굴신지력(屈伸之力)이 있다.) 단련하여 골骨을 만드는 것이다. 즉 신수腎水와 대장大腸의 출납出納작용이 서로 단련하게 되면 水腎 金大腸이 합덕合德하므로 여기에서 양의 저항을 받으면 굴신력屈伸力이 생기면서 점점 견성堅成되어서 골骨을 형성하는 것이다.

시고 이필원청 목필대시 비필광후 구필심미
是故로 耳必遠聽하며 目必大視하며 鼻必廣嗅하며 口必深味하나니

이목비구지용 심원광대즉 정신기혈 생야
耳目鼻口之用이 深遠廣大則 精神氣血이 生也오

천근협소즉 정신기혈 모야
淺近狹小則 精神氣血이 耗也니라

폐필선학 비필선문 간필선사 신필선변
肺必善學하며 脾必善問하며 肝必善思하며 腎必善辨하나니

폐비간신지용 정직중화즉 진액고유충야
肺脾肝腎之用이 正直中和則 津液膏油充也오

편의과불급즉 진액고유삭야
偏倚過不及則 津液膏油爍也니라

대 의

그러므로 귀는 반드시 멀리의 것을 들을 수 있으며 눈은 반드시 크게 볼 수 있으며 코는 반드시 넓게 냄새를 맡을 수 있으며 입은 반드시 깊게 맛볼 수 있으니 이목비구耳目鼻口의 작용이 심원광대深遠廣大한즉 정신기혈

精神氣血이 생生할 것이오 천근협소淺近狹小한즉 정신기혈精神氣血이 소모되는 것이다. 폐肺는 반드시 학學을 좋아하고 비脾는 반드시 문問을 좋아하고 간肝은 반드시 사思를 좋아하고 신腎은 반드시 변辨하기를 좋아하는 것인즉 폐비간신의 작용이 정직중화正直中和하면 진액고유津液膏油가 충족할 것이오 만일 편의偏倚하여서 과불급過不及이 있은 즉 진액고유津液膏油가 녹아 버릴 것이다.

이제 이것을 좀 더 자세히 말하면 여기에서 '시고是故'로 하고 말하기 시작한 것은 위에서 말한바 '귀는 광박천시廣博天時의 청력聽力으로써 신神을 만들고 눈은 광박세회지시력廣博世會之視力으로써 기氣를 만들고 코는 광박인륜지후력廣博人倫之嗅力으로써 혈을 만들고 입은 광박지방지미력廣博地方之味力으로써 정精을 만들었다'고 한 것을 상기想起케 하기 위한 것이다.

그렇다면 인간의 기혈氣血정신은 이와 같이 이목비구耳目鼻口의 작용 여하로 그 능력이 결정될 것인즉 인간은 자기의 정욕情慾에서 일어나는 사심邪心을 제거하여야만 이필원청耳必遠聽 목필대시目必大視 비필광후鼻必廣嗅 구필심미口必深味하게 될 것이다. 이와 같이 보면 이목비구의 작용이 심원광대深遠廣大하면 정신기혈精神氣血이 생길 것이오 만일에 사심私心에 얽매어서 천근협소淺近狹小하게 되면 정신기혈精神氣血이 소모消耗될 것이다.

그러므로 폐肺는 학學하기를 좋아하고 (學이란 것은 속에다가 陽을 채우면서 상향하는 것) 비脾는 문問하기를 좋아하고 (問이란 것은 陽을 속에 몰아 넣는 것) 간肝은 사思하기를 좋아하고 (思한다는 것은 陽이 나아갈까 말까 하고 망설이면서 發할 준비를 하는 것) 신腎은 변辨하기를 좋아하는 것이다. (변한다는 것은 陽이 자기를 해칠 것과 해치지 않을 것을 잘 구별하는 것) 폐비간신肺脾肝腎의 작용이 이와 같이 학문사변學問思辨의 도道를 좋아하는 것은 천도天道를 그냥 본 받은 것인즉 그 작용이 정직중화正直中和하면(신정(腎正) 폐직(肺直) 간중(肝中) 비화(脾和)하게 되면) 사람의 정신기혈精神氣血을 생生하는 바의 진액고유津液膏油가 충족하게 될 것이고 만일 그것이 편의偏倚하거나 혹은 과불급過不及이 있다면 진액고유津液膏油가 녹아 버리고 말 것인즉 인간의 정신기혈精神氣血도 그만큼 협소狹小하게 될 것이다.

이해 장신 막해 장영 혈해 장혼 정해 장백
膩海에 藏神하고 膜海에 藏靈하고 血海에 藏魂하고 精海에 藏魄하고

진해 장의 고해 장려 유해 장조 액해 장지
津海에 藏意하고 膏海에 藏慮하고 油海에 藏操하고 液海에 藏志니라.

대 의

이해膩海에는 신神을 간직하고 막해膜海에는 영靈을 간직하고 혈해血海에는 혼魂을 간직하고 정해精海에는 백魄을 간직하고 진해津海에는 의意를 간직하고 고해膏海에는 려慮를 간직하고 유해油海에는 조操를 간직하고 액해液海에는 지志를 간직하는 것이다.

이제 이것을 상술하면 진해지청기津海之淸氣가 귀에 나아가서 신화神化의 준비가 되어 가지고 이해膩海에 간직된 것을 신神이라고 한다. 그 다음 고해膏海의 청기淸氣가 눈에 나아가서 기가 된 것이 막해膜海에 간직하게 된 것을 영靈이라 한다.(그런데 여기에서 말한 영과 기는 동일한 의미다.) 그 다음 유해油海에서 나아간 청기淸氣가 코에 나아가서 혈이 된 것이 혈해血海에 저장된 것을 혼魂이라고 한다. 그 다음 액해液海의 청기淸氣가 입에 나아가서 정精이 된 것이 정해精海에 저장된 것을 백魄이라고 한다.

그 다음 위완胃脘에 올라간 수곡水穀의 온기溫氣가 진해津海에서 귀로 나아감으로써 신神이 되는데 이것이 아직 진해津海에까지만 이르러서 저장되면 이것을 의意라고 하는바 그 의란 것은 아직 신神이 되지 못한 것인즉 전진할까 후퇴할까 하는 것이니 아직 결정되지 않은 상태다.

그 다음 수곡水穀의 열기熱氣가 위胃에서 고膏가 되어서 흉억胸臆에서 고해膏海가 되어서 눈目에 나아감으로써 기氣가 되는 것인데 이것이 아직 고해에까지만 이르렀을 때에 려慮가 생겨서 거기에 저장되는 것이다. 그런즉 려慮란 것은 납納하려고 하나 아직 힘이 약하여서 걱정에 빠져 있는 상태다.

그 다음 배려背膂에서 이루어진 유해油海가 코로 나아감으로써 혈이 되는 것인바 이것이 아직 유해油海에까지만 이르렀을 때에 거기에 저장되는 것이 조操이다. 그런데 조란 것은 사思와 동일한 것인데 동정動靜을 결정하지 못하고 가만히 자양自養하는 상태가 있다. 그러나 여기에서는 또 조지操志—즉 행동을 마음대로 하려는 웅지雄志를 잠장潛藏하고 있다.

그 다음 대장에서는 수곡水穀의 한기寒氣가 액液이 되어 가지고 입口으로 나아감으로써 정精이 되는 것인바 이것이 아직 액해液海에까지만 이르렀을 때에 지志가 생겨서 거기에 저장되는 것이다.

그런데 지志란 것은 신神의 완성인즉 여기에는 결행決行할 수 있는 실력이 있다.

두뇌지이해　　　폐지근본야　　　배려지막해　　　비지근본야
頭腦之膩海는 肺之根本也오 背膂之膜海는 脾之根本也오

요척지혈해　　　간지근본야　　　방광지정해　　　신지근본야
腰脊之血海는 肝之根本也오 肪胱之精海는 腎之根本也니라.

대　의

폐肺가 연달사무지애력鍊達事務之哀力으로써 이해膩海의 청즙淸汁을 흡수하여 가지고 이자폐원以滋肺元한 것이 이해膩海이므로 두뇌頭腦의 이해膩海가 폐의 근본이 되고 비脾가 연달교우지노력鍊達交遇之怒力으로 막해膜海의 청즙清汁을 흡수吸收하여 가지고 이자비원以滋脾元한 것이 막해膜海이므로 막해膜海는 비脾의 근본이 되고 간肝은 연달당여지희력鍊達黨與之喜力으로 혈해血海의 청즙清汁을 흡수하여 가지고 이자간원以滋肝元한 것이 혈해血海이므로 혈해가 간肝의 근본이 되고 신腎은 연달거처지낙력鍊達居處之樂力으로 정해精海의 청즙清汁을 흡수하여 가지고 이자신원以滋腎元하는 것이므로 방광膀胱의 정해精海는 신腎의 근본이 되는 것이다.

설지진해 이지근본야 유지고해 목지근본야
舌之津海는 耳之根本也오 乳之膏海는 目之根本也오

제지유해 비지근본야 전음지액해 구지근본야
臍之油海는 鼻之根本也오 前陰之液海는 口之根本也니라.

대 의

수곡지온기水穀之溫氣가 위완胃脘에서 화진化津하여 가지고 설하舌下에서 진해津海를 이루어서 귀耳에 나아가서 신神이 되는 것인즉 설舌의 진해津海는 귀의 근본이 되고 수곡의 열기熱氣가 위胃에서 화고化膏하여 가지고 양유兩乳에서 고해膏海를 이루어서 눈目에 나아가서 氣靈가 되는 것이므로 유乳의 고해膏海는 눈의 근본이 되고 수곡지청기水穀之淸氣가 소장小腸에서 화유化油하여 가지고 제臍에서 유해油海를 이루어서 코에 나아가서 혈血이 되는 것이므로 제臍의 혈해血海는 코의 근본이 되고 수곡水穀의 한기寒氣가 대장大腸에서 화액化液하여 가지고 전음前陰에서 액해液海를 이루어서 입에 나아가서 정精이 되는 것이므로 전음前陰의 액해液海는 입口의 근본이 되는 것이다.

심 위 일 신 지 주 재　부 우 배 심　정 향 단 중　광 명 영 철
心爲一身之主宰니 負隅背心하고 正向膻中하야 光明瑩澈하나니

이 목 비 구 무 소 불 찰　폐 비 간 신　무 소 불 촌
耳目鼻口無所不察하며 肺脾肝腎이 無所不忖하며

함 억 제 복　무 소 불 성　두 수 요 족　무 소 불 경
頷臆臍腹이 無所不誠하며 頭手腰足이 無所不敬이니라.

대 의

심心은 일신一身의 주재자이다. 그런데 심心은 한 모퉁이인 배심背心을 지負고 있다.(배심(背心)이란 말은 北이란 말과 통용된다) 그렇지만 전면으로는 단중膻中을 향하고 광명이 휘요박통揮耀博通하고 있으니 바로 중앙태극中央太極이다. 그러므로 천기天機와 상응하는 이목비구가 이것(心)을 살피지 않을 수가 없으며 인사人事와 상부相符하는 폐비간신이 이것을 받들지 않을 수가 없다. 그런즉 육체에 소속되어 있는 함억제복頷臆臍腹이 여기에 충성하지 않을 수가 없으며 두수요족頭手腰足이 이것을 공경恭敬하지 않을 수 없다고 함으로써 심위일신지주心爲一身之主며 또한 우주지태극宇宙之太極이란 것으로 결론한 것이다.

보 주

이상으로써 동무선생의 성명론 사단론 확충론 장부론의 연의衍義를 완료했다. 그런데 필자가 위에서 동무가 폐를 목, 비를 화, 간을 금, 신을 수

로써 논했다고 한바 있다. 그러나 오인이 위에서 그의 의철학편醫哲學篇 사편四篇의 연구를 끝내었지만 선생은 한번도 직접 오행개념을 사용한 바 없었다.

그렇다면 위에서 동무가 오행개념을 그와 같이 보았다고 본 것은 어떠한 근거에 의한 것인가 하는 것을 해명할 필요가 있다. 동무가 오행개념을 그와 같이 보았다고 논한 것은 (필자가 알기에는) 고 이태호李泰浩씨의 사상진료의전四象診療醫典에 나타난 것이다. 그런데 그가 이미 고인이 되었은즉 어떠한 근거나 자료에 의한 것인지를 알 길이 없다. 그러나 필자의 견해로서는 이씨가 임의로 창조한 것은 결코 아니라고 생각한다. 왜냐하면 그가 만일 그만한 것을 생각하였다면 새로이 자기 분야를 개척하면 하였지 하필이면 동무의 이름을 빌 필요가 없었기 때문이다.

그런즉 필자는 이것은 분명히 선생이 수세보원壽世保元을 지은 후에 어느 제자에게 전한 것이거나 혹은 유고遺稿로서 남겨진 것이라고 생각하는 바이다. 그렇다면 그 정도의 억측만으로써 이와 같은 중대한 결론을 내릴 수가 과연 있을 것인가 하지 않을 수가 없다. 물론 그렇다. 그러나 필자가 이상에서 논한 바의 선생의 四篇을 연구해 본 결과 어느 하나 할 것 없이 그 원리에서 벗어나는 것은 없었다. 그러므로 필자가 그와 같이 단정했던 것이다.

그러면 선생은 왜 오행개념을 사용하지 않았는가 하는 것이 우선 문제될 것이다. 그렇지만 여기에는 여러 가지 이유가 있었을 것이다. 옛적 사상으로서 「도통지전道統之傳은 부득기인不得其人이면 불교不敎」라고 한 것도 이유의 하나일 수가 있을 것이고 또는 유학파儒學派와 도학파道學派의 대립으로써 유학파는 도학파가 사용하는 특정개념에 찬동하지 않았다는 사실도 또한 이유의 하나일 것이다. 또 하나는 음양오행설이라고 하면 하천下賤한 무당이나 농락弄絡하는 것으로 멸시하는 사상이 농후했던 것도 또한 선생의 시대였은즉 당시 유학의 대가인 선생의 입장으로 볼 때에 혹시 그런 것을 꺼린 것은 아니었던가 하는 생각도 드는 것이다.

그러나 이것은 어디까지나 억측이다. 그러므로 이것은 논외로 하고 필자가 그와 같은 단정을 하게 된 중요한 이유로서는 선생의 논술방법이 비록 논리적이며 도의적인 방법을 취했다고 할지라도 그 핵심은 우주의 원리인 오행원리가 아님이 없었으며 또한 그것도 폐목肺木 비화脾火 간금肝金 신수腎水의 사상이 아닌 것이 없다는 사실에 있는 것이다. 그러므로 다음에 선생이 논한 바의 몇 가지 실례를 들어서 논하기로 하겠다.

선생은 성명론에서 「폐달사무肺達事務 비합교우脾合交遇 간입당여肝立黨與 신정거처腎定居處」라고 한바 있는데 이것은 폐목肺木 비화脾火 간금肝金 신수腎水의 의미를 내포하고 있다는 논거인 것이다.

또 사단론에서는 「폐기 직이신肺氣 直而伸 비기 율이포脾氣 栗而包 간기 관이완肝氣 寬而緩 신기 온이축腎氣 溫而蓄」이라고 한 것이나 또는 「폐이호肺以呼 간이흡肝以吸 비이납脾以納 신이출腎以出」이라고 한 것을 보아도 능히 알 수 있는 것이다.

또는 확충론에서 「태양지성기 항욕진이 불욕퇴太陽之性氣 恒欲進而 不欲退 소양지성기 항욕거이 불욕조少陽之性氣 恒欲擧而 不欲措 태음지성기 항욕정이 불욕동太陰之性氣 恒欲靜而 不欲動 소음지성기 항욕처이 불욕출少陰之性氣 恒欲處而 不欲出」이라 한 것을 볼 때에 어느 하나 할 것 없이 폐목肺木 비화脾火 간금肝金 신수腎水가 아닌 것이 없는 것이다. 물론 그 중에서 비화脾火의 개념이 다소간 모호한 것처럼 느껴질지도 모르지만 그것은 선생이 심心을 중앙토로 규정하여서 부동의 태세에 놓고 火에다가 火와 土의 성질을 합치시킨 데에서 오는 것이다.

필자가 위에서 말한 바와 같이 故 이태호李泰浩씨의 설說을 선생의 소작所作이라고 긍정하는 것은 실로 이와 같은 이유에 의거한 것이거니와 요는 누구나 오행五行론에 유능하게 되면 저간의 소식을 충분히 알 수 있게 되는 것이다. 그런즉 이것은 내경內經의 오행원리로서 바꾸어서 생각하여도 다만 표리表裏관계와 체용體用관계가 다를 뿐이고 그 내용은 동일하다는 것을 알 수 있게 되는 것이다.

그러므로 다음에는 東武의 오행관을 잠깐 논하기로 하겠다.

내경內經에 실린바 대로의 오행개념은 간목肝木 심화心火 비토脾土 신수腎水로 되어 있다. 그러므로 이것을 잠깐 고찰해 보면 木은 발생의 기본을 이루는 것이므로 만물의 속에서 발아發芽하려고 내미는 힘이오 火는 木에서 분열을 시작하는 것이므로 가지가 벌어져 나가는 힘이오 土는 木火에서 분열된 것을 다시 종합할 수 있는 기본을 만드는 것이오 金은 土가 만든 바탕에서 제일단계로 수렴收斂하는 것이오 水는 金이 수렴한 것을 최종적으로 응고凝固시키는 것이다.

그런데 이와 같은 개념은 그 내용이 너무나 관념에 치우쳐 있기 때문에 이해理解에 곤란을 가져오는 결점이 있다 이것을 좀더 풀어 말하면 발생할 때에 속에서 내미는 힘이 木이고 또 다시 거기에서 분열하는 힘을 火라고 할지라도 인간은 그것을 알 수가 없다. 인간이 다만 알 수 있는 것은 보고 느낀 것을 아는 것뿐이다. 그러므로 인간은 木이나 火가 속에서 어떻게 작용하고 있는지는 아무리 설명하여도 보거나 느낄 수가 없을 것이다. 그런즉 그것보다도 차라리 木이나 火가 자라는 실제적인 형태로써 말해야 알기 쉬울 것이다.

또 金은 표면에서 실제로 수렴收斂하는 것이므로 인간이 알기 쉽고 水는 표면에서 응고凝固하는 것이므로 이것도 또한 알기 쉽다. 그런즉 우리가 여기에서 주의를 기울여야 할 것은 내경內經의 오행개념으로 보면 木火의 개념은 관념적이기 때문에 알기 어렵지만 金水의 개념은 현실적이기 때문에 알기 쉽다는 결론이 되는 것이다.

그런데 동무는 간금肝金 비화脾火 폐목肺木 신수腎水라고 하였다. 그런즉 이것은 내경內經의 오행론을 뒤집어 놓은 것에 불과하다. 또 그렇게 함으로써 거기에서 관념적으로 논했던 木火는 현실적으로 되고 현실적으로 논했던 金水는 관념적으로 되는 것이다. 그렇게 된즉 우리가 오행론을 연구하는 데에 있어서 이해가 대단히 용이하게 된다.

그러면 어떻게 하여서 그렇게 되는가 하는 것을 생각해 보기로 하자. 우리의 눈에 실제로 보이는 나무는 표면이 자라는 것을 볼 수 있는 것뿐이다. 그런데 그 표면에서 사실상 자라고 있는 것은 木이 아니고 金이다 그러므로 간肝을 金이라고 했고 또 불은 그 속에서 분열되는 힘은 알 수 없으나 실제로 우리가 볼 수 있는 것은 화광火光이 충천沖天하는 불과 염열炎熱이 심한 불火만이 볼 수 있는 것이다. 그런데 심心은 군화君火인즉 실제로 뜨겁지 않은 불이다. 그런즉 우리가 그것을 불이라고 느끼기는 곤란하다. 그러므로 우리가 사실상 느낄 수 있는 土의 열熱을 火라고 한 것이니 이것이 바로 비화脾火이다. 동무는 이렇게 함으로써 관념적이던 木火를 현실적인 金火로 바꿔 놓은 것이다.

또 폐는 표면으로 보면 金이었지만 그것을 내용으로 보면 木이 이루어지는 과정인 것이다. 그 다음 水는 우주나 인간의 정신과 생명의 부고府庫인즉 이것을 변경할 도리는 없다. 그러므로 水는 바꿀 수가 없는 것이다. 그런즉 金水는 내경개념內經槪念으로는 현실적이던 것이 동무가 바꿔 놓은 것으로 보면 반대로 관념적으로 된 것이다. 이와 같이 볼 때에 동무가 오행을 뒤집어 놓음으로써 오행의 표리表裏관계가 밝아지는 동시에 오행원리는 그 관점여하에 의해서 체용體用이 바뀌질 수 있다는 것을 알 수 있게 된 것이다.

또 한가지는 내경內經에 「심위군주지관心爲君主之官」이라고 한 것을 상수象數의 원리와 인간장부의 실제적인 작용상태에 의해서 밝혀 놓았다는 점이다. 즉 심心이 중앙태극이라고 한 것은 상수학적으로 연구해 볼 때에 대단히 중요한 가치가 있다 더욱이 동무선생이 「심위일신지주재 부우배심 정향단중心爲一身之主宰 負隅背心 正向膻中」이라고 한 것은 실로 우주나 인간의 정신이 심心에 뿌리박고 있다는 것을 교시해 놓은 만고불역萬古不易의 철리

哲理인 것이다.

이상에서 논한 바는 동무가 폐금肺金 비화脾火 간금肝金 신수腎水로 본 이유를 약론略論한 것이다. 그러나 오행원리의 변화를 이해하기는 어려운 것이므로 그의 개요를 다시 한번 설명함으로써 다소나마 이해하는 데에 도움이 되도록 하겠다.

즉 木 火 土 金 水란 것은 반드시 순수한 것이 아니고 거기에는 다섯 가지의 원질原質이 각각 서로 섞여 있는 것이다. 다시 말하면 木이란 개념 속에도 火 土 金 水가 섞여 있고 火라는 개념 속에도 반드시 木 土 金 水가 섞여 있는 것이다. 그런데 이와 같이 오기五氣가 착잡錯雜되어 있는 가운데에서 목기木氣가 주된 역할을 하는 것을 가리켜서 木이라고 하고 화기火氣가 주된 역할을 하는 것을 火라고 하는 것뿐이다. (이하생략) 그런데 인간의 간肝이 활동하는 것을 볼 때에 그 주역主役을 木으로 보고, 심心의 주역을 火로 보고, 비脾의 주역을 土로 보고, 폐肺의 주역을 金으로 보고, 신腎의 주역을 水로 본 것이 바로 내경內經의 사상이다. 그러나 동무는 간肝의 주역을 金으로, 비脾의 주역을 火로, 폐肺의 주역을 木으로, 신腎의 주역을 水로, 심心의 주역을 태극太極으로 보았던 것이다.

그런즉 동무의 관점을 내경內經의 관점과 비교하여보면 바로 반대방향이 되는 바 이점에 대해서는 상술하였으므로 약론略論하거니와 여기에서 잠깐 고찰하여야 할 것은 심心을 태극太極이라고 하고 비脾를 火라고 했다는 점이다.

우선 비脾를 火라고 한 것부터 고찰해 보면 비脾는 진사辰巳에 위位하고 있은 즉 여기에는 반드시 土와 火가 공존하고 있는 것이다. 물론 오행기五行氣가 모두 그렇지만 그런데 동무는 여기에서 주역主役을 내경內經에 있어서처럼 土로 보지 않고 火로 본 것이다. 왜냐하면 진사辰巳—즉 비脾의 위位는 진토지기辰土之氣가 사라지면서 巳午火가 작용하게 되는 때이다—즉 내경에 말한 바의 「군화이명君火以明」하는 때인즉 이것이 바로 火가 혼탁混濁

을 알고 여기에 와서 가열加熱작용을 시작하는 때이므로 비脾를 火라고 규정한 것이다.

그런데 심心에 대해서는 태극太極이라고 규정함으로써 초월한 존재를 삼았으니 그것은 바로 다음과 같은 이유 때문인 것이다. 심心은 신腎에다가 뿌리를 박고 그 정精에 의依해서 神(精之華)을 출납하는 것이다. 그런데 정精이란 것은 土 火 金 木의 순화지기醇化之氣가 신腎중에 통일됨으로써 이루어진 것이므로 이것은 통일되면 정精이 되고 산화散華하면 신神이 되는 것이다.

그런즉 심주신心主神하는 신神은 木 火 金 水와 같이 편파적偏頗的이며 승부勝負적인 모순성矛盾性을 지니지 않은 것이 분명하다. 그러므로 태극이란 바로 이와 같은 순수정신이 운동하는 상象—즉 모순矛盾없이 통일한 순수純粹본원인 것이다. 그러므로 동무는 심心을 태극이라고 하였으니 이것은 물론 일반인간의 편사偏斜한 심心을 말하는 것이 아니고 순수무구純粹無垢한 이성적인 심心—즉 우주정신과 같은 정심正心을 말하는 것이다.

그런데 사람에게 이와 같은 神心이 이루어지는 것은 비화脾火로써 납納하고 간금肝金이 이것을 흡吸하고 간금肝金이 흡吸하면 신수腎水가 출出함으로써 다시 폐목肺木이 신神을 양養할 때에 정행正行하면 이와 같은 기본을 이룰 수 있다고 본 것이다. 그렇다고 하여서 폐목肺木 자체가 바로 신神이라는 의미는 아니고 폐목肺木의 작용을 종점으로 하고 거기에서 신神이 이루어진다는 뜻인즉 그 신神의 사舍가 바로 태극인 것이다.

그런즉 이것은 바로 내경內經에 말한 바의 「군화이명君火以明」이라고 한 것에 대한 발명發明이기도 하거니와 또한 인간정신과 우주정신의 발전과정에 대한 만고불역萬古不易의 혜견慧見인 것이다. 그러나 필자는 이 이상 세밀한 부분까지 논급하려 하지 않는다. 왜냐하면 둔필鈍筆이 도리어 선생의 웅지雄志를 모독冒瀆하지 않을까 하는 두려움도 있고 또는 본고에서는 성리性理철학을 상론詳論한 해제楷梯도 아니므로 이만 약略하기로 한다.

東醫壽世保元註釋 卷之二

의원론

醫源論

서 왈 약약불명현 궐질 불추
書에 曰 若藥不瞑眩이면 厥疾이 不瘳라 하니

상 고종시 이유명현약험이 고종 지어칭탄즉 의약경험
商 高宗時에 已有瞑眩藥驗而 高宗이 至於稱歎則 醫藥經驗이

기래이구어 신농 황제지시 기설 가신어진야이 본초소문
其來已久於 神農 黃帝之時라 하는 其說을 可信於眞也而 本草素問이

출어 신농 황제지수 기설 불가신어진야 하이언지
出於 神農 黃帝之手라 하는 其說을 不可信於眞也라 何以言之오

신농 황제시 문자응무 후세 문자요리예법고야
神農 黃帝時에 文字應無하고 後世에 文字澆漓例法故也니라

쇠주진한이래 편작 유명이 장중경 구비득지
衰周秦漢以來로 扁鵲이 有名而 張仲景이 具備得之하야

시위성가저서 의도시흥 장중경
始爲成家著書하니 醫道始興하고 張仲景이후에

남북조 수당의계지이 지우송 주굉 구비득지 저활인서
南北朝 隋唐醫繼之而 至于宋하야 朱肱이 具備得之하야 著活人書하니

의도중흥 주굉 원의 이고 왕호고 주진형 위역림
醫道中興하고 朱肱이후에 元醫 李杲 王好古 朱震亨 危亦林이

계지이지우명 이천공신 구비득지
繼之而至于明하야 李梴龔信이 具備得之하고

허준 구비전지 저동의보감 의도부흥
許俊이 具備傳之하야 著東醫寶鑑하니 醫道復興하니라

개자 신농 황제이후 진한이전 병증약리 장중경 전지
蓋自 神農 黃帝以後 秦漢以前은 病證藥理를 張仲景이 傳之하고

위진이후 수당이전 병증약리 주굉 전지
魏晋以後 隋唐以前은 病證藥理를 朱肱이 傳之하고

송원이후 명이전 병증약리 이천공신 허준 전지
宋元以後 明以前은 病證藥理를 李梴龔信 許俊이 傳之하니

약이의가근로공업 논지즉 당이 장중경 주굉 허준 위수이
若以醫家勤勞功業으로 論之則 當以 張仲景 朱肱 許俊으로 爲首而

이천공신 차지
李梴龔信이 次之니라

자구해석

| 명현(瞑眩) 이것은 서전(書傳)설명에 말한 것인바 즉「약불명현(藥不瞑眩) 궐질불추(厥疾不瘳)」라고 한 것인즉 명현(瞑眩)은 분민(憤悶)을 말하는 것이니 즉 속이 울렁거리며 갑갑한 것을 말하는 것이다.

| 궐질(厥疾) 그 병(病)이라고 하는 것은 일반적 통칭이다 궐(厥)자의 뜻은「통굴(通屈)」—즉 굴(屈)한데에서 능히 통한다는 말이다. 그런즉 궐질(厥疾)이란 것은 굴(屈)한 데에서 통해야할 병이니—즉 난치병이란 말이다.

| 요리(澆漓) 요(澆)—물 대일 요, 리(漓)—물 흐를 리 즉 요리(澆漓)는 대어 놓은 물이 흐르는 것처럼 꼭 그대로 흐른다는 말이다.

대 의

서書에 말하기를 만약 약藥을 써서 명현瞑眩이 일어나지 않는다고 하면 큰 병이 낫지 않는다고 말했다. 그런데 상商의 고종高宗때에 이미 약을 써서 명현瞑眩이 온다는 것을 알게되자 고종이 이것을 칭탄稱歎하기까지에 이르렀은즉 의약경험醫藥經驗이 전래한 것이 신농神農 황제黃帝 때부터라고

하는 것은 믿을 수 있으나 본초소문本草素問이 신농 황제의 손으로 이루어졌다고 하는 것은 진실이라고 할 수 없는 것이다. 왜냐하면 신농 황제 때에 문자가 없었는데 문자는 그 후에 예법例法대로 흘러온 것이기 때문이다.

의학사醫學史를 잠고暫考하면 주진한周秦漢이 쇠衰할 무렵에 편작扁鵲이 유명했는데 그 후에 또 중경仲景이 골고루 깨달아 가지고 비로소 성가저서成家著書함으로써 의도醫道가 흥興하기 시작했던 것이다. 장중경 이후에는 남북조南北朝와 수당의隋唐醫들이 이것을 계승하여 가지고 송에 이르러서 주굉이 골고루 깨달음으로써 활인서活人書를 저술하니 여기에서 의도醫道가 중흥하게 된 것이다.

주굉朱肱이후에는 원元의 이고李杲 왕호고王好古 주진형朱震亨 위역림危亦林이 계승하여 가지고 명明에 이르러서 이천李梴 공신龔信이 구비具備하게 깨달았으며 또 허준許俊이 동의보감東醫寶鑑을 저술함으로써 의도가 구비具備하게 전해져서 부흥復興하게 되었은즉 이와 같이 볼 때에 신농황제神農黃帝이후부터 진한秦漢이전은 병증약리病證藥理를 장중경張仲景이 전했고 위진魏晋이후 수당隋唐이전은 병증약리病證藥理를 주굉朱肱이 전했고 송원宋元이후 명明이전은 병증약리病證藥理를 이천李梴 공신龔信 허준許俊이 전했던 것이다. 그런즉 만약 의가醫家의 근로공업勤勞功業을 논한다면 마땅히 장중경張仲景 주굉朱肱 허준許俊이 수위首位가 되고 이천李梴 공신龔信이 차위次位가 될 것이다.

본초 자 신농황제이래 수천년 세간유래경험
本草는 自 神農 黃帝以來로 數千年 世間流來經驗이

신농시 유 본초 은시 유 탕액본초
神農時에 有 本草하고 殷時에 有 湯液本草하고

당시 유 맹선식요본초 진장기 본초십유
唐時에 有 孟詵食療本草 陳藏器本草拾遺하고

송시 유 방안상본초보 유 일화자본초
宋時에 有 龐安常本草補遺 日華子本草하고

원시 유 왕호고탕액본초
元時에 有 王好古湯液本草니라

대 의

본초는 신농황제神農黃帝이후 수 천년 동안 세상에 유래하면서 경험을 쌓은 것을 기록한 것인데 신농神農씨 때에 본초本草가 있었고 은殷시에 탕액본초湯液本草가 있었고 당시唐時에 맹선孟詵의 식료본초食療本草와 진장기陳藏器의 본초십유本草拾遺가 있었고 宋時에 방안상龐安常의 본초보유本草補遺와 일화자본초日華子本草가 있었고 元時에 왕호고王好古의 탕액본초湯液本草가 있었다.

소음인 병증약리
少陰人 病證藥理를

장중경 서기호소상발명이 송원명제의 진호소상발명
張仲景이 庶幾乎昭詳發明而 宋元明諸醫 盡乎昭詳發明하고

소양인 병증약리
少陽人 病證藥理를

장중경 반호소상발명이 송원명 제의 서기호소상발명
張仲景이 半乎昭詳發明而 宋元明 諸醫 庶幾乎昭詳發明하고

태음인 병증약리
太陰人 病證藥理를

장중경 약득영자이 송원명제의 태반호소상발명
張仲景이 略得影子而 宋元明諸醫 太半乎昭詳發明하고

태양인 병증약리
太陽人 病證藥理를

주진형 약득영자이 본초 약유약리
朱震亨이 略得影子而 本草에 略有藥理니라

대 의

소음인의 병증과 약리는 장중경이 소상하게 발명하기를 거의 했는데 후에 송원명 제의宋元明 諸醫가 나와서 완전히 소상발명하였고 소양인의 병증과 약리는 장중경이 소상발명하기를 반이나 했는데 후에 송원명 제의宋元明 諸醫가 나와서 소상발명하기를 거의 했고 태음인의 병증과 약리는 장중경이 약간의 영자影子를 얻었을 뿐이고 송원명 제의가 나옴으로써 소상발명하기를 태반太半이나 하였고 태양인의 병증과 약리는 주진형朱震亨이 약간의 영자影子를 얻었으며 또 본초本草에 약간의 약리藥理가 있을 뿐이다.

여 생어의약경험 오육천재후 인전인지술
余 生於醫藥經驗 五六千載後하야 因前人之述하야

우득사상인장부성리 저득일서 명왈 수세보원
偶得四象人臟腑性理하고 著得一書하니 名曰 壽世保元이라

원서중 장중경소론 태양병 소양병 양명병 태음병 소음병 궐음병
原書中에 張仲景所論 太陽病 少陽病 陽明病 太陰病 少陰病 厥陰病은

이병증명목이 논지야 여소론 태양인 소양인 태음인 소음인
以病證名目而 論之也오 余所論 太陽人 少陽人 太陰人 少陰人은

이인물명목이 논지야 이자 불가혼간 우불가염번연후
以人物名目而 論之也니 二者를 不可混看하며 又不可厭煩然後에

가이탐기근주이 채기지엽야 약부맥법자 집증지 일단야
可以探其根株而 採其枝葉也니라 若夫脈法者는 執證之 一端也니

기리재어 부침지삭 이불필 구기기묘지치야 삼음삼양자
其理在於 浮沈遲數이라 而不必 究其奇妙之致也오 三陰三陽者는

변증지동이야 기리재어복배표리 이불필 구기경락지변야
辨證之同異也니 其理在於腹背表裏라 而不必 求其經絡之變也니라

대 의

내가 세상에 태어나기를 의약경험醫藥經驗이 유래된 지 5-6 천년 후인데 우연히 전인前人의 말한 바에 의하여 사상인四象人의 장부臟腑가 상이하다는 것을 깨닫고 일서一書를 저술하여서 수세보원壽世保元이라고 이름하였다. 그런데 원서수세보원중에 중경이 논한 바의 태양병, 소양병, 양명병, 태음병, 소음병, 궐음병이라고 한 것은 병증에 대한 명칭을 논한 것이오, 내가 논한 바의 태양인, 소양인, 태음인, 소음인이란 것은 인물의 체질을 판별하기 위한 명칭인즉 이 두 가지는 혼동하여서는 안되며 또 이러한 번잡을 싫어하지 않아야만 비로소 그 뿌리를 채취함으로써 지엽枝葉을 캐어 낼 수 있게 될 것이다.

그런즉 맥법脈法과 같은 것은 집증執證하는 한 개의 방법에 불과한 것인즉 거기에서 기묘한 이치를 구할 것이 아니오 삼음삼양육경과 같은 것은 음양변증陰陽辨證에 있어서의 본중말本中末의 동이同異의 현상에 불과한 것이므로 그 이치는 다만 복배표리腹背表裏의 음양작용에 있는 것 뿐인즉 반드시 경락經絡의 변화에서 병원病源을 구하려고 하여서는 안 된다.

고인 이육경음양 논병고 장중경 저상한론
古人이 以六經陰陽으로 論病故로 張仲景이 著傷寒論할새

역이육경음양 해병증이 이두통 신동 발열 오한 맥부자
亦以六經陰陽으로 該病證而 以頭痛 身疼 發熱 惡寒 脈浮者로

위지태양병증 이 구고 인건 목현 이농 흉협만 한열왕래 두통발열
謂之太陽病證이오 以 口苦 咽乾 目眩 耳聾 胸脇滿 寒熱往來 頭痛發熱

맥현세자 위지소양병증 이 불오한 반오열 한자출 대변비자
脈弦細者로 謂之少陽病證이오 以 不惡寒 反惡熱 汗自出 大便秘者로

위지양명병증 이 복만 시통 구부조 심부번이 자리자
謂之陽明病證이오 以 腹滿 時痛 口不燥 心不煩而 自利者로

위지태음병증 이 맥미세 단욕매 구조 심번이 자리자
謂之太陰病證이오 以 脈微細 但欲寐 口燥 心煩而 自利者로

위지소음병증 이 초무복통 자리등증이 상한육칠일
謂之少陰病證이오 以 初無腹痛 自利等證而 傷寒六七日에

맥미완 수족궐냉 설권 낭축자 위지궐음병증.
脈微緩 手足厥冷 舌卷 囊縮者로 謂之厥陰病證이라 하니라.

육조병증중 삼음병증 개 소음인병증야 소양병증
六條病證中에 三陰病證은 皆 少陰人病證也오 少陽病證은

즉 소양인병증야 태양병증 양명병증즉
卽 少陽人病症也오 太陽病證 陽明病證則

소양인 소음인 태음인 병증 균유지이 소음인병증 거다야
少陽人 少陰人 太陰人 病症에 均有之而 少陰人病證에 居多也니라.

고석이래 의약법방 유행세간 경력누험자
古昔以來로 醫藥法方이 流行世間하야 經歷累驗者를

중경 채척이 저술지 개 고지의사 부지 심지애오소욕
仲景이 採摭而 著述之로대 盖 古之醫師 不知 心之愛惡所欲과

희노애락편착자 위병이 단지 비위수곡 풍한서습 촉범자
喜怒哀樂偏着者 爲病而 但知 脾胃水穀 風寒暑濕 觸犯者로

위병고 기론 병론약전국 도자소음인 비위수곡중출래
爲病故로 其論 病論藥全局이 都自少陰人 脾胃水穀中出來니라

이 소 양 인 위 열 증 약　간 혹 유 언
而少陽人胃熱證藥이 間或 有焉하고

지 어 태 음 인 태 양 인 병 정 즉 전 매 야
至於太陰人 太陽人 病情則 全昧也니라.

대　의

古人이 육경음양六經陰陽으로써 병을 논했기 때문에 중경仲景이 상한론傷寒論을 저술할 때에 또한 육경음양六經陰陽으로써 병증病證을 갖추었던 것이다. 그러므로 두통頭痛 신동身疼 발열發熱 오한惡寒 맥부脈浮한 것은 태양병증太陽病證이라고 했고 구고口苦 인건咽乾 목현目眩 이농耳聾 한열왕래寒熱往來 두통발열頭痛發熱 맥현세脈弦細한 것은 소양병少陽病이라고 했고 불오한不惡寒 반오열反惡熱 한자출汗自出 대변비조大便秘燥한 것은 양명병陽明病이라고 했고 복만시통腹滿時痛 구부조口不燥 심불번心不煩하면서 자리自利하는 것을 태음병太陰病이라고 했고 맥미세脈微細 단욕매但欲寐 구조심번口燥心煩하면서 자리自利하는 것은 소음병少陰病이라고 했고 처음에 복통腹痛 자리自利 등 증證이 없다가 상한傷寒 육 칠일에 맥미세脈微細 수족궐냉手足厥冷 설권낭축舌卷囊縮하는 것을 궐음병厥陰病이라고 했던 것이다.

그런데 위에서 말한 육조병증六條病證중에서 삼음병증三陰病證은 모두 소음인 병증이오 소양병증은 바로 소양인 병증이오 태양병증과 양명병 증은 소양인과 소음인과 태음인병증에 균등하게 있지만 그 중에서도 소음인병증이 제일 많은 것이다.

옛적부터 의약에 대한 치료방법이 세간에 유행되었는데 중경이 그 가운데에서 선택하여서 성가成家저술했던 것이다. 그러나 옛적 의사들이 심에서 일어나는 애오소욕愛惡所欲과 희노애락喜怒哀樂이 편착偏着되어서 병이다는 것을 알지 못하고 다만 음식물과 풍한서습風寒暑濕에 촉범觸犯함으로써 병이 되는 줄로만 알았기 때문에 그들의 논병論病 논약論藥은 전부 소음인의 음식 부조절에 치중하였던 것이다. 그 다음에는 소양인의 위열증약胃熱證藥이 간혹 있었을 뿐이고 태음인과 태양인의 병정病情에 대해서는 전혀 몽매했던 것이다.

기백 왈 상한 일일 거양 수지 두항통 요척강
岐伯 曰 傷寒 一日에 巨陽이 受之고로 頭項痛 腰脊强하고

이일 양명 수지 양명 주육 기맥 협비
二日에 陽明이 受之하니 陽明은 主肉이라 其脉이 挾鼻하야

낙어목고 신열 비건 목통이 부득와야 삼일 소양 수지
絡於目故로 身熱 鼻乾 目痛而 不得臥也오 三日에 少陽이 受之하니

소양 주담 기맥 순협 낙어이고 흉협통이 이농
少陽은 主膽이라 其脉이 循脇하야 絡於耳故로 胸脇痛而 耳聾하니

삼양경락 개수기병 미입어장고 가한이이 사일
三陽經絡이 皆受其病 未入於臟故로 可汗而已오 四日에

태음 수지 태음맥 포위중 낙어간고 복만이익건
太陰이 受之하니 太陰脈이 布胃中하야 絡於肝故로 腹滿而嗌乾이오

오일 소음 수지 소음맥 관신 낙어폐 계설본고
五日에 少陰이 受之하니 少陰脈이 貫腎하야 絡於肺하야 繫舌本故로

구조설건이갈 육일 궐음 수지 궐음맥
口燥舌乾而渴이오 六日에 厥陰이 受之하니 厥陰脈이

순음기이 낙어간고 번만이 낭축
循陰器而 絡於肝故로 煩滿而 囊縮하나니

삼음삼양 오장육부 개수병 영위불행
三陰三陽 五臟六腑 皆受病하야 榮衛不行하고

오장 불통즉 사의
五臟이 不通則 死矣니라

대 의

기백岐伯이 말하기를 상한傷寒 1일에는 거양巨陽이 수병受病하므로 두항통頭項痛 요척강腰脊强하게 되고 2일에는 양명陽明이 태양太陽에서 계승하게 되는 바 양명陽明은 기육肌肉을 주관하는 것이므로 그 맥脈이 기육지간肌肉之間을 통해서 코를 끼고 눈에까지 연락되는 것이므로 신열身熱 목동目疼 비건鼻乾 부득와증不得臥證이 나타나고 3일에는 양명陽明에서 소양少陽이 계승되는 것인바 소양少陽은 담膽을 주관하는 것이므로 기맥其脈이 담기膽氣를 타고 협脇을 돌아서 귀에까지 이르는 것이므로 흉협통胸脇痛 이농증耳聾證이 나타나는 것이다. 그런즉 여기에서 삼양경락三陽經絡이 모두 병을 받게 되었으므로 병이 다시 장臟에 침범하게 되는 것이다. 그러므로 이때에는 병이 장臟에 들어가는 것을 방지하여야 할 것인즉 땀을 내어서는 안 된다.

그 다음 4일에는 소양少陽에서 태음太陰이 계승하게 되는 바 태음맥太陰脈은 위胃중에 펴져서 간肝에 연락되는 것이므로 복만 익건腹滿 嗌乾하게 되고 5일에는 태음太陰에서 소음少陰이 수병受病하게 되는 바 소음맥少陰脈은 신腎을 관통貫通하여서 폐肺에 연락하여 가지고 설본舌本에 계류繫留되는 것이므로 구조 설건이 갈口燥 舌乾而 渴하고 6일에는 소음少陰에서 궐음厥陰이 수병受病하는 바 궐음厥陰맥은 음기陰器를 돌아서 간肝에 연락되는 것이므로 번만 낭축煩滿 囊縮하게 되는 것이다. 이렇게 하여서 삼음삼양三陰三陽과 오장육부가 모두 수병受病하게 되면 영위榮衛가 운행할 수 없음으로써 오장五臟이 불통하게된즉 죽게 되는 것이다.

양감어한자 필불면어사 양감어한자 일일 거양소음
兩感於寒者는 必不免於死니 兩感於寒者는 一日에 巨陽少陰이

구병즉 두통구건이 번만 이일 양명태음 구병
俱病則 頭痛口乾而 煩滿하고 二日에 陽明太陰이 俱病하면

복만 신열 불음식섬어 삼일 소양궐음 구병
腹滿 身熱 不飮食譫語하고 三日에 少陽厥陰이 俱病하면

이농 낭축이 궐 수장 불입구 부지인 육일 사
耳聾 囊縮而 厥하고 水漿이 不入口하야 不知人 六日에 死니

기사 개육 칠일간 기유 개이십일 이상
其死는 皆 六 七日間이오 其愈는 皆以十日 已上이니라

대 의

양감한兩感寒에 걸리게 되면 사死를 면할 수가 없으니 양감한兩感寒이란 것은 첫날에 거양巨陽과 소음少陰의 양사兩邪가 함께 침입하므로 두통頭痛 구건口乾하게 되고 二日에 양명陽明과 태음太陰이 함께 병들게 되므로 복만腹滿 신열身熱 불음식不飮食 섬어譫語하고 三日에는 소양궐음少陽厥陰이 구병俱病한즉 이농耳聾 낭축囊縮하면서 궐厥하게 되므로 음식을 못 먹으며 따라서 부지인不知人하게 되는바 이렇게 되면 六日후에는 죽는 것이다. 그러므로 이 병의 사死는 六七일간에 달렸고 혹 살아나는 경우라고 할지라도 십일이 넘어야 되는 것이다.

논왈 영추소문 가탁황제 이괴환혹 무족칭도
論曰 靈樞素問에 假托黃帝하야 異怪幻惑하니 無足稱道로대

방술호사자지언 용혹여시 불필심책야 연
方術好事者之言이 容或如是하니 不必深責也니라 然이나

차서 역시 고인지경험이 오장육부 경락 침법 병증 수양지변
此書는 亦是 古人之 經驗而 五臟六腑 經絡 針法 病證 修養之辨이

다 유소계발즉 실시 의가격치지종주이 묘맥지소자출야
多 有所啓發則 實是 醫家格致之宗主而 苗脈之所自出也니

불가 전수기허탄지죄이 폐기계발지공야
不可 全數其虛誕之罪而 廢其啓發之功也니라

개 차서 역고지총혜박물지언 방사연원수양지술야
皆 此書는 亦古之聰慧博物之言이오 方士淵源修養之述也니

기리 유가고이 기설 불가진신
其理는 有可考而 其說은 不可盡信이니라

대 의

영추소문靈樞素問에서 황제黃帝를 가탁假託하여 가지고 괴이한 말로써 세상을 현혹하게 하였은즉 이 사실로 보아서 그것은 도道라고 하기 어렵다. 그러나 이 술術을 좋아하는 사람들의 말이 용혹容惑 그러한 즉 꼭 이것을 책責하는 데에만 급급할 필요가 없다.

왜냐하면 차서此書(영추소문)는 역시 고인의 경험일 뿐만 아니라 오장육부五臟六腑와 경락經絡 침법針法등 기타 모든 병증과 또 수양지변修養之辨을 여기에서 많이 계발하고 있은 즉 이것은 진실로 의학을 격치格致 하는 종주宗主이며 또는 묘맥苗脈의 출처이기도 한즉 전혀 그 허탄지죄虛誕之罪(황제가 만들었다고 하는 것)만 꾸짖다가 혹시 중대한 의도계발醫道啓發의 공을 몰각시켜서는 안 되는 것이다. 대개 이 글內經은 옛적의 총혜박물지사聰慧博物之士의 말이며 또한 방술方術이 연원淵源한 수양지서修養之書이다. 그런즉 우리는 그 숭고한 이치만을 숭상하면 될 것이오 그 설(黃帝所作之說)을 모두 믿을 필요는 없는 것이다.

岐伯所論 巨陽 少陽 少陰經病은 皆 少陽人病也오 陽明 太陰經病은 皆 太陰人病也오 厥陰經病은 少陰人病也니라

대 의

기백岐伯이 말한 바의 거양巨陽 소양少陽 소음경병少陰經病은 모두 소양인少陽人의 병이오 양명陽明 태음경병太陰經病은 태음인太陰人의 병病이오 궐음경병厥陰經病은 소음인少陰人의 병이라고 했다. 그런데 위에서 중경仲景은 말하기를 삼음병三陰病은 모두 소음인少陰人의 병이오, 소양병少陽病은 소양인少陽人의 병이오 태양병太陽病과 양명병陽明病은 태음인太陰人 소음인少陰人 소양인少陽人에 모두 있지만 그 중에서도 소음인少陰人에 가장 많다고 했던 것이다. 그러나 기백이 말한 육경병증六經病證은 중경仲景이 말한 것과 다르므로 이와 같이 달라지게 되는 것이다. 그런즉 중경의 육경형증六經形證과 기백岐伯의 육경형증六經形證을 조명 연구해 본다면 여기에서 또한 동원이류同源異流의 일원성一元性을 발견할 수 있을 것이다.

소음인 신수열 표열병론
少陰人 腎受熱 表熱病論

(註) 소음인은 신음(腎陰)이 대(大)하므로 그의 부(腑)인 대장(大腸)이 승양작용(升陽作用)을 잘하지 못하게 된다. 그러므로 대장양기(大腸陽氣)가 위양(胃陽)으로 발전하지 못하고 울(鬱)하게 된즉 이것이 외감풍한(外感風寒)이 범(犯)하는 기회를 타고 서로 호응하면서 사(邪)를 구축하기 위하여서 오한발열로 변하게 된다. 그런데 이때에 이양(裏陽)의 상승력이 진(盡)하게 된즉 표음(表陰)이 상승하지 못하게 되고 표음(表陰)이 울(鬱)하게 된즉 이양(裏陽)이 상승하지 못하게 되므로 드디어 영위(榮衛)가 구허(俱虛)하게 되고 급기야는 망양증(亡陽證)으로 발전하게 되는 것이다. 그런데 이와 같이 양불상승이 음불승(陽不上升而 陰不升)하는 상태는 결국 신부위(腎部位)에 열(熱)이 울(鬱)하게 됨으로써 신수열표열병(腎受熱表熱病)이 되는 것이다.

장중경 상한론 왈 발열 오한 맥부자 속표 태양증야
張仲景 傷寒論에 曰 發熱 惡寒 脈浮者는 屬表니 즉 太陽證也니라.

태양상한풍맥 양부이음약 양부자 열자발
太陽傷寒風脈은 陽浮而陰弱하니 陽浮者는 熱自發이오

음약자 한자출 색색오한 석석오풍 흡흡발열 비명건구
陰弱者는 汗自出이니 嗇嗇惡寒 淅淅惡風 翕翕發熱 鼻鳴乾嘔니

계지탕 주지
桂枝湯을 主之니라

위역림득효방 왈 사시온역 당용향소산
危亦林得效方에 曰 四時瘟疫에 當用香蘇散이니라

공신의감 왈 상한 두통 신동 불분표리증
龔信醫鑑에 曰 傷寒 頭痛 身疼 不分表裏證에는

당용 곽향정기산
當用 藿香正氣散이니라

자구해석

| **색색오한(嗇嗇惡寒)** 색(嗇)자에는 인색하다는 의미가 있다. (인색할 색) 그러므로 약간 오한이 나는 것을 색색오한이라고 함.

| **석석오풍(淅淅惡風)** 석자는 물이름 석字이다. 오풍(惡風)이란 것은 본시 바람을 싫어하는 것인즉 이것은 오풍(惡風)이 심한 것을 의미한다.

| **흡흡발열(翕翕發熱)** 翕字는 盛할 흡 그런즉 열이 심한 상태를 흡흡발열이라고 함.

| **온역(瘟疫)** 사시부정지기(四時不正之氣)가 잠복(潛伏)했다가 발하는 병을 온역(瘟疫)이라고 한다 그런즉 외사(外邪)가 범한 즉시로 상(傷)하는 것과는 구별이 있다. 그러므로 온역(瘟疫)은 자내지외(自內之外)하고 상한(傷寒)은 자외지내(自外之內)하는 것이다.

대 의

장중경은 상한론에서 말하기를 발열 오한 맥부發熱惡寒脈浮한 것은 병이 표表에 있는 것이니 바로 태양증太陽證이라고 했다.

또 중경은 태양증의 상풍맥傷風脈은 양부이음약陽浮而陰弱(손을 들면 맥이 부성(浮盛)하나 누르면 맥상이 미약한 것)하니 양부陽浮한 것은 발열發熱의 미조微兆요, 음약陰弱한 것은 자한自汗의 미조微兆다. 그런즉 맥상이 이렇고 색색오한嗇嗇惡寒, 석석오풍淅淅惡風, 흡흡발열翕翕發熱, 비명건구鼻鳴乾嘔하는 데에는 계지탕을 써야 한다고 했다.

위역림은 득효방에서 말하기를 사시온역四時瘟疫에는 향소산을 써야 한다고 했다.

공신은 의감에 말하기를 상한傷寒에 두통과 신동身疼이 있어서 표리를 구별할 수 없을 때에는 곽향정기산을 써야 한다고 했다.

논왈 장중경소론 태양상풍 발열오한자
論曰 張仲景所論 太陽傷風에 發熱惡寒者는

즉 소음인 신수열 표열병야 차증 발열 오한이 무한자
卽 少陰人 腎受熱 表熱病也니 此證에 發熱 惡寒而 無汗者는

당용 계지탕 천궁계지탕 향소산 궁귀향소산 곽향정기산
當用 桂枝湯 川芎桂枝湯 香蘇散 芎歸香蘇散 藿香正氣散이오

발열오한이 유한자 차 망양초증야 필불가경이시지
發熱惡寒而 有汗者는 此는 亡陽初證也니 必不可輕易視之하고

선용 황기계지탕 보중익기탕 승양익기탕 삼일연복이 한부지
先用 黃芪桂枝湯 補中益氣湯 升陽益氣湯하야 三日連服而 汗不止

병불유즉 당용 계지부자탕 인삼계지부자탕 승양익기부자탕
病不癒則 當用 桂枝附子湯 人蔘桂枝附子湯 升揚益氣附子湯이니라.

대 의

위에서는 중경이후의 제가諸家들이 태양상풍증太陽傷風證을 치료한 예법例法을 약견略見하였다. 그러나 이것은 모두 불완전하다. 그러므로 동무는 논하기를 중경이 논한 바의 태양상풍에 있어서 발열 오한하는 것은 바로 소음인의 신수열표열병腎受熱表熱病에 속하는 병이다. 그런즉 여기에서 알아두어야 할 것은 '발열 오한 무한' 하거나 또는 '발열 오한 유한' 하거나 소음인에 있어서는 모두 태양상풍증이라는 점이다. 그런즉 중경이 말한 바와 같이 맥부이 음약脈浮而 陰弱한가 또는 그렇지 않은가를 구분하기보다

는 오히려 유한 무한有汗 無汗을 구별하여 가지고 적합하고 유효한 치료방법을 택해야 할 것이다.

그러므로 중경과 그 이후의 제가들은 '오한 발열 유한'에 계지탕을 쓰라고 했지만 계지탕은 유한증有汗證에는 힘이 불급한 경우가 많다. 그런즉 동일한 상풍증이라고 할지라도 오한 발열 무한증惡寒 發熱 無汗證에는 마땅히 계지탕 천궁계지탕 향소산 궁귀향소산 곽향정기산을 쓰는 것이 적당한 것이다.

그러나 발열 오한 유한증發熱 惡寒 有汗證은 벌써 망양 초기에 접어든 것인즉 결코 경시하여서는 안 된다. 그러므로 먼저 황기계지탕 보중익기탕 승양익기탕 같은 것으로써 연 3일 복용해본 뒤에 한부지 병불유汗不止 病不癒하면 이것은 약력의 불급을 말하는 것인즉 마땅히 계지부자탕 인삼계지부자탕 승양익기부자탕 같은 것을 써서 망양의 근원을 발본拔本하여야 하는 것이다.

장중경 왈 태양병 맥부긴 발열무한이육자 자유
張仲景이 曰 太陽病에 脈浮緊하고 發熱無汗而衄者는 自癒니라.

태양병육칠일 표증 인재 맥미이침 반부결흉
太陽病六七日에 表證이 因在하고 脈微而沈하며 反不結胸하고

기인 여광자 이열재하초 소복 당만
其人이 如狂者는 以熱在下焦라 小腹이 當滿하며

소변자리자 하혈내유 저당탕 주지
小便自利者는 下血乃癒니 抵當湯을 主之니라

태양증 신황발광 소복 경만 소변 자리자 혈증
太陽證에 身黃發狂하고 小腹이 硬滿하며 小便이 自利者는 血證이니

의 저당탕 상한 소복 만 응소변불리
宜 抵當湯이니라 傷寒에 小腹이 滿하면 應小便不利어늘

금 반자리자 이유혈야
今 反自利者는 以有血也니라

태양병 불해 열결방광 기인 여광 혈자하자
太陽病이 不解하고 熱結膀胱하야 其人이 如狂하고 血自下者는

자유 단 소복 급결자 의공지 도인승기탕
自癒로대 但 小腹이 急結者는 宜攻之니 桃仁承氣湯이니라.

태양병외증 미제이 삭하지 수하리부지
太陽病外證이 未除而 數下之하야 遂下利不止하며

심하비견 표리불해 인삼계지탕 주지
心下痞堅하면 表裏不解니 人蔘桂枝湯을 主之니라.

대 의

장중경이 말하기를 맥이 부긴浮緊하고 발열무한發熱無汗하면서 코피가 나는 사람은 병이 스스로 낫느니라, 또 태양병이 6-7일 경과되었을 때에 표증이 아직 남아 있고 맥이 침미沈微하며 결흉증結胸證은 없으면서 병인이 광증狂證같은 병상病狀을 나타내는 것은 열이 하초에 있는 증거이다. 그러나 소복小腹이 견만堅滿하고 소변이 자리自利할 경우에는 하혈下血을 시키면 곧 낫는 것이다. 또 태양병 신황증太陽病 身黃證에 발광發狂을 겸하고 소복小腹은 경만硬滿하면서도 소변에 이상이 없는 것은 저당탕抵當湯을 써야 한다. 왜냐하면 만일 상한에 걸린 사람이 소복小腹이 경만硬滿하면 그것은 응당 소변이 불리한 법인데 도리어 소변이 자리自利한다는 것은 하초下焦에 축혈蓄血이 되었다는 증거인 것이다.

또 태양증太陽證이 풀리지 않고 열이 방광膀胱에 있어서 미친 것 같은 병상病狀을 나타내면서 하혈下血하는 사람은 스스로 병이 낫는 법이다. 그러

니 간기가 소복小腹이 급결急結하는 것은 마땅히 도인승기탕桃仁承氣湯을 써야 한다. 또 태양병외증太陽病外證이 남아 있는데 잘못 설사泄瀉를 시켰기 때문에 하리불지증下利不止證이 생기고 드디어 심하心下가 비견痞堅하게 되면 이것은 상한傷寒의 표리불해증表裏不解證이니 마땅히 인삼계지탕人蔘桂枝湯을 써야 한다고 했다.

논왈 차증 기인 여광자 신양 곤열야
論曰 此證에 其人이 如狂者는 腎陽이 困熱也오

소복 견만자 대장 파한야 이증 구견 당선기급
小腹이 堅滿者는 大腸이 怕寒也니 二證이 俱見하면 當先其急이니

신양 곤열즉 당용 천궁계지탕 황기계지탕 팔물군자탕
腎陽이 困熱則 當用 川芎桂枝湯 黃芪桂枝湯 八物君子湯하야

승보지 대장 파한즉 당용 곽향정기산 향사양위탕
升補之하고 大腸이 怕寒則 當用 藿香正氣散 香砂養胃湯하야

화해지 약 외열 포리냉이 독기중결어내
和解之니라 若 外熱이 包裏冷而 毒氣重結於內하야

혹 장유 양호유환지폐즉 당용파두단 하리일이도
或 將有 養虎遺患之弊則 當用巴豆丹하야 下利一二度하고

곤이곽향정기산 팔물군자탕 화해이 준보지
困以藿香正氣散 八物君子湯으로 和解而 峻補之니라.

대 의

이상에서 중경仲景이 논한 병증病證을 요약하면 기인其人이 여광如狂한 것과 소복小腹이 견만堅滿한 것과의 두 가지로 구분된다. 그런즉 기인其人이 여광如狂한 것은 신양腎陽이 열熱 때문에 소곤所困한 것이요 소복小腹이 견만堅滿한 것은 대장大腸이 한기寒氣를 받았기 때문이다. 그런즉 이와 같이 이

증二證이 함께 나타나는 경우에는 마땅히 그 급急한 편便부터 먼저 치료하여야 하는 것이다. 그러므로 만일 신양腎陽이 곤열困熱한 것이 급急하면 우선 천궁계지탕川芎桂枝湯 황기계지탕黃芪桂枝湯 팔물군자탕八物君子湯같은 것을 써서 승보升補하여야 할 것이다.

또 만일 대장大腸의 수한受寒이 급急하면 곽향정기산藿香正氣散 향사양위탕香砂養胃湯같은 것을 써서 화해和解하면 될 것이다. 이와 같은 방법으로 치료하면 혈증血症을 따로 치료하지 않더라도 자유自愈하는 것이다. 왜냐하면 하초축혈증下焦蓄血證은 이 두 가지 원인 때문에 생긴 것인즉 그 원인만 제거하면 스스로 낫는 것이기 때문이다.

또 만일 속에 냉冷이 있고 밖에 열熱이 있어서 장차 독기毒氣가 중결重結함으로써 양호유환養虎遺患이 될까 걱정이 되면 파두단巴豆丹을 써서 한 두 번 설사를 시킨 다음에 곽향정기산藿香正氣散이나 팔물군자탕八物君子湯을 써서 화해시키면서 준보峻補(升補)하면 될 것이지 하필이면 대황 육계大黃 肉桂를 혼용함으로써(桃仁承氣湯을 가리키는 것임) 이율배반적 모순을 범할 필요가 없지 않은가 하는 것을 암시하고 있는 것이다.

장중경 소론하초혈증 즉 소음인 비국양기 위한사소엄억이
張仲景 所論下焦血證은 卽 少陰人 脾局陽氣 爲寒邪所掩抑而

신국양기 위사소거 불능직승 연접어비국
腎局陽氣 爲邪所拒하야 不能直升하고 連接於脾局하야

울축방광지증야 기인 여광자 기인 난언야
鬱縮膀胱之證也니 其人이 如狂者는 其人이 亂言也오

여견귀상자 황홀섬어야 태양병표증 인재자 신열번뇌이
如見鬼狀者는 恍惚譫語也오 太陽病表證이 因在者는 身熱煩惱而

오한지증 간유지야 태양병외증 제자 신열번뇌이 오한지증
惡寒之證이 間有之也오 太陽病外證이 除者는 身熱煩惱而 惡寒之證이

도무지야 차증 익기이승양즉 득기상책야 파혈이해열즉
都無之也니 此證엔 益氣而升陽則 得其上策也어니와 破血而解熱則

출어하계야 태양병외증 미제이삭하지 수하리부지
出於下計也니라 太陽病外證이 未除而數下之하면 遂下利不止

운운자 역가견 고인지어차증 용승기탕즉 하리부지고
云云者는 亦可見 古人之於此證에 用承氣湯則 下利不止故로

수변기방이 용 저당 도인탕이 태양병외증 미제즉 양기기력
遂變其方而 用 抵當 桃仁湯耳니라 太陽病外證이 未除則 陽氣其力이

수유울억 유능진한이 여한사 상쟁어표야 약 외증
雖有鬱抑이나 猶能振寒而 與寒邪로 相爭於表也어니와 若 外證이

진제즉 양기기력 불능진한이 수위 곤궁축복지세야 공하지약
盡除則 陽氣其力이 不能振寒而 遂爲 困窮縮伏之勢也니 攻下之藥이

하심호약이 필대 양기곤궁 축복지시이 응용사 인삼계지탕
何甚好藥而 必待 陽氣困窮 縮伏之時而 應用邪아 人蔘桂枝湯이

불역만호
不亦晩乎아

대 의

차단此段은 동무東武가 상론上論에 계속하여서 중경仲景의 비非를 밝혀 놓은 것이다. 즉 장중경張仲景이 논論한바의 하초혈증下焦血證이란 것은 소음인의 비장양기脾臟陽氣가 한사寒邪에 엄억掩抑되어 있기 때문에 신장양기腎臟陽氣가 그 한사寒邪의 항거抗拒로 인因하여 올라갈 수 없게 됨으로써 비장脾臟과 연접한 곳에서 울축鬱縮되어서 방광양기膀胱陽氣를 상승하지 못하게 하는 병증病證이다.

그런데 광사狂邪같이 보이는 것은 난언亂言상태를 말하는 것이오 여견귀

상如見鬼狀이라고 한 것은 섬어譫語하는 것을 말하는 것이오, 표증表證이 아직 있다고 한 것은 신열 번뇌 오한身熱 煩惱 惡寒이 간간間間있는 것을 말하는 것이오, 외증外證이 없다고 한 것은 신열 번뇌 오한이 전혀 없는 것을 말하는 것이다.

그런즉 이러한 증證은 비장脾臟에 침입한 한사寒邪가 방광양기膀胱陽氣를 가로막음으로써 이루어진 것인즉 이 병은 비장의 한사를 제거하면서 승양升陽하는 것이 상책일 것이다. 그러나 중경仲景의 치료방법을 보건대 파혈破血과 공열攻熱을 겸시兼施하였은즉 그와 같은 방법으로써 비록 병이 낫는다고 하더라도 그것은 하계下計에 속하는 것이다.

또 태양외증太陽外證이 남아 있을 때에 하리下利시킴으로써 하리부지下利不止한다고 한 것은 고인古人이 차증此證에 승기탕承氣湯을 써본즉 하리下利하기 때문에 저당탕抵當湯이나 도인승기탕桃仁承氣湯을 바꿔 썼다는 것을 말하는 것이다. 그러나 태양병외증太陽病外證이 남아 있다는 말은 양기陽氣는 아직 힘이 있는데 다만 한사寒邪가 울억진한鬱抑振寒하고 있다는 것을 말하는 것이오 만약 외증外證이 모두 풀렸는데도 불구하고 병이 낫지 않는다는 말은 양기陽氣가 표사表邪와 싸울만한 힘이 없기 때문에 오한惡寒이 날 수 없게 되는 것을 의미하는 것인즉 이것은 바로 양기陽氣가 울축鬱縮하여서 곤궁에 빠진 형세를 말하는 것이다.

그렇다면 이때에 하필이면 공하지약攻下之藥을 써서 곤궁한 양기를 더욱 곤경에 빠지게 할 필요가 없지 않겠는가. 그런즉 위에서 말한 바의 승양지제升陽之劑를 쓰는 것이 가장 합리적일 것은 물론이다. 그러므로 이러한 때에는 인삼계지탕을 쓴다고 하더라도 시기가 이미 늦을 것이 아니겠는가 하고 반문하였던 것이다.

張仲景이 曰 婦人이 傷寒發熱하고 經水適來適斷하며 晝日은 明了하고 夜則譫語하며 如見鬼狀者는 此爲 熱入血室이니 無犯 胃氣及 上二焦면 必自愈니라. 陽明病에 口燥 嗽水 不欲嚥하면 此는 必衄이니 不可下니라. 陽明病不能食에 攻其熱하면 必噦이니 傷寒嘔多에 雖有陽明이라도 不可攻이오 胃家實不大便에 若 表未解及 有 半表半裏者라도 先以桂枝 柴胡로 和解라야 乃可下也니라.

대 의

장중경張仲景이 말하기를 부인婦人이 상한발열傷寒發熱하고 경수經水가 왔다 갔다 하며 낮 동안에는 명료明了하다가 밤이 되면 섬어여광譫語如狂하는 것은 열이 혈실血室에 침입하였다는 증거이다. 그런즉 이러한 때에 주의하여야 할 것은 위기胃氣와 상이초上二焦를 범하지 않으면 스스로 낫는 것이다. (무범위기급 상이초(無犯胃氣及上二焦)란 말은 설하(泄下)하거나 구토(嘔吐)시키거나 발한(發汗)시키지 말라는 말이다.)

또 양명병陽明病에 입이 말라서 물을 자주 마시되 양치질만 하고 넘기는 것을 싫어하면 반드시 코피가 나오는 법이니 이럴 때에 설사를 시켜서는 안 된다.

또 양명병에 열성熱盛하여서 불능식不能食할 때에 열을 공격하면 반드시 '왁지거리홧구역' 를 한다. 그러므로 상한구다傷寒嘔多증이 생겼을 때에 비록 양명증陽明症이 있다고 할지라도 양명을 공격해서는 안될 것이다. 또 만일에 위가실 부대변증胃家實 不大便證이 있을지라도 혹 표미해증表未解證이나 반표반리증半表半裏症이 겸존兼存하면 먼저 계지탕桂枝湯이나 시호탕柴胡湯으로 화해和解시킨 다음이라야 공격攻擊할 수가 있는 것이다.

논왈 우제증 당용 곽향정기산 향사양위탕 팔물군자탕
論曰 右諸證에 當用 藿香正氣散 香砂養胃湯 八物君子湯이니라

대 의

장중경張仲景이 논한 바의 열입혈실증熱入血室證이나 열울상초증熱鬱上焦證은 모두 외한소거外寒所拒 때문에 이루어진 것인즉 열熱을 공격할 것이 아니라 오직 양陽을 승거升擧하면서 음사陰邪(脾 근처에 울결(鬱結)된)를 제거하면 기타 제증—즉 열입혈실증熱入血室證이나 수수불욕연증漱水不欲嚥證을 (上焦鬱寒) 물론하고 모두 스스로 나을 것인즉 오직 곽향정기산藿香正氣散이나 향사양위탕香砂養胃湯이나 팔물군자탕八物君子湯같은 것으로써 승양화해升陽和解하는 것이 상책일 수밖에 없는 것이다.

장중경 왈 양명지위병 위가실야 문왈 연하 득양명병
張仲景이 曰 陽明之爲病은 胃家實也니라 問曰 緣何 得陽明病인고

답왈 태양병 발한 약하 약리소변자 차 망진액 위중
答曰 太陽病에 發汗 若下 若利小便者는 此 亡津液하야 胃中이

건조 인 전속양명 불경의 내실 대변난자 차명
乾燥하나니 因 轉屬陽明하야 不更衣 內實 大便難者는 此名

陽明病也니라 傷寒이 轉屬陽明하면 其人이濈然汗出也니라

傷寒 若吐 若下後에 不解하고 不大便 五六日至 十餘日하야

日晡所發은 潮熱이니 不惡寒狂言하며 如見鬼狀하나니라

若劇者는 發則 不識人하고 循衣摸床惕而 不安하며 微喘直視하나니

脈弦者는 生하고 脈澁者는 死니라

대 의

장중경張仲景이 말하기를 양명陽明이 병이 되는 것은 위가실胃家實때문이라고 말했다. (위가실이란 것은 위(胃)중에 실열(實熱)이 차 있는 것을 말하는 것이다.) 그렇다면 양명병陽明病은 어떻게 이루어지는가 하고 반문하였다. 대답하기를 태양상풍병太陽傷風病에 발한發汗하거나 오하誤下하거나 혹은 이소변과다利小便過多를 범하게 된즉 태양증太陽證이 양명부증陽明腑證으로 전속轉屬됨으로써 위중胃中에 열熱이 충만하게 되면 진액津液이 학갈涸渴하게 되어서 대변을 못 보게 되는 것인즉 이것을 양명병陽明病이라고 한다 하고 대답하였다.

중경仲景은 계속하여서 말하기를 위에서 말한바와 같이 태양太陽이 양명陽明으로 전속轉屬하게 되면 환자가 몸에서 땀이 즙연濈然(濈: 화할 즙)히 나오게 된다고 하였다.

또 말하기를 상한론傷寒論에 있어서 혹 토하거나 혹 설사를 시킨 후에 병이 풀리지 않고 대변이 五 六일 혹 십 여일 동안이나 불통不通하면서 일포발열日晡發熱(申時중심으로 발열하는 것)하는 것을 조열潮熱이라고 하는바 그 병상은 불오한광언 여견귀상증不惡寒狂言 如見鬼狀證을 나타낸다. 그런데 만약 병

이 심하면 사람을 알지 못하며 헛손질을 하며 공포증을 나타내면서 미천직시微喘直視하게 되는데 이 때를 당하여서 만일 맥脈이 현弦하면 살수 있으나 맥이 색濇하면 죽는다고 말했다.

논왈 진한시의방치법 대변비조자 유 대황치법

論曰 秦漢時 醫方治法이 大便秘燥者를 有 大黃治法하고

무 파두치법고 장중경 역용 대황대승기탕 치 소음인태양

無 巴豆治法故로 張仲景이 亦用 大黃大承氣湯하야 治 少陰人太陽

병 전속양명 기인 즙연미한출 위중 조번실

病이 轉屬陽明하야 其人이 濈然微汗出하고 胃中이 燥煩實하야

부대변 오육일지 십여일 일포 발조열 불오한 광언

不大便 五六日至 十餘日하며 日晡에 發潮熱하며 不惡寒 狂言

여견귀상지시이 용지즉 신효 약 극자 발즉 불식인

如見鬼狀之時而 用之則 神效라 하고 若 劇者는 發則 不識人하며

순의모상 척이불안 미천직시 용지어차즉 맥현자생

循衣摸床 惕而不安 微喘直視하나니 用之於此則 脈弦者生하고

맥색자사 개 차방 치 소음인 태양병 전속양명

脈濇者死라 하니 盖 此方은 治 少陰人 太陽病이 轉屬陽明하야

부대변오육일 일포 발조열자 가용이 기타즉 불가용야

不大便五六日하며 日晡에 發潮熱者는 可用而 其他則 不可用也리라

중경 지 차방 유가용 불가용지시후고 역능소상 소음인 태양

仲景은 知 此方 有可用 不可用之時候故로 亦能昭詳 少陰人 太陽

양명증후야 개 중경 일심정력 도재어 탐득대승기탕가용시후고

陽明症候也니 盖 仲景 一心精力이 都在於 探得大承氣湯可用時候故로

불가용지시후 역능소상지지야

不可用之時候를 亦能昭詳知之也니라

중경 태양 양명병 약방중 유 계지탕 인삼계지탕 득기방불이

仲景 太陽 陽明病 藥方中에 唯 桂枝湯 人蔘桂枝湯은 得其彷彿而

대승기탕즉 치인사생어 망무진애지중 필구대승기탕 가용시후이
大承氣湯則 置人死生於 茫無津涯之中하고 必求大承氣湯 可用時候而

대기불대변오육일 일포발조열 광언시 시기미법야재
待其不大便五六日 日晡發潮熱 狂言時하니 是豈美法也哉리오

개 소음인병후 자한 불출즉 비불약야 대변 비조즉 위실야
蓋 少陰人病候는 自汗이 不出則 脾不弱也오 大便이 秘燥則 胃實也니

소음인 태양 양명병 자한불출이 비불약자 경병야 대변
少陰人 太陽 陽明病에 自汗不出而 脾不弱者는 輕病也니 大便이

수경 용약즉 이유야 고 대황 지실 후박 망초지약
雖硬이라도 用藥則 易愈也니라 故로 大黃 枳實 厚朴 芒硝之藥도

역능성공어 차시이 극자 유유 반생반사 약용 팔물군자탕
亦能成功於 此時而 劇者는 猶有 半生半死하니 若用 八物君子湯

승양익기탕 여파두단즉 수극자 역무 맥현자생
升陽益氣湯 與巴豆丹則 雖劇者라도 亦無 脈弦者生

맥색자사지리야 우태양병표증 인재시 하부조용
脈濇者死之理也니라 又太陽病表證이 因在時에 何不早用

온보승양지약여 파두 예도기병이 필대 양명병
溫補升陽之藥與 巴豆하야 豫圖其病而 必待 陽明病

일포발조열광언시 용 승기탕 사인반생반사야
日晡發潮熱狂言時에 用 承氣湯하야 使人半生半死耶아

대 의

진한시秦漢時에 의방치법醫方治法이 대변大便이 비조脾燥한 것을 오직 대황大黃으로써 치료하는 법이 있었을 뿐이고 파두巴豆로써 치료하는 법이 발견되지 못하였기 때문에 중경仲景이 대황대승기탕大黃大承氣湯으로써 소음인의 태양병이 양명증陽明證으로 전속轉屬되어서 즙연濈然히 땀이 나면서 번열煩熱하며 대변불통大便不通이 5-6일에서 십여일이 되고 일포日晡 조열潮熱 불오한不惡寒 광언狂言하며 정신이 혼미해졌을 때에 대승기탕을 쓰면 신효

하다고 하고 만약 병이 심하여서 순의모상 척이불안 미천직시循衣摸床 惕而不安 微喘直視할 때에 이것을 쓰면 맥이 현弦한 사람은 살 수 있으나 맥이 색濇한 사람은 죽는다고 하였다. 그런즉 이 처방은 다만 소음인의 태양병이 양명으로 전속되어서 대변불통이 5-6일 이상이 되고 일포日晡에 조열潮熱하는 사람에게는 쓸 수 있을 것이나 기타 제증諸證에는 전혀 쓸 수 없는 것이다.

더욱이 중경은 이 처방의 가용시후可用時候와 불가용시후不可用時候를 잘 아는 사람인즉 그는 또한 소음인의 태양 양명의 미후微候에도 소상했을 것이다. 그런즉 중경의 일심정력一心精力이 대승기탕의 가용시후可用時候와 불가용시후不可用時候를 탐득探得하는 데에 있었기 때문에 또한 그것을 소상히 알기도 하였을 것이다.

그러나 중경의 태양 양명병의 약방중에서 오직 계지탕과 인삼계지탕은 방불彷佛하지만 대승기탕大承氣湯은 사람의 사생死生을 망무진애지중茫無津崖之中에 놓고 반드시 대승기탕 가용시후可用時候인 부대변오육일 일포발열 광언시不大便五六日 日晡發熱 狂言時를 기다려서 쓴다는 것은 과연 상책이겠는가 하는 것이 문제인 것이다. 대개 소음인의 병후는 자한自汗이 없으면 비脾가 튼튼하다는 증거이고 대변大便이 조결燥結한즉 위실胃實하다는 증거인 것이다. 그런즉 소음인의 태양 양명병에 자한이 없으면 비가 약하지 않은 것인즉 이것은 경병輕病이므로 약을 쓰면 쉽게 나을 수 있는 것이다. 그러므로 대승기탕大承氣湯도 이런 때에 한하여서는 성공할 수 있겠지만 만약 병이 극심할 때에는 반생반사半生半死하게 될 것이다. 그런즉 비록 이러한 때라고 할지라도 만약 팔물군자탕이나 승양익기탕을 파두단과 병용하면 비록 극劇한 자라고 할지라도 맥현자생 맥색자사脈弦自生 脈濇者死할 이유가 없지 않는가. 또 태양표증太陽表證이 아직 있을 때에 왜 일찍 온보승양지약溫補升陽之藥과 파두巴豆를 써서 미리 그 병을 예방하지 않고 하필이면 일포조열日晡潮熱하는 때를 기다려서 승기탕承氣湯을 씀으로써 사람을 반생반사

半生半死의 기로에 놓아야만 하는가 하고 반문하였던 것이다.

허숙미 본사방 왈 일인 병상한 대변불리 일포발조열
許叔微 本事方에 曰 一人이 病傷寒하야 大便不利 日哺發潮熱
수순의봉 양수촬공 직시천급 제의개주 차 성오후
手循衣縫 兩手撮空 直視喘急할새 諸醫皆走하니 此는 誠惡候라
중경 수유증이 무법 단운 맥현자생 맥색자사
仲景도 雖有證而 無法하고 但云 脈弦者生 脈澁者死라 하였거늘
만차구지 여소승기탕 일복이대변 이 제병 점퇴
謾且救之하니 與小承氣湯 一服而大便이 利하고 諸病이 漸退하며
맥차미현 반월 유
脈且微弦이러니 半月에 愈니라

왕호고해장서 왈 일인 상한 발광욕주 맥허삭 용 시호탕
王好古海藏書에 曰 一人이 傷寒 發狂欲走 脈虛數할새 用 柴胡湯하니
반극 이 인삼 황기 당귀 백출 진피 감초 전탕일복 광정
反劇키로 以 人蔘 黃芪 當歸 白朮 陳皮 甘草를 煎湯一服에 狂定하고
재복 안수이 유
再服에 安睡而 愈니라.

의학강목 왈 상치 순의모상자 수인 개용 대보기혈지제
醫學綱目에 曰 嘗治 循衣摸床者 數人할새 皆用 大補氣血之劑로대
유일인 겸순진맥대 수어보제중 약가계
唯一人이 兼瞤振脈代어늘 遂於補劑中에 略加桂러니
역 진지맥화이 유
亦 振止脈和而 愈니라

성무기 명리론 왈 조열 속양명 필어일포시발자
成無己 明理論에 曰 潮熱은 屬陽明이니 必於日哺時發者를
내위조열야 양명지위병 위가실야 위실즉 섬어
乃爲潮熱也니라 陽明之爲病은 胃家實也라 胃實則 譫語하고

수족 즙연한출자 차 대변 이경야 섬어 유조열
手足에 濈然汗出者는 此는 大便이 已硬也니 譫語에 有潮熱이면

승기탕 하지 열부조자 물복
承氣湯 下之로대 熱不潮者는 勿服이니라.

주진형 단계심법 왈 상한괴증 혼수침사 일절위급지증
朱震亨 丹溪心法에 曰 傷寒壞證 昏垂沈死 一切危急之證에

호인삼 일냥 수전일복이 진 한자비양상출 연연여수
好人蔘 一兩할새 水煎一服而 盡에 汗自鼻梁上出하야 涓涓如水러라

대 의

허숙미 본사방에 말하기를 일인一人이 상한병에서 대변이 불통하며 일포日晡에 발조열하고 손으로 옷을 어루만지기도 하며 양손으로 허공을 잡으려고 하기도 하는 바 눈은 바로 서고 천급喘急하게 되니 의사들이 모두 도망할 지경에 이르렀다. 그런즉 이것은 진실로 악후惡候라고 하지 않을 수가 없다. 병이 이쯤 되고 보니 여기에 이르러서는 중경도 방법이 없어서 맥현자생脈弦者生 맥색자사脈濇者死라고 한 곳인 것이다.

그러나 내가 이것을 또 구하였는바 소승기탕小承氣湯을 일복一服시킨즉 소변이 나가면서 모든 병이 물러가는 동시에 차차 현맥弦脈이 나오더니 보름만에 나았던 것이다.

또 왕호고王好古는 해장서海藏書에서 말하기를 일인一人이 상傷에 걸려서 발광욕주發狂欲走하고 맥脈은 허삭虛數하였다. 그런데 시호탕을 쓴즉 일복에 반극反劇하므로 인삼황기 당귀백출 진피 감초와 같은 보제補劑를 썼더니 일복一服에 광기가 진정되고 재복再服에 잠이 들면서 나아버린 것이다.

또 의학강목에서 논하기를 일찍 순의모상循衣摸床하는 환자 여러 명을 다스렸던 바 그 중에서 단 한 사람이 순진瞤振(自汗으로 인하여서 살이 연동(蠕動)하

는 것) 맥대脈代하면서 낫지 않으므로 보제補劑중에 계桂약간을 가한즉 순진증瞤振證이 물러가면서 맥이 화순 하여지더니 드디어 낫고 말았다.

또 성무기成無己는 명리론明理論에서 말하기를 조열潮熱은 양명에 속한 것인즉 반드시 일포시日晡時(申時)에 발發하는 것이다. 양명이란 본래 위경胃經에 열이 있을 때에 생기는 것인데 만일 위胃가 실實하면 반드시 섬어譫語가 있고 따라서 수족에서 즙연한출濈然汗出하게되면 대변大便이 조결燥結하게 되는 것이다. 그러므로 섬어譫語에 조열潮熱이 있게 되면 승기탕承氣湯을 써서 설사泄瀉시켜야 하지만 만일 조열이 없으면 승기탕은 쓸 수가 없다고 하였다.

주진형朱震亨은 단계심법丹溪心法에서 말하기를 상한괴증傷寒壞證에 혼수침사昏垂沈死하는 것과 같은 일체의 위급지증危急之證에 좋은 인삼 한 냥을 달여서 일복一服시켰더니 코 마루에서 땀이 물방울처럼 나오더니 나았다고 하였다.

論曰 右論은 皆以 張仲景 大承氣湯이 始作俑而 可用 不可用 時候를
難知故로 紛紜多惑而 始知 張仲景之不可信也니라 張仲景 大承氣湯은
元是 殺人之藥而 非 活人之藥則 大承氣湯은 不必擧論이니라
此胃家實病 不更衣 發狂證엔 當用 巴豆全粒커나 或用
獨蔘八物君子湯이오 或 先用 巴豆後에 用 八物君子湯하야 壓之니라

대 의

위에서 말한 바의 제가諸家의 분분紛紛한 논설은 장중경의 대승기탕이 등신俑(등신 용)이 되기 시작했고 또는 가용可用 불가용不可用 시후時候를 알 수 없기 때문에 일어나게 된 분혹紛惑인즉 우리는 여기에서 중경논설仲景論設을 믿을 수 없다는 것을 알게 된 것이다. 중경의 대승기탕은 위에서 논한 바와 같이 쓸모가 없는 약인즉 이것은 살인지약殺人之藥은 될 수 있을지언정 활인지약活人之藥이 될 수는 없는 것이다 그런즉 대승기탕은 거론할 필요도 없거니와 소음인의 위가실胃家實병에는 마땅히 파두전립巴豆全粒을 써야하고 혼수침사昏垂沈死증에는 독삼팔물군자탕獨蔘八物君子湯을 써야 하는 것이다. 혹 양증兩證이 겸하였을 때에는 먼저 파두巴豆를 쓰고 나중에 팔물군자탕으로써 파두를 진압하여도 좋은 것이다.

장중경 왈 양명병 외증 신열 한자출 불오한 반오열
張仲景이 曰 陽明病은 外證이 身熱 汗自出 不惡寒 反惡熱이니라

상한양명병 한자출소변삭즉 진액 내갈 대변 필난
傷寒陽明病에 汗自出小便數則 津液이 内竭하야 大便이 必難하나니

기비위약 마인환 주지
其脾爲約이라 麻仁丸을 主之니라

양명병 한자출 소변자리자 차위진액 내갈
陽明病에 汗自出 小便自利者는 此爲津液이 内竭이니

대변 수경 불가공지 의용 밀도법통지
大便이 雖硬이라도 不可攻之니 宜用 蜜導法通之니라

양명병 발열한다자 급하지 의대승기탕
陽明病에 發熱汗多者는 急下之니 宜大承氣湯이니라

이천 의학입문 왈 한다부지 위지망양
李梴 醫學入門에 曰 汗多不止를 謂之亡陽이니

여 심비흉번 면청 부순자 난치 색황 수족온자 가치
如心痞胸煩 面青 膚瞤者는 難治오 色黃 手足溫者는 可治니라

범 한루부지 진양 탈망고 위지망양 기신 필냉
凡汗漏不止하야 眞陽이 脫亡故로 謂之亡陽이니 其身이 必冷하고

다성비한 사지구급 계지부자탕 주지
多成痺寒하며 四肢拘急하나니 桂枝附子湯을 主之니라

자구해석

| **비약증(脾約證)** 비약증이란 것은 자한(自汗) 이소변과다(利小便過多) 때문에 진액(津液)이 내갈(內竭)함으로써 비음(脾陰)이 약화(約化)되는 것을 말하는 것이다 그러나 비음이 약동(約束)되는 원인은 바로 한뇨(汗尿)로써 비양(脾陽)을 산실(散失)하기 때문인 것이다.

대 의

장중경이 말하기를 양명증은 외증外證이 반드시 한자출汗自出 불오한不惡寒 반오열反惡熱하는 것이다.

또 말하기를 상한 양명병에 한자출하며 함께 소변빈삭증小便頻數證이 있으면 진액津液이 내갈內竭하게 됨으로써 대변난大便難이 생기고 따라서 비약증이 생기는 것인즉 마인환麻仁丸을 써야 한다고 했다.

또 말하기를 양명병에 한자출하며 소변이 자리自利하게 되면 이것은 진액이 내갈內竭되었다는 증거인즉 비록 대변난大便難이 있다고 할지라도 공격하여서는 안 되고 마땅히 밀도법蜜導法으로 통변通便시켜야 한다고 하였다.

또 말하기를 양명병에 발열發熱 한다汗多하게 되면 급히 공격하여야 하는 것인즉 대승기탕을 써야 한다고 하였다.

또 이천李梴은 의학입문에서 말하기를 한다부지汗多不止하는 것을 망양亡

陽이라고 하는바 만일 심비心痞 흉번胸煩 면청面青 부순膚瞤하게 되면 다스리기 어렵지만 면색面色이 황黃하며 수족手足이 온溫하면 다스릴 수가 있다고 하였다. 그런데 망양亡陽이란 것은 한출부지汗出不止하기 때문에 진양眞陽이 탈망脫亡하는 것을 말하는 것인즉 몸이 냉冷하며 비한증痺寒證이 있으며 사지四肢가 구급拘急할 것은 물론이다. 그런즉 이러할 때에는 계지부자탕桂枝附子湯을 써야 한다고 하였다.

嘗治 少陰人十一歲兒 汗多亡陽病할새 此兒勞心焦思하야 素證이
有時以泄瀉키로 爲憂而 每飯時에 汗流滿面矣러니 忽一日에 頭痛
發熱 汗自出하며 大便秘燥러라 以此兒素證이 泄瀉爲憂故로 頭痛
身熱 便秘 汗出之熱證을 以其反於洩瀉寒證而 曾不關心하고
尋常治之하야 以 黃芪桂枝 芍藥等屬으로 發表矣러니
至于四五日하야 頭痛發熱이 不愈러라 六日 平明에 察其證候則
大便燥結이 已四五日이오 小便이 赤澁 二三匙而 一晝夜間 小便度數
不過 二三次라 不惡寒而 發熱하며 汗出度數則 一晝夜
二三四次不均而 人中則 或有汗하며 或有時無汗하며
汗流 滿面滿體하니 其證이 可惡이라 始覺 汗多亡陽證候하니

진시위증야 급용 파두 일립 잉전 황기계지부자탕
眞是危證也라 急用 巴豆 一粒하고 仍煎 黃芪桂枝附子湯하되

용부자 일돈 연복 이첩이압지 지우미각
用附子 一錢하야 連服 二貼以壓之하니 至于未刻하야

대변 통 소변 초청이 초다
大便이 通하고 小便이 稍淸而 稍多러라

기익일 즉 득병칠일야 이소아부자 태과지려고
其翌日은 卽 得病七日也라 以小兒附子 太過之慮故로

이 황기계지부자탕 이첩 분양일복 양일후 기아망양증
以 黃芪桂枝附子湯 二貼으로 分兩日服이러니 兩日後에 其兒亡陽證이

우 작 불오한 발열한다이 소변적삽 대변비결 여전
又 作하야 不惡寒 發熱汗多而 小便赤澁하며 大便秘結이 如前하고

면색 상청 간유건해 병세차전태심 기일
面色이 常靑하며 間有乾咳하야 病勢此前太甚하니 其日은

즉 득병구일야 시즉 사시말각야 급용 파두일립
卽 得病九日也오 時則 巳時末刻也라 急用 巴豆一粒하고

잉전 인삼계지부자탕 용 인삼오돈 부자이돈
仍煎 人蔘桂枝附子湯하되 用 人蔘五錢 附子二錢하야

연이첩이압지 지우일포 대변 시통
連二貼而壓之러니 至于日晡하야 大便이 始通하고

소변 초다이 색적즉 일야 우용 인삼계지부자탕
小便이 稍多而 色赤則 一也러라 又用 人蔘桂枝附子湯에

인삼 오돈 부자 이돈 일첩복의 지우 이경야
人蔘 五錢 附子 二錢하야 一貼服矣러니 至于 二更夜하야

기아측와이 두불능거 자토담 일이시이 건해잉지
其兒側臥而 頭不能擧로대 自吐痰 一二匙而 乾咳仍止라

기익일 우용 인삼계지부자탕 인삼 오돈 부자 이돈 삼첩
其翌日에 又用 人蔘桂枝附子湯에 人蔘 五錢 附子 二錢 三貼하니

식죽 이삼시 매 용약후즉 신청량무한 소변초다이
食粥 二三匙하고 每 用藥後則 身淸凉無汗하고 小便稍多而

대변 필통 우익일 용차방이첩 식죽반완 우익일
大便이 必通이라 又翌日에 用 此方二貼하니 食粥半碗하고 又 翌日에

용 차방이첩 식죽반완유여 신청량 자기좌 방실중
用 此方二貼하니 食粥半碗有餘하고 身淸涼하야 自起坐 房室中하니

차일 즉 득병십이일야 차삼일내 신청량무한 대변통
此日은 卽 得病十二日也라 此三日內에 身淸涼無汗 大便通

소변청이다자 연용 부자이돈 일 이삼첩고야
小便淸而多者는 連用 附子二錢 日 二三貼故也니라

지우 십삼일 우기보 문정이 거두 불능앙면
至于 十三日하야 又起步 門庭而 擧頭로대 不能仰面이어늘

징전 소아부자태과지려 용 황기계지부자탕
懲前 小兒附子太過之慮하야 用 黃芪桂枝附子湯하되

용 부자일돈 매일 이첩복 지우칠팔일 두면
用 附子一錢 每日 二貼服 至于七八日하니 頭面을

초득앙거이 면부부종 우 매일 이첩복
稍得仰擧而 面部浮腫이어늘 又 每日 二貼服하야

지우 칠팔일 두면 우득앙거이 면부부종 역감
至于 七八日하니 頭面을 又得仰擧而 面部浮腫도 亦減이라

기후 용 차방 매일 이첩복 자득병초 지어병해
其後에 用 此方 每日 二貼服하니 自得病初로 至於病解러이

전후일월여 용 부자 범팔양의
前後一月餘에 用 附子 凡八兩矣러라

대 의

일찍이 소음인 십일세아十一歲兒의 한다망양병汗多亡陽病을 치료한 바 있는데 본시 노심초사하는 일이 있더니 그 후부터 가끔 설사하는 소증素證이 생겼다. 그 뿐만 아니라 걱정 때문에 식사할 때에 식한食汗이 나는 일이 있더니 하루는 갑자기 두통 발열 자한출自汗出하면서 대변이 비조脾燥하는 병

에 걸리게 되었다. 그런데 차아此兒는 항상 설사를 걱정하였기 때문에 두통 신열 변비 한출지열증汗出之熱證을 단순한 한증설사寒證洩瀉로 오인하고 일반적인 방법인 바의 황기 계지 작약 등속等屬으로 발표發表했던 것이다.

그런데 4-5일 후에도 두통발열이 낫지 않으므로 육일평명六日平明에 비로소 그 증후를 상찰詳察하여 본즉 대변조결大便燥結이 이미 4-5일이나 되었고 또 소변은 적삽赤澁하여서 一日간에 불과 이삼시二三匙 정도이고 또 소변 횟수도 一日간에 2-3次에 불과하였다. 따라서 발열發熱 불오한不惡寒하면서 땀이 나는바 그 시간이 고르지 않고 一日간에 2-3-4차나 되면서 전신에서는 물처럼 흐르고 있었다. 그러나 인중에서는 혹유한출或有汗出하며 혹유시무한或有時無汗한즉 이것은 진실로 악후惡候이다.

그러므로 우선 파두 一粒을 쓰고 잇따라서 황기계지부자탕黃芪桂枝附子湯에 부자附子 1돈을 가하여서 연 2첩을 썼더니 얼마 안되어서 대소변이 통하고 또 소변 빛도 맑아졌으며 양도 불어나게 되었다. 그런데 혹시 소아에게 매첩 부자 1돈이 태과太過하지 않을까 하는 생각에서 황기계지부자탕 일첩一貼을 양일 동안에 나누어 먹였더니 병이 복발復發하여서 불오한 발열 한자출 소변적삽증小便赤澁證이 다시 생겼고 대변비결大便秘結도 여전하며 면색面色이 상청常靑하면서 간혹 건해乾咳까지 하게 되었은즉 병세는 전보다도 태심太甚하게 되었다.

그런데 그 날은 바로 득병得病 9일째 되는 날이오 時는 巳時 末이다. 급히 파두 2粒을 쓰고 인삼계지부자탕에 인삼 5돈 부자 2돈을 넣어서 연 2첩을 썼더니 일포日晡에 대소변이 통하였으나 소변색적小便色赤은 일반이다. 또 인삼계지부자탕에 인삼 5돈 부자 2돈을 써서 한 첩을 더 복용시켰더니 밤 이경쯤 되어서 옆으로 돌아눕게 되었다. 그러나 아직까지 머리는 들지 못하지만 토담吐痰 일 이시一二匙를 하더니 건해乾咳가 멎어 버렸다.

그 다음날에 또 인삼계지부자탕에 인삼 5돈 부자 2돈씩을 써서 3첩을 썼더니 식사는 죽粥 이 삼시二 三匙를 들었고 신청량 무한身淸凉 無汗하면서 소변도 많아졌으며 대변도 통하게 되었던 것이다. 다음 날에 또 차방此方 이첩을 썼더니 식사는 죽 반완半碗이나 들었으며 익일翌日에 또 이첩을 썼더니 죽을 반완半碗이상 들었고 방에 일어나 앉게까지 되었다.

그런즉 이와 같이 된 것은 이삼일 내에 부자 2돈씩 매일 2-3첩을 연복連服한 때문이다.

그리하여 13일에 행문정 앙두면行門庭 仰頭面하게 되었지만 다만 소아에게 부자의 양을 너무 많이 썼다는 것이 염려되므로 황기계지부자탕에 부자는 1돈으로 하고 매 2첩씩 계속하였더니 7-8일 후에 비로소 두면頭面을 초득앙거稍得仰擧하였으나 부종浮腫이 생기므로 또 칠팔일 계속한즉 머리를 들게 되고 면부面部의 부종도 감하여지게 되었다. 그 후 차방此方을 매일 이첩씩 계속하였는데 득병得病초에서부터 일개월 간에 부자를 8냥이나 쓰고서야 병이 풀리게 되었던 것이다.

장중경　왈 양명병　유삼병　태양양명자　비약　시야
張仲景이 曰 陽明病이 有三病하니 太陽陽明者는 脾約이 是也오

정양양명자　위가실　시야　소양양명자
正陽陽明者는 胃家實이 是也오 少陽陽明者는

발한 이소변 위중조번실 대변난　시야
發汗 利小便 胃中燥煩實 大便難이 是也니라

대 의

장중경이 말하기를 양명병에 세 가지가 있으니 태양양명太陽陽明이란 것은 비약증脾約證을 말하는 것이오 정양양명正陽陽明이란 것은 위가실胃家實을 말하는 것이오 소양양명少陽陽明이란 것은 발한 이소변 위중조번실 대변난

發汗 利小便 胃中燥煩實 大便難을 말하는 것이라고 하였다.

논왈 장중경 양명삼병 일왈 비약자 자한출 소변이지증야
論曰 張仲景 陽明三病에 一曰 脾約者는 自汗出 小便利之證也오

이왈 위가실자 불경의 대변난지증야 삼왈 발한 이소변
二曰 胃家實者는 不更衣 大便難之證也오 三曰 發汗 利小便

위중조번실자 차역 위가실야 기실 비 삼병야 이병이이
胃中燥煩實者는 此亦 胃家實也니 其實은 非 三病也오 二病而已니라

중경 의 비약운자 진액 점갈 비지윤기점약지위야
仲景이 意 脾約云者는 津液이 漸渴하야 脾之潤氣漸約之謂也오

위가실운자 진액 이갈 위지전국 조실지위야
胃家實云者는 津液이 已渴하야 胃之全局이 燥實之謂也니라

중고전국진한지시 의가단방 경험 기래이구 한토하삼법
中古戰國秦漢之時에 醫家單方 經驗이 其來已久하야 汗吐下三法이

시위성행 태양병표증 인재자 혹 이마황탕 발한
始爲盛行하니 太陽病表證이 因在者를 或 以麻黃湯으로 發汗하고

혹 이저령탕 이소변 혹 이승기탕 하지
或 以猪苓湯으로 以小便하며 或 以承氣湯으로 下之러니

승기탕하지즉 하리 부지지증 작의 마황탕 저령탕
承氣湯下之則 下利 不止之證이 作矣오 麻黃湯 猪苓湯으로

발한이소변즉 위중조번실 대변난지증 작의 중경 유견어차
發汗利小便則 胃中燥煩實 大便難之證이 作矣러라 仲景이 有見於此

고 이 비약지자한출 자리소변자 비지윤기점약
故로 以 脾約之自汗出 自利小便者로 脾之潤氣漸約하야

역 장위위조실지장본의 연 비약 자비약야 위가실
亦 將爲胃燥實之張本矣라 하나 然이나 脾約은 自脾約也오 胃家實은

자위가실야 영유기병 선자비약이후 지어 위가실지리야
自胃家實也니 寧有其病이 先自脾約而後에 至於 胃家實之理耶아

대 의

동무가 논하기를 장중경은 말하기를 양명병은 세 가지라고 말했다. 그런데 '첫째'로 비약脾約이라고 한 것은 자한출 소변리自汗出 小便利하는 증을 말한 것이오 '둘째'로 위가실胃家實이라고 한 것은 대변난大便難을 말하는 것이오 '세째'로 발한 이소변 위중조번실發汗 利小便 胃中燥煩實이라고 하였는데 이것도 또한 위가실胃家實을 말하는 것인즉 기실은 양명병이 셋인 것이 아니라 둘뿐인 것이다.

그런데 여기에서 중경이 비약脾約이란 개념을 사용한 의도는 발한 이소변發汗 利小便함으로써 진액津液이 점갈漸竭하게 되면서 비장脾臟의 윤기潤氣(즉 土氣)가 점점 거두어들이는 것(脾約)을 말하는 것이오 위가실이라고 한 것은 진액이 이갈已竭하여서 胃 전국全局이 이미 조실燥實하게 된 것을 말하는 것이다.

동양의학은 中古戰國때로부터 진한秦漢때에 이르기까지 사이에 단방경험單方經驗이 오래 전부터 전해 왔는데 그 때에는 한토하삼법汗吐下三法이 성행되던 때이었다. 그러므로 태양병표증太陽病表證이 잉재仍在함에도 불구하고 마황탕麻黃湯으로써 발한하거나 혹 저령탕猪苓湯으로 이소변하거나 혹 승기탕으로써 설사를 시키거나 하였던 것이다. 그런즉 그 때에 승기탕承氣湯으로 설사를 시킨즉 하리부지증下利不止證이 생기고 마황탕이나 저령탕으로 발한시키거나 이소변을 시킨즉 위중조번실胃中燥煩實 대변난大便難증이 생기게 되므로 이것을 보고 중경은 자한출자리소변自汗出自利小便하게 되면 비脾의 윤기潤氣(土氣)가 점점 거두어 들여서 비약脾約이 되고 또 그렇게 되면 따라서 이것이 위가실을 만드는 기본이 된다고 생각하였던 것이다. 그러나 비약증은 비약증을 이룰 요인이 따로 있어서 비약이 된 것이오, 위가실은 위가실이 될 요인이 따로 있기 때문에 위가실이 된 것이지 결코 먼저 비약이 되었다가 그것이 발전하여 가지고 위가실胃家實이 되는 것은 아니라고 하였다.

보 주

소음인의 태양병을 치료함에 있어서 발한과다發汗過多를 범하거나 혹은 이소변과다利小便過多를 범하게 되면 (물론 체내에서 우발적으로 되는 것도 마찬가지이다.) 체내의 陽氣(즉 土中之陽)가 자한自汗과 함께 유실됨으로써 비약이 생기게 되고 위가실이란 것은 양명경陽明經의 사邪가 양명부陽明腑에 전속됨으로써 위중胃中에 울열鬱熱하게 되어서 위중진액胃中津液을 녹여내는 것인즉 이것은 태양과는 무관하다. 그런즉 이것은 전혀 별도일 뿐만 아니라 또 음증脾約과 양증胃家實의 차이가 있다.

위가실 비약이병 여 음증지태음소음병 허실증상
胃家實 脾約二病은 如 陰證之太陰少陰病하야 虛實證狀이

현연부동 자태양병표증 인재시 이위 양로분기
顯然不同하니 自太陽病表證이 因在時로 已爲 兩路分岐하야

원불상합 태양병 표증 인재이 기인 여광자
元不相合이니라 太陽病 表證이 因在而 其人이 如狂者는

울광지초증야 양명병 위가실불경의자 울광지중증야
鬱狂之初證也오 陽明病 胃家實不更衣者는 鬱狂之中證也오

양명병 조열광언 미천직시자 울광지말증야
陽明病 潮熱狂言 微喘直視者는 鬱狂之末證也니라

태양병 발열오한 한자출자 망양지초증야
太陽病 發熱惡寒 汗自出者는 亡陽之初證也오

양명병 불오한반오열 한자출자 망양지중증야
陽明病 不惡寒反惡熱 汗自出者는 亡陽之中證也오

양명병 발열한다자 망양지말증야
陽明病 發熱汗多者는 亡陽之末證也니

개 울광증 도시 신열자한불출야
盖 鬱狂證은 都是 身熱自汗不出也오

망양증　도시 신열자한출야
亡陽證은 都是 身熱自汗出也니라

대 의

선생은 다시 위의 말에 계속하여서 위가실胃家實과 비약脾約의 이병二病을 논했다.

즉 위가실胃家實과 비약脾約의 두 병은 음증陰證의 태음병 소음병과 같아서 그 허실과 증상이 전연 다르니 그것은 벌써 태양병의 표증이 있을 때부터 이미 양로兩路가 분기되어 있는 것인즉 원래 서로 상합할 수 없는 것이다. 가령 태양증에 표증이 아직 있을 때에 기인其人이 여광如狂한 것은 울광鬱狂의 초증初證이오 또 양명증陽明症에 위가실대변난胃家實大便難이 있으면 이것은 울광鬱狂의 중증中證이오 또 양명증陽明證에 조열潮熱 광언狂言 미천微喘 직시直視가 있으면 이것은 울광鬱狂의 말증末證인 것이다.

그 다음 또 태양증太陽證에 발열 오한 한자출汗自出증이 있으면 이것은 망양亡陽의 초증初證이오 또 양명병에 불오한 반오열 한자출증이 있으면 이것은 망양의 중증中證이오 또 양명증에 발열한다發熱汗多가 있으면 이것은 망양亡陽의 말증末證이다. 망양증에는 오한 발열과 대변불통大便不通증이 있으면서 자한自汗이 있는 것인즉 우리는 여기에서 울광병鬱狂病에 대변불통증大便不通證이 있는 것은 위가실胃家實병이지만 망양병에 대변불통증이 있는 것은 한사寒邪가 내울內鬱하기 때문에 신양腎陽이 수곤受困하여서 신주출腎主出하지 못하기 때문이란 것을 알 수 있는 것이다.

陰證에 口中이 有和而 有腹痛泄瀉者는 太陰病也오 口中이 不和而 有腹痛泄瀉者는 少陰病也오 陽證에 自汗不出而 有頭痛 身熱者는 太陽陽明 鬱狂證也오 自汗出而 頭痛身熱者는 太陽陽明 亡陽證也니 陰證之太陰病과 陽證之鬱狂病은 有輕證 重證也오 陰證之少陰病과 陽證之亡陽病은 有險證 危證也니 亡陽 少陰病은 自初痛으로 已爲險證이라가 繼爲危證이니라.

대 의

동무는 또 계속하여서 음증陰證의 경중輕重과 양증陽證의 경중輕重을 비교 논술하면서 망양증亡陽證과 울광증鬱狂證의 차이점을 밝혀 놓았던 것이다. 즉 음증에서 입이 마르지 않으면서 복통설사하는 것은 태음병이오 입이 마르면서 복통설사하는 것은 소음병이다. 또 양증에서 땀이 안 나면서 신열두통하면 이것은 태양양명의 울광증이오, 땀이 나면서 두통신열이 있으면 이것은 태양양명의 망양증이다. 그런즉 음증의 태음병과 양증의 울광병에는 다만 경중이 차가 있을 정도이지만 음증陰證의 소음병과 양증의 망양병은 처음부터 이미 험증險證이었는데 그것이 나중에는 위증危證에까지 발전한다는 것을 논한 것이다.

망양병증 비단 관어한야 필관어 소변다소야
亡陽病證은 非但 觀於汗也라 必觀於 小便多少也니

약 소변청리이 자한출즉비약병야 차 험증야
若 小便清利而 自汗出則脾約病也니 此는 險證也오

소변적삽이 자한출즉 양명병 발열한다야 차 위증야
小便赤澁而 自汗出則 陽明病 發熱汗多也니 此는 危症也니라

연 소양인 이열증 태음인 표열증
然이나 少陽人 裏熱證과 太陰人 表熱證이

역유한다이 소변적삽자 의찰지 불가오약
亦有汗多而 小便赤澁者하니 宜察之오 不可誤藥이니라.

대 의

또 동무는 계속하여서 망양병亡陽病은 비단 땀을 가지고만 논할 것은 아니고 반드시 소변다소小便多少로써 판단되는 것이니 만약 변색이 맑으면서 한자출汗自出하면 비약병脾約病이니 이것은 비약증脾約證이지만 만약 소변이 적삽赤澁하면서 자한출自汗出하면 이것은 양명병의 발열한다증(즉 양명병망양증)인 즉 바로 위증危證이다. 그런데 소양인의 이열병裏熱病과 태음인의 표열병表熱病이 또한 한다이 소변적삽汗多而 小便赤澁한즉 이것을 잘 살펴야 하는 것이다.

위가실병 기시언 한불출 불오한 단오열이 기병 수위즉
胃家實病은 其始焉에는 汗不出 不惡寒 但惡熱而 其病이 垂危則

즙연미한출조열야 즙연미한출 조열자 표한진발지력
濈然微汗出潮熱也니 濈然微汗出 潮熱者는 表寒振發之力이

영갈고야 위갈지후야 비약병 기시언 신열한자출
永竭故也니 胃竭之候也오 脾約病은 其始焉에는 身熱汗自出

불오한이 약기병 수위즉 발열한다이 오한야 발열한다이
不惡寒而 若其病이 垂危則 發熱汗多而 惡寒也니 發熱汗多而

오한자 이열 탱지지세 이궁고야 비절지후야
惡寒者는 裏熱 撑支之勢 已窮故也니 脾絶之候也니라

대 의

또 동무는 계속하여 논하기를 위가실병胃家實病은 그 시초에는 한불출 불오한 단오열汗不出 不惡寒 但惡熱이 있을 뿐이지만 그 병이 위경危境에 이르게 된즉 즙연미한출濈然微汗出하면서 조열潮熱하게 되는 바 이 때에 즙연미한출濈然微汗出하면서 조열潮熱하는 것은 표한진발지력表寒振發之力이 다하였기 때문인즉 (寒을 진발(振發)하는 힘이란 것은 양명위기(陽明胃氣)를 말하는 것이다.) 이것은 위기胃氣가 다한 것을 말하는 것이오, 비약병脾約病은 처음에는 신열자한출 불오한身熱自汗出 不惡寒하지만 그 병이 위경危境에 빠지게 되면 발열한다發熱汗多하면서 오한惡寒하게 되는 바 이것은 속에 있는 열량이 부족하게 되어서 한사寒邪에 저항해내지 못하기 때문인 즉(이열탱지지세이궁裏熱撑支之勢已窮)바로 비토지기脾土之氣가 기절幾絶하려는 것을 의미하는 것이다.

장중경 왈 궐음증 수족 궐냉 소복통 번만낭축
張仲景이 曰 厥陰證은 手足이 厥冷하며 小腹痛 煩滿囊縮

맥미욕절 의당귀사역탕 범 궐자 음양기 불상순접
脈微欲絶이니 宜當歸四逆湯이니라 凡厥者는 陰陽氣 不相順接하야

변위궐 궐자 수족역냉 시야
便爲厥이니 厥者는 手足逆冷이 是也니라.

상한육칠일 척촌맥 미완자 궐음 수병야
傷寒六七日에 尺寸脈이 微緩者는 厥陰이 受病也라

기증 소복번만이 낭축 의용승기탕하지
其證이 小腹煩滿而 囊縮이니 宜用承氣湯下之니라

육칠일 맥지개대 번이 구금불능언 조요자 필욕해야
六七日에 脈至皆大하고 煩而 口噤不能言 躁擾者는 必欲解也니라

주굉활인서 왈 궐자 수족궐냉 시야
朱肱活人書에 曰 厥者는 手足厥冷이 是也라

수족지두 미한자 위지청 차질 위경
手足指頭 微寒者를 謂之清이니 此疾은 爲輕이니라

음궐자 초득병 변사지궐냉 맥침미이 불삭 족다련
陰厥者는 初得病에 便四肢厥冷하고 脈沈微而 不數하며 足多攣이니라

상한육칠일 번만낭축 척촌 구미완자 족궐음경 수병야
傷寒六七日에 煩滿囊縮하고 尺寸이 俱微緩者는 足厥陰經이 受病也니

기맥 미부 위욕유 불부 위난유 맥부완자
其脈이 微浮는 爲欲愈오 不浮는 爲難愈니라 脈浮緩者는

필불낭축 외증 필발열오한 위욕유 의계마각반탕
必不囊縮이오 外證이 必發熱惡寒은 爲欲愈니 宜桂麻各半湯이니라

약척촌 구침단자 필낭축 독기입복 의승기탕하지
若尺寸이 俱沈短者는 必囊縮이니 毒氣入腹이라 宜承氣湯下之로대

속용승기탕 가보오생일사 육칠일 맥 미부자
速用承氣湯하면 可保五生一死니라 六七日에 脈이 微浮者는

비극태래 수승화강 한열 작이 대한 해의
否極泰來하야 水升火降하나니 寒熱이 作而 大汗하야 解矣리라.

제수족역냉 개속궐음 불가한하 연 유 수한 수하자
諸手足逆冷은 皆屬厥陰이니 不可汗下나 然이나 有 須汗 須下者하니

위 수족 수역냉 시유온시 수족장심 필난
謂 手足이 雖逆冷이라도 時有溫時하며 手足掌心이 必煖하면

비 정궐역 당 소식지
非 正厥逆이니 當 消息之니라.

이천 왈설권궐역 냉과주슬 소복 교통
李梴이 曰 舌卷厥逆하야 冷過肘膝하고 小腹이 絞痛하면

삼미삼유탕 사순탕 주지 낭축 수족 사냉사온
三味蔘萸湯 四順湯을 主之하고 囊縮하며、手足이 乍冷乍溫하며

번만자 대승기탕 주지
煩滿者는 大承氣湯을 主之니라.

대 의

장중경이 말하기를 궐음증厥陰症이란 것은 수족이 궐냉厥冷하며 소복통 번만낭축小腹痛 煩滿囊縮하면서 맥이 극히 미약하여서 절맥絕脈이 되려는 것을 말하는 것이니 마땅히 당귀사역탕當歸四逆湯을 써야 한다고 했다.

또 말하기를 궐厥이란 것은 음양지기陰陽之氣가 서로 순조롭게 접계接繼하지 못하기 때문에 갑자기 궐厥하는 것을 말하는 것인즉 바로 수족궐냉手足厥冷을 지칭하는 것이다.

또 말하기를 상한傷寒이 6-7일 경과하였을 때에 척촌맥尺寸脈이 미약하게 되면 그것은 바로 궐음이 수병受病하였다는 증거이다. 그런즉 그 증상은 소복小腹이 번만煩滿하면서 음낭陰囊이 수축되는 것인즉 마땅히 승기탕承氣湯으로써 궐열厥熱을 탕척蕩滌하여야 한다.

또 말하기를 상한傷寒이 6-7일에 대맥大脈이 나오면서 번증煩證과 함께 구금불능언口噤不能言하고 불안해하면서 요란擾亂스럽게 하는 것은 (즉 조요(躁擾)) 병이 나오려는 징조徵兆라고 하였다.

주굉朱肱은 활인서活人書에서 말하기를 궐厥이라는 것은 수족이 궐냉하는 것을 말하는 것이다. 그런데 수족의 지두指頭가 미한微寒한 것을 청淸이라

고 하는바 (물론 이것도 궐에 속한다) 이것은 경증을 말하는 것이다. 그러나 심한 것으로서 「음궐陰厥」이라는 것이 있는데 이것은 득병초得病初에 갑자기 사지가 궐냉厥冷해지고 맥은 미세하면서 삭數하지 않고 발이 연급攣急(오그라지는 것)하는 것이 있는 것이다.

또 말하기를 상한에 걸려서 6-7일이 되었을 때에 번만낭축煩滿囊縮하면서 척촌맥尺寸脈이 함께 미완微緩한 것은 궐음간경厥陰肝經이 수병受病하였다는 증거이다. 그런데 이때에 맥미부완脈微浮緩하게 되면 병이 나으려고 하는 것이오 만일 부맥浮脈이 나타나지 않으면 난치에 속하는 것이다. 그런데 맥이 부완浮緩하면 반드시 낭축증囊縮症이 일어나지 않는 것인바 이때에 만일 발열오한이 일어나면 이것은 나으려고 하는 증거인즉 계마각반탕桂麻各半湯을 쓰면 되는 것이다. 그러나 반대로 척촌맥尺寸脈이 침단沈短하면 반드시 낭축囊縮이 생기게 되는 것인즉 이것은 독기가 배腹에 침입한 까닭이니 승기탕承氣湯으로써 궐열厥熱을 탕척蕩滌하여야 하는 것이나 그것도 속용速用하면 오생일사五生一死 할 수 있지만 시기를 놓치면 곤란한 것이다.

그런데 궐음병厥陰病은 6-7일에 맥미부脈微浮하게 되면 이것은 비극태래否極泰來가 됨으로써 수승화강水升火降이 될 것인즉 이때에 오한발열이 크게 나고 또 대한출大汗出하면서 병이 낫게 되는 것이다.(否極泰來는 見補註) 또 말하기를 모든 수족역냉증手足逆冷證은 궐음에 속하는 것인즉 함부로 한하汗下하여서는 안 된다. 그러나 한하汗下를 시켜야 할 경우가 있으니 비록 수족이 역냉逆冷하다고 하더라도 가끔 온溫할 때가 있고 또 수족장심手足掌心이 따뜻하면 이것은 진짜 궐역厥逆이 아닌즉 한하지증汗下之證을 잘 가려서 용약用藥하면 쉽게 치유된다고 하였다.

이천李梴은 말하기를 설권舌卷하면서 궐역厥逆하고 게다가 냉기冷氣가 주슬肘膝을 지나가고 소복교통증小腹絞痛證이 있게 되면 삼미삼유탕三味蔘萸湯이나 사순탕四順湯을 써야 하고 만일 낭축囊縮하면서 수족이 사냉사온乍冷乍溫하면서 번만煩滿하면 대승기탕大承氣湯을 써야 한다고 하였다.

부 주

비극태래否極泰來라는 말은 「易」의 천지비괘天地否卦와 지천태괘地天泰卦가 상교相交하는 것을 가리켜서 말한 것이다. 즉 우주나 인체는 부단히 수승화강水升火降작용을 함으로써 생성작용이 이루어지는바 화火가 하강할 때에는 비괘否卦의 상을 나타내면서 하강하고 수水가 상승할 때에는 태괘泰卦의 상象을 나타내면서 상승하는 것이다. 그런데 위에서 말한 궐음병厥陰病의 경우에서 번만낭축煩滿囊縮이 된 것은 수승화강水升火降을 하지 못하기 때문이오, 수승화강이 안 되는 것은 배腹속이 천지비天地否의 상象이 되어 있기 때문이다. 그러므로 약을 잘 써서 궐음병이 낫게 될 때에는 비괘否卦가 극極에서 변화하여서 태괘泰卦의 상으로 교역交易됨으로써 수승화강水升火降이 된다고 말한 것이니 이것이 바로 위에서 논한 바의 「비극태래否極泰來하야 수승화강水升火降」이라고 한 구절句節의 의미이다.

논왈 장중경소론 궐음병 초무 복통 하리등증이 육칠일
論曰 張仲景所論 厥陰病은 初無 腹痛 下利等證而 六七日에

졸연이궐 수족 수냉즉 차 비음증지류야
猝然而厥하고 手足이 遂冷則 此 非陰證之類也오

내 소음인 태양상풍 오한 발열 한자출지증 정사 상지일구
乃 少陰人 太陽傷風 惡寒 發熱 汗自出之證이 正邪 相持日久하야

당해불해이 변위차증야 차증 당위지 태양병 궐음증야
當解不解而 變爲此證也니 此證은 當謂之 太陽病 厥陰症也니라

차증 불필용 당귀사역탕 계마각반탕이 당용 삼유탕 인삼오수유탕
此證엔 不必用 當歸四逆湯 桂麻各半湯而 當用 蔘萸湯 人蔘吳茱萸湯

독삼팔물탕 부당용 대승기탕 당용 파두
獨蔘八物湯이오 不當用 大承氣湯이 當用 巴豆니라.

대 의

장중경이 상술한 바의 궐음병은 처음에는 복통하리腹痛下利 등증이 없다가 6-7일에 이르러서 갑자기 궐厥하여서 드디어 수족이 궐냉厥冷한다고 하였은즉 이것은 음증陰證의 류類가 아니고 소음인의 태양상풍太陽傷風 오한발열惡寒發熱 한자출汗自出증이 정기正氣와 사기邪氣가 오랫동안 서로 버티다가 마땅히 풀려야 할 것이 풀지 못하고 변해서 이렇게 된 것이다. 그런즉 이것은 당연히 태양병궐음증太陽病厥陰證일 것이고 궐음본경병厥陰本經病은 아닐 것이다. 그러므로 차증此證에는 당귀사역탕當歸四逆湯이나 계마각반탕桂麻各半湯을 쓸 것이 아니라 응당 삼유탕蔘萸湯 인삼오수유탕人蔘吳茱萸湯 독삼팔물탕獨蔘八物湯을 써야 할 것이며 또 만일 독기가 침입하여서 졸연이궐猝然而厥하는 경우라 할지라도 대승기탕大承氣湯을 쓸 것이 아니라 파두巴豆를 써야 할 것이다.

범 소음인 외감병육칠일 부득 한해이사자 개사어궐음야
凡 少陰人이 外感病六七日에 不得 汗解而死者는 皆死於厥陰也니

사오일 관기병세 용 황기계지탕 팔물군자탕 삼사오첩
四五日에 觀其病勢하야 用 黃芪桂枝湯 八物君子湯 三四五貼하야

예방 가야
豫防이 可也니라.

대 의

동무東武는 상문上文에 계속하여서 논하기를 소음인의 외감병이 6-7일이 되었을 때에 땀을 내지 못하고 죽는 것은 모두 궐음증厥陰症으로 죽는 것인즉 이런 경우에는 외감이 4-5일 될 때에 그 병세를 상찰하여서 황기

계지탕黃芪桂枝湯이나 팔물군자탕八物君子湯을 써서 예방하여야 한다고 하였다. 동무가 이와 같이 말한 것은 팔물군자탕이나 승양익기탕升陽益氣湯을 써서 정사상지지세正邪相持之勢를 제거하면 수승화강이 잘 됨으로써 궐음厥陰의 요인이 저절로 풀리게 될 것이기 때문인 것이다.

朱肱이 曰 厥陰病消渴은 氣上衝心하고 心中이 疼熱하며 飢不欲食하며 食則 吐蛔니라.

龔信이 曰 傷寒에 有 吐蛔者는 雖有大熱이라도 忌下니 凉藥이 犯之면 必死니라 蓋 胃中에 有寒則蛔不安所而 上膈하나니 大凶之兆也라 急用 理中湯이니라

대 의

주굉朱肱이 말하기를 궐음병소갈厥陰病消渴은 하기상충下氣上衝하면서 심중心中에 동증疼證과 열증熱證이 있고 식사를 취하지 못하는 바 만일 먹으면 회蛔를 토吐한다고 하였다.

공신龔信이 말하기를 상한에서 만일 토회吐蛔하게 되면 비록 대열大熱이 있다고 할지라도 설사를 시켜서는 안 된다. 왜냐하면 만일 양약凉藥이 위胃에 범하면 죽기 때문이다. 대개 위중胃中이 한寒하면 회蛔가 불안하여서 상격上膈하게 되는바 이것은 대흉大凶의 징조이다. 그러므로 이때에는 급히 이중탕理中湯을 복용시켜야 한다고 하였다.

논왈차증 당용 이중탕 일 삼사복 우연일복
論曰 此證에 當用 理中湯하되 日 三四服 又連日服하며

혹 이중탕 가 진피관계 백하오
或理中湯에 加 陳皮官桂 白何烏니라

대 의

동무가 논하기를 위에서 주굉 공신이 말한 바의 병증에는 응당 이중탕을 써야 하는 바 하루에 3-4복하여야 하며 또 연일 계속하여야 하는 것이다. 혹 이중탕에 진피 관계 백하오를 가하여도 좋다.

중병위증 약 불삼사복즉 약력 불장야 우 불연일복즉
重病危證에 藥 不三四服則 藥力이 不壯也오 又 不連日服則

병가어 소유야 혹 병유이 불쾌야 연일복자 혹 일 재복
病加於 少愈也며 或 病愈而 不快也니라 連日服者는 或 日 再服하며

혹 일 일복 혹 일 삼복 이삼일연복 혹 오육일연복
或 日 一服하며 或 日 三服하되 二三日連服 或 五六日連服

혹 수십일연복 관기병세 도지
或 數十日連服이니 觀其病勢하야 圖之니라.

대 의

선생은 또 계속하여 논하기를 중병위증에 만일 약을 3-4복 하지 않은즉 약력이 불급할 것이오 또 연복하지 않은즉 병이 조금밖에 덜리지 않을

것이며 혹 병이 나았다고 할지라도 쾌하지 못할 것이다. 그런데 연일복이란 말은 혹 1일에 재복하거나 혹 1일에 1복하거나 혹 1일에 3복하되 2-3일 혹 5-6일 혹 수 십일동안 계속하는 것을 말하는 것이니 그 병세를 잘 보아 가면서 조절하여야 하는 것이다.

보 주

이상에서 신수열 표열병을 논하였다. 그러나 그 내용은 지극히 간단하다. 즉 울광증鬱狂證이 아니면 망양증亡陽證에 속하는 것이다. 그런즉 고의古醫들이 말한 바의 태양상한太陽傷寒이나 양명陽明의 위가실증胃家實證이나 비약증脾約證이나 궐음병厥陰病등은 모두 울광증鬱狂證이 아니면 망양증亡陽證의 범위를 벗어나지 못하는 것이다.

다시 말하면 신양腎陽이 울鬱하여서 상승하지 못하기 때문에 생긴 것이 아니면 비음脾陰이 약속約束함으로써 망기양亡其陽하기 때문에 일어난 것에 불과한 것이다. 그런즉 그 치료방법은 승양익기升陽益氣가 아니면 외산표사外散表邪를 하여야 할 것이고 또는 비록 내울지열內鬱之熱을 공격한다고 할지라도 고한지제苦寒之劑를 쓸 것이 아니라 온열지약溫熱之藥을 써야만 비소脾小하기 때문에 생기는 육체적 결점을 보호할 수 있을 것이다.

그런즉 소음인의 신수열 표열병腎受熱 表熱病은 비록 그 종류가 광범하다고 할지라도 따지고 보면 상술한 바의 2종류에 불과한 것이다. 그러므로 오인吾人은 신수열 표열병이 생기는 바의 원인만 잘 포착捕捉하면 신수열 표열병에 대한 모든 병리病理는 저절로 소상하게 될 것이며 또한 집증용약執證用藥의 명견明見이 스스로 생기게 될 것이다.

소음인 위수한 이한병론
少陰人 胃受寒 裏寒病論

(註) 인체에 있어서 음양의 순환을 살펴보면 陽氣는 흉복(胸腹)으로 상승하고 陰氣는 배요(背腰)로 상승하는 것인 바 만일 양기가 상승하지 못하면 음기는 따라서 不升하게 되는 것이다. 그렇게 되면 이 때에 수납(收納)하는 장기(臟器)인 脾胃가 陰化하게 될 것이므로 약간의 외한(外寒)이라도 범하게 되면 여기에서 비위는 촉한(觸寒)하게 되는 것이다.

그러나 脾火之氣가 왕성한 사람은 흉복지양(胸腹之陽)이 상승하지 못 할 리도 없으며 또한 외한(外寒)이 비위(脾胃)에 촉범(觸犯)할 수도 없을 것이다. 그렇지만 소음인은 脾小하므로 항상 脾胃가 受寒함으로써 이한병(裏寒病)에 걸리게 되므로 동무는 소음인에게 위수한 이한병(胃受寒 裏寒病)이 있다고 논한 것이다.

그 다음 여기에서 하나 더 밝혀 둘 것은 소음인은 신수열(腎受熱)하면 표열병(表熱病)이 되고 위수한(胃受寒)하면 이한병(裏寒病)이 되는 것은 신주출(腎主出)하기 때문에 신수열병(腎受熱病)이 表에서 발하게 되고 위주납(胃主納)하기 때문에 위수한병(胃受寒病)이 속에 발하게 되는 것이다.

장중경 　왈 태음증 　복만이토 　식불하 　자리익심
張仲景이 曰 太陰證은 服滿而吐하며 食不下하며 自利益甚하며

시복자통 　복만시통 토리불갈자 　위태음
時復自痛이니라 腹滿時痛 吐利不渴者는 爲太陰이니

의사역탕 이중탕 　복만 　불멸 　감부족언
宜四逆湯 理中湯이오 腹滿이 不滅하며 減不足言하면

의 대승기탕 상한 자리불갈자 속태음
宜 大承氣湯이니라 傷寒에 自利不渴者는 屬太陰이니

이기장 유한고야 당 온지 의용 사역탕
以其臟에 有寒故也라 當 溫之니 宜用 四逆湯이니라.

태음증 복만자리 불갈자 의 이중탕 이중환
太陰證에 腹滿自利하며 不渴者는 宜 理中湯 理中丸이오

사순이중탕환 역주지
四順理中湯丸도 亦主之니라.

대 의

장중경이 말하기를 태음증太陰證이란 것은 복만腹滿하면서 토吐하며 음식이 소화되지 않으며 자리익심自利益甚하며 때때로 복통腹痛이 있는 것을 말하는 것이다.

또 말하기를 복만시통腹滿時痛하면서 토리吐利하되 단 갈증渴證이 없으면 이것은 태음증이니 사역탕四逆湯이나 이중탕理中湯을 쓰는 것이 마땅하고 또 복만증腹滿證이 불감不減하거나 혹은 감減해진다고 하더라도 만족하지 않으면 대승기탕大承氣湯을 써야 한다고 하였다.

또 말하기를 상한傷寒에 자리自利하면서 갈증渴證이 없으면 이것은 음증陰證이라는 증거인 바 그것은 바로 장臟에 한기寒氣가 있다는 말이다. 그런즉 응당 보온補溫하여야 하는 것인즉 사역탕四逆湯을 써야 한다고 했다.

또 말하기를 태음증에 복만 불갈 자리腹滿不渴自利 하면 마땅히 이중탕을 써야 한다. 그러나 혹 사순이중탕四順理中湯이나 사순이중환四順理中丸을 써도 무방하다고 하였다.

論曰 右證에는 當用 理中湯 四順理中湯 四逆湯而 古方이 草創하야
藥力이 不具備하니 此證엔 當用 白何烏理中湯 白何烏附子理中湯이오
腹滿不減하며 減不足言者는 有痼冷積滯也니
當用 巴豆而 不當用 大承氣湯이니라.

대 의

위에서 중경이 말한 태음증에는 마땅히 이중탕理中湯이나 사순이중탕四順理中湯이나 사역탕四逆湯을 쓰는 것도 옳다. 그렇지만 古方은 초창草創할 때에 만든 것이므로 약력藥力이 부족한즉 응당 백하오이중탕白何烏理中湯이나 백하오부자이중탕白何烏附子理中湯을 써야 한다. 그러나 복만불감 감부족언腹滿不感 減不足言할 때에는 대승기탕大承氣湯을 써서는 안되고 당연히 파두巴豆를 써야하는 것이다.

張仲景이 曰 病發於陰而 反下之면 因作痞라 傷寒에
嘔而發熱者 若心下滿而不痛하면 此爲痞니 半夏瀉心湯을 主之하고
胃虛氣逆者도 亦主之니라. 下後에 下利 日數十行하고

곡불화 복중뇌명 심하비견 건구심번 차내결열
穀不化 腹中雷鳴하며 心下痞堅 乾口心煩은 此乃結熱이라

내위중 허 객기 상역고야 감초사심탕 주지
乃胃中이 虛하야 客氣 上逆故也니 甘草瀉心湯을 主之니라

태음증하리청곡 약 발한즉 필복만 발한후복창만
太陰證下利清穀에 若 發汗則 必腹滿이니 發汗後腹脹滿에는

의용 후박반하탕 한해후 위불화 심하비견
宜用 厚朴半夏湯이니라 汗解後에 胃不和하고 心下痞堅하며

협하 유 수기 복중 뇌명 하리자 생강사심탕 주지
脇下에 有 水氣하야 腹中이 雷鳴 下利者는 生薑瀉心湯을 主之니라

대 의

장중경이 말하기를 병이 陰에서 발했을 때에(즉 陰證에다가) 반대로 설사泄瀉를 시키면 그 때문에 비증痞證이 생기는 것이다. 그런즉 마땅히 반하사심탕半夏瀉心湯을 써야 하고 또 胃氣가 허약하기 때문에 허구 비만虛嘔 痞滿하는 데에도 이 처방을 써야 한다.

또 말하기를 설사를 시킨 후에 매일 수 십 차나 설사가 나고 음식이 不化하면서 복중에서 뇌명雷鳴이 나고 心下가 비견痞堅하며 건구심번乾嘔心煩하는 것은 바로 열결熱結인 바 이것은 열결熱結이 됨으로써 胃의 陰氣가 허약하게 되어서 객기客氣(邪氣)가 상역上逆하기 때문인즉 마땅히 감초사심탕甘草瀉心湯을 써야 한다.

또 태음증이 생겨서 하리청곡下利清穀할 때에 만약 발한發汗시키면 반드시 복만腹滿이 생기는 바 이 때에는 마땅히 후박반하탕厚朴半夏湯을 써야 한다.

또 발한發汗한 후에 위기胃氣가 상충相衝하여서 心下가 비견痞堅하게 되고 협하脇下에 水氣가 있어서 복중腹中에서 물소리가 날 때에는 생강사심탕生薑瀉心湯을 써야 한다.

또 말하기를 상한하리 심하비견傷寒下利 心下痞堅에 사심탕을 썼는데 후에 타약他藥으로 설사를 시키면 하리부지증下利不止證이 생기게 된다. 그럴 때에는 이중탕을 써야 하나 만일 설사가 심하면 적석지우여량탕赤石脂禹餘粮湯을 써야 한다.

논왈 병발어음이 반하지운자 병발어위약
論曰 病發於陰而 反下之云者는 病發於胃弱이니

당용 곽향정기산이 반용대황하지위야 마황 대황
當用 藿香正氣散而 反用大黃下之謂也라 麻黃 大黃은

자시 태음인약 비 소음인약즉 소음인병 무론표리
自是 太陰人藥이오 非 少陰人藥則 少陰人病에 無論表裏하고

마황 대황 한하 원비가론 소음인병 하리청곡자
麻黃 大黃 汗下는 元非可論이니 少陰人病에 下利清穀者는

적체 자해야 태음증 하리청곡자 당용 곽향정기산
積滯 自解也니라 太陰證 下利清穀者는 當用 藿香正氣散

향사양위탕 강출관중탕 온위이 강음 소음증 하리청곡자
香砂養胃湯 薑朮寬中湯하야 溫胃而 降陰하고 少陰證 下利清穀者는

당용 관계부자이중탕 건비이 강음
當用 官桂附子理中湯하야 健脾而 降陰이니라.

대 의

중경이 병발어음이 반하지病發於陰而 反下之라고 한 것은 병이 위약胃弱에서 발했다는 말인즉 마땅히 곽향정기산藿香正氣散을 써야 할 것인데도 불구하고 반대로 대황으로 설사를 시킨 것을 말하는 것이다. 마황과 대황은 본래 태음인약인즉 소음인병에는 표리表裏를 막론하고 대황 마황으로써 한하汗下해서는 안될 것인즉 이것은 말할 것도 없는 것이다. 그런데 소음

인이 하리청곡下利清穀하는 것은 적체積滯가 자해自解하는 증거인즉 소음인이 만일 태음증으로 하리청곡下利清穀하면 곽향정기산 향사양위탕 강출관중탕을 써서 온위강음溫胃降陰하면 되고 소음증少陰證으로 하리청곡下利清穀하면 관계부자이중탕官桂附子理中湯을 써서 건비강음健脾降陰하면 되는 것이라고 했다.

보 주

동무가 말하기를 중경이 병이 陰에서 발한 것을 반하反下하였다고 말한 것은 즉 병이 위약胃弱에서 發한 것을 말한 것이라고 했다. 그런즉 동무는 왜 병이 陰에서 발했다고 한 것을 가리켜서 위약胃弱에서 발했다고 하였는가하면 脾에서는 火가 행하여지는 것인즉 陽이고 胃에서는 金이 행하여지는 것인즉 陰이다. 또 胃는 복중지음腹中之陰에 있고 脾는 배려지양背膂之陽에 있은즉 이것도 역시 위위음 비위양胃爲陰 脾爲陽임을 말하는 것이다. 그러므로 여기에서 동무가 병발어음이 반하지 운자病發於陰而 反下之 云者는 병발어위약病發於胃弱이라고 한 것은 陰인 바의 胃에 음중지양陰中之陽이 부족하기 때문에 한약寒藥이 불가하다는 것을 말한 것인즉 이것은 내경內經 소위 「양명청기 하함즉 동설陽明清氣 下陷則 洞泄」이라고 한 것과 동일한 의미인 것이다.

藿香正氣散(곽향정기산) 香砂六君子湯(향사육군자탕) 寬中湯(관중탕) 蘇合元(소합원)은

皆(개) 張仲景(장중경) 瀉心湯之(사심탕지) 變劑也(변제야)라 此(차) 所謂(소위) 青出於藍者(청출어람자) 出於藍(출어람)이니

噫라 靑雖自靑이나 若非其藍이면 靑何得靑고

대 의

동무는 여기에서 겸손謙遜의 뜻을 나타내었던 것이다. 즉 위에서는 중경의 사심탕지비瀉心湯之非를 논해 놓고 여기에서는 다시 다음과 같이 말하였다. 곽향정기산藿香正氣散 향사양위탕香砂養胃湯 관중탕寬中湯 소합원蘇合元등은 모두 중경의 사심탕瀉心湯을 변방變方한 것인즉 이것은 바로 「청출어람자 출어람靑出於藍者 出於藍」이라는 말과 같이 청靑이 비록 스스로 청靑이 된 것 같지만 만약 람藍이 없다면 청이 어찌 청이 될 수 있었겠는가 함으로써 위에 소개한 자기의 처방들은 모두 중경의 사심탕瀉心湯이 있었기 때문에 나온 것이라고 함으로써 중경의 사심탕瀉心湯을 찬양했던 것이다.

張仲景이 曰 傷寒陰毒之病은 面靑 身痛하야 如被杖하니
五日은 可治오 七日은 不治니라.

李梴이 曰 三陰病이 深하면 必變爲 陰毒이니 其證이 四肢厥冷
吐利不渴 靜蜷而 臥하고 甚則 咽痛鄭聲하며 加以 頭痛頭汗하며
眼睛이 內痛하야 不欲見光하고 面脣 指甲이 靑黑하며
身如被杖하나니라 又 此證은 面靑白黑하고 四肢厥冷하며 多睡니라

대 의

중경이 말하기를 상한음독병傷寒陰毒病은 면청 신통面靑 身痛이 있어서 마치 매를 맞은 것 같으니 5일까지는 치료할 수 있지만 7일이 넘으면 치료할 수가 없다고 하였다.

이천은 말하기를 삼음병三陰病이 심하게 되면 반드시 변하여서 음독陰毒이 되는 것이니 그 증證이 사지四肢가 궐냉厥冷하며 토리吐利하여도 갈증渴證이 없고 정권이와靜踡而臥하는데 심하면 인통 정성咽痛 鄭聲(譫語의 陰證)하고 또 두통 두한頭痛 頭汗이 있고 눈알이 아파서 광선을 보기 싫어하며 면순 지갑面脣 指甲이 청흑靑黑하여서 마치 매 맞은 사람과 같다. 또 이 증證은 얼굴에 청 백 흑색이 있고 사지가 궐냉厥冷하며 잠에서 깨기를 싫어한다고 하였다.

논왈 우증 당용 인삼진피탕 인삼부자이중탕
論曰 右證에 當用 人蔘陳皮湯 人蔘附子理中湯이니라

대 의

우증右證 즉 음독증陰毒證에는 인삼진피탕人蔘陳皮湯이나 인삼부자이중탕人蔘附子理中湯을 써야 한다.

장중경 왈 상한직중음경 초래 무두통 무신열 무갈
張仲景이 曰 傷寒直中陰經은 初來에 無頭痛 無身熱 無渴하고

파한권와 침중욕면 순청 궐냉 맥미이 욕절 혹 맥복

怕寒踡臥 沈重欲眠하며 脣青 厥冷 脈微而 欲絶하며 或 脈伏하나니

의 사역탕 사역자 사지궐냉야

宜 四逆湯이니라 四逆者는 四肢厥冷也라

대 의

장중경이 말하기를 상한 직중음경直中陰經(邪가 직접 陰부위에 맞은 것)이란 것은 처음에 올때에 두통 신열 갈증頭痛 身熱 渴證이 없고 한기寒氣가 들어서 몸을 오그리고 또 몸이 침중沈重하여서 자려고만 하며 순청脣青 궐냉증厥冷證과 함께 맥脈은 미세하여서 거의 절맥絶脈이 되려고 하며 또 복맥증伏脈證이 나오기도 하는 것인즉 응당 사역탕四逆湯을 써야 한다. 그런데 사역四逆이란 것은 수족이 궐냉厥冷하는 것을 말하는 것이다.

논왈 상치 소음인 직중음경 건곽란 관격지병 시속 중복절후

論曰 嘗治 少陰人 直中陰經 乾霍亂 關格之病할새 時屬 中伏節候라

소음인일인 면부기색 혹청 혹백 여 탄환권 사오점

少陰人一人이 面部氣色이 或青 或白하야 如 彈丸圈 四五點이

성단 기거 여상이 좌어 방실중 의벽일신

成團이로되 起居는 如常而 坐於 房室中일새 倚壁一身하고

위미무력이 단욕매 문 기저간원위즉 왈 수일전

委靡無力而 但欲寐러라 問 其這間原委則 曰 數日前에

하리청수 일이행 잉위변폐 지금 위 양주야

下利清水 一二行이러니 仍爲便閉하야 只今이 爲 兩晝夜로되

별 무 타 고 운 문 기 음 식 즉 왈 식 맥 반 운
別無他故云하다. 問 其飮食則 曰 食麥飯云이러라.

급 용 파 두 여 의 단 일 반 시 각 기 한 자 인 중 혈 출 이 달 우 면 상
急用 巴豆如意丹한데 一半時刻에 其汗이 自人中穴出而 達于面上하고

하 리 일 이 도 시 당 일 모 관 기 하 리 즉 청 수 중
下利 一二度하니 時當日暮라 觀其 下利則 青水中에

잡 예 물 이 출 종 야 하 리 십 여 행 익 일 평 명 지 일 모
雜穢物而 出하더니 終夜下利 十餘行하고 翌日 平明 至日暮에

우 십 여 행 하 리 이 청 곡 맥 립 개 여 황 두 대
又十餘行 下利而 清穀麥粒이 皆如黃豆大러라

기 병 위 식 체 고 연 삼 일 절 부 곡 식 일 소 식
其病이 爲食滯故로 連三日 絶不穀食하고 日所食은

단 진 호 숙 냉 일 이 완 지 제 삼 일 평 명 병 인
但進 好熟冷 一二碗이러니 至第三日平明하야 病人이

면 색 즉 무 불 현 명 이 일 신 개 냉 두 경 추 하
面色則 無不顯明而 一身이 皆冷하고 頭頸이 墜下하야

거 지 이 삼 촌 이 불 능 앙 거 병 증 갱 중 계 출 무 료
去地 二三寸而 不能仰擧하니 病證이 更重이라 計出無聊하야

자 세 점 검 병 인 일 신 즉 수 족 방 광 요 복 개 여 빙 냉
仔細點檢 病人一身則 手足 肪胱 腰腹이 皆如氷冷하고

제 하 전 복 견 경 여 석 이 흉 복 상 중 완 열 기 훈 등
臍下全腹이 堅硬如石而 胸腹上中脘에 熱氣熏騰하야

구 수 가 열 최 위 가 관 지 제 오 일 평 조 일 발 토 청 말 이
灸手加熱하니 最爲可觀이라 至 第五日平朝하야 一發 吐清沫而

청 말 중 잡 미 곡 일 타 이 출 자 차 병 세 대 감
清沫中에 雜味穀 一朶而出하더니 自此로 病勢大減하야

인 진 미 음 연 복 수 완 기 익 일 인 위 식 죽
因進 米飮 連服數碗하고 其翌日에 因爲食粥이러라.

차 병 재 궁 촌 고 미 가 온 위 화 해 지 약
此病이 在窮村故로 未假溫胃和解之藥이니라.

기후 우유 소음인일인 일 하리수차이 이하청수
其後에 又有 少陰人一人이 日 下利數次而 仍下淸水하고

전복 부종 초용 계부곽진이중탕
全腹이 浮腫할새 初用 桂附藿陳理中湯하되

배가 인삼 관계각이돈 부자이돈 혹일돈
倍加 人蔘 官桂各二錢하고 附子二錢 或一錢하야

일 사복 수일후즉 일 삼복 지십여일
日 四服하고 數日後則 日 三服하야 至十餘日이러니

수 하리청곡 연삼일 삼사십행이 부종 대감
遂 下利淸穀 連三日 三四十行而 浮腫이 大減하니라.

우 소음인소아일인 하리청수 면색 청암 기함여수
又 少陰人小兒一人이 下利淸水하야 面色이 淸黯하고 氣陷如睡러니

용 독삼탕 가 생강이돈 진피일돈 사인일돈
用 獨蔘湯하되 加 生薑二錢 陳皮一錢 砂仁一錢하야

일 삼사복 수일후 하리십여행 대한이해
日 三四服이러니 數日後에 下利十餘行하고 大汗而解하니라.

개 소음인 곽란관격병 득 인중한자 시면위야
盖 少陰人 霍亂關格病에 得 人中汗者는 始免危也오

식체대하자 차면위야 자연능토자 쾌면위야
食滯大下者는 次免危也오 自然能吐者는 快免危也니

금진 죽식 단진호숙냉 혹 미음자 부정억사지 양방야
禁進 粥食하고 但進 好熟冷커나 或 米飮者는 扶正抑邪之 良方也니라

숙체지미유자 득호숙냉 승숙온진즉 소화무이어 음식
宿滯之彌留者는 得好熟冷하야 乘熟溫進則 消化無異於 飮食이리니

수 절식 이삼사일 불필위려
雖 絶食 二三四日이라도 不必爲慮니라.

대 의

위에서 중경이 말한 바의 직중음경병直中陰經病을 논하기를 내가 일찍 소

음인의 식상음성 신파만 관격병[illegible]을 치료한 바 있는데 때는 마침 중복中伏절후였다. 소음인이 면색面色이 혹 푸르기도 하고 혹 희기도 하면서 마치 탄환권彈丸圈과 같이 4-5군데에 모아 있었지만 기거起居는 평상대로 방에 앉아 있었다. 그러나 일신一身을 벽에 의지하고 힘이 없어서 다만 자려고만 하고 있었다.

그 동안의 원위原委를 물어본즉 말하기를 수 일전에 청수를 한 두 차례 하리下利한 일이 있는데 그 후부터 대변불통大便不通이 되더니 그것이 지금까지 이주야二晝夜나 되었지만 아무런 일도 없다는 것이다. 그래서 그 음식을 물었던 바 맥반麥飯을 먹었다는 것이다. 그러므로 이것을 식체로 보고 급히 파두여의단巴豆如意丹을 썼던바 반 시각쯤 되어서 땀이 인중혈人中穴에서 나기 시작하더니 그것이 면상面上에까지 달하게 되면서 한 두 차례 설사를 하였는데 그 때는 이미 일모日暮였다. 설사의 색을 본즉 청수淸水중에 오물이 섞여서 나왔는데 그 후 종야終夜토록 설사를 계속하고 또 다음날도 종일 동안 십 여차 설사를 하였는데 청곡중淸穀中에 있는 맥립麥粒이 콩 만큼씩 불어서 나왔다. 그런즉 이 병은 분명히 식체였기 때문에 연 3일간 절식絕食시키고 먹는 것은 오직 좋은 숙냉 1-2완碗 정도였는데 제 3일 평명平明에 이르러서 면색面色은 현명顯明하여졌으나 몸이 차갑고 머리를 二 三寸 정도 밖에 들지 못하게 되었은즉 병이 전보다 더욱 중해진 것은 물론이다. 할 수 없이 자세히 병인病人의 일신을 검토하여 보았더니 수족 방광 요통은 얼음처럼 차갑고 제하전복臍下全腹은 돌과 같이 굳은데 오직 상중완上中脘에서는 열기가 훈등熏騰하여서 손이 탈 것만 같은 정도인즉 가관이 아닐 수가 없다.

그러다가 5일 평명平明에 청말淸沫을 토했는바 미곡米穀 한 덩어리가 섞여 나오더니 그 후부터 병세가 대감大減하여져서 미음米飮을 수 완碗씩 연복連服했고 또 다음 날에는 죽을 먹게 되었다. 그런데 이 환자가 벽촌僻村에 살았기 때문에 온위화해지약溫胃和解之藥을 쓸 수가 없었던 것이다.

그 후에 또 소음인 한 사람이 하루에 수차 하리下利하더니 계속하여서 하리청곡下利淸穀을 하면서 부종浮腫이 생겼다. 그래서 처음에는 계부곽진이중탕桂附藿陳理中湯에다가 인삼과 관계官桂는 2돈씩으로 하고 부자는 2돈 혹 1돈씩 넣어서 매일 4服을 시키다가 다음에는 3服씩 시키면서 십 여일이 되었던 바 드디어 연 3일동안에 3-40차례나 하리청곡下利淸穀을 하더니 부종浮腫이 대감大減하면서 병이 낫게 되었던 것이다.

또 소음인 소아小兒 한 사람이 하리청수下利淸水하면서 면색面色이 청암靑黯하게 되고 양기陽氣는 하함下陷하여서 마치 자는 사람과 같았다. 그런데 독삼탕獨蔘湯에다가 생강 2돈 진피 사인砂仁을 각 1돈씩 넣어서 매일 3-4복씩 복용시켰더니 수 일 후에 하리 십여 차를 하고 따라서 대한大汗이 나더니 병이 낫고 만 것이다.

대개 소음인은 곽란관격藿亂關格에 걸렸을 때에 인중에서 땀이 나게 되면 비로소 위험을 면하게 된 것이오 식체에 대하大下하게 되면 크게 위험을 면하게 된 것이오 스스로 토하게 되면 위험을 쾌면快免하게 되는 것이다. 그런데 주의하여야 할 것은 죽식粥食을 금하고 좋은 숙냉熟冷이나 미음을 쓰게 하면 부정억사扶正抑邪하는 좋은 방법일 뿐만 아니라 비록 숙체가 남아 있는 자라고 할지라도 이것으로써 소화를 도와줄 것인즉 비록 절식수 삼일이라 할지라도 걱정할 것이 없는 것이다.

張仲景이 曰 少陰病은 脈微細 但欲寐니라. 傷寒에 欲吐不吐하고

心煩 但欲寐라가 五六日에 自利而 渴者는 屬少陰이니

小便이 白色이면 宜 四逆湯이니라.

소음병 신체통 수족한 골절통 맥침자 부자탕 주지
少陰病에 身體痛 手足寒 骨節痛 脈沈者는 附子湯을 主之니라.

하리 복창만 신체동통 선온 기리 내공 기표
下利 腹脹滿하고 身體疼痛하면 先溫 其裡라야 乃攻 其表니

온리 의 사역탕 공표 의 계지탕
溫裏에는 宜 四逆湯이오 攻表에는 宜 桂枝湯이니라

대 의

장중경이 말하기를 소음증은 맥이 미세하면서 잠을 자려고 한다.

또 말하기를 상한에 욕토 불토欲吐 不吐하면서 심번 단욕매心煩 但欲寐하기를 5-6일 동안 하다가 설사를 하면서 갈증이 생기게 되면 그것은 소음증이다. 그런데 소변색이 희면 사역탕을 써야 한다.

또 말하기를 소음병에 신체통 수족한 골절통身體痛 手足寒 骨節痛이 있고 맥침脈沈하면 부자탕을 써야 한다고 하였다.

또 말하기를 하리下利하면서 배가 창만脹滿하게 되고 신체가 동통疼痛하게 되면 먼저 속을 온溫하게 하고 다음에 표를 다스려야 하는 것이니 속을 온溫하게 하려면 사역탕을 써야 하고 표사表邪를 공격하려면 계지탕을 써야 한다고 하였다.

논왈 우증 당용 관계부자이중탕
論曰 右證에 當用 官桂附子理中湯이니라.

(동무는 위에서 중경이 말한 모든 證에는 관계부자이중탕을 쓰면 가하다고 하였다.)

張仲景이 曰 少陰病始得之에 反發熱 脈沈者는 麻黃附子細辛湯을
主之니라. 少陰病 一二日에 口中이 和하고 背惡寒者는
宜 附子湯이니라. 少陰病 二三日에 用 麻黃附子甘草湯하야
微發之니 以 二三日 無證故로 微發汗也니 無證은 謂 無吐利 厥證也라
下利 脈沈而 遲하고 其人이 面小赤하고 身有 微汗하며
下利淸穀하면 必 鬱冒汗出而 解니라 病人이 必 微厥하리니
所以然者는 其面이 戴陽 下虛故也니라 少陰病이 脈細沈數하면
病爲在裏니 不可發汗이니라 少陰病에 但厥無汗而强發之면
必動其血하야 或 從口鼻하며 或 從目出하리니
是爲 下厥上竭이나 難治니라

대 의

장중경이 말하기를 소음병少陰病을 처음에 만났을 때에 도리어 발열하며 맥이 침沈하면 마황부자세신탕麻黃附子細辛湯을 써야 한다.

또 말하기를 소음병 1-2日에 입에 조증燥證이 없고 다만 배오한背惡汗이 있으면 부자탕附子湯을 써야 한다.

또 말하기를 소음병 2-3日에 마황부자탕麻黃附子湯을 써서 약간 발한發汗을 시켰더니 그 후 2-3日동안에 아무런 부증副證도 나타나지 않으므로 미

발한微發汗을 시켰던 것이나. 그런데 여기에서 무증無證이라고 말한 것은 토리吐利와 궐증厥證이 없는 것을 말하는 것이다.

또 말하기를 하리下利하면서 맥이 침지沈遲하고 병인病人이 얼굴이 약간 붉으며 몸에 약간 미한微汗이 있으면서 하리청곡下利淸穀을 하게 되면 그것은 울모鬱冒가 되면서 한해汗解하려는 것이다. 이 때에 병인이 반드시 약간 궐증厥證(手足이 차면서 오그라드는 것)이 있을 것이니 이것은 상초면부上焦面部에 울열鬱熱이 되고 하초下焦가 허虛해지려는 징조이다. 소음병이 맥세침삭脈細沈數하면 그것은 병이 이부裏部에 있는 것인즉 발한하여서는 안 된다. 만약 이러한 때에 땀을 강발强發하게 되면 동혈動血이 되어서 구비口鼻나 귀로 피血가 나올 것인즉 이것이 바로 하궐상갈下厥上竭(하초의 양이 모두 상초에 몰려서 귀원하지 못하고 말려는 것)인즉 낫기 어렵다고 하였다.

논왈 장중경소론 태음병 소음병 구시 소음인 위기허약 설사지증이
論曰 張仲景所論 太陰病 少陰病은 俱是 少陰人 胃氣虛弱 泄瀉之證而

태음병설사 중증중 평증야 소음병설사 위증중 험증야
太陰病泄瀉는 重證中 平證也오 少陰病泄瀉는 危證中 險證也니라

인 단견 설사 동시일증이 이어심상주도 소음병설사
人 但見 泄瀉할새 同是一證而 易於尋常做圖나 少陰病泄瀉를

심상주도즉 필부면사 개 태음병설사 대장지설사야
尋常做圖則 必不免死니라 蓋 太陰病泄瀉는 大腸之泄瀉也오

소음병설사 위중지설사야 태음병설사 온기 축냉지설사야
少陰病泄瀉는 胃中之泄瀉也니 太陰病泄瀉는 溫氣 逐冷之泄瀉也오

소음병설사 냉기 핍온지설사야
少陰病泄瀉는 冷氣 逼溫之泄瀉也니라

대 의

동무가 중경이 논한 바의 소음병 제증을 논하기를 태음병 소음병은 모두 소음인의 위약胃弱에서 오는 설사인 바 다만 이것을 구별한다면 태음병 설사는 중증重證 중에 평증이고 소음병 설사는 위증危證의 험증險證이다. 그런데 모든 사람들은 설사를 동일 證으로 보고 쉽게 취급하려고 하나 소음병 설사를 만일 쉽게 생각하다가는 죽음을 면하지 못할 것이다.

태음병 설사는 대장大腸에서 오는 것이오, 소음병 설사는 위장胃腸에서 오는 것이다. 그런즉 태음병 설사는 온기溫氣가 냉사冷邪를 구축驅逐하려는 설사이고 소음병 설사는 냉사冷邪가 위胃중 온기溫氣에 도전하려는 설사인 것이다.

소음병 욕 자유즉 면소적 신유미한 필 울모한출이해
少陰病이 欲 自愈則 面小赤하며 身有微汗하야 必 鬱冒汗出而解라

고 고인 유견어차 소음병 단궐무한자 역이 마황
故로 古人이 有見於此하야 少陰病 但厥無汗者를 亦以 麻黃으로

강발한 욕기자유 이반동기혈 종구비출
强發汗하야 欲其自愈라가 而反動其血하야 從口鼻出이니라

고 어시호 시위 계구 범 소음병 불감 경이 용마황이
故로 於是乎 始爲 戒懼하야 凡 少陰病에 不敢 輕易 用麻黃而

소음병시득지 일이일 이삼일 초증 이 마황부자감초탕
少陰病始得之 一二日 二三日 初證에 以 麻黃附子甘草湯으로

미발지야 연 마황 위 소음병 해약즉 수 이삼일 초증
微發之也니라 然이나 麻黃은 爲 少陰病 害藥則 雖 二三日 初證이라도

필부가용 마황발지야 차증 당용 관계부자이중탕
必不可用 麻黃發之也니 此證에는 當用 官桂附子理中湯하되

혹 이계지 역관계
或 以桂枝로 易官桂니라

자구해석

| 울모(鬱冒)　鬱字의 뜻은 총생(叢生)상태를 의미하는 것이오, 冒라는 것은 뒤집어씌우는 것을 말하는 것이다. 그런즉 울모란 것은 사(邪)가 집합하여서 본원지총기(本元之叢氣)위에 뒤집어씌운 것을 말하는 것이다.

대 의

동무는 또 계속하여서 논하기를 소음병이 자유自愈하려고 하면 면소적 신미한面小赤 身微汗하는 바 이것은 울모鬱冒되었다가 한출汗出함으로써 풀리려는 것이다. 그러므로 古人은 소음병 단궐무한증少陰病 但厥無汗證을 마황으로 발한發汗하여서 자유自愈케 하려 했던 바 그 결과는 반대로 혈血을 동하게 하여서 구비출혈口鼻出血을 초래하였던 것이다. 그러므로 여기에서 마황을 함부로 써서는 안되겠다는 것을 깨닫고 소음병 초기에 마황부자감초탕을 쓰게 되었던 것이다. 그러나 마황은 본시 소음병의 해약害藥인즉 비록 2, 3일의 초증이라고 하더라도 남용하여서는 안 되는 것이다.

그런즉 이러한 경우에는 응당 관계부자이중탕官桂附子理中湯을 써야 하는 바 혹 계지桂枝로써 관계官桂와 바꿔야 할 경우도 있는 것이다.

보 주

위에서 동무가 「마황은 소음병 해약害藥」이라고 한 바 있는데 그 이유는 소음병은 신중지한사腎中之寒邪가 위胃에 들어가서 진양眞陽을 약화하려는 험증險證이다. 그러므로 이 때는 흉복胸腹중에 음사陰邪가 울모鬱冒하고 있은즉 흉복에다가 뿌리박은 위기衛氣는 거의 전멸상태에 놓이게 되는 것이다. 그런데 상초의 울모를 풀기 위하여 만일 마황으로 사邪를 구축한다면 위기衛氣는 물론이고 흉중지진양胸中之眞陽까지 소멸시켜서 망양병亡陽病을 초래하는 결과가 된다. 그러므로 마황麻黃을 소음병 해약害藥이라고 한 것이다.

소음병 초증 인위험증 계위위증 차병 초증
少陰病 初證은 因爲險證이다가 繼爲危證이니 此病 初證에

조불판증이 조치즉 위경야 범 복통자리 무구갈 구중화자
早不辨證而 措置則 危境也니라 凡 腹痛自利 無口渴 口中和者는

위태음병 복통자리이 유구갈 구중 불화자 위소음병
爲太陰病이오 腹痛自利而 有口渴 口中이 不和者는 爲少陰病이니라

소음병 유 신체통 골절통표증 차 즉 표리구병이 대장한기
少陰病에 有 身體痛 骨節痛表證하니 此는 卽 表裏俱病而 大腸寒氣

필승위중온기이 상승야 태음병 무 신체통골절통 표증
必勝胃中溫氣而 上升也오 太陰病에 無 身體痛骨節痛 表證하니

차 즉 이병 표불병이 위중온기 유승 대장한기이 하강야
此는 卽 裏病 表不病而 胃中溫氣 猶勝 大腸寒氣而 下降也니라

대 의

동무는 또 계속하여 논하기를 소음병 초증初證은 첫 번부터 험증險證이었다가 계속하여서 위증危證이 되는 것인즉 이 병을 초기에 판증辨證하지 못하고 버려두게 되면 결국은 위증危證이 되고 마는 것이다. 그런즉 만일 복통 자리自利를 하면서 갈증이 없고 구중口中이 화和하면 이것은 태음병이오, 만일 복통자리를 하면서 구갈口渴이 있고 구중口中이 불화不和하면 이것은 소음병인 것이다. 그런데 소음병에는 신체통 골절통과 같은 표증이 있는 바 이것은 표리表裏가 구병俱病한 것인즉 대장한기大腸寒氣가 위중온기胃中溫氣를 이기면서 상승하는 까닭이오 태음병에는 신체통 골절통과 같은

표증이 없으니 이것은 이병裏病만 있고 표병表病이 없는 것인즉 위중온기胃中溫氣가 대장한기大腸寒氣를 이기면서 하강하는 까닭이다.

보 주

소음병은 대장한기大腸寒氣가 비위脾胃를 향하여서 상승이 향래上升而 向來하게 되므로 표증이 있고 태음병은 위중온기胃中溫氣가 대장한사大腸寒邪를 구축驅逐하면서 하강이 달표下降而 達表하는 것이므로 표증이 없는 것이다. 그런데 소음병은 한사寒邪가 水와 합세하는 것이므로 역강力强하고 태음병은 한사寒邪가 土와 합세하므로 역강力强할 수 없는 것이다.

장중경 왈 소음병 자리 순청수 심하통
張仲景이 曰 少陰病에 自利 純青水하고 心下痛하며

구조건자 의 대승기탕
口燥乾者는 宜 大承氣湯이니라

주굉 왈 소음병 구조인건이 갈 의 급하지
朱肱이 曰 少陰病에 口燥咽乾而 渴하면 宜 急下之로대

비약양명 의하이가완야
非若陽明이면 宜下而可緩也니라

이고 동원서 왈 소음증 구중변 구중 화자 당온
李杲 東垣書에 曰 少陰證은 口中辨이니 口中이 和者는 當溫이오

구중 건조자 당하 소음증 하리변 색불청자
口中이 乾燥者는 當下니라 少陰證은 下利辨이니 色不青者는

당온 색청자 당하
當溫이오 色青者는 當下니라

이천 왈 설건 구조 혹 하리청수 섬어 변폐
李梴이 曰 舌乾 口燥하고 或 下利清水하며 譫語 便閉하면

의 소승기탕 순청 사지궐냉
宜小承氣湯이오 唇青 四肢厥冷하고

지갑 청흑 의강부탕
指甲이 青黑이면 宜 薑附湯이니라

대 의

장중경이 말하기를 소음병에 청수清水를 하리下利하고 심하心下가 아프며 입이 건조하면 이것은 응당 대승기탕을 써야 한다고 하였다.

주굉이 말하기를 소음병에 구조 인건증口燥 咽乾證이 있으면서 갈증이 겸하면 당하當下하여야 하는 것이다. 그러나 양명증과는 다른 것인즉 下하더라도 완하법緩下法을 써야 한다.

이고李杲의 동원서東垣書에 말하기를 소음증은 구증口證으로써 변증辨證하여야 하는 것이니 구중口中이 건조하지 않으면 온약溫藥을 써야 하고 만약 구중口中이 건조하면 하제下劑를 써야 한다고 했다. 또 소음증은 하리下利하는 색으로써 구별하여야 하는 것이니 색이 불청不青하면 온제溫劑를 써야 하고 색청色青하면 하제下劑를 써야 한다고 했다.

이천李梴이 말하기를 소음증에 구조口燥 설건舌乾 하리下利 청수清水 섬어譫語 변폐便閉등 증證이 있으면 소승기탕小承氣湯을 써야 하고 순청 사지궐냉唇青 四肢厥冷하고 지갑指甲이 청흑青黑하면 강부탕薑附湯을 써야 한다고 했다.

논왈 하리청수자 욕하지즉 당용 파두
論曰 下利清水者를 欲下之則 當用 巴豆오

욕 온 지 즉 당 용 관 계 부 자 이 중 탕 하 리 청 수
欲溫之則 當用 官桂附子理中湯이로되 下利淸水하다가

잉 위 변 폐 자 선 용 파 두 후 용 강 출 관 중 탕
仍爲便閉者는 先用 巴豆하고 後用 薑朮寬中湯이니라

대 의

동무는 하리청수下利淸水하는 것을 설하泄下하려고 하면 마땅히 파두를 써야 하고 온溫하게 하려면 마땅히 관계부자이중탕官桂附子理中湯을 써야 한다. 그러나 하리청수下利淸水를 하다가 변폐증便閉證이 생기게 되면 먼저 파두를 쓴 후에 강출관중탕薑朮寬中湯을 써야 한다고 하였다.

상 견 소 음 인 십 세 아 사 려 모 기 매 유 우 수
嘗見 少陰人 十歲兒 思慮耗氣하야 每有憂愁라가

일 이 일 즉 필 복 통 설 사 일 이 일 용 백 하 오 이 중 탕 이 삼 사 첩
一二日則 必 腹痛泄瀉키로 一二日에 用 白何烏理中湯 二三四貼하고

혹 심 즉 부 자 이 중 탕 일 이 첩 즉 설 사 필 유 의
或 甚則 附子理中湯 一二貼則 泄瀉必愈矣니라

홀 일 일 차 아 심 유 우 수 기 도 불 평 수 일 고
忽一日에 此兒 心有憂愁하야 氣度不平數日故로

예 치 차 용 백 하 오 이 중 탕 이 첩 즉 설 사 인 작 하 리 청 수
預治次 用 白何烏理中湯二貼則 泄瀉因作하야 下利淸水러라

연 용 육 첩 청 수 부 지 급 용 부 자 이 중 탕 육 첩
連用六貼이로되 淸水 不止어늘 急用 附子理中湯 六貼하니

淸水變爲黑水하고 又 二貼에 黑水泄瀉 亦愈기도

又二三貼 調理하니라 以此觀之則 下利淸水者는 病人이

有霍亂 關格而後에 成此證也니 當用巴豆하야 破 積滯痼冷은

自是無疑니라 此兒 十歲冬 十二月에 有下利靑水病이러니

十一歲春 二月에 又得 亡陽病이니라

대 의

동무는 또 계속하여서 위에서 논한 바를 부연敷衍하였다. 내가 일찌 11세 소아가 사려모기思慮耗氣함으로써 혹 우수憂愁하는 일이 1-2일만 있은즉 반드시 복통 설사를 하곤 하는 것을 본 일이 있다. 그러므로 1-2일 될 때마다 백하오이중탕을 2-3-4첩씩 복용시켰고 또 혹시 심한 경우면 부자이중탕 1-2첩으로써 설사가 치료되곤 하였다.

하루는 의외意外에 이 아이가 또 걱정이 생겨서 기분이 좋지 못하므로 예방하기 위하여서 백하오이중탕 2첩을 썼던 바 바로 하리청수下利淸水를 하게 되므로 6첩을 연복시켰는데에도 불구하고 청수가 그치지 않는 것이다. 그러므로 급히 부자이중탕 6첩을 썼더니 청수가 변하여 흑수黑水가 됐고 또 2첩을 더 썼더니 흑수설사黑水泄瀉가 멎었기로 그 후에 2-3첩을 더 써서 조리調理하였던 것이다.

이와 같이 본즉 하리청수下利淸水하는 것은 병인이 반드시 곽란관격霍亂關格이 있은 후에 되는 것이란 것을 알 수 있는 것이다. 왜냐하면 이 병이 파두를 써서 적체고냉積滯痼冷을 깨어야 한다는 것은 의심할 바가 없기 때문

이니. 그런데 하이[illegible]가 10세 되던 해의 겨울 12월에 하리청수병을 만났고 또 11세가 되던 해의 2월에 망양병을 만났던 것이다.

朱肱이 曰 躁無暫定而 厥者는 爲 藏厥이니라 李梴이 曰 藏厥者는 發躁 無 休息時니라 發熱 七八日에 脈微冷而 躁하며 或吐 或瀉하야 無時暫安者는 乃 厥陰 眞藏氣絶이니 故로 曰 藏厥이라 仲景이 無治法而 四逆湯을 冷飮救之라 하고 又 少陰病에 厥而 吐利 發躁者는 亦不治而 三味蔘萸湯으로 求之라 하니라

대 의

주굉이 말하기를 조躁하여서 조금도 진정하지 못하는 것을 장궐藏厥이라고 한다.(조(躁)는 번지심자(煩之甚者)니 번즉 기세불맹(煩則 其勢不猛)하고 조즉 기열(躁則 其熱)이 심이 양수척족야(甚而 揚手擲足也)라.)

이천李梴이 말하기를 장궐藏厥이란 것은 조躁가 발하여서 휴식이 없는 것이다. 그러므로 발열 7-8일에 맥미부냉脈微膚冷하면서 조躁하고 혹 토사吐瀉를 겸하여서 조금도 안정될 사이가 없는 것은 궐음진장厥陰眞藏이 기절氣絶되었기 때문이므로 이것을 장궐藏厥이라고 한다. 그런데 이 병은 중경도 치법이 없어서 사역탕을 냉음구지冷飮救之하라고 했고 또 소음병에 궐이발조厥而發躁하는 것도 치법이 없기 때문에 삼미삼유탕三味蔘萸湯으로 구하라고 하였다.

논왈 소음인 희호부정이 계궁력굴즉 심번조야
論曰 少陰人이 喜好不定而 計窮力屈則 心煩躁也니

소음병상한 욕토불토 심번 단욕매자 차비 계궁력굴자지병호
少陰病傷寒에 欲吐不吐 心煩 但欲寐者 此非 計窮力屈者之病乎아

개희호자 소욕야 하고 지어 계궁력굴이 득차 소음병호
盖喜好者는 所欲也니 何故로 至於 計窮力屈而 得此 少陰病乎아

하불조용 군자관평심호 연 초증상한 욕토불토심번 단욕매자
何不早用 君子寬平心乎아 然이나 初證傷寒에 欲吐不吐心煩 但欲寐者

조용약즉 유가면사야 기병 지어조무잠정이 궐즉 세재극위야
早用藥則 猶可免死也나 其病이 至於躁無暫定而 厥則 勢在極危也니

개 불가련호 차증 당용 삼유탕 사역탕 관계부자이중탕
豈 不可憐乎아 此證에 當用 蔘萸湯 四逆湯 官桂附子理中湯이니라

대 의

소음인이 희호부정喜好不定함으로써 계궁력굴計窮力屈하게 된즉 마음이 번조煩燥하게 되는 것이다. 그런즉 소음병 상한에 욕토 불토 심번 단욕매欲吐 不吐 心煩 但欲寐하는 자는 이것이 계궁력굴計窮力屈한 자의 병이 아니겠느냐? 희호喜好라는 것은 욕심에서 생기는 것인데 무엇 때문에 계궁력굴計窮力屈하도록 희喜함으로써 이와 같은 소음병少陰病을 얻어야 할 것인가 무엇 때문에 일찍이 군자처럼 관평심寬平心하지 않았던가? 그러나 상한초증傷寒初證서 욕토 불토 심번 단욕매하는 자를 일찍이 용약用藥하면 면사免死할 수가 있는 것인데도 불구하고 그 병이 조무잠정躁無暫定하여서 궐厥하기까지에 이르러서 병세가 이미 위급하게 되었은즉 어찌 가련하지 않겠는가? 차증此證에는 삼유탕 사역탕 관계부자이중탕 오수유부자이중탕을 써야 하는 것이다.

보 주

여기에서 잠깐 논할 것은 무엇 때문에 소음인병에 「욕토 불토 심번 단욕매欲吐 不吐 心煩 但欲寐」하는 병이 생기는가 하는 것이다. 소음인은 본래 신대비소腎大脾小한 체국體局이다. 그러므로 낭희浪喜가 많으면 화火가 망동하면서 상성 하허증上盛 下虛證이 되므로 심번心煩하면서 욕토欲吐 불토不吐하게 되는 것이다. 그런즉 심번하는 것은 火가 水중에서 動하지 못하기 때문이오 단욕매但欲寐하는 것은 신중지음腎中之陰이 정靜하려고 하기 때문이오 욕토 불토하는 것은 火가 욕발이 불발欲發而 不發하기 때문이다. 이와 같이 된즉 소음인의 장점인 경륜經綸이나 방략方略은 전부 없어지게 되므로 계궁력굴計窮力屈하게 되는 것인 바 이것을 예방하는 방법은 자기 자신이 희호喜好를 절제하여야 할 것은 물론이고 의사는 번煩이 조躁에까지 이르기 전에 음기陰氣를 몰아버리고 울화鬱火가 서신舒伸할 수 있는 약을 써야 할 것이다. 그러므로 동무가 「하불조용 군자관평심호아 조용약즉 유가면사야何不早用 君子寬平心乎아 早用藥즉 猶可免死也」라고 한 것이다.

주굉 왈 병인 신냉 맥침세이 질 번조이 불음수자
朱肱이 曰 病人이 身冷 脉沈細而 疾하며 煩躁而 不飮水者는

음성격양야 약 음수자 비 차증야 궐음병 갈욕음수자
陰盛隔陽也라 若 飮水者는 非 此證也니 厥陰病에 渴欲飮水者는

소소여지 유
小小與之하면 愈니라

성무기 왈 번 위 심중울번야 조 위 기외열조야
成無己 曰 煩은 謂 心中鬱煩也오 躁는 謂 氣外熱躁也니

단 번불조급 선번후조자 개가치 단 조불번급 선조후번자
但 煩不躁及 先煩後躁者는 皆可治오 但 躁不煩及 先躁後煩者는

개불가치 선조후번 위불불연 경작조민 차
皆不可治니라 先躁後煩은 謂怫怫然하야 更作躁悶이니 此는

음성격양야 수대조 욕어니수중와 단수부득입구 시야
陰盛隔陽也라 雖大躁하야 欲於泥水中臥라도 但水不得入口 是也라

차 기욕절이 쟁 비여 등장멸이 폭명
此는 氣欲絶而 爭이니 譬如 燈將滅而 暴明이니라

이천 왈 상한음성격양 기증 신냉반조 욕투정중
李梴이 曰 傷寒陰盛隔陽에 其證이 身冷反躁하야 欲投井中하고

순청면흑 갈욕음수 복토 대변 자리흑수 육맥
脣靑面黑하며 渴欲飮水나 復吐하며 大便이 自利黑水하며 六脈이

침세이 질 혹 무맥 음성격양 대허증야 의 벽력산
沈細而 疾커나 或 無脈하면 陰盛隔陽 大虛證也니 宜 霹靂散이니라

우왈 궐역 번조자 불치
又曰 厥逆 煩躁者는 不治니라

대 의

주굉이 말하기를 병인病人이 신냉 맥침세이 질身冷 脉沈細而 疾하며 또 번조煩燥하면서도 물을 먹지 못하는 것은 음성격양陰盛隔陽하고 있기 때문이다. 그런즉 병인이 만일 물을 먹으면 그것은 음성격양陰盛隔陽이 아니라는 증거인 것이다. 그러므로 궐음병에 만일 물을 먹는 사람은 물을 조금씩 주면 자유自愈하게 된다.

성무기成無己가 말하기를 번煩이란 것은 심중울번心中鬱煩을 말하는 것이오 조躁라는 것은 기외열조氣外熱躁를 말하는 것이니 단번 부조但煩 不躁나 선번 후조先煩 後躁하는 것은 모두 치료할 수가 있고 단조 불번但躁 不煩하거나 선조 후번先躁 後煩하는 것은 치료해 낼 수가 없다. 왜나하면 선조 후번先躁 後煩이란 것은 불불연怫怫然(불(怫)자는 비(沸)자와 동일한 자인즉 불불연(怫怫然)

[illegible] 같다는 말이다)하면서 잇대어서 조민躁悶하는 것인즉 이것은 음성격양陰盛隔陽인 것이다. 그러므로 비록 대조大躁하여서 이수중泥水中에라도 뛰어 들려고 하지만 물을 먹지 못하는 것인즉 이것은 마치 등불이 꺼지려고 할 때에 왈칵 밝아지는 것과 같은 것이다.

이천이 말하기를 음성격양陰盛隔陽증은 신냉 반조身冷 反躁하여서 정수井水중에라도 뛰어 들려고 하며 순청 면흑脣靑 面黑하며 물을 먹으려고는 하지만 먹지 못하며 흑색설사黑色泄瀉를 하며 맥脈은 침세이 질沈細而 疾하거나 혹은 무맥無脈한 것인즉 이것은 음성격양의 대허증大虛證이다. 그런즉 마땅히 벽력산霹靂散을 써야 한다. 그러나 궐역厥逆하면서 번조煩躁하게 되면 이것은 음양이 괴리乖離한 징조이므로 치유治癒할 수가 없는 것이다.

보 주

위의 성무기의 말에 「번煩은 심중울번心中鬱煩이고 조躁는 기외열조氣外熱躁」라고 한 것이 있다. 심중울번이란 말은 심중지화가 음수陰水에 덮이어서 상승하지 못하기 때문에 번하는 것을 말하는 것이고 기외열조란 것은 火가 水外에서 動하고 있기 때문에 조동躁動하는 것을 말하는 것이다. 그러므로 선번 후조先煩 後躁나 단번 부조但煩 不躁는 음성격양陰盛隔陽의 시초거나 혹은 음성격양의 경증輕證이므로 다스릴 수 있지만 만일에 단조 불번但躁 不煩하거나 선조 후번先躁 後煩하게 되면 이것은 음성격양의 태심太甚한 것이므로 치료할 수가 없는 것이다.

논왈 차증 당용 관계부자이중탕 오수유부자이중탕
論曰 此證에 當用 官桂附子理中湯 吳茱萸附子理中湯이오

혹 용 벽력산
或用 霹靂散이니라

대 의

위에서 말한 음성격양 번조증陰盛膈陽 煩躁證에는 마땅히 관계부자이중탕 오수유부자이중탕을 써야 하는 바 혹 벽력산도 가한 것이다.

장궐여 음성격양병정 대동소이 구재극위 여존일발
藏厥與 陰盛膈陽病情이 大同小異로대 俱在極危하니 如存一髮이면
조수난급 약론 차병지가치 상책 막여 차증미성지전
措手難及이니라 若論 此病之可治컨대 上策이 莫如 此證未成之前에
조용 관계부자이중탕 오수유부자이중탕
早用 官桂附子理中湯 吳茱萸附子理中湯이니라

대 의

선생은 또 계속하여서 장궐증藏厥證을 논하였다. 즉 장궐과 음성격양증은 대동소이한 것인 바 그 극위極危한 점으로 보아서 만일 조금이라도 지체遲滯하면 어쩔 수 없게 된다. 그런즉 이 병을 치료하는 상책은 차증 미성지전此證 未成之前에 일찍이 관계부자이중탕이나 오수유부자이중탕을 쓰는 것 밖에는 도리가 없는 것이다.

범관 소음인병 설사 초증자 당관어 심번여 불번야
凡觀 少陰人病할 새 泄瀉 初證者는 當觀於心煩與 不煩也니

심번즉 구갈이 구중 불화야 심불번즉 구불갈이 구중 화야
心煩則 口渴而 口中이 不和也오 心不煩則 口不渴而 口中이 和也니라

관 소음인병 위증자 당관어조지 유정무정야
觀 少陰人病 危證者는 當觀於躁之 有定無定也니라

욕관 조지유정 무정즉필점 심지범위 유정무정야
欲觀 躁之有定 無定則必占 心之範圍 有定無定也니라

심지범위 작작자 심지유정이 조지유정야
心之範圍 綽綽者는 心之有定而 躁之有定也오

심지범위 경경자 심지무정이 조지무정야
心之範圍 耿耿者는 心之無定而 躁之無定也니

심수 경경홀홀 유유 일반시각 작작탁탁즉
心雖 耿耿忽忽이라도 猶有 一半時刻 綽綽卓卓則

기병 가치 가치자 용 강부이 가효야
其病은 可治니 可治者는 用 薑附而 可效也니라

대 의

동무는 계속하여서 음성격양 번조증陰盛隔陽 煩躁證을 관찰하는 요령을 다음과 같이 제시하였다. 소음인의 병을 관찰할 때에 만일 설사 초증이 있으면 먼저 심번心煩여부부터 살펴야 한다. 그 관찰하는 요령은 가령 심번이 있으면 반드시 구갈口渴이 있고, 심번이 없으면 구갈이 없다는 것을 알아야 하며 또 한가지는 소음인의 번조증을 볼 때에 조躁의 유정무정有定無定을 살펴야 하는 바 이것을 살피려고 하면 먼저 그 사람의 심心의 범위의 유정무정 여하를 알아야 한다. 그러므로 심心의 범위가 만일 너그러우면(綽綽) 조躁가 안정할 수 있는 여유가 있는 것을 의미하는 것이오, 만일 심의 범위가 경경耿耿(반짝거릴경, 心不安也)하면 조躁가 안정할 여유가 없다는

것을 알아야 한다. 그런즉 심心이 비록 경경홀홀耿耿忽忽한다고 할지라도 반 시각동안만 작작綽綽할 수 있는 사람은 치유할 수 있은 즉 이러한 때에는 마땅히 강부薑附를 써야 한다.

범 소음인 설사 일 삼도 중어 일이도야 사오도
凡 少陰人 泄瀉 日 三度는 重於 一二度也오 四五度는

중어 이삼도야이 일사도설사즉 태중야 설사일일 경어이일야
重於 二三度也而 日四度洩瀉則 太重也오 洩瀉一日이 輕於二日也오

이일 경어삼사일야 이연삼일설사즉 태중야
二日이 輕於三四日也니 而連三日洩瀉則 太重也니라

소음인 평인 일월간 혹 설사일이차즉 불가위 경병인야
少陰人 平人이 一月間에 或 洩瀉一二次則 不可謂 輕病人也오

일일간 건변 삼사도즉 불가위 경병인야 하리청곡자
一日間에 乾便 三四度則 不可謂 輕病人也니 下利清穀者는

수 일수십행 구중 필부조건 이냉기외해야
雖 日數十行이라도 口中이 必不燥乾이면 而冷氣外解也니라

하리청수자 복중 필유청수야
下利清水者는腹中에 必有青水也오

약 하리황수즉 비청수이 우 필난 예물야
若 下利黃水則 非青水而 又 必難 穢物也니라

대 의

또 계속하여서 논하기를 소음인의 설사가 1일에 세 번 나게 되면 1-2도度 나는 것보다 重하고 또 4-5도 나게 되면 3-4도 나는 것보다 重하다. 그런즉 만일 1일에 설사가 4도 나는 것은 태중太重하지 않을 수 없다. 또 설사를 1일하는 것은 2일보다 경輕하고 2일은 3-4일보다 경輕한 것인즉

연連3일 설사하는 것은 태중太重하지 않을 수 없다.

또 소음인 平人이 1개월 간에 1-2차씩 설사를 하면 이것은 경병輕病이 아니고 1일간에 건변乾便을 3-4차씩 보는 것은 경병輕病이 아니다. 그러나 하리청곡下利淸穀을 비록 매일 수 십차례 할지라도 구중口中이 건조하지 않으면 이것은 냉기冷氣가 외해外解하는 징조이니 조증躁證을 유발하지 않는다는 것을 의미하는 것이다. 그런데 하리청수下利淸水하는 것은 복중腹中에 청수淸水가 있다는 말이오 하리황수下利黃水하는 것은 예물穢物이 섞여 있다는 것을 의미하는 것이다.

보 주

소음인이 1일간에 건변乾便 3-4차 하는 것은 대장의 조기燥氣는 완장完壯하나 승기升氣가 부족하기 때문인즉 이것은 소음병이나 혹은 음성격양陰盛隔陽증을 유발하려는 징조요 1월간에 설사를 1-2차 하게 되면 이것은 장차 태음병을 유발하려는 징조이므로 모두 미연에 방지하여야 할 것이다.

장중경 왈 상한 칠팔일 신황 여치자색 소변 불리
張仲景이 曰 傷寒 七八日에 身黃 如梔子色하고 小便이 不利하고

복미만 속 태음 의 인진고탕 상한 단 두한출
腹微滿하면 屬 太陰이니 宜 茵蔯蒿湯이니라 傷寒에 但 頭汗出하고

여무한 자경이환 소변 불리 신필발황
餘無汗하야 劑頸而還하고 小便이 不利하면 身必發黃이니라

이천 왈 천행역려 역능 발황 위지온황
李梴이 曰 天行疫癘 亦能 發黃이니 謂之瘟黃이라

살인 최급 의 장달환
殺人이 最急이니 宜 瘴疸丸이니라

대 의

장중경이 말하기를 상한 7-8일에 몸에 발황發黃하여서 치자색과 같이 되고 겸하여 소변불통과 복미만증腹微滿證이 있으면 이것은 태음증에 속하는 것인즉 인진고탕茵蔯藁湯을 써야 한다. 또 말하기를 상한에 두한출頭汗出이 있고 다른 부위에는 땀이 없으면서 목頸만큼 끊어서 땀이 나면서 (劑字는 가지런히 끊을 자) 소변불통이 되면 발황發黃하게 되는 것이다.

이천이 말하기를 천행역려(天行疫癘 : 염병)가 또한 발황하는 것을 온황瘟黃이라고 하는 바 살인율이 가장 많다. 그런즉 여기에는 장달환瘴疸丸을 써야 한다고 하였다.

논왈 우증 당용 인진귤피탕 인진부자탕 인진사역탕 장달환
論曰 右證에 當用 茵蔯橘皮湯 茵蔯附子湯 茵蔯四逆湯 瘴疸丸이오

혹용 파두단
或用 巴豆丹이니라

대 의

위에서 장 이 양씨張 李 兩氏가 말한 황달증黃疸證에는 응당 인진귤피당茵蔯橘皮湯이나 인진부자탕茵蔯附子湯이나 인진사역탕茵蔯四逆湯이나 장달환瘴疸丸을 써야 하고 혹 파두단巴豆丹도 가하다고 하였다.

의학강목 왈 단 결흉 무 대열자 차위수결
醫學綱目에 曰 但 結胸하고 無 大熱者는 此爲水結이오

단 두한출 명왈수결흉 소반하탕 주지
但 頭汗出을 名曰水結胸이니 小半夏湯을 主之니라

공신 왈 한실결흉 무열증자 의 삼물백산
龔信이 曰 寒實結胸에 無熱證者는 宜 三物白散이니라

대 의

의학강목에 말하기를 단지 결흉증結胸證만 있고 대열大熱이 없으면 이것은 수결水結이오, 다만 두한출頭汗出만 있는 것은 수결흉水結胸이니 소반하탕小半夏湯을 써야 한다.

공신이 말하기를 한기寒氣가 충만함으로써 결흉증이 생겼다고 할지라도 대열大熱이 없으면 삼물백산三物白散을 써야 한다고 하였다.

논왈 우증 당용 계지반하생강탕 적백하오관중탕 삼물백산
論曰 右證에 當用 桂枝半夏生薑湯 赤白何烏寬中湯 三物白散이오

혹 용 파두단
或 用 巴豆丹이니라

대 의

위에서 말한 증證에는 마땅히 계지반하생강탕 적백하오관중탕 삼물백산을 써야 하고 혹 파두단을 써도 좋다고 하였다.

소양인병 심하 결경자 명왈 결흉 기병 가치야
少陽人病에 心下 結硬者를 名曰 結胸이니 其病은 可治也어니와

소음인병 심하 결경자 명왈 장결 기병 불치야
少陰人病에 心下 結硬者는 名曰 藏結이니 其病은 不治也니라

의학강목 의감소론 수결흉 한실결흉증약
醫學綱目과 醫鑑所論 水結胸 寒實結胸證藥은

구시 소음인태음병이 여장중경 인진고탕증
俱是 少陰人太陰病而 與張仲景 茵蔯蒿湯證으로

상류즉 차병 상필 비 진결경어심하이 즉 비만어 심하자야
相類則 此病은 想必 非 眞結硬於心下而 卽 痞滿於 心下者也니라

장중경 사심탕증 상한 하리 심하비경
張仲景 瀉心湯證에 傷寒에 下利하고 心下痞硬커나

한해후 심하비경운자 역개 비만어 심하자
汗解後 心下痞硬云者는 亦皆 痞滿於 心下者니

혹 제상근처 결경야이 비진결경어 심하자야
或 臍上近處에 結硬也而 非眞結硬於 心下者也리라

약 소음인병이 심하우변 결경즉 불치
若 少陰人病而 心下右邊에 結硬則 不治니라

대 의

동무는 여기에서 결흉結胸과 장결藏結과 비경증痞硬證의 구별을 다시 다음과 같이 논했다.

소양인의 병에 있는 심하결경증心下結經證은 진짜 결흉증인즉, 그것은 치유할 수가 있으나 소음인병에 있는 심하결경증은 장결藏結인즉 치유할 수가 없다. 위에서 말한 의학강목의 수결흉증水結胸證과 공신의감龔信醫鑑에서 말한 한실결흉증寒實結胸證은 모두 소음인의 태음병인즉 장중경의 인진고탕증茵蔯蒿湯證과 방불彷佛한 것이다. 그런즉 이 병은 심하心下의 진결경眞結硬

이 아니고 혹시 심하비만증心下痞滿證이 아닌가 생각된다.

장중경이 사심탕증瀉心湯證에서 말하기를 상한傷寒에서 하리下利후나 혹은 발한發汗후에 심하가 비경痞硬한다고 한 것도 또한 심하가 비만痞滿한 것이거나 제상근처臍上近處에 결경結硬한 것이고 心下의 진결경眞結硬은 아닐 것이라고 생각되는 것이다. 만약 소음인이 심하우변心下右邊에 결경結硬이 있으면 이것은 불치병이기 때문이다.

장중경 왈병유결흉 유장결 기상 여하
張仲景이 曰 病有結胸하고 有 藏結하니 其狀이 如何오

왈안지통 촌맥 부 관맥 침 명왈 결흉야
曰 按之痛하며 寸脈이 浮하고 關脈이 沈을 名曰 結胸也라

하위 장결 왈 여결흉상 음식 여고 시시하리
何謂 藏結고 曰 如結胸狀이나 飮食이 如故하고 時時下利하며

촌맥 부 관맥 세소침긴 명왈 장결 설상
寸脈이 浮하고 關脈이 細小沈緊을 名曰 藏結이니 舌上에

백태활자 난치 병인 흉중 소유비 연재제방
白胎滑者는 難治니라 病人이 胸中에 素有痞하야 連在臍傍이라가

인입 소복 입음근자 차명 장결 사
引入 小腹하야 入陰筋者를 此名 藏結이니 死니라

주굉 왈 장결 상여결흉 음식 여고
朱肱이 曰 藏結은 狀如結胸하고 飮食이 如故하며

시시하리이 설상백태 가왈 음식 여상시하리
時時下利而 舌上白胎니라 歌曰 飮食이 如常時下利하고

갱가설상 백태시 연제복통인음근 차질 원래사불의
更加舌上 白苔時라 連臍腹痛引陰筋하니 此疾이 元來死不醫라

대 의

장중경이 말하기를 병에 결흉이 있고 장결이 있은즉 그 상태가 어떠한가? 대답하기를 누르면 통증이 있고 촌맥이 부浮하고 관맥關脈이 침沈한 것을 결흉이라고 한다. 또 묻기를 장결은 어떠한가? 대답하기를 상태는 결흉과 같으나 음식이 여고如故하고 가끔 하리증下利證이 있고 촌맥寸脈이 부浮하며 관맥關脈이 세소침긴細小沈緊한 것을 장결이라고 하는 바 약간 설상舌上에 활滑한 백태白苔가 있으면 이것은 난치증이다. 또 병인이 본시 흉중에 비증痞證이 있어서 제방臍傍에 연결되어 있다가 이것이 소복小腹에 들어가서 음근陰根을 침범한 것이 장결인 바 이것은 죽는다.

주굉이 말하기를 장결은 형태는 결흉과 같으나 음식이 여고如故하고 시시하리時時下利하면서 설상舌上에 백태가 있다고 하였다. 주굉은 이것을 노래하기를 「음식여상시하리 갱가설상백태시 연제복통인음근 차질원래불사의飲食如常時下利 更加舌上白胎時 連臍腹痛引陰筋 此疾元來死不醫」라고 하였다.

논왈 상견소음인 일인 심하우변 결경 백약 무효
論曰 嘗見少陰人 一人이 心下右邊에 結硬하야 百藥이 無效라

여 파두여의단 반극 요두동풍 유경이 지
與 巴豆如意丹이러니 反劇하고 搖頭動風이다가 有頃而 止러니

수월후 사 기후 우유 소음인일인 유 차증자
數月後에 死하고 其後에 又有 少陰人一人이 有 此證者를

용파두단 면상신상 유한이독상순 인중혈좌우변
用巴豆丹한대 面上身上에 有汗而獨上唇 人中穴左右邊에

무한 차인 일주년후 역사
無汗이러니 此人이 一週年後에 亦死니라

범소음인 심하결경 유차증자 목도사오인 혹 반년
凡小陰人이 心下結硬하고 有此證者를 目睹四五人이로대 或은 半年

혹 일년 침구의약 무불주지이 개개 무 회생지망
或은 一年에 針灸醫藥이 無不周至而 個個 無 回生之望하니

차 즉장결병이 소음인병야
此는 卽藏結病而 少陰人病也니라

대 의

일찍이 소음인 일인一人이 심하우변心下右邊에 결경結硬이 있어서 백약이 무효한 것을 본 바가 있다. 그런데 파두여의단을 복용시켰던 바 반극反劇하여서 요두동풍搖頭動風하다가 조금 후에 정지되더니 수개월 후에 죽은 일이 있었고 또 그 후에 소음인 일인一人이 차증此證이 있는 것을 파두여의단을 썼더니 면상面上과 신상身上에서 땀이 나는데 인중좌우변人中左右邊에 땀이 안 나더니 일년 후에 죽었다. 이와 같이 소음인에 차증이 있는 자를 4-5人 목도한 바 있으나 반년 혹은 일년에 침구의학이 주지周至하지 않음이 없었지만 개개個個히 회생지여망回生之餘望이 없었은즉 이것이 바로 소음인의 장결병藏結病인 것이다.

보 주

장결藏結은 바로 간경변肝硬變을 말하는 것이다. 왜냐하면 肝은 발생지기發生之機오, 조혈지원造血之源인 바 이것이 만일 견경堅硬하게 되면 생명력이 요동하는 근원이 끊어지게 된다. 그런데 소음인은 비소脾小하므로 신사腎邪가 비화脾火를 압박하면 음성격양증이 될 것이고 만일 肝金과 합세하면 장결藏結이 될 것이다.

張仲景이 曰 黃疸之病은 當以 十八日로 爲期니 十日以上은 宜差로대
反劇이면 難治니라 發於陰部면 其人이 必嘔하고 發於陽部면 其人이
振寒而 發熱이니라 諸疸에 小便이 黃赤者는 爲濕熱이니
當作 濕熱治로대 小便이 色白하야 不可除熱者는 無熱也니라
若有虛寒證이면 當作虛勞治하라 腹脹滿하고 面萎黃하면
躁不得睡니라 黃家日晡時에 當發熱이로대 反惡寒하면
此爲女勞得之니 膀胱이 急하고 小腹이 滿하며 一身이 盡黃하고
額上이 黑하고 足下熱하면 因作黑疸이라 腹脹이如水狀하며
大便이 黑하며 或時溏하면 此는 女勞之病이오 非水也니
腹滿者는 難治니라

朱肱이 曰 陰黃은 煩躁하며 喘嘔不渴이니 宜 用 茵蔯橘皮湯이니라
一人이 傷寒發黃하고 脈微弱하며 身冷이러니 次第用藥하야
至茵蔯四逆湯大效하고 一人이 傷寒發黃하고 脈微沈細遲無力이러니
次第用藥하야 至茵蔯附子湯大效니라

醫學綱目에 曰 濕家之黃은 色暗不明하며 一身이 不痛하고

열가지황 여귤자색 일신 진통
熱家之黃은 如橘子色하며 一身이 盡痛이니라

왕호고왈범병 당한이불한 당리소변이불리 역생황
王好古曰凡病에 當汗而不汗커나 當利小便而不利면 亦生黃이니라

주진형 왈 황달 인식적자 하기식적 기여 단이소변
朱震亨이 曰 黃疸에 因食積者는 下其食積하고 其餘는 但利小便이니

소변 이백 기황 자퇴
小便이 利白이면 其黃이 自退니라

이천 왈 황달십일이상 입복 천만번갈 면흑자 사
李梴이 曰 黃疸十日以上에 入腹하야 喘滿煩渴하며 面黑者는 死니라

왕숙화맥경 왈 황가촌구맥 근장무맥
王叔和脈經에 曰 黃家寸口脈이 近掌無脈하며

구비냉 색흑 병불가치
口鼻冷하며 色黑이면 並不可治니라

대 의

장중경이 말하기를 황달은 18일로써 주기가 되는 것인즉 10일이 넘으면 차도가 있게 된다. 그러나 만일 10일이 넘어서 다시 반극反劇하면 난치가 된다. 그런데 음부陰部에서 발하면 구역嘔逆을 하고 양부陽部에서 발하면 오한 발열이 난다.

또 말하기를 모든 황달에 만일 소변색이 황적黃赤하면 이것은 습열이니 마땅히 습열로 다스려야 하고 소변이 색백色白하면 한寒이므로 제열除熱할 수가 없는 것이다. 그런즉 만약 허한증虛汗證이 있으면 마땅히 허로虛勞로 다스려야 한다.

또 말하기를 배가 창만脹滿하고 얼굴이 위황萎黃하면 조躁가 생겨서 자지 못한다고 하였다. 또 말하기를 황달에 일포발열日晡發熱이 있는데도 불구

하고 도리어 오한하게 되면 이것은 여로달女勞疸이다. 그런데 이병은 방광이 급하면서 소복만증小腹滿證이 있고 일신一身이 진황盡黃하며 액상額上에 흑색이 나고 족하足下가 열熱하게 되면 이것은 흑달黑疸이 된 것이다. 그런즉 이 병이 복창만腹脹滿하여서 물이 찬 것 같이 되고 대변이 흑하며 가끔 당변溏便이 있게 되면 이것은 여로女勞로써 얻은 병이오 수증水證이 아닌즉 이와 같은 복창만증腹脹滿證이 있으면 치료하기가 어렵다고 하였다.

주굉이 말하기를 음황陰黃에는 천구 번조증喘嘔 煩躁證이 있으니 마땅히 인진귤피탕을 써야 한다고 하였다. 어떤 사람이 상한발황傷寒發黃을 하고 맥미약신냉脈微弱身冷하므로 약을 써 가다가 인진사역탕을 씀으로써 대효大效가 났고 또 한 사람은 상한발황이 되어서 맥미침세무력脈微沈細無力하였는데 차제용약次第用藥하던중 인진부자탕에 이르러서 대효大效를 보았다고 하였다.

의학강목에 말하기를 습황濕黃은 색암色暗하므로 황색이 밝지 못하나 반면으로 신체통身體痛이 없고 열황熱黃은 황색이 귤빛처럼 밝지만 신체통이 있다고 하였다.

왕호고가 말하기를 모든 병에 있어서 발한發汗하여야 할 때에 발한을 못하였거나 이소변利小便하여야 할 때에 이소변을 못하면 황달이 된다고 하였다.

주진형이 말하기를 식적食積으로 황달이 된 것은 식적을 내리면 되고 그 다음 나머지의 모든 황달은 이소변을 시키면 황달이 스스로 물러간다고 하였다.

이천이 말하기를 황달이 10일 이상 되었을 때에 병이 배에 들어감으로써 천만 번갈증喘滿 煩渴症이 생기면서 면흑面黑이 되면 죽는다고 하였다.

왕숙화 맥경脈經에 말하기를 황달병에 있어서 촌맥寸脈이 근장近掌하여도 나오지 아니하고 구비口鼻가 냉하면서 흑색이 나타나면 치료불능이라고 했다.

논왈 음황 즉소음인병야 당용 주씨인진귤피탕 인진사역탕
論曰 陰黃은 卽少陰人病也니 當用 朱氏茵蔯橘皮湯 茵蔯四逆湯이오

여로지황 열가지황 이소변지황 상혹 비 소음인병이
女勞之黃 熱家之黃은 利小便之黃이니 想或 非 少陰人病而

여소경험 미상일주황달이 치지고 미득 자세이허
余所經驗이 未嘗一週黃疸而 治之故로 未得 仔細裏許나

연 비만 황달 부종 동출일증이 유 경중 약 욕리소변즉
然이나 痞滿 黃疸 浮腫은 同出一證而 有 輕重하니 若 欲利小便則

건강 양강 진피 청피 향부자 익지인 능리 소음인 소변
乾干 良干 陳皮 青皮 香附子 益智仁은 能利 少陰人 小便이오

형개 방풍 강활 독활 복령 택사 능리 소양인 소변
荊芥 防風 羌活 獨活 茯苓 澤瀉는 能利 少陽人 小便이니라

대 의

음황陰黃이란 것은 소음인의 병인즉 마땅히 주굉의 인진귤피탕이나 인진사역탕을 쓸 것이지만 여로지황女勞之黃과 열가지황熱家之黃은 이소변利小便하여야 할 황黃인즉 혹시 소음인병이 아닐지도 모르겠는데 내가 황달을 치료한 경험이 없으므로 자세한 내막까지 말할 수가 없으나 비만 황달 부종은 본시 동일증同一證으로서 다만 경중輕重의 차만 있는 바 만일 소음인의 소변을 이利코자 하면 건강乾薑 양강良薑 청피青皮 진피陳皮 향부자香附子 익지인益智仁을 쓸 것이오, 소양인의 소변을 이利코자 하면 형개荊芥 방풍防風 강활羌活 독활獨活 복령茯苓 택사澤瀉를 쓰면 될 것이다.

범 론

泛論

(註) 범론이란 것은 절실하지도 못하고 전일(專一)하지도 못한 논설이란 의미로서 쓴 것인즉 여기에서 논하는 것은 종담(縱談)적으로 즉 머리에 떠오르는 것을 그대로 주워 싣는다는 의미이다

논왈 발열오한자 위 태양병 발열불오한자 위 양명병
論曰 發熱惡寒者는 爲 太陽病이오 發熱不惡寒者는 爲 陽明病이니

태양양명지 발열형증 일야이 오한 불오한지간 상거원심이
太陽陽明之 發熱形證은 一也而 惡寒 不惡寒之間에 相去遠甚而

양기지진퇴강약 태산지비구릉야 자리이 불갈자 위 태음병
陽氣之進退强弱은 泰山之比丘陵也오 自利而 不渴者는 爲 太陰病이오

자리이 갈자 위 소음병 태음소음지 자리형증 일야이
自利而 渴者는 爲 少陰病이니 太陰少陰之 自利形證은 一夜而

갈불갈지간 상거원심이 냉기지취산경중 운몽지비저택야
渴不渴之間에 相去遠甚而 冷氣之聚散輕重은 雲夢之比瀦澤也니라

시고 곽향정기산 향사양위탕지 증세 평지준마지 병세야
是故로 藿香正氣散 香砂養胃湯之 症勢는 平地駿馬之 病勢也오

독삼팔물탕 계부이중탕지증세 태행단공지 증세야
獨參八物湯 桂附理中湯之證勢는 太行短節之 證勢也니라

약사 일천하 소음인품부자 자지 기병지 양명소음증
若使 一天下 少陰人稟賦者로 自知 其病之 陽明少陰證이

여 태행지 험로 득지가외구지불이 섭신요양
如 太行之 險路하야 得之可畏求之不易하고 攝身療養하면

계구근신지도 유약대로연이 불미즉 기서기호
戒懼謹身之道 有若大路然而 不迷則 其庶幾乎저

자구해설

| **평지준마(平地駿馬)** 보통은 평지로 잘 달리는 말이라는 뜻이지만 여기에서 말하는 오의(奧義)는 陽氣가 상행하는 상태를 말하는 것이다. 그런즉 태음 태양증은 평지준마 즉 양기의 상행이 잘 이루어지고 있는 증세라는 것을 의미하는 것이다.

| **태행단공(太行短節)** 보통은 먼 길을 가는 사람이 막대(杖)가 짧다는 말인데 그 오의(奧義)는 陽氣下降하는 길 즉 太(太與泰同意)行之道인 申酉戌의 길에 접어든 기운은 막대가 짧아서 갈 수 없다는 것과 같은 象이라는 것을 말하는 것인즉 그것은 소음 양명증의 장해가 바로 그렇다는 말이다.

대　의

발열오한이 있으면 이것은 태양병이라는 말이오 발열 불오한하면 바로 양명병이라는 말이다. 태양증과 양명증은 그 발열형태는 동일하지만 오한惡寒의 유무로써 보면 상거相去에 경중輕重과 원심遠甚이 있은즉 양기가 진퇴進退하는 때에 있어서의 강약은 태산泰山과 구릉丘陵을 비교하는 것과 같고 자리불갈自利不渴하면 태음병이오 자리이갈自利而渴하면 소음병인 바 그 자리형증自利形證은 동일하나 갈불갈지간渴不渴之間에 상거相去가 원심遠甚한즉 여기에서 냉기冷氣의 취산경중聚散輕重은 운몽雲夢과 저택瀦澤의 비례와 같은 것이다. 그러므로 곽향정기산과 향사양위탕증은 평지준마—즉 양기의 상승과정에서 사소些少한 방해도 없는 것과 같은 경증이고 독삼팔물탕과 계부이중탕의 증세는 태행단공太行短節 즉 음도귀숙陰道歸宿을 이루는 양기하강의 과정에서 방해에 봉착한 것과 같은 험증인 것이다.

그런즉 천하의 소음인이 스스로 그 병의 소음 양명증이 태행지험로太行之險路와 같아서 득병하면 두렵고 또 낫기 어렵다는 것을 알고 섭신요양攝身療養하면 계구근신지도戒懼謹身之道가 大路와 같이 열려서 미혹하게 안될 것인즉 이것으로써 가히 치병 근신지도謹身之道를 지켰다고 할 수 있는 것이다.

태 양 병 한 출　열 기 각 한 기 지　한 출 야　양 명 병 한 출
太陽病汗出은 熱氣 卻寒氣之 汗出也오 陽明病汗出은

한 기　범 열 기 지　한 출 야　태 음 병 하 리　온 기 축 냉 기 지　하 리 야
寒氣 犯熱氣之 汗出也오 太陰病下利는 溫氣逐冷氣之 下利也오

소 음 병 하 리　냉 기 핍 온 기 지　하 리 야
少陰病下利는 冷氣逼溫氣之 下利也니라

대 의

태양병의 한출汗出은 열기體內元陽가 한기를 물리치기 위한 발한이고 양명병의 한출은 한기寒邪가 열기元陽를 침범하기 위한 발한이고 태음병이 하리下利하는 것은 체온이 한사寒邪를 구축하기 위한 설사요 소음병이 하리하는 것은 냉사冷邪가 체온을 압박함으로써 일어나는 설사이다.

보 주

표한表寒을 구축하기 위하여서 태양경의 원양元陽이 열화熱化하여 가지고 표한表寒과 투쟁한 끝에 승리의 상징으로 나타나는 것은 태양병 표한증表寒證의 한출汗出이오, 양명경의 원양이 열화하여 가지고 한사를 막으려고 하

지만 막아 내지 못하고 도리어 한사한테 압축을 당하기 때문에 한출汗出하게 되는 것은 양명내갈증陽明內竭證의 한출이다. 그런즉 다음의 태음경太陰經과 소음경의 관계도 이리추지以理推之하면 알 수 있게 되는 것이다.

少陰人病이 有 二吉證하니 人中汗이 一吉證也오

能飮水 一吉證也니라

대 의

소음인병에 두 가지 길증吉證이 있으니 인중에서 땀이 나는 것이 첫째 길증이오 물을 먹을 수 있는 것이 둘째의 길증吉證이다.

보 주

인중人中은 음양이 교회交會하여 가지고 다시 양승음강陽升陰降의 기본을 이루는 곳이다. 그런데 소음인은 비화脾火가 부족하므로 항상 여기에서 水火가 교류할 수 있는 기본이 약하다. 게다가 만일 체내에 한사寒邪의 침범이 심할 때라면 여기에서 음양이 교류되기는 더욱더 어렵다. 그런데 이때에 인중에서 땀이 난다는 것은 능히 음양교류를 할 수 있는 기회가 성숙되었다는 말이다. 그러므로 인중한人中汗이 있으면 길한 것이다.

또 소음인은 늘 비화脾火가 약하기 때문에 항상 열량의 부족으로써 병이 위중하게 되는 바 만일 냉수가 요구된다면 이것은 열량이 회복한다는 증거인즉 이것이 바로 「능음수길증能飮水吉證」이라고 한 것이다.

소음인병 유 이급증 발열한다 일급증야
少陰人病이 有 二急證하니 發熱汗多 一急證也오

하리청수 일급증야
下利淸水 一急證也니라

대 의

소음인병이 2대 급증이 있으니 발열한다와 하리청수가 바로 그것이다.

보 주

소음인은 火가 불급한 것이 특징인 바 발열한다發熱汗多하면 망양亡陽이 되어서 양기가 모두 發해 버리게 될 것이고 하리청수下利淸水를 하게 되면 양기가 전부 하류下流되어 버릴 것인즉 이것이 二大 급증이 되지 않을 수가 없다.

소음인병 유 육대증 일왈 소음병 이왈 양명병
少陰人病이 有 六大證하니 一曰 少陰病이오 二曰 陽明病이오

삼왈 태음병 음독증야 사왈 태양병 궐음증야
三曰 太陰病 飮毒證也오 四曰 太陽病 厥陰證也오

오왈 태음병 황달증야 육왈 태양병 위가실증야
五曰 太陰病 黃疸證也오 六曰 太陽病 胃家實證也니라

대 의

소음인병이 6대 증이 있으니 '첫째'로 소음병이오, '둘째'로 양명병이오, '세째'로 태음병의 음독증陰毒證이오, '네째'로 태양병의 궐음증이오, '다섯째'로 태음병의 황달증이오, '여섯째'로 태양병의 위가실증이다.

발열한출즉 병필해야이 발열한출이 병익심자 양명병야
發熱汗出則 病必解也而 發熱汗出而 病益甚者는 陽明病也오

통체하리즉 병필해야이 통체하리이 병익심자
通滯下利則 病必解也而 通滯下利而 病益甚者는

소음병야 양명 소음 이사 범정지병 불가불 급용약야
少陰病也니 陽明 少陰은 以邪 犯正之病이니 不可不 急用藥也니라

오한 한출즉 병필진해야이 오한 한출이 기병 반해 반불해자
惡寒 汗出則 病必盡解也而 惡寒 汗出而 其病이 半解 半不解者는

궐음지접야 복통하리즉 병필진해야이 복통 하리이 기병
厥陰之漸也오 腹痛下利則 病必盡解也而 腹痛 下利而 其病이

반해반불해자 음독지접야 궐음음독 정사상경지병
半解半不解者는 陰毒之漸也니 厥陰陰毒은 正邪相傾之病이니

불가불 예용약야 발열일한이 병즉해자 태양지경병야
不可不 豫用藥也니라 發熱一汗而 病卽解者는 太陽之輕病也오

식체일하이 병즉해자 태음지경병야 태양 태음지 경병
食滯一下而 病卽解者는 太陰之輕病也니 太陽 太陰之 輕病은

不用藥而 亦自愈也오 發熱三日에 不得汗解者는 太陽之尤病也오

食滯三日에 不能化下者는 太陰之尤病也니

太陽 太陰之尤病은 已不可謂 輕證而 用藥 二三貼에 亦自愈也오

發熱六日에 不得汗解커나 食滯六日에 不能化下者는

太陽 太陰之 胃家實 黃疸病也니 太陽 太陰之 胃家實 黃疸은

正邪壅錮之病이니 不可不 大用藥也니라

대 의

발열한출이 있으면 병이 풀리는 법인데도 불구하고 병이 반대로 심하면 그것은 양명병이오 통체하리通滯下利하면 병해病解하는데도 불구하고 병이 반대로 심하면 그것은 소음병이다. 그런즉 양명병과 소음병은 邪氣가 正氣를 침범하는 병인즉 급히 용약用藥하여야 한다. 오한惡寒하면서 한출汗出하면 병이 모두 풀리는 법인데 한출하여도 병이 반해 반불해半解 半不解하는 것은 궐음으로 점근漸近하고 있다는 증거요 복통腹痛에 하리下利하면 병이 풀리는 법인데도 불구하고 반해 반불해하고 풀리지 않는 것은 음독陰毒에 점근漸近하고 있다는 증거인 바 궐음음독厥陰陰毒은 정사正邪가 구망俱亡하는 병인즉 미리 용약하지 않으면 안 된다.

또 발열에 땀만 내면 병이 풀리는 것은 태양의 경병輕病이오 식체食滯에 설하洩下하면 곧 풀리는 것은 태음의 경병이니 태양 태음의 경병은 용약하지 않아도 스스로 풀리는 것이다. 그러나 발열 3일이 지나도 풀리지 않는

것은 태양병의 우병尤病(尤 : 심할 우)이오 식체삼일食滯三日에 화하化下하지 않는 것은 태음병의 우병尤病인즉 태양 태음의 우병尤病은 경병輕病이라고 할 수는 없으나 용약 1-2첩이면 풀리는 것이다. 또 발열 6일이 되어도 한해汗解되지 않거나 식체 6일이 되어도 화하化下하지 않는 것은 태양 태음의 위가실병과 황달병인 바 위가실병과 황달병은 정사正邪가 옹고壅錮(幽閉된 것)한 병인즉 약을 쓰지 않으면 안 된다.

태양 태음지병 육 칠일 혹 성위증 혹 성중증이 십일이내
太陽 太陰之病은 六 七日에 或 成危證하며 或 成重證而 十日以內에

필유험증 양명 소음지병 자시발 이위중증이 이삼일내
必有險證하고 陽明 少陰之病은 自始發로 已爲重證而 二三日內에

역치험증 시고 양명 소음지병 불가불찰어 시발야
亦致險證하나니 是故로 陽明 少陰之病은 不可不察於 始發也오

태양 태음지병 불가불찰어사오일간야
太陽 太陰之病은 不可不察於四五日間也니라

대 의

태양 태음병은 6-7일이 될 무렵에 혹은 위증危證이 되고 혹은 중증重證이 되는 것인즉 10일 안에 반드시 험증險證으로 변하게 되고 양명 소음병은 시발始發에서부터 이미 중증重證이고 2-3일 내에 험증이 되는 것인즉 양명 소음병은 시발에서부터 주의를 기울여야 하고 태양 태음병은 4-5일 경부터 주의하여야 한다.

태양태음지병 병세완이능광일지구고 변증 다야
太陽太陰之病은 病勢緩而能曠日持久故로 變證이 多也오

양명 소음지병 병세급이불능광일지구고 변증 소야
陽明 少陰之病은 病勢急而不能曠日持久故로 變證이 少也니라

개 양명 소음병 과일일이지이일즉 불가불용약야
蓋 陽明 少陰病은 過一日而至二日則 不可不用藥也오

태양 태음병 과사일이지오일즉 불가불용약야
太陽 太陰病은 過四日而至五日則 不可不用藥也로대

태양 태음지궐음음독 개육칠일 지사경야 우불가불근야
太陽 太陰之厥陰陰毒은 皆六七日에 之死境也니 尤不可不謹也니라

대 의

태양태음병은 병세가 느린즉 일수日數가 광장曠張하면서 지구持久하는 것이므로 변증變證이 많고 양명소음병은 병세가 급한즉 일수가 광장하지 못하는 것이므로 변증이 적은 것이다. 대개 양명소음병은 1일이 지나서 2일에 이른즉 약을 써야하고 태양태음병은 4일이 지나서 5일에 이르면 약을 써야만 한다. 그런데 태양태음의 궐음음독厥陰陰毒은 6-7일이면 사경에 가는 것인즉 삼가지 않으면 안 된다.

양명 태양지위자 독삼팔물탕 보중익기탕 가이해지이 병세위시
陽明 太陽之危者는 獨蔘八物湯 補中益氣湯이 可以解之而 病勢危時에

약비일 삼사복이 우 연일복즉 난해야 소음 태음지위자
若非日 三四服而 又 連日服則 難解也오 少陰 太陰之危者는

독삼부자이중탕 계부곽진이중탕 가이해지이 병세위시
獨蔘附子理中湯 桂附藿陳理中湯이 可以解之而 病勢危時에

若非 日 三四服而 又連日服則 難解也니라 病勢極危時에 日 四服하며

病勢半危時에 日 三服하며 病勢不減則 日 二服하고

病勢少減則 二日三服而 一日則 一服하며 一日則 二服하고

病勢大減則 一日一服하고 病勢 又 大減則 二三四五日 一服이니라

盖 有病者는 可以服藥이로되 無病者는 不可以服藥이오

重病에 可以重藥이로되 輕病에 不可以重藥이니 若 輕病에

好用重藥커나 無病者 好用服藥이면 臟氣脆弱하야 益招病矣리라

대 의

양명태양병이 위급하면 독삼팔물탕이나 보중익기탕이 해병解病할 수 있으나 만약 매일 3-4복씩 연일 복용하지 않으면 풀리기 어렵고 소음태음병이 위급하면 독삼부자이중탕이나 계부곽진이중탕이 해병解病할 수 있으나 만일 매일 3-4복씩 연일 복용하지 않으면 풀리기 어렵다. 그런즉 병세가 위급하면 매일 4복하고 반위半危 정도면 매일 3복하고 병세가 풀리지 않으면 매일 2복하고 병세가 조금 덜하면 2일에 3복하되 1일은 1복하고 1일은 2복하며 병세가 대감大減하면 매일 1복하고 또 덜하면 2-5일에 1복할 것이다.

대개 병이 있으면 복약 할 것이지만 병이 없으면 복약을 좋아하여서는 안 된다. 또 중병重病에는 중약重藥을 써야 하지만 경병輕病에 중약重藥을 써

도 안 되는 것이니 만약 경병에 중약을 쓰기를 좋아하거나 무병에 복약하기를 좋아하면 장기臟氣가 취약하여져서 도리어 병을 불러들이는 결과가 될 것이다.

고량 수즉조미 상식즉 손미 양구수즉 어한
膏粱이 雖則助味나 常食則 損味하고 洋裘雖則 禦寒이나

상착즉 섭한 고량양구 유불가이 상식상착 황약호
常着則 攝寒하나니 膏粱羊裘도 猶不可以 常食常着이어늘 況藥乎아

약론 상복약지 유해즉 반위 백배어 전불복약지무리야
若論 常服藥之 有害則 反爲 百倍於 全不服藥之無利也니

개 유병자 명지기증즉 필불가불복약 무병자
盖 有病者 明知其證則 必不可不服藥이로되 無病者는

수명지기증 필불가복약 역관어세지복 아편연 수은 산삼
雖明知其證이라도 必 不可服藥이니라 歷觀於世之服 鴉片烟 水銀 山蔘

녹용자 누복즉 무불촉수자 이차점지즉 가지의
鹿茸者컨대 屢服則 無不促壽者니 以此占之則 可知矣니라

대 의

고량진미가 비록 구미에 좋으나 상식常食하면 구미가 떨어지고 양구羊裘(양털로 만든 갑옷)가 비록 방한을 잘하나 늘 입게 되면 도리어 섭한攝寒하게 되는 것이다. 이와 같이 고량膏粱과 양구羊裘도 늘 쓰면 해롭거늘 황차況且 약은 말할 것도 없는 것이다. 그러므로 만일 항상 복약하는 데에서 오는 해를 논한다면 전혀 복약을 하지 않는 것보다 백 배나 불리할 것이다. 그런즉 약은 그 병증을 잘 알 때에는 반드시 써야 하는 것이지만 만일 무병하면 전혀 쓸 필요가 없는 것이다. 세상에서 아편연 수은 산삼 녹용 같은

것을 좋아하는 사람치고 단수短壽하지 않은 사람이 없은즉 이것으로써 가히 알 수 있는 것이다.

소음인토혈 당용 독삼팔물탕 인후통
少陰人吐血에 當用 獨蔘八物湯이오 咽喉痛에

당용 독삼관계이중탕
當用 獨蔘官桂理中湯이니라

대 의

소음인의 토혈吐血에는 마땅히 독삼팔물탕을 쓰고 인후통咽喉痛에는 관계이중탕을 써야 한다.

상견 소음인 음식 배상 구미심감 불과일월
嘗見 少陰人이 飮食이 倍常하고 口味甚甘이라가 不過一月에

기인 부종이사 소음인식소 즉 부종지속이 위증야
其人이 浮腫而死니 少陰人食消는 卽 浮腫之屬而 危證也라

불가불급치 당용 궁귀총소이중탕
不可不急治니 當用 芎歸葱蘇理中湯이니라

대 의

일찍이 소음인이 갑자기 음식이 배가倍加하고 심히 구미口味가 있어하더

니 1개월이 지나지 못하여서 부종으로 죽는 것을 보았다. 그런데 소음인이 만일 소화가 과왕過旺하게 되면 이것은 부종과 같은 병원病源으로써 생기는 것인즉 마땅히 궁귀총소이중탕을 써야 한다.

상견 소음인부종 장간일부 절편작회 일복진
嘗見 少陰人浮腫할새 獐肝一部를 切片作膾하야 一服盡하되

연용 오부 기병 즉효 우유 소음인 복 장간일부
連用 五部러니 其病이 卽效하고 又有 少陰人이 服 獐肝一部러니

안력 배상 진기용출 소양인 허로병 복 장간일부
眼力이 倍常하며 眞氣湧出하고 少陽人 虛勞病에 服 獐肝一部러니

기인 토혈이 사
其人이 吐血而 死니라

대 의

소음인이 부종浮腫에 장간獐肝(노루간) 일부를 회를 만들어서 단번에 먹이기를 연차連次하였더니 부종이 즉효하였고 또 한사람에게는 장간 일부를 먹였더니 안력眼力이 배가되고 따라서 기력이 용출하였다. 그런데 소양인 허로병에 장간 일부를 먹였더니 토혈하고 죽어 버렸다.

상견 소음인부종 유의교이 복 해염자연즙 일 반시
嘗見 少陰人浮腫에 有醫教以 服 海鹽自然汁 日 半匙할새

四五日服하니 浮腫이 大減하고 一月服하니

永爲完健하야 病不再發이니라

대 의

소음인 부종에 어떤 의사가 해염海鹽 자연즙을 먹으라고 하기 때문에 매일 반 숟가락씩 5일간 복용하였더니 부종이 크게 감소하고 1 개월간 복용하였더니 완쾌되어서 다시 재발하지 않은 것을 본 바 있다.

嘗見 少陰人咽喉痛 經年不愈에 有醫敎而 服 金蛇酒卽效니라

金蛇酒는 卽金色黃章蛇 釀酒者也라

대 의

소음인 인후통咽喉痛이 경년불유經年不愈하는 것을 어떤 의사가 가르쳐서 금사주金蛇酒를 먹고 낫는 것을 본 바 있다. 그런데 금사주란 것은 금 구리(금빛 반점이 있는 뱀의 오자로 보임: 편집자주)로 빚은 술을 말하는 것이다.

상견 소음인이질 유의교이 복 항적사전탕 즉효
嘗見 少陰人痢疾에 有醫敎而 服 項赤蛇煎湯하니 卽效니라

항적사 거두단미 납 이첩주낭중 약항내 별설횡목
項赤蛇를 巨頭斷尾하야 納 二疊紬囊中하고 藥缸內에 別設橫木하야

현공괘지 용수오완 전취일완복 이첩주낭
懸空掛之하고 用水五碗하야 煎取一碗服하라 二疊紬囊을

현공괘전자 공범 사골고야 사골 유독
懸空掛煎者는 恐犯 蛇骨故也니 蛇骨이 有毒이니라

대 의

소음인의 이질痢疾에 의사가 항적사項赤蛇를 달여 먹이고 즉효되는 것을 본 바 있다. 그런데 달이는 방법은 항적사를 거두절미하고 두 겹으로 만든 명주 주머니 속에 넣고 따로 약항藥缸안에는 횡목橫木을 가로지르고 주머니를 거기에 달고 물 5완碗으로 달여서 1완을 복용시켜야 한다. 이와 같이 이첩주낭二疊紬囊을 쓰는 것은 사골蛇骨의 독을 두려워하기 때문이다.

상견 소음인이질 유의교이 대산 삼과 청밀반시
嘗見 少陰人痢疾에 有醫敎以 大蒜 三顆 清蜜半匙를

동전 삼일복용 즉효
同煎 三日服用 卽效니라

대 의

일찍이 소음인의 이질에 어떤 의사가 가르쳐서 대산大蒜(마늘) 세 개와 꿀 반시半匙를 함께 달여 복용하고 즉효하는 것을 본 바 있다.

상견 소음인 유방근협 발내옹 유의교이화침취농
嘗見 少陰人 乳房近脇에 發內癰이어늘 有醫教以火針取膿하다

의왈내옹 외증 오한발열 사상한이유통처야 찰기통처
醫曰內癰은 外證이 惡寒發熱하야 似傷寒而有痛處也니 察其痛處하야

명지유농즉불가불용화침
明知有膿則不可不用火針이라 하니라

대 의

소음인의 유방근협乳房近脇(젖결 옆구리 쪽)에 내옹內癰이 발한 것을 어떤 의사가 가르쳐서 화침火針으로 취농取膿하는 것을 본 바가 있다. 그 의사가 말하기를 내옹은 외증이 오한 발열이 있어서 마치 상한과 방불하지만 반드시 통처痛處가 있는 것인즉 그 통처를 잘 살펴서 농화膿化된 것이 확실하면 화침火針을 하여야 한다고 하였다.

상견 소음인 유방근협 유루창 역칠팔월 창구불합
嘗見 少陰人 乳房近脇에 有漏瘡하야 歷 七八月하되 瘡口不合하며

악즙 상류 유의교이 산삼 웅담말 각일분 전지즉효
惡汁이 常流어늘 有醫教以 山蔘 熊膽末 各一分을 傳之卽效하고

우소음인 일인 만신유창 이 인삼말도전 즉효
又少陰人 一人이 滿身有瘡일새 以 人蔘末塗傳하고 卽效니다.

대 의

소음인의 유방근협乳房近脅에 누창漏瘡이 있어서 7-8개월간이나 창구불합瘡口不合하고 악즙惡汁이 상류常流하는 것에 산삼山蔘 웅담말熊膽末을 붙이고 즉효하는 것을 본 바 있고 또 소음인의 만신창滿身瘡에 인삼말人蔘末을 붙이고 즉효하는 것을 본 바 있다.

상견 소음인 배옹 유의교이 화도열창 의왈 화도열창
嘗見 少陰人 背癰에 有醫敎以 火刀裂瘡이러니 醫曰 火刀裂瘡은

의 조야 약 의아이 완불급사즉 전배견경 회지무급
宜早也니 若疑訝而 緩不及事則 全背堅硬하리니 悔之無及이니라

대 의

일찍이 소음인의 배옹背癰에 어떤 의사가 가르쳐서 화도火刀로써 열창裂瘡하는 것을 본 바 있는데 그 의사가 말하기를 만일 화도열창을 일찍이 하지 않으면 전배全背가 굳어져서 후회막급하게 된다고 하였다.

상견 소음인 반신불수병 유의교이 복 철액수 득효
嘗見 少陰人 半身不遂病에 有醫教以 服 鐵液水 得效니라

대 의

일찍이 소음인 반신불수병에 어떤 의사가 가르쳐서 철액수鐵液水를 먹고 득효하는 것을 본 바가 있다. (철액수라는 것은 쇠 담근 물이다.)

상견 소음인 소아복학병 유의교이 학병장발지조기
嘗見 少陰人 小兒服瘧病에 有醫教以 瘧病將發之早期에

용 화하금정비 세말육리 생감초탕 조하즉효
用 火煆金頂砒하되 細末六厘를 生甘草湯에 調下卽效라 하니라

의왈 비약 필금정비연후 가용이 우화하 연후 가용야
醫曰 砒藥은 必金頂砒然後에 加用而 又火煆 然後에 加用也오

필불가 과육리이 우 불가불급 육리야 과육리즉 약독 태과야
必不可 過六厘而 又 不可不及 六厘也니 過六厘則 藥毒이 太過也오

불급육리즉 학불유야 차약 누시누험이 유일복유후
不及六厘則 瘧不愈也니라 此藥은 屢試屢驗而 有一服愈後에

학우 재발자 우용지즉 기병 익심이 위 개차약
瘧又 再發者하니 又用之則 其病이 益甚而 危하리니 蓋此藥은

가이일복 불가재복운
可以一服이오 不可再服云이러라

청의언이 구기리즉 일복유이 학부재발자 개소음인아야
聽醫言而 究其理則 一服愈而 瘧不再發者는 皆少陰人兒也오

일복유이 학우재발자 개비 소음인아야 유 소음인아 복학병
一服愈而 瘧又再發者는 皆非 少陰人兒也니 唯 少陰人兒 腹瘧病

난치자 용차약 심상학 불필용 차 불상지약
難治者는 用此藥이오 尋常瘧에는 不必用 此 不祥之藥이니라

자구해설

| 화하금정비火煆金頂砒 흑연 8냥을 도기(陶器)내에서 용화(鎔化)한 후에 신석(信石, 石君子) 2냥을 그 속에 넣으면 흰 연기가 나는 바 그것이 진출(盡出)한 다음에 도기(陶器)를 습냉처(濕冷處)에 복치(覆置) 三日夜하였다가 본즉 연면(鉛面)에 精이 생기는 바 그것이 바로 금정비(金頂砒)이다.

대 의

일찍이 소음인 소아의 복학병腹瘧病을 어떤 의사가 가르쳐서 학병瘧病이 발하는 날 조기에 화하금정비 세말細末 육리六厘를 생감초탕에 조하調下하면 즉효라고 하는 말을 들은 일이 있다. 그런데 그 의사가 말하기를 비砒약은 반드시 화하火煆하여서 금정비金頂砒를 만든 후에 써야 하며 또 6리가 넘어도 안되고 6리가 못되어도 안 된다고 하였다. 왜냐하면 6리가 넘으면 약독이 두렵고 6리가 불급하면 학질이 낫지 않기 때문이다. 이 약은 누시누험屢試屢驗한 것인 바 간혹 1복하고 나은 후에 재발하는 경우가 있는데 만일 그렇다고 하더라도 재복再服하여서는 안 된다고 하였다.

그 의사의 말을 듣고 그 이치를 연구하여 본 즉 1복 후에 학질이 재발하지 않은 것은 모두 소음인 아이요, 재발한 것은 소음인 아이가 아니다. 그런즉 소음인 아이의 복학腹瘧 난치증에는 이 약을 쓸지언정 심상학尋常瘧에는 이와 같은 독약을 쓸 필요가 없을 것이다.

소음인 심상간일학 오한시 용 천궁계지탕 이삼첩즉 역무불유
少陰人 尋常間日瘧은 惡寒時에 用 川芎桂枝湯 二三貼則 亦無不愈오

우 복중 실만이대변 경 학발자 역 가용 파두
又 腹中이 實滿而大便이 硬하며 瘧發者는 亦 可用 巴豆니라.

대 의

소음인이 2일에 1회씩 일어나는 심상학질尋常瘧疾에는 오한惡寒할 때에 천궁계지탕을 2-3첩 쓰면 낫지 않는 일이 없고 또 배腹가 포만하고 대변이 굳으면서 발학發瘧하는 때에는 또한 파두를 써야 하는 것이다.

백약 막비선약이 유소음인 신비약 태음인과체약
百藥이 莫非善藥而 唯少陰人 信砒藥과 太陰人瓜蒂藥이

최위악약야 하재 소음인 신비약 백병 용지개태이
最爲惡藥也니라 何哉오 少陰人 信砒藥은 百病에 用之皆殆而

지유 치학지 일능자 역유명무실 불무위려 만불여 계지
祗有 治瘧之 一能者나 亦有名無實하야 不無危慮니 萬不如 桂枝

인삼 백작약 삼사복지 치학즉 차비 천하 만해무용지약호
人蔘 白芍藥 三四服之 治瘧則 此非 天下 萬害無用之藥乎아

태음인 과체약 백병 용지개태이 지유 치담연옹색지 일능자
太陰人 瓜蒂藥은 百病에 用之皆殆而 祗有 治痰涎壅塞之 一能者나

역유명무실 불무위려 만불여 길경 맥문동 오미자
亦有名無實하야 不無危慮니 萬不如 吉更 麥門冬 五味子

삼사복지 치담연옹색즉 차비 천하만해무용지약호
三四服之 治痰涎壅塞則 此非 天下萬害無用之藥乎아

차이약 외치 가용 내복 불가용
此二藥은 外治에 可用이오 內服에는 不可用이니라

대 의

백약이 善하지 않음이 없지만 소음인의 신비약信砒藥(신석과 비상)과 태음인의 과체약瓜蔕藥은 가장 악약惡藥이다. 왜 그러냐하면 소음인의 신비약은 백병에 모두 위태하나 다만 학질에 쓸 수 있으되 유명무실하야 위려危慮가 없지 않으므로 계지 인삼 백작약 3-4服으로 치료하는 것만 못한즉 이것이 천하만해무용지약天下萬害無用之藥이 아니겠느냐? 태음인의 과체약이 백병에 모두 위태하나 오직 담연옹색痰涎壅塞에 쓸 수 있으되 유명무실하여 위려가 없지 않으므로 길경 맥문동 오미자 3-4복으로 담연옹색을 치료하는 것만 같지 못한즉 이것이 천하만해무용지약이 아니겠는가? 그런즉 차이약此二藥은 외치外治에는 쓸 수 있지만 내복內服에는 쓸 수 없는 것이다.

상견 소음인 중기병 설권 불어 유의 침합곡혈이 기효여신
嘗見 少陰人 中氣病 舌卷 不語를 有醫 針合谷穴而 其效如神하고

기타제병지 약불능속효자 침능속효자 유지
其他諸病之 藥不能速效者도 針能速效者 有之하니

개 침혈 역유 태소음양 사상인응용지혈이 필유 승강완속지묘
蓋 針穴도 亦有 太少陰陽 四象人應用之穴而 必有 升降緩速之妙리니

계시 불가불찰 경사후지 근후이 호활인자
繫是 不可不察이나 敬俟後之 謹厚而 好活人者하노라

대 의

일찍이 소음인이 중기병中氣病에 걸려서 설권불어舌卷不語하는 것을 어떤 의사가 합곡혈에 침을 놓아 효과가 신기함을 본 일이 있다. 대개 침혈도 또한 태소음양의 사상혈이 있어서 반드시 거기에 승강완속지묘리升降緩速之妙理가 있을 것이다. 그런즉 이것은 반드시 고찰하지 않을 수 없지만 여기에 대해서는 후래근후자後來謹厚者로써 호활인好活人하는 사람이 나오기를 기다릴 뿐이다.

장중경 상한론중 소음인병 경험설방약 이십삼방

張仲景 傷寒論中 少陰人病 經驗設方藥 二十三方

(註) 장중경상한론중 소음인병 경험설방약 23방과 宋 元 明 3대의가 저술중 소음인병 경험행용요약 13방과 파두약 6방은 여기에서 처방해설은 않고 본문만 기재하기로 했다. 왜냐하면 본서는 동무의 수세보원을 연의(衍義)하는 데에 목적을 두었다는 점이 그 이유의 하나이고 또 하나는 신정약방(新定藥方)을 해설하면 장중경의 설방이나 송원명대의 모든 처방이 저절로 풀려나갈 수 있기 때문이다.

계지탕

계지 2돈, 백작약 1돈, 감초 1돈, 干생강 3편, 棗대추 2매

이중탕

인삼 백출 건강乾干 각 2돈, 감초 1돈

강부탕

건강炮 1냥과 부자炮 1枚을 좌취 5돈하여 수전복水煎服

부자附子 生用 名曰 백통탕

사순이중탕

인삼 백출 건강炮 감초 각 2돈

인삼계지탕

감초炙 계지 각 1돈 8푼, 백출 인삼 건강 각 1돈 5푼

사역탕

감초炙 6돈, 건강炮 5돈, 생부자 1매, 2첩으로 나누어 수전복水煎服

후박반하탕

후박 2돈, 인삼 반하 각 1돈 5푼, 감초 7푼 5리, 강 7편

반하산

반하製 감초炙 계지 각 2돈

적석지우여량탕

적석지 우여량 각 2돈 5푼

부자탕

백출 4돈, 백작약 복령 각 3돈, 부자포 인삼 각 2돈

마황부자세신탕

마황 세신 각 2돈, 부자포 1돈

마황부자감초통

마황 감초 각 3돈, 부자포 1돈

당귀사역탕

백작약 당귀 각 2돈, 계지 1돈 5푼, 세신 통초 감초 각 1돈

반하사심탕

반하제 2돈, 인삼 감초 황금 각 1돈 5푼, 건강 1돈, 황련 7푼, 강 3편, 조 2매

생강사심탕

생강 반하 각 2돈, 인삼 건강 각 1돈 5푼, 진피 감초 각 1돈, 황금 5푼 조 3매

감초사심탕

감초 2돈, 건강 황금 각 1돈 5푼, 반하제 인삼 각 1돈, 조 3매

인진고탕

인진 1냥, 대황 5돈, 치자 2돈, 인진을 먼저 달여 반으로 줄면 두 가지 약을 넣어 달여 또 절반으로 줄면 1일 2번 복용하면 소변이 당리黨利니라 색정적色正赤이라도 복점감腹漸減하고 황종소변거야黃從小便去也니라

저당탕

수질水蛭 맹충병초蝱虫並炒 거족시去足翅 도인유첨桃仁留尖 각10매 대황증大黃蒸 3돈

도인승기탕

대황 3돈, 계심 망초 각 2돈, 감초 1돈, 도인유첨 10매

마인환

대황증大黃蒸 4냥, 지실 후박 적작약 각 2냥, 마자인 1냥 7돈, 행인 1냥 2돈 5푼, 위말밀환爲末蜜丸 오자대梧子大 공심온탕하空心溫湯下 50환五十丸하라

밀도법

노인 허인虛人이 불가용약자不可用藥者 용밀오用蜜熬 하야 입조각말소허入皂角末少許하고 임작정자稔作錠子하야 납항문納肛門하면 즉통卽通이니라

대승기탕

대황 4돈, 후박 지실 망초 각 2돈, 물 2대잔大盞으로 먼저 지실 후박을 달여 한 잔이 되면 이어 대황을 넣어 달여 7분이 되면 찌꺼기를 버리고 망초를 넣어 다시 한 번 끓여 따뜻할 때 먹는다.

소승기탕

대황 4돈, 지실 후박 각 1돈 5푼, 좌작剉作 1첩 수전복水煎服

송원명 삼대의가 저술중 소음인병 경험행용요약 십삼방 파두약 육방

宋元明 三代醫家 著述中 少陰人病 經驗行用要藥 十三方 巴豆藥 六方

십전대보탕

인삼 백출 백작약 감초炙 황기 육계 당귀 천궁 백복령 숙지황 각 1돈, 생강 3편, 조棗 2매

차방此方은 왕호고 해장서海藏書에 있는 것으로 허로虛勞를 치료하는 것인데 금고갱정今考更定하노니 차방此方에 당거當去 백복령 숙지황하고 당용當用 백하오 진피니라

보중익기탕

황기 1돈 5푼, 감초炙 인삼 백출 각 1돈, 당귀 진피 각 7푼, 승마 시호 각 3푼, 생강 3편, 조 2매

차방은 이고 동원서東垣書에 있는 것으로 노권勞倦 허약虛弱 신열이번身熱而煩 자한自汗 권태倦怠를 치료하는 것인데 금고갱정今考更定하노니 황기는 當用 3돈 當去 승마 시호하고 當用 곽향 소엽하라

향사육군자탕

향부자 백출 복령 반하 진피 후박 백두구 각 1돈, 인삼 감초 목향 축사 익지인 각 5푼, 강 3편, 조 2매

차방은 공신 의감서醫鑑書에 있는 것으로 불사음식不思飮食 식불하食不下 식후도포食後倒飽를 치료하는 것인데 今考更定하노니 차방에 當去 백복령하고 當用 백하오니라

목향순기산

오약 향부자 청피 진피 후박 기각 반하 각 1돈, 목향 사인 각 5푼, 계피 건강 감초炙 각 3푼, 생강 3편, 조 2매

차방은 공신 만병회춘서萬病回春書에 있는 것으로 중기병中氣病을 치료하는 것인데 중기자中氣者는 여인상쟁與人相爭하야 폭노기역이 운도야暴怒氣逆而 暈倒也니 먼저 강탕薑湯으로 구하고 소후甦後에 용차약用此藥이니라

소합향원

백출 목향 침향 사향 정향 안식향 백단향 가자피 향부자 필발 서각 주사 각 2냥(주사朱砂 반은 위의爲衣하고 소합유蘇合油는 입안식향고내入安息香膏內) 유향 용뇌 각 1냥 우세말右細末하야 용안식향고用安息香膏하야 병연밀並煉蜜하고 수화천도搜和千擣하야 매 1냥을 분작 40환하고 매취 2-3환하야 정화수 혹 온수하溫水下하라

차방은 국방局方에 있는 것으로 일체의 기질氣疾을 치료하는 것이니 중기 상기 기역 기울 기통中氣 上氣 氣逆 氣鬱 氣痛이니라. 허숙미 본사방本事方에 이르기를 범인凡人이 폭희상양 폭노상음 우수불의 기다궐역暴喜傷陽 暴怒傷陰 憂愁怫意 氣多厥逆에 當用 차약此藥이로되 약개작중풍치若概作中風治하면 다치살인多治殺人이라 하니라 今考更定하노니 차방에 當去 사향 서각 주사 용뇌 유향하고 當用 곽향 회향 계피 오령지 현호색이니라

곽향정기산

곽향 1돈 5푼, 소엽 1돈, 후박 대복피 백출 진피 반하 감초 길경 백지 백복령 각 5푼, 강 3편, 조 2매

차방은 공신 의감서醫鑑書에 있는 것으로 상한傷寒을 치료한다. 今考更定하노니 차방에 當去 길경 백지 백복령하고 當用 계피 건강 익지인이니라

향소산

향부자 3돈, 소엽 2돈 5푼, 진피 1돈 5푼, 창출 감초 각 1돈, 총백 2경莖

차방은 위역림 득효방서得效方書에 있는 것으로 사시온역四時瘟疫을 치료한다. 국방局方에 이르기를 옛적에 一老人이 수차방授此方하야 與一人으로 영기합시令其合施러니 성중대역城中大疫이 복차개유服此皆愈라 하였다

계지부자탕

부자炮 계지 각 3돈, 백작약 2돈, 감초炙 1돈, 건강 3편, 조 2매

차방은 이천 의학입문서醫學入門書에 있는 것으로 한루부지汗漏不止하며 사지구급四肢拘急하야 난이굴신難以屈伸인 것을 치료한다

인진사역탕

인진 1냥, 부자炮 건강炮 감초炙 각 1돈

음황병陰黃病 한루부지汗漏不止를 치료한다

인진부자탕

인진 1냥, 부자炮 감초 각 1돈

음황병陰黃病 냉한부지冷汗不止를 치료한다

인진귤피탕

인진1냥, 진피 백출 반하 생강 각 1돈

음황병陰黃病 천구불갈喘嘔不渴을 치료하니, 위 3방은 주굉 활인서活人書에 있는 것이다

삼미삼유탕

오수유 3돈, 인삼 2돈, 강 4편, 조 2매

궐음증厥陰證 구토연말嘔吐涎沫을 치료하며 소음증少陰證 궐냉번조厥冷煩躁와 양명증陽明證 식곡욕구食穀欲嘔에 개묘皆妙니라

벽력산

부자 1매를 포과炮過하야 냉회冷灰로 배반시培半時하야 취출 절반매取出 切半枚하야 세좌입납다細剉入臘茶 1돈하고 물 1잔에 넣어 달여 6분이 되면 거사입숙밀반시去滓入熟蜜半匙하여 방냉복지放冷服之하면 수유須臾에 조지躁止하고 득수한출得睡汗出하야 차差하나니 치음성격양증治陰盛隔陽證이니라. 위 2방은 이천 의학입문서醫學入門書에 있는 것이다

온백원

천오炮 2냥 5돈, 오수유 길경 시호 석창포 자원 황련 건강炮 육계 천초炒 적복령 조각炙 후박 인삼 파두상 각 5돈, 우위말右爲末 연밀화환煉蜜和丸 오자대梧子大하야 강탕하薑湯下 3환 혹 5환 내지 7환이니라.

차방은 국방局方에 있는 것으로 적취 징벽 황달 고창 십종수기 구종심통 팔종비색 오종임질 원년학질積聚 癥癖 黃疸 鼓脹 十種水氣 九種心痛 八種痞塞 五種淋疾 遠年瘧疾을 치료한다. 공신 의감에 이르기를 부인이 복중적취 유사회잉腹中積聚 有似懷孕하야 이수곤폐羸瘦困弊하며 혹 가곡歌哭하여 여사숭如邪祟이러니 복차약자유服 此藥自愈라 하고 구병久病에 복지즉 개사출 충사악농지물服之則 皆

瀉出 蟲蛇惡膿之物이라 하다

상날환

인진 치자 대황 망초 각 1냥, 행인 6돈, 상산 별갑 파두상 각 4돈, 두시豆豉 2돈, 우위말右爲末 증병화환蒸餠和丸 오자대梧子大하여 매 3환 혹 5환 온수송하溫水送下하라

차방은 위역림 득효방서得效方書에 있는 것으로 일명 인진환이라 시행온역時行瘟疫에서 장학 황달 습열병瘴瘧 黃疸 濕熱病에 이르기까지를 치료한다.

삼능소적환

삼능 봉출 신곡 각 7돈, 파두 화피和皮하여 입미동초흑入米同炒黑하여 거미去米하고 청피 진피 회향 각 5돈, 정향피 익지인 각 3돈, 우위말右爲末 초호환醋糊丸 오자대梧子大하여 생강달인 물에 30-40환하라

차방은 이고 동원서에 있는 것으로 생냉물불소 만민治生冷物不消 滿悶을 치료한다.

비방화체환

삼능 봉출 병외竝煨하여 각 4돈 8푼, 반하국半夏麯 정향 목향 청피 진피 병거백竝去白하고 황련 각 2돈 5푼, 파두육은 초에 잠기게 하여 하룻밤 담갔다가 졸여 말린 것 6돈을 우위말右爲末하여 이 오매말 입면 소허以烏梅末 入麵 小許하고 자작호환 서미대煮作糊丸 黍米大하여 매복 5, 7, 10환하되 욕통이즉 이열탕하欲通利則 以熱湯下하고 욕마적즉 진피탕하欲磨積則 陳皮湯下하고 욕지설즉 음냉수欲止洩則 飮冷水하라 하다.

차방은 주진형 단계심법서丹溪心法書에 있는 것으로 이일체기화理一切氣化하니 일체적취구견 침고一切積聚久堅 沈痼는 마지자소磨之自消하며 폭적暴積은 사유도지乍留導之하면 입거立去하나니라 탈조화奪造化하여 유통색지공有通塞之

功하고 조음양調陰陽하여 유보사지묘有補瀉之妙니라

삼물백산

길경 패모 각 3돈, 파두(去皮心하고 찧어 갈아) 1돈, 이상 약을 우위말右爲末하여 고루 섞어 따뜻한 물에 반 돈씩 먹는데 약한 사람은 절반만 쓰는데 혹토惑吐하거나 혹리惑利한다. 불리不利하면 열죽熱粥 한 사발을 먹이고 이부지利不止하면 냉죽冷粥 한 사발을 먹인다.

여의단

천오 8돈, 빈랑 인삼 시호 오수유 천초 백복령 백강 황련 자원 후박 육계 당귀 길경 조각 석창포 각 5돈, 파두상 2돈 5푼, 우위말 연밀화환 오자대 주사위의朱砂爲衣 매 5환 혹 7환 온수하溫水下하라

전적으로 온역瘟疫부터 일체 귀숭鬼祟을 치료하면 위 2방은 이천 의학입문서에 있는 것이다

논왈 우파두육방 즉 고인지 각자치방 각자경험이 차육방
論曰 右巴豆六方은 卽 古人之 各自置方이며 各自經驗而 此六方은

동시일파두지력즉 소용 역무이이 동귀어일야
同是一巴豆之力則 所用이 亦無異而 同歸於一也니라

개 파두 소음인병지 필불가불용이 우불가경용
盖 巴豆는 少陰人病之 必不可不用而 又不可輕用이며

필불가낭용이 우불가의용지약고 연록육방
必不可浪用而 又不可疑用之藥故로 聯錄六方하야

비술경험 소명기리자 욕기용지필중이 불감경홀야
備述經驗하니 昭明其理者 欲其用之必中而 不敢輕忽也니라

대 의

동무는 위의 파두 六方을 논하기를 이것은 古人이 각자 치방置方하였으며 각자 경험한 것이다. 그러나 이 6방은 전부 파두 1미의 힘으로써 좌우되는 것인즉 그 효용도 또한 동일할 것은 물론이다. 그런데 파두는 소음인병에 없어서는 안될 약이지만 그렇다고 이것을 경용 즉 경솔하게 써서는 안되며 또 남용하여도 안되지만 그렇다고 의심하여도 안될 약이므로 여기에 6방을 연재聯載하는 것인즉 이치에 밝은 자, 병과 약이 적중하도록 쓸 것이고 경홀히 하지 말지어다.

신정 소음인병 응용요약 이십사방
新定 少陰人病 應用要藥 二十四方

황기계지부자탕

황기 계지 각 3돈, 백작약 2돈, 당귀 감초炙 1돈, 부자포 1돈 혹 2돈, 강 3편, 조 2매

인삼계지부자탕

인삼 4돈 계지 3돈 백작약 황기 각 2돈 당귀 감초炙 각 1돈 부자포 1돈 혹 2돈 강 3편 조 2매

방 해

위의 두 처방의 유래를 잠깐 고찰하여 보면 장중경의 계지탕에 이천이 부자를 가하여서 계지부자탕을 만들었고 또 거기에다가 동무가 황기 당귀 부자를 가하여서 황기계지부자탕을 만들었고 또 거기에다가 인삼을 가하여서 인삼계지부자탕을 만든 것이다. 그런즉 중경이 계지탕을 만든 방의方意부터 먼저 살펴 볼 필요가 있다.

계지탕은 오한 발열에 자한自汗을 겸한 병에 쓰는 약인데, 자한출自汗出은 피부의 모공毛孔이 닫히지 못하기 때문에 생기는 것이고 모공의 불폐不閉는 수렴하는 힘이 부족하기 때문이오 자한출自汗出하는 것은 즉 땀이 망출妄出하는 것은 전혀 심장음心臟陰이 약하여서 허화虛火가 망동하는 데에 있는 것

이다. 이때에 풍한風寒이 그와 같은 기회를 타고 폐 방광경肺 肪胱經에서 작난作亂하는 것이 자한출의 원인인즉 마땅히 계지와 같은 보심補心, 생혈生血, 산풍한散風寒하는 약을 쓰지 않고서는 불가능하다. 그러므로 계지로 위군爲君했다. 그러나 이와 같이 정사상공正邪相攻하는 자한은 계지만으로써 치료할 수 없은즉 반드시 간비혈분肝脾血分에 들어가서 사간화 안비폐瀉肝火 安脾肺하면서 영기營氣를 도와서 발월發越하려고 하는 양陽을 포위망 속에 유폐幽閉되게 하는 백작약을 씀으로써 비로소 모공을 수축시킬 수 있을 것이다. 이와 같이 하여서 계지로써 산풍한散風寒하고 백작약으로써 자한自汗의 근원을 막았지만 만일 과항過亢하는 사화邪火를 제거하지 않는다면 그것은 모래로 만든 제방과 같을 것이므로 조리비위調理脾胃하면서 사심화瀉心火하는 감초로써 발열한출發熱汗出의 기본을 제거하게 한 것이다. 그리고 또 생강의 선폐해울산한宣肺解鬱散寒하는 힘으로써 계지의 발산을 돕게 하고 겸하여 대조大棗의 보중익기 자비 윤심폐補中益氣 滋脾 潤心肺하는 힘으로써 비심폐脾心肺에서 진액津液이 生하게 하였은즉 이만하면 제방지법製方之法이 가히 만전하다 할 것이다.

그런데 중경의 계지탕에다가 이천이 부자 1미味를 가하여서 계지부자탕을 만듬으로써 망양증亡陽證의 치방治方이 비로소 성립된 것이다. 즉 부자는 양부陽部에서는 산실지양散失之陽을 회복시키고 음부陰部에서는 부족지음不足之陰을 자윤滋潤하는 약이다. 망양증이란 것은 계지탕증의 풍한風寒이 자한하게 하는 틈을 타고 영위지기營衛之氣를 진탕盡蕩하여 놓은 것인즉 부자와 같은 난세지양장亂世之良將이 아니고서는 한루부지汗漏不止와 오한발열을 막아낼 수가 없는 것이다. 다시 말하면 병이 이쯤 되면 심영心營(陰) 폐위肺衛(陽)가 기맥氣脈을 추지 못하게 되므로 부자와 같은 음양을 모두 구제할 수 있는 양장良將을 기용할 수밖에 도리가 없는 것이다.

이천은 이와 같이 계지부자탕을 만듬으로써 망양증亡陽證을 치료할 수 있는 기틀을 만들었지만 아직 그것만으로써는 망양의 험위증險危證을 다루어

내기에는 힘이 부족한 것이다. 그러므로 동무가 황기계지부자탕 인삼계지부자탕 등등의 처방을 개발하였던 것이다.

즉 동무는 계지부자탕에 황기를 가함으로써 보폐기 온분육補肺氣 溫分肉하면서 음화陰火를 제거하는데 노력하였다. 다시 말하면 폐기肺氣를 보補해야만 위기衛氣가 왕성하게 되고 분육分肉이 온溫해져야만 사기邪氣가 발을 붙이기 어렵게 될 것이고 따라서 정기正氣는 활동기반이 튼튼하게 될 것이기 때문이다. 그 다음에는 당귀를 가하여서 양陽이 부착할 수 있는 발판을 만들었던 것이다. 좀 더 자세히 말하면 당귀는 심간비心肝脾의 혈중기약血中氣藥인데 혈중기약이란 말은 양陽이 도망하지 못하도록 붙잡아 매는 약이란 말이다. 그러므로 본초에 말하기를 당귀는 「음허이 양무소부자의지陰虛而 陽無所附者宜之」라고 한 것은 바로 그것이다.

위에서 본 바와 같이 이천의 계지부자탕에다가 황기와 당귀를 가함으로써 양이 활동할 수 있는 소지를 마련하여 놓고(황기로써) 겸하여서 양이 부착하여서 귀원할 수 있는 조건(당귀로써)을 만들어 놓았던 것이다. 이와 같이 하여놓고서 계지 작약과 부자의 힘으로써 조영위調榮衛하면서 한사寒邪를 구축하는 것인즉 이 처방은 계지부자탕에 비하면 실로 주도한 배려인 것이다.

그 다음 인삼계지부자탕은 황기계지부자탕에다가 인삼을 위군爲君한 것이다. 인삼은 보폐중원기 안정신 정혼백補肺中元氣 安精神 定魂魄하는 약이다. 폐중원기肺中元氣라는 말은 폐 중에 있는 활동요소인 양의 힘을 말하는 것이오, 안정신한다는 것은 수腎 화脾가 상교되는데 아무런 지장도 없도록 한다는 말이오, 정혼백定魂魄한다는 말은 금목金木이 자유로이 활동할 수 있게 한다는 말인즉 이것은 인간의 정신과 생명력 자체가 왕성하는 것을 의미하는 것이다. 그런즉 인삼의 효능을 한마디로 말한다면 인삼은 생명과 정신을 보호하는 것만이 아니고 바로 창조하는 약이란 말인 것이다.

그러므로 동무는 황기계지부자탕에 인삼을 중용重用함으로써 사기邪氣를 탕척蕩滌(계지부자탕을 말하는 것) 하거나 혹은 사기邪氣를 탕척하면서 원양元陽

을 보호하는(황기계지부자탕을 말하는 것) 외에 다시 그 위에 거의 모산耗散하려고 하는 양陽을 소생시키는 방법을 강구하기에 이르렀던 것이니, 그것이 바로 인삼계지부자탕의 입방목적立方目的인 것이다. 그런즉 오인吾人은 여기에서 계지탕은 장차 망양으로 발전할 수 있는 태양증太陽證 즉 오한 발열 자한의 초증初證을 치료하는 약이오, 계지부자탕은 망양초증亡陽初證을 치료하는 약이오, 황기계지부자탕은 망양의 중증重證을 치료하는 약이오, 인삼계지부자탕은 망양의 험위증險危證을 치료하는 약이라는 것을 알 수 있는 것이다.

승양익기부자탕

인삼 계지 백작약 황기 각 2돈 백하오 관계 당귀 감초灸 각 1돈 부자포 1돈 혹 2돈 생강 3편 조 2매

인삼관계부자탕

인삼 5돈 혹 1냥 관계 황기 각 3돈 백작약 2돈 당귀 감초灸 각 1돈 부자포 2돈 혹 2돈 5푼 생강 3편 조 2매

우사방 개 망양위병약야 망양병인 소변백이 다
右四方은 皆 亡陽危病藥也라 亡陽病人이 小便白而 多하면

위유여지즉 용부자1돈 일재복 소변적이 소
危有餘地則 用附子一錢 日再服하고 小便赤而 少하면

위무여지즉 용부자2돈 일이삼복 병재장위 용1돈
危無餘地則 用附子二錢 日二三服하고 病在將危에 用一錢하고

병재면위 용1돈 병재조리 역용 1돈 일재복
病在免危에 用一錢하고 病在調理에 亦用 一錢하야 日再服이니라

대 의

위에 있는 4개의 처방은 모두 망양이라는 위험한 병에 쓰는 약이다. 그런데 망양병 환자가 만일 소변이 희고 양이 많으면 위험한 중에서도 여유가 있는 것인즉 위에 있는 처방들에다가 부자 1돈씩을 써서 매일 재복하고 만일 소변이 색적色赤하면서 양量이 적으면 이것은 위험 중에서도 전혀 여유가 없는 것인즉 부자 2돈씩을 넣어서 매일 2-3복하고 만일 병이 앞으로 위험에 빠질 징후가 보이면 1돈씩 쓰고 병이 만일 위험한 때를 넘겼을 경우에도 1돈씩 쓰고 병을 조리한 때에도 또한 1돈씩을 넣어서 매일 재복再服하여야 한다.

방 해

승양익기부자탕은 인삼계지부자탕에 백하오와 관계를 가미한 처방이다. 또 그뿐만 아니라 인삼계지부자탕은 인삼과 계지를 중용함으로써 보원기補元氣와 거사去邪에 중점을 두었지만 이 처방은 인삼 계지는 감량하면서 백하오와 육계를 가미하였다는 데에 특색이 있는 것이다. 그러면 우리는 여기에서 그의 상이점을 연구해 볼 필요가 있다.

'첫째'로 인삼계지의 중량을 줄인 것은 이 처방은 원양元陽의 중보重補와 사기邪氣의 소탕掃蕩에 그다지 힘을 경주傾注하고 있지 않는다는 것을 말하는 것이다. 그렇다면 무엇을 하려는 것인가? 즉 사기邪氣때문에 몰려서 하함下陷한 양기陽氣를 일면으로는 상승시키고 타면에서는 익기보양益氣補陽함으로

써 원기元氣와 그의 유동流動을 공생공제共生共濟하려는 데에 그 목적이 있는 것이다.

그러므로 이 처방을 상찰하여 보면 황기 계지는 승양지재升陽之材오 당귀 작약은 보음지재補陰之材이다. 그런데 비록 황기 계지가 승양지재라고 할지라도 육계의 힘을 빌지 않으면 그 작용이 만전을 기할 수 없고 당귀 작약이 비록 보음지재라고 할지라도 하수오의 보조를 얻지 못하면 수양囚陽(補陰)의 실효를 보장하기 어려운 것이다.

이제 이것을 좀 더 상술하면 육계는 간신혈분肝腎血分에 들어가서 승양하면서도 반면으로 그 양을 다시 끌고 명문命門으로 귀원歸元하는 약인즉 육계가 황기 계지를 인솔하여 가지고 상승한다고 할지라도 항양亢陽의 염려가 없을 것이고 하수오는 수렴정기하면서 양혈거풍養血祛風하는 약인즉 이 약이 당귀 작약과 함께 음정陰精을 고정固定함으로써 승양작용으로 하여금 금화교역의 실효를 거두게 하려는 데에 목적이 있는 것이다.

그런즉 우리는 여기에서 동무가 하함下陷한 양을 승양升揚시켜서 종전과 같이 만들기 위하여서 이와 같이 용의주도한 설계를 하였다는 것을 알 수 있는 것이거니와 요는 이 처방의 제방지의製方之意는 승양익기升陽益氣하려는 데에 그 목적이 있는 것이다. 그런즉 의자醫者는 반드시 인체가 지닌 바의 저간這間의 소식을 세밀히 탐색한 후에 생양산사生陽散邪할 것이냐 혹은 승양익기升陽益氣할 것인가 하는 방법을 결정하여야 할 것이다. 그런즉 망양亡陽이 양명陽明에 있을 때에도 과연 승양익기에 중점을 둘 것인가 그렇지 않으면 생진회양生津回陽에 중점을 둘 것인가 하는 데에 유의하지 않으면 안될 것이다. 그 다음 인삼관계부자탕을 관찰하여 보면 이 처방은 승양익기부자탕에서 계지 백하오를 제거하고 인삼 관계 황기를 중용하였다는 점이 다르다. 그런즉 이 처방의 입방지의立方之意는 생양존양生陽存陽에 유의하고 산사散邪(계지) 보음補陰(하수오)에는 주의를 기울이지 않고 있다는 것을 알 수 있는 것이다. 다시 말하면 환자가 체내에 허양虛陽이 극성極盛하고 있은즉 계지의 산사散邪는 오히려 양양兩陽을 상박相搏하게 할 염려가 있을 것이고 또 음성陰盛이 극심하므로 이때에 만일 백하오를 빌어서 억양보음抑陽補陰하려고 하다가 도리어 양음兩陰의 합작을 조장할지도 모르므로 제거한 것이다. 그런즉 인삼관계부자탕의 목적은 바로 빙굴氷窟에서 거의 꺼지려고 하는 불火을 구하려는 것과 같은 것이다.

그러므로 우리는 여기에서 인삼관계부자탕증은 망양의 극위증極危證을 구하려는 데에 목적이 있다는 것을 알 수 있으며 아울러 이 처방의 목적은 억음산사抑陰散邪에 목적이 있는 것이 아니고 양양생진養陽生津에 있다는 것도 알 수 있는 것이다. 그러나 망양亡陽이 위경危境에 빠져서 이것으로써도 양양생진이 안되고 음성격양陰盛格陽의 위기危機에 빠지게 되면 구할 도리가 없을 것이다.

보 주

이상 4방은 동무가 망양증을 치료하기 위해서 입법한 것이다. 그러나 소음인이 혹은 감기가 잘 들어서 진퇴를 측량할 수 없을 경우에 보통 보중익기탕이나 승양익기탕이 잘 풀리는 데에도 불구하고 그것을 써도 풀리지 않거나 또는 식한食汗이나 자한自汗이 잘 나는 사람이 늘 미오한발열微惡汗發熱이 있어서 불쾌한 경우에나 또는 음식 맛이 떨어지고 신경통이 생기면서 추위寒氣에 몹시 예민한 경우와 같은 때에는 위의 4개 처방 중에서 적절히 선택하여서 응시가감應時加減하여 쓰게 되면 그 신효神效를 여실히 느끼게 될 것이다.

승양익기탕

인삼 계지 황기 백작약 각 2돈 백하오 관계 당귀 감초炙 각 1돈 강 3편

조 2매

방 해

이 처방은 승양익기부자탕에서 부자를 제거한 처방이다. 그런데 승양익기부자탕은 이미 망양증이 생겨서 자한출自汗出하는 데에 쓰는 약이지만 이 처방은 아직 망양증이 생기지 않았거나 또는 망양이 생길 염려가 있을 때에 쓰는 처방이다. 그렇다면 부자 1미味의 유무로써 왜 그렇게 큰 약효의 차이가 있는가 하는 것을 연구해 볼 필요가 있다.

비약증(망양증)은 비화脾火가 부족하고 비음脾陰이 독성獨盛함으로써 心(土)이 그의 생명과 정신인 진양眞陽을 충족시킬 수 없는 곤경에 빠지게 될 때에 생긴다. 그런즉 그 때에 심心은 자기의 열량熱量이 부족하니 만큼 수분水分을 한공汗孔으로 배설하지 않을 수가 없게 된다. 그러나 이때에 수분은 양陽을 물과 같이 배설하게 되는 것이다. 그런즉 이때에 필요한 일은 한공汗孔으로 산실散失하는 원양元陽을 비장脾臟에 다시 환원시켜야만 자한이 방지되면서 비약脾約의 근원이 제거될 것이다. 그러므로 본초에 말하기를 부자附子는 「복 산실지원양復 散失之元陽」이라고 하였은즉 그것은 바로 저간這間의 소식을 말하는 것이다. 인체생리와 부자의 약성藥性이 이러하기 때문에 승양익기탕과 승양익기부자탕의 차이가 이와 같이 큰 것이다.

그런데 여기에서 혹자는 반문할지도 모른다. 즉 승양익기탕에 육계가 있은즉 육계가 승양하여서 산실지원양散失之元陽을 심장에 모아 놓을 수 없느냐고 할지도 모르나 육계는 간신肝腎에서 충양充陽하는 약이고 비장脾臟에 부양附陽하는 약이 아닌즉 동일한 승양지약升陽之藥이라 할지라도 그 간의 차이는 현격한 것이다.

보중익기탕

인삼 황기 각 3돈 감초炙 백출 당귀 진피 각 1돈 곽향 소엽 각 3푼 혹 5푼 생강 3편 조 2매

방 해

보중익기탕은 본시 동원東垣이 노권상勞倦傷으로 인하여 기하함氣下陷으로써 두통 구갈 표열 자한출 불임풍한 사지권태 나어언어 무기이동頭痛 口渴 表熱 自汗出 不任風寒 四肢倦怠 懶於言語 無氣以動하는 것을 치료하기 위하여 만든 처방이다. 그런데 동무는 동원의 처방에서 승마 시호를 제거하고 곽향 소엽을 가하고 또 그 위에 인삼 황기를 중용하였던 것이다. 그리고 그 적응증으로는 태양병과 양명병이 망양亡陽이 되려고 할 때 쓴다고 하였다. 그러나 이것은 위에서 동원이 열거한 병증과 다를 것이 없다. 다만 다르다면 동무는 망양이라고 했는데 동원은 「노권상비 음허생내열勞倦傷脾 陰虛生內熱」이라고 한 표현방법이 다를 뿐이고 그 내용은 동일한 것이다. 그런즉 신정보중익기탕이나 동원의 보중익기탕이나 구별할 것이 없이 2방은 모두 상기한 잡병에도 응용할 수 있는 것은 말할 것도 없다.

동원은 황기의 보폐기補肺氣하면서 승양이 장비위升揚而 壯脾胃하고 사음화瀉陰火하는 힘을 빌어서 위기衛氣를 보강해 놓고 인삼의 폐중원기肺中元氣를 생호生護하면서 생진生津하는 힘을 빌어서 익기 장양 생진益氣 壯陽 生津하게 하고 감초로써 보비위補脾胃하면서 사심화瀉心火하게 한 것인즉 이것은 바로 내경內經의 「노자온지 손자익지勞者溫之 損者益之」의 원리에 입각한 것이라고 하겠다. 더욱이 인삼 황기 감초는保元湯 번열을 제거하는 성약聖藥인즉 원양의 부족이든 노권상勞倦傷이든 간에 불가결의 약인 것이다.

그러므로 이것을 기본으로 해 놓고 백출의 보비위 조습補脾胃 燥濕하면서 승양하는 힘과 병용함으로써 인삼 황기와 함께 승양하도록 하고 또 심간비心肝脾의 피血을 충족하게 하면서 양의 산실散失을 방지하는 당귀를 병용함으

로써 회양回陽의 계기를 만들었던 것이다. 그러나 이와 같이 하여서 하함下陷한 양기陽氣를 상승시키고 또 인삼 백출 황기 당귀로써 비폐脾肺의 기혈氣血과 內外의 영위營衛를 보강하여 놓았다고 할지라도 기가 상승할 때에 생긴 탁기가 순환계통에서 이것을 방해할 수도 있으므로 비폐기분脾肺氣分을 조화하면서 기혈을 순환시키는 진피를 써서 여기에 대비하였던 것이다.

그 위에 또 승마 시호를 넣어서 소양담경少陽膽經과 양명위경陽明胃經의 탁기를 상승시키는 조치를 취하였은즉 과연 제방입법지묘制方立法之妙를 얻은 방법이라 하겠다. 그러나 동무는 여기에서 동원이 승마 시호를 쓴 것을 곽향 소엽으로 바꾸었던 것인즉 동무가 왜 이렇게 하였던가 하는 것을 연구하지 않으면 안될 것이다. 동원이 보중익기탕을 만든 것은 고래古來의 전통 그대로이고 인간체질의 특수성을 전혀 고려하지 않았다. 그러므로 보중익기탕을 입방함에 있어서 온보溫補와 청양淸陽을 겸시兼施하면서 승양익기升陽益氣를 하게 하였던 것이다. 그렇기 때문에 동원은 여기에다가 승마나 시호와 같은 청량지제淸凉之劑를 약간 가미함으로써 청탁淸濁이 교류할 수 있는 계기를 마련하려고 하였다.

그렇지만 만일 인간체질의 특수성을 염두에 두고 생각하여 본다면 소음인의 경우에 있어서는 이것은 전혀 필요없는 기우杞憂에 불과한 것이다. 왜냐하면 소음인은 신대비소腎大脾小하므로 승양升揚이 되지 못하는 것은 항상 한기寒氣(음기)가 태과太過하기 때문인즉 결코 양기가 과항過亢할 이치가 없을 것이므로 한량지제寒凉之劑를 써 가면서 이것을 미리 방비할 필요까지는 없는 것이다. 그런즉 이러한 인체의 특징을 알고 있는 동무로써는 응당 거기에 반대할 것은 물론이다.

그러므로 동무는 승마 시호 대신으로 곽향 소엽을 썼던 것이다. 즉 곽향은 신온지기辛溫之氣로써 상중이초上中二焦의 체기滯氣를 상승시키는 약이오, 소엽은 신온지미辛溫之味로써 개위익비開胃益脾하면서 이폐하기利肺下氣하는 약이다. (이폐하기란 말은 양(陽)을 포위하면서 하기(下氣)한다는 말이다) 그런즉 여기에 비록 승마 시호와 같은 청량지제는 없다고 할지라도 곽향지신온藿香之辛溫으로 승양작용升陽作用을 도와주고 소엽지신온蘇葉之辛溫은 반대로 이폐하기利肺下氣하게 한 것인즉 이것은 입방지리立方之理로 볼 때에 오히려 전자前者의 비례比例가 아닌 것을 알 수 있는 것이다. 더욱이 소엽 1味가 금화교역을 할 수 있다는 이치를 중시한 점에 대해서는 감탄할 수밖에 없는 것이다. 각설 이 처방을 연구함에 있어서 주의하여야 할 것은 이 처방은 양기가 하함下陷하였을 뿐이지 아직 양이 망할 단계에 있는 것은 아니므로 다만 승거升擧하기만 하면 되는 것이라는 점이 망양증 제방亡陽證 諸方과는 다른 점이다.

황기계지탕

계지 3돈 백작약 황기 각 2돈 백하오 당귀 감초炙 각 1돈 강 3편
조 2매

방 해

차방은 승양익기탕에서 인삼 육계를 빼고 계지를 중용하였다는 점이 다르다. 그런즉 여기에서 폐 방광경膀胱經에 들어가서 온경 통맥 조화영위溫經通脈 調和營衛하면서 사邪를 구축하는 계지를 중용한 것은 원기를 보하는 데에 치중하면서 승양거사升陽去邪하려는 것보다도 오히려 영위營衛의 조절과 거사去邪에 주력하는 처방을 만들기 위함이었다고 생각되는 것이다.

그런즉 이 처방은 소음인이 기혈이 울결함으로써 일어나는 모든 병— 즉 사지궐냉 지체동통肢體疼痛과 같은 모든 울결증과 또는 망양증의 예방이나 신진대사의 촉진과 같은 병에 응용될 것은 물론이다. 그러므로 잡병에 있어서 비록 자한의 습성이 없다고 할지라도 이것으로써 예방하는 것은 무방하다. 왜냐하면 이 처방은 영위를 조화하면서 기혈을 순환시키는 처방인즉 이러한 병적인 증상이 없다고 할지라도 조리영위지제로서 요긴한 약이다.

(승양익기탕 승양익기부자탕을 상세히 볼 것)

천궁계지탕

계지 3돈 백작약 2돈 천궁 창출 진피 감초炙 각 1돈 강 3편 조 2매

방 해

이 처방은 계지탕의 변방變方이다. 즉 중경의 계지탕에 천궁 창출 진피를 가한 것이다. 그런즉 위에서 황기계지부자탕을 논할 때에 계지탕에 대한 것은 논하였으므로 그것은 약略하거니와 다만 여기에서는 거기에다가 천궁 창출 진피를 가한 이유만 논하면 될 것이다.

소음인은 비소脾小하므로 항상 비위脾胃에 탁기濁氣가 울결鬱結하는 것이 만성이 되는 바 계지탕은 심한 울결을 풀기에는 항상 힘이 부족하다. 왜냐하면 계지는 온경 통맥 보심溫經 通脈 補心하면서 폐 방광경肺 膀胱經의 사邪를 구축驅逐함에는 족하지만 중초中焦의 울결을 풀 만한 능력이 없기 때문이다. 그러나 천궁은 간 담경肝 膽經의 혈중기약血中氣藥으로서 청양淸陽을 승산升散하면서 해울解鬱하는 약인즉 이것을 가함으로써 능히 소음인의 외감병外感病의 강적强敵인 탁음濁陰을 물리칠 수 있는 것이다.

또 창출은 조위건비燥胃健碑하면서 위중양기胃中陽氣를 발산하는 약이오, 진피는 비 폐기분脾 肺氣分에 들어가서 조중쾌격 순기거체調中快膈 順氣去滯하는 약이다. 그런즉 계지탕이 천궁 창출 진피를 얻음으로써 비로소 소음인이 지니고 있는 바의 울결이 될 수 있는 약점을 제거하면서 사邪를 탕척蕩滌하는 양방良方이 되는 것이다. 그러므로 천궁계지탕은 소음인의 모든 울을 푸는 데에 불가무不可無의 양약良藥이 되는 것인즉 이 원리를 잡병치료에 응용한다면 약간의 가감加減으로써 능히 울증계통鬱證系統의 만병萬病을 퇴치할 수 있는 것이다. 예컨대 학질이 치유되는 것도 그 이치에 속한 것이며 또는

소요산증逍遙散證에 적용되는 것도 또한 그 이치의 응용에 속하는 것이다.

궁귀향소산

향부자 2돈 소엽 천궁 당귀 창출 진피 감초炙 각 1돈 총백 5경莖
강 3편 조 2매

방 해

이 처방은 위역림 득효방의 향소산에 천궁 당귀를 가한 처방이다. 그러므로 이 처방을 연구하기 위하여서는 먼저 향소산을 연구하여야 한다. 향부자는 기미신온氣味辛溫한 약인 바 능산 능강 능화能散 能降 能和함으로써 12경맥을 통행하면서 거사 해울去邪 解鬱하는 약이다. 그러나 거사 해울하는 힘이 강하면 수렴收斂으로써 이것을 받침하여 주지 않으면 기모불수氣耗不收하는 결과가 생기게 될 것이다. 그러므로 이폐하기利肺下氣하면서 산사散邪하는 소엽으로 하여금 그 결점을 보충하게 한 것이다. 이와 같이 하면 표기表氣를 조화하면서 거사祛邪할 수는 있지만 이사裏邪를 제거할 수 없으므로 창출의 거습 승산去濕 升散하는 힘과 진피의 순기 거체 보비順氣 去滯 補脾하는 힘을 빌림으로써 울결지사鬱結之邪를 제거하도록 하고 또 감초의 보비위 사화補脾胃 瀉火하는 약력을 여기에 종합함으로써 이기裏氣를 부정扶正하게 한즉 여기에서 비로소 표리表裏가 화평할 수 있게 될 것이다. 그런즉 우리는 이것으로써 득효방의 제방지의製方之意를 가히 엿볼 수 있거니와 위역림은 사시부정지기四時不正之氣가 울결함으로써 이루어지는 온역瘟疫을 치료할 목적으로 이 처방을 만들었던 것이다. 그러나 만일 그 제방지리製方之理를 완전히 이해한다면 온역瘟疫에만 구애拘礙될 것이 아니고 운기 부정지기運氣 不正之氣가 비위脾胃의 약점을 타고 울결하는 제병諸病에는 어떠한 병을 물론하고 적응된다는 것을 알 수 있는 것이다. 왜냐하면 상한은 자외지내自外之內하지만 온역과 같은 구류지사久留之邪는 자내지외自內之外하므로 개내울이 이폐하기開內鬱而 利肺下氣하는 길로 사邪를 구축驅逐하려면 즉 향부자 소엽 창출 진피의 내외개울지공內外開鬱之功에 기대하여야 하기 때문이다. 그런데 동무는 여기에 만족하지 않았다. 즉 소음인은 비화脾火가 부족하므로 일신一身의 생명인 피血가 항상 응고하면서 모든 병을 이루게 되는 것인즉 병의 여하를 막론하고 소음인의 경우에는 피의 생화작용에 힘을 기울여야 하기 때문이다. 그러므로 혈중기약血中氣藥인 당귀와 천궁을 가하여서 간폐심肝肺心의 화혈행혈작용化血 行血作用을 도와 주었던 것이다. 다시 말하면 당귀로써 양陽이 부착할 수 있는 바탕을 만들고 천궁으로써 간담경肝膽經의 기혈氣血을 승산해울升散 解鬱하게 함으로써 양혈 행혈養血 行血하게 하였던 것이다. 그런즉 우리는 여기에서 향소산의 해울작용은 당귀 천궁의 양혈 행혈로써 비로소 소기의 목적을 기할 수 있는 바탕을 만들어 놓았다는 것을 알 수 있는 것이다.

곽향정기산

곽향 1돈 5푼 소엽 1돈 백출 반하 진피 후박 청피 대복피 계피 건강
익지인 감초炙 각 5푼 강 3편 조 2매

방　해

이 처방은 본시 공신소작龔信所作인 바 동무가 본 방에서 길경 백지 복령을 빼고 계피 건강 익지인을 가한 것이다. 그런데 공신이 이 처방을 만든 목적은 밖으로 사시부정지기四時不正之氣를 받음으로써 소화불량을 일으키면서 한열두통 토사곽란吐瀉霍亂하는 것을 치료하기 위한 것이었다.

그러므로 소엽의 이폐하기 화혈지통利肺下氣 和血止痛하는 힘과 백지의 산풍습이 해열散風濕而 解熱하는 힘과 진피의 능산 능화 능사能散 能和 能瀉하면서 순기거체順氣去滯하는 힘과 대복피의 설폐 이비 하기 관흉洩肺 利脾 下氣 寬胸하

는 힘과 후박의 평위조중 화식平胃調中 化食하는 힘과 길경의 개제기혈開提氣血하는 힘을 합하여서 부정지기不正之氣를 바로 잡게 한 것이다.

대저 인신人身을 침범하는 부정지기不正之氣는 모공毛孔으로 침입할 때가 있고 또는 비공鼻孔으로 들어가는 경우가 있는데 그것이 만일 모공으로 들어가는 경우라 할지라도 내상비위증內傷脾胃證— 즉 내정 음식 곽란 토사內停飮食 霍亂 吐瀉와 같은 병을 병발併發하기는 하지만 지금의 경우처럼 사邪가 비공鼻孔으로 침입한 경우에는 내상內傷을 일으키기가 더욱 쉬운 것이다. 그러므로 공신은 소엽 백지 진피 대복피 후박 길경과 같은 기승지품氣勝之品으로 사기邪氣를 개이승지開而升之하면서 강이축지降而逐之한 것이니 이것은 비공鼻孔으로 들어간 사邪이므로 발한發汗만으로서는 몰아낼 수가 없기 때문이다. (그런데 여기에서 그와 같은 역할을 하는 것은 소엽의 이폐하기지공(利肺下氣之功)인즉 그것은 향소산의 경우와 같다) 그런데 사邪가 이미 비위脾胃를 침범하였은즉 사기를 개제승강開提升降하도록 한 다음에는 반드시 비위脾胃의 활력을 도와 주어야 하는 것이다.

그러므로 백출과 이진탕二陳湯을 여기에 合함으로써 비위가 승강 할 수 있는 기운을 양養하게 한 것이다. 다시 말하면 백출의 보비 승양補脾 升陽하는 힘과 반하의 성비 개울 하역醒脾 開鬱 下逆하는 힘으로써 비위脾胃의 정기正氣를 일으키면서 원기元氣가 단전에 뿌리박게 하고 또 복령으로써 화담 행수化痰 行水함으로써 사수邪水의 역상逆上을 방지하고 진피의 순기 거체順氣 去滯하는 힘으로써 정기운행正氣運行에 도움을 주게 하였은즉 이렇게 함으로써 부정지기를 바로 잡을 수 있는 기틀을 세운 것인즉 따라서 내정 음식 곽란 토사內停 飮食 霍亂 吐瀉나 한열 두통寒熱 頭痛이 저절로 풀리게 될 것은 물론이다.

그런데 동무는 여기에서 길경 백지 복령을 제거하였다. 왜냐하면 길경은 폐의 열을 사함으로써 기혈을 개제開提하는 약인 바 이것은 위완지양胃脘之陽을 제기提起하는 데에 불과한즉 소음인이 만일 이러한 약을 쓰게 되면 비위의 허화虛火만 조장시키게 됨으로써 도리어 비화脾火의 승양升陽에 해를 끼치게 될 것이고 또 백지는 폐위대장肺胃大腸에 들어가는 약인 바 방향지미芳香之味보다는 신미辛味가 많아서 소음인을 음陰작용에 기울어지게 할 것이므로 이것도 또한 소음인에게는 적당하지 않을 것이고 또 복령은 사폐열이 하통방광瀉肺熱而 下通膀胱하는 약인즉 이 약은 모든 약을 이끌고 하행下行하는 데에 장기가 있은즉 양기가 불승不升하는 것이 결점인 소음인에게는 적당하지 못하다. 그러므로 동무는 이것들을 제거하고 계피 건강 익지인과 같은 승양 안신지제升陽 安神之劑를 가미했던 것이다.

즉 건강乾薑은 비위의 한기를 구축할 뿐만 아니라 사지관절지간四肢關節之間으로 통행하면서 모든 낙맥絡脈의 울결을 푸는 약이오, 계피는 소통백맥疎通百脉하는 약이오, 익지인은 안신 익기安神 益氣하면서 상역지기上逆之氣를 제거하는 약이므로 이렇게 처방을 개작함으로써 진실로 소음인에게 사시부정지기四時不正之氣나 외감풍한이 승허입리乘虛入裏할 경우 부정축사扶正逐邪하는 데에 만유감萬遺憾이 없게 한 것이다.

그러므로 동무는 태음증 토사나 외감풍한이나 사시부정지사는 물론이고 소위 하초혈축증下焦血畜證까지도 이 약으로써 부정축사扶正逐邪하면 불치혈이 혈자유不治血而 血自愈하게 된다는 원리를 제시하였은즉 진실로 의낭衣囊에 이무한理無限이라 한 것이다.

팔물군자탕

인삼 2돈 황기 백출 백작약 당귀 천궁 진피 감초 각 1돈 강 3편 조 2매

본방에 백하오로 인삼을 바꾸면 백하오군자탕이오 본방에 인삼 1돈을 쓰고 백하오 관계를 각각 1돈씩 가하면 십전대보탕이오 본방에 인삼 1냥을 가하면 독삼팔물탕이니라

방 해

이 처방은 사물탕과 사군자탕을 합하여 일방一方으로 만든 것이다. 그런데 사군四君은 원기가 무력하며 음식이 난화難化하는 데에 쓰는 처방이오 또 사물四物은 일체 혈부조제증血不調諸證에 쓰는 처방이다. 그런즉 팔물을 입방立方한 목적이 기혈의 구 부조俱 不調를 치료하려는 데에 있는 것은 말할 것도 없다. 그런즉 오인吾人은 다음에 이 처방을 분석해 볼 필요가 있는 것이다.

우선 사군부터 연구해 보면 인삼은 보폐중원기補肺中元氣하면서 장차 소진하려는 양을 수렴하여서 다시 살아나게 하는 약이오, 백출은 보비 조습補脾燥濕하면서 승양升陽하는 약이다. 그러므로 인삼과 백출이 동행하게 되면 인삼은 양을 모아서 그의 소진消盡을 방지하면서 생양生陽하고 백출은 승양작용에 방해되는 습濕을 제하면서 불火을 불어서吹 승양升陽시키는 약인 것이다. 그런즉 사군이 무기無氣에서 생기生氣하게 하는 주체가 되는 것은 바로 이 두 약의 힘에 있는 것이다.

그런데 불陽은 그 성질이 왕旺하면 왕旺한 만큼 더 붙으려고 하는 것이다. 그러므로 복령의 담삼 이규淡滲 利竅하는 성질로 하여금 양을 유인하여 가지고 하행하게 하고 감초의 토화하는 힘을 빌어서 양을 중화시키면서 그 과왕過旺한 세력을 제어하게 하려는 것이다. 이와 같이 복령과 감초의 힘을 빌어서 인삼 백출의 항양지폐단抗陽之幣端을 억제하면서 양을 生하게 한즉 여기에서 비로소 생기할 수 있는 계기가 마련되는 것이므로 이것을 사군자四君子라고 한 것이다.

그러면 다음에는 사물四物을 연구해 보기로 하겠다. 당귀는 심간비心肝脾의 혈중기약血中氣藥이다. 그런데 이 약은 동성動性이 있으면서도 또한 양을 귀숙歸宿하게 하는 약이다. 그러므로 본초에 「당귀 사기혈 각유소귀 명왈 당귀當歸 使氣血 各有所歸 名日 當歸」라고 한 것을 보더라도 알 수 있는 것이다. 또 천궁은 간담경肝膽經에서 승양개울升陽開鬱하는 약이다. 그런즉 위에서 본 바와 같이 당귀 천궁은 혈약血藥이면서도 동動하는 약이다.

그런데 숙지황은 족삼음경약足三陰經藥인데 「사양기 귀숙 단전使陽氣 歸宿 丹田」이라고 하였은즉 이것은 동성動性이 활발한 양기를 腎坎중에 귀숙歸宿하게 함으로써 다시 동할 수 있는 기반을 만드는 약이다. 그 다음 작약은 간비 혈분약肝 脾 血分藥으로서 이미 발發한 양기를 다시 坎腎속에 귀숙시키기 위한 준비를 하는 약이다. 그러므로 본초에 「치 영기부종 역어육리자治 營氣不從 逆於肉理者」라고 하였은즉 이것은 바로 양陽이 속으로 들어가지 않고 육리肉裏— 즉 기육肌肉(土)쪽으로 역향逆向하는 것을 다시 수렴하여서 단전으로 돌아가게 하는 약인 것이다. 그런즉 우리는 이상 소론으로써 사물탕은 혈약血藥이란 것을 알았지만 이제 그 조직내용을 살펴보면 밀고(천궁 당귀로써) 당기고(작약 숙지로써) 하는 약이란 것을 알 수 있다. 그러므로 고인古人은 동속숙지冬屬熟地하고 추속작약秋屬芍藥하고 하속당귀夏屬當歸하고 춘속천궁春屬川芎이라고 하였은즉 이것은 바로 위에서 논한 바의 약성을 가장 간단하게 설명한 것이라고 할 수 있는 것이다. 그 위에 하나 더 생각할 것은 사물四物은 조혈造血약이고 생혈生血약이 아니라는 판단도 아울러 여기에서 내릴 수 있는 것인 바 그 이유는 사물의 성능이 기존 음양을 조절할 뿐이고 소진하려는 피血를 직접 生할 수 있는 능력이 없는 까닭이다.

그런데 수많은 환자 가운데에는 기력만 약한 사람도 있고 혈만 부족한 사람도 있으며 또는 기혈氣血이 구허俱虛한 사람도 있은 즉 기혈의 구허를 치료하기 위하여서는 2방을 합하는 것이 최상의 방책일 것이다. 그러므로 여기에서 팔물군자탕의 요구조건이 성립되었던 것이다. 그러나 동무의 머리에는 이 처방을 반대하여야 할 이견이 떠올랐으니 그것은 그가 개발한 바의 체질적 특수성에 대한 전문적 철리哲理가 도사리고 있기 때문인 것이다.

다음에 그것을 잠깐 논하면 소음인이란 항상 신수腎水의 과성過盛 때문에 비화脾火가 두정頭頂에 까지 상승하지 못하고 겨우 흉억지간胸臆之間에서 왕래하는 사람인즉 수기水氣를 응축시키는 것은 백해무익할 뿐이다. 오히려 필요한 것은 흉억胸臆간에서 「영기부종營氣不從하고 역어육리逆於肉裏」하는 비하肺火를 투입하는 힘을 가진 작약과 같은 약인 것이다. 그런 까닭으로 사물에서 숙지熟地를 제거한 것이거니와 따라서 기력을 生하게 하는 데에 있어서도 또한 동일한 이유로 복령과 같이 담삼이규淡滲利竅하면서 양기陽氣를 하강시키는 약을 필요로 하지 않았던 것이다. 그러므로 사군四君에서도 복령을 제거하였다.

상술한 바는 소음인이라는 체질적 특수성으로 볼 때에 필수불가결의 조치였다. 그 뿐만 아니라 소음인은 항상 승양지기와 거체지력去滯之力이 부족한 것이므로 황기를 가하여서 일면으로는 승양하게 하고 또 일면으로는 위기衛氣를 강화하여서 사邪의 침입을 방지하게 하고 진피로써 순기거탁順氣去濁하게 하였다. 그런즉 이렇게 함으로써 비로소 신정 팔물군자탕이 소음인의 체질과 상부상합相符相合한다는 이유가 성립하게 된 것이다.

그러므로 소음인은 태양 양명경의 울광증鬱狂證이거나 혹은 부인의 열입혈실증熱入血室證이거나 궐음厥陰의 수족궐냉手足厥冷이거나 구별할 것 없이 흉격간에 있는 탁기를 풀면서 조화기혈이 승양升陽한다면 따라서 모든 병은 저절로 풀릴 것이다. 더욱이 양명증의 위가실胃家實에 있어서 마저 선용파두先用巴豆하고 후용팔물後用八物하라고 할 정도인즉 동무가 얼마나 인간이 지니고 있는 진기眞氣의 소모消耗에 주의를 경주하였던가 하는 것을 알 수 있는 것이다.

그 다음 동무는 팔물에 백하오와 육계를 가함으로써 보기혈補氣血하면서 승양하는 방법을 채택하였은즉 이것은 별론할 것도 없거니와 조금만 더 생각하여 볼 것은 무엇 때문에 백하오를 택하였는가 하는 문제이다.

하수오는 수렴정기收斂精氣하면서 양혈거풍養血袪風하는 약이다. 그런데 여기에서 말하는 「수렴정기收斂精氣」라는 개념은 「응고정기凝固精氣」라는 개념과는 차이점이 있다. 즉 응고凝固는 수水의 작용이고 수렴은 금金의 작용인즉 하수오는 숙지가 할 일의 준비작업을 하는 약일 뿐이고 직접 고장固藏하는 약은 아니다. 그런즉 여기에서 하수오로서 수렴정기를 하게 한 것은 육계의 반발을 어느 정도 견제하면서도 또는 강근익수强筋益髓하려는 데에 그 목적을 두었기 때문이다.

그런데 이제 하나 더 연구할 것은 독삼팔물탕이다. 위에서도 말한 바와 같이 인삼은 보폐중원기補肺中元氣하면서 양을 단전에 귀숙시키는 약이다. 그런데 여기에서 인삼을 한 냥씩이나 중용重用한 것은 일반적 방법인 팔물로써 조화기혈調和氣血을 시켜 가지고서는 도저히 꺼지려는 양을 구제할 도리가 없을 때에 이와 같은 비상수단을 쓰게 한 것이다. 그러므로 동무는 이 약을 궐음병 토혈 인후통 울광증 등의 위기危機에 쓰게 한 것이다. 그런즉 이것만으로서 보더라도 독삼팔물 특히 독삼의 생양작용生陽作用이 얼마나 위대한가 하는 것을 알 수 있는 것이다.

향부자팔물탕

향부자 당귀 백작약 각 2돈 백출 백하오 천궁 진피 감초炙각 1돈 강 3편 조 2매

상치부인嘗治婦人할새 사려상비思慮傷脾하야 인건설조咽乾舌燥하고 은은유두통隱隱有頭痛에 신효神效니라

방 해

소음인은 비화脾火가 부족하고 신수腎水가 과일過溢하는 것이 특징인즉 언제나 화가 울결하여서 펴지지 못하는 결점이 있다. 그런데 만일 소음인의 여자인 경우에는 (여자는 屬陰故) 이러한 경향이 더욱 농후할 것이다. 그러므로 특히 소음인 여자에게 울결병— 즉 사려상비병思慮傷脾病이 많은 것이다.

그런데 사思라는 것은 유의이 불쾌有意而 不快하는 것이고 려慮란 것은 유의이 불행有意而 不行하는 것이다. 그런즉 사려상비思慮傷脾가 되려면 여기에는 반드시 그렇게 될 수 있는 어떠한 요인이 있어야 할 것이다. 그런즉 그

요인이 바루 음다양소陰多陽少— 즉 비소신대脾小腎大한 체질적인 특성으로 인하여 이루어지는 것이다. 다시 말하면 음이 많고 양이 적은 체질이기 때문에 울결이 잘되게 마련이고 또는 사려에 빠지기 쉽기 때문에 울결을 더더욱 조장시키는 것이다. 그런즉 이 병을 치료하려면 생리적인 울결과 심리적인 울결을 동시에 펴야만 할 것은 물론이다.

그런데 동무는 이 병을 치료하기 위하여서 향부자로써 군약君藥을 삼았으니 그것은 향부자의 통행십이경락通行十二經絡하면서 해삼초지울解三焦之鬱하는 힘을 이용하기 위함이었다. 생각건대 소음인이 울결하는 주인主因은 혈중血中에 기체氣滯가 됨으로써 이루어지는 것인즉 먼저 이것을 펴놓지 않고서는 심비心脾의 울결을 펴낼 수가 없기 때문에 이와 같은 조처를 해 놓은 것이다.

그리고 그 다음에 백출로써 건비승양健脾升陽을 시키고 진피로써 순기거탁順氣去濁한즉 모든 결체結滯의 요인은 전부 풀리게 되는 것이다. 그러나 이와 같이 하여서 화火의 울결은 비록 제거하였다고 할지라도 이미 울결이 되었던 때에 기육지간肌肉之間에서 역행逆行하던 화火를 다시 환원시켜야만 영위營衛의 운행이 바르게 될 것이다. 그러므로 백작약으로써 이것을 바로 잡아야만 했던 것인 바 소위 은은한 두통이란 것은 바로 이 때문에 생기는 것이다.

그러나 이상에서 논한 바로써 비위 기육 혈맥지간脾胃 肌肉 血脈之間에 있는 울결은 풀 수 있었지만 심간비心肝脾의 울은 아직 남아 있다. 그러므로 하수오 당귀 천궁으로써 심간비心肝脾의 울을 푸는 동시에 또한 신神을 안주할 수 있게 하였다. 좀 더 상술하면 신神을 안정시키는 일은 당귀가 하는 것이니— 즉 본초에 「음허이양무소부자의지陰虛而陽無所附者宜之」란 말은 바로 당귀가 부산지신浮散之神을 통일시킴으로써 안신 정지安神 定志하는 것을 의미하는 것이오 하수오는 이 일을 도와 주고 천궁은 소양담기少陽膽氣를 발함으로써 혈맥중의 울을 풀어주는 것이다. 이와 같이한즉 생리적 또는 정신적인 모든 울결은 일시에 제거될 수 있는 것이므로 부인婦人이 사려상비思慮傷脾하여 인건 설조 은은두통咽乾 舌燥 隱隱頭痛하는 병원病源이 소멸되고 병이 쾌유하게 되는 것이다. 그러나 여기에서 또 한가지 더 생각하여야 할 것은 이 때에 설조 인건 두통이 왜 생기는가 하는 문제다. 즉 소음인이 화가 흉억胸臆에 울鬱하게 되면 여기에서 울화가 생겨 가지고 이것이 상충함으로써 인건 설조하게 되고 또 이것이 삼양경맥三陽經脈을 침범하므로 두통이 생기게 되는 바 그 증상이 은은한 것은 사려상비지화思慮傷脾之火는 음화陰火이기 때문이다.

계지반하생강탕

생강 3돈 계지 반하 각 2돈 백작약 백출 진피 감초炙 각 1돈

치 허한 구토 수결흉등증治 虛寒 嘔吐 水結胸等證

방 해

이 처방은 팔물군자탕 향부자팔물탕 향사양위탕 적백하오관중탕과 같이 소음인의 잡병에 그 이용도가 상당히 높은 처방이다. 즉 구토 비만 수결흉 정충怔忡 천해喘咳 지체침중肢體沈重등 실로 그 응용범위가 넓은 처방이다.

그런데 여기에서 생강을 군君으로 한 것은 그 성질이 신온辛溫하면서 양陽부위의 한사寒邪를 구축하는 동시에 폐기肺氣를 서신舒伸하면서 비위脾胃의 울결을 풀어 주는 힘을 이용하려는 것이다. 왜냐하면 모든 구토 비만 수결 정충 천해 등 증證은 우선 양부위陽部位에 한사가 울결됨으로써 비위를 압박하기 때문인즉 먼저 이것을 풀지 않으면 비위의(울결이 풀릴 수 있는) 통로가 막혀서 승발升發할 수 없는 까닭이다.

그 다음에는 계지탕— 즉 계지 백작 감초를 이 처방의 중심으로 한 것은 이것으로써 조화영위調和營衛함으로써 외사外邪의 침입을 방지하는 동시에 혈맥의 순환을 도우려는 것이오, 백출 진피를 쓴 것은 비위를 도와서 승양

조습升陽燥濕하면서 거탁 순기去濁 順氣하려는 것이다. 이와 같이 한즉 생강의 축사 서신逐邪 舒伸하는 작용과 힘을 합하여서 영위의 조화를 이루면서 인체는 다시 평화로 회복하게 될 것이다.

그러나 생강은 양부위陽部位의 한사寒邪를 구축驅逐하고 기氣를 서신舒伸하는 힘은 있지만 직접 화위 건비和胃 健脾하는 힘이 없다. 그러므로 화위 건비 제습 화담和胃 健脾 除濕 化痰하면서 역기逆氣를 하강하게 하는 동시에 진양眞陽을 신중腎中으로 하향시켜서 윤신조潤腎燥하는 반하의 공능功能을 기용하였던 것이다. 다시 말하면 생강이 반하를 얻음으로써 내외조화의 쌍벽을 이루게 되는 것이다. 그렇게 한즉 여기에서 허한 구토 수결 정충 비만과 같은 잡증이 저절로 풀리게 될 수밖에 없다.

향사양위탕

인삼 백출 백작약 감초炙 반하 향부자 진피 건강 산사육 사인 백두구 각 1돈 강 3편 조2매

방 해

이 처방은 이중탕(인삼 백출 건강 감초)에 사인 향부자 백작약 반하 진피 산사 백두구를 가한 것이다. 이중탕은 본시 중경소작인데 그 제방목적은 비위의 온기溫氣를 조절함으로써 위에 들어간 음식이 선화작용宣化作用을 잘하도록 하려는 데에 목적이 있는 것이다. 왜 그런가 하면 만일 위중지양胃中之陽이 그의 주재하는 힘을 잃게 되면 단중膻中으로 올라가야 할 선발작용宣發作用이 부족하게 되고 그 힘이 부족한즉 육부六腑에 진쇄陳灑하는 힘이 부족하게 되므로 인체의 생리작용은 좌절되고 말 것이다.

그러므로 인삼 백출로써 승양이 고양升陽而 固陽하게 하고 감초로써 화중和中하면서 한탁지기寒濁之氣를 구축하게 한 것이다. 그런즉 상중이완上中二脘

에서는 사邪가 용납할 곳이 없게 될 것인 바 이렇게 하는 일을 이중理中이라고 하는 것이다. 그러므로 구무미식불화口無味食不化하거나 복만 하리腹滿 下利하거나 또는 부인이 하초에 축혈畜血하는 것과 같은 것은 따지고 보면 모두 중기中氣부족에 있는 것이다. 그렇기 때문에 동무는 향사양위탕을 만들 때에 이중탕을 기본으로 하였던 것이다.

그런즉 이중탕에 향부자 사인을 가하여서 통행주신通行周身하면서 혈해血海의 사기邪氣까지 제거하도록 하였으니 이와 같이 함으로써 벌써 이중理中은 그 성격이 변하여서 상중하삼초上中下三焦의 사邪를 구축하면서 정기正氣를 부식扶植하는 처방으로 변모하게 되는 것이다. 그 다음 거기에 백작약을 가함으로써 역행지기逆行之氣를 소환召喚하기에 이른즉 인체내의 악조건은 모조리 정리되고 말 것이다.

그러나 이것은 환경의 개량일 뿐이고 생화작용生化作用이 행동으로 옮겨진 것은 아니다. 그러므로 반하 진피를 넣어서 건비순기健脾順氣하도록 하였고 또 산사 백두구를 넣어서 제통 소식 지구 안신除痛 消食 止嘔 安神하도록 하였은즉 여기에서 비로소 양위탕은 삼초이기지약三焦理氣之藥으로 등장하게 된 것이다. 그런즉 이 처방은 소음인의 내상조리비위지제內傷調理脾胃之劑이며 또한 축탁구급지약逐濁救急之藥으로써 명심하여 기억하여야 할 처방인 것이다.

적백하오관중탕

백하오 적하오 양강 건강 청피 진피 익지인 각 1돈, 조 2매

治四體倦怠하며 小便이 不快니 陽道不興하야

將有浮腫之漸者는 用之本方하되 加 厚朴 枳實 木香 大腹皮 各 五分則

又有 通氣脈之功力이니 雖 浮腫己成者라도

安心靜慮 一百日而 日再服則 自無 不效之理니라

本方에 以 人蔘으로 易 赤何烏則 名曰 人蔘白何烏寬中湯이오

以 當歸로 易 赤何烏則 名曰 當歸白何烏寬中湯이니라

古方에 乾薑 良薑 青皮 陳皮를 等分作湯하면 名曰 寬中湯이라 하니

嘗治 少陰人小便不快 陽道不興 四體倦怠無力者하야 用之必效하고

百發百中이러라 又 寬中丸은 本方에 加 五靈脂 益智仁 各 一錢則

治腹痛에 神效니라

대 의

이 처방은 사지가 권태무력하고 소변이 쾌통快通하지 않는 것을 다스리는 처방인데 만일에 체내의 양기가 잘 승양하지 못함으로써 바야흐로 부종이 되려고 하는 사람은 본방에 후박 지실 목향 대복피를 각 5푼씩 가하여 쓰면 기맥氣脈을 쾌통하게 하는 공력功力이 있다. 그런즉 비록 부종浮腫이 이미 된 사람이라고 할지라도 일백일 동안 안심정려安心靜慮하면서 복약(1일 2회씩)하면 치유되지 않을 이치가 없는 것이다.

본방에 적하오와 인삼을 바꾸면 인삼백하오관중탕이오, 적하오와 당귀를 바꾼즉 당귀백하오관중탕이다. 고방에 건강 양강 청피 진피를 등분작탕等分作湯한 것을 관중탕이라고 한 바 이것으로써 소음인의 소변불쾌 양도부흥 사지권태무력증을 치료하였던 바 용지필효用之必效하고 백발백중이었다. 또 관중환이란 것은 본방에 오령지 익지인 각 1돈씩을 가하여서 작환한 것인 바 이 약은 복통에 신효한 것을 경험한 바 있다.

방 해

이 처방은 고방 관중탕에 기본을 둔 처방이다. 그런데 이 처방을 입방한 목적은 양도부흥陽道不興— 즉 체내에서 원양지기元陽之氣가 발동하지 못함으로 인하여 신기腎氣가 무력하며 소변불쾌가 되면서 부종이 되려는 것을 치료하려는 데에 그 목적이 있다. 그렇다면 오인은 여기에서 소변이 어떻게 하여서 생기며 또 어떠한 경로를 거쳐서 배설되는가 하는 것부터 먼저 연구하여야 할 필요가 있다.

사람이 음식을 먹으면 그 중에서 지정지청至淨至淸한 것은 비화脾火의 상승지력上升之力을 타고 폐에 올라가고 그 중에서 탁한 것은 소대장小大腸에서 피와 수분을 짜낸 다음에 대소변이 되어서 배설되는 것이다. 그런데 비화脾火의 승양지력升陽之力에 의해서 폐에 올라간 지정지청至淨至淸한 것은 폐에까지 올라갈 때 무형으로 기화하면서 상승하는 바 이것이 폐에 올라가서는 내외의 청량지기淸凉之氣—즉 폐 자체의 금성金性이 공기의 흡수에서 얻은 청기淸氣와 합력合力함으로써 기화위수氣化爲水하게 되는 것이다.

그런데 이것은 상초 중초 하초간의 조직을 통과할 때에 육체의 활동 때문에 생기는 기육肌肉의 열熱을 청화淸化시키면서 하초에 이르러서 소변으로 배설하게 되는 것이다. 그런데 이 때에 비위의 열화작용이 너무 과도한즉 간비肝脾의 음이 울양지기鬱陽之氣를 담당해 내지 못하고 열반위수熱反爲水하게 된 즉 수가 울鬱하게 됨으로써 소변불통이 되면서 부종을 초래하는 경우가 있다. 그러나 이것은 여기에서는 별문제이다. 즉 그것은 소양인의 병이다.

그런즉 여기에서 논해야 할 것은 소음인은 비화脾火가 부족하기 때문에 기육肌肉에 열량이 부족하게 됨으로써 폐에서 수화水化하여 가지고 삼초三焦로 하강하면서 기육지간肌肉之間의 열을 냉각하여야 할 필요를 그다지 크게 느끼지 않게 된다. 그런즉 비위가 섭취한 음식물의 지정지청지기至淨至淸之氣가 만든 수분은 기육肌肉에서 소모되지 못하고 소변으로 그냥 배설될 수밖에 도리가 없게 된다. 그런데 소음인은 비위화가 부족한 선천성을 타고난즉 기육지간肌肉之間에서 과잉되고 있는 수분이 방광으로 미처 배설되지 못하면서 울결하여 부종이 되는 것이다. 그런즉 여기에서 관중탕寬中湯으로써 치료하려는 부종은 바로 이러한 병을 지표로 하는 것이므로 위에서 동무는 이와 같은 상태를 가르쳐서 양도부흥陽道不興이라고 했던 것이다.

이제 여기에서 관중탕의 내용을 살펴보면 건강은 난위산한暖胃散寒함으로써 비위의 양을 상승하게 하고 양강良薑은 한사寒邪를 구축하면서 낙맥絡脈을 펴주고 진피는 조중 쾌격調中 快隔하면서 순기 도체順氣 導滯하고 청피는 소간사폐疏肝 瀉肺하면서 하초 혈해下焦 血海의 울결을 풀어 주게 한즉 여기에서 내외 상중하의 제울諸鬱이 모두 제거될 것이다. 그런즉 위에서 말한 바와 같이 소음인으로 하여금 소변불쾌 권태무력하기에 까지 이르게 했던 양도陽道는 다시 일어나게 될 수 있는 계기가 마련될 것이다.

그 위에 또 향부자로써 삼초와 십이경맥의 기혈지울氣血之鬱을 풀고 익지인으로써 비울脾鬱을 풀면서 심신을 상교相交시켜서 안신 익기安神 益氣하게 하면 이상의 모든 병증은 자멸하게 될 것이다. 그러나 여기에서 하나 더 고찰하여야할 것은 인간 원기元氣의 발동력은 간에 있다는 사실이다. 그렇다면 양도陽道가 부흥不興함으로써 권태무력 소변불쾌 하기에까지 이르렀던 장부臟腑가 비록 건강 양강 청피 진피 향부자 익지인으로써 모든 조건을 정제整齊하여 놓았다고 할지라도 만일 그 병이 너무 심했기 때문에 원기발동元氣發動의 근원인 간의 기능이 기맥氣脈을 추지 못하게 되었다면 그러한 정제

작용 정도만으로써 구제해 낼 수는 물론 없을 것이다. 그러므로 여기에서는 하수오를 써서 간肝을 보함으로써 흥양興陽의 본원을 구제하여야 했던 것이다.

그런데 적백하오는 모두 수렴정기收斂情氣하면서 보근양혈補筋養血하는 점에서는 일반이지만 백하오는 기분氣分으로 들어가고 적하오는 혈분血分으로 들어가는 것이다. 그러므로 동무는 적 백을 공용하여서 간의 기혈을 공제공생共濟共生하려고 한 것이다. 이와 같이 동무가 제방입법制方立法한 내용을 고찰하여 보면 고방古方 관중탕에 비하여 이 처방의 약력이 월등하다는 것을 가히 알 수 있을 것이다.

그 위에 동무는 부종을 치료하기 위하여서는 본방本方에다가 다시 후박 지실 목향 대복피를 가하였다. 그 이유는 후박으로써 설만洩滿하고 지실로써 쾌격快隔하고 목향으로써 행간사폐行肝瀉肺하고 대복피로써 거수하기去水下氣하게 함으로써 관중탕의 공효功效를 보좌하면서 설수洩水의 힘을 도아 주게 했던 것이다. 그런즉 이와 같이 함으로써 고방 관중탕은 여기에서 비로소 그 위력이 배가하게 된 것이다. 그 다음에 동무가 적하오와 인삼을 바꾼 것은 간경혈분肝經血分을 양養하는 대신으로 폐중원기肺中元氣를 양養함으로써 생명의 본원을 튼튼하게 하려는 데에 주력하려 함이오 또 적하오와 당귀를 바꾼 것은 간의 혈분에 국한하는 것보다도 심간비心肝脾의 납혈작용納血作用을 도우면서 승양 순기升陽 順氣하려는 데에 그 목적이 있는 것이다. 또 고방 관중탕에 오령지와 익지인을 넣으면 복통에 신효하다고 한 것은 관중탕으로써 상술한 바와 같은 정지작업整地作業을 한 뒤에 오령지로써 산혈화혈散血和血하고 익지인으로써 안신정지安神定志하면 복통의 제요인諸要因이 전부 없어지게 될 것이기 때문에 이와 같이 입방立方했던 것이다.

산밀탕

백하오 백출 백작약 계지 인진 익모초 적석지 각 1돈 강 3편 조 2매 대산大蒜 5근根 청밀淸蜜 반시半匙

치 이질治 痢疾

방 해

이질은 대체로 보면 열이 울체鬱滯하여서 대소장大小腸을 압박함으로써 이루어지는 것이다. 그런데 열의 울체鬱滯하는 원인은 대개 세 가지로 구별되어야 한다. 즉 한습寒濕이 비위脾胃에 상범上犯하여서 그것이 유통하지 못하기 때문에 열화熱化하는 경우와 또는 풍열風熱이 간소장肝小腸에 울鬱함으로써 음기陰氣가 부족하게 되어서 열이 조화燥化하면서 울鬱하는 경우와 또는 습열濕熱이 대장大腸에 하박下迫하여서 울하는 경우가 있으니 전자前者는 한습寒濕이 생열生熱한 것이므로 한寒에 속하고 다음은 풍생열 열생조風生熱 熱生燥하면서 울한 것이므로 조燥에 속하고 후자는 열생습熱生濕한 것이므로 화에 속하는 것이다. 그런즉 소음인의 경우는 비소신대脾小腎大하기 때문에 신사腎邪가 비위에서 울결되어서 열화한 것인즉 이것은 한증寒證이 기본일 수 밖에 없다. 그렇다면 소음인의 이질痢疾—즉 한화습열寒化濕熱의 울체를 어떻게 치료하는가 하는 문제는 명약관화한 것이다.

그러므로 동무는 우선 대산지신온大蒜之辛溫을 써서 개위 건비조양開胃 健脾助陽하게 하였고 또는 통오장通五臟하며 달제규達諸竅하는 통관지력通關之力을 이용하여서 한습寒濕이 울화위열鬱化爲熱함으로써 생긴 습열을 제거하는 데에 힘쓰게 하고 또 봉밀蜂蜜을 써서 보중 화기補中 和氣하면서 그것의 해독 활체解毒 滑滯하는 힘으로써 하박군급지증下迫窘急之證을 풀게 한 것이다.

그런데 여기에서 산밀蒜蜜로써 이질의 특징인 습열과 이급후중증裏急後重證을 제거하게 한 것은 전혀 위기胃氣의 승양지력升陽之力을 손실하지 말려는 데에 목적이 있는 것이다. 그 다음에는 적석지와 속각粟殼의 삽성澁性을 이

용해서 수습지혈收濕止血하면서 하초열울지근본下焦熱鬱之根本을 제거하게 하고 또 인진과 익모초의 신고한지성辛苦寒之性을 이용해서 행혈 거어行血 去瘀하면서 청열이 이습淸熱而 利濕하고 또 계지 백작약을 써서 조화영위調和榮衛하고 하수오를 써서 보간 양혈補肝 養血함으로써 비위의 사한邪寒을 제거하면서 하초원양下焦元陽에 발생지력을 보강하여 주도록 한 것이다. 그런즉 중초습열지체증中焦濕熱之滯證인 이질이 물러가지 않을 수 없거니와 오인이 여기에서 느끼는 바는 소음인의 그 체질적 특징이 비화脾火의 쇠약에 있기 때문에 이와 같이 온위 승양 거체溫胃 升陽 去滯하면서 이질이 물러가게 하였다는 점인 것이다.(단 태양인의 이질은 미개척지이므로 논외로 하였다.)

계삼고

인삼 1냥 계피 1돈 계鷄 1수首를 농전복濃煎服하되 혹은 이호초청밀以胡椒淸蜜로 조자미助滋味도 무방이니라.

차방은 자고로 유방有方하여 치治 학질 이질에 신효하다 상치구학嘗治久瘧할새 선용파두先用巴豆하여 통리대변후通利大便後에 수삼일 연용 계삼고數三日連用 鷄蔘膏하면 쾌효快效하니라 계피는 혹이계심或以桂心으로 대용代用하라

방 해

학질이란 것은 한마디로 말한다면 오한 발열을 특징으로 하는 병이나 오한 발열은 대체로 볼 때에 음허陰虛함으로써 일어나는 것이 있고 양허陽虛함으로써 일어나는 것의 두 가지가 있다. 그런데 소음인의 학질은 양허에서 일어나는 것이라고 본 것이 동무의 입장이다. 이것은 무엇으로써 그렇게 판단할 수가 있는가 하면 동무가 학질에 천궁계지탕이 즉효라고 한 것만 보아도 알 수 있는 것이다. 그 뿐만 아니라 소음인은 비소脾小하므로 항상 양기陽氣가 부족하게 되어 백병百病이 일어난다고 규정한 이상 하필 이것만

예외일 수는 없는 것이다.

그런즉 여기에서 양허陽虛에서 오한발열이 어떻게 일어나는가 하는 것을 연구해 볼 필요가 있다. 즉 인체 생리가 음양의 교류로써 이루어지는 것이 진리인 한 인체의 변고가 음양의 차질에서 이루어질 것은 물론이다. 그러므로 陰이 과강過强함으로써 陽을 압축하게 되면 그 때에 인체의 양기는 음의 압박에 반드시 저항하게 마련이다. 그런데 만일 투쟁하여서 양이 이기게 되면 발열로써 나타나고 음이 이기게 되면 오한으로 나타나게 되는 것인 바 이때에 진양眞陽이 약하기 때문에 항상 음의 압박을 받다가 겨우 양도陽道가 흥興하는 적기에 이르러서 반발하는 것이 양허 오한 발열인 것이다.

그렇다면 학질이 무엇 때문에 혹은 매일 발하며 혹은 간일발間日發하며 혹은 3-4일 發하는가 하는 것이 문제되는 것이다. 그런데 고인古人이 말하기를 이것은 음행陰行이 1일하고 양행陽行이 1일 하기 때문에 간일발間日發한다고 하였지만 만일 그렇다면 매일 발發은 무엇 때문이며 2-3일 發은 무엇 때문인가 하는 데에 대해서는 설명하기 어려울 것이다. 그런즉 우리는 여기에서 이것은 꼭 믿을 만한 진리가 못된다는 것을 알 수 있게 되는 것이다.

인체는 소우주이므로 인체도 우주에 있어서처럼 손화작용巽化作用이 반복되고 있는 것이다. (손화작용 보주를 보라) 그런데 인체에서 그것이 (손화작용) 병들었을 때에 오한 발열이 주기적으로 오게 되는 것이다. 좀 더 자세히 말하면 간금肝金은 손화巽化가 됨으로써 자기의 사명인 금화교역을 할 수 있게 되는 것인 바 만일 손화작용이 그의 임무에 불충실하여서 혹은 금화가 지나치게 되거나 혹은 水나 火쪽으로 지나치게 되면 음양은 조화를 잃게 되는 것이다. 그런즉 특히 소음인의 경우에 있어서 간금肝金이 알맞게 손화巽化하지 못하는 원인은 비음脾陰과 신음腎陰의 과극過極 때문에 드디어 음성양허陰盛陽虛하게 되어서 손화작용巽化作用에 그와 같은 지장을 초래하게 되는 것이다.

그러므로 인체의 손화작용은 천운天運처럼 주기적으로 반복하는 것인즉 그의 변고變故도 또한 인체에서 주기적으로 나타나게 될 수밖에 없다. 그렇다면 고방古方에서 계삼고鷄蔘膏를 이질에 채택입방採擇立方한 묘리는 더욱 놀라운 것이다. 왜냐하면 본초에 논하기를「계감온속손목鷄甘溫屬巽木」이라고 했다. 다시 말하면 닭은 그 성질이 손목巽木에 속해 있다는 것이다. 그런데 고방古方은 학질을 치료하는 데에 손巽인 닭을 썼다는 말은 바로 학질을 치료하려면 인체의 손화작용을 바로 잡아야 하므로 닭을 써야 한다는 말과 상통하는 것이다.

그 다음에는 또 인삼 1냥을 썼는바 본초에 말하기를 인삼은「치해학사리治痎瘧瀉痢」라고 하였다. 그런데 인삼은 폐중원기肺中元氣를 보補하는 약인즉 바로 위에서 말한 바와 같이 이것은 폐중양기肺中陽氣를 충족시킴으로써 간금肝金이 손화巽化할 수 있는 바탕을 만들려는 것이다. 그런즉 우리는 여기에서 고방입법古方立法을 검토해 볼 때에 양허학질陽虛瘧疾은 간의 손화작용불급巽化作用不及과 폐의 충양작용불충充陽作用不充에서 온다는 것을 알 수 있는 것이다.

이 처방은 그 위에 또 간신 혈분肝腎 血分에 들어가서 명문상화命門相火를 보하는 계피를 넣었은즉 이것은 계피의 승발지력升發之力으로써 간肝을 손화巽化시키고 또는 계피의 하강지력을 가지고 폐중원기肺中元氣를 충족시키면서 인화귀원引火歸元하려는 의도에서 취한 조치인 것을 알 수 있는 것이다.

이와 같이 볼 때에 이 처방은 비록 세상에서 많이 쓰는 것 같지는 않지만 진실로 입방지묘立方之妙를 다한 처방인 것은 틀림없는 것이다. 황차況且 동무가 고인의 처방을 그대로 여기에 인용한 것을 볼 때에 우리는 저간의 소식을 짐작할 수 있는 것이다. 또 고방에서는 이질에 신효라고 하였는데 너무 장황하여지므로 여기에서 약略하거니와 그러나 숙고하면 이것은 저절로 풀린 것이다.

보 주

손巽이란 것은 역易의 손괘巽卦를 말하는 것이오, 손화작용이란 것은 그의 변화작용을 말하는 것이다. 즉 목木에는 본말本末이 있는데 목木이 처음 발하는 상象을 진震이라고 하고 목의 형상이 끝나고 화의 경지에 돌입하는 상을 손巽이라고 한다. 그러므로 이것은 목木이라고 보면 목 같기도 하고 화라고 보면 화 같기도 하여서 목화를 구분하기가 어려운 상태인 것이다. 그런즉 이것이 바로 사목巳木이며 또는 사화巳火의 위位인 것이다.

그러면 이와 같은 손巽은 인체에서 어떠한 작용을 하는가? 즉 간담지목肝膽之木이 발하여서 脾火(巳火)로 변역變易하려고 할 때에는 반드시 손巽의 상태를 나타냄으로써 인체의 원양元陽을 보호하면서 휘요輝曜하게 하는 중대한 역할을 하게 하는 것이다. 그런즉 인체에 만일 이러한 상태가 없다면 생성의 기틀이 무너지게 될 것인 바 양허학陽虛瘧이란 것은 바로 이러한 손화기능巽化機能에 음陰이 과다過多함으로써 고장이 생긴 것을 말하는 것이다.

그러므로 인체생리의 순환이 이 마디契機에 이르렀을 때에 손화작용의 기본인 비화脾火가 만일 불급하게 되면 손화작용이 이루어지지 못하므로 양陽은 축복縮伏하고 마는 것이다. 그러나 인체의 진양眞陽이 손화의 주기를 만나게 되면 사邪와 투쟁하게 되는데 이른바 그 주기가 1일에도 1시간에도 1분간에도 있는 것이므로 그 주기 중에서 적당한 때에 음양이 서로 반발 투쟁하는 것이 바로 학병의 발작인 것이다.

그런데 인체의 생리적 변화에는 습관성이 있은 즉 상술한 주기 중에서 한번 음양이 발작하게 되면 그 주기마다 되풀이하게 되므로 학질이 주기적으로 발작하게 되는 것이다. 그런즉 학질이 발작하였을 때에 혹은 2일에 한번씩 혹은 2-3일에 한번씩 반발하는 것은 인체의 진양眞陽이 음사陰邪를 몰아내려고 하는 기회 즉 손화巽化할 수 있는 마디를 이용하려는 진양眞陽의 활동 모습인 것이다.(우주변화의 원리 운기운행 법칙과 변화를 잘 연구할 것)

파두단

파두 일립 거각취립 온수탄하전립 혹반립 잉전탕약
巴豆 一粒을 去殼取粒하여 溫水呑下全粒 或半粒하고 仍煎湯藥하면

이전약시각 파두 독행 복위간 태반용력연후 복 탕약즉 탕약
以煎藥時刻에 巴豆 獨行 腹胃間하야 太半用力然後에 服 湯藥則 湯藥이

가이 여파두 동행 통쾌복위 승제기기야 재전탕약
可以 與巴豆로 同行하야 通快腹胃하고 升提其氣也리니 再煎湯藥이

대변통후 우연복지 파두전립 하리 반립 화적
大便通後에 又連服之하라 巴豆全粒은 下利하고 半粒은 化積이니라.

대 의

파두 1립을 거각去殼하고 알만 뽑아서 전립全粒이나 혹 반립半粒을 온수로 함하含下하고 내복할 탕약을 달이기 시작하면 그 약이 끓는 동안에 파두는 배腹속에서 소화되기 시작하여서 한 절반 정도의 효력을 발하게 된 연후에 탕약을 먹게 되면 파두의 힘과 탕약의 힘이 동행함으로써 복중탁체腹中濁滯를 통쾌하게 하면서 반면으로는 양승작용陽升作用을 할 것이다. 그리고 그 다음에 또 탕약을 달여서 대변이 통한 후에 연복하면 될 것이다. 파두의 용법은 전립을 쓰면 설사를 하고 반립을 쓰면 복중유체지 적취물腹中留滯之 積聚物을 화하化下하는 것이다.

방 해

소음인이 만일 쾌격통장快膈通腸하여야 할 경우라고 할지라도 대황과 같은 한랭지제寒冷之劑를 써서는 안 된다. 왜냐하면 소음인은 비화脾火가 약하

기 때문에 중기中氣가 하함下陷하는 것이 숙환宿患인즉 그러한 체질의 소유자는 비록 적체積滯를 탕척蕩滌할 필요가 있다고 하더라도 반드시 파두와 같이 온이승양溫而升陽하면서 통체通滯하는 약을 써야만 원기元氣에 해를 끼치지 않을 것이므로 동무는 하제下劑로써 파두를 택한 것이다.

인삼진피탕

인삼 1냥 생강 사인 진피 각 1돈 조 2매

본방 이포건강 역생강 우가 계피일돈즉
本方은 以炮乾薑으로 易生薑하고 又加 桂皮一錢則

우유 온위축냉력 이 본방 상치 미주년소아
尤有 溫胃逐冷力이니라 以 本方으로 嘗治 未週年小兒

음독만풍 연복수일 병쾌유의
陰毒慢風할새 連服數日에 病快愈矣러니

병유후 갱불복약 재발 불치
病愈後에 更不服藥하고 再發하야 不治니라.

대 의

본방으로써 생후 1주년이 못되는 소아小兒가 음독만풍증陰毒慢風證을 만난 것을 연복連服시켰더니 그 병이 쾌유하였는데 소음인의 음독陰毒은 반드시 장기간 조리약을 써야하는 데에도 불구하고 그 후 복약하지 않더니 재발하여 죽고만 일이 있다.

방 해

이 처방은 음독증을 치료하는 처방인 바 생강으로써 비폐지기脾肺之氣를 펴주면서 양분陽分의 한사寒邪를 구축驅逐함으로써 흉격胸膈간에 옹색壅塞한 담痰을 제거하고 인삼으로써 폐중양기肺中陽氣를 충양充養하면서 혈맥을 통하게 함으로써 파적 소담破積 消痰이 저절로 되게 하는 길을 열어 놓으려는 것이다. 그러나 인삼이 만일 분량이 적으면 궐음음독증厥陰陰毒證의 대허지사大虛之邪를 처리해 내기 어려울 것이므로 이와 같이 중용한 것이다.

그런데 이 처방의 묘미는 사인砂仁 1미에 있다—즉 인삼 생강을 써서 내외정사內外正邪에 대하여 후고後顧의 염려가 없게 해 놓고 사인을 기용하여서 화위 성비 쾌기 조중和胃 醒脾 快氣 調中하게 하면서 모든 결체結滯를 탕척하려는데에 목적을 둔 것이다. 더욱이 사인의 통체지공通滯之功을 본초에서 말하기를 「화동철 골경化銅鐵 骨鯁」이라고 하였은즉 이것으로 볼 때에 사인의 공능功能을 가히 짐작할 수 있는 것이다. 그 위에 또 사인은 인화귀원引火歸元하는 효능이 있기도 한즉 이것이 인삼 생강(혹은 건강)과 합력할 때에 능히 궐음음독厥陰陰毒을 탕척할 수 있는 것을 알 수 있거니와 또 그 위에 진피 1미를 첨가하여서 순기통체順氣通滯하게 하였던 것이다. 그런데 이 약이 파두와 같은 맹장猛將을 기용하지 않은 것은 진원지기眞元之氣를 보호하면서 음독이 스스로 물러가게 하려는데 목적이 있는 것이다.

다시 말하면 음독이 위경에 빠져서 환자가 허탈이 극심할 때에 만일 파두와 같은 맹장猛將을 파견하는 것은 도리어 위험하다. 그러므로 인삼과 사인으로써 원기를 보양하면서 군자관평지도君子寬平之道를 택한 것인즉 이러한 면에서 볼 때에 인삼진피탕은 실로 제세구급濟世救急하는 성군聖君이라는 것을 알 수 있는 것이다.

인삼 오수유탕

인삼 1냥 오수유 생강 각 2돈 당귀 백작약 관계 각 1돈

방 해

이 처방은 삼미삼유탕三味蔘萸湯에 백작약 당귀 관계를 가미한 것인 바 이 것도 역시 음독陰毒을 치료하기 위하여 입법立法한 것이다. 그런데 인삼 1냥을 중용한 것은 상술한 바와(인삼진피탕에서 말한 바와)같고 또 생강을 쓴 것도 물론 그 경우와 동일하다. 그런데 오수유를 이와 같이 중용한 것은 소간 조비疏肝 燥脾하면서 궐음음독厥陰陰毒을 다스리려는 것이다. 오수유는 진실로 모든 음독증에 응용 안 되는 곳이 없는 약인 바 특히 승양강음升陽降陰하면서 사열邪熱을 하행하게 하는 힘이 있으므로 이급증裏急證을 제어할 수 있는 힘이 강한 것이다.

그러므로 삼유탕에 음독을 제거하는 힘이 있거니와 동무는 특히 여기에 인삼을 중용하여서 원기를 보강하게 하고 또 당귀 작약을 가함으로써 간경肝經에서 생기가 활동할 수 있게 하고 또 육계를 가함으로써 명문상화命門相火를 돕게 하면서 이것으로 하여금 침한 고냉沈寒 痼冷을 공격하면서 인화귀원引火歸元하게 한 것이다. 이와 같이 고찰해 보면 음독을 치료함에 있어서 삼유탕에 비해서 인삼오수유탕의 힘이 클 것은 더 말할 것도 없다.

관계부자이중탕

인삼 3돈 백출 건강炮 관계 각 2돈 백작약 진피 감초炙 부자포 각 1돈 혹 2돈

오수유부자이중탕

인삼 백출 건강炮 관계 각 2돈 백작약 진피 감초炙 오수유 소회향 파고지 각 1돈 부자炮 1돈 혹 2돈

방 해

관계부자이중탕은 이중탕에 관계 부자 진피 작약을 가미한 것이고 오수유부자이중탕은 관계부자이중탕에 오수유 소회향 파고지를 가미한 것이다. 그러므로 이 두 처방은 그 성질이 대동소이하다. 그런즉 여기에서 우선 이중탕부터 논해야 할 것이나 그것은 향사양위탕을 논할 때에 상술하였으므로 약론하기로 하겠다. 즉 이중탕은 비폐지기脾肺之氣를 도우면서 탁한濁寒을 제거하는 약이다. 그런데 여기에다가 간신 혈분肝腎 血分에 들어가서 침한 고냉沈寒 痼冷을 물리치면서 인화귀원引火歸元하는 육계와 통행12경락通行十二經絡하면서 인약소귀引藥所歸에 보음보양을 마음대로 하면서 축사거냉逐邪去冷하는 부자를 가함으로써 이중탕의 힘을 일층 배가하게 한 것이다. 그 위에 또 백작약 진피를 가하여서 통체순기通滯順氣함으로써 건강 육계 부자등으로 하여금 화과항火過亢의 폐단이 없도록 하였은즉 이것은 여기에서 이중의 공효를 안심하고 거둘 수 있게 하려는 것이니 이것이 바로 관계부자이중탕이다.

그런데 여기에다가 오수유 소회향 파고지를 가한 것이 오수유부자이중탕인 바 회향의 통관 해독지공력通關 解毒之功力과 파고지의 고정 보간지력固精 補肝之力과 오수유의 소간 하기지공疏肝 下氣之功은 모두 간신肝腎을 돕기 위한 약력들이다. 그런즉 관계부자이중탕에 차등삼미此等三味를 구사驅使한 것은 분명히 궐음독을 풀기 위해서 총력을 기울였다는 증거이다. 그러므로 이것을 한 마디로 말한다면 관계부자이중탕은 태음소음경의 음독증陰毒證에 주력注力한 처방이지만 오수유부자이중탕은 궐음소음음독에 치중한 처방인 것이 분명하다고 하겠다.

백하오부자이중탕

백하오 백출炒 백작微炒 계지 건강炮 각 2돈 진피 감초 부자炮 각 1돈

백하오이중탕

백하오 백출 백작약 계지 건강炮 각 2돈 진피 감초炙 각 1돈

有人蔘則 用人蔘하고 無人蔘則 用白何烏하라 白何烏는 與人蔘으로 性味相近하나 而清越之力은 不及하고 溫補之力은 過之하니 無不異同之處로대 險病危證에 人蔘二錢을 不可全恃면 白何烏를 代用하라 古方이 經驗이 不多하야 藥材에 生疎故也니라.

然이나 此一味는 必不可 遺棄於補藥中이니 而古方 何人飮에 用 白何烏五錢하야 治瘧病이니라. 右少陰人藥 諸種에 附子는 炮用하고 甘草는 炙用하고 乾薑은 炮用 或 生用하고 黃芪炙用 或 生用이니라.

대 의

만약 인삼이 있으면 인삼을 쓰되 인삼이 없으면 백하오를 대용하여도 좋

다. 백하오와 인삼은 성미性味가 서로 근사한 곳이 있으나 백하오는 청월지력淸越之力이 인삼보다 못하고 온보지력溫補之力은 오히려 인삼보다 우월하다. 백하오와 인삼은 이와 같이 이동지처異同之處가 없는 것은 아니다. 그러나 험병 위증險病 危證을 만났을 때에 환가患家에서 인삼 2돈씩을 지탱해 낼 수가 없는 경우에는 백하오를 대용하라. 고방古方은 경험이 부족하였고 또 약재에 생소하였기 때문에 상술한 바 없으나 그러나 백하오 1미는 보약 중에서 경시하여서는 안될 약이다. 즉 고방하인음古方何人飮에 백하오 5돈을 써서 학질을 치료한 사실만 보더라도 백하오의 성능이 얼마나 보양補陽한다는 것을 알 수 있는 것이다.

방 해

백하오부자이중탕은 관계부자이중탕에서 인삼과 백하오를 바꾸고 또 관계와 계지를 서로 바꾼 것만이 다르다. 그런즉 여기에서 따로 설명할 것은 없다. 다만 다른 점은 계지는 폐방광경肺膀胱經에 들어가서 발한(혹은 止汗) 해기解肌하면서 조화 영위하는 약인데 육계는 肝腎에 들어가서 명문상화命門相火를 보補하는 약인즉 하나는 온리약溫裏藥이고 하나는 온표약溫表藥이라는 점만이 다르다. 또 그뿐만 아니라 백하오부자이중탕에서는 계지를 중용하였은즉 이것으로 볼 때에 백하오는 인삼보다 온보지력溫補之力이 많기 때문에 백하오부자이중탕에는 열량이 적은 계지를 썼고 인삼은 백하오보다 청월지력淸越之力이 많기 때문에 관계부자이중탕에는 관계를 씀으로써 서로 보단억장補短抑長하는 견제방법을 취한 것이 아닌가 생각되는 것이다.

그러나 여기에서 좀 더 부연 고찰하면 인삼은 보폐중지기補肺中之氣하면서 안혼 정백安魂 定魄하는 약이고 백하오는 보간신補肝腎하면서 수렴정기收斂精氣하는 약인즉 이 두 약은 모두 발산제發散劑가 아니고 온보제溫補劑인 것이다. 그런데 동일한 온보溫補라고 하더라도 태음폐경太陰肺經의 온보에는 청월력淸越力이 많아야 할 것이고 궐음간경厥陰肝經의 온보에는 수렴지력이 많아야 할 것이다. 왜냐하면 궐음 간厥陰 肝은 발생지기인즉 음기를 기르면서 상승하여야 하고 태음 폐太陰 肺는 양양지기養陽之氣인즉 陽氣를 포용하여야 하므로 간에는 수렴지성收斂之性이 필요하고 폐에는 포용지질包容之質이 필요한 것이다. (청월(淸越)이란 것은 진양을 품고 넘어간다는 말이다)

그런즉 인삼 백하오는 비록 동일한 보양작용을 한다고 할지라도 조양造陽(인삼)과 동양動陽(백하오)간의 차이가 현격하므로 음독증을 치료하는데에 있어서도 이러한 본말의 차가 있는 것이다. 그러나 만일 경제적인 환경이 약대藥代를 구변求辨하기 곤란한 경우에는 백하오를 대용해도 온보溫補하는 면이 동일하기 때문에 침한 고냉沈寒 痼冷을 다스리는 것이 목적인 한 무방할 것이다.

궁항벽촌 병기창졸 수 단방 유백승어속수무책
窮巷僻村에 病起倉卒하면 雖 單方이라도 猶百勝於束手無策이니

양명병 수 단 황기 계지 인삼 작약 역가용
陽明病에 雖 單 黃芪 桂枝 人蔘 芍藥이라도 亦可用이오

소음병 수 단 부자 작약 인삼 감초 역가용
少陰病에 雖 單 附子 芍藥 人蔘 甘草라도 亦可用이오

태양병 수 단 소엽 총백 황기 계지 역가용
太陽病에 雖 單 蘇葉 葱白 黃芪 桂枝라도 亦可用이오

태음병 수 단 백출 건강 진피 곽향 역가용
太陰病에 雖 單 白朮 乾薑 陳皮 藿香이라도 亦可用이니

위선 용단방이 일변 구득 전방즉 필무구병 실기지리
爲先 用單方而 一邊으로 求得 全方則 必無救病 失機之理니라

연 당용 전방중소유지약 부당용 전방중소무지약
然이나 當用 全方中所有之藥이오 不當用 全方中所無之藥이니라

대 의

만일 벽촌에서 갑자기 병이 나면 비록 단방약單方藥이라고 할지라도 가만히 있는 것보다 나을 것이다. 그런즉 양명병에 단방 황기 계지 인삼 작약뿐이라고 할지라도 써야하고 소음병에 비록 단방 부자 작약 인삼 감초뿐이라고 하더라도 써야 하고 태양병에 만일 단방 소엽 총백 황기 계지뿐이라도 써야하고 태음병에 만일 백출 건강 진피 곽향뿐이라도 써서 구급하면서 일변으로 전방재료全方材料를 구한다고 하면 반드시 실기失機하지 않을 것이다. 그런데 이와 같이 단방을 쓸 때에는 반드시 소용되는 원 처방 중에 있는 약으로 써야하고 없는 약을 써서는 안 된다.

東醫壽世保元註釋　卷之三

소양인 비수한 표한병론

少陽人 脾受寒 表寒病論

(註) 소양인은 비양(脾陽)이 과다하고 신음(腎陰)이 부족한 체국을 타고났다. 즉 비신(脾腎)의 음이 부족하기 때문에 위대장(胃大腸)의 양기가 과항(過亢)하게 상승한즉 방광표기(膀胱表氣)를 따라 상승하던 비음은 배려간(背膂間)에서 울(鬱)하게 되므로 음이 배부(背部)로 상승하여서 복부(腹部)로 하강하지 못하게 된다. 그런데 外寒이 만일 이러한 기회를 타게 되면 이것이 비음(脾陰)과 합세하여서 배려지간에 엉키어서 비수한표한증(脾受寒表寒證)을 나타내게 되는 바 이것이 급기야는 대장(大腸)으로 내둔(內遁)함으로써 망음증(亡陰證)을 일으키게 되는 것이다.

대범 火는 본시 순납(順納)하면 인체에 충양(充陽)하게 되지만 역행하게 되면 이와 같이 표한증(表寒證)을 초래하게 하는 것이다.

張仲景(장중경)이 曰(왈) 太陽病(태양병)에 脈浮緊(맥부긴) 發熱(발열) 惡寒(오한) 身痛(신통) 不汗出而(불한출이) 煩躁者(번조자)는 大青龍湯(대청룡탕)을 主之(주지)니라.

대 의

장중경이 말하기를 태양병에 맥脈이 부긴浮緊하면서 오한발열이 있고 또 땀이 안 나면서 신체에 통증이 있으며 번조煩躁하는 데에는 대청룡탕을 써야 한다고 했다.

論曰 發熱惡寒이 脈浮緊 身痛 不汗出而 煩躁者는
卽 少陽人 脾受寒表寒病也니 此證에 不當用 大靑龍湯이오
當用 荊防敗毒散이니라.

대 의

발열오한하면서 맥이 부긴浮緊하고 몸이 아프며, 땀이 없으면서 번조증煩躁證이 있는 것은 소양인이 脾에 한기를 받아서 표한表寒이 생긴 병인즉 이 병에는 대청룡탕을 쓸 것이 아니라 형방패독산을 써야 한다.

보 주

맥이 부긴浮緊하면서 번조증이 있다는 말은 바로 비음脾陰이 한기를 받음으로써 火가 흉억胸臆에 몰려 들어갔다는 증거다. 반면 소음인은 脾火가 약하므로 이와 같은 번조증煩躁證이 없다. 또 맥에 있어서 부긴浮緊은 양陽이 내부에 울결鬱結하면서 표증表證이 있는 맥인즉, 만일 소음인의 경우처럼 부약浮弱하면 이것은 표증이 있으면서 내부가 양허陽虛한 것을 의미하는 것이다.

장중경 왈 소양지위병 구고 인건 목현
張仲景이 曰 少陽之爲病은 口苦 咽乾 目眩이니라

현이 구고설건자 속소양
眩而 口苦舌乾者는 屬少陽이니라.

구고 이농 흉만자 소양상풍증야
口苦 耳聾 胸滿者는 少陽傷風證也니라.

구고 인건 목현 이농 흉협만 혹 왕래한열이구 속소양
口苦 咽乾 目眩 耳聾 胸脇滿하며 或 往來寒熱而嘔는 屬少陽이니

기토하 의소시호탕화지
忌吐下오 宜小柴胡湯和之니라.

대 의

중경이 말하기를 소양증이 되면 구고 인건 목현증口苦 咽乾 目眩證이 나타난다.

목현증이 있으면서 구고 인건하면 그것은 소양증이라는 증거이다.

소양증에 구고口苦하면서 이농耳聾과 흉만증胸滿證이 겸하면 그것은 바로 소양상풍少陽傷風이다.

구고 인건 목현 이농 흉협만하며 혹 한열이 왕래하면서 구역嘔逆까지 나게 되면 이것은 양증陽證의 모든 조건이 구비된 것인즉 토하吐下하여서는 안 된다. 그러므로 소시호탕小柴胡湯을 써서 화해하는 방도를 택해야 한다.

논왈 차증 부당용 소시호탕
論曰 此證에 不當用 小柴胡湯이오

당용 형방패독산 형방도적산 형방사백산
當用 荊防敗毒散 荊防導赤散 荊防瀉白散이니라.

대 의

위에서 말한 소양증에는 소시호탕을 쓸 것이 아니라 마땅히 형방패독산이나 형방도적산이나 형방사백산을 써야 한다.

장중경 소론 소양병 구고 인건 흉협만 혹 왕래한열지증
張仲景 所論 少陽病에 口苦 咽乾 胸脇滿 或 往來寒熱之證은

즉 소양인 신국음기 위열사소함이 비국음기 위열사소옹
卽 少陽人 腎局陰氣 爲熱邪所陷而 脾局陰氣 爲熱邪所壅하야

불능하강 연접어신국이 응취려간 교고수체지병야
不能下降하고 連接於腎局而 凝聚膂間하여 膠固囚滯之病也니라

차증 구자 외한 포리열이 협담상역야 한열 왕래자
此證에 嘔者는 外寒이 包裏熱而 挾痰上逆也오 寒熱이 往來者는

(本文에 疾字로 되어 있으나 아마 痰字의 와전일 것이다)

비국음기 욕강미강이 혹강고 한열 혹왕혹래야
脾局陰氣 欲降未降而 或降故로 寒熱이 或往或來也오

구고인건 목현이농자 음기수체려간 욕강미강 고
口苦咽乾 目眩耳聾者는 陰氣囚滯膂間하야 欲降未降 故로

단한무열이 지어이농야 구고 인건 목현자 예증야
但寒無熱而 至於耳聾也니 口苦 咽乾 目眩者는 例證也오

이농자 중증야 흉협만자 결흉지점야 협만자 유경야
耳聾者는 重證也오 胸脇滿者는 結胸之漸也니 脇滿者는 猶輕也어니와

흉만자 중증야 고인지어차증 용 한토하삼법즉 기병
胸滿者는 重證也니라. 古人之於此證에 用 汗吐下三法則 其病이

첩생섬어양증 병익위험고 중경 변통지이 용소시호탕
輒生譫於壞證하여 病益危險故로 仲景이 變通之而 用小柴胡湯하야

청담조담 온냉 상잡 평균화해 욕기병
淸痰燥痰하면 溫冷이 相雜하여 平均和解하여 欲其病으로

부전변이 자유 차법 이한토하삼법
不轉變而 自愈라 하나 此法은 以汗吐下三法으로

논지즉 가위근선이교의 연 차소시호탕 역비평균화해
論之則 可謂近善而巧矣나 然이나 此小柴胡湯이 亦非平均和解

병부전변지 약즉 종고사금 득차병자 진시한심의
病不轉變之 藥則 從古斯今에 得此病者 眞是寒心矣이로다

이롱흉만상풍지병 기가이 소시호탕 의지호
耳聾胸滿傷風之病을 豈可以 小柴胡湯으로 擬之乎아

희 후래공신소제 형방패독산 기비소양인표한병
噫라 後來龔信所製 荊防敗毒散이 豈非少陽人表寒病에

삼신산 불사약호 차증 청리열이강표음즉 담음
三神山 不死藥乎아 此證에 淸裏熱而降表陰則 痰陰이

자산이 결흉지증 예방불성야 청담이조담즉
自散而 結胸之證이 預防不成也러니와 淸痰而燥痰則

무익어음강담산 연타 결흉 장성이 혹별생기증야
無益於陰降痰散이오 延拖하여 結胸이 將成而 或別生奇證也니라.

대 의

중경이 말한 소양병에 구고 인건 흉협만하면서 혹 한열이 왕래하는 병증은 왜 생기는가 하면 그것은 소양인이 신소腎小하기 때문에 腎의 陰氣가 소삭消爍하여 버렸고 비대脾大하므로 비장음기脾臟陰氣가 열화熱化하여서 음기가 무력하여졌기 때문에 양陽을 포위하고 하강할 수 없게 된즉, 이것이 신국腎局과 여간膂間에 응취凝聚하여서 수체囚滯되어 가지고 표한증이 생기게 되는 것이다. 그런즉 이 증에 구토가 있는 것은 신국腎局과 여간膂間에 응취凝聚된 음기가 외감한사外感寒邪와 합세하여서 점점 이열裏熱을 포위하게 되므로 거기에서 생기는 반발력裏熱이 체내體內의 담을 끼고 上逆하기 때문이오, 한열이 왕래하는 것은 비장의 음기가 하강하려고 하지만 이열裏熱 때문에 하강하지 못하다가 혹시 하강하게 된즉 이것이 바로 한열왕래의 기본이 되는 것이오, 구고, 인건, 목현이농

目眩耳聾하는 것은 여간膂間에 수체囚滯된 음기가 하강코자 하나 하강해 내지 못하므로 단한무열증但寒無熱證(陰虛惡寒證)이 생겨서 드디어 양불승陽不升의 결과가 되므로 이농耳聾하기에 까지 이르는 것이다. 그런즉 구고, 인건, 목현은 예사인 병증이지만 이농에까지 이르게되면 이것은 중증重證인 것이다. 또 그뿐만 아니라 이렇게 하면 흉협만胸脇滿에 까지 이르게될 것인즉 협만脇滿정도는 경輕하지만 흉만까지에 이르면 이것은 중증인 것이다.

그런데 古人은 차증此證에 한토하삼법汗吐下三法을 썼던 바 그런즉 섬어譫語와 같은 양증壞證이 번번이 일어나게 되므로 중경이 이것을 구출하기 위하여서 소시호탕을 만들었던 것이다. 그런데 중경은 소시호탕을 한온상잡지재寒溫相雜之材로 제방製方한 것인바 이것으로써 청담淸痰, 조담燥痰하게 되면 병이 섬어譫語와 같은 험증險證으로 전변轉變하지않고 쾌유한다고 했던 것이다. 물론 이 방법은 한토하삼법에 비하면 근선近善한 방법이다. 그러나 소시호탕이 평균화해하여서 병을 전변轉變시키지 않을 수 있는 약이 못된다. 그런즉 종고금從古今에 이 병을 얻은 자는 한심寒心하지 않을 수 있겠는가. 그러나 사실 이 병을 치료할 수 있는 적방適方은 후인後人 공신이 만든 형방패독산이니 이것은 진실로 소양인의 표한表寒병에 삼신산 불사약인 것이다. 그런즉 차증에 만일 이열裏熱을 청화淸化하면서 표음表陰을 하강하게 한다면 담음痰飮도 자산自散할 것이고 결흉結胸도 예방될 것이다. 그러나 만일 중경과 같은 방법으로 청담조담淸痰燥痰하려고 하면 음강담산陰降痰散에는 아무런 효과도 없을 것이고 도리어 병이 자라서 결흉을 만들 것이며 또는 여러 가지 기증奇症만 만드는 결과가 될 것이다.

주굉왈 범발한 요이상 수림리이 요이하지족 미윤즉
朱宏曰 凡發汗에 腰以上은 雖淋漓而 腰以下至足 微潤則

병 종 불 해
病終不解니라.

대 의

주굉이 말하기를 발한發汗에 있어서 비록 요腰 이상은 땀이 잘 난다고 하더라도 만일 요腰 이하에 땀이 잘 나지 않으면 병이 풀리지 않는다고 하였다.

논왈 소양인병 무론표리병 수족장심 유한즉 병해
論曰 少陽人病은 無論表裏病하고 手足掌心에 有汗則 病解하고

수족장심 불한즉 수전체개한이 병종불해
手足掌心에 不汗則 雖全體皆汗而 病終不解니라.

대 의

소양인의 병은 표리증表裏證을 막론하고 수족장심手足掌心에 땀이 나면 그것은 병이 풀린다는 징조이지만 만일 수족장심에 땀이 나지 않으면 결국 병이 풀리지 않는 것이다.

보 주

소양인의 병이 수족장심에 땀이 나야만 풀리는 것은 소양인은 비대脾大하므로 火가 과왕過旺하여서 금화교역이 이루어지지 못하기 때문에 병이 생기게 되

는 것이므로 제양지말諸陽之末인 수족에서 땀이 난다는 것은 바로 금화가 교역이 되기 시작한다는 말이므로 병이 자해自解하는 것이다. 왜냐하면 수족은 바로 木火의 회농처會同處인 바, 목화가 生長을 정지하고 수렴할 때에는 土에서 습화濕化작용이 일어나면서 금화가 교역되는 것이다. 그런즉 그 상태가 바로 수족한手足汗이다.

소양인 상한병 유재통 삼통발한이 유자
少陽人 傷寒病에 有再痛 三痛發汗而 愈者하니

차병 비재삼 감풍한이 재통발한 삼통발한야
此病은 非再三 感風寒而 再痛發汗 三痛發汗也니라.

소양인 두통항강 한열왕래 이롱흉협만 우심지병 원래 여차
少陽人 頭痛項强 寒熱往來 耳聾胸脇滿 尤甚之病이 元來 如此하니

표사심결 지어삼통연후 방해야 무론 초통 재통 삼통
表邪深結하여 至於三痛然後에 方解也니 無論 初痛 再痛 三痛하고

용형방패독산 형방도적산 형방사백산 매일 이첩
用荊防敗毒散 荊防導赤散 荊防瀉白散하되 每日 二貼씩

지병해이 용지 병해후 우용십여첩
至病解而 用之하며 病解後에 又用十餘貼이니

여차즉 자무후병이 완건
如此則 自無後病而 完建이리라.

대 의

소양인의 외사外邪에는 2-3차 발한發汗하여야만 풀리는 것이 있는바, 이것은 외감이 2-3차씩 연속 발병되어서 그런 것이 아니다. 소양인의 두통 항강項强 한열왕래 이농흉협만耳聾胸脇滿의 우심지병尤甚之病이 본시 그러한 것인 바 이것은 표사가 심결深結하였기 때문이므로 3차 발한 후에라야 풀리는 것이 있다.

그러즉 초통 재통 삼통을 구별할 것이 없이 형방패독산이나 형방도적산이나 형방사백산을 선용選用하여야 하며, 또 병해후病解後에도 10여첩을 더 써야만 병이 없을 정도로 완쾌하게 되는 것이다.

보 주

소양인의 외사外邪가 수 삼차 발한하여야만 풀리는 것이 있는 것은 소양인의 양성음허함으로써 화강火降하지 못하는 것이기 때문에 음이 여신지간膂腎之間에 응체凝滯되어 있을 뿐만 아니라 또 그것이 외사와 합세하여 가지고 생기는 것인즉, 이것은 소음인이 이한裏寒의 응체凝滯때문에 영위營衛가 불행不行하는 틈을 타서 감염되는 외사外邪와는 차별이 있다.

왜냐하면 소음인은 이한裏寒을 풀고 정기正氣만 조절해 놓으면 외사外邪는 거의 스스로 자해自解할 수 있지만 소양인은 비록 이화裏火를 하강시킨다고 할지라도 여신지간膂腎之間에서 이음득음以音得陰한 완강頑强한 음사陰邪는 결코 용이하게 구축해 낼 수는 없는 것이다.

張仲景이 曰 少陽證에 濈濈汗出하며 心下痞硬滿하여 引脅下痛하며 乾嘔短氣不惡寒은 表解裏未和也니 宜十棗湯이니라 若 合下 不下면 令人 脹滿遍身浮腫이니라.

대 의

중경이 말하기를 소양증에 약간씩 땀이 나면서 심하心下에 비경만증痞硬滿證이 있고 또 협하脇下에 견인통牽引痛이 있고 건구단기乾嘔短氣가 있으면서 오한惡寒증이 없는 것은 표사表邪는 풀렸지만 아직 내부의 정기가 조화되지 못하였기 때문이다. 그런즉 마땅히 십조탕十棗湯을 써서 하리下利시켜야 한다. 만일 하리시켜야 할 때에 하리를 시키지 못하면 복수腹水가 차서 편신遍身이 모두 부종浮腫하게 된다고 하였다.

傷寒表未解에 醫反下之하면 膈內拒痛하여 手不可近하며

心下滿而 硬痛하나니 此爲結胸이니 宜大陷胸湯이니라.

대 의

중경이 말하기를 상한에 표증이 아직 있을 때에 의사가 만일 오하誤下하게 되면 격내膈內가 아파서 손을 가까이 하지 못하게 하며 또 심하心下(胃口附近)가 경만통硬滿痛하게 되는데, 이것이 결흉結胸인즉 대함흉탕大陷胸湯을 써야한다.

渴欲飮水 水入卽 吐를 名曰水逆이니 五苓散을 主之니라.

대 의

갈증이 나서 물을 먹으려고 하지만 먹기만 하면 토하는 것은 수역증水逆證인즉 오령산을 써야 한다.

杜壬이 曰 裏未和者는 蓋 痰與燥氣 壅於中焦 故로 頭痛 乾嘔하며
汗出하나니 痰隔也라 非十棗湯이면 不治니라.

대 의

두임杜壬이 말하기를 이미화裏未和한 것은 담과 조기燥氣가 중초에 옹색해 있기 때문에 두통 건구 한출하는 것인즉 이것은 담격痰隔이다. 그런즉 마땅히 십조탕을 써야 한다.

龔信이 曰 心下硬痛하여 手不可近하며 燥渴譫語 大便實하며
脈沈實有力은 爲大結胸이니 大陷胸湯으로 下之로되
反加 煩躁者는 死니라.

小結胸은 正在心下하여 按之卽痛이니 宜 小陷胸湯이니라.

대 의

공신이 말하기를 심하心下가 경통硬痛하여서 손을 가까이 할 수 없으며 또 조갈섬어燥渴譫語하면서 대변이 경실硬實하고 맥이 침실유력沈實有力하면 이것은 대결흉인즉 대함흉탕으로 설하洩下하여야 하는데 만일 약하후藥下後에 도리어 번조증이 있으면 살릴 도리가 없다. 소결흉은 바로 심하에 있어서 손으로 눌러야만 비로소 통증을 느끼게 되는 것인즉 여기에는 소함흉탕을 써야 한다.

논왈 우 장중경소론삼증 개결흉병이 격내거통 수불가근
論曰 右 張仲景所論三證은 皆結胸病而 膈內拒痛하여 手不可近하며

조갈섬어자 결흉지 최우심증야 음수 수입즉토
燥渴譫語者는 結胸之 最尤甚證也오 飮水하면 水入卽吐하며

심하비견만 건구단기자 차증야 범결흉병 개약탕 입구
心下痞堅滿 乾嘔短氣者는 次證也라. 凡結胸病이 皆藥湯이 入口하면

첩환토 유감수말 입구 구연탄하 인이온수
輒還吐로대 唯甘遂末을 入口하여 口涎呑下하고 因以溫水로

수구이하즉 약불환토 상치제결흉 용감수산
漱口而下卽 藥不還吐니라. 嘗治諸結胸할새 用甘遂散하야

온수조하오차 첩환토 지육차 불환토이 하리일도
溫水調下五次에 輒還吐하더니 至六次하여 不還吐而 下利一度하니라.

기익일 우수환토 우용감수일차 쾌통이이 병유
其翌日에 又水還吐로되 又用甘遂一次하니 快通利而 病愈니라.

범결흉 무비험증 당선용감수 잉전 형방도적산이압지
凡結胸은 無非險證이니 當先用 甘遂하고 仍煎 荊防導赤散而壓之하며

건구단기이 약불환토자 불용감수 단용 형방도적산
乾嘔短氣而 藥不還吐者는 不用甘遂하고, 但用 荊防導赤散하되

가 복령택사 1 돈 이삼복 우연일복 이역병유
加 茯苓澤瀉一錢하여 二三服 又連日服하면 而亦病癒니라.

조갈섬어자 우극험증야 급용감수
燥渴譫語者는 尤極險證也니 急用甘遂하고

잉전 지황백호탕 삼사첩이압지 우연일복 지황백호탕
仍煎 地黃白虎湯 三四貼以壓之하며, 又連日服 地黃白虎湯이니라.

장중경 왈 상한표미해 의반하지운자 이대승기탕하지지위야
張仲景이 曰 傷寒表未解에 醫反下之云者는 以大承氣湯下之之謂也오,

비 십조탕하지지위야 연 십조함흉 불여 단용감수
非 十棗湯下之之謂也니라. 然이나 十棗陷胸은 不如 單用甘遂니라.

혹용감수천일환 결흉 감수말 예용삼분 대결흉
或用甘遂天一丸하라. 結胸에 甘遂末을 例用三分이나 大結胸에는

용5푼 공신소론 조갈 섬어 번조사자 약십조탕하후
用五分이니라. 龔信所論 燥渴 譫語 煩燥死者라도 若十棗湯下後에

인이섬어증 치지 연용 백호탕즉번조자 필무불치지리
因以譫語證으로 治之하고 連用 白虎湯則 煩燥者도 必無不治之理니라.

대 의

위에서 중경이 말한 삼증三症은 모두 결흉병結胸病인 바, 격내膈內가 거통拒痛하여서 손을 가까이 할 수 없으며, 또 번갈과 섬어증이 있는 것은 결흉 가운데에서도 가장 심한 것이오, 수입즉토水入卽吐하면서 심하心下가 비견痞堅하며 건구단기乾嘔短氣하는 것은 차증次症이다. 모든 결흉증은 약이 입에 들어가면 번번이 토하지만 나의 경험에 의하면 오직 감수말甘遂末을 입에 넣어서 침으로 넘기게 하고 다음에 온수로써 양치질하여 넘기게한즉 다섯 번은 토하더니 6차六次에 이르러서 토하지 않고 설사를 한번 했다. 그 익일에 또 물을 토하므로 또 감수물을 한번 썼던 바 대변을 쾌통하고 변이 낫는 것을 경험한바 있다.

대저 모든 결흉은 험증이 아닌 것이 없다. 그런즉 마땅히 먼저 감수를 쓰고 다음에 형방도적산을 써서 제압하면 낫는 것이다. 단 건구乾嘔 단기증短氣證이

있더라도 약을 토하지 않으면 감수甘遂는 필요없고 형방도적산을 단용하되 복령 택사 한 돈씩을 가하여서 연일 이 삼차 복용하면 병이 낫는 것이다. 만일 조갈 섬어증이 있으면 이것은 더욱 심한 것인즉 급히 감수를 쓰고 연일 지황백호탕 삼사첩으로 제압하면 낫는 것이다. 중경이 「상한표미해傷寒表未解에 의반하지醫反下之」라고 한 것은 대승기탕으로 하리시켰다는 말이고 십조탕으로 하리시켰다는 말이 아니다. 비록 그러나 십조탕이나 함흉탕도 감수만은 못하다. 혹 감수천일환甘遂天一丸을 써도 좋다. 그런즉 공신이 말한 바의 조갈 섬어 번조하고 죽은 사람이라고 할지라도 만일 십조탕을 쓴 후에 백호탕으로써 섬어증을 치료하였더라면 비록 번조증이 있었다고 할지라도 죽었을 리가 없을 것이다.

감수 표한병 파수결지약야 석고 이열병 통대변지 약야
甘遂는 表寒病에 破水結之藥也오 石膏는 裏熱病에 通大便之 藥也니

표병 가용감수이 불가용석고 이병 가용석고이
表病에 可用甘遂而 不可用石膏오 裏病에 可用石膏而

불가용감수 연즉 양수척족 인음설사증 용석고
不可用甘遂니라. 然則 揚手擲足 引飮泄瀉證에 用石膏오

(본문은 然字밑에 「則」字가 없으나 반드시 있어야 한다)

비풍슬한 대변불통증 용감수
痺風膝寒 大便不通證에 用甘遂니라.

대 의

감수甘遂는 표한병 수결증表寒病 水結證을 공격하는 약이오, 석고는 이열병 대변불통을 치료하는 약이다. 그런즉 표병表病에 감수를 쓰되 석고를 쓸 수 없고 이병裏病에 석고를 쓰되 감수를 쓸 수는 없다. 그러므로 양수 척족 인음 설사증

揚手 擲足 引飮 洩瀉證은 설사를 하여도 석고를 써야 하고 비풍슬한 대변불통증痺風膝寒 大便不通證은 대변불통이라도 감수를 써야 하는 것이다. 왜냐하면 양수 척족 인음揚手 擲足 引飮하면 설사를 하여도 이열증裏熱症이오, 비풍슬한痺風膝寒이 있으면 대변불통이 있어도 표한증表寒證이기 때문이다.

소음인 상한병 유 소복경만지증 소양인 상한병
少陰人 傷寒病에 有 小腹硬滿之證하고 少陽人 傷寒病에
유 심하결흉지증 차이증 구시 표기음양 허약
有 心下結胸之證하니 此二證은 俱是 表氣陰陽이 虛弱하여
정사상쟁 누일 불결지중 이기 역 비삽불화이 변생차증야
正邪相爭하여 累日 不決之中에 裏氣 亦 秘澁不和而 變生此證也니라.

대 의

소음인 상한병에 소복경만증小腹硬滿證이 있고 소양인 상한병에 심하결흉증心下結胸證이 있는 바 이증二證은 모두 표면의 음양이 허약해짐으로써 정사正邪가 오랫동안 상쟁하는 중에 이기裏氣마저 불화不和하게 됨으로써 이러한 증상이 일어난 것이다.

보 주

소음인의 소복경만증小腹硬滿證은 소음인의 腎水가 과왕過旺함으로써 腎火가 방광기肪胱氣를 타고 상승할 수 없기 때문에 표양表陽이 약함으로 이루어지고 소양인의 결흉증은 화왕火旺하므로 비음脾陰이 위기胃氣를 타고 하강할 수 없기 때문에 표음이 응체하여서 이루어진 것이다. 그러므로 이것을 가리켜서

「표기表氣음양의 허약」이라고 한 것이다.

이자건 상한십권론 왈 상한복통 역유열증
李子建 傷寒十勸論에 曰 傷寒腹痛이 亦有熱證하니

불가경복온난약 우왈 상한자리 당관음양증
不可輕服溫暖藥이니라. 又曰 傷寒自利는 當觀陰陽證이오

불가 예복온난급 지사약
不可 例服溫暖及 止瀉藥이니라.

대 의

이자건이 상한십권론에서 말하기를 상한복통에 열증이 있은즉 함부로 온난약溫暖藥을 남용하여서는 안 된다. 또 말하기를 상한설사는 마땅히 음양증陰陽證으로 볼 것이고 온난약溫暖藥이나 지사약止瀉藥이 통례인 것처럼 생각하여서는 안 된다고 말하였다.

주진형 왈 상한양증 신열 맥삭 번갈 인음
朱震亨이 曰 傷寒陽證에 身熱 脈數 煩渴 引飮하고

대변 자리 의 시령탕
大便이 自利하면 宜 柴苓湯이니라.

대 의

주진형이 말하기를 상한에 만일 신열맥삭身熱脈數하면서 번갈인음증煩渴引飮證이 있고 설사하면 이것은 양증陽證인즉 마땅히 시령탕柴苓湯을 써야 한다고 하였다.

반룡산 노인 논왈 소양인 신열 두통 설사
盤龍山 老人이 論曰 少陽人이 身熱 頭痛 泄瀉하면

당용 저령차전자탕 형방사백산 신한 복통 설사
當用 猪苓車前子湯 荊防瀉白散이오 身寒 腹痛 泄瀉하면

당용 활석고삼탕 형방지황탕 차병 명위지망음병
當用 滑石苦蔘湯 荊防地黃湯이니 此病을 名謂之亡陰病이니라.

대 의

반룡산 노인이 논하기를 소양인이 신열 두통 설사증이 있으면 마땅히 저령차전자탕이나 형방사백산을 써야하고 만일 신한身寒 복통腹痛 설사泄瀉가 있으면 마땅히 활석고삼탕이나 형방지황탕을 써야 하는 것이다. 그런데 이 병이 바로 망음병亡陰病이라고 하는 병이다.

보 주

여기에서 반룡산 노인이라고 한 것은 동무가 자기 자신을 가리켜서 말한 것인 바, 동무의 생지生地 함흥에 반룡산이 있으므로 이렇게 호칭한 것이다.

소양인 신열 두통 설사 일이일 혹 삼사일이 설사무고자지
少陽人이 身熱 頭痛 泄瀉가 一二日 或 三四日而 泄瀉無故自止하고
신열 두통 불유 대변 반비자 차 위증야
身熱 頭痛이 不癒하며 大便이 反秘者는 此는 危證也니
거섬어 불원
距譫語 不遠이니라.

대 의

소양인이 신열이 나면서 두통설사를 하다가 1-2일 혹은 3-4일이 되어서 설사가 스스로 멎고 신열두통이 낫지 않고 대변비결大便秘結이 되면 이것은 위증危證인즉 섬어譫語와 거리가 멀지 않은 것이다.

설사후 대변 일주야간 간신 일차활리
泄瀉後에 大便이 一週夜間 艱辛 一次滑利하며
혹삼사오차 소소활리 신열 두통 인존자
或三四五次 小小滑利하고 身熱 頭痛이 因存者는
차 변비지조야 섬어전 유차증즉 섬어당재수일
此는 便秘之兆也니 譫語前에 有此證則 譫語當在數日이오
섬어후 유차증즉 동풍 필재지척
譫語後에 有此證則 動風이 必在咫尺이니라.

대 의

설사를 한 후에 대변이 만일 1주야간에 겨우 1차 활설滑泄하며, 혹은 3-5차

조금씩 활리滑利하면서 신열 두통이 아직 남아 있으면 이것은 변비가 되려는 전조이다. 만일 섬어譫語하기 전에 이러한 증이 있으면 수일간에 섬어가 있을 것이오, 섬어 후에 만일 이러한 증이 있으면 이것은 지척지간에 풍風이 일려는 전조인 것이다.

소양인 홀연유토자 필생기증야 당용 형방패독산
少陽人이 忽然有吐者는 必生奇證也니 當用 荊防敗毒散하여

이관동정이 신열 두통 설사자 용석고무의
以觀動靜而 身熱 頭痛 泄瀉者는 用石膏無疑이오

신한 복통 설사자 용황련 고삼 무의
身寒 腹痛 洩瀉者는 用黃連 苦參이 無疑니라.

대 의

소양인이 만일 갑자기 토하면 이것은 반드시 어떤 기증奇證이 생기려는 징조이다. 그런 때에는 먼저 형방패독산을 쓰고 동정을 관망하라. 그 후에 만일 신열 두통 설사를 하면 석고제石膏劑를 쓸 것이고, 만일 신한 복통 설사를 하면 황련 고삼을 써야 하는 것이다.

보 주

신한身寒 복통 설사에 황련 고삼을 쓰라고 한 것은 열이 속에서 울하고 있기 때문이오, 신열 두통 설사에 석고를 쓰라고 한 것은 열이 기육지간肌肉之間에 있기 때문이다.

상견 소양인아 생미일주년 홀선일토이후 설사
嘗見 少陽人兒 生未一周年에 忽先一吐而後에 泄瀉하고

신열 두통 양수 척족 전전기신 인음설사 사오육차 무도수자
身熱 頭痛 揚手 擲足하며 轉輾其身 引飮泄瀉 四五六次 無度數者할 새

용 형방사백산 일삼첩 양일 육첩 연후 설사방지
用 荊防瀉白散 日三貼 兩日 六貼 然後에 泄瀉防止하고

신열 두통 청정 우오육첩이 안
身熱 頭痛이 淸淨이러니 又五六貼而 安이니라.

대 의

생후 1주년이 못되는 소양인 아이 1인이 갑자기 한 번 토하고 설사를 하더니 신열 두통이 있고 몸부림을 치면서 인음설사引飮洩瀉를 하는데 4-6차 설사무도洩瀉無度하는 것을 본 바 있다. 그래서 형방사백산을 매일 3첩씩 2일간에 6첩을 썼더니 설사와 신열 두통이 멎으므로 그 후 5-6첩을 더 썼더니 완쾌되었다.

소양인 신열 두통 양수 척족 인음자 차 험증야 수설사
少陽人이 身熱 頭痛 揚手 擲足 引飮者는 此는 險證也니 雖洩瀉라도

필용석고 무론 설사유무 당용 형방사백산
必用石膏니라 無論 泄瀉有無하고 當用 荊防瀉白散에

가 황련 과루1돈 지황백호탕
加 黃連 瓜蔞一錢하라. 혹 地黃白虎湯이라.

대 의

소양인이 만일 신열 두통 양수 척족 인음증이 있으면 이것은 험증이다. 그런즉 비록 설사를 겸했다고 하더라도 이것은 이열증裏熱症이 분명한즉 반드시 석고를 써야 한다. 그러므로 설사의 유무를 따질 것이 없이 형방사백산에 황련 과루인瓜蔞仁 1돈씩을 가해서 쓰면 된다. 또 이 증에는 지황백호탕을 써도 좋다.

범 소양인 유 신열 두통즉 이비경증이 겸유설사즉 위험증야
凡 少陽人이 有 身熱 頭痛則 已非輕證而 兼有泄瀉則 危險證也니

필용 형방사백산 일 이삼복 우 연일복 신열 두통
必用 荊防瀉白散하되 日 二三服 又 連日服하여 身熱 頭痛이

청정연후 가면위험 소양인 신한 두통 설사 일주야간
清淨然後에 可免危險이니라. 少陽人이 身寒 頭痛 洩瀉, 一晝夜間에

삼사오차자 당용 활석고삼탕 신한복통 이삼주야간
三四五次者는 當用 滑石苦蔘湯이오 身寒腹痛하고 二三晝夜間에

무설사 혹 간신 일차 설사자 당용 활석고삼탕
無洩瀉하며 或 艱辛 一次 洩瀉者는 當用 滑石苦蔘湯이오

혹용 숙지황고삼탕
或用 熟地黃苦蔘湯이니라.

대 의

소양인이 만일 신열 두통증이 있으면 이것은 벌써 경증輕證이 아니며 또 설사까지 겸하게 된즉 이것은 위험한 병증이다. 그런즉 여기에는 마땅히 형방사백산을 매일 2-3첩씩 연일 복용하여서 신열 두통이 나은 후라야 비로소 위험을 면하게 되는 것이다. 소양인의 신한 복통 설사가 1주야간에 3-5차 되면 활석고삼탕을 써야 하고 만일 이것이 2-3주야간 계속 되거나 혹은 2-3주야간

에 간신히 한번 설사하게 되면 활석고삼탕을 써야하며 혹 숙지황고삼탕을 써도 좋다.

상견 소양인 항유 복통환고자 용 육미지황탕 육십첩이 병유
嘗見 少陽人 恒有 腹痛患苦者할 새 用 六味地黃湯 六十貼而 病癒하고

우견 소양인 십여년복통환고 일차기통즉 혹 오육개월
又見 少陽人이 十餘年腹痛患苦하여 一次起痛則 或 五六個月

혹 삼사개월 일이개월 규고자 매기통임시 급용 활석고삼탕
或 三四個月 一二個月 叫苦者할 새 每起痛臨時에 急用 滑石苦蔘湯

십여첩 불통시 평심정려 항계애심노심
十餘貼하고 不痛時에 平心靜慮하고 恒戒哀心怒心이러니

여차연타일주년이 병유 우견 소양인 소아 항유체증
如此延拖一週年而 病癒하고 又見 少陽人 小兒 恒有滯症하여

비만 간유 복통 요통 우유 구안와사초증자
痞滿하며 間有 腹痛 腰痛하며 又有 口眼喎斜初證者 할 새

용 독활지황탕 일백일내 이백첩 복 사지평심정려
用 獨活地黃湯하여 一百日内에 二百貼 服하고 使之平心靜慮하며

항계 애심노심 일백일이 신건병유
恒戒 哀心怒心이러니 一百日而 身健病癒니라.

대　의

소양인이 항상 복통환고腹痛患苦하는 것을 본 바 있는데 육미지황탕 60첩을 썼더니 병이 나았고 또 소양인이 10 여년 복통환고함으로써 한번 통증이 발하면 5-6개월 혹 3-4개월 혹 1-2개월씩 고통하는 것을 본 바 있는데, 기통起痛할 때마다 활석고삼탕 10여첩씩 써서 통증이 중지되면 애심哀心과 노심怒心이 일지 않도록 수양하게 하였더니 이렇게 하기를 1주년만에 병이 나았고 또 소

양인 소아가 항상 체증이 있어서 심하心下가 비만하고 간혹 요복腰腹이 아프며 그 위에 구안와사 초증까지 있는 것을 본 바 있는데 독활지황탕을 1백일 내에 2백첩을 쓰고 평심정려平心靜慮하게 하며 또 애심과 노심을 경계시켰더니 1백일 만에 병이 쾌유했다.

고의유언 두무냉통 복무열통 차언 비야
古醫有言하되 頭無冷痛이오, 腹無熱痛이라 하니 此言은 非也라.

하위연야 소음인 원래 냉승즉 기두통 역자비 열통이
何謂然耶아 少陰人은 元來 冷勝卽 其頭痛이 亦自非 熱痛而

즉 냉통야
卽 冷痛也오,

소양인 원래 열승즉 기복통 역자비 냉통이 즉 열통야
少陽人은 元來 熱勝則 其腹痛이 亦自非 冷痛而 則 熱痛也니라.

고의우언 한다망양 하다망음 차언 시야
古醫又言 汗多亡陽이오, 下多亡陰이라 하니 此言은 是也라.

하위연야 소음인 수즉냉승 연 음성격양 패양
何謂然耶아 少陰人이 雖則冷勝이나 然이나 陰盛隔陽하여 敗陽이

외둔즉 번열이 한다야 차지위 망양병야 소양인 수즉열승
外遁則 煩熱而 汗多也니 此之謂 亡陽病也오, 少陽人이 雖則熱勝이나

연 양성격음 패음 내둔즉 외한이 설하야
然이나 陽盛隔陰하여 敗陰이 內遁則 畏寒而 洩下也니

차지위 망음 병야 망양망음병 비용약 필사야
此之謂 亡陰 病也니 亡陽亡陰病은 非用藥이면 必死也오,

불급치 필사
不急治면 必死니라.

대 의

고의古醫가 말하기를 두통에는 냉통冷痛이 없고 복통에는 열통熱痛이 없다고 하였지만 이것은 이치에 맞지 않는다. 왜냐하면 소음인은 원래 냉기가 승勝한 체질인즉 소음인의 두통은 그 냉기가 상항上亢함으로써 일어나는 것이오, 소양인은 원래 열기가 승勝한즉 복통은 바로 그 열이 속에 뭉쳐서 복통이 생기는 것이다. 그런즉 여기에서 「두무냉통 복무열통頭無冷痛 腹無熱痛」이라고 한 고인의 말이 거짓인 것을 알 수 있는 것이다.

또 古醫가 말하기를 「한다망양汗多亡陽이오 하다망음下多亡陰」이라고 하였는 바 이것은 옳다. 왜냐하면 소음인이 비록 냉승하지만 음성격양이 되어서 패양敗陽이 외둔外遁하게 되면 번열한출煩熱汗出하게 됨으로써 망양증이 생기게 되고 소양인이 비록 열승熱勝하지만 양성격음陽盛隔陰하여서 패음敗陰이 내둔內遁하게 되면 그 한寒이 장腸을 압박하면서 설사하게 되는 것인즉 이것이 망음이다. 그런즉 망양 망음은 약을 안 써도 죽고 급치急治하지 않아도 죽게 된다.

보 주

소음인은 陰이 성盛한즉 양은 세勢부족하여서 표리로 몰려다니게 된다. 그런데 양은 원칙적으로 승강하면서 자기의 실력을 기르기 위하여서 腎속에 들어가서 양양養陽하는 것인데도 불구하고 소음인은 비소脾小하므로 자기의 양을 승강시키지 못하기 때문에 양이 표면으로 도망하게 되는 것이니 이것이 바로 패양敗陽이다. 그런데 이와 같은 패양이 사열邪熱과 합세하면서 번열한출증을 나타내는 바 그것이 바로 망양증이다.

소양인은 양이 성盛한즉 음은 세勢부족하여서 표리表裏양면에서 양을 포위하여 가지고 승강하지 못하게 된다. 음은 원칙적으로 양을 포위하여 가지고 승강하여야 하는 것임에도 불구하고 소양인은 腎小하기 때문에 자기의 음을 승강시킬 수가 없으므로 배려부背膂部에 뭉쳐있게 되는 바, 이것이 바로 패음敗陰

이다. 그런데 그러한 패음은 사한邪寒과 합세하게 되면 배려背膂에서 비위脾胃를 타고 입복도주入腹逃走하면서 강하降下하게 되는 것인즉 이것이 바로 망음증亡陰證이다.

(註)여기에서 음양이 승강하지 못한다고 한 것은 양은 복(腹)에서 상승하였다가는 배(背)로 하강하고 음은 복으로 하강하였다가는 다시 배(背)로 상승하는 교류운동을 하는 것을 말하는 것이다

망양자 양불상승이 반위하강즉 망양야

亡陽者는 陽不上升而 反爲下降則 亡陽也오

망음자 음불하강이 반위상승즉 망음야

亡陰者는 陰不下降而 反爲上升則 亡陰也니라.

음성격양어상즉 양위음억 불능상승어흉격

陰盛格陽於上則 陽爲陰抑하여 不能上升於胸膈하고

하함대장이 외둔방광고 배표번열이 한출야

下陷大腸而 外遁膀胱故로 背表煩熱而 汗出也니

번열이 한출자 비양성야 차소위 내빙외탄 양장망지조야

煩熱而 汗出者는 非陽盛也라. 此所謂 內氷外炭이니 陽將亡之兆也오

양성격음어하즉 음위양옹 불능하강어방광

陽盛格陰於下則 陰爲陽壅하여 不能下降於膀胱하고

상역배려이 내둔격리고 장위외한이 설하야

上逆背膂而 內遁膈裏故로 腸胃畏寒而 泄下也니

외한이 설하자 비음성야 차소위 내탄외빙 음장망지조야

畏寒而 洩下者는 非陰盛也라 此所謂 內炭外氷이니 陰將亡之兆也니라.

대 의

망양이란 것은 양이 상승하지 못하고 도리어 하강하는 것을 말하는 것이오

망음이란 것은 음이 하강하지 못하고 도리어 상승하고 있는 것을 말하는 것이다. 음이 성하여서 위에서 양을 격재格在하게 한즉 진양지기眞陽之氣가 음의 억압을 받기 때문에 흉격胸膈으로 올라가지 못하고 대장大腸에 빠져서 태양경太陽經(방광)을 타고 외둔外遁하기 때문에 배표背表에서 번열이 나면서 한자출汗自出하게 되는 바 이것은 즉 내빙외탄지사양內氷外炭之邪陽인 즉 그것은 바로 양이 망하려는 징조이다. 만일 양이 성하여서 음이 밑에 격재格在하게 된즉 음이 양 때문에 옹색하게 되므로 방광으로 하강하지 못하고 배려背膂로 상역하였다가 내부의 격막膈膜으로 도망하게 되면서 설하泄下하게 되는 것인즉 이것은 내탄외빙지사음內炭外氷之邪陰인즉 바로 음이 망하려는 징조이다.

소음인병 일일 발한 양기상승 인중혈
少陰人病이 一日 發汗하고 陽氣上升하여 人中穴에

선한즉 병필해야이 이삼일 한부지 병불유즉 양불상승이 망양
先汗則 病必解也而 二三日 汗不止하며 病不愈則 陽不上升而 亡陽이

무의야 소양인병 일일활리 음기하강 수족장심
無疑也오, 少陽人病이 一日滑利하고 陰氣下降하여 手足掌心에

선한즉병필해야이이삼일 설사부지 병불유즉 음불강이 망음
先汗則 病必解也而 二三日에 泄瀉不止하며 病不愈則 陰不降而 亡陰이

무의야 범 망양망음증 명지의리자 득병전
無疑也니라. 凡 亡陽亡陰症은 明知醫理者는 得病前에

가이예집증야 득병 일이일 명백이견야
可以預執證也려니와 得病 一二日이면 明白易見也오

지우삼일즉 수우자 집증 역 명약관화의
至于三日則 雖愚者라도 執證이 亦 明若觀火矣니라.

용약 필무과 이삼일의 사일즉 만의 오일즉 위야
用藥은 必無過 二三日矣니 四日則 晩矣오 五日則 危也니라.

대 의

소음병이 만일 하루에 발한하고 양기가 상승하여서 인중혈에 먼저 땀이 나게 되면 병이 반드시 풀리는 것이다. 혹 2-3일간 한부지汗不止하면서 병이 낫지 않으면 이것은 양기가 상승하지 못하기 때문에 망양亡陽이 되는 것이 틀림없고 또 소양인병이 하루 설사하고 음기가 내려가서 수족장심手足掌心에 먼저 땀이 나게 되면 이것은 병이 풀리려는 징조지만 만일 2-3일간 설사가 그치지 않고 병이 낫지 않으면 음기가 하강하지 못함으로써 망음亡陰이 되려는 것에 틀림없다.

대체 망양 망음은 의리醫理에 밝은 사람이라면 득병得病전에 벌써 예견할 수 있지만, 일반적으로는 득병 1-2일이면 알 수 있을 것이고 비록 아무리 우자愚者라고 할지라도 3일만 되면 명약관화할 것이다. 그런즉 용약用藥은 3일을 넘겨서는 안되고 4일은 벌써 늦은 편이고 5일이 되면 위험하게 되는 것이다.

소음인 평거 이번한다자 득병즉 필성망양야
少陰人이 平居에 裏煩汗多者 得病則 必成亡陽也오

소양인 평거 표한하다자 득병즉 필성망음야
少陽人이 平居에 表寒下多者 得病則 必成亡陰也니

망양 망음인 평거 예치 보음보양 가야
亡陽 亡陰人은 平居에 預治 補陰補陽이 可也오

불가지어망양망음 득병임위연후 구병야
不可至於亡陽亡陰하여 得病臨危然後에 救病也니라.

대 의

소음인이 평소에 이번한다증裏煩汗多症이 있던 사람이 득병得病하게 되면 반드시 망양증亡陽症이 발하게 되고 소양인이 평소에 표한하다증表汗下多症이 있던 사람이 득병하게 되면 반드시 망음증亡陰症이 발하게 되는 것이다. 그런즉 이러한 사람은 평소에 미리 보양보음할 것이고 만일 망양망음병을 얻은 후에 구병救病하려고 하는 것은 위험한 방법인즉 이것은 상책이 될 수 없는 것이다.

소음인 병유지한 인중 선한이 일차발한 흉격
少陰人 病愈之汗은 人中에 先汗而 一次發汗에 胸膈이

장쾌이 활발 망양지한 인중 혹한 혹 불한
壯快而 活潑하나 亡陽之汗은 人中에 或汗 或 不汗하며

누차 발한 흉격 민조이 하함야 소양인병유지설
屢次 發汗이로되 胸膈이 悶躁而 下陷也오 少陽人病愈之泄은

수족장심 선한이 일차활설 표기청령이 정신 상명
手足掌心에 先汗而 一次滑泄에 表氣淸寧而 精神이 爽明하나니

망음지설 수족장심 불한
亡陰之泄은 手足掌心에 不汗하고

누차설리 표기소한이 정신 울모
屢次泄利로되 表氣遡寒而 精神이 鬱冒니라.

대 의

소음인의 병이 낫는 땀은 인중에 선한先汗하는데 한번 발한하게 되면 흉격에 땀이 활기 있게 나면서 시원해지나 망양증이 되려는 땀은 인중에 땀이 시원하게 나지 못하고 또 누차 발한하여도 흉격이 갑갑하면서 기분이 깔아지고 소양인병이 낫는 설사는 먼저 수족장심에 땀이 나고 한번 설하면 표기表氣가 명랑하여지면서 기분이 상쾌해지나 망음병이 되려는 설사는 수족장심에 땀이 없으면서 누차 설사하여도 한기가 들면서 기분이 흐려지는 것이다.

소음인 위가실병 소양인 결흉병 정사음양 상적이 상격고
少陰人 胃家實病과 少陽人 結胸病은 正邪陰陽이 相敵而 相格故로

일구이후 위증 시견야 소음인 망양병 소양인 망음병
日久而後에 危證이 始見也오 少陰人 亡陽病과 少陽人 亡陰病은

정사음양 불상적이 상격고 초증 이위험증
正邪陰陽이 不相敵而 相格故로 初證에 已爲險證이다가

계이 인위위증의 비여용병 합전교봉 초일일합전
繼而 因爲危證矣이니 譬如用兵컨대 合戰交鋒할새 初一日合戰은

정병 위사병소패 절 정병기허병수 이일 우전우패
正兵이 爲邪兵所敗하여 折 正兵幾許兵數하고 二日에 又戰又敗하여

우절 기허수 삼일 우전우패 우절 기허수
又折 幾許數하고 三日에 又戰又敗하여 又折 幾許數하니

이삼일교봉 관지즉 장유익전이 유익패 유익절의
以三日交鋒으로 觀之則 將愈益戰而 愈益敗 愈益折矣리라.

약사일복전 오일복전즉 정병지전군 복몰 가지의
若四日復戰하며 五日復戰則 正兵之全軍이 覆沒을 可知矣니

소이용약 필무과삼일야
所以用藥도 必無過三日也니라.

대 의

소음인의 위가실병과 소양인의 결흉병結胸病은 정기와 사기가 서로 대적할 만한 힘을 가지고 있는 것이므로 오랜 후에 위증危證이 나타나지만 소음인의 망양병과 소양인의 망음병은 정사正邪가 상적相敵할 만한 힘을 가지고 있지 못하기 때문에 초증부터 험증이 되어 가지고 계속하여서 위증이 되는 것이다.

그러므로 이것을 병법에 비유해 보면 가령 정사양병正邪兩兵이 교전하는데 초 1일 교전에서 정병正兵이 사병邪兵한테 약간의 병수兵數가 패하고 또 2일 교전에서도 그리했고 또 3일 교전에서도 패했다고 할 때에 지나간 3일간의 전적

으로 보면 싸우면 싸울수록 더 패할 것은 명약관화하다. 그런즉 만일 4일에 또 패하고 5일에 또 패한다고 하면 미구未久에 전군이 멸망하고 말 것이다. 그러므로 용약 방법도 이와 꼭 같은 것인즉 망양망음병을 3일 이내에 치료하지 않는다면 정기가 멸망하고 말 것은 명확한 것이다.

보 주

위에서 소음인의 위가실병과 소양인의 결흉병은 정사가 상지일구相持日久할 수 있다고 한 것은 소음인의 위가실병은 울광증鬱狂證이 전경傳經하여서 이루어진 것이고 소양인의 결흉병은 소양병이 전경입리傳經入裏한 것인데 이것들은 모두 정기가 약하기 때문이 아니고 정사가 상지일구相持日久하기 때문이다. 그러나 소음인의 망양증과 소양인의 망음증은 모두 정기자체가 약하기 때문에 이루어진 것인즉 이것은 정사간에 힘의 차가 너무 크므로 정사 상지일구相持日久할 수 없는 것이다. 그러므로 위에서 「소음인 위가실병과 소양인 결흉병은 정사음양이 상적이상격相敵而相格」이라고 했고 「소음인 망양증과 소양인 망음증은 정사음양이 불상적이상격不相敵而相格」이라고 했던 것이다.

반룡산노인자 이옹소거지지 유반룡산고 이옹 자위
盤龍山老人者는 李翁所居之地에 有盤龍山故로 李翁이 自謂

반룡산노인야 차서중 논왈 이자 무비 반룡산노인지론이
盤龍山老人也니라. 此書中에 論曰 二字는 無非 盤龍山老人之論而

차장 특거반룡산노인자 개 망양망음 최시험병이
此章에 特擧盤龍山老人者는 盖 亡陽亡陰이 最是險病而

인필심상시지 이어예치고 별이반룡산노인
人必尋常視之하여 易於例治故로 別以盤龍山老人으로

제거경호이 경각지야
提擧驚呼而 警覺之也니라.

대 의

여기에서 반룡산 노인이라고 한 것은 동무가 거주하는 땅 함흥에 반룡산이 있기 때문에 스스로 반룡산 노인이라고 자칭한 것이다. 차서此書중에서 「논왈」이라고 한 것은 반룡산 노인이 말한 것이 아님이 없다. 그런데 차중에서 특히 반룡산 노인이라고 말한 것은 망양망음병이 가장 험한 병인데도 불구하고 세상사람들은 심상尋常하게 보고 예사로 치료하기 때문에 따로 반룡산 노인을 제거提擧하면서 소리쳐서 경각심을 높이려는 것이다.

망음증 고의별무경험용약두화이 이자건 주진형서중
亡陰證은 古醫別無經驗用藥頭話而 李子建 朱震亨書中에

약간논급지 연 자무 명적쾌험 개 차병 종고이래
若干論及之나 然이나 自無 明的快驗하니 蓋 此病이 從古以來로

살인 맹랑심속 미가경험렵득이허고야
殺人이 孟浪甚速하여 未暇經驗獵得裏許故也니라.

대 의

망음증에 대해서는 고의古醫들은 별로 용약한 자취가 없었다. 그런데 주단계朱丹溪와 이자건 서중李子建 書中에서 약간 논급하였으나 아무런 쾌험快驗도 밝히지 못하였은 즉 아마도 옛날부터 이병이 너무 심속甚速히 사람을 죽였기 때

문에 그 병리와 경험을 엽득獵得할 겨를이 없었던 것이다.

장중경 왈 태양병 불해 전입소양
張仲景이 曰 太陽病이 不解하여 轉入少陽하고

협하경만 건구불능식 왕래한열자 상미토하 맥침긴자
脇下硬滿 乾嘔不能食하며 往來寒熱者 尙未吐下하고 脈沈緊者는

여소시호탕 약이토하 발한섬어 시호증 파
與小柴胡湯이오 若已吐下하고 發汗譫語하고 柴胡證이 罷하면

차위괴병 의괴병치지
此爲壞病이니 依壞病治之하라.

대 의

장중경이 말하기를 태양병이 풀리지 않고 소양에 전입한 사람이 협하경만脇下硬滿 건구불능식乾嘔不能食 왕래한열往來寒熱이 있는 자가 아직 토하吐下하지는 않고 맥이 침긴沈緊한 상태에 있으면 이것은 소시호탕을 쓰면 된다. 그러나 만약 이미 토하吐下한 후에 발한섬어증이 있고 시호증柴胡證이 파罷하면 이것은 이미 괴증壞證이 된 것인즉 괴증壞證으로 치료하여야 한다.

상한 맥현세 두통발열자 속소양
傷寒에 脈弦細하고 頭痛發熱者는 屬少陽이라.

불가발한 발한즉 섬어
不可發汗이니 發汗則 譫語니라.

대 의

중경이 또 말하기를 상한에 맥이 현세弦細하고 두통발열하는 것은 소양증이다. 그런데 만일 이때에 발한하게 되면 섬어증이 일어나게 되는 것이다.

嘗治 少陽人 傷寒發狂譫語證할새 時則 乙亥年 清明節候也라.

少陽人一人이 得傷寒 寒多熱少之病하여 四五日後 午未辰刻에

喘促短氣어늘 伊時에 經驗이 未熟하여 但知 少陽人應用藥이

六味湯最好之理故로 不敢用他藥而 祗用六味湯一貼한대

病人이 喘促이 卽 時頓定이러니 又數日後에 病人이 發狂譫語하며

喘促이 又發이어늘 又用 六味湯一貼則 喘促이 雖少定而 不如

前日之頓定矣러니 病人이 發狂連三日하고 午後에 喘促이 又發하다

又用六味湯한대 喘促이 略不少定이라가 有頃에 舌卷動風하여

口噤不語하니 於是而 始知 六味湯之 無能爲也라.

急煎白虎湯一貼하야 以竹管으로 吹入 病人鼻中하고

下咽而 察其動靜則 舌卷口噤之證은 不解而 病人腹中이 微鳴이라.

仍以 兩爐煎藥하여 荏苒灌鼻 數三貼後에 病人이 腹中이 大鳴하고

방기출언 삼인 부지병인
放氣出焉이러라. 三人이 扶持病人하고

죽관 취비관약이 병인기력 익굴강 삼인부지지력
竹管으로 吹鼻灌藥而 病人氣力이 益屈强하여 三人扶持之力이

기불능지당의 우임염관비 자미신시 지해자시
幾不能支當矣러라. 又荏苒灌鼻하여 自未申時로 至亥子時에

범용 석고팔냥 말경 병인 복중 대창 각궁반장지증
凡用 石膏八兩하니 末境에 病人이 腹中이 大脹하고 角弓反張之證이

출언 각궁반장후 소경 득한이수 익일평명 병인
出焉이러니 角弓反張後 小頃에 得汗而睡하다, 翌日平明에 病人이

우복 백호탕일첩 일출후 활변일차이 병쾌유
又服 白虎湯一貼하니 日出後에 滑便一次而 病快愈니라.

유후 유안병 용석고 황백 각1돈 일재복 칠팔일후
愈後에 有眼病이로되 用石膏 黃柏 各一錢 日再服하니 七八日後에

안병 역유 이시 미지 대변험법고
眼病이 亦愈러라. 伊時에 未知 大便驗法故로

불찰대변지 비폐기일 연 상필차병인 선자표한병
不察大便之 秘閉幾日이나 然이나 想必 此病人이 先自表寒病하고

득병후 유대변비폐이 발차증의
得病後에 有大便秘閉而 發此證矣리라.

대 의

일찍이 소양인의 상한 발광섬어증을 치료한 바 있는데 때는 을해년 청명절 후였다. 소양인 1인이 한다열소병寒多熱少病에 걸렸는데 4-5일후 오미진각午未辰刻에 천촉단기증喘促短氣證이 발하였다. 그런데 그때에 경험이 미숙하여서 소양인에는 육미탕이 제일 좋은 줄로만 알고 있었기 때문에 타약을 안 쓰고 육미탕 1첩을 썼던 바 천촉증이 즉시 멎어 버렸다. 그런데 수일후에 또 발광섬어를 하면서 천촉이 재발하더니 육미탕 1첩으로 천촉이 소정少定되었으나 전일과

같이 돈정頓定하지는 못하더니 그 후 연 3일 동안 발광하고 오후에 천촉이 또 재발하였다. 그래서 다시 육미탕을 썼던 바 조금도 효과가 없더니 얼마 후에 설권동풍舌卷動風 구금불어증口噤不語證이 일어났다. 이때에 비로소 육미탕으로는 치유될 수 없다는 것을 알게 되었다. 시급히 백호탕 1첩을 죽관竹管으로써 코에 불어넣고 하인下咽한 다음에 동정을 살펴 본즉 설권구금증舌卷口噤證은 풀리지 않았으나 복중에서 기가 유동하는 소리가 들리게 되었다. 그러므로 양로兩爐에 약을 다려 가지고 점진적으로 코에 부어 넣기를 荏苒灌鼻 수삼첩數三貼 한즉 배에서 크게 기가 유동하더니 방기放氣가 났는바 이때에 3인이 환자를 붙잡고 취비관약吹鼻灌藥하였는데도 환자의 굴강력屈强力이 3인의 힘으로 지당支當할 수 없을 정도였다. 이와 같이 점진관비漸進灌鼻하기를 未申時부터 亥子時까지 하였는데 그 동안에 석고를 8냥이나 썼던 것이다. 그런즉 미구未久에 병인의 복중이 크게 창만하면서 각궁반장角弓反張증이 생기더니 그 후에 한출하면서 잠이 들었다. 다음날 평명平明에 또 한 첩을 먹였더니 일출 후에 활변을 보고 병이 쾌유하였던 것이다. 그런데 그 후에 또 안질이 일어나므로 석고 황백 각 1돈을 1일 2회씩 7-8일동안 썼더니 안질이 또한 완치되었다. 그러나 그때에 내가 대변험법大便驗法을 몰랐기 때문에 대변이 며칠 동안이나 폐결되었는지를 살피지 못하였지만 아마도 이 환자가 최초에 표한병에 걸렸고 또 득병 후에는 대변이 폐결閉結되면서 이 병이 발생한 것으로 생각한다.

기후 우유 소양인 일인 득상한 열다한소지병
其後에 又有 少陽人 一人이 得傷寒 熱多寒少之病할새

유인교복 치육탕 잉성 양독발반 여교복 백호탕
有人敎服 雉肉湯하고 仍成 陽毒發斑이어늘 余敎服 白虎湯

연삼첩 이기인 지복반첩 수일후 섬어이병중
連 三貼이러니 而其人이 只服半貼하고 數日後에 譫語而病重하니

병가소급　　전도왕관즉 병인 외증 혼궤
病家愬急이라. 顚倒往觀則 病人이 外證이 昏憒하여

이유동풍지점이 이농섬어 설상백태　　약낭 지유 석고일근
已有動風之漸而 耳聾譫語 舌上白胎러라. 藥囊에 祗有 石膏一斤

활석일냥　무타약고 급전 석고일냥 활석1돈 돈복이 기익일
滑石一兩하고 無他藥故로 急煎 石膏一兩 滑石一錢 頓服而 其翌日에

우복 석고일냥 활석1돈　　차양일즉 대변비폐 개불과일주야
又服 石膏一兩 滑石一錢하니 此兩日則 大便秘閉 皆不過一晝夜러라.

지우 제삼일　병가이과용석고귀구고　일일　불용석고의
至于 第三日에 病家以過用石膏歸咎故로 一日에 不用石古矣러니

지우사일　병가소급　　전도왕관즉 병인　대변비폐
至于四日에 病家愬急하다. 顚倒往觀卽 病人이 大便秘閉

양야일주이 어운　불분명　　아관　긴급　　수음　불입
兩夜一晝而 語韻이 不分明하고 牙關이 緊急하야 水飮이 不入이라.

급전석고2냥　　간신하인이 반토 반하인　　소경
急煎石膏二兩하야 艱辛下咽而 半吐 半下咽하고 少頃에

아관즉개이 어운즉 불분명여전　　우연용 석고1냥
牙關卽開而 語韻則 不分明如前키로 又連用 石膏一兩하다.

기익일즉이 오후동풍　　약 불하인지려고　예위오전용약
其翌日則以 午後動風으로 藥 不下咽之慮故로 預爲午前用藥하야

이비동풍이 우오육일용지　　전후용석고 범십사양이 말경
以備動風而 又五六日用之하니 前後用石膏 凡十四兩而 末境에

발광수일　　어운　굉장이 병유
發狂數日이러니 語韻이 宏壯而 病愈하고

수 월후　방출문정
數 月後에 方出門庭이니라.

대　의

그 후에 또 소양인 한 사람이 상한傷寒 열다한소병熱多寒少病에 걸린 일이 있

는데 치육탕雉肉湯을 먹으라는 사람이 있어서 그것을 먹은 후에 양독발반증陽毒發斑證이 일어났다. 내가 백호탕을 연 3첩 쓰라고 하였던 바 반 첩을 먹고 말더니 수 일 후에 섬어하면서 병이 위급하게 되니 환가患家에서는 소급愬急할 수밖에 없었다. 급히 가서 본즉 병인의 외증外證이 혼궤昏憒하고 기분이 밝지 못하고 당황해 하면서 이미 동풍動風의 징조가 있고 그 위에 이농耳聾 섬어譫語 설상백태증舌上白胎證도 있었다. 그런데 약재는 석고 1근과 활석 1냥 밖에 없으므로 석고 1냥과 활석 1돈을 급전急煎하여 돈복頓服시키고 그 익일에 또 석고 1냥과 활석 1돈을 썼던 바 이 양 일간은 대변을 1주야晝夜이상 못 본 일이 없었다. 그런데 3일 만에 병가病家에서 석고의 과용을 탓하므로 1일간 석고를 쓰지 않았더니 제 4일에 이르러서 병가는 다시 소급愬急하게 되었다. 이 때에 병인이 대변비폐大便秘閉가 이미 이틀 밤 하루 낮 동안 되었고 어운語韻이 불분명하며 아관牙關이 긴급緊急하고 물을 넘기지 못하였다. 급히 석고 2냥을 달여서 간신히 넘기게 했더니 비록 반토반하半吐半下하기는 하였지만 얼마 후에 아관牙關이 열렸다. 그렇지만 어운語韻만은 여전하므로 또 석고 1냥을 연복시켰던 것이다. 그러나 다음날 오후에 만일 동풍이 일게 되면 약을 먹이기 어려울 것을 염려하고 미리 오전에 용약用藥하여서 동풍動風이 되지 않도록 미리 대비하였던 것이다. 이와 같이 하면서 5-6일 용약하였는데 전후하여 석고를 14냥이나 썼던 바 마침내 말경末境에 가서 환자가 수일간 발광하더니 어운語韻이 굉장히 분명해지면서 병이 쾌유하였고 수개월 후에 문정에 나가게 되었던 것이다.

기후 우유 소양인일인 초득 두통신열표한병 팔구일
其後에 又有 少陽人一人이 初得 頭痛身熱表寒病 八九日하기로

기간 용 황련 과루 강활 방풍등속 병세소유이 영불쾌거의
其間에 用 黃連 瓜蔞 羌活 防風等屬하니 病勢少愈而 永不快祛矣러라.

잉위발광삼일 병가 이심상예증 시지이 지용 황련
仍爲發狂三日이어늘 病家 以尋常例證으로 視之而 祇用 黃連

과루등속 우섬어수일 시용 지황백호탕일첩
瓜蔞等屬이러니 又譫語數日이라. 始用 地黃白虎湯一貼이러라.

기익일오후 동풍 급전지황백호탕연삼첩
其翌日午後에 動風키로 急煎地黃白虎湯連三貼하야

구급이간신하인 기익일즉
救急而艱辛下咽이러라. 其翌日則

백호탕 가석고1냥 오전용지 이비동풍이연삼일용지
白虎湯 加石膏一兩 午前用之하야 以備動風而連三日用之러니

병인 자기좌립 능대소변 병세비전 쾌소쾌장의
病人이 自己坐立하야 能大小便하니 病勢比前하야 快蘇快壯矣러라.

불행 병가어소유 여 불주어완치 차인 경불구
不幸하여 病加於少愈에 慮 不周於完治러니 此人이 竟不求니라.

한불 오전 지용 백호탕삼첩 이비동풍이 오후
恨不 午前에 祇用 白虎湯三貼하야 以備動風而 午後에

(不字는 則字의 誤植일 것임)

전불용약이 계지야 이차삼인병 관지즉 발광섬어증
全不用藥而 繼之也니라. 以此三人病으로 觀之則 發狂譫語證에

백호탕 비단 오전용약 이비동풍이이의
白虎湯은 非但 午前用藥하야 以備動風而已矣라.

일용 오육첩 칠팔첩 십여첩 이주계야즉 호의
日用 五六貼 七八貼 十餘貼하야 以晝繼夜則 好矣오.

불필대섬어후이 용약 발광전 당용약 가야
不必待譫語後而 用藥이니라. 發狂前에 當用藥이 可也오

불필대섬어후이 용약 발광전 조찰발광지점 가야
不必待譫語後而 用藥이며 發狂前에 早察發狂之漸이 可也니라.

대 의

그 후에 또 소양인 한 사람이 처음에 두통 신열하는 표한병에 걸려서 8-9일이 되었는데 그 동안에 황련 과루 강활 방풍등속을 쓰고 다소간 차도가 있었지만 쾌유하지 못하더니 마침내 3일 동안 발광하였는데 병가에서 심상尋常하게 생각하고 또 황련 과루瓜蔞등속으로 치료하였더니 수일간 섬어譫語하기 시작하였다. 이 때에 비로소 지황백호탕 1첩을 썼던 바 익일 오후에 다시 풍증이 발하므로 급히 지황백호탕 3첩을 달여서 구급하였는바 그때에 간신히 약을 하인下咽하였다. 다음 날에 또 백호탕에 석고 1냥을 가하여 오전에 복용시킴으로써 오후의 동풍을 방지하기를 3일간 하였더니 이때에 비로소 자기自己로서 기좌起坐할 수 있게 되었고 또 대소변도 통하게 되었으니 병세는 전에 비해서 대단히 호전된 것이다. 그러나 불행하게도 환가에서 완치에 전력을 기울이지 않더니 드디어 죽었는데 한恨은 오전에 백호탕 3첩으로써 동풍에 대비하였을 뿐이고 오후 용약에 전력을 기울이지 않았던 일이다. 이와 같이 이상에서 논한 바의 3인의 병으로 생각해 보면 발광섬어증에는 백호탕을 오전에만 쓸 것이 아니고 매일 5-6첩 혹은 7-8첩 혹은 10여첩씩 주야간 계속하여야 할 것이고 또 섬어증이 생긴 다음에 용약할 것이 아니라 발광 전에 미리 용약用藥하여야 하며 또는 반드시 발광 후에 용약하여야 할 것이 아니라 발광 전에 미리 발광이 될 것을 예견하고 용약하여야 할 것이다.

기후 우유 소양인 십칠세여아 소증 간유패기
其後에 又有 少陽人 十七歲女兒 素證이 間有悖氣하며

식체복통의 홀일일 두통한열 식체
食滯腹痛矣러니 忽一日에 頭痛寒熱하니 食滯라.

유의 용소합원삼개 강탕조하 잉위설사 일 수십행
有醫 用蘇合元三個 薑湯調下하니 仍爲泄瀉 日 數十行하야

십여일부지 인음불면 간유섬어증
十餘日不止하고 引飮不眠하며 間有譫語證하니

시즉기해년 동 십일월이십삼일야 즉야 용 생지황 석고 각6냥
時則 己亥年 冬 十一月二十三日也라. 卽夜에 用 生地黃 石膏 各六兩

지모 3냥 기야 설사도수반감 기익일 용 형방지황탕
知母 三兩하니 其夜에 泄瀉度數半減하고 其翌日에 用 荊防地黃湯

가석고4돈 이첩연복 안수이 능통소변 형방지황탕
加石膏四錢하야 二貼連服에 安睡而 能通小便이니 荊防地黃湯

이첩약력 십배어 지황백호탕 가지의
二貼藥力이 十倍於 地黃白虎湯을 可知矣니라.

어시 매일 용차약4첩 주2첩연복 야2첩연복
於是에 每日 用此藥四貼할새 晝二貼連服 夜二貼連服하야

수일용지 설사영지 두부양빈 유한
數日用之하니 洩瀉永止하고 頭部兩鬢에 有汗이러니

이병아 섬어증 변위발광증 병가경혹
而病兒 譫語證이 變爲發狂證이어늘 病家驚惑하야

이주야 의불용약 병세수위 두한 불출
二晝夜 疑不用藥이러니 病勢遂危하야 頭汗이 不出하고

소변 비결 구교빙편 불성인사 효상 가오의
小便이 秘結키로 口嚙氷片하고 不省人事하니 爻象이 可惡矣라.

세무내하 이부득이지계 일야간 용형방지황탕
勢無奈何하야 以不得已之計로 一夜間에 用荊防地黃湯

가석고일냥 연십첩관구 기야 소변 통 삼완
加石膏一兩하야 連十貼灌口하니 其夜에 小便이 通 三碗하고

광증 부지 연 지인간면 초유지각
狂症은 不止나 然이나 知人看面하니 稍有知覺이라.

기익일 우용육첩 연오일 일용사오육첩 발광 시지
其翌日 又用六貼하고 連五日 日用四五六貼하니 發狂이 始止하고

야간 혹 삽시취수 연 불능구수 편각
夜間에 或 霎時就睡나 然이나 不能久睡하고 便覺이어늘

又日用三四貼 連五日하니 頭頂兩鬢에

有汗而 能半時刻就睡하며 稍進粥飮少許라 其後에 每日 荊防地黃湯

加 石膏一錢하야 日二貼用之하되 大便이 過一日則 加四錢하야

至于十二月二十三日하니 始得免危하야 能起立房室中하니

一朔內에 凡用 石膏四十五兩이러라.

新年正月十五日에 能行步一里地而來見我하고 其後에 又連用

荊防地黃湯 加石膏一錢하야 至于 新年 三月하니라.

대 의

그 후에 또 소양인 17세 여아가 소증素證이 패기悖氣를 하며 또 식체복통하는 일이 있었는데 하루는 두통 한열 식체증이 일어났다. 이때에 어떤 의醫가 소합원蘇合元 세 개를 강탕薑湯에 조하調下시켰던 바 매일 설사를 수십 차씩 하면서 십여 일간 설사가 그치지 않고 구갈口渴이 나면서 잠을 자지 못하고 간혹 섬어증이 나타나게 되었는바 때는 기해년 11월 23일이었다. 그 날밤 생지황 석고 각 6냥과 지모 3냥을 쓴즉 설사가 반감하게 되었으므로 다음 날에 형방지황탕에 석고 4돈을 가하여서 2첩을 연복連服 시켰더니 잠이 들고 소변도 통하게 되었은즉 두통 한열 식체증에 형방지황탕 2첩의 약력이 지황백호탕의 10배가 넘는 것을 알 수 있는 것이다.

그 다음부터는 매일 주야 각각 2첩씩 수일동안 연복連服시켰더니 설사가 아

주 멎고 두부양빈頭部兩鬢에서 땀이 나기 시작하더니 환자의 섬어증이 변하여서 발광증이 되었던 바 환가患家에서 이것을 의심하여서 2주야간 약을 쓰지 않더니 드디어 병세가 위급하여져서 두한頭汗도 안 나고 소변도 다시 막히게 되었으므로 입에는 얼음을 물고 있었다. 이와 같이 인사불성에 빠지게 되었은즉 증상은 대단히 악화된 것이다. 할 수 없어서 하룻밤 동안에 형방지황탕에 석고 1냥씩 가하여서 10첩을 연복 시켰던 바 그날 밤에 소변을 3완碗이나 보았으나 아직 발광증은 멎지 않았다. 그러나 사람의 얼굴을 알 수 있게 되었은즉 약간 지각이 있는 것은 틀림없다. 다음 날에 또 6첩을 쓰고 5일 동안 계속하여서 매일 4-5첩씩 썼더니 발광이 비로소 멎게 되었다. 그런데 야간에는 잠깐동안 잠이 들기는 하지만 오래 계속되지 못하므로 또 매일 3-4첩씩 5일간 연복시켰더니 두정양빈頭頂兩鬢에서 땀이 나면서 반 시각 가량씩 잠이 들 수 있게 되더니 점점 죽을 먹게 되었다. 그 후에 매일 형방지황탕에 석고 1돈씩을 가하여서 2첩씩 쓰되 만일 대변을 하루 동안만 못 보게 되면 석고 4돈을 가하여 쓰게 하였다. 그렇게 하기를 12월 23일까지 한즉 비로소 환자가 방에서 일어설 수 있게 되었는데 1개월 동안에 석고를 45냥이나 썼던 것이다. 다음 신정 15일에는 환자가 1리나 되는 거리를 도보로써 나를 방문하였던 것이다. 그 후에 계속하여서 형방지황탕에 석고 1돈을 가하여서 신년 3월까지 계속하고 있는 중이다.

논왈 소양인병 이화열 위증고 변동 심속 초증
論曰 少陽人病은 以 火熱로 爲證故로 變動이 甚速하니 初證에

불가경이시지야 범 소양인 표병 유두통 이병
不可輕易視之也니라. 凡 少陽人은 表病에 有頭痛하고 裏病에

유변비즉 이위중병야 중병 부당용지약일이삼첩
有便秘則 已爲重病也니 重病에 不當用之藥日二三貼을

오투즉 필살인 험병위증 당용지약 일이삼첩
誤投則 必殺人이오 險病危證에 當用之藥 一二三貼이

불급즉 역불구명
不及則 亦不救命이니라.

대 의

동무가 논하기를 소양인병은 그 병증이 화열火熱을 기본으로 하는 것이므로 변동이 심속甚速할 수밖에 없은즉 초증부터 경홀輕忽이 하여서는 안된다. 소양인의 표병表病에 두통증이 있고 이병裏病에 변비증이 있으면 이미 중병인 것이다. 그런즉 중병에 마땅하지 않은 약 1-3첩을 오용誤用하면 살인하게 되고 험병위증險病危證에 마땅히 써야할 약 1-3첩을 믿지 못하여도 병을 구제해내지 못할 것이다.

보 주

소양인의 표병에 두통증이 있는 것은 화왕지력火旺之力이 상초上焦에 뻗치는 까닭이오(脾大하므로) 이병裏病에 변비증이 있는 것은 화왕지근火旺之根이 하초에 있기 때문이다(腎小하므로) 즉 표병은 화상행이포월火上行而包越하지 못하고 이병裏病은 화함하이발월火陷下而發越하지 못하기 때문에 생기는 것인즉 이것은 四象 여하를 불문하고 동일한 법칙이 적용되는 것이다. 그러므로 모든 병은 한열과 음양의 천심淺深만 잘 살피게 되면 저간의 소식은 저절로 알 수 있을 것이다.

소양인 위수열 이열병론

少陽人 胃受熱 裏熱病論

(註) 소양인은 비화(脾火)가 과왕(過旺)한 것이 특징이다. 그러므로 교역작용(交易作用)에 있어서 화변위금(火變爲金)하기가 가장 어렵다. 그런데 胃는 이러한 비(脾)의 부(腑)인즉 항상 비(脾)의 영향 하에서 움직이게 되는 바 소양인의 胃는 이와 같은 조건 때문에 金水가 기운을 제대로 행해 낼 수가 없으므로 여기에서 열화(熱化)작용이 강화하게 되어서 소양인의 위수열병(胃受熱病)을 만들게 되는 것이다. 다시 말하면 비신지음(脾腎之陰)이 부족한 것이 소양인인즉 이열(裏熱)의 過亢을 견제할 수가 없으므로 여기에서 모든 음허이열증(陰虛裏熱症)이 생기게 되는 것이다.

장중경 왈 태양병팔구일 여학상 발열오한 열다한소
張仲景이 曰 太陽病八九日에 如瘧狀하야 發熱惡寒하되 熱多寒少하며

맥미이오한자 차음양 구허 불가경발한 경하 경토
脈微而惡寒者는 此陰陽이 俱虛니 不可更發汗 更下 更吐니라.

면색 반유열색자 미욕해야 불능득소한출 신필양
面色이 反有熱色者는 未欲解也라. 不能得少汗出이면 身必痒하나니

의계마각반탕
宜桂麻各半湯이니라.

대 의

중경이 말하기를 태양병이 8-9일경에 학질처럼 오한발열하되 그 증상이 열다한소熱多寒少하면서 맥미오한脈微惡寒이면 이것은 음양이 구허俱虛한 증거인즉 한토하법汗吐下法을 써서는 안 된다. 단 면부面部가 홍조되어 있으면 이것은 태양병이 자해自解하지 않는다는 징조인 바 이때에 만일 미한微汗이 나지 못하면 몸에 소양증瘙痒證이 생길 것이다. 그런즉 땀을 내되 계마각반탕桂麻各半湯으로 발한하여야 한다.

太陽病(태양병)이 似瘧(사학)하여 發熱惡寒(발열오한)하되 熱多寒少(열다한소)하고 脈微弱者(맥미약자)는

此(차)는 亡陽也(망양야)라. 身不痒(신불양)이면 不可發汗(불가발한)이니 宜桂麻各半湯(의계마각반탕)이니라.

대 의

중경이 또 말하기를 태양병이 사학似瘧하면서 발열오한하되 열다한소熱多寒少하면서 맥이 미약하면 이것은 망양亡陽이 되려는 것인즉 만일 몸이 가렵지 않으면 발한發汗해서는 안 되는 것인즉 계마각반탕桂麻各半湯을 써야한다.

보 주

맥미약이 오한발열脈微弱而 惡寒發熱하면서 자한하는 모습이 마치 소음인의 망양증과 같은 것이 소양인병에 있는 바 이것을 망양증으로 오인하면 반드시 1-2첩 약이 살인하게 된다.

논왈 차증 대변 불과 일주야이 통자 당용 형방사백산
論曰 此證에 大便이 不過一晝夜而 通者는 當用 荊防瀉白散이오

대변 과일주야이 불통자 당용 지황백호탕
大便이 過一晝夜而 不通者는 當用 地黃白虎湯이니라.

대 의

이 증에 만일 대변을 매일 보면 형방사백산을 쓰고 1일에 한번도 못 보면 지황백호탕을 써야한다.

장중경 왈 양명증 소변 불리 맥부이갈
張仲景이 曰 陽明證에 小便이 不利하고 脈浮而渴하면

저령탕 주지
猪苓湯을 主之니라.

대 의

중경이 말하기를 양명증에 소변이 불리不利하고 맥부脈浮하면서 갈증이 있으면 저령탕을 써야 한다.

삼양합병 두통 면구 섬어 유뇨 중외구열
三陽合病에 頭痛 面垢 譫語 遺尿하고 中外俱熱하며

자한번갈 복통신중 백호탕 주지
自汗煩渴 腹痛身重이면 白虎湯을 主之니라.

대 의

또 말하기를 삼양합병三陽合病이 되어서 두통 면구面垢 섬어譫語 유뇨遺尿증이 있으면서 표리가 모두 열하고 그 위에 자한번갈自汗煩渴하면서 복통신중腹痛身重하면 백호탕을 써야 한다.

논왈 양명증자 단열무한지위야 삼양합병자
論曰 陽明證者는 但熱無寒之謂也오 三陽合病者는

태양 소양 양명증 구유지위야 차증 당용 저령탕 백호탕
太陽 少陽 陽明證이 俱有之謂也니 此證에 當用 猪苓湯 白虎湯이나

연 고방저령탕 불여 신방저령차전자탕지구비
然이나 古方猪苓湯이 不如 新方猪苓車前子湯之俱備오

고방백호탕 불여 신방지황백호탕지전미의
古方白虎湯이 不如 新方地黃白虎湯之全美矣니라.

약 양명증 소변불리자 겸대변비조즉 당용 지황백호탕
若 陽明證에 小便不利者 兼大便秘燥則 當用 地黃白虎湯이니라.

대 의

양명증이라고 하는 것은 발열만 있고 오한이 없는 것을 말하는 것이오 삼양

합병三陽合病이란 것은 태양 소양 양명증이 겸한 것을 말하는 것이다. 그런즉 여기에는 마땅히 저령탕과 백호탕을 쓰는 것이 옳다. 그러나 고방의 저령탕이 신방의 저령차전자탕만 못하고 고방의 백호탕이 신방의 지황백호탕만큼 좋지 못한 것이다. 그런데 만일 소변불리와 대변비조大便秘燥증이 겸하여 있다면 반드시 지황백호탕을 써야 한다.

주굉 왈 양궐자 초득병 필유신열두통 외유양증
朱肱이 曰 陽厥者는 初得病에 必有身熱頭痛하야 外有陽證이다가

지사오일 방발궐 궐지반일 각신열
至四五日에 方發厥하고 厥至半日에 却身熱하나니

개 열기심 방능발궐 약미궐 각발열자 열심고야
盖 熱氣深하면 方能發厥이니라. 若微厥하고 却發熱者는 熱甚故也니

기맥 수복 안지활자 위이열 혹음수 혹양수척족
其脉이 雖伏이라도 按之滑者는 爲裏熱이니 或飮水 或揚手擲足

혹번조부득면 대변비 소변적 외증 다혼궤 용백호탕
或煩躁不得眠 大便秘 小便赤하고 外證이 多昏憒하면 用白虎湯이니라.

대 의

주굉이 말하기를 양궐陽厥이라는 것은 득병초에 반드시 신열두통과 같은 양증이 있다가 4-5일에 이르러 발궐하는 것인 바 그 궐厥은 半日쯤 되면 도리어 발열할 것인즉 이것은 열기가 깊게 있기 때문에 발궐發厥한 것이다. 그런즉 만약 미궐微厥하다가 문득 발열하는 것은 열이 깊게 있는 까닭이니 그 맥상이 비록 복맥伏脈이라고 할지라도 눌러서 활滑하면 이것은 이열裏熱인 것이다. 그런즉 혹은 음수飮水하며 혹은 양수척족揚手擲足하며 혹은 번조부득면 대변비결 소변적삽 煩躁不得眠 大便秘結 小便赤澁하면서 외증이 혼궤昏憒하면 반드시 백호탕을

써야 한다.

논왈 소양인이열병 지황백호탕 위성약이 용지자
論曰 少陽人裏熱病에 地黃白虎湯이 爲聖藥而 用之者
필관어대변지 통불통야 대변 일주야유여이 불통즉 가용야
必觀於大便之 通不通也니 大便이 一晝夜有餘而 不通則 可用也오
이주야불통즉 필용야 범 소양인 대변 일주야불통즉 위열
二晝夜不通則 必用也니라. 凡 少陽人이 大便이 一晝夜不通則 胃熱이
이결야 이주야불통즉 열중야 삼주야불통즉 위험야
已結也오 二晝夜不通則 熱重也오 三晝夜不通則 危險也니
일주야팔구진각 이주야 흡호용지 무지 삼주야지위험
一晝夜八九辰刻과 二晝夜에 恰好用之오 無至 三晝夜之危險이니라.
약 섬어증 변비즉 불가과일주야
若 譫語證에 便秘則 不可過一晝夜니라.

대 의

소양인의 이열병裏熱病에는 지황백호탕이 성약이나 의사는 먼저 대변의 통불통通不通 관계를 살펴서 대변이 일주야一晝夜 이상 불통하면 쓸 수 있고 이주야二晝夜 불통하면 반드시 써야 한다. 왜냐하면 소양인이 만일 대변이 일주야一晝夜 불통하면 위열胃熱이 이미 응결凝結된 것이오 이주야二晝夜 불통하면 열이 중한 것이오 삼주야三晝夜 불통하면 위험한즉 일주야一晝夜 8-9진각辰刻과 이주야二晝夜에는 응당 써야 할 것인즉 삼주야三晝夜의 위험지지에 이르지 않도록 해야 할 것이다. 그러나 만약 섬어증이 변비를 겸하면 일주야一晝夜를 지나서는 안 된다.

소양인 위수열즉 대변 조야 비수한즉 설사야 고
少陽人이 胃受熱則 大便이 燥也오 脾受寒則 泄瀉也ㅣ 故로

망음증설사 이삼일 대변비 일주야즉 청음
亡陰證泄瀉는 二三日이 大便秘하나니 一晝夜則 清陰이

장망이 위경야 위열증 대변 삼주야불통이 한출즉
將亡而 危境也오 胃熱證은 大便이 三晝夜不通而 汗出則

청양 장갈이 위경야
清陽이 將竭而 危境也니라.

대 의

소양인이 만일 위胃가 열熱을 받은즉 대변이 조결되고 비脾가 한寒을 받은즉 설사하게 되는 것이다. 그러므로 망음증설사는 2-3일에 대변이 비결秘結되는 것인즉 일주야一晝夜를 경과하면 청음淸陰이 벌써 없어져서 위경危境에 빠지게 되고 위열증이 만일 삼주야三晝夜동안 대변불통이 되고 그 위에 한출하게 된즉 청양淸陽이 다하여서 위경危境에 빠지게 되는 것이다.

소양인 대변불통병 용 백호탕 삼사복 당일 대변불통자
少陽人 大便不通病에 用 白虎湯 三四服하야 當日 大便不通者는

장위 융회관통 대길지조야 불필의혹이 익일
將爲 融會貫通하리니 大吉之兆也라. 不必疑惑而 翌日에

우복 이삼첩즉 필무불통
又服 二三貼則 必無不通이니라.

대 의

소양인의 대변불통병에 백호탕을 써서 당일로 대변이 불통하는 것은 장차 융회관통融會貫通하려는 징조이니 이것은 길조인즉 의심할 것 없이 익일에 또 2-3첩 계속하면 대변이 반드시 통하게 되는 것이다.

소양인 표리병 결해 필관어대변이 소양인대변 두조미활
少陽人 表裏病 結解는 必觀於大便而 少陽人大便이 頭燥尾滑하고

체대이 소통자 평시무병자지대변야 기차 대활변 일이차
體大而 疏通者는 平時無病者之大便也오 其次 大滑便 一二次에

쾌활설광다이지자 유병자지병 쾌해지대변야
快滑洩廣多而止者는 有病者之病이 快解之大便也오

기차 일이차 심상활변자 유병자 병세불가지대변야
其次 一二次 尋常滑便者는 有病者 病勢不加之大便也오

기차 혹과 일주야유여불통 혹 일주야간 삼사오차
其次 或過 一晝夜有餘不通커나 或 一晝夜間 三四五次

소소활리자 장삽지후야 비 호변야 의 예방
小小滑利者는 將澁之候也니 非 好便也라 宜 豫防이니라.

대 의

소양인의 표리병이 풀리거나 혹은 맺히는 것은 대변을 보면 알 수 있는 것이다. 만일 소양인의 대변이 두조미활頭燥尾滑하고 크게 소통하면 이것은 건강체의 대변이오, 그 다음 대활변을 1-2차 보되 쾌활설快滑洩을 광다廣多하게 보고 그치는 것은 병이 쾌해快解하는 대변이오, 그 다음 1-2차 심상활변尋常滑便을 하는 것은 환자가 병이 더하지 않는 대변이오, 그 다음 일주야一晝夜 이상을 불통하거나 혹 일주야一晝夜에 3-5차 조금씩 활설하는 것은 장차 비결秘結하려는

대변인즉 결코 좋은 대변이 아니다. 그런즉 이것은 반드시 예방하여야 한다.

소음인 이한병 제복냉증 수병지초 이유 복명설사지 기험이
少陰人 裏寒病에 臍腹冷症은 受病之初에 已有 腹鳴泄瀉之 機驗而

기기심현즉기병 집증 이견이 용약 가조야
其機甚顯則其病은 執證이 易見而 用藥을 可早也이어니와

소양인 이열병 흉격열증 수병지초 수유 흉번민조지기험이
少陽人 裏熱病에 胸膈熱證은 受病之初에 雖有 胸煩悶燥之機驗而

기기불심현즉집증 난견이 용약 태만야
其機不甚顯則 執證이 難見而 用藥이 太晩也니라.

약사소양인병 흉번민조지험 현연노출
若使少陽人病으로 胸煩悶燥之驗이 顯然露出하야

사인 가각즉 기병 이험이 난위조수의
使人 可覺則 其病은 已險而 難爲措手矣리라.

범 소양인 표병 유두통즉 자시 표병명백이견지초증야
凡 少陽人 表病에 有頭痛則 自是 表病明白易見之初證也어니와

약부인음소변적삽즉 가외야 설사양수척족즉 대외야
若復引飮小便赤澁則 可畏也오 泄瀉揚手擲足則 大畏也니라

소양인이병 대변 과일주야유여이 불통즉 자시이병명백이견지
少陽人裏病에 大便이 過一晝夜有餘而 不通則 自是裏病明白易見之

초증야 약부 대변 과삼주야불통즉 위험의
初證也어니와 若復 大便이 過三晝夜不通則 危險矣니라.

배옹 뇌저 순종 전후풍 인후등병 수병지일 기위위험증야
背癰 腦疽 脣瘇 纏喉風 咽喉等病은 受病之日에 旣爲危險證也오

양독발반 유주 단독 황달 등 병 수병지일 이위험증야
陽毒發斑 流注 丹毒 黃疸 等 病은 受病之日에 已爲險證也오

면목구비아치지병 성병지일 개위중증야
面目口鼻牙齒之病은 成病之日에 皆爲重證也니라.

범 소양인표병 유 두통증즉 필용형방패독산
凡 少陽人表病에 有 頭痛證則 必用荊防敗毒散이오

이병 유 대변 과일주야 불통증즉 용백호탕
裏病에 有 大便이 過一晝夜 不通證則 用白虎湯이니라.

대 의

소음인의 이한증에 제복냉증臍腹冷證은 수병受病초에 이미 복명설사腹鳴泄瀉하는 기험이 있어서 그 병기病機가 잘 나타나는 것인즉 그 병은 집증執證이 쉬우므로 일찍이 용약할 수 있고 소양인의 이열병의 흉격열증胸隔熱證은 수병受病초에 비록 흉번민조증胸煩悶燥證의 기험機驗이 있지만 그 병기病機가 잘 나타나지 않으므로 집증執證이 어려워서 용약이 늦게 될 것이다. 만약 소양인병에 흉번민조증이 명백히 나타나서 누구든지 알 수 있으리 만큼 나타나면 그 병은 이미 험증일 것인즉 치료할 도리가 없을 것이다.

무릇 소양인의 표병에 두통증이 있으면 이것은 누구든지 알 수 있는 표병초증이지만 만일 인음引飮하면서 소변이 적삽한즉 병은 벌써 두려운 것이오, 만일 설사하면서 양수척족揚手擲足하게 되면 이것은 대외증大畏證이다. 또 소양인의 이병에 대변이 일주야一晝夜 이상 불통한즉 이것은 가장 알기 쉬운 이병裏病초증이지만 만일 그 위에 삼주야三晝夜 대변불통증이 있은즉 위험에 빠지게 되는 것이다.

배옹 뇌저 순종 전후풍 인후등병 背癰 腦疽 脣瘇 纏喉風 咽喉等病은 수병할 때부터 이미 위험한 증이고 양독발반 유주 단독 황달陽毒發斑 流注 丹毒 黃疸과 같은 병은 수병할 때부터 이미 험증이고 면목 구비 아치面目 口鼻 牙齒의 병은 성병成病할 때에 중병이다. 무릇 소양인병에 두통증이 있으면 형방패독산을 쓰고 이병裏病에 대변이 일주야一晝夜 불통하는 증이 있으면 백호탕을 써야 한다.

王好古 曰 渴病이 有三하니 曰消渴 曰消中 曰消腎이니

熱氣上騰하면 胸中이 煩燥하며 舌赤唇紅이니라.

此渴은 引飮이 常多하고 小便數而少하나니 病屬上焦라 謂之消渴이오

熱蓄於中하면 消穀善飢하며 飮食이 倍常이로되 不生肌肉이니

此渴은 亦不甚煩하며小便數而甛하나니 病屬中焦라 謂之消中이오

熱伏於下하면 腿膝이 枯細하고 骨節이 痠疼하나니 飮水不多로대

隨卽尿下하며 小便多而濁하나니 病屬下焦니 謂之消腎이니라.

又有 五石過度之人이 眞氣旣盡하고 石勢獨留하면 陽道興强이나

不交精泄하나니 謂之强中이니라. 消渴은 輕也나 消中은 甚焉하고

消腎은 尤甚焉하고 若强中則 其斃를 可立而待也니라.

대 의

왕호고가 말하기를 갈병渴病이 셋이 있으니 소갈消渴, 소중消中, 소신消腎이 그것이다. 열기가 상승하면 흉중이 번조煩燥하며 설적舌赤 순홍唇紅하는 바 차갈此渴은 음수飮水가 과다하고 소변삭이소小便數而少한 것이 특징인즉 병이 상초에 있으므로 소갈消渴이라고 하고 열이 중초에 축적되면 소화가 지나치고 음식이 배가倍加하나 기육肌肉이 生하지 못하는 바 이 갈渴은 번조가 심하지 않고 소변을 자주 보면서 소변이 첨미甛味를 띄는 것인즉 이것은 중초에 속해 있으므

로 소중消中이라고 하고 열이 하초에 잠복潛伏하면 퇴슬腿膝이 마르고 골절이 담동痰疼하게 되는바 음수飮水에 양은 적으면서도 마신 그대로 소변이 되면서 살증이 생기는 것인즉 이것은 하초에 속한 것이므로 소신消腎이라고 하는 것이다. 또 금석지재金石之材를 너무 많이 쓴 사람이 진기가 이미 다하고 석세石勢만 남게되면 양기는 흥강하면서도 정설精洩이 안 되는 것을 강중强中이라고 한다. 그런데 소갈은 경輕하지만 소중은 심하고 소신은 더욱 심하고 만일 강중强中이 되면 죽는 것을 기다릴 뿐이다.

주진형 왈 상소자 설상 적열 대갈인음
朱震亨이 曰 上消者는 舌上이 赤裂하며 大渴引飮하나니

백호탕 주지 중소자 선식이수
白虎湯을 主之하고 中消者는 善食而瘦하며

자한 대변경 소변삭 황련저두환 주지
自汗 大便硬 小便數하나니 黃連猪肚丸을 主之하고

하소자 번조인음 소변 여고 퇴슬
下消者는 煩燥引飮하며 小便이 如膏하고 腿膝이

고세 육미지황탕 주지
枯細하나니 六味地黃湯을 主之니라.

대 의

주진형이 말하기를 상소上消는 설상舌上이 적열赤裂하며 대갈인음증大渴引飮證이 있은즉 백호탕을 써야 하고 중소中消는 식량食量이 너무 많으면서도 수척瘦瘠하며 자한自汗증이 있은즉 황련저두환을 써야 하고 하소下消는 번조증과 인음증이 있으며 소변이 기름과 같고 퇴슬腿膝이 마르는 증이 있은즉 육미지황탕을 써야 한다고 하였다.

의학강목 왈 갈이다음 위상소 소곡선기 위중소
醫學綱目에 曰 渴而多飮이 爲上消오 消穀善飢 爲中消오

갈이요삭 유고유 위하소
渴而尿數하며 有膏油 爲下消니라.

대 의

의학강목에 말하기를 갈하여서 물을 다음多飮하면 상소上消가 되고 소화가 과왕하여서 허기증虛飢症이 심하면 중소中消가 되고 갈하면서 소변을 자주 보며 소변에 기름이 있으면 하소下消가 된다.

위역림 왈 인탐기색욕 혹복단석 진기기탈
危亦林이 曰 因耽嗜色慾커나 或服丹石하야 眞氣旣脫하고

열사독성 음식 여탕소설 기부일삭 소변 여고유
熱邪獨盛하며 飮食이 如湯消雪하고 肌膚日削하며 小便이 如膏油하고

양강흥성 불교정설 삼소지중 최위난치
陽强興盛이라도 不交精洩하나니 三消之中에 最爲難治니라.

대 의

위역림이 말하기를 색욕을 즐겨하거나 혹은 단석약丹石藥을 많이 복용하면 진기가 탈진하게 되므로 사열邪熱이 독성獨盛하여서 음식은 눈雪에 끓는 물을 부은 것처럼 사라지고 기부肌膚의 살결은 매일 여위게 되고 소변은 기름 같이 되는 것이다. 그 위에 또 이 병이 심하여서 陽氣虛陽는 과왕하면서 정수精水가

안 나올 정도에 이르면 이것은 삼소三消 중에서도 가장 난치에 속하는 것이다.

論曰 消渴者는 病人이 胸次不能寬遠闊達而 陋固膠小하야
所見者淺하며 所欲者速하야 計策이 鶻突하고 意思艱乏則
大腸淸陽上升之氣 自不快足하야 日月 耗困而 生此病也니
胃局淸陽이 上升而 不快足於 頭面四肢則 成上消病하고
大腸局淸陽이 上升而 不快足於胃局則 成中消病하나니 上消는
自爲重證而 中消는 倍重於上消하고 中消는 自爲險證而 下消는
倍險於 中消니라. 上消에 宜用 凉膈散火湯이오
中消에 宜用 忍冬藤地骨皮湯이오 下消에 宜用 熟地黃苦蔘湯이로되
尤宜 寬闊其心이오 不宜 膠小其心이니 寬闊則 所欲이 必緩하야
淸陽이 上達하고 膠小則 所欲이 必速하야 淸陽이 下耗니라.

대 의

논하여 가로대 소갈消渴은 병인의 흉중이 너그럽지 못하고 협착狹窄하기 때문에 감정이 천속淺速하게 되므로 계책이 성급性急(鶻突)하며 의사意思가 깊지 못하기 때문에 대장에서 상승하는 청양지기淸陽之氣가 쾌족快足히 상승하게 되지

못하여서 발생하는 병이다. 그러므로 이것이 세월이 흐를수록 점적漸積하여서 드디어 소갈消渴이 되는 것인즉 만일 위의 청양淸陽이 두면과 사지에 쾌승快升하지 못한즉 상소上消가 되고 대장의 청양이 위胃에 쾌승하지 못한즉 중소中消가 되는 것이다.

(註) 그런즉 대장의 청양이 조금도 대장에서 움직이지 못하면 하소가 될 것은 물론이다. 그렇다면 이 문장에는 「대장국청양이 호불상승즉 성하소(大腸局淸陽이 毫不上升則 成下消)」라는 의미의 말이 반드시 차간(此間)에 있어야 할 것인바 아마 누락된 것 같다.

상소上消는 중증重證인즉 중소中消는 상소보다 배중倍重할 것이고 중소는 험증險證인즉 하소下消는 중소보다 더욱 배중할 것은 물론이다.

그런즉 상소에는 양격산화탕을 써야하고 중소에는 인동등지골피탕을 써야하고 하소에는 숙지황고삼탕을 써야 하는 것이다. 따라서 이 병을 치료하려면 심흉心胸을 관활寬闊하게 가질 것이고 협소하게 하지 말 것이니 왜냐하면 심흉이 관활寬闊하면 욕완승양慾緩升陽할 것이고 교소膠小하면 욕속모음慾速耗陰할 것이기 때문이다.

보 주

본문에 위국청양胃局淸陽과 대장국청양大腸局淸陽이 상승하지 못하기 때문에 삼소三消가 된다고 말한바 있는데 이것은 바로 청양이 상승하지 못하면 금화교역(상세한 내용은 우주변화의 원리 금화교역론)이 이루어지지 못한다는 말인 것이다. 왜냐하면 위위화 대장위수胃爲火 大腸爲水인즉 청양淸陽이란 것은 이것들이 지닌 바의 순수한 陽을 말하는 것이다. 그런데 이것이 쾌승하면 水火가 잘 교역되기 때문에 위중胃中에서 사화邪火가 비등沸騰하지 못하므로 소갈이 생길 수가 없는 것이다. 그러므로 동무는 심경을 관활寬闊하게 하라고 한 것인 바 이것은 울화를 순기성이승발順其性而升發하게 하려는 것이오 교소膠小하게 하지 말라고 한 것은 진화眞火가 역기성이학갈逆其性而涸竭하는 것을 방지하려는 데에 목적이 있는 것이다.

그런즉 이 병의 치료나 수양修養도 또한 위에서 말한 바의 水火의 교류를 잘 하게 하려는 데에 목적을 둔 것이다. 그러므로 지병리이용약知病理而用藥하는 방법이나 활심리이정심闊心理而靜心하는 수단은 결국 사화邪火를 제거하면서 청양淸陽을 양養함으로써 수화교역의 기반을 바로 잡으려는 데에 목적이 있는 것이다.

평 심 정 려 즉 양 기 상 승 경 청 이 충 족 어 두 면 사 지 야
平心靜慮則 陽氣上升이 輕淸하야 而充足於 頭面四肢也리니

차 원 기 야 청 양 야 노 심 초 사 즉 양 기 하 함 중 탁
此는 元氣也며 淸陽也오 勞心焦思則 陽氣下陷 重濁하야

이 울 열 어 두 면 사 지 야 차 화 기 야 모 양 야
而鬱熱於 頭面 四肢也리니 此는 火氣也며 耗陽也니라.

대 의

만일 평심정려平心靜慮하게 되면 상승지양이 경청輕淸하여서 두면頭面과 사지四肢에 충족하게 될 것인즉 이것이 바로 원기元氣라고 하는 것이다. 그런즉 청양淸陽이란 것은 그것을 말하는 것이오 노심초사하게 되면 양기가 상승하지 못하고 腎 大腸부위까지 하함下陷하여서 중탁重濁하게 됨으로써 두면과 사지에 울열鬱熱하게 되는 바 이것이 바로 화기火氣라고 하는 것인즉 그것은 邪熱假陽이므로 도리어 진양眞陽을 소모하게 되는 것이다.

위역림 왈 소갈 수방 발옹저 인동등 불구다소
危亦林이 曰 消渴은 須防 發癰疽니 忍冬藤을 不拘多少하고
근경화엽 개가복
根莖花葉을 皆可服이니라.

대 의

위역림이 말하기를 소갈은 반드시 옹저癰疽를 예방하여야 하는 것인즉 인동등忍冬藤을 多少를 가릴 것 없이 근경화엽根莖花葉을 전복煎服하여야 한다.

이고왈 소갈지질 능식자 말전 필발 옹저 배창
李杲曰 消渴之疾에 能食者는 末傳에 必發 癰疽 背瘡이오
불능식자 필전중만 고창
不能食者는 必傳中滿 鼓脹이니라.

대 의

동원東垣이 말하기를 소갈에 식사를 잘하는 사람은 내종奈終에 반드시 옹저癰疽 배창背瘡에 걸리고 식사를 못하는 사람은 내종奈終에 중만고창증中滿鼓脹證을 겸하게 되는 것이다.

동의의방유취 왈 소갈지병 변성옹저 혹성수병
東醫醫方類聚에 曰 消渴之病은 變成癰疽하며 或成水病하며

혹쌍목 실명
或雙目이 失明이니라.

대 의

의방유취에 말하기를 소갈이 변하면 옹저가 발하거나 혹은 복수腹水같은 것으로 변하기도 하며 혹은 양쪽 눈이 실명하는 수도 있다.

논왈 옹저안병 개시 중소지변증야
論曰 癰疽眼病은 皆是 中消之變證也라

중소자위험증즉 상소 당 조치야
中消自爲險證則 上消에 當 早治也니라.

대 의

옹저나 안병은 모두 중소中消가 변성한 것이다. 그런데 중소는 이미 험증인즉 상소上消때에 일찍이 치료하여야 할 것이고 만일 중소가 되면 급히 서둘러야 할 것이고 하소에 이르면 死에 가까운 것이다.

보 주

소갈에 불능식不能食하는 것은 위열胃熱이 과다하기 때문인즉 내종奈終에 반드시 중만고창中滿鼓脹이 생기게 될 것인 바 능식能食하는 것은 사화邪火가 기육지간肌肉之間에 응결되고 위胃에는 결취結聚되지 않는 까닭인즉 이것이 내종奈終에 옹저癰疽로 변하게 되는 것이다. 그런즉 이것은 모두 위열胃熱이 울鬱하여서 성병成病한 것이다.

왕호고 왈 일동자 자영지동 도한칠년
王好古 曰 一童子 自嬰至童에 盜汗七年이라.

제약 불효 복 양격산삼일 병이
諸藥이 不效러니 服 涼膈散三日에 病已니라.

대 의

왕호고가 말하기를 어떤 동자童子가 유년 때부터 동자童子가 되는 사이에 도한盜汗증에 걸렸는데 7년이 되어도 낫지 않더니 양격산을 3 일간 복용하고 병이 나았다.

논왈 소양인 대장청양 쾌족어위 충일어 두면사지즉
論曰 少陽人이 大腸淸陽이 快足於胃하야 充溢於 頭面四肢則

한필불출야 소양인 한자 자시양약야이 복양격산 병이즉
汗必不出也니라. 少陽人이 汗者는 自是陽弱也而 服涼膈散 病已則

차병 즉상소이 기병 경야
此病은 卽 上消而 其病은 輕也니라.

대 의

소양인이 만일 대장청양大腸淸陽이 위에 족足하게 상승하여서 두면과 사지에 충일充溢했다고 하면 땀이 날 조건이 없다. 그런즉 소양인이 도한증盜汗證이 있다는 말은 청양淸陽이 약하기 때문인 바 만일 양격산으로 병이 나았다면 그것은 상소上消이며 또한 경병輕病인 것이다. 그런즉 이것은 고의소운 음허도한古醫所云 陰虛盜汗이 생기는 원리를 논한 것이니 심사숙고하면서 그 이유를 깨달아야 할 것이다.

동의의방유취 왈 부 갈자 삭음수
東醫醫方類聚에 曰 夫 渴者는 數飮水하며

기인 필 두목 현 배한이구 인허고야
其人이 必 頭目이 眩하며 背寒而嘔하나니 因虛故也니라.

대 의

의방유취에 말하기를 소갈증은 반드시 물을 자주 마시며 또 현훈증眩暈症이 있으며 배오한증背惡汗症과 구역증嘔逆症이 있은즉 이것은 허하기 때문이다.

공신 왈 음허증 매일 오후 오한발열
龔信이 曰 陰虛證은 每日 午後에 惡寒發熱하다가

지만 역득미한이해 오작학치 다치불구
至晩에 亦得微汗而解니 誤作瘧治하면 多致不救니라.

대 의

공신이 말하기를 음허증은 매일 오후마다 오한발열증이 있으되 밤이 되어서 미한微汗이 나면서 풀리는 것인바 만일 이것을 오진하여 학병으로 치료하면 흔히 死하게 되는 것이다.

손사막천금방서 왈 소갈 의신자 유삼 일음주 이방로 삼함식
孫思邈千金方書에 曰 消渴에 宜愼者 有三하니 一飮酒 二房勞 三鹹食

급면 능신차삼자 수불복약 역가자유
及麵이니 能愼此三者는 雖不服藥이라도 亦可自癒니라.

대 의

손사막이 천금방에 말하기를 소갈에 주의해야 할 일이 세 가지가 있으니 음주와 방로房勞와 짠 음식과 면을 주의하여야 하는 것인즉 이 세 가지만 주의하면 비록 약을 먹지 않는다 할지라도 스스로 낫는 것이다.

論曰 上消 中消는 裏陽升氣 雖則虛損이나 表陰降氣 猶恃完壯故로 其病이 雖險이나 猶能 歲月支撑者以此也로되 若夫 陰虛午熱 飮水背寒而 嘔者는 表裏陰陽이 俱爲虛損이니 所以爲病이 尤險하야 與下消로 略相輕重이니라. 然이나 能善攝 身心服藥則 十之六七은 尙可生也어니와 不善攝 身心服藥則 百之百이 必死也니라.

此證에 當用 獨活地黃湯 十二味地黃湯이니라.

대 의

상소上消와 중소中消는 속에서 위대장胃大腸의 승양지기가 허손된 까닭이지만 표음강기表陰降氣(즉 脾腎의 降陰之氣)는 아직 완장完壯하지만 울열鬱熱 때문에 청양淸陽이 상승하지 못하는 것이므로 능히 뻗쳐 나아갈 수 있는 것이다. 그러나 만일 음허하여서 오후발열이갈午後發熱而渴하며 배한이구背寒而嘔하는 것은 비신지음脾腎之陰이 허함으로써 이양裏陽과 표음表陰이 구허俱虛하게된 것인즉 이것은 우심尤甚한 험증險證이므로 신 대장의 청양이 소모된 하소下消와 비슷한 것이다. 비록 그렇다고 할지라도 안심정려安心靜慮하면서 복약하면 10인중 6-7인은 살 수 있을 것이고 만일 섭생을 게을리 하면 100인중 100인이 모두 죽게 되는 것이다. 그런즉 차증에는 독활지황탕과 십이미十二味지황탕이 적방適方이다.

易之 需 九三爻辭에 曰 需于泥ㅣ 致寇至라 하고

象曰 需于泥는 災在外也라 自我致寇니 敬愼이면 不敗也라 하니

以此意而 倣之曰 陰虛午熱背寒而 嘔는 其病이 雖險이나

然이나 死는 尙在外也니 能齋戒其心하며 恭敬其身하고

又服好藥하면 不死也니라.

대 의

「易」수천수괘水天需卦의 효사爻辭 구삼九三에 말하기를 이泥에서 기다리는 것은 도적을 오게 하는 것과 같다고 하였고 또 공자가 상象에서 이것을 해의解義하기를 수우이需于泥하는 것은 외부에 있는 재災(도적)를 자기가 오게 한 것과 같은즉 경신敬愼하면 패할 리가 없다고 하였다. 그런즉 「易」에 말한 것으로써 생각해 보면 음허오열 배한이구陰虛午熱 背寒而嘔하는 증證은 수우이需于泥의 상태처럼 위험한 자초지화自招之禍인즉 이것을 알고 재계경신齋戒敬愼하면서 심신을 섭생하고 아울러 병이 요구하는 약을 복용한다면 외재外災인 사邪가 인체의 정기를 공격할 도리가 없으므로 물러가지 않을 수가 없을 것이다.

보 주

위에서 말한 바의 「수우이치구지需于泥致寇至」라고 한 것은 易 수천수괘에서 말한 것인바 그 의미를 좀 더 자세히 말하면 수천수괘의 의미는 감음坎陰은 위에 있고 건양乾陽은 아래에 있으므로 아직 陰때문에 陽이 상승할 수 없는 象을

말하는 것이다. 이 괘상이 이러한 즉 아래에 있는 양이 제 아무리 상승하고 싶더라도 위에 있는 음이 化하여서 길은 열어 줄 때까지 즉 지구가 적당한 노수度數까지 자전하기를 기다려야 할 것이다.

그런데 凡人은 이와 같은 천도운행의 원리를 알지 못하기 때문에 천지 비태否泰의 운을 자기 힘으로 관철하려고 하는 것인즉 그것은 마치 수천수水天需의 비색否塞을 인간의 힘으로 뚫으려고 하는 것과 마찬가지이다.

그런즉 수천수괘水天需卦의 대체적인 의미는 이러하거니와 전괘全卦 중에서도 특히 삼효三爻가 이와 같은 상을 특별히 나타내고 있는 것이다. 그러므로 이 효사爻辭에 「수우이需于泥니 치구지致寇至」라고 한 것이다. 다시 말하면 파도가 출입하는 수렁泥에서 물이 마르면 건너가려 하고 기다리는 것은 다른 사람보기에 물을 건너려고 몹시 당황해하고 있는 모습을 나타내고 있는 것이다. 그렇게 하면 도적이 보기에 그 당황해 하는 태도가 무슨 보물이라도 있는 것처럼 느껴질 것이다. 또 사실상 사람이 이러할 경우에는 반드시 무슨 중대한 비밀이나 보화을 간직하고 있는 때인 것도 사실이다.

그렇다고 이와 같이 초조해 한다고 물이 말라질 것도 아닌데 공연히 도적에게 보화만 털리고 말 것이다. 그런즉 이와 같은 행동을 하게 되는 것은 패다공소敗多功少한 결과만 초래할 것인즉 지도지사知道之士는 이것을 경신敬愼하는 것이다. 그러므로 여기에서 인간이 중병에 걸리는 연유를 살펴보면 그 심지가 종천도 순지리從天道 順地理하지 못하고 사욕과 사정에 얽매이기 때문이며 또 치유해 내지 못하는 것도 바로 그 때문인 것이니 이것은 마치 「수우이 치구지需于泥致寇至」하는 것처럼 공연히 당황해 하기 때문이다. 그런즉 이것은 공부자가 구삼九三효의 상象에서 말한 것처럼 재災는 밖에 있는 것이라고 한 것은 그것이다. 여기에서 말한 밖이란 말은 인간이 천부天賦로서 받은 마음은 순수하여서 오직 내향內向하는 마음뿐인데(養陽之道) 인간생활의 현실적 환경에서 일어나는 마음은 항상 외향하는 이욕利慾에(生長之道) 얽매어 있는 것이다. 그런즉 그 마음이 바로 외향성이기 때문에 공자가 「재재외야災在外也」라고 하였은즉 이것은 인간자신이 스스로 자초한 외래지재外來之災인 것이 분명한 것이다.

그러므로 인간의 질병도 사실상「수우이 치구지需于泥 致寇至」하게 한 행동의 불필요한 초조와 당황 때문에 이루어진 것이란 것을 논하기 위하여「易」의 문구를 인용 설명한 것이다.

범 론

泛論

소양인 중풍 토혈 구토 식체 비만 오증 동출일속이 자유경중
少陽人 中風 吐血 嘔吐 食滯 痞滿 五證은 同出一屬而 自由輕重하고

부종 천촉 결흉 이질 한열왕래 흉협만 오증
浮腫 喘促 結胸 痢疾 寒熱往來 胸脇滿 五證은

동출일속이 자유경중
同出一屬而 自有輕重이니라.

대 의

소양인의 중풍과 토혈과 구토와 식체와 비만의 5증은 동일계열에 속한 것인바 다만 경중의 차이가 있을 뿐이고 부종과 천촉과 결흉과 이질과 한열왕래 흉협만 5증도 또한 동일계열의 5증인즉 다만 경중이 있을 뿐이다.

소양인 중풍 반신불수 일비불수 미여하지질야
少陽人 中風 半身不遂 一臂不遂는 未如何之疾也라.

중자 필사 경자 유생 간이복약 안이복지
重者는 必死오 輕者는 猶生이로되 間以服藥하며 安以復之하야

대기자유이 불가기필치법지질야
待其自癒而 不可期必治法之疾也니라.

대 의

소양인의 반신불수 일비불수一臂不遂는 어찌할 도리가 없는 병이다. 중하면 죽고 혹 경한 자는 사는 수 있지만 간간 복약하면서 섭생으로써 회복을 기다려야 하고 반드시 치법이 있는 병은 아니다.

소양인 토혈자 필탕척강퍅편급 여인병구 쟁도지
少陽人 吐血者는 必蕩滌剛愎偏急과 與人並驅 爭塗之하고

담식복약 수양여석도 일백일즉 가이소유
淡食服藥하되 修養如釋道하면 一百日則 可以少癒하고

이백일즉 가이대유 일주년즉 가이쾌유
二百日則 可以大癒하고 一週年則 可以快癒하고

삼주년즉 가보기수 범토혈 조양 실도즉 필재발
三周年則 可保其壽니라. 凡吐血은 調養이 失道則 必再發하고

재발즉 전공 개귀어허지 약재발자즉 우 자재발일
再發則 前功이 皆歸於虛地하리니 若再發者則 又 自再發日로야

계수 일백일 소유 일주년 쾌유
計數하 一百日에 少癒하고 一週年에 快癒하리니

약십년 이십년 조양즉 필득고수
若十年 二十年 調養則 必得高壽니라.

대 의

소양인이 만일 토혈하게 되면 반드시 그 강퍅편급剛愎偏急한 성실과 남의 앞장을 서려고 하는 성질을 탕척蕩滌하고 식사는 담식淡食을 하면서 복약服藥하고 또 불도佛道와 같은 수양을 하기를 100일이면 조금 나을 것이고 200일이면 대유大癒하고 1주년이면 쾌유하고 3주년이면 그 수명을 보전할 수 있는 것이다. 토혈병은 잘 조양하지 못하면 반드시 재발하는 바 재발하게 되면 전공前功은 무효가 된다. 만약 재발하면 다시 재발일부터 계산하여서 1개월에 소유少癒하고 1주년에 쾌유할 것인바 10년, 20년 조양하면 반드시 고수高壽를 누리게 될 것이다.

범 소양인 간유 비혈소허 혹 구비간담연중 유혈
凡 少陽人이 間有 鼻血少許하며 或 口鼻間痰涎中에 有血하면

수미세 개토혈지속야 우구중 암유 냉연역상자
雖微細라도 皆吐血之屬也니라. 又口中에 暗有 冷涎逆上者는

수불구토 역 구토속지야 소년 유차증자 다치요절
雖不嘔吐라도 亦 嘔吐屬之也니 少年에 有此證者 多致夭折은

이기등한임치고야 차이증 필재 중병험병지열
以其等閑任置故也니라. 此二證은 必在 重病險病之列이나

불가불 예방복약 영제병근연후 가보무우
不可不 豫防服藥하야 永除病根然後에 可保無虞니라.

대 의

소양인이 간혹 비혈鼻血이 있거나 혹 구비간담연중口鼻間痰涎中에서 출혈하면 아무리 미소하다고 할지라도 이것은 모두 토혈지속吐血之屬인 것이다. 또 구중口中에서 가끔 냉연冷涎이 올라오면 비록 구토를 하지는 않는다

고 하더라도 또한 구토의 등속에 불과한 것이다. 그런즉 소년이 흔히 요절되는 것은 이것을 방임放任해 두었기 때문이다. 그러므로 이 두 개의 병증은 중병이니 험병의 계열에 속하는 것인즉 미리 복약하여서 병근病根을 제거한 후라야 안심할 수 있는 것이다.

중풍 수병 태중고 치법 불가기필
中風은 受病이 太重故로 治法을 不可期必이나

토혈 수병 유경고 치법 가이기필
吐血은 受病이 猶輕故로 治法을 可以期必이니라.

중풍토혈 조양 위주 복약 차지
中風吐血은 調養으로 爲主하고 服藥으로 次之로되

구토이하 복통 식체 비만 복약조양즉 기병 이유
嘔吐以下 腹痛 食滯 痞滿은 服藥調養則 其病이 易癒니라.

대 의

중병은 수병受病이 태중하므로 치법을 기필期必할 수가 없지만 토혈은 중풍보다 수병이 경輕하므로 기필코 치료할 수 있는 것이다. 그런즉 중풍과 토혈은 조양調養에 주점主點을 두고 복약은 다음으로 취급할 것이지만 구토 복통 식체 비만은 복약하면서 조양하면 쉽게 낫는 것이다.

중풍구토 의용 독활지황탕 토혈 의용 십이미지황탕
中風嘔吐에 宜用 獨活地黃湯이오 吐血에 宜用 十二味地黃湯이니라.

대 의

중풍과 구토증에는 녹활지황탕을 쓰고 토혈에는 십이미지황탕을 써야 한다.

浮腫爲病은 急治則 生하고 不急治則 危니 用藥이 早則 易癒也로되 用藥이 不早則 孟浪死也니라. 此病이 外勢平緩하야 似不速死故로 人必易之나 此病은 實是 急症이니 四五日 內에 必治之疾이오 謾不可以 十日論之也니라. 浮腫初發에 當用 木通大安湯커나 或 荊防地黃湯에 加木痛하야 日再服則 六七日 內에 浮腫이 必解하리니 浮腫解後 百日 內에 必用荊防地黃湯 加 木通 二三錢하야 每日 二三貼 用之하야 以淸小便이라야 以防再發이니 再發이면 難治니라. 浮腫初解에 飮食을 尤宜忍飢而 少食이니 若如平人大食則 必不免再發이오 大畏 小便赤也니 小便이 淸則 浮腫이 解하고 小便이 赤則 浮腫이 結하나니라. 少陽人 中消者 腹脹則 必成鼓脹하나니 鼓脹은 不治니라. 少陽人 鼓脹病이 如少陰人 臟結病하야 皆經歷 五六七八個月 或周年而 竟死하나니

개 소음인 장결 표양온기 수재기절 이음온기 유시완장
蓋 少陰人 臟結은 表陽溫氣 雖在幾絶이나 裏陰溫氣 猶恃完壯하고

소양인 고창 이양청기 수재기절 표음청기 유시완장고
少陽人 鼓脹은 裏陽淸氣 雖在幾絶이나 表陰淸氣 猶恃完壯故로

개경력구원이 사야
皆經歷久遠而 死也니라.

대 의

부종병浮腫病은 급히 다스리면 살 수 있고 그렇지 못하면 죽는 것이다. 그러므로 조기 용약하면 살지만 늦으면 맹랑孟浪하게 죽는 수가 많다. 그런데 이 병은 본시 병세가 급하지 않으므로 쉽게 생각하는 수가 많으나 사실은 급증인즉 4-5일내에 치료하여야 하는 병이고 10일을 지나서는 안 된다. 그러므로 부종은 초증에 목통대안탕이나 형방지황탕에 목통을 가하여서 일 2회씩 6-7일간 복용하면 부종이 풀리게 되는 바 반드시 풀린 후 100일 동안에 반드시 형방지황탕에 목통을 2-3돈씩 가해서 매일 2-3첩씩 복용함으로써 소변을 맑게 하면서 재발을 방지하여야 한다. 그것은 만일 재발되면 어렵기 때문이다. 더욱이 부종이 풀린 후에 음식을 포식하여서는 안 된다. 가령 평인과 같이 대식하면 반드시 재발하게 될 것이며 또 더욱 기忌할 것은 소변이 적색이 되는 것이니 소변이 만일 붉게 되면 부종이 재발되기 때문이다. 소양인의 고창병鼓脹病이 소음인의 장결병臟結病과 같아서 5-8개월 혹은 1주년에 죽는 바 소음인의 장결藏結은 표양온기表陽溫氣가 거의 끊어지려고 하지만 이음온기裏陰溫氣는 강하고 소양인의 고창은 이양청기裏陽淸氣는 거의 끊어지려고 하나 표음청기表陰淸氣가 아직 완강하기 때문에 오랜 후에 죽는 것이다.

少陽人 傷寒喘促에 宜選用 靈砂一分하야 溫水調下하고

因煎 荊防瓜蔞等 藥을 用之則 必無煎藥時刻遲滯러이 救病이니라.

대 의

소양인의 상한천촉증에 먼저 영사靈砂 1푼을 온수溫水에 조하調下하고 다음에 방풍 과루인 같은 약을 쓰면 전약煎藥할 시각만큼의 지체도 없이 구병救病할 수 있을 것이다.

靈砂는 藥力이 急迫하니 可以一再用이오 而不可屢用이니라.

蓋救急之藥은 敏於救急而已니 藥必湯服然後에

充滿腸胃하야 能爲補陰補陽이니라.

대 의

영사靈砂는 약력이 급박한즉 한 두 번 쓸 것이고 자주 쓸 것은 못된다. 대개 구급약은 구급에만 빠른즉 보음보양을 하려면 탕약을 먹음으로써 이것이 장위腸胃에 충만 되어야만 비로소 성공할 수 있는 것이다.

이질지비결흉즉 이질 위순증야이 이질지위중증자 이기부종
痢疾之比結胸則 痢疾은 爲順證也而 痢疾之謂重證者는 以其浮腫으로
상근야 구토지비복통즉 구토 위역증야이 구토지위악증자
相近也오 嘔吐之比腹痛則 嘔吐는 爲逆證也而 嘔吐之謂惡證者는
이기거중풍 불원야
以其距中風으로 不遠也니라.

대 의

이질과 결흉을 비교한즉 이질은 순증順證인 바 소위 이질의 중증重證은 부종과 가깝고 구토와 복통을 비교한즉 구토는 역증逆症인 바 소위 구토의 악증惡證은 중풍과 멀지 않다.

소양인 이질 의용 황련청장탕
少陽人 痢疾에 宜用 黃連淸腸湯이니라.

대 의

소양인의 이질에는 마땅히 황련청장탕을 써야 한다.

소양인학병 유 간양일발자 즉노학야 가이완치
少陽人瘧病이 有 間兩日發者하니 卽勞瘧也라 可以緩治오

不可急治니라. 此證은 瘧不發日에 用獨活地黃湯 二貼하야
朝暮服하고 瘧發日에 豫煎 荊防敗毒散 二貼하되 待 惡寒發作時하야
二貼連服하라. 一月之內에 以獨活地黃湯 四十貼과
荊防敗毒散 二十貼으로 爲準的則 其瘧이 必無不退之理니라.

대 의

소양인의 학질이 양일兩日에 한 번씩이나 혹 간일間日에 한번 씩 발하는 것이 있으니 그것이 바로 노학勞瘧이다. 그러므로 이것은 완치緩治하여야 하고 급치急治하면 안 된다. 차증에는 학질이 발하지 않은 날에 조석으로 독활지황탕 2첩을 쓰고 발작일에 미리 형방패독산 2첩을 달여 두었다가 오한발작하는 때를 기다려서 2첩을 연복하여야 한다. 이와 같이 하여서 1개월내에 독활지황탕 40첩과 형방패독산 20첩을 한도로 하고 치료하면 낫지 않는 법이 없는 것이다.

少陽人이 內發咽喉하고 外腫項頰者를 謂之纏喉風이니
二三日內에 殺人이 最急하고 又 上唇人中穴腫을 謂之 脣腫이니
凡人中左右逼近處 一指許에 發腫하면 雖微如 粟粒이라도

역위증야 차이증 시발이경자 당용 양격산화탕
亦危證也니라. 此二證이 時發而輕者는 當用 涼膈散火湯

양독백호탕 중자 당용 수은훈비방 일주훈비이 항협
陽毒白虎湯이오 重者는 當用 水銀熏鼻方하야 一炷熏鼻而 項頰에

한출즉 유 약 창졸 무훈비약즉 경분말일푼오리
汗出則 愈니라. 若 倉卒에 無熏鼻藥則 輕粉末一分五厘와

유향 몰약 감수말각오분 화균호환 일복진
乳香 沒藥 甘遂末各五分을 和匀糊丸하야 一服盡하라.

대 의

소양인이 안으로 인후증이 발하고 밖으로 항협項頰이 붓는 것을 전후풍纏喉風이라고 하는 바 이 병은 2-3일 내에 살인하는 급증이다. 또 인중혈에 발종發瘇하는 것을 순종脣瘇이라고 하는 바 이것은 비록 미세하여서 속말粟末 같다고 할지라도 또한 위증인 것이다. 그런즉 此 2증은 시발할 때에 경한 것은 양격산화탕이나 양독백호탕을 쓰고 중한 것을 수은훈비방水銀熏鼻方을 써서 일주훈비一炷熏鼻하고 항협項頰에 땀이 나면 낫는 것이다. 그런데 만일 창졸 지간에 훈비약을 구하지 못하면 경분말 1푼 5리와 유향 몰약 감수말 각 5푼씩을 잘 섞어서 호환糊丸하여 단번에 먹으면 된다.

소양인 소아 식다기수 의용 노회비아환 인동등지골피탕
少陽人 小兒 食多飢瘦에는 宜用 蘆薈肥兒丸 忍冬藤地骨皮湯이니라.

대 의

소양인 소아가 식다食多하면서 여위는 것은 마땅히 노회비아환이나 인동등지골피탕을 써야 한다.

상견 소양인 견상 유독종 화오향유 관창 기육
嘗見 少陽人 肩上에 有毒瘇이어늘 火熬香油를 灌瘡하니 肌肉이
초란이 부지기열 유의교이우각편 치 화탄상
焦爛而 不知其熱이라. 有醫敎以牛角片을 置 火炭上하고
소이훈지 연입창구 독즙 자류 기종 입유
燒而熏之한데 煙入瘡口에 毒汁이 自流하고 其瘇이 立癒니라.

대 의

소양인이 견상肩上에 독종毒瘇이 난 것을 불에 끓인 향유香油를 관창灌瘡한 바 기육이 초란焦爛되는데도 불구하고 뜨거운 줄을 모르는 것을 본 바 있다. 그런데 어떤 의사가 우각편牛角片을 불에 태우면서 그 연기를 훈하게 한 바 연기가 창구瘡口에 들어가면서 독즙이 흐르더니 스스로 나아 버렸다.

상견 소양인 칠십노인 발뇌저 유의교이 하돈란
嘗見 少陽人 七十老人이 發腦疽어늘 有醫敎以 河豚卵을
작말전지 기저입유 하돈란 지독 체견
作末傳之하니 其疽立癒니라. 河豚卵은 至毒하여 彘犬이
식지즉 입사 괘어림목간 오작 불감식
食之則 立死하고 掛於林木間하면 烏鵲도 不敢食이니라.

대 의

일찍이 소양인 70노인이 뇌저腦疽가 낫는데 거기에다가 어떤 의사가 하돈란(복어알)을 작말作末하여 바르게 하고 당장에 낫는 것을 본 바 있다. 하돈란은 지극히 독한 약이므로 개나 돼지가 먹은 즉 당장에 죽고 임목간林木間에 두면 오작烏鵲들도 감히 먹지 못하는 것이다.

상치 소양인 사두창 하돈란 작말소허 점고약상전지이
嘗治 少陽人 蛇頭瘡할 새 河豚卵을 作末少許하야 點膏藥上傳之而

일일일차 역이신말 전약오육일 병효이 신육
一日一次 易以新末하야 傳藥五六日하니 病效而 新肉이

급생이 유투육 인이마도지말 전지 투육 입소이
急生而 有妬肉이어늘 因以磨刀砥末 傳之러니 妬肉이 立消而

병유 우용지어연주담 다일전지자 필효
病癒니라. 又用之於連珠痰할새 多日傳之者는 必效하고

용지어위탄화소상 여구교충교 무불득효
用之於爲炭火所傷 與狗咬蟲咬할새 無不得效니라.

대 의

일찍이 소양인의 사두창蛇頭瘡을 치료한 바 있는데 하돈란말河豚卵末 소량을 고약膏藥위에 놓고 하루에 한 번씩 갈아붙이기를 5-6일간 하였더니 병이 쾌차하여서 신육新肉이 나오게 되었으나 단 투육(죽은 살)이 있으므로 마도지말磨刀砥末(숫돌지검)을 붙였더니 투육妬肉이 사라지면서 병이 나았다. 또 연주창連珠瘡도 여러 날 동안 붙이면 반드시 유효하고 또 불에 데인 곳이나 구교충교狗咬蟲咬에도 효과가 없는 일이 없다.

상치 소양인 육십노인 중풍일비불수병 용 경분 오리
嘗治 少陽人 六十老人이 中風一臂不遂病할새 用 輕粉 五厘하니

기병 첩가 소양인 이십세 소년 일각미불인비풍
其病이 輒加하고 少陽人 二十歲 少年이 一脚微不仁痺風할새

용 경분감수용호단 이삼차 용지 득효
用 輕粉甘遂龍虎丹하야 二三次 用之하니 得效니라.

대 의

일찍이 소양인 60세 노인의 일비불수一臂不遂병을 치료한 바 있는데 경분 5리를 쓰니 병이 더 심해진 바 있고 또 소양인 20세 소년의 일각미불인병一脚微不仁病을 치료한 바 있는데 경분감수용호단을 2-3차 쓰니 효과가 있더라.

상치 소양인인후 수장 불입 대변불통 삼일
嘗治 少陽人咽喉할새 水醬이 不入하고 大便不通이 三日이러니

병지위경 용 감수천일환 즉효
病至危境이라. 用 甘遂天一丸 卽效니라.

대 의

일찍이 소양인의 인후병을 치료한 바 있는데 수장水醬이 넘어가지 않고 3일동안 대변이 불통한즉 이것은 병이 위경危境에 이른 것이다. 그러므로 감수천일환을 썼더니 병이 즉효하더라.

상치 소양인 칠십노인 대변 사오일 불통 혹 육칠일 불통
嘗治 少陽人 七十老人이 大便이 四五日 不通 或 六七日 不通하며

음식 여상 양각 슬한무력 용경분감수용호단
飮食이 如常하고 兩脚이 膝寒無力할새 用 輕粉甘遂龍虎丹하니

대변 즉통 수일후 대변 우비즉 우용 누차용지
大便이 卽通이로되 數日後에 大便이 又秘則 又用하야 屢次用之러니

경이대변 일일 일도 위준이병유 차노인 경득팔십수
竟以大便이 一日 一度로 爲準以病癒하더니 此老人이 竟得八十壽러라.

대 의

일찍이 소양인 70세 노인이 대변이 4-5일 혹 7-8일 불통하며 음식은 보통과 같고 양각兩脚에 슬한무력증膝寒無力證이 있는 환자를 치료한 바 있는데 경분감수용호단輕粉甘遂龍虎丹을 썼더니 대변이 즉통하였는데 그 후 수일만에 또 변비가 생기므로 다시 경분감수용호단輕粉甘遂龍虎丹을 썼다. 이와 같이 하기를 누차 반복하였더니 마침내 대변이 1일 1도가 표준으로 되면서 병이 낫더니 이 노인이 드디어 80고수高壽를 누렸던 것이다.

상견 소양인 당문 이치간봉 출혈 경각간 수완
嘗見 少陽人이 當門 二齒齦縫에 出血하야 頃刻間에 數碗하고

장지위경 유의교이화오향유 이신면점유
將至危境이어늘 有醫教以火熬香油하야 以新綿點油하야

승열작치봉 잉위지혈
乘熱灼齒縫이러니 仍爲止血하니라.

대 의

일찍이 소양인이 앞니前齒 두 대의 잇몸에서 출혈하여 잠시 동안에 수완數碗이나 출혈함으로써 위경危境에 빠지게 되었는데 의사가 화오향유火熬香油를 솜에 묻혀서 지지라고 가르치므로 끓는 기름에 지졌더니 곧 지혈되었다.

嘗見 少陽人 一人이 每日 一次 梳頭러니 數月後에 得 口眼喎斜病하고
其後에 又見 少陽人이 日梳라가 得喎斜者 凡 三人이니 蓋 日梳는
少陽人은 禁忌也니라. 嘗見 太陰人 八十老人이 日梳者러니
老人이 自言曰 日梳極好하니 我之日梳는 已爲四十年云하다.

대 의

일찍이 소양인이 매일 머리를 빗더니 수개월 후에 와사병을 만나는 것을 본 바 있고 그 후에 또 소양인이 일소日梳 (梳—빗 소)를 하다가 와사병을 만나는 것을 세 사람이나 본 바 있은 즉 일소는 소양인이 금기하여야 할 것이다. 또 태음인 80세 노인이 일소하는 것을 본 바 있는데 노인이 말하기를 나의 일소는 40년이나 된다고 하였는데 일소는 태음인에게는 좋은 것이다.

장중경 상한론중 소양인병 경험설방약 십방

張仲景 傷寒論中 少陽人病 經驗設方藥 十方

백호탕

석고 5돈, 지모 2돈, 감초 7푼, 갱미粳米 반홉.

저령탕

저령 적복령 택사 활석 아교 각 1돈.

오령산

택사 2돈 5푼, 적복령 저령 백출 각 1돈 5푼, 육계 5푼.

소시호탕

시호 3돈, 황금 2돈, 인삼 반하 각 1돈 5푼, 감초 5푼.

대청룡탕

석고 4돈, 마황 3돈, 계지 2돈, 행인 1돈 5푼, 감초 1돈, 생강 3편, 조대추 2매.

계마각반탕

석고 2돈, 마황 계지 백작약 각 1돈, 감초 3푼, 생강 3편, 조 2매.

소함흉탕

반하製 5돈, 황련 2돈 5푼, 과루 대자大者 4분지1.

대함흉탕

대황 3돈, 망초 2돈, 감수말 5푼.

십조탕

완화미초 감수 대극炒 등분 위말爲末하고 별취別取 대조 10매하여 물 1잔으로 전지반잔煎至半盞하여 거조去棗하고 조약말調藥末하여 강인强人은 1돈 복하고 약인弱人은 반돈 복하라. 대변이 이하수利下水하면 이죽보지以粥補之니라.

신기환

육미지황탕에 加 오미자 1미.

원명 이대의가 저술중 소양인병 경험행용요약 구방

元明 二代醫家 著述中 少陽人病 經驗行用要藥 九方

양격산

연교 2돈, 대황 망초 감초 각 1돈, 박하 황금 치자 각 5푼

차방은 국방局方에 있는 것으로 적열번조積熱煩燥 구설생창口舌生瘡 목적두혼目赤頭昏을 치료하느니라.

황련저두환

웅저두雄猪肚 1개, 황련 소맥분 각 5냥, 천화분 백복신 각 4냥, 맥문동 2냥 우위말右爲末 입저두중入猪肚中하여 봉구封口하여 안증중安甑中하고 증란도蒸爛搗 작환오자대作丸梧子大니라.

차방은 위역림 득효방서得效方書에 있는 것으로 강중증强中證을 치료하느니라. 금고갱정今考更定하노니 차방중 맥문동 1미는 폐약肺藥이니 폐여신肺與腎은 一升 一降하여 상하관통하나니 신약腎藥 오미五味중에 폐약肺藥 일미一味는 수위췌재雖爲贅材나 역자무방亦自無妨하니 불필가론不必苛論이니라.

육미지황탕

숙지황 4돈, 산약 산수유 각 2돈, 택사 목단피 백복령 각 1돈 5푼

차방은 우박虞博 의학정전서醫學正傳書에 있는 것으로 허로虛勞를 치료하느

니라. 금고갱정하노니 차방중 산약 일미는 폐약肺藥이니라.

생숙지황환

생건지황 숙지황 현삼 석고 각 1냥, 호한오자대糊丸梧子大하야, 공심 다청하茶清下 50-70환하라.

차방은 이천 의학입문서醫學入門書에 있는 것으로 안혼眼昏을 치료하느니라.

도적산

목통 활석 황백 적복령 생지황 산치자 감초梢 각 1돈, 지각 백출 각 5푼

차방은 공신 만병회춘서萬病回春書에 있는 것으로 요여미감색尿如米泔色을 치료할새 불과 2복에 유癒라 하니라. 금고갱정하노니 차방은 당거當去 지각 백출 감초니라.

형방패독산

강활 독활 시호 전호 적복령 형개穗 방풍 지각 길경 천궁 인삼 감초 각 1돈, 박하 소허少許

차방은 공신 의감서醫鑑書에 있는 것으로 상한시기傷寒時氣 발열두통發熱頭痛 항강項强 지체번동肢體煩疼을 치료하느니라. 금고갱정하노니 차방은 당거當去 지각 길경 천궁 인삼 감초니라.

비아환

호황련 5돈, 사군자 4돈 5푼, 인삼 황련 신곡 맥아 산사육 각 3돈 5푼, 백복령 백출 감초炙 각 3돈, 노회하蘆薈煅 2돈 5푼, 우위말 황미호환黃米糊丸 녹두대菉頭大 미음하米飮下 20-30환하라.

차방은 공신 의감서醫鑑書에 있는 것으로 소아감적小兒疳積을 치료 하느니라. 금고갱정하노니 차방은 당거當去 인삼 백출 산사육 감초 사군자 일미一

味는 능미경험적약성고能未經驗的藥性故로 불감경론不敢輕論하노라.

ᄉ독음

우방자牛蒡子 2돈, 형개穗 1돈, 생감초 방풍 각 5푼

차방은 공신 의감서醫鑑書에 있는 것으로 두불쾌출痘不快出 급흉전조밀及胸前稠密을 치료하는 것이니 급용急用 3-4복하면 쾌투해독快透解毒에 신효神效니라. 금고갱정하노니 당거 감초하라.

수은훈비방

흑연 수은 각 1돈, 주사 유향 몰약 각 5푼, 혈갈 웅황 침향 각 3푼, 우위말右爲末 화내和匂 권작지년칠조捲作紙撚七條하고 용 향유香油하야 점정방상상點灯放床上하되 영병인방양각令病人放兩脚을 포주包住하고 상용단피上用單被하여 통신개지通身蓋之하고 구금 양수口噤 涼水하야 빈환즉頻換則 불손구不損口하나니 초일에 용 3조하고 후일에 매용每用 1조 훈비薰鼻니라.

차방은 주진형 단계심법서丹溪心法書에 있는 것으로 양매천포창楊梅天疱瘡을 치료하는데 심기甚奇니라.

논왈 수은 파적열 청두목 제양회음어 하초
論曰 水銀은 破積熱 清頭目하며 制陽回陰於 下焦하나니

위소양인 억양부음 약중 무적지약이 지가용지어 당일구급지용
爲少陽人 抑陽扶陰 藥中 無敵之藥而 祗可用之於 當日救急之用이오

불가용지어 연일보음지 용자 이기 발산강정지력
不可用之於 連日補陰之 用者는 以其 拔山扛鼎之力으로

일거이 직도 대적소혈 재거즉 적이해산
一擧而 直搗 大敵巢穴이로대 再擧則 敵已解散하여

반 유 도과지환고야 유전후풍 필용지 약
反有 倒戈之患故也니 唯纏喉風 必用之 藥이니라.

대 의

동무가 논하여 가로대 수은은 적열積熱을 공격하고 두목頭目을 맑게 하며 양을 억제하면서 하초下焦로 회음回陰시키는 약인즉 소양인의 억양부음약抑陽扶陰藥중에서 상적相敵할 수 없는 약이다. 그러나 이 약은 당일 구급지용(급성)에나 쓸 약이고 만성병에 보음하는 데에는 쓸 수 없는 것은 그 약력이 과강過强하여서 일거에 대적을 무찌를 수는 있지만 만일 재용再用하면 적이 이미 해산한 후이므로 도리어 몸을 망쳐 놓을倒戈之患 걱정이 있기 때문이다. 그런데 이 약은 전후풍纏喉風에 꼭 써야 할 약이다.

소양인 일각불수 양각불수자 경분말오리 혹 일푼
少陽人이 一脚不遂 兩脚不遂者는 輕粉末五厘 或 一分을

연 삼일복 무론병지채불채 필불과 삼일복
連 三日服하되 無論病之瘥不瘥하고 必不過 三日服하며

우불과 일복오리 혹 일푼 근풍냉 신금기
又不過 日服五厘 或 一分하며 謹風冷 愼禁忌하라.

일비불수 반신불수 구안와사 필불가용 용지 필위
一臂不遂 半身不遂 口眼喎斜에는 必不可用이니 用之면 必危니라.

대 의

소양인이 일각一脚이 불수不遂하거나 혹은 양각兩脚이 불수不遂하는데에는 성분말 5리 혹은 1푼을 쓰되 3일 이상을 써도 안되며 또 5리 혹 1푼 이상을 써도 안된다. 그러면서도 풍냉과 금기를 삼가야 하며 또 일비불수一臂不遂나 반신불수半身不遂나 구안와사에는 절대로 써서는 안 된다.

급병 가이급치 완병 불가이급치 경분 겁약
急病은 可以急治로되 緩病은 不可以急治니 輕粉은 劫藥이라.

불가 예의용지 이망속효 완병 완유연후 가위진유
不可 銳意用之하야 以望速效니라. 緩病은 緩愈然後에 可謂眞愈니

완병 속효즉 종필갱병 난치 유 연삼일용지자
緩病에 速效則 終必更病하여 難治니라. 有 連三日用之者하고

유 간 일이삼일 복 연 삼차 용지자
有 間 一二三日 服해야 連 三次 用之者니라.

대 의

급병은 급치하여야 하지만 완병은 급치하여서는 안 되는 것이다. 경분은 본시 병을 겁탈하는 데에 쓸 약인즉 병의 완급을 구별하지 않고 성급하게 아무런 데에나 경분을 써서 속효를 바라서는 안 된다. 대저 완병은 완유하여야 진치眞治가 되는 것인즉 만일 완병에 속효가 나면 갱병更病되어서 결국 어렵게 되는 것이다. 경분은 연 3일 복용하여야 할 경우가 있고 혹은 1 2 3일간의 간격을 두고 쓰면서 연 3차 복용하여야 할 경우가 있는 것이다.

嘗見 少陽人 咽喉病 眼鼻病 脚痺病에 用 水銀連三四日하되
或은 薰鼻하고 或 內服하여 病愈者러니 病愈後 一月之內에
必不可內處커나 外觸風冷하며 尤不可 任意洗手洗面커나
更着新衣 梳頭也니 犯此禁者는 必死니라. 又不可 冷室이니
冷室則 觸冷而猝死하고 又不可燠室이니 燠室煩熱에
開牖觸風而 亦猝死하나니 此는 皆目擊者也니라.
一人이 病愈十餘日에 更着新衣而猝死하고 一人이 病愈二十日後에
梳頭而 猝死하고 一人이 咽喉病에 薰鼻할새 初日 二條 翌日一條하고
當夜燠室觸風而 猝死니라. 時俗 服 水銀者 忌鹽醬者는 以醬中에
有豆豉하야 能解水銀毒故也나 然이나 毒藥에 解毒은
容或無妨則 不必 苛忌鹽醬이니라.

대 의

일찍이 소양인이 인후병 안비병 각비병에 연 3일간 수은을 쓰되 혹은 훈비薰鼻하고 혹은 내복內服하고 병이 낫는 것을 본 바 있는데 이러한 경우에는 병이 나은 후에 반드시 1 개월 간은 범방犯房하거나 혹은 풍냉風冷에 외촉外觸되어서는 안되며 더욱이 임의로 세수세면을 하거나 새 옷을 갈아

입거나 머리를 감거나 하여서는 안 되는 것이니 만일 이것을 범하면 반드시 죽는 것이다. 또 냉실에 거처하여도 안될 것이니 냉실에서 냉촉하면 죽기 때문이고 또 욱실燠室에 거처하여도 안되니 만일 욱실燠室에서 번열煩熱하고 문을 열어서 촉풍觸風하여도 또한 죽는 것인 바 이것은 모두 목격한 일이 있는 바 한 사람은 병유病愈 후 10 여일에 옷을 갈아 입고 졸사한 일이 있고 또한 사람은 병유후 20일에 머리를 감고 졸사한 일이 있고 또 한 사람은 인후병에 걸려서 초 1일에 2조, 2일에 1조를 훈비하고 그 날밤에 더운 방에서 문을 열고 촉풍觸風하여서 죽은 것을 본 바 있다. 그런데 시속에서 말하기를 수은제水銀劑를 쓴 사람이 염장鹽藏을 금하여야 한다고 하는 것은 장 가운데 두시豆豉가 있어서 해독하기 때문이다. 그러나 독약에 해독은 용혹 무방容或 無妨할 것인즉 가혹하게 금기할 필요는 없을 것이다.

신정 소양인병 응용요약 십칠방
新定 少陽人病 應用要藥 十七方

형방패독산

강활 독활 시호 전호 형개 방풍 백복령 생지황 지골피 차전자 각 1돈, 右方은 治 두통이니 한열왕래자 의용宜用

방 해

이 처방은 본시 공신이 시기발열時氣發熱 두통증頭痛症을 치료하기 위하여 입방한 것인데 동무는 그 중에서 인삼 지각 길경 천궁을 빼고 생지황 지골피 차전자를 가하여서 이 처방을 만든 것이다. 그런즉 먼저 공신이 입방한 의도부터 잠깐 고찰해 볼 필요가 있다.

시기時氣는 발열 두통이 있으나 오한이 심하지 않은즉 이것은 온산溫散할 것이 아니라 양산涼散할 필요가 있다. 다시 말하면 외울지사外鬱之邪가 아니라 내울지사內鬱之邪이므로 승이산지升而散之하여야 한다. 그러므로 양기陽氣를 상승시킴으로써 기혈을 선창 해결宣暢 解結하게 하는 시호의 청양지성淸陽之性을 이용하여서 간담경肝膽經의 양을 올리면서 해열解熱하고 그 다음은 성음이하강性陰而下降하면서 비폐脾肺의 풍한風寒을 구축하고 또 흉복간胸腹間의 실열實熱을 제거하면서 화강담소火降痰消하게 하는 전호前胡를 기용함으로써 시호와 합력하여서 일승일강一升一降하게 하였은즉 간비 울결지사열肝脾 鬱結之邪熱이 자기들의 발판을 유지해 낼 수가 없는 것이다.

그 다음 강활은 기웅이승양氣雄而升陽하면서 방광경肪胱經의 사邪를 물리치고 독활은 기완이수풍氣緩而搜風하면서 신경腎經의 복풍伏風을 구축하는 약인즉 이와 같이 하면 강활이 합력하여서 일완일속一緩一速하면서 표사表邪를 구축하게 되는 것이다. 형개는 간경기분肝經氣分과 혈분血分에 들어가서 승부이 산풍습升浮而 散風濕하고 방풍은 수간사폐搜肝瀉肺하면서 두목頭目의 체기滯氣와 경로經路의 유습留濕을 승발升發시키는 약이니 이렇게 하면 형개와 방풍이 합력하여서 상초의 풍습을 제거하게 되는 것이다.

즉 시호는 안에서 중초간비中焦肝脾의 울결지사鬱結之邪를 풀고 강활과 독활은 아래에서 하초신방광下焦腎肪胱의 울결지사를 승발升發시키고 형개와 방풍은 상초에서 흉격두목胸膈頭目의 유결지풍습留結之風濕을 제거한즉 여기에서 내외 울결지사가 발을 붙일 수 없는 것은 물론이다. 공신龔信은 그 위에 또 지각 길경 천궁으로써 개제기기이해울開提其氣而解鬱하였은즉 이렇게 한 것은 시기부정지유사時氣不正之留邪를 구축하는 데에만 목적이 있는 것이 아니라 오히려 사邪가 생리체生理體에서 떠나지 않을 수 없는 조건을 만드는 데에 전력을 기울이려는 것이다.

그런데 東武는 지각 길경 천궁 인삼 감초를 빼고 지황 지골피 차전자를 가미했는 바 그렇게 하지 않으면 안될 이유는 무엇이었을까 하는 것을 연구할 필요가 있다. 소양인은 비대신소脾大腎小하므로 그 과왕過旺한 화세火勢 때문에 비국脾局의 음기陰氣가 하강하지 못하고 배려간背膂間에 응체凝滯하여 있기 때문에 여기에서 내외음양內外陰陽이 상지相持하면서 만병을 일으키는 것이다. 그런즉 비록 목적이 외사外邪의 제거에 있다고 할지라도 양승음강陽升陰降의 기능부터 먼저 풀지 않고서는 사邪가 물러갈 리가 없다.

그러므로 동무는 우선 사심화瀉心火 청폐금淸肺金함으로써 상역上逆하는 심비지혈心脾之血을 평平하게 하면서 해울화解鬱火하는 생지生地로써 흉격지화胸膈之火를 평정하게 하고 또 肺肝의 풍열을 방광肪胱으로 삼설滲泄시키면서 고정익음固精益陰하는 차전자로써 火를 하설下洩하게 하고 또 폐중의 복화伏火와 肝腎의 허열과 내외조열을 물리치는 지골피로써 보음 강화補陰 降

火하게 한 것이다. 그런즉 우리는 여기에서 공신의 패독산은 단순한 개울해독지제開鬱解毒之劑였는데 그것이 동무에 의하여 해독보음지제解毒補陰之劑로 변모하게 되었고 또 시기해외지제時氣解外之劑에서 내상해울지제內傷解鬱之劑로 등장하게 되었다는 것을 알 수 있게 되는 것이다.

다시 말하면 신정新定 형방패독산이 심번心煩 구토 토혈 한열왕래 학질 등을 치료할 수 있는 약이란 것을 알 수 있게 되는 것은 진실로 소양인 체국體局의 결점인 수휴화왕水虧火旺작용을 도와서 양승음강陽升陰降할 수 있게 하면 모든 사邪가 스스로 물러간다는 것을 밝혀 놓은 것이다.

형방도적산

생지황 3돈 ,목통 2돈, 현삼 과루인 각 1돈 5푼, 전호 강활 독활 형개 방풍 각 1돈, *右方*은 *治* 두통이니 흉격번열자胸膈煩熱者 의용宜用

방 해

이 처방은 형방패독산과 서로 표리表裏관계에 놓여 있는 바 전자前者는 병근病根이 아직 표表쪽에 기울어져 있는 것을 목표로 한 것이오 후자後者는 사邪가 이裏쪽에 기울어져서 흉협번만증胸脇煩滿證을 나타낼 정도에 이른 것을 목표로 하는 것이다. 그러므로 치료방법에 있어서도 전자前者는 해표승양解表升陽하는 데에 힘을 기울였지만 후자後者는 화이승양和裏升陽에 더욱 주력하였던 것이다.

생지황은 입심신이 사화청금入心腎而 瀉火清金하면서 흉격간에서 일어나는 혈역血逆을 화和하게 하는 약이고 목통은 강심화 청폐열降心火 清肺熱하면서 흉격간에 있는 화울지역체火鬱之逆滯를 소변으로 배설시키는 약이다. 그런즉 여기에서 형방패독산이 생지황 차전자 지골피를 병용하면서 보음승양산화補陰升陽散火하였던 것과 비교하여 보면 이 처방이 얼마나 화이和裏 보음補陰 사화瀉火에 주력했는가 하는 것을 알 수 있는 것이다. 그 위에 또

한 현삼으로써 상화相火를 맑게 하면서 陰을 보補하게 하고 과루인으로써 흉격지화를 사瀉함으로써 번만증을 제거하게 한즉 여기에서 비로소 소양인으로 하여금 보음사양補陰瀉陽할 수 있게 하는 길이 열리게 되는 것이다.

그 뿐만 아니라 전호를 가함으로써 이비 하기 강화 소담理脾 下氣 降火 消痰하게 하였은즉 흉격간의 火는 더 이상 잔류할 수 없게 될 것이다. 이와 같이 함으로써 火를 하강시키면서 청지 척지淸之 滌之하기는 하였지만 외부 배려지간에 울결한 사邪는 아직까지 남아 있을 것이므로 강활 독활로써 하초 방광경下焦 腎肪胱의 사邪를 구축하면서 승양산화升陽散火하게 하고 형개 방풍으로써 하초下焦 흉격과 두목頭目에 있는 火를 발산하게 한즉 이것이 바로 상하분소기열上下分消其熱하는 방법인 것이다. 그런즉 우리는 여기에 형방패독산과 형방도적산의 제방입법지묘리製方立法之妙理와 또 그의 운용방법을 재삼 비교 검토함으로써 표리화해법表裏和解法을 명심하여야 할 것이다.

형방사백산

생지황 3돈, 복령 택사 각 2돈, 석고 지모 강활 독활 형개 방풍 각 1돈, 右方은 治 두통이니 방광경肪胱뿔 조자燥者 의용宜用.

방 해

이 처방은 화왕작금火旺灼金함으로써 폐음이 소진되기 때문에 방광이 고립하여서 수갈水竭하려는 것을 치료하려는 데에 목적을 둔 처방이다. 다시 말하면 형방패독산은 치표 승양 보음治表 升陽 補陰하는 약이오, 형방도적산은 보음사화補陰瀉火하면서 조치흉격調治胸膈하는 약이오, 형방사백산은 보음사폐補陰瀉肺함으로써 신방광腎肪胱을 고립시키지 않도록 하려는 약인즉 진실로 이 3방은 소양인 비수한 표한병脾受寒 表寒病의 자매지제姉妹之劑인 것을 알 수 있는 것이다.

그러므로 생지황의 입심신이 사화청금入心腎而 瀉火淸金하는 약으로 군君을 삼고 지모知母의 윤신자음潤腎滋陰하면서 신사腎邪를 사邪함으로써 폐금肺金을 청화淸化시키는 약력藥力과 폐 삼초와 양명기육지열陽明飢肉之熱을 제거하는 석고의 힘을 이용하여서 생지生地의 보음사화 평제혈역補陰瀉火 平諸血逆하는 힘을 도와 주게 한 것이다. 그러나 이들 약들이 화를 탕척蕩滌할 수 있는 완전한 공효功效를 거두게 하려면 무엇보다도 인화하행지제引火下行之劑가 이것을 도와 주어야만 한다. 그러므로 벌신사이 사습열伐腎邪而 瀉濕熱함으로써 청기淸氣를 상승시키는 택사와 사폐열이 하통방광瀉肺熱而 下通膀胱하면서 인도습열引導濕熱하는 복령을 가함으로써 패열敗熱을 소변으로 배설하게 한 것이다.

또 그 위에 강활 독활로써 신 방광腎 膀胱의 사邪를 승산升散시키고 형개 방풍으로써 비폐脾肺의 사邪를 발산시키면 사邪가 부착할 곳이 없을 뿐만 아니라 여기에서 비로소 폐가 하강지령下降之令을 행할 수 있게 되는 것이다. 따라서 폐의 울화鬱火가 상충上沖하지 못하게 될 것이므로 두통이 자해自解할 것이고 또 肺중의 사열邪熱이 풀리게 됨으로써 진화眞火는 상승하게 되고 비음脾陰의 울결이 풀리게 될 것인즉 여기에서 음양승강지도陰陽升降之道가 저절로 열리게 될 것이다. 그런즉 방광이 경조煢燥할 리가 없는 동시에 腎은 그 결점(즉 腎小한 결점)을 점점 보완하게 될 것이니 사백瀉白이란 것은 진실로 이와 같은 목적을 달성하기 위한 것인즉 오히려 보신補腎이기도(즉 補腎하기 위한 瀉白)한 것이다.

저령차전자탕

택사 복령 각 2돈, 저령 차전자 각 1돈 5푼, 지모 석고 강활 독활 형개 방풍 각 1돈, 우방은 治두통이니 유설사자有泄瀉者 의용宜用이니라. (此方에 治頭腹痛이라고 한 「腹」자는 衍文이다.)

방 해

이 처방을 상찰하여 보면 위에 있는 모든 처방과 같이 강활 독활 형개 방풍으로써 승양빌산하면서 폐비肺脾와 신 방광경腎 膀胱經의 사邪를 제거하는 것을 잊지 않았다. 그렇게 하면서 지모知母로써 사신화瀉腎火하고 청폐금淸肺金하면서 윤신 자음潤腎 滋陰하게 하였고 석고로써 삼초 폐위지사열三焦 肺胃之邪熱을 제거하였은즉 이 이미二味가 강활 독활 형개 방풍과 합작하여 상 중 하초의 표분지사表分之邪를 제거하는 데에 힘을 집중하였기 때문에 신열身熱과 두통을 제거할 수 있게 되었던 것이다.(차항을 명심할 것)

그런데 그 위에 또 저령이 신 방광경에 들어가서 능승 능강能升 能降하면서 사열행수瀉熱行水하고 또 차전자가 간폐경肝肺經의 풍열을 사瀉하면서 개수규이 삼습열開水竅而 滲濕熱한즉 상 하 이초二焦의 습열은 자연히 수도水道로 하행하게 될 것이다. 이러한 역군役軍들이 사열 승양 강음瀉熱 升陽 降陰하면서 거사去邪하고 있는데 그의 군약君藥인 택사는 신경지화腎經之火를 사瀉하면서 청기淸氣를 상행시키고 복령은 익비 영심益脾 寧心하면서 사폐열이하통방광瀉肺熱而 下通膀胱하고 있다.

그런즉 택사와 복령은 金 水 火 土중의 사열邪熱을 사瀉하면서 소양인의 음허陰虛를 불火독안에서 구출하는 성군聖君인데 그 위에 또 저령 차전자가 택사 복령을 도움으로써 이습 행수지공利濕 行水之功이 더욱 위대하게 될 것인즉 이때에 지모 석고가 만일 상하 피부 기육지간의 사열邪熱을 공격하는 데에 주력한다면 사열邪熱은 지체없이 흘러내려 갈 수밖에 도리가 없는 것이다. 하물며 강활 독활 형개 방풍이 밖에서 승양산사升陽散邪하고 있은즉 후고後顧의 염려가 없을 것은 물론이다. 그러므로 두통과 설사가 잔류할만한 조건은 여기에서 완전히 제거될 것이다. 그런즉 차증此症은 火가 상초에 울결한 것을 의미한 것이고 중초에 울결이 되어 있지 않은 것인즉 복통이 있을 수는 없는 것이 원칙이다. 그러나 외속지풍한外束之風寒이 심하면 혹 복통이 부발副發할 수도 있을 것이나 이것은 예외이다.

활석고삼탕

택사 복령 활석 고삼 각 2돈, 천황련 황백 강활 독활 형개 방풍 각 1돈, 우방은 治 복통이니 무설사자無洩瀉者는 의용宜用.

방 해

이 처방은 복통을 다스리는 처방인 바 설사가 있는 것이 전제조건이다. 그런데 이 처방 중에 있는 강활 독활 형개 방풍은 위에서 자주 논한 것이므로 약略하기로 하고 또 택사와 복령이 폐신肺腎의 사열邪熱을 수도水道로 배설한다는 것도 상술한 바와 같다. 그런데 복통을 치료할 수 있는 것은 황련 고삼 황백 활석의 공이다.

즉 황련은 심간心肝의 火를 사瀉하면서 해울이 제복통解鬱而 除腹痛하는 약이고 고삼은 대한지성大寒之性으로써 승열勝熱하면서 일체옹체一切壅滯를 푸는 약이고 황백은 사방광화이 청습열瀉膀胱火而 淸濕熱하면서 제창통양諸瘡痛痒을 다스리는 약인즉 이 처방은 고삼 황련과 함께 한포열寒包熱함으로써 생긴 복통에 필수지약必需之藥이다. 그런데 청폐화원이 하주방광淸肺化源而下走膀胱하면서 산결해독散結解毒하는 활석이 복령 택사를 도우면서 장위腸胃간에 부결浮結되어 있는 사열邪熱을 탕척蕩滌하면 일체 복통의 요인이 제거될 것은 물론인 바 그 위에 또 강활 독활 형개 방풍이 거습去濕 제풍除風하고 있은 즉 해표한解表寒하게 되므로 복통이 멎지 않을 수가 없는 것이다. 그런데 여기에서 주의하여야 할 것은 비록 소양인이라고 할지라도 火가 복腹중에 울결하지 않으면 복통이 없는 것인즉 차증此症은 울결이 있기 때문에 황련 고삼 황백등의 해울지약解鬱之藥을 썼고 또 그 일을 돕기 위하여 산표지재散表之材를 썼다는 것을 기억하여 두어야 한다.

독활지황탕

숙지황 4돈, 산수유 2돈, 복령 택사 각 1돈 5푼, 목단피 방풍 독활 각1

돈, 右方은 治 식체니 비만자痞滿者 의용宜用.

방 해

이 처방은 본시 우박 의학정전虞博 醫學正傳에서 나온 것인 바 거기에서 산약을 빼고 방풍과 독활을 가한 것이다. 그런데 본시 이 처방을 제방製方한 목적은 인간의 생명지원인 腎水를 어떻게 보호하여야 할 것인가 하는 문제를 해결하기 위해서 입법立法한 것이다. 그러므로 숙지熟地로써 자음 전정 보수滋陰 塡精 補髓함으로써 水의 주관지처主管之處를 보호하게 하였다. (즉 본초에 「地黃은 壯水之主」라고 한 것은 水를 補한다는 말이 아니고 수를 만드는 기반을 활발하게 한다는 말이다.)

그러나 지황 일미一味가 「장수지주壯水之主」한다는 말은 水가 生할 수 있는 기초를 보補한다는 것뿐인즉 그 다음에 아직 남은 일이 많은 것이다. 즉 숙지熟地가 자음 전정 익수滋陰 塡精 益髓한다는 것은 인간의 생명인 진화眞火가 살 수 있으며 또 활동할 수 있는 집가옥과 그의 활동장소를 잘 만든다는 말이고 진화眞火자체를 만든다는 말은 아니다. 그런데 진화眞火는 소위 인간의 활동성 즉 칠정육욕七情六慾등의 낭동浪動 때문에 구강내軀腔內에 흩어져서 마치 꺼지려는 불과 같은 입장에 놓이기 쉬운 것이다. 그러므로 의학의 목적은 바로 이 불이 꺼지지 않게 하려는 데에 있다.

그런 까닭에 보신조양補腎助陽하면서 이수 모산지원양以收 耗散之元陽하는 산수유 즉 흩어지려고 하는 원양元陽을 통일하여서 흩어지지 못하게 하는 산수유를 가하여서 숙지로써 이루어 놓은 음양지택陰陽之宅에 진양眞陽을 수장收藏 시키는 역할을 하게 하는 것이다. 그러나 이와 같이 숙지로써 집을 만들고 산수유로써 양을 수장收藏하는 것 만으로써는 다만 진양眞陽을 이와 같이 보호한다는 것뿐이고 그 활동조건까지 보장하였다는 말은 아니다.

그러므로 다시 산약을 기용하여서 보비 익폐補脾 益肺함으로써 폐가 부단히 보신保腎작용을 할 수 있는 임계지상원壬癸之上源(즉 肺)을 완전하게 하였던 것이다. 그 다음은 익비 영신益脾 寧神하면서 양을 수렴하여 가지고 하향하는 복령과 하초습열下焦濕熱을 제거하여서 다시 승양작용을 할 수 있는 계기를 만드는 택사를 기용한즉 여기에서 택사 복령이 합력合力함으로써 비로소 정이불주靜而不走하던 水는 동이불거動而不居하는 유동지수流動之水로 바뀌게 되는 것이다. 이와 같이 함으로써 인체의 운동인 동정과 산합散合작용을 마음대로 할 수 있는 기틀이 이루어지기는 하였지만 아직도 심신心腎 즉 수화지간水火之間에서 왕래하면서 제사화이除邪火而 통혈맥通血脈함으로써 기혈이 마음대로 움직일 수 있게 하는 힘이 따로 있어서 부단히 활동요인을 만들어 주어야만 비로소 생명체적인 활동을 계속할 수 있을 것이다. 그러므로 여기에 목단 일미一味를 가하여서 그 작용을 담당시켰던 것이다.

육미탕은 진실로 이와 같이 용의주도한 설계로써 수휴화항水虧火亢의 결점을 치료하려는 것이다. 그러나 단 이 처방은 숙지 산약 산수유를 중용重用함으로써 인화귀원引火歸元하게 하는 면 즉 보음하는 데에 중점을 두었으므로 이것을 보음지제補陰之劑라고 한다.

그런데 동무는 산약 일미一味를 여기에서 제거하였다. 왜냐하면 소양인은 본시 脾大하므로 보비 익폐補脾 益肺할 필요(즉 비화를 충족하게 하여서 肺金이 空殼이 되는 것을 미리 돌볼 필요)는 전혀 없기 때문에 (본시 비화가 충족한 체질이므로) 산약을 빼고 오히려 비화가 너무 많음으로써 야기될 수 있는 열생풍熱生風(비화가 강하여서 생겨나는 풍)작용을 방풍防風으로써 배제하고 또 독활을 가하여서 腎에서 일어나는 복풍伏風을 구축하는 작용을 하게 하였던 것이다. 그런즉 이것은 육미탕의 일반적 작용인 보음 고양補陰 固陽작용에다가 다시 소양인의 체국體局에서 일어나기 쉬운 결점을 보완함으로써 보음 사양補陰 瀉陽하는 처방으로 전환시켰던 것이다. 그러므로 동무는 말하기를 이 처방은 식체 비만을 치료한다고 하였던 것이다.

왜냐하면 소양인의 비만증痞滿證은 양승 음강陽升 陰降하려는 二大 세력이 상지相持(서로 버티면서)함으로써 陰氣가 폐국脾局에 엉키어서 이루어지는 것인 바 이것을 진히 비신지음脾腎之陰이 약하고 비폐지화脾肺之火가 과왕過旺하는데에서 오는 것인즉 보음할 것은 물론이거니와 또 이것을 치료하는 방법은 풍이산지風以散之하는 것보다 더 좋은 방법은 없을 것이다. 그러므로 이 처방은 식체 비만 중풍 토혈 등증等症에 쓰게 되는 것인즉 진실로 이출어일원이 성병즉다기理出於一源而 成病即多岐라고 하겠다. 다시 말하면 식체 비만 중풍 토혈등은 모두 비음脾陰과 위양胃陽이 상지相持함으로써 이루어진 것인즉 보음허이補陰虛而 산풍열散風熱함으로써만이 해소되기 때문인 것이다.

형방지황탕

숙지황 산수유 복령 택사 각 2돈, 차전자 강활 독활 형개 방풍 각 1돈.

해수 가전호 혈증 가현삼 목단피 편두통
咳嗽에 加 前胡하고 血證에 加 玄蔘 牧丹皮하고 偏頭痛에

가황련 우방자 식체비만자 가목단피 유화자
加 黃連 牛蒡子하고 食滯痞滿者는 加 牧丹皮하고 有火者는

가석고 두통 번열여 혈증자 용생지황 가석고
加 石膏하고 頭痛 煩熱與 血症者는 用 生地黃하되 加 石膏

거산수유 형개 방풍 강활 독활 구시 보음약 형개 방풍
去 山茱萸니라. 荊芥 防風 羌活 獨活은 俱是 補陰藥이니 荊芥 防風은

대청 흉격산풍 강활 독활 대보 방광진음
大淸 胸膈散風하고 羌活 獨活은 大補 膀胱眞陰하나니

무론두복통 비만설사 범허약자 수백첩용지
無論 頭腹痛 痞滿 泄瀉하고 凡虛弱者 數百貼用之하면

무불필효 누시누험
無不必效니 屢試屢驗이니라.

대 의

형개 방풍 강활 독활은 모두 보음지약補陰之藥이다. 그러나 형개 방풍은 흉격지화胸膈之火를 맑게 하면서 풍사風邪를 흩어지게 하는 약이오, 강활 독활은 방광진음膀胱眞陰을 보補하는 약인즉 두복통 비만 설사를 논할 것 없이 수 백첩을 쓰면 효과가 없는 일이 없을 것인 바 이것은 누시누험屢試屢驗한 후에 얻은 결론인즉 의심할 바가 없을 것이다.

방 해

이 처방은 육미지황탕의 변방變方이다. 즉 육미에서 산약 목단피를 빼고 강활 독활 형개 방풍 차전자를 가하여서 성방成方한 것이다. 그런데 이 처방에서 산약을 뺀 이유는 상술上述(독활지황탕에서)하였으므로 약하기로 하거니와 여기에서 문제되는 것은 왜 육미에서 목단피를 빼었는가 하는 점이다. 목단피는 수족소음 혈중지복화手足少陰 血中之伏火를 사瀉하면서 옹체壅滯를 푸는 약이다. 그러나 그 한냉지성寒冷之性이 혈중에서 작용하는 경우에 일보一步를 그르치면 진양眞陽을 사장死藏할 염려가 있다. 더욱이 이 처방의 제방목적은 허로虛勞를 치료하려는 데에 있은즉 입방의 기본 취지로 볼 때 응당 제거하여야 할 것이다.

그런즉 형개 방풍 강활 독활을 가한 것은 형개 방풍으로써 상초 비폐경脾肺經의 풍열을 승산升散시키고 강활 독활로써 하초 신방광경의 풍열을 발산하려는 것인즉 이렇게 함으로써 소양인의 비국음기脾局陰氣가 울결됨으로써 신국양기腎局陽氣가 상승하지 못하는 요인을 제거보정除去補正하려는 데에 목적을 둔 것이다. 또 그 다음에 청폐간이 사풍열清肺肝而 瀉風熱하고 개수도이 고정開水道而 固精하는 차전자를 가하여서 삼초三焦에서 부유浮遊하는 사화邪火를 제거함으로써 소양인의 위화과왕지여폐胃火過旺之餘弊를 청소하여 버리려는 것이다.

동무가 형방지황탕을 입법한 목적은 이와 같이 脾大 腎小함으로써 야기되는 음허화동의 기미나 혹은 여폐餘弊를 제거함에 있어서 그 체국體局을 가장 철저히 밝히고 또 시정보단是正補短하려는 데에 있는 것이다.

이제 다음에 그의 가감加減내용을 살펴보면 해수咳嗽에는 전호를 가했다. 전호는 태양경의 풍한風寒을 발산하면서 강기 소담降氣 消痰하는 약인즉 보음 생화 승양補陰 生火 升陽하는 형방지황탕에 이것을 가함으로써 거담 제수去痰 除嗽할 수 있는 것은 물론이다. 그 다음 혈증血症이란 것도 상하표리를 막론하고(특히 소양인의 경우에 있어서) 혈맥血脈에 복화伏火가 있기 때문에 모세관이 잘 수렴되지 못함으로써 이루어지는 것인즉 그것을 치료하려면 우선 혈중복화를血中伏火를 사瀉하는 목단피를 기용하여야 할 것이다. 그 다음은 폐신이경肺腎二經의 부유지화浮游之火를 사瀉함으로써 혈血중에서 복화伏火가 활동하지 못하도록 하는, 상화相火를 제거하는 현삼을 써서 내외동혈內外動血의 원인이 없게 한즉 일체 혈증은 물러갈 수밖에 없는 것이다.

그 다음 편두통에는 황련과 우방자를 가하였으니 황련은 개울開鬱하면서 심간지화心肝之火를 사瀉하는 약이고 우방자는 상초 폐경의 열과 울을 푸는 약인즉 두통은 그 원인이 없어지게 되고 자연히 낫게 될 것이다. 그런즉 이것은 활석고삼탕이 중초의 울을 풀음으로써 복통이 치유되었던 것과 대조 연구하면 흥미진진할 것이다.

그 다음 식체 비만에는 심 간 신 복열心 肝 腎 伏熱을 사瀉함으로써 비脾와 심포心包중의 실만實滿을 평정하는 목단피를 가하여서 비변위태否變爲泰하게 하였던 것이다. 그러나 화성열번火盛熱煩하는 경우에는 반드시 청열강화淸熱降火하면서 발한해기發汗解肌하며 또 지갈생진止渴生津하면서 폐위경肺

胃經의 사화邪火를 사瀉하는 석고를 써서 수승화강하게 하여야 할 것이고 만약 누농 변혈증에 혈증을 겸하게 되면 숙지황과 생지황을 바꾸고 석고를 가하여야 할 것인 바 그럴 경우에는 반드시 산수유를 빼어야 한다. 왜냐하면 목단피와 현삼을 가하여서 혈증을 다스린 것은 심신경心腎經의 혈중복화血中伏火를 내사內瀉함으로써 혈맥을 조절하려는 것이 목적이므로 산수유의 수렴포양收斂包陽작용을 빌어서 모세관의 수렴을 돕게 하는 것이 절대로 필요하였지만 여기에서는 생지황 석고를 써서 조혈하려는 것인즉 그것은 상초의 열번熱煩때문에 동혈動血되는 혈역血逆을 평정하려는 것이므로 이때에는 화를 발산하면서 조혈하여야 할 것인즉 산수유의 수렴은 도리어 산화散火작용을 방해하게 될 것이므로 빼어 버린 것이다.

보 주

위에서 선생은 「형개 방풍 강활 독활은 구시 보음약俱是 補陰藥」이라고 하였다. 그러나 이 약을 보음약이라고 규정한 것은 진실로 기발한 논지라 하겠다. 그러니 만큼 세상의 이목도 여기에 집중되고 항간에 의혹도 또한 여기에 몰려 든다. 그러나 인삼 녹용이나 당귀 숙지가 보음 보양하는 것도 또한 이것과 마찬가지다. 다시 말하면 보음 보양약이 반드시 조혈 조기造血 造氣하는 것이 아니고 다만 조혈 조기造血 造氣하는 계기를 만들기 때문에 보음 보양이 되는 것뿐이다. 그런즉 소양인에 있어서 형개 방풍 강활 독활이 보음하는 것도 비대신소脾大腎小때문에 陰氣가 불급하게 되는 것을 막기 위한 것이다. 즉 형개 방풍으로써 흉중 울결지화를 해방시키고 강활 독활로써 신방광의 울결지화를 승발한즉 소양인의 불급지음不及之陰은 스스로 보補를 받게 되는 것이다. 그러므로 동무는 주註하기를 「형개 방풍은 대청 흉격산풍大淸 胸膈散風하고 강활 독활은 대보 방광진음大補 膀胱眞陰」이라고 한 것이다. 이와 같이 볼 때에 형개 방풍 강활 독활이 보음약이 된다는 것은 간접적 보음이란 것을 알 수 있는 것이다.

十二味지황탕

숙지황 4돈, 산수유 2돈, 복령 택사 각 1돈 5푼, 목단피 지골피 현삼 구기자 복분자 차전자 형개 방풍 각 1돈.

방 해

이 처방은 육미지황탕에서 산약을 제거하고 현삼 지골피 구기자 복분자 차전자 형개 방풍을 가加한 처방이다. 그러면 다음에 먼저 그의 입방立方이유를 살펴보기로 하자. 육미탕은 위에서 말한 바와 같이 보음하면서 모산지원양耗散之元陽을 귀원歸元시키고 그것을 바탕으로 하고 수지주水之主인 감중지양坎中之陽을 양養하게 함으로써 생양지기生陽之氣를 활발하게 하려는 처방이다. 그러나 이것은 어디까지나 생양生陽의 기본을 창조하는 데에 불과한 것인즉 실제로 음기가 궁지에 몰려서 거의 절양絕陽상태에 빠져있는 양을 다시 소생하게 하려면 아직도 허다한 묘공妙工의 역할을 기다려야만 한다.

그러므로 구기자를 가하여서 肝腎의 음을 보補하면서 풍습을 물리치며 아울러 순기화담順氣化痰하게 하였고 또 일면一面에서는 지골피를 가함으로써 폐중복화肺中伏火와 간신肝腎허열을 사하게 하였는바 더욱이 지골피는 목단피와 동행하게 되면 내외의 조열潮熱을 협공함으로써 사화 탕척邪火 蕩滌의 공을 더욱 크게 하는 힘이 있으므로 그 효능이 배가倍加하게 되는 것이다. 그런데 복분자 일미一味는 익신고정益腎固精하면서 능히 절양絕陽상태에서 생양生陽작용으로 계승하는 약인즉 진실로 궁지에 빠진 음을 보하면서 그 속에서 양을 유발시켜서 다시 배부背部로 상승하게 하는 힘을 가진 약인 것이다. 더욱이 이 약은 구기자와 합력하게 되면 내외호응하면서 금화동덕金火同德의 공효功效를 나타내는 것인즉 이것은 복분자 구기자의 개념 자체가 바로 그것을 말하고 있는 것이다. (覆盆이란 것은 甲土 上升之象을 취한 것이고 拘杞란 것은 己土 下降之象을 취해서 만든 개념인 것이다.)

그 다음 현삼으로써 肺腎 이경二經의 火를 맑게 하면서 자음해옹滋陰解壅하고 차전자로써 폐간경의 풍습風濕을 사瀉하면서 고정이수固精利水하게 한즉 하초下焦 신중복울지화腎中伏鬱之火가 상승하지 않을 수가 없게 될 것이다. 그러나 소양인이 만일 이와 같이 火가 울鬱하게 된 것은 그 원인이 비화脾火의 태과太過때문이었다. 그러므로 육미六味에 현삼 지골피등을 가함으로써 간접으로 비화를 방조幇助하는 모든 조건을 제거하게 하였던 것이다. 그런즉 다음에는 직접 비울지화脾鬱之火를 발산시켜야 할 것이므로 형개 방풍을 가하여서 비폐경脾肺經의 사화邪火를 발산시킴으로써 상초의 체기滯氣가 풀리게 한 것이다.

그러므로 소갈消渴이나 중풍 토혈과 같은 소양인의 위증危證 험증險證도 이 약으로써 풀리게 되는 것이다. 왜냐하면 소양인의 여사如斯한 위험지증危險之證들도 따지고 보면 그 원인은 모두 비신지음脾腎之陰이 부족한데에서 연유한 것인 바 그것이 극에 이르게 되면 육미탕이나 독활지황탕으로서는 안되고 오직 십이미지황탕과 같은 용의주도한 명방名方이라야만 치료가 가능한 것이다.

보 주

여기에서 주의하여야 할 것은 자칫 잘못 생각하면 소양인에게는 십이미지황탕이 최상의 보약이라고 생각하기 쉽다. 그러나 십이미지황탕은 陰氣는 유시완장猶恃完壯하고 양기가 기절幾絕하려고 할 때에 필요한 것이므로 만일 그렇지 않은 때에 남용하면 그 효과가 오히려 육미지황탕이나 독활지황탕보다도 못하거나 혹은 전혀 배치背馳되는 경우가 있다는 것을 기억하여야 한다. 그런즉 약은 다만 그 병에 그 약이 있을 뿐이고 만병에 통치通治되는 법은 없는 것이다.

지황백호탕

석고 5돈 혹 1냥, 생지황 4돈, 지모 2돈, 독활 방풍 각 1돈.

양독백호탕

석고 5돈 혹 1냥, 생지황 4돈, 지모 2돈, 형개 방풍 우방자牛蒡子 각 1돈, 右方은 治 양독陽毒이니 발반변비자發斑便秘者 의용宜用

방 해

이 처방은 본시 중경의 백호탕 변방變方이다. 그런데 이 처방의 입방목적은 양명이열陽明裏熱이 번작蕃灼하여서 번갈섬어煩渴譫語 양수척족揚手擲足하는 것을 치료하려는 데에 목적이 있다. 그러므로 폐와 삼초경에 들어가서 지갈생진止渴生津하면서 청금강화해기淸金降火解肌하는 석고를 군약君藥으로 하고 윤신자음潤腎滋陰하면서 腎火를 사함으로써 肺金의 청숙지령淸肅之令을 맑게 하는 지모를 신약臣藥으로 기용한 것이다. 가령 양명화陽明火가 심하면 화극금火克金함으로써 肺陰이 선절先絕하게 되고 또는 화모수火侮水함으로써 腎水가 차패次敗하게 되는 것이므로 중경의 입법지묘용立法之妙用은 여기에 착안하고 석고와 지모를 기용했던 것이다.

그리고 그 다음은 천지중화지기天地中和之氣를 얻어서 청열 제번淸熱 除煩하면서 색백입폐이이조 신수지원色白入肺而以助 腎水之元하는 갱미粳米를 써서 보폐사화補肺瀉火하게 하고 또 비위를 보하면서 사화이 생기혈瀉火而 生氣血하는 감초를 써서 위기胃氣와 영혈營血를 보하면서 사열조화瀉熱調和하게 한 것이다. 그런즉 이와 같은 중경의 입법은 진실로 만무일실萬無一失인 배려라고 할 것이다.

그러나 동무는 여기에서 다시 수정을 가하게 되었으니 그것이 바로 지황백호탕과 양독백호탕이다. 그러나 동무의 입방이 결코 중경의 입방 규모를 벗어난 새로운 방법은 아니나. 그것은 바로 동무 자신이 밝혀 놓았듯이 「청수자청青雖自青이나 청출어람青出於藍」인 것이다. 또 동무는 말하기를 古方이 초창草創하고 경험이 부족하기 때문에 약력이 불급하다고 하였던 것인즉 오인吾人은 여기에서 지황백호탕은 동무가 중경의 백호탕을 부연발전시킨 것이란 것을 알 수 있는 것이다. (그밖에도 많지만)

그러면 다음에 지황백호탕부터 연구해 보기로 하자. 지황백호탕은 백호탕에서 감초와 갱미를 빼고 생지 방풍 독활을 가한 것이다. 왜 그렇게 하였는가 하면 백호탕의 유일한 자음지제滋陰之劑인 지모와 경미는 약력이 너무 약하기 때문이다. 소양인의 양명이열陽明裏熱은 진실로 인간의 생명력인 腎水의 선천적 부족으로써 발한 것인즉 대보수원大補水元하고도 오히려 부족할 터인데 하물며 일배지수一杯之水에 지나지 못하는 지모 갱미知母粳米의 보음지력으로써 大火를 제거할 수는 없기 때문이다.

그러므로 생지황의 보음자수지력補陰滋水之力을 이용하여서 사병화이 평제혈역瀉丙火而 平諸血逆하면서 군도君道를 행하게 하고 지모 석고로써 좌우양상左右兩相을 삼은 것이다. 그렇게 한즉 여기에서 비로소 대전大戰에 임할 수 있는 문무양전文武兩全의 태세가 갖추어지게 된 것이다. 그러나 전쟁이란 군사가 없이는 이루어지지 못한다. 그러므로 방풍 독활을 기용하여서 일선의 역군으로 삼았던 것이다.

방풍은 수간사폐搜肝瀉肺하면서 상중초上中焦의 풍열을 제거할 뿐만 아니라 또 비위 이경의 풍습을 제거하는 약이고 독활은 신경복화腎經伏火를 선수선탕善搜善蕩하는 약인즉 이때에 있어서의 방풍 독활은 진실로 잔사殘邪를 퇴치하는 중대한 공효功效를 나타내는 중재重材인 것이다. 지황백호탕은 이와 같이 대사를 담당할 수 있는 처방이기 때문에 번갈 섬어 양수척족 이변불통煩渴 譫語 揚手擲足 二便不通등의 대적을 능히 탕척蕩滌해 낼 수 있는 실력을 구비하고 있는 문무양전의 장상인 것이다.

그 다음에는 양독백호탕을 연구해 보기로 하자. 양독백호탕은 지황백호탕에서 독활을 제거하고 형개와 우방자를 가한 처방이다. 그런데 양독이란 것은 묘화卯火가 괴항함으로써 이미 흉복胸腹을 지나서 경항頸項이상에 올라간 것인즉 이것은 바로 「易」에서 말한 바의 「항룡유회亢龍有悔」의 상징이다. 다시 말하면 양이 음의 견제력을 상실하고「기망 기망幾亡 幾亡」하려는 위급존망지추危急存亡之秋에 있는 것인즉 그것은 바로 소양인의 전후풍纏喉風이나 순종脣瘇과 같은 위험증인 것이다. 그러므로 방명方名을 양독백호탕이라고 하였다.

동무가 이 처방을 만들 때에 독활을 뺀 것은 火가 이미 지고지분至高之分에까지 상승하였은즉 독활과 같은 신경사화지제腎經瀉火之劑는 불필요하게 되어 버린 것이다. 왜냐하면 화가 이미 음의 견제력을 잃고 정상에 울결하고 있는 지금에 와서 음중지화陰中之火를 사瀉하는 것은 거의 무모에 가까운 일이기 때문이다. 그런즉 독활을 빼는 것은 입방의 상식에 속하는 일일 것이다. 그러므로 그것을 대신하여서 간경 기혈지분氣血之分에 들어가서 풍습을 사하면서 이인후利咽喉하는 형개를 썼던 것이다. 더욱이 삼음경三陰經 중에서 오직 정상에까지 올라간 것은 궐음경 뿐인즉 여기에서 궐음약인 형개 이상의 인경산화지약引經散火之藥은 없는 것이다.

그러나 형개는 산결지력散結之力이 적으므로 다시 선폐기이 청인후宣肺氣而 淸咽喉하면서 성한산결性寒散結하면서 종양지독瘇瘍之毒을 잘 사瀉하는 우방자를 써서 해독하면서 이것으로써 간(형개) 폐(우방자) 양경兩經의 금목지승부金木之勝負 작용을 조절하였은즉 이와 같이 생각할 때에 이 처방은 소양인의 항룡지화亢龍之禍를 제거하는 명방名方이라는 것을 가히 알 수 있는 것이다.

양격산화탕

생지황 인동등 연교 각 2돈, 산치자 박하 지모 석고 방풍 형개 각 1돈

右方은 治 상소자上消者 의용宜用.

방 해

이 처방은 국방局方 양격산의 처방인 바 동무가 여기에서 대황 황금 감초를 제거하고 생지 인동 박하 지모 석고 방풍 형개를 가한 처방이다. 양격산의 입방목적은 흉격중에 적열積熱이 있어서 그것이 울결함으로써 목적 두혼目赤 頭昏하며 구설口舌에 생창生瘡하는 등의 일체 상초 화울지증을 치료하기 위하여서 입방한 것이다. 그러므로 수족소양경手足少陽經과 수소음 수궐음경手少陰 手厥陰經에 습열이 울결함으로써 기혈이 응취凝聚된 것을 발산하는 연교連翹를 군약君藥으로 하고 다음에는 쾌격통장快隔通腸하면서 일체 습열적취를 물리치는 대황과 해습열이 파적소견解濕熱而 破積消堅하는 망초를 신臣으로 하여서 상중하의 울열鬱熱을 구축하는 데에 주력하였던 것이다. 그러나 이와 같은 울결지화를 제거하기 위하여서 대황 망초와 같은 맹장猛將을 기용하였으므로 전후戰後의 여파가 위장胃腸을 상할 염려가 있다. 그러므로 감초를 중용하여서 비위와 삼초원기三焦元氣를 보하게 한 것은 역시 중요한 조처였다.

그 다음에 황금으로써 폐비지화肺脾之火를 사瀉하고 치자로써 강화해울降火解鬱하게 하고 박하로써 선체宣滯 해울解鬱 청리두목淸利頭目하게 하였은즉 상초지화上焦之火가 해산되지 않을 수가 없는 것이다. 그런데 우리는 이 처방을 항용恒用하고 있는 바 경병 경증에는 잘 듣는 처방이란 것을 알고 있다. 그러나 험병 위증에는 전혀 효과를 나타내지 못한다는 것도 왕왕 목도하고 있는 것이다. 그러므로 동무는 양격산화탕을 입방하기에 이르렀던 것이다.

다시 말하면 양격산은 불火을 끄는 데에만 주력하였다. 가령 소양인의 경우에 있어서처럼 하갈신수下竭腎水하고 상궁 비폐지음上窮 脾肺之陰함으로써 음을 거의 고갈시키려는 불을 끄려고 할 때에 만일 망초와 같은 소방消

防의 명수만을 기용한다면 불과 함께 사람의 생명까지 꺼지고 말 것이다. 그런즉 이러한 경우에 있어서 필요한 명공名工은 무엇보다도 먼저 물眞水을 공급하고 진화眞火를 잘 보호하면서 적을 토벌할 줄 알아야 할 것이다. 그러므로 동무는 양격산화탕을 입법하여서 이러한 위급에 대비하게 하였던 것이다. 이러한 위급이란 것은 바로 소양인의 소갈과 같은 위험한 병을 지칭하는 것이다. 그런즉 기타 상초풍화지제질上焦風火之諸疾에는 여하한 경우를 막론하고 무불신효無不神效한 명방名方이 아닐 수 없는 것이다.

그렇다면 동무의 양격산화탕이란 과연 어떠한 처방인가 하는 것을 살펴볼 필요가 있을 것이다.

사병화瀉丙火(心火) 청조금淸燥金(肺)하면서 대보신수大補腎水하는 생지황과 해표산사解表散邪하면서 상초옹결지열上焦壅結之熱을 풀어주는 인동등과 제습열이 해울除濕熱而 解鬱하면서 일체一切 상초기혈지응결上焦氣血之凝結을 푸는 연교連翹로써 위군爲君하였은즉 이것은 멸화봉정滅火奉精의 양면에 주력한 처방인 것이다. 그 다음에는 치자와 박하로써 강화 선체 해울降火 宣滯解鬱하고 또 태음양명지화太陰陽明之火를 제거하면서 생진生津하는 석고와 상청폐금 하사신화上淸肺金 下瀉腎火하면서 자음윤신滋陰潤腎하는 지모를 기용함으로써 보음사화補陰瀉火하게 하였던 것이다.

그리고 그 다음에는 중초의 풍열을 사瀉하는 방풍과 상청두목지사上淸頭目之邪하는 형개를 기용하여서 치자 박하와 함께 표리의 공제供濟작용을 하게 하였은즉 이것은 진실로 음갈 양항陰渴 陽亢하는 위급존망지추危急存亡之秋에 대처할 수 있는 명방名方이 아닐 수가 없는 것인바(치자 방풍은 解 內結之藥이오 박하 형개는 散 외응지약(外凝之藥)이다.) 그렇게 함으로써 위국청양胃局淸陽은 상승하게 되고 비국음기脾局陰氣는 하강하게 될 것인즉 거기에서 비로소 수지상원水之上源(肺)는 다시 水를 生하게 될 것이다. 그런즉 이 처방은 조기모이 보기자助其母而 保其子하는 처방을 만드는 표본인 바 진실로 후학을 위한 제방입법지사制方立法之師라고 할 것이다.

보 주

대저 음기가 하강하지 못하면 양기가 상승하지 못하고 양기가 상승하지 못하면 음이 고립되어서 화갱火坑속에 빠지게 될 것이다. 그런데 음은 자기의 이와 같은 위급을 모면하기 위하여서는 음수飮水로써 이것을 충족시켜야 하는 것이다. 그러므로 이 상태를 가리켜서 소갈消渴이라고 한다(上消中消). 그런데 인체에서 음양이 순환하는 작용을 살펴보면 대장국大腸局의 양기와 위국胃局의 양기는 복흉腹胸으로 상승하게 되고 비국脾局의 음기와 신국腎局의 음기는 상승지양을 포위하면서 복부로 다시 하강하게 되는 것이다.(그런즉 소장의 양기와 胃脘의 양기가 상승할 때에 肝局의 음기와 肺局의 음기도 또한 양을 포위하면서 복부로 하강할 것은 물론이다.) 이와 같이 하여서 폐비간신의 음이 하강하게 되면 이것은 다시 양화陽化하면서 상승하였다가 드디어 土化하여 가지고 또 다시 상승지양上升之陽을 포위하면서 하강하는 작용을 반복하게 되는 것이다.

그런즉 배부는 음을 陽化하면서 상승(陰이)하는 길道이고 복부는 양을 음화하면서 하강하는 길인 것이다.

그런데 內經에서는 양기는 배부背部로 상승하고 음기는 복부로 하강한다고 논하였다. 그런즉 내경에서 논한 바는 관념적인 상태를 말한 것이고 동무가 논한 바는 실제적인 현상을 논한 것이다. 왜냐하면 배부로 양기가 상승한다는 것은 음기상승의 이면裏面을 논하는 것이오 복부에서 음기가 하강한다는 것은 양기하강의 표면을 말하는 것이다. 그렇다면 동무가 말한 바는 바로 인체에서 운행하는 음양승강의 실상은 내경소론과는 반대된다는 것을 말하는 것이다. 다시 말하면 동무는 수곡지기水穀之氣에 의해서 양음양養陰陽하여야 하는 인간의 생리작용의 실상을 그대로 밝혀 놓은 것이고 內經은 우주운행에서 일어나는 육기六氣가 어떻게 인체에서 순환하는가 하는 것을 철학적 관념으로 설명한 것이다. 그렇기 때문에 얼른 보면 이자간二者間에 차이가 있는 것 같지만 실은 하나는 장부臟腑의 운동을 중심으로 하고 논한 것이고 또 하나는 음양의 변화를 관념적으로 설명했다는 점만이 다른 것이다.

인동등지골피탕

인동등 4돈, 산수유 지골피 각 2돈, 천황련 황백 현삼 고삼 생지황 지모 산치자 구기자 복분자 형개 방풍 금은화 각 1돈.

방 해

이 처방의 입방목적은 위국胃局의 陽氣(邪陽)가 과항하여서 비음이 포양이하강包陽而下降하지 못하므로 양항이 음불강陽亢而 陰不降하게 되어서 소위 중소선기증中消善飢證 (中消)을 나타내는 것을 치료하려는 데에 목적을 둔 것이다. 즉 이 약은 비단 소갈뿐만 아니라 대인 소아를 막론하고 선식이 기수善食而 飢瘦하는 데에 적용될 것은 물론이며 또는 소양인 이외의 다른 체질에 대한 여사如斯한 병에도 이 원리를 적용하여서 입방할 수 있는 기본을 제시한 것임은 물론이다.

이제 다음에 방의方意를 고찰하여 보면 인동등은 그 성미는 감한甘寒한데 그 생태가 좌전부목左纏附木하고 동 불도고冬 不凋枯하기 때문에 인동이라 명명한 것인 바 이 약은 품춘생지령稟春生之令하는 한편 그 성질이 극히 중화한즉 그것은 바로 보비위지력補脾胃之力이 많다는 것을 의미하는 것이다. 그 위에 또 해독산결지력解毒散結之力이 강한 이것은 전혀 춘생 중화지령春生中和之令을 받고 있기 때문이다. 그러므로 위군이 이보위국 생화지정기爲君而 以補胃局 生化之正氣하였은즉 여기에서 중소中消를 치료할 수 있는 대본大本이 마련된 것이다.

그 다음은 산수유로써 肝腎의 음양을 도우면서 이수모산지원양以收耗散之元陽하고 지골피로써 강 폐중복화降 肺中伏火하면서 제 간신허열除 肝腎虛熱한즉 여기에서 비로소 위 대장의 양기가 과항하는 것을 억제하고 비폐의 음기를 하강하게 함으로써 金水를 상생하게 하는 일에 아무런 지장이 없게 한 것이다.

그러나 중소中消는 위국胃局이 열화의 독 안이 됨으로써 이루어지는 것이다. 그러므로 사군화 진간해울瀉君火 鎭肝解鬱하는 황련과 사 방광상화瀉肪胱相火하면서 제습청열除濕淸熱하는 황백과 입폐신이 자음강화入肺腎而 滋陰降火하는 현삼과 입신이 소옹해독入腎而 消癰解毒하는 고삼을 기용하여서 오장화五臟火를 탕척蕩滌하게 한 것이다. 이와 같이 함으로써 보비위補脾胃하고(인동으로써) 정음양지로正陰陽之路(지골피 산수유로써)하게 되었은즉 멸적滅敵의 대세는 이미 여기에서 결정된 것이다.

그러나 화열火熱을 탕척蕩滌하는 것보다도 오히려 먼저 진음眞陰을 보하는 것이 소양인의 활명지도活命之道인 것이다. 그러므로 생지生地와 구기자와 지모를 써서 진음을 보하면서 간 폐 신 삼경지화三經之火를 사瀉하게 되고 또 치자로써 심폐지울화心肺之鬱火를 풀어주고 복분자를 써서 기절지양幾絶之陽을 접속시키고 금은화로써 표결지울表結之鬱을 해산解散하게 하면 음양의 승강지로升降之路는 스스로 열릴 것이다. 그리고 그 위에 또 형개 방풍의 청두목 행비위지성淸頭目 行脾胃之性을 기용하여서 상초풍습을 제거하였은즉 사욕유이 불능유邪欲留而 不能留할 것은 물론인즉 어시於是에 脾胃에서는 진액이 生하게 될 것이고 오장五臟은 활발하게 움직여서 음양의 승강이 균형을 얻게 될 것이므로 중소의 위증危證이 비로소 면위免危하게 될 것이다.

숙지황고삼탕

숙지 4돈, 산수유 2돈, 복령 택사 각 1돈 5푼, 지모 황백 고삼 각 1돈 右方은 治 하소자下消者 의용宜用.

방　해

이 처방은 하소下消를 치료하는 처방인 바 하소下消는 바로 소신증消腎證인즉 탐기색욕耽嗜色欲하거나 혹은 단석지약丹石之藥을 다복多服함으로써 퇴슬腿膝이 고세枯細하게 되고 골절이 산동痠疼하게 되며 또 심하면 양강흥성陽强興盛하여서 불교정설不交精泄하기에 까지 이르는 것이다. 그런즉 하소下消는 신중지음腎中之陰이 기절幾絕하게 되어서 양기발생지원陽氣發生之源이 고갈됨으로써 대장양기大腸陽氣가 일어날 수 없게 되는 것을 말하는 것이다. 그러므로 이것은 삼소三消중에서도 가장 위험한 것이다.

그러므로 하소下消는 자보신수滋補腎水하는 데에 중점을 두지 않고서는 전혀 치료해 낼 수가 없으므로 숙지 산수유 복령 택사 등의 육미재六味材로써 보음호양補陰護陽하게 한 것이다.(단 목단피를 제거한 것은 소갈은 氣分之病이고 血中之病이 아니기 때문이다) 그러나 이와 같이 보음호양補陰護陽하는 것만으로써 소신消腎을 다스려 낼 수는 없다. 왜냐하면 진음眞陰이 고갈하여서 대장양기를 불승不升하게 한 화왕수갈지원火旺水渴之源에 약력이 집중하지 않고서는 腎水의 고갈을 자윤하게 할 도리가 없는 까닭이다.

그러므로 침강입신沈降入腎하는 고삼苦蔘과 윤신자음이 상청폐금潤腎滋陰而上淸肺金하는 지모와 침음하강沈陰下降하는 황백을 기용하여서 腎中의 사화邪火를 탕척蕩滌하게 한 것이다. 그렇게 한즉 이 삼미三味는 숙지 산수유 복령 택사 등의 보신호양지재補腎護陽之材와 합력하여서 직달신가直達腎家할 수 있게 되는 것이다. 그러나 腎은 생명지원生命之源이며 정신지부精神之府이므로 약력만으로써 구제할 수는 없은즉 평심정려平心靜慮하는 심지心志의 수양修養을 함께 함으로써 위급을 구하도록 하여도 오히려 부족한 것이다.

목통대안탕

목통 생지황 각 5돈, 적복령 2돈, 택사 차전자 황련 강활 방풍 형개 각 1돈, 우방은 치 부종자治 浮腫者 의용宜用이니 험병險病에 시종용약始終用藥하야 당지백여첩當至百餘貼하라. 황련 택사는 위귀재즉爲貴材則 빈자貧者는 혹거或去 황련 택사이니라.

방 해

부종은 진혈津血이 변하여서 물이 됨으로써 이루어지는 병인 바 거기에는 두 가지가 있다. 즉 비위가 냉하기 때문에 기육肌肉의 활동온도가 낮게 되어서 기육과 근막지간筋膜之間에 있는 진혈津血이 한화위수寒化爲水하여서 부종浮腫이 되는 것이 있으니 이것을 한성 부종寒性 浮腫이라고 하는 바 소음인의 부종이 바로 이것이다.

또 하나는 내열內熱이 심하여서 음이 약화된즉 복부에서는 양이 과항過亢하게 되고 배부背部에서는 음약이유체陰弱而留滯하게 된다. 그렇게 되면 음양이 상지相持(서로 받쳐서)하여서 그의 유통지로流通之路가 막히게 되는 것인즉 이때에 진양眞陽은 울하여서 사열邪熱이 되고 진음眞陰은 변질하여서 사습邪濕이 된다. 이렇게 되면 인체에서는 水火가 상격相激하면서 열화위수熱化爲水하게 되는 바 이것은 水火가 순동 순정順動 順靜하지 못하기 때문에 화화위토火化爲土하지 못하고 열화위습熱化爲濕(즉 熱反爲水)함으로써 부종이 되는 것이다. 그런즉 이것은 소양인에게서 일어나는 부종지속浮腫之屬이다. 그렇다면 목통대안탕은 반드시 이와 같은 부종을 치료할 수 있는 내용을 가지고 있어야 할 것이다.

목통은 심폐의 열을 하강시키고 또 열화위수熱化爲水하려는 것을 수화위진액水化爲津液하게 하면서 사열邪熱을 대장과 방광으로 도출하여서 소변으로 유출하게 하는 약이고 생지황은 심신지화心腎之火를 사瀉함으로써 모든 혈역지화血逆之火를 하강하게 하는 자음 생정지약滋陰 生精之藥이다. 그러므로 목통 생지를 군君으로 하여서 생명의 기본을 보하면서 적사敵邪의 본굴本窟을 소탕하게 한 것이다.

그 다음 복령을 신臣으로 한 것은 인간은 위기胃氣로써 生을 영위하는 것이므로 보비 영심補脾 寧心하면서 폐에서 화왕작금火旺灼金하는 불을 끄기 위하여 기용하였던 것인 바 특히 적복령을 쓴 것은 인화도수引火導水에 중점을 두기 위함이다. 이와 같이 하면 군신 삼미君臣 三味만으로서도 능히 존신탕적存身蕩敵할 수 있는 기반이 이루어지게 될 것이다.

그 다음에 택사를 써서 신방광腎肪胱의 火를 사瀉하면서 승기 도수升氣 導水하게 했는 바 이것은 전혀 택사의 상행하는 공효功效를 이용한 것인 바 물리지욕강物理之欲降은 필선 상승이후必先 上升而後에 이루어진다는 이치를 응용한 것이다. 또 차전자 일미一味는 청폐사간淸肺瀉肝하면서 수도水道의 상규上竅를 열어주는 약이다. 그런즉 차전자로 개규開竅하고 택사로 승기升氣하게 한즉 정체하였던 음양이 유통하지 않을 수 있겠는가? 그 다음에는 방풍 형개로써 보비위補脾胃하면서 승산升散하게 하였는데 이들은 간경혈맥肝經血脈을 유통하면서 일체 상초上焦의 체기滯氣를 통태通泰하게 하는 힘도 있다. 또 강활은 신방광腎肪胱과 간경기분肝經氣分에서 웅이산지雄而散之하는 약이므로 형개 방풍과 강활을 써서 내외와 표리에서 능승능산能升能散하게 하면서 최종의 정리를 담당하도록 한 것이다. 그런즉 여기에서 비로소 열부종熱浮腫을 다스릴 수 있는 처방이 마련되였다고 할 것이다. 그런데 독활을 쓰지 않은 것은 독활은 신경 복풍腎經 伏風을 다스리는 약이기 때문이다. 다시 말하면 독활은 신경腎經의 깊은 곳에 잠복하여서 풍열風熱의 요인을 만들고 있는 것을 다스리는 약인바 여기에서 말하는 부종은 피막간皮膜間에서 열화위수熱化爲水함으로써 이루어진 것인즉 독활을 이용할 필요가 없기 때문이다.

황련청장탕

생지황 4돈, 목통 택사 각 2돈, 저령 차전자 천황련 강활 방풍 각 1돈 右方은 治 이질자痢疾者 의용宜用이니라 去 목통 2돈하고 加 형개 1돈하면 임질자淋疾者 의용宜用이니라.

방 해

이 처방은 이질痢疾을 치료하기 위하여 입방한 것이다. 이질은 대개 하초에서 기혈이 울체鬱滯하여서 이루어지는 것인 바 소음인의 이질은 비장脾腸이 부족하고 신음腎陰이 태과太過하기 때문에 위국양기胃局陽氣가 하함이 불승下陷而 不升하게 되므로 하초에 혈응기체血凝氣滯하게 되어서 생기는 병이고 소양인의 이질은 신음腎陰이 부족하고 비장脾腸이 태과太過하여서 비국음기脾局陰氣가 하강할 수 없기 때문에 중상초中上焦에서 기응혈체氣凝血滯하는 병이고 태음인의 이질은 폐장肺腸이 부족하고 간음肝陰이 태과하여서 소장小腸에 혈응기체血凝氣滯하게 됨으로써 중하초지기中下焦之氣가 울鬱하게 되면서 이루어지는 것이다.

그러므로 소양인의 이질을 치료하려면 우선 心腎에 들어가서 사 병화瀉丙火(心火)하면서 청 조금清 燥金하는 동시에 모든 혈역血逆을 평정하는 생지生地를 군君으로 하고 그 다음에는 중하초 심포지화心包之火를 맑게 하면서 통체 개규通滯 開竅하는 목통과 익비 영심益脾 寧心하면서 하통수도下通水道하는 중상초 사습열지약中上焦 瀉濕熱之藥인 복령과 사 신경지화瀉 腎經之火하면서 청기清氣를 상승하는 택사로써 신臣을 삼았은즉 여기에서 소양인의 상중초 울결지기가 상하승강上下升降(택사로써 상승하고 복령으로써 하강함)하면서 통체通滯(木通) 자음滋陰(生地)하게 되므로 척병지대사滌病之大事는 태반이나 이루어지게 되는 것이다.

그러나 이와 같이 군신상보君臣相輔하여서 마련한 기틀 위에서 설체 이규洩滯 利竅하면서 능승 능강能升 能降하는 저령猪笭이 목통의 거체去滯작용을 돕고 또 청폐 사간清肺 瀉肝하면서 개수규開水竅하는 차전자로써 복령 택사를 돕고 또 사화심이 진간양혈瀉火心而 鎭肝凉血하는 황련으로써 해울하면서 생지황의 사화瀉火작용을 도운즉 거체 제화 보음去滯 除火 補陰작용이 궤도에 오르게 될 것이다. 그러므로 그 다음에 기웅이 태양경사기氣雄而 太陽經邪氣를 승산升散하는 강활과 수간사폐搜肝瀉肺하면서 비위경脾胃經의 풍습風濕

을 발산하는 방풍을 기용하여서 표리지여사表裏之餘邪를 제거한즉 중초기체 혈응지병中焦氣滯 血凝之病인 소음인의 이질이 물러가지 않을 수가 없는 것이다.

그 다음에 임질淋疾도 역시 동일한 병원病源에 의하여서 일어나는 병이다. 그러나 소양인의 이질은 중하초 심비지화心脾之火의 울결로서 일어나는 것이므로 목통으로써 통체通滯하였지만 소양인의 임질은 중하초의 울결이 간경기혈肝經氣血을 울결시킴으로써 일어나는 것이므로 목통을 빼고 형개로써 파결 통맥破結 通脈하게 한 것이다. 그뿐만 아니라 형개는 창가瘡家의 성약聖藥인즉 당연히 임창淋瘡에 응용되어야 할 인경 산결지약引經 散結之藥인 것이다.

주사익원산

활석 2돈, 택사 1돈, 甘遂 5푼, 주사 1푼, 右爲末 온수 혹 정화수 조복하라. 하월척서夏月滌暑에 의용宜用이니라.

방 해

서暑라는 것은 습열이 울하여서 이루어지는 병이다. 다시 말하면 大地에서 火가 울하면 장하長夏가 되고 인체에서 비토지기脾土之氣가 울鬱하면 서병暑病이 된다. 그런데 인간은 대기 중에서 살고 있으므로 항상 대기의 영향을 받게 되는 바 만일 하절 장하성행지시夏節 長夏盛行之時에 내외지기內外之氣가 상응하면 체내의 울열이 체하여서 서병暑病을 이루게되는 것이다. 그런데 그 중에서도 특히 소양인은 脾(火)大한즉 체내에 서병暑病이 유결留結하기 쉬우므로 일단 서기暑氣에 감感하게 되면 그 병이 우심尤甚하게 된다. 그런데 이 처방은 소양인을 중심으로 입방한 것이지만 기타 모든 체질에 대해서도 이 처방의 입방취지와 그 체질의 특성을 적출摘出하여서 변통입법한다면 장하습서지병長夏濕暑之病을 미연에 방지할 수 있는 방법과 또는 기발자既發者의 병변病變에 환혹幻惑함이 없이 수시 응변應變할 수 있는 방법이 나오게 될 것인즉 오인吾人의 임무는 실로 크다 할 것이다.

이제 다음에 이 처방을 연구하여 보면 활석은 청기화원이 하주방광淸其化源而 下走肪胱하면서 소서 강화消暑 降火하는 약이고 택사는 신경화腎經火를 사瀉하여서 하통방광下通膀胱하게 하는 약이다. 그런데 활석은 표산 태양지사表散 太陽之邪하면서 탁기를 하행하게 하고 택사는 사습열이 내조신기瀉濕熱而 內助腎氣함으로써 청기淸氣를 상행하게 하는 약인즉 이와 같은 군신君臣이 상합하여서 척서滌暑의 대공을 이룰 것은 물론이다.

그러나 활석 택사는 이습행수지공利濕行水之功은 크지만 만일 습결위수濕結爲水하였을 경우에 수결水結을 파결破結할 만한 능력이 없다. 즉 습울濕鬱이 지나치면 반드시 수결이 되게 마련인 바 소양인은 특히 비대脾大함으로써 음양이 상지相持하여서 수결지병을 잘 나타내는 체질이다. 그러므로 직달 수결지처直達 水結之處하여서 공결公決작용을 하는 감수甘遂를 써서 파결하수破結下水하게 함으로써 비로소 활석 택사의 소서지공이 더욱 진효奏效하게 되는 것이다.

그런데 서暑는 본시 심병心病이다. 왜냐하면 심속토心屬土한즉 土는 서暑의 근본이므로 일단 서병暑病에 걸리면 먼저 심신이 수곤受困하게 된다. 그러므로 심경心經의 열을 사하면서 진심정경鎭心定驚하는 주사朱砂를 써서 心神을 안정하게 하여야만 소서후消暑後에 여환餘患의 염려가 없을 것이므로 주사를 기용하였던 것이다.

이와 같이 볼 때에 주사익원산의 입방은 신고양방지간新古兩方之間에 비록 우열優劣의 차이는 있다고 할지라도 넉넉히 고대양방古代良方이 필출명방必出名方한다고 말할 수 있을 것이다.

감수천일환

감수말 1돈, 경분말 1푼 화균호환和勻糊丸 분작 10환 주사위의朱砂爲衣

작환 건구즉 견경난화 매용시 이지삼사첩 포리
作丸이 乾久則 堅硬難和하나니 每用時 以紙三四疊으로 包裹하야

이저 도쇄 작추말삼사오편 구함말 인음정화수
以杵로 擣碎하여 作麤末三四五片하고 口含末하야 因飮井華水

화하 후 삼사시각내 불하리즉 재용이환 하리삼도
和下하라. 候 三四時刻內에 不下利則 再用二丸하되 下利三度는

위적중 육도 위쾌과 예전미음 하리 이삼도
爲適中이오 六度는 爲快過니 豫煎米飮하야 下利 二三度에

인진미음 비즉 기함이 난감내 치결흉 수입환토
因進米飮하라. 否則 氣陷而 難堪耐니 治結胸 水入還吐니라.

감수1돈 경분 오푼 작환즉명왈 경분감수용호단
甘遂一錢 輕粉 五分을 作丸則名曰 輕粉甘遂龍虎丹이오

경분 감수 각등분작십환즉 명왈 경분감수자웅단
輕粉 甘遂를 各等分作十丸則 名曰 輕粉甘遂雌雄丹이오

경분 일돈 유향 몰약 감수 각 오푼 분작 삼십환즉
輕粉 一錢 乳香 沒藥 甘遂 各 五分을 分作 三十丸則

명왈 유향몰약경분환 경분 발한 감수 하수
名曰 乳香沒藥輕粉丸이라. 輕粉은 發汗하고 甘遂는 下水하나니

경분 약력 일푼즉 쾌족
輕粉은 藥力이 一分則 快足이오

오리즉 무불급 감수 약력 일푼오리즉 쾌족
五厘則 無不及하며 甘遂는 藥力이 一分五厘則 快足이오

칠팔리즉 무불급 경분 감수 자시독약
七八厘則 無不及하나니라. 輕粉 甘遂는 自是毒藥이니

구불가 경이과일푼용지 짐작경중 병욕 두뇌척화즉 경분
俱不可 輕易過一分用之니 斟酌輕重하라. 病欲 頭腦滌火則 輕粉으로

위군 병욕흉격하수즉 감수 위군
爲君하고 病欲胸膈下水則 甘遂로 爲君하라.

우 소양인약 제종 불가 포 구 초 외용
右 少陽人藥 諸種은 不可 炮 炙 炒 煨用이니라.

대　의

작환作丸한지 오래 되어서 약이 마르면 굳어져서 소화되기 어려울 것인즉 반드시 쓸 때마다 종이 3-4겹으로써 약을 싸 가지고 3-4편으로 갈라지도록 부수어 가지고 입에 물고 정화수로써 함하含下하면 된다. 그 후 3-4시각을 기다려도 만일 하리下利하지 않으면 다시 2환을 복용하되 복약후에 세 번 설사하면 약이 적중한 것이고 만일 6차에 이르면 이것은 지나친 것인즉 미리 미음米飮을 달여 두었다가 하리下利를 2-3차 하면 곧 미음을 먹여야 한다. 만일 그렇게 하지 않으면 진기眞氣가 하함下陷하여서 병을 도리어 난치難治하게 만들고 말 것이다. 이 약은 소양인 결흉병에 수입환토水入還吐하는 것을 다스리는 약이다.

감수 1돈과 경분 5푼을 10환으로 작환하면 경분감수용호단이고 경분감수를 등분하여서 10환을 만든즉 경분감수자웅단이고 경분 1돈과 유향몰약 감수 각 5푼을 등분하여 가지고 30환을 만든즉 유향몰약경분환이다. 경분은 발한지약發汗之藥이고 감수는 하수지약下水之藥인즉 경분은 약력이 1푼이면 쾌족하고 만일 5리라도 불급함이 없고 감수는 약력이 1푼 5리면 쾌족하고 만일 7-8리라도 불급함이 없다. 그런데 경분 감수는 독약인즉 경솔히 1푼 이상을 써서는 안 되는 것이니 경중輕重을 짐작하여서 써야 한다. 그런데 두뇌의 화를 탕척蕩滌하려고 하면 경분으로써 군약을 삼아야 하고 흉격의 수결水結을 파破하려고 하면 감수甘遂로써 군약을 삼아야 한다.

단 소양인의 모든 약은 포炮 구炙 초炒 외煨등의 모든 화제火製는 불필요하다.

방　해

감수천일환과 경분감수용호단과 경분감수자웅단은 동일한 약을 쓰되 단 중량이 다르므로 방명方名이 상수相殊한 것뿐이다. 그런데 감수는 파수결이 사실만지약破水結而 瀉實滿之藥이고 경분輕粉은 통경락이 파적거담通經絡

而 破積祛痰하는 약이다. 그러므로 소양인의 급병괴질에 만일 대변불통지증이 있으면 반드시 감수천일환을 써서 파수결이 거적취破水結而 去積聚하면서 미통경락微通經絡하면 병자해病自解할 것이고 또 풍동지괴질風動之怪疾에 경분감수용호단을 써서 화담통경化痰通經하면서 거풍去風하면(즉 경분으로써 濕生熱 熱生風 風生痰하는 本源을 제거함으로써 去風이 됨) 풍자소風自消하게 될 것이고 또 경분감수자웅단은 파수결破水結과 통경락通經絡을 균등하게 하는데 주력하는 약인즉 그 병증을 보아서 적의 운용適宜 運用하면 실로 기사회생지공起死回生之功이 있을 것이다.

일례를 든다면 가령 결흉증結胸證에 감수가 주약主藥이긴 하지만 만일 대변비결大便秘結보다도 동풍지후動風之候가 중하면 감수천일환보다도 감수용호단을 쓸 경우도 있을 것이고 또 동풍지후가 더욱 심한 경우라면 용호단보다도 오히려 자웅단을 써야 할 경우도 있을 것이다.

또 대변불통증이 없고 다만 동풍괴질動風怪疾만 있거나 혹은 피륙지간皮肉之間에 결체結滯만 있거나 혹은 옹저지질癰疽之疾만 있을 때에는 유향몰약경분환을 써야할 것은 이리소명以理昭明한 것이다. 그러나 이러한 경우라고 할지라도 관기병증觀其病證하여서 감수를 적의가미適宜加味할 경우도 상정할 수 있다는 것을 잊어서는 안 된다. 그렇지만 단 주의하여야 할 것은 경분은 독약인즉 비록 소양인이라 할지라도 그의 응용시기와 중량에 주의를 게을리 하지 말아야 할 것이다.

東醫壽世保元註釋 卷之四

태음인 위완수한 표한병론

太陰人 胃脘受寒 表寒病論

(註) 태음인은 본시 肺小한즉 그의 부(腑)인 胃脘에 陽의 上升之力이 부족할 것은 물론이다. 위완에 양이 상승하지 못한즉 肺중의 양이 부족하게 되므로 호출지력(呼出之力)이 부족하게 될 것이고 폐의 호출력이 부족한즉 위기(衛氣)가 발할 수 있는 근원이 약화되는 것이다. 다시 말하면 小腸의 양은 위완의 양으로 발전하여야하는 것인바 태음인은 肝金이 大하므로 그의 부양(腑陽)이 마음대로 상승할 수 없게 되어서 드디어 위완의 呼力이 부족하게 되는 것이다. 그러므로 태음인이 만일 사소한 한사(寒邪)에라도 感하게 되면 위완수한 표한병(胃脘受寒 表寒病)에 걸리게 되는 것인즉 이것을 치료하는 방법은 肺 胃脘의 울결지사(鬱結之邪)를 발산시키면서 윤폐청심(潤肺淸心)하여야만 陽氣는 상승될 것이고 따라서 폐 위완이 寒邪의 포위에서 벗어나게 될 것이다.

張仲景이 曰 太陽傷寒에 頭痛 發熱 身疼 腰痛하고 骨節이 皆痛하며 惡寒 無汗而喘하면 麻黃湯을 主之니라.

註曰 傷寒에 頭痛 身疼 腰痛하며 以至牽連하야 百骨節이 俱痛者는 此 太陽傷寒이니 榮血이 不利故也니라.

대 의

장중경이 말하기를 상한태양증에 두통 발열 신동 요통 골절개통증이 있으며 또 거기에 오한무한이천惡寒無汗而喘하는 병증이 겸유兼有하면 이것은 상한의 태양증인즉 마황탕을 써야 한다고 하였다. 그런데 중경은 이 구절에 註하기를 상한에 두통 요통 신동증身疼證이 있어서 그것이 서로 견연牽連함으로써 모든 골절이 구통俱痛하게 되는 것은 태양상한증인 바 왜냐하면 한사寒邪 때문에 영혈榮血이 불리不利하게 되는 까닭이라고 하였다.

보 주

인간의 생명을 창조하는 피血를 영혈榮血이라고 하고 그것을 보호하는 기운을 위기衛氣라고 한다. 그런데 인간의 생명을 창조한다는 말은 후천적 창조──즉 선천적으로 받은 생명이 모산耗散되지 않도록 보호 육성하는 것을 말하는 것인즉 이것이 바로 영혈榮血의 작용이다. 그런데 영혈榮血은 心에서 이루어져서 腎에서 발하여 가지고 상승하면서 외동外動하다가 肺에 이르게 되면 다시 하강하면서 내정內靜작용으로 전환하는 것이다. 영혈榮血은 이와 같이 출입반복하면서 운행하는 것인데 이 때에 만일 한사寒邪가 표부表部에 맞으면 표부에서 동하던 영혈이 응결됨으로써 그의 운동이 마비상태에 빠지게 되는 것이므로 장중경이 「태양상한太陽傷寒은 영혈불리榮血不利」라고 註한 것이다.

그런데 영혈榮血을 보호하는 것이 위기衛氣인 바 위기는 肺에서 나와서 승강하면서 호표지원護表之原을 만드는 것인바 만일 위기의 출발지부위出發之部位인 위완이 사邪에 맞으면 위기가 불행不行하게 된다. 그런즉 태음인은 金大 木小하므로 그러한 체질의 상한을 다스리려면 마황으로 표산거실表散去實하면서 개통영위지로開通榮衛之路하여야 하고 소음인의 상한은 조화영위調和榮衛함으로써 그 영위지원榮衛之源을 보호하여야 할 것이다.

論曰 此는 卽 太陰人 傷寒 背顀表病 輕證也니 此證에 麻黃湯은 非不當用而 桂枝 甘草는 皆屬蠹材니 此證에 當用 麻黃發表湯이니라.

대 의

위에서 중경이 말한 태양증은 태음인이 배추背顀에 수한受寒한 병 가운데서 가장 경병輕病에 속하는 것인즉 이 병에 마황탕을 쓰는 것은 옳다. 그러나 중경처방의 마황탕은 그 가운데에 있는 계지와 감초가 태음인의 태양증에는 아무런 힘도 없는 약재이다. 그러므로 마땅히 마황발표탕을 써야 할 것이다.

보 주

계지 감초는 왜 태양인 상한에 두재蠹材일까? 태음인의 태양증은 위완이 수한受寒함으로써 영혈榮血이 응체凝滯하게 되고 따라서 위기衛氣가 불행不行하는 실증實證일 뿐이고 소음인의 경우처럼 영혈의 본원인 心脾와 위기의 소발처所發處인 肺肝이 한사寒邪때문에 수상受傷한 것은 아니다. 그런즉 심영폐위心榮肺衛의 본원을 보양하는 약인 계지 감초는 태음인의 경우에는 오히려 표한이열表寒裏熱을(계지 감초는 心肝脾肺를 補하므로) 상지相持하게 할 뿐이고 표실지사表實之邪를 구축할 수 있는 힘이 없기 때문이다.

장중경 왈 상한사오일이궐자 심발열 궐심자 열역심
張仲景이 曰 傷寒四五日而厥者는 心發熱이니 厥深者는 熱亦甚이오
궐미자 열역미 상한 궐사일 열반삼일
厥微者는 熱亦微니라. 傷寒에 厥四日하고 熱反三日하며
부궐오일 궐다열소 기병 위진 상한발열사일
復厥五日하야 厥多熱少하면 其病이 爲進이오 傷寒發熱四日에
궐반삼일 궐소열다 기병 당자유
厥反三日하고 厥少 熱多하면 其病이 當自愈니라.

대 의

중경이 말하기를 상한이 4-5일 되었을 때에 궐厥(惡寒)하는 것은 발열하려는 징조이다. 그러므로 오한이 심하면 발열도 심할 것이고 오한이 경미하면 발열도 또한 경미하게 된다. 그런즉 가령 상한에서 4일간 오한하다가 3일간 발열하고 다시 5일간 오한하게 되면 이것은 한사가 심하고 正陽이 불급하다는 징조인즉 이러한 경우에는 병진病進하게 되는 것이다. 가령 발열을 3-4일간 하다가 후에 3일간 오한하게 되면 이것은 발열 일수보다 오한 일수가 줄어 든 것인즉 곧 정양지기正陽之氣가 승勝하고 사한지기邪寒之氣가 약하다는 증거이므로 그 병이 물러가게 되는 것이다. 왜냐하면 상한이란 것은 正氣와 邪氣의 전쟁상태이기 때문이다.

논왈 차위지궐자 단오한불발열지위야 비 수족궐역지위야
論曰 此謂之厥者는 但惡寒不發熱之謂也오 非 手足厥逆之謂也라

太陰人 傷寒表證에 寒厥四五日後 發熱者는 重證也니 此證發熱에 其汗이 必自髮際而 始通於額上하고 又 數日後發熱而 眉稜에 通汗하고 又 數日後 發熱而 顴上에 通汗하고 又 數日後 發熱而 脣頤에 通汗하고 又 數日後 發熱而 胸臆에 通汗也로되 而額上之汗이 數次 而後에 達於眉稜하고 眉稜之汗이 數次 而後에 達於顴上하고 顴上之汗이 數次 而後에 達於脣頤하면 脣頤之汗은 不過 一次而 直達於胸臆矣니라. 此證이 首尾幾近 二十日에 凡 寒厥 六七次而後에 病解也니 此證을 俗謂之長感病이라. 凡 太陰人病이 先 額上眉稜에 有汗而 一汗病不解하고 屢汗病解者를 名曰 長感病이니라.

대 의

여기에서 말하는 궐厥이라는 것은 오한만 하고 발열하지 않는 것을 말하는 것이고 수족이 궐역厥逆하는 것을 말하는 것은 아니다. 만일 태음인이 상한표증에서 4-5일간 오한하다가 발열하는 것은 중증인 바 차증此證 발열發熱이 처음에는 땀이 반드시 발제髮際와 액상額上에서 나기 시작하고 수일 후에 다시 발열할 때에는 미능眉稜에 까지 통한通汗하고 또 수일 후에 발열할 때에는 관상顴上에까지 통한하고 또 수일 후에 발열할 때에는 순이脣頤에까지 통한하고 또 수일 후에 발열할 때에는 흉억胸臆에까지 통한하고 나서야 병이 낫게 되는 것이다.

그런데 액상에서 수차 발한發汗한 후에 미능眉稜에 달하고 미능에서 수차 발한한 후에 관상顴上에 달하고 관상에서 수차 발한한 후에 순이脣頤에 달하고 순이지한脣頤之汗이 한번 발發한 후에 직달흉억直達胸臆하게 되면 병이 쾌유하게 되는 것이다.

그런데 차증此證은 시초부터 끝까지 20일이나 걸리는 바 그동안에 대개 한궐寒厥를 6-7차하고서야 병이 풀리게 되므로 이 증을 세속에서 장감병長感病이라고 한다.

대체로 태음인병이 액상과 미능간에서 땀이 나되 일한一汗하고 병이 풀리지 않고 수차 발한發汗한 후에 병이 풀리는 것을 장감병長感病이라고 하는 것이다.

태음인병 한궐 육칠일 불발열 불한출즉 사야

太陰人病이 寒厥 六七日이 不發熱 不汗出則 死也니

한궐 이삼일이 발열한출즉 경증야 한궐 사오일이 발열

寒厥 二三日而 發熱汗出則 輕證也오 寒厥 四五日而 發熱하고

득미한어액상자 차위지장감병 기병 위중증야

得微汗於額上者를 此謂之長感病이니 其病은 爲重證也니라.

차증 원위 노심초사지여 위완 쇠약이 표국 허박

此證은 原委 勞心焦思之餘에 胃脘이 衰弱而 表局이 虛薄하여

불승한이 외피한사소위 정사상쟁지형세 객승주약

不勝寒而 外被寒邪所圍하고 正邪相爭之形勢 客勝主弱하나니

비여일단고군 곤재해심 기어 전군복몰지경

譬如一團孤軍이 困在垓心하여 幾於 全軍覆沒之境이라가

선군일대 행이도출 결위일면 근득개로

先軍一隊 倖而跳出하여 決圍一面하고 僅得開路로되

後軍全隊 尙在垓心하니 將又 屢次力戰然後에라야

方爲出來則 爻象이 正是凜凜之勢也오

額上通汗者는 卽 先鋒一隊 決圍跳出之象也오 眉稜通汗者는

卽 前軍全隊 決圍前面하여 氣勢勇敢之象也오 顴上通汗者는

中軍半隊 緩緩出圍之象也니 此病에 汗出眉稜則 快免危也오

汗出顴上則 必無危也니라.

대 의

태음인병이 만일 한궐寒厥 6-7일이 되어도 발열하지 않고 또한 한출汗出도 없으면 이것은 사증死證이다. 그런즉 한궐 2-3일 후에 발열한출하는 것은 경증輕證이고 한궐 4-5일 후에 발열하고 액상額上에서 미한微汗이 나게 되면 이것은 장감병長感病인즉 그것은 중증重證인 것이다. 이 병은 본시 태음인이 노심초사함으로써 위완의 陽氣가 쇠약하게 됨으로써 체표體表의 陽氣—즉 위기衛氣가 발하지 못함으로써 외표지한사外表之寒邪를 막아 낼 수가 없으므로 밖에서 포위하려 하는 한사寒邪와 체내에서 상승하려는 위완지정기胃脘之正氣가 상쟁相爭하는 형세가 바로 태음인의 장감병인 바 이러한 형세하에서는 반드시 객승주약客勝主弱하게 되므로 그것은 마치 고군孤軍이 해심垓心(亥木이 핵(核)속에 있지 못하고 해(垓)속에 있은즉 그것은 즉 戌속에 있는 것을 의미하는 것이므로 분출이 용이하지 않다. 우주변화의 원리 오행론 참조)에서 수곤受困하고 있는 것인즉 그것은 전군全軍이 거의 복몰覆沒할 지경에 이른 것이다. 그러나 선봉대가 당행도출當幸跳出하여서 일면一面을 터뜨리게 되면 이것은 겨우 출구를 열어 놓은 것이라고 할 것이다. 그러나 아직 후군後軍이 해垓속에서 나오지 못하고 있은즉 누차 역전歷戰한 후라야 전군全軍이 방출할 것인즉 진실로 처참한 상태라고 할 것인 바 이것이 바로 태음인의 장감병이 정사상전正邪相戰하는 상태이다.

그러므로 액상額上에서 한출汗出하는 것은 선봉대가 포위진을 터뜨리고 뛰어나오는 상이오, 미능眉稜에서 한출하는 것은 전군전대全軍全隊가 전진前陣을 무찌르는 상태인즉 이것은 전군 기세가 용감한 것을 의미하는 것이고 관상顴上에서 발한하는 것은 중군반대中軍半隊가 안심하고 일선으로 나아가는 상이다. 그런즉 이 병에서 미능한眉稜汗은 위급을 면한 증거이고 관상顴上에까지 통한通汗하게 되면 절대로 위험이 없는 것이다.

태음인한 무론액상 미능상 관상 한출 여서립
太陰人汗은 無論額上 眉稜上 顴上하고 汗出이 如黍粒하여

발열초구이 환입자 정강사약 쾌한야 한출 여미립
發熱稍久而 還入者는 正强邪弱이니 快汗也오 汗出이 如微粒커나

혹 임리무립 사시이환입자 정약사강 비 쾌한야
或 淋漓無粒이라가 乍時而還入者는 正弱邪强이니 非 快汗也니라.

대 의

태음인의 한汗은 액상 미능상 관상額上 眉稜上 顴上을 막론하고 서립黍粒과 같은 한적汗滴이 분명한 땀이 나왔다가 발열이 초구稍久한 후에 환입還入하면 이것은 正陽이 강하여서 사한邪寒을 퇴거할 수 있다는 증거로써 나오는 것인즉 쾌한快汗이다. 그러나 만일 땀방울이 미립微粒상태이거나 혹은 임리淋漓

(번지르한 것)상태로서 무립無粒하다가 잠깐 후에 환입還入하게 되면 이것은 正氣가 약하고 邪氣가 반강反强한 증거인즉 쾌한快汗이 될 수 없는 것이다.

태음인 배부 후면 자 뇌이하유한이 면부발제이하 불한자
太陰人이 背部 後面 自 腦以下有汗而 面部髮際以下 不汗者는

흉증야 전면개유한이 이문좌우 불한자 사증야
凶證也오 全面皆有汗而 耳門左右 不汗者는 死證也니라

범태음인한 시자 이후고골면부발제 대통어 흉억간이 병해야
凡太陰人汗은 始自 耳後高骨面部髮際하여 大通於 胸臆間而 病解也니

발제지한 시면사야 액상지한 근면위야
髮際之汗은 始免死也오 額上之汗은 僅免危也오

미능지한 쾌면위야 관상지한 생로관활야
眉稜之汗은 快免危也오 顴上之汗은 生路寬闊也오

순이지한 병기해야 흉억지한 병대해야
脣頤之汗은 病已解也오 胸臆之汗은 病大解也니라.

상견 차증 액상한 욕작미능한자 한궐지세 불심맹야
嘗見 此證할새 額上汗이 欲作眉稜汗者는 寒厥之勢 不甚猛也오

액상한 욕작순이한자 한궐지세 심맹
額上汗이 欲作脣頤汗者는 寒厥之勢 甚猛하여

지어 한전고치 완약동풍이 기한 직달양액
至於 寒戰叩齒하여 完若動風而 其汗이 直達兩腋이러라.

장중경소운 궐심자 열역심 궐미자 열역미 개 위차야
張仲景所云 厥深者 熱亦甚하고 厥微者 熱亦微는 盖 謂此也니

차증 한궐지세 다일자 병중지세야
此證에 寒厥之勢 多日者는 病重之勢也오

한궐지세 맹준자 비 병중지세야
寒厥之勢 猛峻者는 非 病中之勢也니라.

대 의

태음인이 만일 배부후면背部後面과 뇌하지간腦下之間에 땀이 나더라도 면부반제이하面部髮際以下에 땀이 없으면 이것은 흉증凶證이고(전혀 위완의 양이 상승하지 못하는 징조이므로) 또는 전신에 땀이 있다고 하더라도 이문좌우耳門左右에 땀이 없으면 이것은 사증死證이다.(耳門左右에 땀이 없는 것은 소양담기(少陽膽氣)가 발생하지 못하는 징조이므로) 그런즉 태음인의 한汗은 이후고골耳後高骨에서 시작하여서 면부발제面部髮際를 지나서 흉억간으로 대통大通하면 이것은 병이 풀릴 징조인즉 발제지한髮際之汗은 족히 면위免危하는 한汗이고 관상지한顴上之汗은 생로生路가 열리는 땀이고 순이지한脣頤之汗은 병이 이미 풀리는 증거이고 흉억지한胸臆之汗은 병이 대해大解하였다는 징조인 것이다.

일찍이 이와 같은 증證을 본 바 있는데 액상한額上汗이 미능한眉稜汗으로 전환하려고 하는 자는 한궐지세寒厥之勢가 심하지 않고 관상한顴上汗이 순이한脣頤汗으로 전환하려고 하는 자는 한궐지세가 심맹甚猛하여서 한전고치寒戰叩齒하는 모습이 마치 동풍動風하는 것과 같더니 그 땀이 바로 양액兩腋으로 직달直達하였던 것이다. 그런즉 중경이 말한 바의 「궐심자열역심 궐미자역역미厥深者熱亦甚 厥微者熱亦微」라고 한 것은 이것을 지칭하는 것이다. 그렇다하면 차증에 한궐지세가 여러 날 동안 계속되는 것은 병중지세病重之勢이지만 한궐지세寒厥之勢가 맹준猛峻한 것은 병중지세病重之勢가 아니라는 것을 알 수 있는 것이다.

보 주

태음인의 한汗은 두뇌이하 배부背部 후면에 전부 땀이 있다고 할지라도 면부발제面部髮際이하에 땀이 없으면 흉증이 되는 것은 태음인은 肺小하므로 폐의 부腑인 위완의 호출지기呼出之氣가 부족하기 때문에 발한發汗하기 어려운 것이다. 그런즉 비록 배부에는 음승지로陰升之路가 열렸다고 하더라도 흉부의 양승지로陽升之路가 열리지 못한즉 양승음강陽升陰降할 수 없으므로 외사外邪가 풀릴 수가 없을 것이니. 그러므로 「발제면부髮際面部에 불한자不汗者는 흉증凶證」이라고 한 것이다. 또 「전부개유한이全部皆有汗而 이문좌우耳門左右에 불한자不汗者는 사증死證」이라고 한 것은 태음인이 肝大한즉 배표지음背表之陰은 상승하기 어렵고 위완胃脘의 陽이 이것을 받들지 못하므로 결국 배표지음背表之陰이 陽化하지 못하기 때문에 발한發汗(耳門左右에)하지 못하는 것이다. 그런즉 여기에서 생로지양生路之陽이 수폐囚閉되므로 인간생명은 두절杜絕될 수밖에 도리가 없다. 그런즉 이와 같은 선천적 체질을 소유한 태음인은 항상 외사外邪가 이와 같은 체질적 결점과 충돌하게 되므로 소양담경少陽膽經의 문호인 이문耳門에서 기폐氣閉하게 되는 것이다. 그런즉 이문좌우耳門左右에서 땀이 안 난다는 말은 바로 생명력이 두절되었다는 말이고 땀이 난다는 말은 생명지로가 열린다는 말이다. 그러므로 태음인의 외감병外感病은 이문좌우지한耳門左右之汗의 유무로써 생사의 제 1계기가 되고 면부발제지한面部髮際之汗의 유무로써 제 2계기가 되는 것이다.

此證(차증)은 京畿道人(경기도인)은 謂之長感病(위지장감병)이오 咸鏡道人(함경도인)은 謂之四十日痛(위지사십일통)이며 或謂之無汗乾病(혹위지무한건병)이니 時俗所用(시속소용) 荊防敗毒散(형방패독산) 藿香正氣散(곽향정기산) 補中益氣湯(보중익기탕)이 個個誤治(개개오치)로되 唯熊膽(유웅담)이 雖或盲人直門(수혹맹인직문)이니라.

然(연)이나 又連用他藥(우연용타약)하면 病勢更變(병세경변)하나니 古人所云(고인소운) 病不能殺人(병불능살인)이오 藥能殺人者(약능살인자)를 不亦信乎(불역신호)아 百病加減之勢(백병가감지세)를 以凡眼目(이범안목)으로 觀之(관지)컨대

고난추측이 차증 우유심언 차증지한 재미능관상시
固難推測而 此證이 又有甚焉하니 此證之汗이 在眉稜顴上時에는

수불복약 역자유의이 병인 초의 망투오약즉
雖不服藥이라도 亦自癒矣而 病人이 招醫하여 妄投誤藥則

관상지한 환위액상지한이 외증한궐지세즉 초감의
顴上之汗이 還爲額上之汗而 外證寒厥之勢則 稍減矣니라.

어시언 의사자이 위신약효 병인 역자이위신약효
於是焉에 醫師自以 爲信藥效하며 病人이 亦自以爲信藥效로되

우수일 오약즉 액상지한 우불통이 사의
又數日 誤藥則 額上之汗이 又不通而 死矣니라.

차증 당이 한지진퇴 점병지경중 불가이 한지관맹
此證은 當以 汗之進退로 占病之輕重이오 不可以 寒之寬猛으로

점병지경중 장중경 왈 기병 당자유운자
占病之輕重이니 張仲景이 曰 其病이 當自癒云者는

기비 진중무망지론호 연 장감병 무역기자
豈非 珍重無妄之論乎아 然이나 長感病에 無疫氣者는

대기자유즉 호야 이 온병 역기중자 약명지증약
待其自癒則 好也나 而 瘟病에 疫氣重者는 若明知證藥하여

무의즉 불가심상치지 대기물약자유 공생기증
無疑則 不可尋常置之니 待其勿藥自癒하면 恐生奇證이니라.

대 의

이 병증을 경기도 사람은 장감병長感病이라고 하고 함경도 사람은 40일통이라고 하며 또는「땀내는 병」이라고도 하는 바 시속에서 쓰는 형방패독산 곽향정기산 보중익기탕 등은 매양 이 병을 오치誤治하지만 오직 웅담이 수혹맹인직문격雖或盲人直門格으로 잘 듣는 수가 있을 뿐이다. 그럼에도 불구하고 망투타약妄投他藥(병에 합당하지 않는 약)하는 것은 병세를 심하게 할 뿐인즉 古人이 말한 바의「병불능살인病不能殺人이오 약능살인藥能殺人」이라고 한 것

은 바로 이와 같은 것을 말하는 것이다. 그런즉 백병百病이 가감加減하는 상태를 범안凡眼으로 보면 진실로 추측하기 어려운 바 특히 차증의 가감을 통찰하기는 더욱 어렵다.

그런즉 차증의 땀이 미능眉稜과 관상顴上에서 나면 복약하지 않아도 병이 스스로 낫는 것인데 만일 병인이 오초용의誤招庸醫하여서 망투오약妄投誤藥한즉 관상한顴上汗이 액상한額上汗으로 반환返還하면서 오한은 다소간 덜게 될 것인바 이때에 의사도 약력이 진효秦效하는 줄로 알고 병인도 또한 약효가 나는 줄로 오인하게 되는 것이다. 그러나 연용오약連用誤藥하기를 수일간 계속하면 액상지한額上之汗마저 후퇴하게 되어서 마침내 죽게 되는 것이다.

그러므로 차증은 마땅히 땀의 진퇴로써 경중을 결정할 것이고 한궐寒厥의 다소로써 경중을 결정할 것은 아니다. 그런즉 중경이 「기병其病이 당자유當自癒」라고 한 것은 진중珍重한 말이 아니겠는가? 그러나 장감병에 역기疫氣가 없는 것은 위에서 말한 바와 같이 자유自癒하기를 기다려도 가하거니와 만일 온병瘟病, 춘발지역병(春發之染病)은 역기疫氣가 심한 것인즉 증과 약을 명확히 판정함으로써 의심이 없으면 반드시 약을 써야 할 것이고 심상치지尋常置之하여서 자유自癒하기를 기다려서는 안 된다. 만일 그렇게 하면 기증奇證을 병발併發하여서 위급하게 되기 때문이다.

논왈 태음인병 한궐사일이 무한자 중증야
論曰 太陰人病이 寒厥四日而 無汗者는 重證也오

한궐 오일이 무한자 험증야 당용 웅담산 혹 한다열소탕
寒厥 五日而 無汗者는 險證也니 當用 熊膽散이오 或 寒多熱少湯에

가 제조오칠구개 대변 활자 필용 건율 의이인 등속
加 蠐螬五七九個하되 大便이 滑者는 必用 乾栗 薏苡仁 等屬하고

대변 조자 필용 갈근 대황 등속 약액상미능상
大便이 燥者는 必用 葛根 大黃 等屬하고 若額上眉稜上에

유한즉 대기자유이 병해후 용약조리 부즉 공생후병
有汗則 待其自癒而 病解後에 用藥調理니 否則 恐生後病이니라.

대 의

태음인병이 만일 한궐寒厥이 4일 계속한 후에도 땀이 없으면 중증이고 5일이 되어도 땀이 안 나면 험증인즉 마땅히 웅담산이나 혹 한다열소탕에 제조蠐螬(굼벵이) 5 7 9개를 가하여서 쓰되 대변이 활滑하면 반드시 건율乾栗 의이인薏苡仁 등을 쓰고 대변이 조燥하면 반드시 갈근 대황 등속을 써야 한다. 그러나 만약 액상이나 미능眉稜상에 땀이 있으면 자유自癒하기를 기다렸다가 병이 스스로 나은 후에 용약조리用藥調理하여야 한다. 만약 그렇게 하지 않으면 후증後證이 복발復發할 염려가 있다.

상치 태음인 위완한증온병 유일 태음인
嘗治 太陰人 胃脘寒證瘟病할새 有一 太陰人이

소유정충 무한 기단 결해의 홀언 우첨출 일증
素有怔忡 無汗 氣短 結咳矣러니 忽焉 又添出 一證하야

설사 수십일부지 즉 표병지중증야 용 태음조위탕
泄瀉 數十日不止하니 卽 表病之重證也라 用 太陰調胃湯에

가 저근백피 1돈 일 재복십일 설사방지
加 樗根白皮一錢하야 日 再服十日에 泄瀉方止하고

連用 三十日이러니 每日 流汗이 滿面하고 素證도 亦減이러라.

而忽其家 五六人이 一時 瘟疫하니 此人이 緣於救病하야

數日 不服藥矣러니 此人이 又染瘟病瘟證하다 粥食이 無味하야

全不入口어늘 仍以 太陰調胃湯에 加 升麻 黃芩 各一錢하야

連用 十日하니 汗流滿面하고 疫氣 少減而

有 二日大便不通之證이어늘 仍用 葛根承氣湯五日而 五日內에

粥食이 大倍하고 疫氣大減而 病解러라. 又用 太陰調胃湯에

加 升麻 黃芩하야 四十日 調理하니 疫氣旣減하고 素病도 亦完이니라.

結咳者는 勉强發咳니 痰欲出이나 不出이 或出曰 結咳니

少陰人結咳를 謂之胸結咳오 太陰人結咳를 謂之頷結咳니라.

大凡 瘟疫은 先察其人 素病如何則 表裏虛實을 可知已니

素病이 寒者 得瘟病則 亦寒證也오 素病이 熱者 得瘟病則 亦熱證也오

素病이 輕者 得瘟病則 重證也오 素病이 重者 得瘟病則 險證也니라

대 의

일찍이 태음인의 위완한증 온병胃脘寒證 瘟病을 치료한 바 있는데 본시 정

충 무한 기단 결해怔忡 無汗 氣短 結咳의 소증素證이 있던 태음인이 갑자기 설사 수십일 부지증不止證을 첨출添出하였다. 이것은 표병表病이 본시 중증이었으므로 태음조위탕에 저근 배피 1돈을 가하여서 1일에 2회씩 복용시킨즉 설사가 멎으므로 계속하여서 20일간 복용시켰더니 한류만면汗流滿面하면서 소증素證(怔忡 氣短 結咳)도 감減하여졌다. 그러던 중에 홀연히 一家 5-6인이 일시에 온역瘟疫에 걸리게 되었으므로 이것을 간호하기 위하여서 수일간 복약하지 못하더니 드디어 온역온증瘟疫瘟證에 걸리게 되어서 구미口味를 잃게 되었다. 곧 태음조위탕에 승마 황금 1돈을 가하여서 연용 10일하였더니 한류만면汗流滿面하고 역기疫氣가 감소하였는데 다시 2일 동안 대변불통하는 증이 발하므로 갈근승기탕을 5일간 썼더니 5일 동안에 죽식粥食이 대배大倍하고 병이 쾌차하게 되므로 다시 태음조위탕에 승마 황금을 가하여서 40일간 조리시켰더니 역기疫氣와 소병素病이 완쾌하게 되었던 것이다.

결해結咳라는 것은 해기咳氣가 결취불산結聚不散하는 것이니 이것은 담痰을 떼려고 하여도 담이 떨어지지 않는 상태이기 때문에 기침을 하면 혹 떨어지기도 하고 떨어지지 않기도 하는 것을 말하는 것인바 소음인의 결해는 흉결해胸結咳이고 태음인의 결해는 함결해頷結咳이다.(즉 소음인은 胃陽之上升力이 불급하기 때문이고 태음인은 胃脘之陽의 상승력이 불급하기 때문이다) 무릇 온역의 병증을 집증執證하는 방법으로 먼저 그 사람의 소병素病이 무엇인가 하는 것을 살피면 반드시 그의 표리허실을 알게 될 것인즉 가령 소병이 한증寒證인 사람이 온병에 걸리게 되면 한증이 될 것이고 소병이 열증熱證인 사람이 온병에 걸리게 되면 열증이 될 것이고 소병이 경輕한 사람은 중증이 될 것이고 소병이 중한 사람은 험증이 될 것이다. 그런즉 온역은 이와 같이 소병의 여하로써 표리와 경중이 결정되는 것이다.

유일태음인소병 인익 건조이 면색 청백 표한혹설
有一太陰人素病이 咽嗌이 乾燥而 面色이 青白하며 表寒或洩하니

개인익 건조자 간열야 면색 청백 표한 혹설자 위완
蓋咽嗌이 乾燥者는 肝熱也오 面色이 青白하며 表寒 或洩者는 胃脘이

한야 차병 표리구병 소병지태중자야 차인
寒也니라. 此病은 表裏俱病이니 素病之太重者也라 此人이

득온병 기증 자시발일 지우병해 이십일 대변
得瘟病할새 其證이 自始發日로 至于病解러니 二十日에 大便이

초활혹설 중활말건 매일 이삼사차 무일불통
初滑或泄하며 中滑末乾하여 每日 二三四次 無日不通이러니

초용 한다열소탕 병해후 용 조리폐원탕
初用 寒多熱少湯하고 病解後에 用 調理肺元湯하야

사십일 조리 근근 획생
四十日 調理하니 僅僅 獲生이니라.

대 의

인익咽嗌이 건조하며 면색面色이 청백青白하고 표한혹설表寒或洩하는 병에 걸린 태음인 한사람이 있었는 바 인익咽嗌이 건조한 것은 간열肝熱때문이오 면색이 청백하면서 표한증과 설사증이 있는 것은 위완胃脘이 한寒하기 때문이다. 그런즉 이 병은 표리가 함께 수병受病한 것인즉 이것은 소병素病이 태중太重한 것을 의미하는 것이다.

그런데 이 사람이 온병에 걸려서 시발일始發日로부터 병해일病解日까지 20일 사이에 대변이 첫머리가 활滑하거나 혹 설洩하기도 했고 혹은 중간까지는 활滑하다가 말미에 가서는 건조한 대변이 나오기도 하였는바 이와 같이 하기를 매일 2-4차씩 하지 않은 날이 없었다. 이 병에 대하여서 처음에는 한다열소탕을 쓰고 병해후에는 조리폐원탕으로 조리하기를 40일 동안하고

근근히 득생得生한 것이다.

차병 시발 대변 혹활 혹설이 육일내 유 액한 미능한
此病이 始發에 大便이 或滑 或洩而 六日內에 有 額汗 眉稜汗

관한 음식기거 유 시여상 육일후 시용약
顴汗하고 飮食起居 有 時如常하기로 六日後에 始用藥이니라.

칠일 전체 면부 발제이하 지우순이 한류만면
七日에는 全體 面部 髮際以下 至于脣頤에 汗流滿面이로되

임리흡족이 한후 면색 대청 유 어눌증 팔구일
淋漓洽足而 汗後에 面色이 帶青하고 有 語訥證이러가 八九日에

어눌이농이 순한 환위관한 관한 환위미능한
語訥耳聾而 脣汗이 還爲顴汗하고 顴汗이 還爲眉稜汗하고

한출미립 사출사입이 지유액한 호흡단천의
汗出微粒하야 乍出乍入而 只有額汗하며 呼吸短喘矣러니

지우십일야 액한 환입이 어눌이롱 우심 담연
至于 十日夜하야 額汗이 還入而 語訥耳聾이 尤甚하고 痰涎이

옹후 구불능각 병인 자이수지 탐구식지이 출
壅喉하야 口不能咯하고 病人이 自以手指로 探口拭之而 出하더니

십일일 호흡단천 우심 지우 십이일 홀연 죽식
十一日에 呼吸短喘이 尤甚하고 至于 十二日하야 忽然 粥食이

이완 사시 약론기약즉 웅담산 혹자가야
二碗하니 斯時에 若論其藥則 熊膽散이 或者可也니라.

이웅담 궐재 자념 차인 금야 필사의 당일 초혼
而熊膽이 闕材니 自念 此人이 今夜에 必死矣라. 當日 初昏에

호흡 잠시소정 십삼일 계명시 발제 유한
呼吸이 暫時少定하고 十三日 鷄鳴時에 髮際에 有汗하고

십사일 십오일 연삼일 식죽 이완 액한 미능한 관한
十四日 十五日 連三日하야 食粥 二碗하고 額汗 眉稜汗 顴汗이

차차발출 면색 탈청 십육일 억한 시통
次次發出하야 面色이 脫靑하고 十六日에 臆汗이 始通하더니

초능각담 어눌 역유 지우이십일 억한
稍能喀痰하며 語訥이 亦癒하고 至于二十日하야 臆汗이

수차대통 수능기립방중 제증 개안이 이농증즉
數次大通하더니 遂能起立房中하고 諸證이 皆安而 耳聾證則

자여야 병해후 용약조리 사십일 이롱 목미 자거
自如也니라. 病解後에 用藥調理 四十日하니 耳聾 目迷 自祛하니라.

대 의

상술한 바의 간열증肝熱證과 위완한증胃脘寒證이 겸한 온역—즉 표리구병表裏俱病한 병이 시발할 때에는 대변이 혹활或滑 혹설或洩하였는 바 이 병이 6일 내에는 액한 미능한 관한額汗 眉稜汗 顴汗의 순으로 점발漸發했고 또 음식기거飮食起居도 여상如常하였으므로 6일 후에 이르러서 비로소 용약用藥했던 것이다. 그런데 7일에는 전체全體와 면부발제面部髮際이하에서부터 순이脣頤에 이르기까지 임리淋漓상태가 있을 뿐이더니(서립상(黍粒狀)의 쾌한(快汗)은 없고 또 땀이 흉액(胸液)에 까지 통한(通汗)하지 못했음) 그 후에 면청어눌증面靑語訥症이 일어나고 8-9일에 이르러서는 어눌증이 이농증耳聾證을 겸하고 땀은 순한 관한 미능한脣汗 顴汗 眉稜汗의 순으로 역발逆發할 뿐만 아니라 미립상微粒狀의 땀이 사출사입乍出乍入하더니 드디어 액한額汗만 남고 호흡까지 천단喘短하기에 이르렀다.

10일째 되는 날 밤에는 액한額汗마저 환입還入하고 어눌 이농증은 더욱 심하게 되었을 뿐만 아니라 담연痰涎이 목에 막힌 것을 각출喀出할 수가 없어서 환자가 스스로 손가락으로 탐구식출探口拭出하더니(이것은 위완지양이 상승하

지 못하기 때문이다) 11일에 단천短喘이 우심尤甚하게 되었는데 12일에 이르러서 홀연히 죽粥을 2완이나 먹었은즉 이것은 임종의 징조이다. 이때에 약은 혹 웅담산熊膽散을 써서 맹인직문盲人直門을 기다릴 뿐인데 웅남도 궐재厥材되었은즉 나는 이 환자가 그날 밤에 죽을 것으로 생각하고 있었다.(왜냐하면 표리양병지위중자(表裏兩病之危重者) 한류역행이몰입(汗流逆行而沒入)했기 때문이다.)

그런데 그 날 황혼 경에 이르러서 호흡이 잠정暫定하더니 13일 새벽에 발제한髮際汗이 다시 나고 14일 15일까지 연 3일간 액한 미능한 관한額汗 眉稜汗 顴汗의 순으로 순발順發하면서 죽粥을 2완씩이나 먹게 되더니 면색面色은 탈청脫靑하고 16일에는 비로소 억한臆汗이 나고 따라서 스스로 담을 각출하더니 어눌증도 풀리게 되었다. 이와 같이 하여서 20일에 이른즉 억한臆汗이 수 차 대통大通하더니 그 다음부터 기립방중起立房中하게 되고 또 제증諸證이 모두 물러갔으나 오직 이농증만은 여전하였는데 병해 후에 용약조리하기를 40일간 하였더니 이농도 스스로 퇴거하였은즉 여기에서 吾人은 태음인의 표한병은 땀의 순역順逆과 통흉액 능부通胸腋 能否로써 생사가 결정된다는 것을 알 수 있는 것이다.

태음인 간수열 이열병론

太陰人 肝受熱 裏熱病論

(註) 肝木의 金은 肺중의 木을 만들기 위해서 필요한 것이다. 그런데 만일 태음인의 경우에 있어서처럼 肝金이 大한즉 그것은 바로 肝中의 火가 왕(旺)한다는 말이다. 그런즉 이러한 肝은 木을 견제하는 힘이 부족하므로 자칫하면 火化하기 쉬운 것이다. 그러므로 태음인의 肝은 항상 수열(受熱)하기 쉬운 입장에 놓이게 된다. 그러므로 태음인의 이열병(裏熱病)은 간의 수열(受熱)로써 시작하여서 폐의 조(燥)로 전환하게 되고 급기야는 대변조결(大便燥結)에까지 이르게 된다.

주굉 왈 양독 면적반 반여 금문 인후통 타농혈
朱肱이 曰 陽毒은 面赤斑 斑如 錦紋하고 咽喉痛하며 唾膿血이니

의 갈근해기탕 흑노환
宜 葛根解肌湯 黑奴丸이니라.

양독급 괴상한 의소불치 정백 이갈 심하상난
陽毒及 壞傷寒은 醫所不治니 精魄이 已竭이라도 心下尙煖이면

간개기구 관흑노환 약하인 즉활
斡開其口하고 灌黑奴丸하면 藥下咽에 卽活이니라.

이천 왈 미오한발열 의 갈근해기탕
李梴이 曰 微惡寒發熱에 宜 葛根解肌湯이오

목동 비건 조한 폐삽 만갈 광섬 의 조위승기탕
目疼 鼻乾 潮汗 閉澁 滿渴 狂譫에 宜 調胃承氣湯이로되

열재표즉 목동불면 의해기탕 열입리즉 광섬
熱在表則 目疼不眠이니 宜解肌湯이오 熱入裏則 狂譫이니

의 조위승기탕
宜調胃承氣湯이니라.

공신 왈 양명병 목동 비건 불득와 의 갈근해기탕
龔信이 曰 陽明病은 目疼 鼻乾 不得臥니 宜 葛根解肌湯이니라.

삼양병 심 변위양독 면적안홍 신발반황
三陽病이 深하면 變爲陽毒하야 面赤眼紅 身發斑黃하며

혹하리황적 육맥 홍대 의흑노환
或下利黃赤하고 六脈이 洪大니 宜黑奴丸이니라.

대 의

주굉이 말하기를 양독陽毒은 얼굴에 적반赤斑이 생기는 바 그 반문斑紋은 금문錦紋과 같고 인후가 아프면서 농혈膿血을 타출唾出하는 병증을 말하는 것인즉 갈근해기탕과 흑노환을 써야 한다.

양독陽毒과 상한괴증傷寒壞證은 의소불치지병醫所不治之病이다. 그러나 이 병증에 있어서 정백精魄이 비록 이갈已竭하더라도 만일 심하心下에 아직 온난溫煖한 기운만 있으면 입을 벌리고 흑노환을 관입灌入하면 부활復活할 수 있다.

이천이 말하기를 미오한微惡寒 발열증에는 갈근해기탕을 쓰고 만약 목동 비건 조한 폐삽 만갈(복만) 광섬증目疼 鼻乾 潮汗 閉澁 滿渴(腹滿) 狂譫證이 구유俱有하면 조위승기탕을 써야 한다. 그러나 목동 불면증不眠證만 있으면 이것은 열이 아직 표表에 있다는 증거인즉 갈근해기탕을 써야 하고 만약 만갈 광섬증滿渴 狂譫證을 구유俱有하면 이것은 열이 이미 입리入裏하였다는 증거인즉 조위승기탕을 써야 한다.

공신이 말하기를 양명병은 목동 비건目疼 鼻乾하면서 잠을 자지 못하는 병이니 갈근해기탕을 써야 한다. 그런데 삼양병三陽病이 입심入深하면 양독陽毒

으로 변하게 되는 것이니 이 병증이 면적 안홍面赤 眼紅하면서 몸에 황색 반문斑紋을 발하며 혹은 하리황적下利黃赤하기도 하며 육맥六脈이 홍대洪大하게 되는 것인즉 마땅히 흑노환을 써야 한다.

논왈 우제증 당용 갈근해기탕 흑노환
論曰 右諸證에 當用 葛根解肌湯과 黑奴丸이니라.

대 의

이상 제가諸家의 소론지증所論之證에는 갈근해기탕과 흑노환을 쓰는 것이 옳다.

영추 왈 척부 열심 맥 성조자 병온야
靈樞에 曰 尺膚에 熱深하야 脈이 盛燥者는 病瘟也니라.

왕숙화왈 온병맥 음양 구성 병열지극 부지이활
王叔和曰 瘟病脈은 陰陽이 俱盛하나니 病熱之極에 浮之而滑하며

침지산삽
沈之散澁이니라.

맥법 왈 온병 이삼일 체열 복만 두통 식음 여고
脈法에 曰 瘟病 二三日에 體熱 腹滿 頭痛하나니 食飮이 如故라도

맥직이질 팔일 사 온병 사오일 두통 복만이토
脈直而疾하면 八日에 死하고 瘟病 四五日 頭痛 腹滿而吐에

맥래세이강 십이일 사 팔구일 두신 불통
脈來細而 强하면 十二日에 死하고 八九日에 頭身이 不痛하고

목부적 색불변이 반리 맥래삽 안지부족 거시대
目不赤 色不變而 反利하며 脈來澁하야 按之不足하고 擧時大하며

심하견 십칠일 사
心下堅하면 十七日에 死라 하다.

공신 왈 온병 양양대열 맥 세소자 사 온병
龔信이 曰 瘟病에 穰穰大熱하며 脈이 細小者는 死하고 瘟病에

하리통심자 사 만력 병술 여우대량 온역 대작
下利痛甚者도 死니라. 萬曆 丙戌에 余寓大梁할 새 瘟疫이 大作하야

사민 다폐 기증 증한장열 두면항협 적종
士民이 多斃이러라. 其證이 增寒壯熱하야 頭面項頰이 赤腫하며

인후종통 혼궤 여발일비방 명왈 이성구고환
咽喉腫痛하고 昏憒어늘 余發一秘方하니 名曰 二聖救苦丸이라.

대황4냥 저아조각2냥 면호화환 녹두대 오육칠십환 일복
大黃四兩 猪牙皂角二兩을 麵糊和丸 菉豆大하야 五六七十丸 一服에

즉한 일한 즉유 품장자 백발백중
卽汗하고 一汗에 卽癒로되 稟壯者는 百發百中이러라.

조각 개관규 발기표 대황 사제화 통기리
皂角은 開關竅 發其表하고 大黃은 瀉諸火 通其裏하나니라.

감 사시부정지기 사인담연 옹성 번열 두동 신통 증한장열
感 四時不正之氣하면 使人痰涎이 壅盛하며 煩熱 頭疼 身痛 增寒壯熱

항강청동 혹 음식 여상 기거의구 심지성아
項强睛疼하며 或 飮食이 如常하며 起居依舊로되 甚至聲啞하며

혹안적 구창 대소시종 후비 해수 조점분체
或眼赤 口瘡 大小腮腫하고 喉痺 咳嗽 稠粘噴嚔니라.

대 의

영추靈樞에 말하기를 척부尺膚에 열이 많아서 맥성脈盛하면서 조燥하는 것은 온병瘟病에 걸렸다는 증거인 것이다.(왜냐하면 온병은 自內之外하는 병이기 때문이다) 왕숙화王叔和가 말하기를 온병맥瘟病脈은 음양이 구성俱盛하므로 병이

심할 때의 맥이 경안輕按하면 비록 부맥浮脈이 나타나면서도 활맥滑脈이 공존하며 중안重按하면 침맥沈脈이 나타나면서도 산삽맥散澁脈이 공존하는 것인즉 이것이 바로 사음사양邪陰邪陽이 구성俱盛하기 때문이다. 그러므로 맥법脈法에 말하기를 온병瘟病이 2-3일 되었을 때에 체열 복만 두통하면서도 음식이 여전한즉 이것은 마치 병이 중하지 않은 것 같지만 맥이 현질弦疾하면 8일을 넘기지 못하고 또 4-5일이 되어서 두통 복만하면서 토할 때에 만일 맥이 세강細强하면 12일을 넘기지 못하고 또 8-9일이 되어서 두불통 목불적 색불변頭不痛 目不赤 色不變하면서 반리反利할 때에 삽맥澁脈이 나타나서 안지부족 거시대按之不足 擧時大하면서 심하心下가 견경堅硬하면 17일을 넘기지 못한다고 하였다.

공신이 말하기를 온병에 대열大熱이 양양穰穰하면서 맥이 세소細小하면 죽고 온병에 하리下利하면서 통증이 심하여도 죽는 것이다. 또 말하기를 만력萬曆 병술년丙戌年에 내가 대량大梁 땅에 살고 있을 때에 온역瘟疫이 유행되어서 士民이 많이 죽은 일이 있었는바 그 병증이 증한장열增寒壯熱하면서 두면頭面과 항협項頰이 적종赤腫하고 또 인후종통咽喉腫痛하면서 혼궤증昏憒證이 있었는바 그 때에 내가 한 비방一秘方을 만들어서 이성구고환二聖救苦丸이라고 명명하였는 바 그 처방은 대황 4냥 저아조각猪牙皀角 2냥을 녹대菉大로 호환糊丸하여서 1차에 50-70환씩 먹이게 하였는바 체질이 품장稟壯한 사람은 백발백중이었다. 조각은 관규關竅를 열면서 발표發表하는 약이고 대황은 사제화瀉諸火하면서 통기리通其裏하는 약이므로 그와 같이 효과가 있었던 것이다.

공신이 또 말하기를 사시부정지기四時不正之氣에 감感하게 되면 환자가 담연痰涎이 옹성壅盛하고 번열 두통 신통 증한장열增寒壯熱 항강청동項强晴疼하며 혹은 음식 기거飮食 起居가 여상如常하지만 심하면 성아聲啞하며 혹은 안적구창眼赤口瘡하며 대소시大小腮가 종대腫大하며 후비 해수 조점분체喉痺 咳嗽 稠粘 噴嚏한다고 하였다.

논왈 우제증 증한장열 조삽자 당용 조각대황탕 갈근승기탕
論曰 右諸證에 增寒壯熱 燥澁者는 當用 皂角大黃湯 葛根承氣湯이오

두면항협 적종자 당용 조각대황탕 갈근승기탕
頭面項頰이 赤腫者도 當用 皂角大黃湯 葛根承氣湯이오

체열 복만 자리자 열승즉이증야 당용 갈근해기탕
體熱 腹滿 自利者 熱勝則裏證也니 當用 葛根解肌湯이오

한승즉 표증이 태중증야 당용 조위탕 가 승마 황금
寒勝則 表證而 太重證也니 當用 調胃湯에 加 升麻 黃芩이니라.

대 의

위에서 말한 제증諸證에서 만일 증한장열增寒壯熱하면서 대변이 조삽燥澁하면 마땅히 조각대황탕이나 갈근승기탕을 써야 하고 만약 두면頭面 항협項頰이 적종赤腫하여도 또한 조각대황탕이나 갈근승기탕을 써야 한다. 그런데 체열 복만 자리體熱 腹滿 自利하는 자가 만일 열승熱勝한즉 이것은 이증裏證이니 갈근해기탕을 써야 하고 만약 한승寒勝하면 이것은 표증表證의 태중증太重證인즉 조위탕에 승마 황금을 가해서 써야 한다.

상치 태음인 간열 열증 온병 유일 태음인소병 수년내
嘗治 太陰人 肝熱 熱證 瘟病할새 有一 太陰人素病이 數年來로

안병 시작시지의 차인 득온병 자시발일
眼病이 時作時止矣러니 此人이 得瘟病할새 自始發日로

용 열다한소탕 삼사오일 대변 혹활 혹설
用 熱多寒少湯 三四五日하니 大便이 或滑 或泄이라가

지육일 유 대변 일일 불통지증 잉용 갈근승기탕
至六日하야 有 大便이 一日 不通之證이어늘 仍用 葛根承氣湯

연삼일 죽식 대배 우용 삼일 역기대감
連三日하니 粥食이 大倍하고 又用 三日하니 疫氣大減이러라.

병해후 복용 열다한소탕 대변 조삽즉 가 대황1돈
病解後에 復用 熱多寒少湯하되 大便이 燥澁則 加 大黃一錢하고

활설태다즉 거 대황 여차조리 이십일 기인 완건
滑泄太多則 去 大黃하야 如此調理 二十日에 其人이 完健이니라.

차병 시발 구역 구토 혼궤불성 중통의
此病이 始發에 嘔逆 嘔吐하며 昏憒不省하야 重痛矣러니

말경 반위경증 십이일이 병해
末境에 反爲輕證하야 十二日而 病解니라.

대 의

일찍이 태음인의 간열병肝熱病 열증熱證 온병瘟病을 치료한 바 있는데 태음인 한사람이 수년 내로 안병眼病이 사작사지乍作乍止하더니 드디어 온병에 걸리었다. 발병일부터 3 4 5일간 열다한소탕을 썼더니 대변이 혹활혹설或滑或泄하다가 발병후 6일이 되자 하루는 대변불통증이 생겼다. 그러므로 갈근승기탕을 연 3일간 썼더니 죽식粥食이 대배大倍하게 되므로 다시 그것을 3일간 복용시켰던 바 역기疫氣가 대감大減하였다. 그러므로 병해후에 다시 열다한소탕을 쓰되 만약 대변이 조삽하면 대황 1돈을 가하고 대변이 활설하면 대황을 빼면서 20일간 조리시켰더니 그 사람이 완쾌하게 되었던 것이다. 그런데 이 병이 시발할 때에 구역 구토하면서 혼궤중통昏憒重痛하더니 말경에는 도리어 경증輕證으로 변하여서 12일에 병해病解한 바 있다. 그런즉 태양인병이 초발初發에 구역 구토하는 것은 표증表證인바 이것은 위완지양胃脘之陽이 상승하려는 징조인즉 두려워 할 필요가 없다는 것을 알 수 있다.

일태음인 십세아 득 이열온병 죽식 전불입구
一太陰人 十歲兒 得 裏熱瘟病하야 粥食이 全不入口하고

약역 불입구 장열 양양 유 시음냉수
藥亦 不入口하며 壯熱이 穰穰하야 有 時飮冷水러니

지우 십이일즉 대변불통 이사일의
至于 十二日則 大便不通이 已四日矣라.

황겁섬어왈 유 백충 만실 우유 서입회운
遑怯譫語曰 有 百蟲이 滿室이라 하며 又有 鼠入懷云하고

분광포복 경호제읍 유시 열극생풍 양수궐냉
奔恇匍匐하며 驚呼啼泣이라가 有時에 熱極生風하야 兩手厥冷하며

양슬 신이불굴 급용 갈근승기탕 불탄제읍
兩膝이 伸而不屈이어늘 急用 葛根承氣湯하되 不憚啼泣하고

강관구중 즉일 죽식 대배 역기대해 행이 득생
強灌口中하니 卽日 粥食이 大倍하고 疫氣大解하야 倖而 得生하니라.

차병 시발사오일 음식기거 여상 무이평인의
此病이 始發四五日에 飮食起居 如常하야 無異平人矣라가

말경 반위중증 십칠일이 병해
末境에 反爲重證하고 十七日而 病解니라.

대 의

태음인 십세아十歲兒가 이열온병裏熱瘟病에 걸려서 죽식粥食이 불입不入하고 약도 먹지 못하며 대열大熱이 양양穰穰하면서 때때로 냉수를 먹더니 12일에 이르러서는 대변불통증이 된지 이미 4일이 되었다. 그때부터 환자가 광겁恇怯해 하면서 섬어譫語하기를 백충百蟲이 만실滿室하다고 하며 또는 쥐가 품속으로 들어간다고 하기도 하였다. 이와 같이 당황해 하면서 경호驚呼하기도 하고 제읍啼泣하기도 하더니 마침내 열극생풍熱極生風하여서 양수兩手는 궐냉하고 양슬兩膝은 신이불굴伸而不屈하게 되었으므로 제읍啼泣함에도 불구

하고 갈근승기탕을 강관구중強灌口中하였더니 즉일 죽식粥食이 대배大倍하고 역기疫氣도 내해大解하여서 요행으로 살아났던 것이다. 회고한즉 이 병이 시발할 때에 4-5일간은 음식기거가 여상如常하므로 심상치지尋常置之하였던 바 말경에는 도리어 병이 중하여졌다가 17일만에 병해病解하게 되었던 것이다. 그런데 이 병이 초발初發에 음식기거가 여상如常했던 것은 이열裏熱이 생기려는 징조인 것을 알지 못하고 있었기 때문에 이와 같이 중증이 되었던 것이다.

내경 왈 제삽 고학추게 개속어조
內經에 曰 諸澁 枯涸皴揭는 皆屬於燥니라.

대 의

내경에 말하기를 모든 조삽증燥澁證이 고학추게枯涸皴揭하는 것은 모두 조증에 속하는 것이라고 하였다.

논왈 태음인 면색 청백자 다무조증
論曰 太陰人이 面色이 青白者는 多無燥證이오

면색 황적흑자 다유조증 개 간열폐조이 연야
面色이 黃赤黑者는 多有燥證이니 蓋 肝熱肺燥而 然也라.

상치 태음인 조열증 수지초흑반창병 자 좌수중지
嘗治 太陰人 燥熱證 手指焦黑瘢瘡病할새 自 左手中指로

초흑무력 이년내 일지 흑혈 초응 과장심이
焦黑無力이러니 二年内에 一指에 黑血이 焦凝하야 過掌心而

장배부종 이도단지의 우 일년내 반창 편만전체
掌背浮腫하기로 以刀斷指矣러니 又 一年内에 瘢瘡이 遍滿全體하야

대자 여대전 소자 여소전 득병 이위삼년이
大者는 女大錢하고 小者는 如小錢하니 得病이 已爲三年而

이장년인 수력 불능역로 일반각 족력 불능 일행보
以壯年人으로 手力이 不能役勞 一半刻하며 足力이 不能 日行步

삼십리 이열다한소탕 용 고본2돈 가 대황1돈
三十里라. 以 熱多寒少湯하되 用 藁本二錢 加 大黃一錢하야

이십팔첩용지 대변 시활 불과 일이일 우 비조
二十八貼用之러니 大便이 始滑이라가 不過 一二日에 又 秘燥어늘

우용 이십첩 대변 불심활설 이면부반창 소차
又用 二十貼한데 大便은 不甚滑泄이나 而面部瘢瘡이 少差하고

수력족력 초쾌유효 우용 이십첩 기병 쾌차
手力足力이 稍快有效러니 又用 二十貼하고 其病이 快差니라.

대 의

대저 태음인이 면색面色이 청백青白하면 흔히 조증燥證이 없고 면색이 황적흑黃赤黑하면 흔히 조증이 있는 것인바 이것은 간열폐조肝熱肺燥하기 때문이다. 일찍이 태음인이 수지手指가 초흑焦黑하게 되면서 반창瘢瘡이 생기는 조열병燥熱病을 치료한 바 있는데 처음에 좌수중지左手中指가 초흑焦黑하게 되면서 무력하여지더니 2년 내에 일지一指에 흑혈黑血이 초응焦凝하고 이것이 장심을 지나서 장배掌背가 부종浮腫하기에까지 이르렀다. 그러므로 할 수없이 그 손가락을 칼로써 잘랐던 바 그 후 1년 내에 온 몸에 반창瘢瘡이 생기게 되었는바 큰 것은 대전大錢만큼 하고 작은 것은 소전小錢만큼 하였다. 그런데 득병 3년이 된 이때에 방당장년方當壯年임에도 불구하고 수력手力은 반각

半刻의 노역에도 견딜 수 없게 되고 족력足力은 하루에 30리도 행보 할 수 없게 되었다.

그러므로 열다한소탕에 고본 2돈을 쓰고 대황 1돈을 가하여서 28첩을 쓴즉 대변이 시활始滑하더니 다시 1-2일후에 비조秘燥하게 되므로 또 20첩을 썼더니 대변이 알맞게 활하면서 면부반창面部瘢瘡과 수력 족력이 초쾌유효稍快有效하므로 다시 20첩을 썼더니 그 병이 쾌차하였다.

보 주

태음인이 肺小하여서 肝火를 포위할 수 없으므로 肺金의 陰이 실윤失潤하게 되어서 조燥하게 된다. 그런데 이와 같은 조燥는 陽明에 속하므로 양명의 조燥가 극점을 이루는 申에서 조燥의 바탕이 이루어지는 것이다.(상세는 우주변화의 원리 인신상화론 참조) 그러므로 동무가 조열수지초흑병燥熱手指焦黑病이 중지中指에서 일어나는 것을 발견하였던 것이거니와 그런즉 이것은 조燥가 극점에 이른 것을 말하는 것이다.

그런데 태음인의 일반적인 조燥는 위에서 말한 내경소론內經所論으로 나타난다. 즉 태음인이 피부가 거칠거나 수족조갑手足爪甲이 상향하거나 하는 것은 모두 조燥하기 때문인 것이다. 그런즉 내경에 말한 바의 「제삽 고합추게 諸澁 枯涸皺揭」는 모두 조증燥證의 발현인 바 이것이 심하게 되면 나중에는 수지手指에서 초흑병焦黑病으로 발전하는 것이다.

영추 왈 이양결 위지소 음일수이 사불치

靈樞에 曰 二陽結을 謂之消니 飮一溲二면 死不治니라.

주왈 이양결 위 위급대장열결야
註曰 二陽結은 謂 胃及大腸熱結也라.

대 의

영추에 말하기를 이양결二陽結을 소消라고 하는 바 만일 음일수이飮一溲二하게 되면 다스릴 수가 없다. 註하기를 이양결二陽結이란 것은 위와 대장에 열결熱結한 것을 지칭한다고 하였다.

편작난경 왈 소갈맥 당득 긴실이삭
扁鵲難經에 曰 消渴脈은 當得 緊實而數이니

반득 침색이미자 사
反得 沈濇而微者는 死니라.

대 의

난경難經에 말하기를 소갈맥消渴脈은 마땅히 긴실이삭緊實而數하여야 하는 것인즉 반대로 침색이무력沈濇而無力하면 죽는다고 하였다.

장중경 왈 소갈병 소변 반다 여음수일두
張仲景이 曰 消渴病에 小便이 反多하야 如飮水一斗에

소변 역일두 신기환 주지
小便이 亦一斗하면 腎氣丸이 主之니라.

대 의

중경이 말하기를 소갈消渴에 소변량이 많아서 만약 물 1두를 먹으면 소변도 1두가 나오게 되는 것은 신기腎氣가 활동하지 못하는 까닭인즉 마땅히 신기환을 써야 한다고 하였다.

논왈 차병 비 소양인소갈야 즉 태음인조열야
論曰 此病은 非 少陽人消渴也오 卽 太陰人燥熱也니

차증 부당용 신기환 당용 열다한소탕 가 고본 대황
此證에 不當用 腎氣丸이오 當用 熱多寒少湯에 加 藁本 大黃이니라.

대 의

위에서 말한 바의 중경 소론所論은 소양인의 소갈消渴이 아니고 태음인의 조열증燥熱證인즉 신기환을 쓸 것이 아니라 열다한소탕에 고본 대황을 가하여 써야 한다.

보 주

영추에 말한 바의 「음일수이飮一溲二」의 증證은 소병消病(소갈(消渴)과 다르다)

이니 이것은 이양二陽에 열결熱結이 된 것이므로 그 병이 심하게 되면 진액과 물은 모두 조화위수燥化爲水하게 되는 것이니 이것은 조燥가 극極하면 온화위량溫化爲凉하기 때문에 체내의 모든 물질은 물로 화하게 됨으로써 드디어 음일수이飮一溲二하게 되는 것이다. 그런즉 이것은 바로 태음인의 조열증燥熱證이 극화極化한 상태를 말한 것이다. 그런데 중경이 말한 바의 음일두 수일두飮一斗 溲一斗란 것은 조燥하기 때문에 폐불능생수肺不能生水한 상태인즉 이것은 조열이 극화한 것과는(二陽之病과는) 다르므로 물이 영추소론靈樞所論처럼 많이 생기지 못하고 다만 음일두 수일두飮一斗 水一斗하게 되는 것이다. 즉 신조腎燥는 이음지장二陰之臟에 속한 것인즉 이양지부二陽之腑에 비하면 조화위수지력燥化爲水之力이 불급할 것은 물론이다. 그런즉 영추에 말한 소증消證은 태음인의 조극증燥極證을 말하는 것이고 중경이 말한 바의 소갈消渴은 소양인의 소갈이 아니라 태음인의 조중증燥重證을 말하는 것이다. 그러므로 동무는 신기환을 쓸 것이 아니라 열다한소탕을 써야 한다고 한 것이다.

상치 태음인 년 오십근쇠자 조열병 인음 소변다 대변비자
嘗治 太陰人 年 五十近衰者 燥熱病 引飮 小便多 大便秘者할새

용 열다한소탕 용 고본2돈 대황1돈 이십첩 득효의
用 熱多寒少湯하되 用 藁本二錢 大黃一錢하야 二十貼에 得效矣러니

후일월여 용 타의약오첩 차인 갱병
後一月餘에 用 他醫藥五貼하고 此人이 更病이어늘

복용 열다한소탕 가 고본대황 오육십첩 용약시간
復用 熱多寒少湯에 加 藁本大黃하야 五六十貼하니 用藥時間에

기병 근근지탱 후 종불면사 우 상치 태음인
其病이 僅僅支撑이라가 後에 終不免死하고 又 嘗治 太陰人

연소자 조열병 용 차방삼백첩 득 지탱일주년
年少者 燥熱病할새 用 此方三百貼하야 得 支撑一週年이라가

차병 역불면사 차인 득병일주년
此病이 亦不免死하니 此人이 得病一週年에

혹간용타의방 미지연하고야
或 間用他醫方일는지 未知緣何故也로다.

개조열 지어음 일수이이 병극즉 난치 범태음인 대변
蓋燥熱이 至於飮 一溲二而 病劇則 難治니 凡太陰人이 大便이

비조 소변 각다이 인음자 불가불 조치예방
秘燥하고 小便이 覺多而 引飮者는 不可不 早治豫防이니라.

대 의

일찍이 태음인 오십근쇠자五十近衰者가 인음 소변다 대변비조引飮 小便多 大便秘燥하는 것을 치료한 바 있는데 열다한소탕에 고본 2돈 대황 1돈을 가하여서 20첩을 쓰고 득효한 바 있는데 그 후 1년 후에 다른 의사의 약 5첩을 쓰고 갱병更病하게 되므로 다시 열다한소병에 고본 대황을 가하여서 50-60첩을 쓴즉 용약할 때만 겨우 지탱하더니 마침내 죽고 말았다.

또 태음인 소년의 조열병燥熱病을 치료한 바 있는데 차방 300첩을 쓰고 1주년 동안 버티더니 또한 죽었는바 아마 득병 1주년 동안에 타의他醫의 약을 간혹 썼는지 그 연고를 알 수가 없다. 대개 조열증은 음일수이飮一溲二하기에 이르면 다스리기 어려운즉 만일 태음인이 대변이 비조秘燥한 자가 소변이 많으면서 인음引飮하면 조치예방早治豫防하지 않으면 안 된다.

차병 비필불치지병야 차소년 득병용약일주년후 방사
此病은 非必不治之病也로되 此少年이 得病用藥 一週年後에 方死하니

개차병원위 치락 무염 욕화외치 간열 태성
蓋此病原委는 侈樂이 無厭하고 慾火外馳하여 肝熱이 太盛하며

폐조태고지고야 약 차소년 안심척욕 일백일이 용약즉 언유
肺燥太枯之故也리라. 若 此少年이 安心滌慾 一百日而 用藥則 焉有

불치지리호 개 자시병일 지우 종사일 욕화무일불치고야
不治之理乎아 蓋 自始病日로 至于 終死日에 慾火無日不馳故也니

언 왈 선조덕택 수혹 부득일 일개 보이공경덕택
諺에 曰 先祖德澤은 雖或 不得一 一個 報而恭敬德澤은

필무 일일불수보 범 무론모병인 공경기심
必無 一一不受報라 하니 凡 無論某病人하고 恭敬其心하며

탕척욕화 안정선심 일백일즉 기병 무불유
蕩滌慾火하여 安靜善心하면 一百日則 其病이 無不癒오

이백일즉 기인 무불완 공경덕택지 개개수보 백사
二百日則 其人이 無不完하리니 恭敬德澤之 個個受報 百事에

개연이 질병 우심
皆然而 疾病이 尤甚이니라.

대 의

이 병은 반드시 불치병이 아닌데 이 소년이 득병용약 1주년 후에 죽었은즉 이 병의 원위原委를 따져 보면 치락侈樂과 욕화慾火가 肝熱을 태성太盛하게 함으로써 폐조태고肺燥太枯하게 한 까닭일 것이다. 그러므로 만약 이 소년이 백일 동안 안심척욕安心滌慾하고 용약하였더라면 죽었을 리가 없었을 것이다.

그런즉 이 소년이 죽은 것은 시병일始病日로부터 죽을 때까지 욕화慾火가 태과太過한 까닭이다. 속담에 말하기를 「선조의 덕택은 낱낱이 갚을 수가 없으되 공경의 덕택은 갚아지지 않은 것이 없다」고 하였은즉 여하한 병인을 막론하고 그 마음을 공경하고 욕화를 탕척蕩滌하면서 양심良心으로써 안정하면 100일에 그 병이 낫지 않을 수가 없고 200일이면 그 사람이 완쾌하지

않을 수가 없는 것이다. 그런즉 공경덕택이 낱낱이 수보受報하는 것은 백사百事가 모두 그렇지만 질병에 있어서는 더욱 그러한 것이다.

보 주

「공경恭敬」이란 것은 자기의 심신지력心身之力을 모두 바치는 것을 말하는 것인바 이것은 다만 표면으로 보기에는 부모나 장상長上에게 경의를 표하는 것 같이 보이지만 그 이면을 따져 보면 인간이 새로이 자기를 만드는 일을 말하는 것이다. 그러므로 「공恭」자의 상象에는 심신心神을 봉공奉供하는 상이 있고「경敬」자의 상에는 그것을 수납봉양受納奉養하는 상이 있다.

그런즉 이것이 바로 수화진퇴水火進退의 상이며 또한 정신출납精神出納의 상이다. 그러므로 공경이란 것은 남을 위하면서도 도리어 자기를 위하는 성심인즉 사람이 만일 공경지심恭敬之心과 공경지행恭敬之行이 있으면 수승화강水升火降하여서 오장이 자화自和하게 될 것이므로 백병이 불생不生할 것이고 불연不然이면 水火가 실도失途하여서 오장五臟이 승리하게 되므로 백병이 점증漸增하게 되는 것이다.

그런즉 고언古諺에 말한 「선조덕택先祖德澤은 수혹 부득일일개보이雖或 不得一一個報而 공경덕택恭敬德澤은 필무일일불수보必無一一不受報」라고 말한 것은 바로 이것이다. 다시 말하면 공경이란 어원은 水火의 승강을 의미하는 것인즉 인체의 수화가 잘 승강하면 즉석에서 몽덕蒙德하게 되고 잘 승강하지 못하면 즉석에서 피해를 받게 되는 것이므로 공경덕택恭敬德澤은 필무일일불수보必無一一不受報가 될 수밖에 없는 것이다.

위역림 왈 음혈 모갈 이농 목암 각약 요통
危亦林이 曰 陰血이 耗竭하면 耳聾 目暗 脚弱 腰痛하나니

의용흑원단 범남자 방당장년 진기유겁 차내 품부소약
宜用黑元丹이니라 凡男子 方當壯年에 眞氣猶怯은 此乃 稟賦素弱이오

비허이연야 자익지방 군품 초중 약력 세미
非虛而然也니 滋益之方이 群品이 稍衆이로되 藥力이 細微하여

난견공효 단고 천원일기 사수승화강즉 오장 자화
難見功效하니 但固 天元一氣하여 使水升火降卽 五臟이 自和하여

백병 불생 의용 공진단
百病이 不生하나니 宜用 供辰丹이니라.

대 의

위역림이 말하기를 음혈陰血이 모갈耗竭되면 따라서 이농 목암 각약 요통耳聾 目暗 脚弱 腰痛하게 될 것이니 흑원단을 써야 한다. 또 말하기를 남자가 방당 장년方當壯年에 진기眞氣가 겁약怯弱한 것은 소품지기素稟之氣가 약하기 때문이오 허하기 때문이 아닌즉 자익지방滋益之方이 비록 많다고 할지라도 약력이 세미細微하여서 공효功效를 기대하기 어려운즉 그 공효를 볼 수 있는 방법은 오직 천원지기天元之氣를 귀일歸一하게 하여서 수승화강水升火降을 잘 하게 하는 일이니 그렇게 하면 오장지기가 잘 조화됨으로써 백병이 불생不生할 것인즉 여기에는 마땅히 공진단을 써야 한다.

논왈 차증 당용 흑원여 공진단 당귀 산수유 개위두재
論曰 此證에 當用 黑元與 供辰丹이나 當歸 山茱萸는 皆爲蠹材라.

藥力이 未全하나니 欲收全力컨댄 宜用 拱辰黑元丹 鹿茸大補湯이니라.

대 의

차증에는 마땅히 흑원단이나 공진단을 쓰는 것이 옳으나 그러나 방중方中의 당귀 산수유는 태음인의 진기를 보補하는 데에 있어서 필요없는 약이므로 약력이 불급不及하다. 그런즉 만일 전력全力을 거두려면 공진흑원단과 녹용대보탕을 써야 한다.

범 론

泛論

태음인증 유 식후비만 퇴각무력병
太陰人證에 有 食後痞滿 腿脚無力病하니

의용 공진흑원단 녹용대보탕 태음조위탕 조위승청탕
宜用 拱辰黑元丹 鹿茸大補湯 太陰調胃湯 調胃升清湯이니라.

대 의

태음인증에 식후비만증食後痞滿證과 퇴각무력증腿脚無力證이 있으니 마땅히 공진흑원단, 녹용대보탕 태음조위탕 조위승청탕을 써야 한다.

태음인증 유 설사병 표한증설사 당용 태음조위탕
太陰人證에 有 泄瀉病하니 表寒證泄瀉에는 當用 太陰調胃湯이오

표열증설사 당용 갈근나복자탕
表熱證泄瀉에는 當用 葛根蘿葍子湯이니라.

대 의

태음인병에 설사증泄瀉證이 있으니 표한증表寒證 설사에는 태음조위탕을 써야하고 표열증表熱證 설사에는 갈근나복자탕을 써야 한다.

太陰人證에 有 咳嗽病하니 宜用 太陰調胃湯 鹿茸大補湯 拱辰黑元丹이니라.

대 의

태음인증에 해수병咳嗽病이 있으니 마땅히 태음조위탕 녹용대보탕 공진흑원단을 써야 한다.

太陰人證에 哮喘病하니 重證也라. 當用 麻黃定喘湯이니라.

대 의

태음인증에 효천병哮喘病이 있는 바 이것은 중증重證인즉 마땅히 마황정천탕을 써야 한다.

태음인증 유 흉복통병 위험증야 당용 마황정통탕
太陰人證이 有 胸腹痛病하니 危險證也라. 當用 麻黃定痛湯이니라.

대 의

태음인증에 흉복통병胸腹痛病이 있는 바 이것은 위험증인즉 마땅히 마황정통탕을 써야 한다.

태음인소아 유 설사 십여차무도자 필발만경풍
太陰人小兒有 泄瀉 十餘次無度者는 必發慢驚風이니

의용 보폐원탕 예비만풍
宜用 補肺元湯하여 豫備慢風이니라.

대 의

태음인 소아小兒가 하루에 십여차十餘次 설사무도洩瀉無度하는 자가 있는바 이것은 만경풍慢驚風이 일어나려고 하는 징조인즉 마땅히 보폐원탕을 써서 미리 만경풍을 예방하여야 한다.

태음인 유 복창부종병 당용 건율제조탕
太陰人이 有 腹脹浮腫病하니 當用 乾栗蠐螬湯이니라.

此病은 極危險證而 十病九死之病也니 雖 用藥病癒라도 三年內에 不再發然後에 方可論生이니 戒侈樂 禁嗜慾하고 三年內에 宜 恭敬心身이니 調養愼攝이 必在其人矣니라. 凡 太陰人病은 若待浮腫已發而 治之則 十病九死也니 此病은 不可以病으로 論之而死로 論之可也니라. 然則 如之何其可也리오 凡 太陰人이 勞心焦思하야 屢謀不成者 有久泄 久痢하고 或淋病 小便不利 食後痞滿 腿脚無力病하니 皆浮腫之漸이니라. 已爲重險病而 此時에 已浮腫論而 蕩滌慾火하야 恭敬其心하고 用藥治之可也니라.

대 의

태음인이 복창부종병腹脹浮腫病이 있으니 마땅히 건율제조탕을 써야 한다. 그러나 이 병은 지극히 위험한 병으로써 십병구사十病九死하는 병인즉 비록 용약병유用藥病癒하였다고 할지라도 삼년 동안에 재발하지 않아야만 살았다고 할 수 있는 병인즉 치낙侈樂과 기욕嗜慾을 금하고 삼년 동안 심신을 공경하여야 하는 것인즉 조양신섭調養愼攝 여하는 전혀 그 사람에게 달린 것이다.

그런즉 모든 태음인의 병은 이미 부종浮腫이 된 다음에 치유한즉 십병구사十病九死할 것이므로 이것은 병으로 논할 것이 아니다. 그렇다면 어찌하여야 할까? 생각하건대 태음인은 노심초사하여 누모불성屢謀不成하면 肝火가 비등沸騰하여서 구설 구리 임병 소변불리 식후비만 퇴각무력증久泄 久痢 淋病

小便不利 食後痞滿 腿脚無力證이 생기게 되는 것인바 이것은 모두 부종으로 향하는 단계에 불과한즉 이때에 벌써 중험重險한 병이다. 그러므로 이때에 이미 부종으로 단정하고 탕척욕화 공경기심蕩滌慾火 恭敬其心하면서 용약用藥하여야만 완쾌할 수 있는 것이다.

태음인증 유 몽설병 일월내 삼사발자 허로 중증야
太陰人證에 有 夢泄病하니 一月內에 三四發者는 虛勞니 重證也라.

대변비일일즉 의용 열다한소탕 가 대황일돈
大便秘一日則 宜用 熱多寒少湯하되 加 大黃一錢하고

대변 매일 불비즉 가 용골 감 대황
大便이 每日 不秘則 加 龍骨 減 大黃하라

혹용공진흑원단 녹용대보탕
或用拱辰黑元丹 鹿茸大補湯이니라

차병 출어모려태다 사상무궁
此病이 出於謀慮太多 思想無窮이니라.

대 의

태음인병에 몽설병夢泄病이 있으니 1개월 동안에 만일 삼사발三四發하면 이것은 허로虛勞인즉 중증重證이다. 대변이 비秘하기를 1일이면 열다한소탕에 대황 1돈을 가하고 대변이 매일 활설 滑洩하면 용골을 가하고 대황을 감하여서 치료하면 된다. 또 공진흑원단이나 녹용대보탕을 쓰기도 한다. 그런데 이 병은 태음인의 모려태다謀慮太多와 사상무궁思想無窮에서 일어난 것이다.

太陰人證에 有 卒中風病하니 胸臆이 格格하야 有 窒塞聲而 目瞪者는
必用瓜蒂散이오 手足이 拘攣하며 眼合者는 當用牛黃淸心丸이니라.
素面色이 黃赤黑者는 多有 目瞪者하고 素面色이 靑白者는
多有 眼合者하나니 面色이 靑白而眼合者 手足이 拘攣則 其病이
急危也니 不必待拘攣하고 但見眼合而 素面色이 靑白者는
必 急用 淸心丸이니 古方淸心丸이 每每 神效니라.
目瞪者는 亦急發而稍緩死로되 眼合者는 急發急死니라.
然이나 目瞪者도 亦 不可以緩論而 急治之니라.

대 의

태음인병에 갑자기 중풍中風에 걸리는 병이 있으니 만일 흉억胸臆에 질색성窒塞聲이 나면서 눈을 부릅뜬 자는 마땅히 과체산을 써야 하고 수족手足에 구련증拘攣證이 있으면서 안합眼合한 자는 우황청심환을 써야 한다.

그런데 소면색素面色이 만일 황적흑黃赤黑한 사람은 흔히 목징目瞪하게 되고 청백靑白한 사람은 흔히 안합眼合하게 되는 바 만일 면색이 청백한 사람이 수족구련증手足拘攣證까지 겸하게 되면 그 병은 위급한 것이다. 그런즉 면색이 청백한 자가 중풍에 걸려서 안합眼合하게 되면 구련증拘攣證이 일어나기 전에 급히 청심환을 써야 하는 바 고방청심환古方淸心丸이 이런 경우에 매양 신효神效하다.

그런데 목징자目瞪者는 병이 급발急發하기는 하나 완사緩死하고 안합자眼合者는 급발급사急發急死하게 되는 것이다. 비록 그러나 목징자目瞪者라고 할지라도 급히 다스려야 할 것은 물론이다.

牛黃清心丸은 非 家家必有之物이니 宜用 遠志 石菖蒲末 各一錢 灌口하고 因以 皂角末三分 吹鼻하라. 此證에 手足이 拘攣而 項直則 危也니 傍人이 以兩手로 執病人兩手腕하고 左右撓動兩肩커나 或 執病人足腕하고 屈伸兩脚이니라. 太陰人 中風에 撓動病人肩脚이 好也오 少陽人 中風에 大忌 撓動病人手足커나 又 不可抱人起坐오 少陰人 中風에 傍人이 抱病人하고 起坐則 可也而 不可撓動兩肩이오 可以 徐徐按摩手足이니라.

대 의

우황청심환은 집집마다 있는 것이 아닌즉 마땅히 석창포 원지말 1돈씩을 관구灌口하고 조각말 삼푼을 취비吹鼻하면 좋다. 이 병증에 만일 수족이 구련拘攣하고 항직項直을 겸하면 위급한 것이니 손으로 병인의 양수완兩手腕을 붙잡고 양견兩肩을 요동시키거나 혹은 병인의 양수완兩手腕을 붙잡고 양각兩脚을 굴신屈伸하여도 좋다.

대범 태음인의 중풍에는 요동견각撓動肩脚하면 좋고 소양인의 중풍에는 병인의 수족을 요동撓動하거나 혹은 병인을 기좌起坐하면 안되고 소음인의 중풍은 병인을 기좌起坐시키는 것은 좋으나 양견兩肩을 요동하여서는 안되며 단 서서히 수족을 안마按摩하면 가하다.

보 주

태음인의 중풍은 肺木이 약하고 肝金이 태과太過하기 때문에 금목이 항쟁抗爭하여서 일어나는 것이므로 수족을 도동挑動하여서(수족은 제양지말(諸陽之末)이므로) 폐의 호출지기呼出之氣를 증대시키면 肝金이 견제를 당하여서 金木이 균형을 얻게 되므로 풍風이 세력을 잃게 되고 소양인의 중풍은 腎水의 포장지력抱藏之力이 부족하고 脾火의 항발지력亢發之力이 태과하기 때문에 일어나는 것이므로 요동수족撓動手足커나 기좌起坐한즉 양세陽勢가 봉기하게 될 것이므로 대기大忌하고 소음인의 중풍은 비납지기脾納之氣가 부족하고 신장지기腎藏之氣가 태과하기 때문에 일어나는 것인즉 병인을 포좌抱坐하여서 土氣를 상승하게 하면 비납지기脾納之氣가 상승하게 되므로 습화위토濕化爲土하여서 동풍지원動風之源(즉 水克火하여서 반생허열(反生虛熱)하면서 허열이 생풍(生風)하던 풍원(風源))을 막게 되므로 정좌靜坐하는 것은 가하지만 만일 요동양견撓動兩肩하면 허화虛火가 항발亢發하여서 풍세風勢가 익성益盛하게 되므로 대기大忌하는 것이다.

중독토사　　의용사향
中毒吐瀉에 宜用麝香이니라.

대　의

중독토사中毒吐瀉에는 마땅히 사향麝香을 써야 한다.

장중경 상한론중 태음인병 경험설방약 사방

張仲景 傷寒論中 太陰人病 經驗設方藥 四方

마황탕

마황 3돈, 계지 2돈, 감초 6푼, 행인 10매 ,강 3편, 조 2매.

계지각반탕

마황 1돈 5푼, 백작약 계지 행인 각 1돈, 감초 7푼, 강 3편, 조 2매.

조위승기탕

대황 4돈, 망초 2돈, 감초 1돈.

대시호탕

시호 4돈, 황금 백작약 각 2돈 5푼, 대황 2돈, 지실 1돈 5푼,

소양少陽이 전속양명轉屬陽明하야 신열 불오한 반오열身熱 不惡寒 反惡熱하고 대변경 소변적 섬어 복만 조열大便硬 小便赤 譫語 腹滿 潮熱하는 것을 치료하느니라.

당송명 삼대의가 저술중 태음인병 경험행용요약 구방

唐宋明 三代醫家著述中 太陰人病 經驗行用要藥 九方

석창포원지산

석창포 원지 위세말爲細末 매복每服 1돈 주음임하酒飮任下 일삼日三하면 영인이목令人耳目이 총명이니라. 차방此方은 손사막 천금방서千金方書에 있다.

조중탕

대황 1돈 5푼, 황금 길경 갈근 백출 백작약 적복령 고본 감초 각 1돈.

차방은 주굉 활인서活人書에 있는 것으로 하발夏發하는 조역燥疫 구건口乾 인색咽塞을 치료하느니라. 금고갱정今考更定하노니 此方에 당거當去 백작약 백출 복령 감초니라.

흑노환

마황 대황 각 2냥, 황금 부저매 망초 조돌묵 양상진 소맥노 각 1냥, 우위말右爲末 밀환蜜丸 탄자대彈子大하야 매일환每一丸 신급수新汲水 화복化服하면 모름지기 진한 한출이해振寒 汗出而解니라.

차방은 주굉 활인서에 있는 것으로 「양독급 괴상한陽毒及 壞傷寒에 의소불치醫所不治는 정백精魄이 이갈已竭이로대 심하상난心下尙煖이어든 건개기구斡開其口하고 관약하인灌藥下咽하면 즉활卽活이라」하나니라. 금고갱정今考更定하노니 당거當去 망초하라.

생맥산

맥문동 2돈, 인삼 오미자 각 1돈, 여름에 대숙수음지代熟水飮之하면 영인기력令人氣力이 용출湧出이니라.

차방은 이천 의학입문서醫學入門書에 있는 것으로 금고갱정하노니 차방은 당거當去 인삼이니라.

저근피환

저근백피 위말爲末 주호화환酒糊和丸하라.

차방은 이천 의학입문서에 있는 것으로 몽유夢遺를 치료하되 차약은 성량이조性凉而燥하니 불가단복不可單服이니라.

이성구고환

대황 4냥, 저아조각 2냥, 면호화환麵糊和丸 녹두대菉豆大 50-70환하라. 일복一服이면 즉한卽汗하고 일한一汗이면 즉유卽癒니라.

차방은 공신 만병회춘서萬病回春書에 있는 것으로 천행온역天行瘟疫을 치료하느니라.

갈근해기탕

갈근 승마 황금 길경 백지 시호 백작약 강활 석고 각 1돈, 감초 5푼.

차방은 공신 의감서醫鑑書에 있는 것으로 양명병陽明病 목동目疼 비건鼻乾 부득와不得臥를 치료하느니라. 금고갱정하노니 차방에 당거當去 시호 작약 강활 석고 감초니라.

우황청심환

산약 7돈, 감초炒 5돈, 인삼 포황炒 신곡炒 각 2돈 5푼, 서각 2돈, 대두황권炒 육계 아교炒 각 1돈 7푼, 백작약 맥문동 황금 당귀 백출 방풍 주사水飛 각 1돈 5푼, 시호 길경 행인 복령 천궁 각 1돈 3푼, 우황 1돈 2푼 영양각 용뇌 사향 각 1돈, 웅황 8푼, 백렴 건강炮 각 7푼, 금박 140박(內 40박 爲衣)이니 대조 20매를 증취육연위고蒸取肉硏爲膏하고 右를 위말爲末하야(조고입연밀중(棗膏入煉蜜中)) 화균和勻 매 1냥으로 10환을 만들되 금박金箔으로 위의爲衣하야 매취每取 1환 온수화하溫水化下하라.

차방은 공신 의감서에 있는 것으로 졸중풍卒中風 불성인사不省人事 담연옹색痰涎壅塞 정신혼궤精神昏憒 언어건삽言語蹇澁 구안와사口眼喎斜 수족불수手足不遂 등 증을 치료하느니라. 금고갱정하노니 차방에 당거當去 백출 인삼 감초 신곡 육계 아교 백작약 당귀 천궁 건강 대조 청밀 시호 복령 웅황 주사니라.

마황정천탕

마황 2돈, 행인 1돈5푼, 황금 반하 상백피 소자 관동화 감초 각 1돈, 백과거각쇄초去殼碎炒 20개 초황색炒黃色, 가歌에 曰 「제병諸病이 원래유약방原來有藥方이나 유수후천惟愁齁喘은 최난당最難當이라. 병인이 우차선단약遇此仙丹藥하면 복후服後에 방지정천탕方知定喘湯이라」하다.

차방은 공신 만병회춘서에 있는 것으로 효천哮喘을 치료하는 신방神方이니라. 금고갱정하노니 차방에 당거當去 반하 소자 감초니라.

신정 태음인병 응용요약 이십사방

新定 太陰人病 應用要藥 二十四方

태음조위탕

의이인 건율 각 3돈, 나복자 2돈, 오미자 맥문동 석창포 길경 마황 각 1돈.

방 해

이 처방은 태음인의 위기胃氣를 조화시켜서 식체 비만痞滿 설사 등의 표한증表寒證을 치료하는 처방이다. 그런데 태음인이 만일 肺金이 조燥하면 그의 부腑인 위완胃脘이 수한受寒하기 쉽고 위완이 수한하게 되면 양금兩金(肝金과 위완지금(胃脘之金))이 상박相搏하여서 간화肝火가 울鬱하게 되므로 드디어 간목지화肝木之火가 사화邪火로 변하게 된다. 이와 같이 하여서 肝火가 망동하게 되면 담기膽氣가 비위를 조절할 수 없게 되므로 식체비만食滯痞滿이 생기게 되고 또 위완胃脘의 한성寒性이 외한外寒과 상박相搏하게 되면 대장大腸으로 전도傳導되어서 설사하게 되고 따라서 표한증이 일어나게 되는 것이다.

그런즉 태음인의 차등 병증此等病證은 위완지기胃脘之氣를 상승케 함으로써 외한外寒이 물러가게 하고 외한이 물러감으로써 肝火가 서신舒伸하게 된즉 비위脾胃가 순順하게 될 것이므로 모든 병이 실퇴悉退하게 되는 것이다. 그러므로 의이인 건율로써 위군爲君하여서 부토扶土(脾) 억목抑木(肝) 보신補腎하게 함으로써 수병지본원受病之本源을 바로 잡아 놓으려는 것이다.

다시 말하면 의이인은 본시 양명약陽明藥인 바 별도로는 익토생금益土生金하면서 肺胃의 사열邪熱을 제거할 뿐만 아니라 또 부토억목扶土抑木함으로써

肝火의 망동을 방지하는 약이다. 그런즉 의이인薏苡仁은 약명藥名 자체에 표시된 바와 같이 모든 망동지화妄動之火를 납이귀지納而歸之하는 기반을 만드는 약인 것이 분명하다. 그러나 火는 납納함으로써만이 소멸되는 것이 아니므로 후장위 보신기厚腸胃 補腎氣하는 건율乾栗과 배합시켜서 수토합덕水土合德(土로 인하여 精을 창조하게 하는 것)하게 하는 것이다.

그러나 의이인과 건율로서 이와 같이 수병지본원受病之本源을 조절하였다고 할지라도 위완胃脘이 수한受寒하였기 때문에 상승하지 못하던 위기胃氣를 상승시키지 않으면 위완胃脘의 陽이 불승不升하여서 또 다시 수한受寒을 면할 수가 없을 것이므로 나복자로써 관중소식寬中消食 승기화담升氣化痰하게 하였던 것이다. 그런데 나복자는 비위脾胃의 약인즉 그것 만으로서는 심기心氣를 승산升散할 수가 없으므로 방향이개심공芳香而開心孔하는 석창포를 나복자와 합하여서 상승지공上升之功을 완전하게 하였던 것이다.

이와 같이 함으로써 심비지기心脾之氣가 상달上達하게 한즉 위완지한胃脘之寒이 물러가지 않을 수가 없게 되었거니와 만일 상승지도上升之道를 열어 놓지 않으면 상승지기가 저해를 받을 것이다. 그러므로 개제기혈開提氣血하면서 표산한사表散寒邪하는 길경을 기용하여서 그 길을 열게 한 것이다.

이와 같이 한즉 태음인의 표한증을 치료할 수 있는 모든 조건이 해결된 셈이지만 태음인은 본시 폐조심탁肺燥心濁하므로 윤폐청심潤肺淸心하면서 심폐지허로心肺之虛勞를 보補하는 맥문동을 써서 부약보강扶弱補强하게 하였고 또 오미자를 써서 승양음강升陽陰降하는 일에 아무런 지장도 없게 하였다.

비록 그렇다고 할지라도 피모지간皮毛之間에 이미 잔류하였던 풍한風寒은 아직 남아 있을 것이다. 그러므로 마황을 써서 구축한사驅逐寒邪하였은즉 이제는 전혀 후고後顧의 염려가 없이 된 것이다. 그런즉 식체비만食滯痞滿뿐만 아니라 이 계통을 통하여 침범한 제사 제병諸邪 諸病은 물러가지 않을 수가 없는 것이다.

갈근해기탕

갈근 3돈, 황금 고본 각 1돈 5푼, 길경 승마 백지 각 1돈.

방 해

이 처방은 본시 공신 의감醫鑑에서 나온 것인바 동무가 이것을 이와 같이 개정한 것이다. 그런데 이 처방의 효용은 미오한 발열 목동 비건 불면微惡寒發熱 目疼 鼻乾 不眠하는 양명표증陽明表證과 면적반面赤斑 반여금문斑如錦紋하며 인후통 타농혈咽喉痛 唾膿血하는 양독陽毒—즉 양명기육지간陽明肌肉之間에 도사리고 있는 울열鬱熱이나 또 체열복만자리體熱腹滿自利하는 열승입리지병熱勝入裏之病을 치료하려는 데에 목적이 있는 것이다.

그런즉 우선 이와 같은 태음인병이 대체 어떻게 이루어지는가 하는 것을 연구해 볼 필요가 있다. '첫째'로 태음인은 肝火가 태과太過하고 반대로 肺木의 상승지기가 부족한 것이 특징이다. 그런데 간화가 망동하면 소장小腸을 통하여서 위대장胃大腸—즉 양명경 陽明經의 金을 소삭消爍하면서 양명소과지지陽明所過之地인 비목鼻目을 통하여 상승하는 것이다. 그러므로 목동 비건目疼 鼻乾하게 되고 또 사람은 肝에 제혈諸血이 귀장歸藏됨으로써 잠들게 되는 것인 바 간열肝熱이 태과太過하여서 불능장혈不能藏血하게 되므로 와불안臥不安하게 되는 것이다. 그런데 미오한微惡寒하는 것은 외감소수지한外感所受之寒만이 아니고 肝火가 양명금陽明金을 극克할 때에 일어나는 금화상쟁金火相爭의 여파이기도 한 것이다.

그런즉 태음인의 양명표증은 이와 같은 경로를 거쳐서 발發하는 것이거니와 양독발반陽毒發斑 인후통咽喉痛 타농혈증唾膿血證은 어떻게 하여서 일어나는가 하는 것을 연구해 보기로 하자. 위에서 말한 바와 같은 경로를 통하여서 발하는 肝火가 양명기육지간陽明肌肉之間에 들어가게 되면 그 열이 기육지간肌肉之間에서 울鬱하게 되므로 양명경의 말단인 면부面部에 열색熱色인 적기赤氣가 나타나면서 온 몸에는 반문斑紋이 생기게 되는 것이다. 따라서 기육지간에 있는 열은 피모지간皮毛之間으로 발산하기 어려우므로 이것이 기육지간을 거쳐서 상승할 수 없게 되기 때문에 하강하여서 대장으로 도망하게 되는 것인즉 복만 자리증腹滿 自利證은 진실로 이와 같이 함으로써 이루어지는 것이다.

필자의 변

필자 최초의 의도는 처방마다 이만한 정도의 생리生理와 병리病理의 특징을 논하면서 논술할 생각이었는데 성명론 한편을 쓰다가 생각하니 그와 같이 나아가다가는 수 천 매의 원고와 시간을 쓰지 않고서는 완결할 수가 없다는 것을 깨닫게 되었다. 그러므로 한국적 현실에 파묻혀 있는 필자는 출판에서 부딪히게 될 애로隘路때문에 할 수 없이 어떻게 하면 줄일 수 있을까 하는 데에만 급급하게 되었다.

그러므로 본고는 소홀하게 됨을 면할 수 없거니와 태음인편에 이르고 보니 이것은 고방의학古方醫學을 인용 연구할 수 있는 여지조차 없는 미개지지未開之地이므로 여기에서는 그 입방立方하게 된 바의 본원인 생리와 병리에 약간 언급하면서 논술하기로 했다

이제 다음에 처방의 내용을 해설하기로 하겠다. 즉 갈근은 양명경陽明經(內中外)의 모든 사邪를 승발시킴으로써 위기胃氣를 고동鼓動하게 하면서 지갈생진止渴生津하는 약이다. 그런즉 갈근이 있는 곳에 사열邪熱이 유체留滯해낼 수가 없는 것이다. 그러나 갈근은 순수한 양명약이므로 脾胃이외의 火를 제除할 수 있는 능력이 없다. 그러므로 황금을 써서 상중초上中焦에 있는 실화實火와 습열濕熱을 사瀉함으로써 비폐脾肺가 공영共榮할 수 있는 길이 열리게 한 것이다. 그러나 비록 사원邪源은 양명에 있다고 할지라도 그 여파는 전정巓定과 독맥督脈에 까지 미칠 것이므로 고본을 써서 태양경과 독맥의 여사餘邪를 탕척蕩滌하게 한 것이다. 갈근 황금 고본은 이와 같이 양명중심으

로 일어나는 모든 사열邪熱을 탕척하기 위하여 동원하였다. 그렇지만 사열을 방석한 후에는 반드시 위기胃氣를 승지升血하여야만 기혈이 유행할 수 있을 것이다. 그러므로 수족태음手足太陰 양명경의 울화를 승산升散함으로써 기혈운행지로氣血運行之路를 열어주는 승마를 썼던 것이다.

그러나 그 다음에는 심경心經의 기혈지로氣血之路까지 열어 놓지 않으면 울화승산지기鬱火升散之機에 아직도 미흡한 점이 있게 될 것이다. 그러므로 길경을 써서 개제기혈開提氣血하면서 표산한사表散寒邪하고 흉격심경지체胸膈心經之滯를 열어 놓은즉 양명사열陽明邪熱이 더 이상 유체할 수 없게 될 것이다.

이와 같이 하면 양명경의 제사諸邪는 물러가지 않을 수가 없지만 그래도 혹시 간격유벽처間隔幽僻處에 사邪가 잔류하여 있을지도 모르므로 폐위대장경肺胃大腸經을 골고루 통함으로써 그의 독특한 방향지미芳香之味로써 통규발한 제습산풍通竅發汗 除濕散風하면서 여사餘邪를 청소하는 데에 능한 백지를 써서 후고後顧의 염려가 없게 한 것이다.

그런즉 이 약이 양명경의 모든 사邪를 제거하는 데에 얼마나 유효한 것인가 하는 것도 알 수 있지만 그 보다도 肝大한 영향을 받음으로써 肺陰이 조燥하게 되면서 일어나는 양명사열陽明邪熱—즉 태음인의 양명증을 치료하기 위한 불가무不可無의 명방名方인 것이다. 그것은 처방내용의 전체로 보아도 그러하지만 단 갈근 일미一味의 지갈생진지재止渴生津之材를 등용위군登用爲君한 것만으로 보아도 체질적 결점에 잘 부응시켰다는 것을 알 수 있는 것이다.

조위승제탕

의이인 건율 각 3돈, 나복자 1돈 5푼, 마황 길경 맥문동 석창포 오미자 원지 천문동 산조인 용안육 각 1돈.

방 해

이 처방은 태음조위탕에 원지 천문동 산조인 용안육을 가미한 것이다.

그러므로 식후비만증痞滿證을 치료할 수 있는 것은 물론이거니와 또 퇴각무력증腿脚無力證도 치료되는 것인즉 다음은 그것이 이 처방으로써 왜 치료되는가 하는 것을 연구하지 않으면 안 된다. 대저 태음인의 퇴각腿脚이 무력하게 되는 것은 肝火가 과항過亢하기 때문에 肺陰이 조燥하게 되어서 腎水를 生해주지 못하기 때문이다. 그런데 요족腰足의 모든 병은 腎에 속해 있으므로 肺金이 腎水를 生하지 못하면 퇴각腿脚의 힘은 반드시 약화되기 마련이다.

또 그뿐만 아니라 사지四肢의 주인은 비위脾胃다. 그런즉 이 병은 치료하려면 먼저 조위調胃하여서 土(脾胃) 生金(肺)하게 하고 그 다음에 폐의 조기燥氣를 윤潤하게 하여야 될 것은 물론이다. 그러므로 태음조위탕으로써 기본이 되는 위완胃脘이 승양升陽하게 한 다음에 원지 천문동 산조인 용안육으로써 보좌하게 한 것이다.

그런데 태음조위탕은 위에서 논하였으므로 약하기로 하고 여기에서는 다만 그 가미한 내용만을 살펴보기로 하겠다. 즉 태음조위탕은 부비억간扶脾抑肝하면서 승양 윤조 산사升陽 潤燥 散邪하는 약이므로 이것으로써 위완胃脘의 한기寒氣를 제거함으로써 자연히 표한증表寒證과 비만증痞滿證이 물러가게 한 처방이다. 그런즉 이 처방은 폐조肺燥를 윤潤하게 하는 데에 목적을 둔 처방은 아니었다. 그렇지만 조위승청탕은 그것을 토대로 하고서 肺를 윤潤하게 하고 腎水를 왕旺하게 함으로써 퇴각腿脚을 강력하게 하려는 처방이므로 이상과 같은 사미四味를 가하였던 것이다.

그러므로 사폐화 보신수瀉肺火 補腎水하면서 자음윤조滋陰潤燥하는 천문동을 써서 맥문동과 함께 용사用事하게 하였다. 그런데 腎水를 생하게 하려면 우선 심경心經의 火가 腎中으로 귀원歸元하여야만 되는 것이므로 심경心經의 울기鬱氣를 해산解散하게 하면서 水火(心腎)을 상교相交하게 하는 원지를 써서 腎水를 보補하는 일을 도와주게 한 것이다.

그 위에 또 성비 영심 보간醒脾 寧心 補肝하면서 윤조潤燥하게 하는 산조인과 보심비補心脾함으로써 피를 귀경歸經하게 하면서 윤潤하게 하는 용안육을 산조인과 배합시킴으로써 천맥문동天麥門冬과 함께 윤조생수潤燥生水하게 한 것이다.

이와 같이 함으로써 태음조위탕이 강력한 윤제潤劑를 얻게 되고 또 수화상교水火相交하는 원지의 힘을 이용하게 함으로써 부화浮火를 귀원歸元하게 하였은즉 여기에서 비로소 조변위윤燥變爲潤하게 되고 또 수원水源이 풍요豊饒하게 되므로 퇴각무력증腿脚無力證이 낫게 되는 것이다. 또 식체비만食滯痞滿증에 있어서도 다만 위완지기胃脘之氣가 불승不升하기 때문에 불능승양不能升陽함으로써 이루어진 경우에는 조위탕만으로도 치료될 것이지만 만약에 조燥가 심하기 때문에 일어난 것이라면 반드시 조위승청탕을 써서 윤조潤燥와 조위調胃를 겸시兼施하여야 할 것은 물론이다.

청심연자탕

연자육 산약 각 2돈, 천문동 맥문동 원지 석창포 산조인 용안육 백자인 황금 나복자 각 1돈, 감국화 3푼

방 해

이 처방은 태음인이 폐조간열肺燥肝熱함으로써 心이 수곤受困하는 것을 치료하기 위하여 입방한 처방이다. 다시 말하면 조위승청탕은 표한表寒을 구축함으로써 청기淸氣를 상승하게 하면서 윤폐안심潤肺安心하려는 처방이고 청심연자탕은 이열裏熱(간심비폐의 열)을 청화淸化하게 하면서 폐조肺燥를 윤潤하게 하는 처방인즉 승청탕과 연자탕은 다만 표리지제表裏之劑에 불과한 것이다.

그렇다면 이 처방의 소임인 청열 윤조 청심淸熱 潤燥 淸心이라는 것은 과연 어떠한 분야일까 하는 것부터 먼저 연구해 볼 필요가 있다. 태음인은 肝火가 태과太過한 체질을 타고난 사람이므로 간이 금용金用을 하지 못하고 항상 화화작용火化作用쪽으로 기울어지게 된다. 그렇게 되면 이것은 폐표지금肺表

之金을 조燥하게 할 뿐만 아니라 木(肝)의 순생지기順生之氣가 결여되게 된다. 그러므로 木(肝)은 화사火邪로 변하여서 그 사화邪火를 心脾肺 삼장三臟에 바로 전하게 되므로 心脾肺의 삼장三臟은 불火의 독안으로 변하게 됨으로써 土가 그의 화기化氣를 잃게 되므로 폐가 조燥하여서 실윤失潤하게 되는 것이다.

그런즉 태음인은 청기열 윤기조淸其熱 潤其燥함으로써만이 오장五臟을 위지危地에서 구출할 수 있는 것이다. 그러나 막연한 의욕만으로는 이와 같은 대임大任을 담당할 수는 없다. 즉 관기세 지기리觀其勢 知其理한 연후에라야 이 일을 담당할 수 있을 것이다. 다시 말하면 화염 폐조火炎 肺燥의 경중輕重을 살피는 것은 관기세觀其勢요 목항수휴지리木亢水虧之理를 아는 것은 지기리知其理인 것이다. 동무는 이 원리에 정통하였으므로 청심이생수淸心而生水함으로써 폐를 조지燥地에서 구출할 수 있는 방법을 제시하였으니 이것이 바로 청심연자탕이다.

그런즉 청심연자탕은 간열폐조지기肝熱肺燥之機를 바로 잡으면서 보간신 윤심폐補肝腎 潤心肺하는 처방이므로 이와 같은 체질적 결함 때문에 일어나는 태음인의 모든 병을 치료할 수 있는 명방名方이 되는 것이다. 좀더 구체적으로 말하면 간수열이열증肝受熱裏熱證으로 인하여 발생한 목동目疼 비건鼻乾 두동頭疼 체통體痛 정충怔忡 불면不眠 화성수휴火盛水虧 구무미口無味 식불화食不化 천해喘咳 대편비大便秘 소변황적小便黃赤 인음번갈引飮煩渴 흉복통胸腹痛 협심증狹心症 담색흉격痰塞胸膈 등의 백병괴질에 무불응용無不應用인 명방이다.

그러므로 관기세 지기리觀其勢 知其理 하기만 한다면 일이미一二味의 가감으로써 능히 폐조간열肺燥肝熱하는 이열증裏熱症을 마음대로 다룰 수 있는 혜지慧智가 행해질 수 있는 것이다.

그런데 동무는 이 처방에서 연자와 산약을 군재君材로 기용하였다. 연자는 수중水中에서 나는 색정지재濇精之材로써 능교수화能交水火하면서 구심신媾心腎하게 하는 약이다. 구심신媾心腎한다는 말은 腎水는 장가들게 하고 心火는 시집가게 한다는 말이다. 腎水가 장가든다는 것은 수승이교화水升而交火

하는 것을 의미하는 것이오, 心火가 시집간다는 것은 화강이교수火降而交水하는 것을 말하는 것이다.(상세는 우주변화의 원리 토화작용과 금화교역을 참조) 그렇다면 인체에 있어서 이와 같은 일을 담당하는 곳이 과연 어디일까 하면 그 곳이 바로 肝肺를 호상호화互相互化하게 하는 土인 것이다. 그러므로 동무는 연자를 기용하여서 목중지토木(肝)中之土로 하여금 火에로 연결하는 작용을 바르게 하도록 함으로써 肝이 과항過亢되지않게 하는 데에 힘을 기울인 것이다.

그러나 그 다음에는 脾肺를 보살펴야 한다. 왜냐하면 肝火가 왕旺함으로써 목극토木克土 목모금木侮金하였은즉 脾肺의 화생지기化生之氣를 바로 잡지 않으면 간금지토肝金之土의 교정矯正도 쓸데없는 일이 되어버릴 염려가 있기 때문이다. 그러므로 산약을 기용하여서 脾肺를 보하게 하는 것이다.

그 다음에 또 천문동을 써서 익수지원益水之源함으로서 자음윤신滋陰潤腎하게 하고 맥문동으로써 윤폐 청심 화담 행수潤肺 淸心 化痰 行水하게 한즉 심폐비신心肺脾腎 사장四臟의 모든 결점이 시정是正되면서 득윤得潤하게 되므로 肝大로 인하여 생겼던 폐단이 없어지게 되는 것이다. 그러나 윤간 염담潤肝 斂胆하지 않으면 肝火의 항승亢升을 막을 수 없을 것이므로 산조인을 기용하였고 그 다음에는 성윤이 능자간신性潤而 能滋肝腎하고 기향이 능투심비氣香而 能透心脾하는 백자인을 써서 간목지기肝木之氣가 그 기향지성氣香之性을 타고 심비心脾에 들어가서 익지영신益智寧神하게 한즉 肝火가 土를 모능侮凌할 염려는 없게 될 것이다. 그렇게 한 연후에 원육을 써서 윤심潤心하면서 혈자귀경血自歸經하게 한즉 여기에서 비로소 肝火때문에 유산遊散하려던 신神은 안정을 얻게 될 것이다. 그런즉 이 공功은 비단 백자인 일미一味의 공만이 아니고 산조인 용안육 백자인 삼자의 공효功效인 것을 명심하여야 할 것이다.

이와 같이 함으로써 폐조 간열肺燥 肝熱의 대원大源은 두색杜塞하였다고 할지라도 폐비지화열肺脾之火熱을 탕척蕩滌하지 않으면 조열지원燥熱之源은 언제나 남아 있게 될 것이므로 황금을 기용하였고 아무리 조열지원燥熱之源과 조열지용燥熱之用을 막았다고 할지라도 비위지기脾胃之氣가 상승하지 아니하면 생체生體는 사체死體에 불과하게 될 것이므로 나복자를 써서 승양升陽하게 하였다.

그런데 나복자는 비위지양脾胃之陽은 상승할 수 있지만 심폐지양心肺之陽을 상승할 수 없으므로 석창포을 기용하여서 개심승양開心升陽하게 한즉 흉복胸腹이 관활寬闊하게 되어서 心脾肺가 안정을 얻게 될 것이다. 그 다음에 원지를 써서 산울散鬱시키면서 心腎을 상교相交하게 하고 또 감국을 써서 오장지유풍五臟之游風을 제거하게 한즉 간열 폐조肝熱 肺燥의 본원이 정화되지 않을 수가 없는 것이다. 그러므로 이 처방은 肝大肺小의 특징을 타고 난 태음인의 허로虛勞를 치료하는 유일무이한 기본처방이 되는 것이다.

마황정천탕

마황 3돈, 행인 1돈 5푼, 황금 나복자 상백피 길경 맥문동 관동화 각 1돈, 백과 21개 초황색炒黃色

방 해

이 처방은 태음인의 위완胃脘이 수한受寒함으로써 효천증哮喘證이 발작하는 것을 치료하기 위하여 입방한 처방이다. 그러므로 동무도 「치효천治哮喘」이라고 하였은즉 효천哮喘이란 것은 급성천촉急性喘促을 말하는 것이 분명하다. 그럼에도 불구하고 근래에 이르러서 이 처방만으로써 태음인의 모든 천식喘息을 다스리려고 하는 것은 큰 잘못이다.

대저 태음인의 급성천촉은 위완이 수한受寒함으로써 풍한지사風寒之邪가 담열痰熱을 외폐外閉하기 때문에 청불승 탁불강淸不升 濁不降하게 되어서 일어나는 천촉喘促이고 肝火가 肺金을 극하기 때문에 수휴화성水虧火盛하게 되어서 일어나는 천촉喘促이 아니다. 그런즉 이것은 바로 이천이 말한 바의 「한포열寒包熱」로 인하여 일어나는 천촉喘促이거니와 그 이유는 처방의 내용을 분석하여 보면 명약관화하게 드러날 것이다.

즉 마황은 폐가肺家의 풍한風寒을 구축하는 것도 아니면서 또 족태양경足太陽經과 심대장경心大腸經에 겸입兼入하여서 유통기혈流通氣血하는 약인바 이 것으로써 위군爲君한 것은 태양경의 풍한風寒이 폐와 위완을 압박하는 것을 해표완화解表緩和하려는 데에 목적을 두었기 때문에 마황으로 위군爲君한 것이다.

그 다음에 행인으로 위신爲臣한 것은 사폐지풍한瀉肺之風寒하면서 또 기육지간肌肉之間에 잠복하여 있는 풍한風寒을 구축하려는 것인 바 이 약은 또한 개흉격이행담開胸隔而行痰까지 하는 능력이 있은즉 이것으로써 폐위완지풍한肺胃脘之風寒이 실퇴悉退할 수밖에 없을 것이다. 그런데 풍한風寒이 외포外包하면 반드시 심비폐心脾肺에 열이 울결하게 마련이므로 황금을 써서 상중초습열上中焦濕熱과 폐가실화肺家實火를 제거한즉 비로소 폐위완肺胃脘이 곤경에서 모면하게 될 것이다.

그러나 불火독 안에 빠져있던 心肺는 비록 火를 구축하였다고 할지라도 아직 조기燥氣는 남아있을 것이므로 맥문동을 써서 윤폐청심潤肺淸心 생진지갈生津止渴하게 하여야만 비로소 안정을 얻게 될 것이고 비록 心肺가 득윤得潤하게 되었다고 할지라도 심폐지간心肺之間이 기혈지로氣血之路가 열리지 못하면 폐위완肺胃脘이 활발하게 움직이지 못할 것이므로 길경을 써서 개제기혈開提氣血하게 한 것이다.

그런즉 이상에서 말한 오미五味는 표산풍한表散風寒함과 함께 사화청심瀉火淸心 개제기혈開提氣血함으로써 외수풍한지사外受風寒之邪와 내상위완지한內傷胃脘之寒이 구축됨으로써 비로소 「한포열寒包熱」의 상태에서 벗어날 수 있게 되는 것이다. 그런데 이것이 바로 마황발표탕의 공효功效인즉 吾人은 여기에서 마황발표탕의 입방의도가 무엇인가 하는 것도 알 수 있거니와 또 한 가지는 마황정천탕이 마황발표탕을 위군爲君한 것은 바로 정천탕이 효천哮喘즉 급성천식을 치료할 목적으로 입방한 것이란 것을 또한 알 수 있는 것이다.

그러므로 이 처방은 마황발표탕에다가 나복자를 가하였으니 그것은 승강기기升降其氣하게 함으로써 천식喘息의 근원을 없게 하고 관중화담寬中化痰하게 함으로써 승강기기升降其氣가 자유롭게 이루어지게 하려는 것이오 또 상백피를 쓴 것은 황금과 함께 사비폐지실화瀉脾肺之實火하면서 산어청담散瘀淸痰하려는 것인즉 이것은 울화鬱火를 소탕掃蕩하고 기식氣息을 순행하게 함으로써 천증喘證이 자멸自滅하게 하려는 것이란 것을 알 수 있는 것이다.

그러나 천식은 탁기가 하강하지 못하고 반승反升하기 때문에 일어나는 것이므로 백과를 써서 강탁익기降濁益氣하게 하지 않으면 폐기肺氣가 안정되지 못할 것이므로 청숙지령淸肅之令이 선행하게 될 수 없게 된다. 그런데 마황발표탕의 가미지재加味之材인 상백피 나복자 백과같은 약은 사실승강지재瀉實升降之材인 바 아무리 거표사去表邪를 목적으로 한다고 할지라도 태음인의 결점인 폐조肺燥를 윤潤하게 하는 것을 잊을 수는 없는 것이다.

그러므로 윤폐제번潤肺除煩하면서 천수喘嗽를 탕척蕩滌하는 요약要藥인 관동화를 써서 후고後顧의 염려가 없게 한 것이다.

이와 같이 고찰하여 볼 때에 본방은 폐위완肺胃脘이 수한受寒하기 때문에 일어나는 효천증哮喘證을 치료하기 위한 처방이고 결코 肝火가 과항過亢하여서 폐조이불능생수肺燥而不能生水하는 허천虛喘을 치료하기 위한 입방立方이 아니라는 것을 넉넉히 알 수 있는 것이다.

마황정통탕

의이인 3돈, 마황 나복자 각 2돈, 행인 석창포 길경 맥문동 오미자 사군자 용안육 백자인 각 1돈, 건율 7개.

방　해

이 처방은 태음조위탕에 행인 사군자 용안육 백자인을 가미한 처방이다.

그런데 태음조위탕은 위에서도 말한 바와 같이 위완지양胃脘之陽이 불승不升함으로써 肝寒이 극완克脘하게 되어서 위불화胃不和하게 된 것을 치료하기 위하여 입방한 처방이었다.

그런즉 본방의 치료목표인 병증은 과연 어떻게 하여서 발發한 것일까 하는 것을 짐작할 수 있는 것이다. 즉 마황정통탕의 치료 목표는 표수한表受寒함으로써 위완의 陽이 상승하지 못하기 때문에 한기寒氣가 하박下迫함으로써 발병한 병증이란 것을 알 수 있는 것이다. 따라서 조위탕으로 위군爲君한 것은 양불승陽不升 함으로써 한寒이 흉복胸腹에 울鬱한 것을 치료하려는 데에 목적이 있는 것이다. 그런데 태음조위탕은 위에서 논한 것이므로 약하기로 하고 다음에 그의 가미지재加味之材를 검토하여 보면 행인을 쓴 것은 이것으로써 축한逐寒하면서 강기 행담 해기降氣 行痰 解肌한즉 병증이 유착할 수 있는 조건이 없게 될 뿐만 아니라 해역지로痎逆之路를 막아서 기혈이 자화自和할 수 있는 계기를 만들어 놓으려는 것이오, 그 다음은 용안육으로써 열위 건비 안신悅胃 健脾 安神하게 한즉 혈자귀경血自歸經하게 될 것이므로 기혈이 응체凝滯할 수 없게 될 것이다.

그런데 태음인의 통증의 진원지는 肝에 있다. 그러므로 자간신이 능투심비滋肝腎而 能透心脾하면서 그의 방향지기芳香之氣로서 간울肝鬱을 풀어주는 백자인을 써서 간경肝經을 조화調和하게 한즉 여기에서 비로소 병본病本이 자화自和하게 되는 것이다. 다시 말하면 태음인의 위완한증胃脘寒證 때문에 일어나는 통증의 주요원인은 장군지관將軍之官인 肝이 노怒함으로써(肝이 한(寒)때문에 울(鬱)함으로써) 일어나는 것인즉 이것을 풀어주면 통증이 자화自和하게 될 수밖에 없는 것이다. 그 위에 또 사군자를 써서 비기脾氣를 청정淸淨하게 한 것은 비록 행인 용안육 백자인등을 써서 기혈과 신혼神魂의 울鬱을 풀었다고 할지라도 脾胃는 기육肌肉의 주인공이므로 만일 脾胃에 소호少毫의 탁기濁氣라도 남아 있게 되면 기육지간肌肉之間에 있는 통증의 근원이 제거될 수가 없기 때문이다. 그러므로 사군자를 기용하여서 후고後顧의 염려가 없게 한 것이다.

그런데 위에서 말한 바의 가미지재加味之材들은 모두 윤제潤劑인즉 이 처방의 입방목적이 비록 거한 축사 승양祛寒 逐邪 升陽에 있다고 할지라도 항상 윤심폐潤心肺하면서 해울解鬱하는 데에 유의하였다는 것을 알 수 있는 것이다. 이와 같이 검토해 보면 마황정통탕은 사실제통瀉實除痛하는 약이고 보허화통 축사補虛 和痛 逐邪하는 약이라는 것을 알 수 있는 것이다.

열다한소탕

갈근 4돈, 황금 고본 각 2돈, 나복자 길경 승마 백지 각 1돈.

방 해

이 처방은 갈근해기탕에다가 나복자 일미一味를 가하고 갈근 고본 황금을 중용重用하였다는 점만이 다르다. 그런데 그 방의方意를 살펴보면 갈근해기탕은 미오한微惡寒이 있으면서 발열하는 데에 쓰는 것인즉 이것은 피모 기육지간皮毛 肌肉之間에 金氣가 상존尙存한다는 것을 의미하는 것인 바 특히 이 처방을 불오한발열不惡寒發熱에 쓰도록 한 것은 위완의 金氣가 항화지력抗火之力을 잃게 됨으로서 장차 금화위화金化爲火하려는 것을 치료하기 위함이다. 그러므로 갈근 고본 황금을 중용하여서 폐대장금肺大腸金과 방광수肪胱水를 소삭消爍하는 화열火熱을 탕척하는 데에 치중했던 것이다. 그런데 갈근해기탕은 기육지간肌肉之間에 있는 사邪를 구축하기 위한 약이므로 길경으로써 관흉격寬胸膈하면서 개제기혈開提氣血하여서 옹담壅痰이 자개自開하게 하는 것만으로도(심폐지기(心肺之氣)를 여는 약) 족하지만 열다한소탕증熱多寒少湯症은 사열邪熱이 장부지간臟腑之間에 적유積留되어 있는 것이므로 이기 소담利氣 消痰하면서 승강기기升降其氣하는 나복자 즉 개비해울지약開脾解鬱之藥을 기용하여서 길경과 합력하게 하지 않고서는 흉복지간胸腹之間에 있는 모든 울열鬱熱을 승발升發시켜낼 수가 없는 것이다.

그런즉 열다한소탕증은 갈근해기탕증과 비교하면 하나는 산표散表하는 약이고 하나는 해이울解裏鬱하는 약이다. 그러므로 그 처방은 비록 대동소이하지만 그 내용은 판이判異한 것이다.(詳細한 것은 갈근해기탕을 참조할 것)

한다열소탕

의이인 3돈, 나복자 2돈, 맥문동 길경 황금 행인 마황 각 1돈, 건율 7개.

방 해

이 처방은 태음조위탕에서 오미자 석창포를 빼고 황금 행인을 가한 처방이다. 그런데 태음조위탕은 폐와 위완이 수한受寒함으로써 심비지양心脾之陽이 불승不升하는 것을 치료하는 처방이었는데 이 처방은 폐와 위완이 수한受寒함으로써 외부에서는 한寒이 포위하고 내부에서는 火가 울鬱함으로써 화세火勢가 불신不伸하기 때문에 오한惡寒이 나는 것을 치료하기 위하여 입방한 것이다.

그러므로 방명方名을 한다열소탕이라고 한 것이다. 동일한 위완수한 표한병胃脘受寒 表寒病이라고 하더라도 그 병의 귀결점이 전자는 위완지기胃脘之氣가 불승不升하는 것이었는데 반하여 이 처방은 그 위에 또 화가 내울內鬱하고 있다는 점이 다른 것이다. 그런즉 상세한 것은 태음조위탕을 참간參看할 것이거니와 여기에서는 그의 가감내용만 고찰하면 될 것이다.

즉 태음조위탕에 석창포가 있는 것은 心脾의 울기鬱氣를 풀기 위한 것인즉 그것은 다만 위완지기를 상승하게 하려는데 목적이 있기 때문이었고 또 오미자를 쓴 것은 승산升散시킨 火가 발월發越하지 않고 다시 하향하도록 수렴하려는 데에 목적이 있었던 것이다. 그러나 한다열소탕의 경우에는 肝火를 상승시키는 데에 목적이 있는 것만이 아니라 또한 脾肺의 火를 해결하려는 데에 목적이 있은즉 심비지울心脾之鬱을 열기 위한 석창포가 필요하지 않은 것은 물론이고 또 오미자로써 수렴폐금收斂肺金하여야 할 필요도 없는 것이다. 왜냐 하면 脾肺에서 화왕火旺하면 그 火를 꺼야할 것이고 이것을 표면에서 수렴하면 도리어 화갱火坑을 형성하는 결과가 될 것이므로 직접 불을 끄는 황금을 썼던 것이다. 그런데 폐에서 화성火盛하게 되면 상초의 상승지기만 독성獨盛하고 하강지기는 도리어 감세減勢하게 될 것이므로 부득이 강화지재降火之材를 기용할 수밖에 도리가 없는 것이다. 그러므로 행인을 써서 사폐 강화 행담 해기瀉肺 降火 行痰 解肌하게 한 것이다. 이와 같이 보면 동일한 표한증이라고 할지라도 그의 입방지묘리立方之妙理는 오직 병사病邪의 소재와 병리病理의 상황여하에 따라서 이와 같이 달라지는 것이다.

그런즉 이상에서 논한바 대로 생각해 볼 때에 얼핏 생각하기에는 그와 같이 肺에서 火가 성한다면 표한증이 일어날 것이 아니라 이열증裏熱症이 일어날 것이고 한다열소증이 일어날 것이 아니라 열다한소증이 일어날 것 같이 느껴질지도 모른다. 그러나 여기에서 말하는 火는 肝火가 脾肺중에서 왕旺하고 위완지양胃脘之陽이 외표外表의 한寒에 의하여 포위되고 있는 것인즉 비록 火가 왕旺하고 있다고 할지라도 그 火는 외한外寒 때문에 발하지 못함으로써 왕旺하게 된 것이다. 그러므로 그 병상病狀은 발열이 심한 것이 아니라 오히려 오한惡寒이 심할 것이다. 그런즉 그 병을 치료하려면 외한外寒을 발산시키고 내열內熱을 사瀉하여야만 표한表寒이 풀리게 될 것이다. 그렇기 때문에 동무가 방명을 한다열소탕이라고 함으로써 표한表寒이 내열內熱을 포위함으로서 이것이 서로 상지相持하고 있다는 것을 방명方名에 밝혀 놓은 것이다. 그 뿐만 아니라 태음조위탕을 변방變方하여서 내울지화內鬱之火를 제거하면서 승양산한升陽散寒하게 한 것은 바로 양사兩邪를 함께 구축하려는 것이다. 그러나 이 처방에 사화약瀉火藥보다도 오히려 산한지약散寒之藥이 많은 것은 외한지세外寒之勢가 더 많기 때문인즉 이것으로써 보더라도 한다열소탕의 목적은 치열治熱에 있는 것이 아니라 치한治寒에 있다는 것을 알 수 있는 것이다.

갈근승기탕

갈근 4돈, 황금 대황 각 2돈, 승마 길경 백지 각 1돈.

본방에 가加 대황 2돈하면 갈근대승기탕이오 감減 대황 1돈하면 갈근소승기탕이니라.

방 해

이 처방은 태음인이 양명이열증陽明裏熱證이 극심하여서 열결이 변불통熱結而 便不通하면서 변생제증變生諸症하는 것을 치료하기 위하여 입방立方한 것이다. 그런데 고방古方의 제승기탕諸承氣湯에 있는 대황 지실 후박 망초는 열을 대변大便으로 공하攻下하는 데에만 주력하였던 것이다. 그러므로 고방의 입방지술立方之術에는 미급한 점이 있는 것을 부인할 수가 없는 것이다.

왜냐하면 약력藥力의 공효功效에는 명장의 지인용智仁勇이 있어야만 한다. 다시 말하면 선을 도와주면서 악을 토벌하여야 하고 10인의 악행을 벌할 수 없다고 할지라도 1인의 선행을 해치지 않아야 할 것이니 이것은 인용仁勇에 속하는 것이다. 또 적을 토벌하는 데에는 지모智謀가 있어야만 한다—즉 근자近者는 근방近方으로 나아가게 하고 원자遠者는 원방遠方으로 나아가게 하는 것과 같은 것은 지모에 속하는 것이다.

그런즉 용약입방지법用藥立方之法도 또한 지인용이 겸비하여야 할 것인데 고방의 승기탕은 다만 사열邪熱을 공하攻下하는 데에만 급급하였던 것이다. 다시 말하면 대황으로써 사열邪熱을 탕척蕩滌하고 지실로 파적破積하고 망초로 연견軟堅하고 후박으로 창만脹滿을 제거하게 하였은즉 이와 같은 방법은 다만 공격攻擊에서 공격으로 시종始終하는 방법인 것이다. 그런즉 이것은 맹장猛將이 될 수는 있겠지만 명장名將이 될 수는 없다. 왜냐하면 용勇은 있지만 지智와 인仁이 없기 때문이다.

그러므로 동무는 그 작전내용을 변경하여서 갈근승기탕을 만들었던 것이다. 이제 이것을 고찰하여보면 다음과 같다. 전쟁에서 적을 토벌할 때에 먼저 양민이 해를 받지 않도록 하는 것은 인장仁將이다. 그런즉 울결한 사열邪熱을 탕척할 때에는 공攻하게 되므로 그 때에는 양민인 장부臟腑의 청기淸氣가 하함下陷하게 될 것이고 또 열이 많은 곳에서는 반드시 수분水分이 고갈枯渴하게 될 것이다. 그러므로 공열이전攻熱以前에 먼저 갈근으로 위군爲君하여서 지갈생진止渴生津하게 하면서 하함下陷한 청기淸氣를 상승하게 하여 놓아야 할 것이니 이것은 인장仁將의 인仁을 발동시킨 것이다.

그 다음에 대황 황금을 신臣으로 하여서 상중하초上中下焦의 열결熱結을 탕척蕩滌하게 한 것이다. 즉 대황으로 중하中下를 공격하고 황금으로 중상中上을 공격하게 하였으니 이것은 가히 용장勇將의 지모智謀라고 할 것이다. 그 위에 또 길경으로 심폐거사지로心肺去邪之路를 열어서 승이산지升而散之하게 하고 승마 백지로써 폐 비위 대장경의 울결을 승발升發하게 하였으니 이것은 가히 지장智將의 통명지계通明之計라고 할 것이다.

이제 다음에 이것을 요약하여 보면 동무는 탕척지재蕩滌之材를 쓰기 이전에 먼저 활민지재活民之材를 썼고 그 위에 상하지사上下之邪를 분이구축分而驅逐하는 방법을 썼다. 그러나 이것만으로서는 아직 사邪가 부육지간腐肉之間에 은둔할 염려가 있을 것이므로 표리승발지졸表裏升發之卒로써 후고後顧의 염려가 없게 했던 것이다. 그 뿐만 아니라 태음인은 폐소간대肺小肝大하므로 열이 항상 상초上焦에 울鬱하게 되는 것이므로 동무는 이와 같이 표리表裏의 공격에 있어서도 상초上焦를 중시하였던 것이다. 그런즉 吾人은 여기에서 중경과 동무의 제방입법지의製方立法之意를 비교연구해 볼 수가 넉넉히 있다. 그러나 필자의 둔한 머리로서 여기에서 성의聖醫들의 장단과 우열을 논하는 무례를 범할 수는 없다. 그러므로 이 문제에 대해서는 독자제현이 숙고심단熟考深斷하기를 바랄 뿐이다.—그럼에도 불구하고 필자가 감히 위와 같이 논한 것은 다만 필자의 논리가 그러하다는 것뿐인즉 이 점에 관용이 있기를 바란다.

조리폐원탕

맥문동 길경 의이인 각 2돈, 황금 마황 나복자 각 1돈

방 해

이 처방은 중병후重病後 조리지제調理之劑로 쓰는 처방이다. 그런데 병후 조리에 왜 이 처방을 써야 하는가 하면 태음인은 본시 폐소간대肺小肝大한 장국臟局을 타고 난 것이므로 한번 중병에 시달리고 나면 항상 肝火가 대두하려고 하고 肺金이 조燥하려고 하기 쉽다. 물론 치병지시治病之時에 이들 조건을 고려하면서 치료한다고 할지라도 肝肺의 모극관계侮克關係는 언제나 기회를 엿보고 있게 마련이다.

그런즉 태음인의 중병 후에는 반드시 肝肺의 과불급過不及을 조절함으로써만이 원상회복이 될 수 있을 것이다. 그러므로 의이인을 써서 肝木이 脾土를 극하지 못하도록 하고 맥문동을 써서 윤심폐潤心肺하게 하고 길경을 써서 개제기혈開提氣血하게 한즉 肝은 사瀉를 받게 되고 肺는 보補를 받게 될 것이다. 그렇게 한즉 태음인이 선천적으로 받은 간폐의 과부족이 균형을 얻게 될 것이다. 그러므로 의이인 맥문동 길경으로써 위군爲君한 것이다.

그러나 의이인 맥문동 길경은 肝肺를 사유여보부족瀉有餘補不足하면서 개제기혈開提氣血할 수 있는 대국을 만드는 것뿐이고 결코 그것으로써 세부의 일까지 끝낸 것은 아니다. 그러므로 황금으로써 心肺의 火를 사瀉한즉 이것이 맥문동과 합력하여서 윤폐청심潤肺淸心작용을 완성시킬 것이고 나복자로써 비위지기脾胃之氣를 상승하게 한즉 이것이 의이인과 합력하여서 비위를 도울 것이고 마황으로써 폐 방광경의 사瀉를 구축한즉 이것이 길경과 합력하면서 개흉격開胸膈작용을 돕게 될 것이다.

이렇게 함으로써 보폐 사간補肺 瀉肝작용이 완성되면 태음인의 체질적 결함이 완전무결하게 될 것인즉 태음인의 병후조리는 물론이고 만일 평소에 기불승이화울氣不升而火鬱한 경우라 할지라도 수 백 첩을 쓰면 넉넉히 그 체

질적 결합을 바로 잡을 수 있을 것이다.

마황발표탕

길경 3돈, 마황 1돈5푼, 맥문동 황금 행인 각 1돈.

방 해

이 처방은 마황정천탕에서 상술하였으므로 여기에서는 약함.

보폐원탕

맥문동 3돈, 길경 2돈, 오미자 1돈 가加 산약 의이인 나복자 우묘尤妙.

방 해

이 처방은 본시 태음인 소아가 설사가 과도함으로써 청기淸氣가 하함下陷하게 되어서 만경풍慢驚風을 일으키는 것을 치료하기 위하여 입방한 처방이다.

대저 소아들의 경풍驚風을 흔히 두 가지의 원인으로서 일어나는 것인 바—그 하나는 肝木이 태과太過하여서 木克土(脾胃) 함으로써 일어나는 경우가 있고 다른 하나는 위기胃氣가 하함下陷하여서 토불능생금土不能生金(肺)함으로써 일어나는 것이 있다. 그런즉 만경풍이란 것은 바로 후자에 속하는 것이다.

그러므로 다음에 경풍이 생기는 연유부터 살펴보기로 하겠다. 소아의 내상병內傷病은 대체로 볼 때에 간태과肝太過가 아니면 비위부족脾胃不足에 있다. 그런데 肝이 태과하면 肝木이 극토克土함으로써 이것이 비위지화脾胃之火와 합세하게 되어서 木火가 상선相扇하면서 풍風을 동動하게 하는 것이니 이것은 급경풍急驚風이고 脾胃가 부족하게 되면 기불능상승이 하함氣不能上升而 下陷하게 되므로 肺金을 生해주지 못한즉 폐 위완지목胃脘之木이 망동하게 되는 것이니 이것이 바로 태음인의 만경풍인 바 이른바 「설사십여일 무도자 필만경풍泄瀉十餘日 無度者 必慢驚風이라」고 한 것은 바로 이것이다.

이와 같이 생각해 볼 때에 경풍은 외래지풍外來之風이 아니고 생리의 변화로써 자발自發한 것이 분명하다 그런즉 상술한 바와 같이 허실을 구별하여서 치료하면 될 것이다. 그러므로 태음인의 만경풍을 치료하기 위하여서 맥문동 오미자 길경을 기용하였던 것이다.

즉 토불능생금土不能生金하므로써 폐가 실윤失潤하게 되었으므로 맥문동을 써서(爲君) 윤폐 청심 생진 제번 사열潤肺 淸心 生津 除煩 瀉熱한즉 원기元氣가 회복하게 되면서 선천적으로 부족하던 心肺가 보補를 받게 된다. 그러나 맥문동은 하함下陷한 청기淸氣를 상승할 수 있는 힘이 없으므로 길경을 써서 心肺의 열을 사瀉하면서 위기胃氣를 상승하게 한 것이다. 그렇게 한즉 맥문동의 보폐원지력補肺元之力과 길경의 상승지력上升之力을 이용하여서 만경풍의 원인인 바의 폐조이 기하함지기肺燥而 氣下陷之機를 바로 잡아 놓게 될 것이다.

그렇지만 하함下陷했던 위기胃氣가 상승할 때에는 반드시 항양亢陽이 될 염려가 있으므로 오미자를 써서 상초上焦에서 모산耗散할 지도 모르는 원양元陽을 귀원歸元하게 하여야 할 것이다. 즉 오미자는 염폐기이 자신수斂肺氣而滋腎水하는 약이므로 陽을 속에다가 포위하고 천원일기작용天元一氣作用을 하는 데에 가장 유능한 힘을 가지고 있는 것이다. 그런즉 맥문동 길경 오미자가 합력하여서 윤폐潤肺(맥문동) 승기升氣(길경) 천원일기天元一氣(오미자)한즉 만경慢驚의 원인은 해소되고 선천적인 肝肺의 과부족이 다시 균형을 얻게 될 것은 물론이다.

그런데 동무는 산약 의이인 나복자를 가하면 우묘尤妙하다고 했은즉 다음에 그 이유를 살펴보아야 하겠다.

본방은 길경으로써 개제기혈開提氣血하였지만 길경은 비위를 보補하는 힘이 너무 약하다. 그러므로 산약을 써서 비폐지기脾肺之氣를 보補하게 한 것이다. 그런데 원칙적으로 따지면 만경풍은 목극토木克土함으로써 일어나는 것은 아니라고 할지라도 태음인은 본시 간대폐소한 것인즉 이것을 돌보지 않을 수가 없는 것이다. 그러므로 보비폐補脾肺하면서 억목부토抑木扶土하는 의이인을 쓰게 되면 이것이 산약과 합력하여서 보비위補脾胃하게 될 것이고 따라서 맥문동의 보심폐지공補心肺之功은 배가倍加하게 될 것이다. 그리고 또 나복자를 기용하여서 길경의 승양작용을 도와주게 한즉 본방에 비하여서 그 공이 우묘尤妙할 것은 물론이다. 그러므로 동무가 「가加 산약 의이인 나복자 각 1돈 즉則 우묘尤妙」라고 한 것이다.

그런데 吾人이 여기에서 하나 더 고찰하여야 할 것은 보폐원탕을 비단 태음인 소아의 만경풍을 치료하는 데에만 응용할 것이 아니라 일체 태음인의 기하함지질氣下陷之疾에는 불가무不可無의 처방이란 것을 명심하여야 할 것이다.(기하함이란 것은 보중익기탕증과 똑 같은 것을 말하는 것인즉 기하함의 증상은 보중익기탕을 연구하면 된다) 물론 이것은 보폐원탕에 있어서만 아니라 모든 처방을 운용하는 법을 문일지십聞一知十하면서 그 운용의 묘를 얻어야 하는 것이다.

녹용대보탕

녹용 2-3-4돈, 맥문동 의이인 각 1돈 5푼, 산약 맥문동 오미자 행인 마황 각 1돈, 허약인 표증 한다자虛弱人 表證 汗多者 의용宜用

방 해

이 처방은 태음인의 폐원肺元이 허약함으로써 심비心脾가 실윤失潤하고 위완胃脘이 승양升陽할 수가 없어서 외수범촉지한外受犯觸之寒에 저항해 낼 수가 없기 때문에 음양의 승강지기升降之機가 활발하게 움직이지 못하는 것을 치료하기 위한 처방이다. 그러므로 식체 비만 퇴각무력 양허 해수 신란 몽설食滯 痞滿 腿脚無力 陽虛 咳嗽 神亂 夢泄 등의 모든 내허외한지증內虛外寒之證을 치료하는 처방인 것이다. 그런즉 이 처방의 공효功效는 조위승청탕이나 보폐원탕과 비슷한 점이 있지만 폐원肺元을 보補하고 신정腎精을 생하면서 오장지원五臟之元을 양養하는 면으로 볼 때에 전 이방二方은 이 처방을 따를 수가 없는 것이다.

즉 녹용은 첨정보수添精補髓하면서 난신조양暖腎助陽하는 약이다. 이것을 좀 더 자세히 말하면 인간의 폐는 호呼함으로써 부산浮散하게 되려는 진양眞陽을 수렴하여 가지고 이것을 腎에 돌려보내었다가는 또다시 이와 같이 호출흡입呼出吸入하는 일을 반복하는 것인 바 肺는 그때마다 부산浮散하려는 陽을 수렴하여서 신중腎中으로 귀원歸元하여야 하는 것이다.

그런데 만일 폐가 많은 陽을 수렴하지 못한다면 신중腎中으로 돌아가야 할 陽이 적게 될 것인바 그렇게 되면 이것이 바로 양허陽虛의 기본이 된다. 그런즉 사람의 양허란 것은 진실로 이와 같은 것을 말하는 것이다. 즉 녹용이 첨정보수添精補髓하면서 난신조양煖腎助陽한다는 말은 바로 위에서 말한 바와 같은 작용의 계기를 창조하는 것을 의미하는 것이다.

그런데 조위승청탕이나 보폐원탕은 이와 같이 본원本源을 창조하는 약으로 군약君藥을 삼는 것이 아니라 다만 윤폐청조이 승기기潤肺淸燥而 升其氣하는 것을 목적으로 하였은즉 그것은 양기陽氣의 하함下陷을 상승하게 하는 일을 함으로써 폐신肺腎을 보補하려는 것뿐이고 양의 본원이 고갈된 것을 生하게 할 수 있는 힘은 없는 것이다. 그런즉 吾人은 여기에서 녹용대보탕의 공효功效와 특징은 전혀 녹용 일미一味에 있다는 것을 알 수 있는 것이다.

그 다음에 맥문동과 의이인을 써서 청심윤폐淸心潤肺하면서 肝木의 극克을 막게 하였는 바(爲臣) 이것은 녹용의 조양작용助陽作用을 도우면서 태음인의 체질적 결점을 보완하려는 데에 목적이 있는 것이다. 그런데 또 천문동을 가하여서 맥문동을 도운즉 폐조肺燥의 염려는 더욱 없게 된다. 이렇게 하면 태음인이 폐양肺陽이 부족함으로써 호출하지 못하는 폐단을 막고 생양윤조生陽潤燥할 수 있는 기본이 마련된 것이다. 그러나 이와 같이 함으로써 비록 폐양肺陽이 충실하여졌다고 할지라도 만일 그 부산지양浮散之陽을 수렴하여서 금수상생金水相生 작용—즉 천원일기天元一氣하는 작용을 하지 못한다면 녹용의 보완작용도 허사가 되고 말 것이다.

그러므로 수렴 폐기이 자신수收斂 肺氣而 滋腎水하면서 모산지양耗散之陽을 수렴하는 능력을 가진 오미자를 써서 이와 같은 중임重任을 맡긴 것이다. 그런데 이와 같은 일이 완료되었은즉 脾肺가 승양升陽할 수 있는 만반의 준비가 완료되었을 것은 말할 것도 없다.

그러나 내장의 작용을 활발하게 하려면 반드시 외수풍한지사外受風寒之邪를 막아야 한다. 그러므로 제풍산한除風散寒하면서 흉격지기胸膈之氣를 열어주는 행인과 해표산한解表散寒하면서 배표背表의 기혈氣血을 소통하여 주는 마황을 써서 표리를 공제共濟한즉 이때에 비로소 이 처방의 군신지재君臣之材가 마음대로 공효功效를 나타낼 수 있게 될 것이다.

이와 같이 고찰해 볼 때에 녹용대보탕은 승양지제升陽之劑라기 보다는 오히려 생양지제生陽之劑인 것이오, 보허지제補虛之劑라기 보다는 오히려 고양지제固陽之劑인 것이다. 다시 말하면 이 처방은 승양升陽할 수 있는 기본을 충실하게 함으로써 승양升陽하는 수단을 가하지 않아도 자동적으로 승양될 수 있게 하는 처방인 것이다.

공진흑원단

녹용4-5-6냥, 산약 천문동 각 4냥, 제조蠐螬 1-2냥, 사향 5푼.

자煮 오매육烏梅肉 위고화환爲膏和丸 오자대梧子大하야 온탕하 50-70환커나 혹 소주하燒酒下하라. 허약인 이증 열다자虛弱人 裏證 熱多者 의용宜用이니라.

(註) 여기에서 열다(熱多)라고 한 것은 허열(虛熱)임

방 해

이 처방은 위역림의 흑원단과 공진단에서 당귀 산수유를 빼고 양방兩方을 합방하여서 입방한 처방이다. 그런데 위역림은 음혈陰血이 모갈耗竭한 데에는 흑원단을 쓰고 품부소약이 진기稟賦素弱而 眞氣가 유겁猶劫한 데에는 공진

단을 쓰라고 했다. 그러므로 동무가 양방을 합하여서 이 처방을 만들었은즉 이것은 바로 진기眞氣가 유겁猶刦하므로써 음혈陰血이 모갈耗竭된 것을 치료하기 위한 것이라는 것을 알 수 있는 것이다.

그런즉 여기에서 우선 진기유겁이 음혈眞氣猶刦而 陰血이 모갈耗竭이라는 것은 무엇을 의미하는 것인가 하는 것을 생각하여야 할 것이다.

사람은 피로써 살고 있는바 피는 열도熱度가 과다하여도 모갈耗竭되고 열도가 저함低陷하여도 모갈된다. 그런데 체내에 진양眞陽이 부족하면 진기眞氣가 유겁猶刦하게 되는 것인 바 여기에 말한 바의 음혈陰血의 모갈이라는 것은 진양眞陽이 부족(진기유겁(眞氣猶刦))하기 때문에 혈모血耗되는 것을 말하는 것이다. 그렇다면 이러한 경우에는 진양眞陽을 생하게 하여야만 음혈陰血이 소생하게 될 것은 물론이다.

그렇다면 진양眞陽이 생하면 음혈陰血이 어떻게 생하여지는가 하는 것을 연구하여 보기로 하자. 진양眞陽이란것은 폐신지양肺腎之陽인데 폐신지양인 금수지양金水之陽이 충족하게 되면 따라서 간비지음肝脾之陰이 충족하게 되므로 생혈작용生血作用이 왕성하게 될 것이나 만약 폐신지양이 부족하면 肝脾의 陰이 불신不伸하게 되므로 생혈작용이 저조하게 된다. 이렇게 되면 진기는 따라서 겁刦하게 되므로 오장五臟은 수승화강작용을 하지 못하게 된다. 그러므로 동무는 진음진양眞陰眞陽을 공제공생共濟共生하기 위하여서 이 처방을 만든 것이다. 이와 같이 생각해 볼 때 공진흑원단은 허열虛熱때문에 진양眞陽이 약화되게 되고 음혈陰血이 모갈耗竭되면서 생명이 부착할 곳이 없게 되는 것을 치료하기 위하여 입방한 것이란 것을 알 수 있는 것이다. 그러므로 녹용을 군약君藥으로 하여서 첨정보수添精補髓하면서 난신조양暖腎助陽하게 하였으니 이것은 바로 생양지기生陽之機를 만드는 것을 의미하는 것이다. 다시 말하면 첨정보수하면서 난신조양하게 되면 이것은 음중에서 火를 양養하는 것이 될 것인즉 그것이 바로 감坎중의 양양작용養陽作用이며 또한 천원일기天元一氣작용인 것이다.

그런즉 이러한 작용은 바로 생명력을 양養하는 작용인 바 녹용이 그 역할을 하기 때문에 군약君藥으로 한 것이다. 그런데 생명력인 진양眞陽을 양養하는 것은 전혀 폐비신의 삼자가 金水를 生해 줌으로써 이루어지는 것이다. 그러므로 산약과 맥문동을 신약臣藥으로 하여서 비폐신의 허열을 탕척蕩滌하면서 자음윤조滋陰潤燥하게 한즉 이것들이 녹용지군鹿茸之君을 도와주게 됨으로써 진양이 수보受補하게 되는 것이다.

비록 그렇다고 할지라도 여기에서 肝木의 극토克土작용을 방지하면서 거의 멸하려고 하는 진양을 먼저 회생시켜 놓아야만 그 진양이 녹용 천문동 산약등의 도움을 받을 수 있게 될 것이다. 그런즉 여기에서 우선 필요한 것은 장멸將滅하려는 생명을 멸하지 못하게 하는 힘이 필요하게 되는 바 그 일을 담당한 것이 바로 제조蠐螬다. 제조는 습열지중濕熱之中에서 화생化生하는 것인바 일명을 지잠地蠶이라고도 한다. 모든 잠류蠶類는 토화土化작용을 하는 곳에서 생겨나는 것이므로 토화작용을 잘 하는 힘이 있다. 그런데 지잠地蠶이란 말은 잠류蠶類중에서도 특히 토화土化작용을 잘 하는 것을 의미하는 것이다. 그렇다면 방멸方滅하려는 생명을 회생하게 하려면 이와 같은 정미지재精微之材가 아니면 안 된다. 그러므로 제조蠐螬를 기용하였던 것이다.

제조蠐螬의 약효가 이러하다는 것은 그 약성으로 살펴보면 잘 알 수 있으니 본초에 왈「제오혈 어혈 혈결除惡血 瘀血 血結」이라고 하였으니 이것은 모두 토화작용에 의하여 응결을 푸는 것을 의미한 것이다. 다시 말하면 토화작용을 잘 하면 응결이 풀리게 되고 응결이 풀리면 그 정미지재精微之材로써 포양包陽작용을 잘 하게 되는 것이다. 그런즉 이것이 바로 토화작용의 정체이며 또 목극토木克土를 방지하는 힘이며 또한 생명을 회생하는 모습인 것이다. 그러므로 이와 같은 작용에 능한 제조를 기용하여서 토모목土侮木(肝)을 하면서 생명이 회생작용을 하는 것이다.

그러나 토화작용의 목적은 肺중의 양을 충실하게 함으로써 천원일기天元一氣작용의 기본을 창조하려는 데에 있는 것이다. 그러나 여기에서는 일단 폐호지기肺呼之氣를 양養하여야만 금수상생金水相生 작용이 일어나게 될 것이므로 즉 인신상화寅申相火 작용이 일어나야 할 것이므로(詳考 우주변화의 원리 토화작용과 인신상화론) 사향을 써서 그 작용을 도와주게 한 것이다.

즉 사향은 개경락 통제규開經絡 通諸竅하는 약인즉 이것을 단적으로 말하면 사향은 폐중지양肺中之陽을 확충하기 때문에 인신상화 작용이 생겨서 개경락 통제규開經絡 通諸竅하게 하는 원천을 만드는 약인 것이다. 그런즉 사향은 사폐지약瀉肺之藥이 아니라 보폐지약補肺之藥이오 위기지약衛氣之藥이 아니라 골수지약骨髓之藥인 것이다. 그러므로 위기衛氣가 약한 사람은 사향을 써서는 안 되는 것이다.

이와 같이 생각해 보면 공진흑원단이 진기유겁지병眞氣有劫之病을 치료할 수 있는 것은 녹용 천문동 산약의 공功이지만 그것이 공을 이루게 한 것은 전혀 제조蠐螬의 토화작용과 사향이 인신상화 작용을 함으로써 천원일기天元一氣의 계기를 만들어 주기 때문에 이열裏熱이 없어지게 되면서 생양生陽의 기원을 창조하고 하는 것이다. 그런즉 이 처방이 태음인의 정기이갈자精氣已竭者를 기사회생하게 하는 명방인 것은 물론이거니와 또한 태음인이 정갈精竭됨으로써 식후비만食後痞滿하거나 해수몽설咳嗽夢泄하는 등의 병증도 이 처방이 아니면 처리할 수 없는 것이다.

조각대황탕

승마 갈근 각 3돈, 대황 조각 각 1돈.

용지자用之者 불가과不可過 3-4첩이니 승마 3돈과 대황 조각이 동국同局하면 약력이 맹준고야猛峻故也라.

방 해

이 처방은 공신소제龔信所製 이성구고환二聖救苦丸에 승마 갈근을 가미한 처방이다. 그런데 공신이 만력萬曆 병술丙戌년에 양양 대열穰穰 大熱하는 온병瘟

病을 치료한 바 있는데 조각 대황—즉 이성구고환을 써서 백발백중하였다고 하였는데도 불구하고 동무가 조각대황탕을 만든 이유는 무엇 때문일까 하는 것을 연구해 볼 필요가 있다.

그런데 이 처방에서 제일 먼저 착안하여야 할 점은 그와 같은 증한장열지병增寒壯熱之病에 겨우 대황 1돈을 썼은즉 그것으로써 능히 온병대열瘟病大熱을 제거할 수 있겠는가 하는 점이다.

그러나 동무는 말하기를 「승마 3돈과 대황 조각이 동국同局하면 약력이 맹준猛峻」하다고 하였은즉 무엇 때문에 약력이 그와 같이 맹준猛峻할 수 있는가 하는 것을 연구하여야 한다.

공신이 이성구고환을 만든 것은 대황으로써 심포心包 간 비위 대장 혈분血分의 적열결어積熱結瘀를 탕척하고 조각으로써 개관통규開關通竅하면서 간 폐 대장의 풍열風熱을 제거함으로써 온병대열瘟病大熱을 구축하려는 것이었다. 그런데 이 처방의 입방지묘立方之妙는 이와 같이 천근淺近한 곳에만 있는 것이 아니라 좀 더 심오한 곳에 있으니 즉 열이 적체되었을 때에 그것을 탕척하려면 공열수단攻熱手段이 비범하여야 하기 때문이다.

다시 말하면 적열積熱을 탕척하려면 공열지약攻熱之藥은 반드시 부침지성浮沈之性이 공존하여야만 약력이 지고지분至高之分에 까지 인이승지引而升之하여 가지고 거기에서 생기는 침강지력沈降之力으로써 가장 많은 맹위를 떨치게 할 수 있는 것이다. 왜냐하면 물리지묘용物理之妙用은 승기작용升氣作用이 지극하여야만 강기작용降氣作用이 따라서 커지는 것일 뿐만 아니라 이것이 또한 상하승강지로上下升降之路를 열어주는 방법이기도 한 것이다.

그러므로 대황의 침강지성沈降之性과 조각의 취도옹체吹導壅滯하면서 상기上氣하는 성질을 병용하여서 승강지로를 열려는 것이다. 그런즉 이 방법은 가장 훌륭한 것임에는 틀림없다. 그러나 온병은 자내지외지병自內之外之病일 뿐만 아니라 또한 기부지열肌膚之熱이 양양穰穰한 것인즉 조각의 취도옹체 상기지력吹導壅滯 上氣之力만 가지고서는 그 힘이 기육지간肌肉之間에서 횡산橫散

하는 데에는 능하겠지만 반면으로 지고지분至高之分에서 대황의 한냉지성寒冷之性을 맹추猛墜시게 하는 데에는 부족하다. 그러므로 약기를 추이상지推而上之함으로써 음기복강지로陰氣復降之路를 열어주는 승마를 기용하여서 대황으로 하여금 맹추猛墜할 수 있게 하는 힘을 도와주게 하였던 것이다.

그러나 이와 같이 하면 척열滌熱의 효과는 클 것이지만 위기승발지력胃氣升發之力을 상傷할 염려가 있다. 그러므로 갈근을 써서 비위지기脾胃之氣를 고지발지鼓之發之하게 함으로써 대황 조각이 남겨 놓은 전후지폐戰後之弊를 보호하게 한 것이다. 그런즉 우리는 이 처방에서 넉넉히 기육지열肌肉之熱을 제거하는 입방용약지묘立方用藥之妙를 깨달을 수 있어야 할 것이다.

갈근부평탕

갈근 3돈, 나복자 황금 각 2돈, 자배부평紫背浮萍 대황 각 1돈, 제조蠐螬 10개.

치부종 이증열다자治浮腫 裏證熱多者 의용宜用

방 해

태음인은 간금지기肝金之氣가 태다太多하고 폐목지기肺木之氣가 과소過少하기 때문에 金木이 상극함으로써 土(脾火)를 이루지 못하게 되는 것이다. 그러므로 脾火가 울鬱하여서 울열鬱熱이 되어서 火土가 합덕合德하지 못하게 되므로 金火가 상극하여서 습濕을 만들게 되는 것이다. 그런즉 태음인의 간대폐소한 장국은 이와 같이 金木이 상극相克함으로써 조습燥濕이 반복하게 된즉 반드시 중완中脘에서는 열이 울鬱하게 되고 열이 울한즉 양승음강陽升陰降 작용이 길을 잃게 되므로 水氣가 상승어폐上升於肺하여 하수방광下輸肪胱하지 못하고 기육지간肌肉之間에서 울하게 되는 바 이것이 바로 태음인의 열성부종熱性浮腫의 원인인 것이다. 그런즉 이것을 치료하려면 무엇보다도 먼저 金(肝)克木(肺)을 당하고 있는 폐와 위완胃脘을 울화鬱火의 독 안에서 구출하여야 한다. 그러므로 갈근을 써서 비와 위대장의 열을 승발하게 하면서 지갈생진止渴生津하게 함으로써 양명금陽明金을 생하게 하고 또 황금을 써서 비폐와 상중초上中焦의 풍열을 사瀉함으로써 肺木의 활동을 정상화하도록 한즉 여기에서 태음 양명의 양경兩經이 비로소 肝金의 극克을 받지 않고 木(肺)火(脾)相生을 하게 될 것이므로 토화작용이 정행正行하게 되는 것이다.

그러나 비록 그 열울지원熱鬱之源을 제거하였다고 할지라도 일단 정체하였던 비위지기脾胃之氣가 반드시 자승자발自升自發한다고 믿기는 어렵다. 그러므로 이기상기利氣上氣하는 나복자를 써서 위기胃氣를 승발하게 한 것이다. 이와 같이 하여서 척열 상기 구폐금滌熱 上氣 救肺金하여 놓은즉 수승화강의 길이 열리게 될 것이다.

비록 그렇다고 할지라도 이것만으로 만족할 수는 없다. 왜냐하면 지고지열至高之熱이나 현벽지화痃癖之火는 아직까지도 상존할 것이므로 부평浮萍을 써서 폐경 지고지처肺經 至高之處에 있는 열을 발산하게 하고 심포心包와 간비 위대장 현벽지처痃癖之處에 숨어 있는 열을 하강하게 한즉 다시는 후환이 없게 될 것이다.

이와 같이 하여서 척열생목滌熱生木하게 함으로써 토화土化할 수 있는 계기를 만들기는 하였지만 그 계기가 반드시 토화작용 자체는 아니다. 그러므로 제조螬螬를 써서 토화작용을 하게 한 것이다.(상세는 공진흑원단에) 이렇게 한즉 간대폐소 함으로써 수도지상원水道之上源에 고장이 생겨서 수도불통水道不通하는 부종병浮腫病을 치료할 수 있는 것은 물론이다.

건율제조탕

건율 100매, 제조 10개 탕복湯服커나 혹 구식炙食하라. 혹 황률 제조 10개를 작말作末하여 별용別用 황률탕조하黃栗湯調下하라. 치治 부종 표증 한다자浮腫 表證 寒多者 의용宜用

방 해

태음인이 만일 위완胃脘이 한한寒冷하게 되면 양기陽氣가 상승하지 못하게 되고 양기가 상승하지 못하게 되면 폐의 호력呼力이 불급하게 되어서 양기를 지고지분至高之分에 까지 인상引上할 수 없게 되면 반드시 水의 하류지원下流之源이 두절하게 될 것이다. 다시 말하면 위완은 胃의 상부이므로 위기胃氣가 상승하여야만 위완에 충양充陽될 수가 있다. 그러나 위완이 만일 한寒하면 위기胃氣가 그 한寒때문에 상승할 수가 없게 된다.

그런데 위기胃氣가 비기脾氣와 합력하여서 승양升陽하게 되면 수정水精을 폐에 올려 보내게 되어서 기화위수氣化爲水하면서 소변이 나오게 되는 것이다. 그러나 위완이 한寒하기 때문에 脾胃의 기화작용氣化作用이 수류지원水流之源인 肺에까지 올라가지 못하게 된즉 소변이 나오지 못할 뿐만 아니라 비위의 무력 때문에 수정水精이 사지 기육지간四肢 肌肉之間으로 횡류하게 되므로 이것이 한증 부종寒症 浮腫의 원인이 되는 것이다.

그런즉 吾人은 여기에서 태음인의 표한증 부종表寒證 浮腫이 이와 같이 하여서 이루어진다는 것을 알 수 있거니와 그렇다면 무엇보다도 먼저 위완의 한기寒氣를 제거함으로써 위기胃氣가 상승할 수 있는 길을 열지 않고서는 태음인의 표한증 부종을 치료할 방법이 없을 것이다.

그러므로 건율로써 보신補腎함으로써 장위지기腸胃之氣를 후厚하게 하면 발양지원發陽之源이 충실하게 될 것인즉 이것은 장차 위완지한胃脘之寒을 구축할 수 있는 기초가 될 것이다. 그런데 陽氣는 土化되어서 위완으로 상승함으로서만이 폐에서 水를 만들 수가 있다. 그러므로 만일 陽氣가 土化되지 못하면 항양亢陽이 되고 말 것인즉 도리어 폐를 상하게 될 것이므로 이때에는 陽氣를 土化하는 능력이 풍부한 제조蠐螬를 기용하여야만 그 폐단을 방지할 수 있는 것이다. 그렇게 하여야만 여기에서 비로소 화토합덕火土合德 작용이 일어나서 위완의 한寒을 구축하게 될 것이고 또 비위 기육지간脾胃肌肉之間에서 횡류橫流하던 水는 다시 폐에 올라가서 방광肪胱으로 나아가게 될 것이므로 표한증 부종이 자연히 풀리게 되는 것이다.

건율저근피탕

건율 1냥, 저근백피 3-4-5돈.

治 이질痢疾이니 혹 탕복湯服 혹 환복이丸服而 환복자丸服者는 혹 단용單用 저근백피 5돈이니라.

방 해

이질痢疾은 대체로 습열이 하초下焦에 울결하여서 기혈이 응체불행凝滯不行하기 때문에 생기는 병이라고 생각하는 것이다. 그러나 사실은 열이 하초下焦에 울결하여서 생기는 것과 열이 중하초中下焦에 울결하여서 생기는 것과 열이 중상초中上焦에 울결하여서 생기는 것으로 구별된다. 그런데 열이 중하초에 울결하여서 생기는 것이 바로 태음인의 이질이다. 그런즉 열이 어떻게 하여서 중하초에 울결되어서 이질이 되는가 하는 것을 생각해 볼 필요가 있다.

즉 태음인은 肝金이 과왕過旺하고 肺木이 과소過少한 것인바 만일 肝金의 흡인력이 과하게 되면 폐목은 울결하게 된다. 그런데 이와 같이 하여서 火가 肝의 부위에 울결하게 되면 小腸에 울화가 전도되게 되어서(혈응기체(血凝氣滯)하게 되므로) 이질이 생기게 되는 것이다.

그러므로 건율을 써서 보신補腎하면서 후장위厚腸胃하면 소장지기小腸之氣가 차차 상승하게 될 것이다. 그렇게 한 다음에 습열을 제거하면서 혈분을 수렴하고 또 폐위의 진담陳痰을 제거하는 저근백피를 쓴즉 장위지기腸胃之氣가 상승하는데 방해가 없을 것이며 따라서 상하울체지기上下鬱滯之氣가 점소漸消하게 될 것이다. 그런즉 습열이 풀리면서 양승음강陽升陰降 작용이 활발하게 될 것이므로 이질이 자유自癒하게 되는 것이다. 이러한 치료방법은 행기파혈行氣破血하면서 습열을 제하는 방법이 아니고 후장승양 거적厚腸升陽 去

積하면서 습열을 제거하는 방법인 것이다.

그러면 왜 이러한 방법을 취해야만 하는가 하면 만일 행기파혈行氣破血하게 되면 승양升陽하지 못하므로 폐유조 화유치肺愈燥 火愈熾하게 될 것인즉 설혹 이질이 낫는다고 할지라도 태음인의 체질적 결함에 미치는 해가 적지 않겠기 때문이다.

과체산

과체초황위말(炒黃爲末) 3-5푼 온수조하溫水調下. 혹 건과체 1돈 급전탕용急煎湯用.

治卒中風에 臆膈이 格格하야 有窒塞聲 及 目瞪者必可用이니라.

此藥은 此病 此證에 可用이오 他病 他證에 必不可用이며

胸腹痛 寒咳喘에 尤忌用이니 雖滯 食物이라도 不可用此藥而

用他藥이니라. 面色이 青白而 素有寒證表虛者 卒中風則

當用 熊膽散 牛黃淸心元 石菖蒲遠志散而 不可用 瓜蒂散이니라.

방 해

태음인이 소면색素面色이 황적黃赤하면 이것은 肝火가 태성太盛하여서 肺金을 극克함으로써 흉억胸臆에 조열燥熱이 심하게 되므로 황적색이 나타나는 것이다. 그러므로 태음인 중풍이 이러할 경우에는 목징증目瞪證이 나타나게 되는 것이다. 왜냐하면 목위간규目爲肝竅인 바 肝火가 과왕過旺하게 되면 肝金(肝金이 변하여서 肺金이 되는 것인즉 肝金이란 것은 肺金의 전신이다)의 陰이 부족하게 되어서 화항지력火亢之力을 견제할 수 없으므로 음양이 균형을 유지할 수 없기 때문에 목징증目瞪證이 생기는 것이다.

따라서 肝火가 흉억지간胸臆之間에 울체鬱滯하게 되고 肺金이 조이부제燥而不制하게 되면 흉격에 담어痰瘀가 적취하게 되므로 질색성窒塞聲이 나타나는 것이다. 그러므로 체내에서 「담생열 열생풍痰生熱 熱生風」하여서 드디어 중풍中風이 생기게 되는 것인즉 이것은 태음인의 간열폐조肝熱肺燥에서 오는 중풍인 것이다.

그런즉 이것을 치료하기 위하여서는 청열 해갈 윤조淸熱 解渴 潤燥하지 않으면 안 된다. 그러나 흉억중에 담어痰瘀가 질색窒塞되어 있은즉 이것을 제거하면서 해열 윤조解熱 潤燥하여야 할 것은 물론이다. 그런데 과지위물瓜之爲物은 채과菜果인즉 이것은 화토지기火土之氣로써 이루어진 것이 분명하다.

다시 말하면 첨과甛瓜는 화토지정火土之精이 엉키어서 이루어진 것인 바 화토지정은 염열炎熱이 심한 곳에서 이루어지는 것이므로 강력한 水의 정精이 아니면 그것을 엉키게 할 수가 없는 것이다. 그런즉 6-7월 염천지하炎天之下에서 능히 「성과成果」할 수 있다는 말은 이때에 강력한 수지정水之精이 작용하고 있다는 것을 의미하는 것이다. 그러므로 첨과甛瓜에는 해열윤조解熱潤燥하는 성능이 있거니와 더욱이 과체瓜蒂는 첨과甛瓜의 생명원인즉 그 성능이 우열尤烈할 것은 말할 것도 없다.

그 뿐만 아니라 첨과甛瓜는 화토지정火土之精을 유폐幽閉하면서 이루어진 수지성형체水之成形體이므로 여기에는 용토지력涌吐之力이 많은 것이다. 그런즉 과체瓜蒂에는 청열 윤조 용토지력이 있으므로 흉억중의 적어積瘀를 용출하게 하면서 다시 土氣를 상승시키고 또 청열하는 힘으로써 해열하기 때문에 조기燥氣가 저절로 윤潤하게 되면서 중풍이 자식自息하게 되는 것인즉 목징증目瞪證이 스스로 물러갈 것은 두 말할 것도 없는 것이다.

웅담산

[illegible]

방 해

태음인의 소증素證이 면색面色이 청백靑白한 것은 폐 위완이 허한虛寒하여서 비위의 승양升陽작용을 방해하기 때문이다. 그러므로 이러한 체질적 결점을 가진 사람이 만일 중풍中風에 걸리게 되면 안합증眼合證과 구련증拘攣證이 일어나게 되는 것이다. 그 이유는 肺金이 수한受寒함으로써 간담지양肝膽之陽이 외한畏寒하여서 눈에까지 올라갈 수 없은즉 눈을 열 수가 없을 것이오, 또 위완이 수한受寒함으로써 비위지양脾胃之陽이 압박을 받게 된즉(脾胃主四肢) 사지四肢에 통양通陽이 되지 못하므로 수족이 구련拘攣하게 된 것이다.

그런즉 이것은 태음인의 폐 위완이 수한受寒하게 됨으로써 心 脾 肝의 陽이 승발升發할 수 없게 되므로 「한생습 습생열寒生濕 濕生熱」함으로써 일어나는 중풍인 것이다. 그렇다면 이 병을 치료하는 방법은 익기승양益氣升陽하면서 心 肝 脾의 울열鬱熱을 제거하는 약을 써야만 폐 위완지한肺 胃脘之寒이 물러가고 心 肝 脾의 陽이 서신舒伸하게 될 것이므로 중풍이 물러나게 되는 것이다.

그런데 웅담 일미一味는 본초에 논하기를 「실열즉의지實熱則宜之하고 허자당계虛者當戒」라고 하였다. 그러나 이것은 동무가 말한 바 「古方이 약에 대한 경험이 밝지 못했기 때문」인 것이다. 그러나 우리는 저간의 소식을 용약 경험에서 지실知悉하고 있다. 즉 노인 황달에(기력이 쇠진(衰盡)하므로) 웅담이 득효하고 소아의 두진痘疹후에 여열餘熱이 울하여서 골약육탈骨弱肉脫하였을 때에 웅담이 진효奏效하는 것을 보더라도 웅담을 허자虛者에게는 못 쓴다고 한 것은 믿을 수 없는 것이다. 그러므로 허중해울지공虛中解鬱之功과 허열산어지력虛熱散瘀之力이 많은 웅담을 써서 이와 같은 중풍을 다스리게 한 것이다. 그러나 이것을 보약으로 상용하여서는 안 된다. 왜냐하면 그의 해울지력解鬱之

力이 너무 맹렬하기 때문에 상용하면 오히려 陽을 모산耗散할 염려가 있기 때문이다.

사향산

사향 3-4-5푼 온수 조하溫水 調下, 혹 온주 조하溫酒 調下.

방 해

이 처방은 태음인의 중풍中風과 소아의 경풍 복통 토사驚風 腹痛 吐瀉등을 치료하기 위하여 입방한 것이다. 그러나 이것은 태음인의 폐 위완이 허한虛寒함으로써 脾 肺중의 陽氣가 발하지 못하기 때문에 일어나는 제병諸病을 치료하기 위하여 입방한 것인즉 웅담산의 경우처럼 심 간 비의 화가 울이불서鬱而不舒하는 것과는 다르다.

그런즉 사향산증麝香散證의 복통 토사 중풍 경풍은 모두 비중지양脾中之陽이 부족하고 폐중지음肺中之陰이 과강過强하기 때문에 일어나는 것이다. 그러므로 개경락 통제규開經絡 通諸竅하는 사향 단미麝香 單味를 기용하여서 이것을 치료하게 한 것이다. 다시 말하면 金氣의 과강過强은 상화相火의 부족 때문에 생기게 되고 상화相火의 부족은 토화작용의 부족으로써 생기는 것이다. 그런데 상화란 바로 토화작용의 완결에 불과한 것인즉 사향산麝香散의 제증諸證은 곧 이것의 부족으로 인하여 생기는 것이다.

그런즉 사향의 개경락 통제규開經絡 通諸竅하는 것은 목향의 경우처럼 행간사폐 산체기行肝瀉肺 散滯氣하는 것이 아니고 행비 양폐行脾 養肺하게 함으로써 일어나는 상화지력相火之力으로써 개통경규開通經竅하는 것이다.

그러므로 본초에서 사향을 말하기를 「내투골수內透骨髓하고 외철피모外徹皮毛」라고 하였는바 내투골수하고 외철피모하는 힘은 상화相火밖에는 없는 것이다. 그 뿐만 아니라 「사麝」字의 상象을 고찰하여 보면 그 상에 상화相火의 의미가 내포되어 있는 것을 역연歷然히 알 수 있는 것이다. 그런즉 사향산이 능치能治 중풍 경풍 복통 토사中風 驚風 腹痛 吐瀉할 수 있는 것은 물론이니. 그런데 이 약이 왜 태음인의 어찌한 병에 적당한가 하는 것을 한마디로 말한다면 폐와 위완에 양양지력養陽之力이 불급하므로 인하여 일어나는 제병이 태음인의 병이기 때문인 것이다. 그런즉 그것이 무엇 때문에 그렇게 되는가 하는 것은 상술上述한 바에 의하여 숙고하면 스스로 알게 될 것이다.

석창포원지산

원지 석창포 각 1돈, 저아조각 병말並末 3푼, 온수 조하溫水 調下하라. 혹 원지 석창포말 溫水 調下하고 조각말 취비吹鼻.

방 해

이 처방은 태음인의 소면색素面色이 청백靑白한 자가 동풍動風하여 안합증眼合證과 수족구련증手足拘攣證을 나타내는 것을 치료하기 위한 처방이다. 그런즉 이 처방의 병리는 상술한 바의 웅담산증과 동일하다. 그러므로 여기에서는 약하고 다만 이 처방의 방의方意만을 논하기로 하겠다. 즉 태음인이 폐 위완이 수한受寒함으로써 심 간 비의 陽이 울결하여서 상승하지 못하기 때문에 안합증과 수족구련증을 나타낸다는 것은 위에서 논한 바 있다. 그런즉 이 병을 치료하려면 우선 승양 해울 거풍升陽 解鬱 祛風하여야 한다. 그러므로 석창포를 써서 心脾의 울결을 풀면서 승양하게 하였는바 창포는 그 방향지미芳香之味가 비기脾氣를 횡승개울橫升開鬱하는 데에는 가장 유능하지만 승기산울升氣散鬱하는 면에 있어서는 불급不及한 바 있다. 그렇기 때문에 원지의 신온辛溫을 써서 승기산울升氣散鬱하게 한 것이다.

다시 말하면 원지를 창포와 합하여서 울기鬱氣를 상하와 종횡으로 발산하게 함으로써 심신心腎을 상교相交하게 한 것이다. 그런즉 폐와 위완의 한寒은 물러가고 심간비心肝脾의 陽은 상승하게 되어서 오장五臟이 자화自和하고 풍사風邪가 물러갈 것이다. 그러나 만일 흉중 적어胸中 積瘀를 제거하고 폐 위완의 한기寒氣를 물리치면서 수풍척열搜風滌熱하는 조각皂角이 없다면(원지 석창포의 신온(辛溫)은 유순지재(柔順之材)이므로) 완적頑賊의 반항을 물리칠 수가 없을 것이다. 그러므로 그 성질이 용맹한 조각을 써서 적사賊邪가 반항한 수 있는 여유를 주지 않게 한 것이다.

맥문동원지산

맥문동 3돈, 원지 석창포 각 1돈 5푼, 오미자 5푼.

방 해

이 처방은 태음인의 조열燥熱이 상폐傷肺하여서 腎水가 고갈됨으로써 원기元氣가 무력하고 이목耳目이 불총不聰하며 식불감미食不甘味하는 것 등을 치료하기 위한 처방이다. 다시 말하면 태음인의 허로제증虛勞諸證—즉 폐병 당뇨 천해肺病 糖尿 喘咳 등에 적의適宜 가감하면 무불응용無不應用되는 기본적인 처방인 것이다.

즉 맥문동으로써 윤폐청심 화담행수 생진지갈潤肺淸心 化痰行水 生津止渴한즉 폐조 화염肺燥 火炎의 폐단이 없어질 것이고 오미자로써 염폐자음斂肺滋陰하면서 인화귀원引火歸元하게 한즉 생명지원生命之元이 보장될 것이다. 그런데 폐는 土의 생화작용을 얻음으로써 생명지원을 이루는 것이므로 석창포 원지의 승양 개울 조화심신升陽 開鬱 調和心腎하는 작용의 도움을 얻어서 土生金하게 하였던 것이다.

즉 태음인의 허로제증虛勞諸證은 폐조 화염肺燥 火炎에서 일어나는 것인즉 이와 같이 하여서 유환지원遺患之源을 두절하여 놓고 그 병증에 따라서 적의適宜 가감한다면 응하지 않는 병이 없을 것이다.

우황청심원

산약 7돈, 포황炒 2돈 5푼, 서각 2돈, 대두황권炒 1돈 7푼, 맥문동 황금 각

1돈 5푼, 길경 행인 각 1돈 3푼, 우황 1돈 2푼, 영양각 용뇌 사향 각 1돈, 백엄 7푼, 금박 70박內하되 내內 20박으로 위의爲衣하고 오매 20매를 증 취육蒸 取肉 연위고硏爲膏하야 우위말右爲末 오매고烏梅膏로 화균和勻하야 매 1냥으로 作 20환하되 금박위의金箔爲衣하야 매취每取 1환하야 온수로 調下하라.

(註) 본방은 동무가 古方 우황청심환을 개작한 것인바 필자의 천견박식(淺見薄識)으로서는 이해할 수 없는 곳이 있기 때문에 혹시 성의(聖醫)의 유지(遺志)를 그르칠까 두려우므로 해의(解意)를 약하는 바인즉 독자제현은 이 점을 관서(寬恕)하기를 바라는 바이다.

右太陰人藥 諸種의 杏仁은 去雙仁 去皮尖하고 麥門冬 遠志는 去心하고 白果黃栗은 去殼하고 大黃은 或酒蒸 혹 生用하고 鹿茸 皂角은 酥炙하고 酸棗仁 杏仁 白果는 炒用하라.

(註) 태음인은 사상인중에서도 가장 많은데 그의 병변개발지공(病變開發之功)은 동무에 있어서도 미진하기 한량없다. 그런즉 오등(吾等) 후학은 전혀 이곳에 눈을 박고 주사야도(晝思夜度)함으로써 선현(先賢)의 유지에 이바지하지 않으면 안 될 것이다.

태양인 외감 요척병론

太陽人 外感 腰脊病論

(註) 위에서 논한 四象人의 장부수병경위(臟腑受病經緯)를 회고하면 陰人은 大한 臟이 수병(受熱)하고 小한 腑가 한(寒)을 받아서 수병(受熱)하였던 것이다. 그런데 소양인의 경우를 보면 大한 臟인 脾가 寒을 받았고 그의 腑인 胃가 熱을 받아서 受病하였다. 그런즉 소양인의 경우는 왜 大한 臟인 脾가 受寒(陰人과는 반대로)하는가 하면 陽人은 陽이 과항(過亢)하기 때문에 화극사수(火極似水)하여서 도리어 수한(受寒)하게 되는 것이다. 다시 말하면 陰人은 陰이 과다하므로 肝腎(陰)이 受熱하였다가도 다시 陰化할 수 있지만 양인은 본시 음이 부족하기 때문에 陽部(脾)에서 金火가 교역되려고 할 때에 화극사수(火極似水)하게 되는 것이다. 그런즉 이것이 바로 소양인이 양불승 음불강(陽不升 陰不降)하여서 背膂(陽部)에서 陰氣가 격막(膈膜)을 통하여 大腸으로 도망하면서 망음병(亡陰病)을 일으키는 상태인 것이다. 이와 같이 고찰해 볼 때에 태양인은(陽人을 동일 예로 본다면) 폐수한 위완수열병(肺受寒 胃脘受熱病)이 일어나야 할 것이다. 그럼에도 불구하고 태양인은 외감요척병(外感腰脊病)과 내촉소장병(內觸小腸病)이 일어난다고 하였은즉 이것은 모두 열병이다. 그런즉 왜 태양 소양은 동일한 陽人임에도 불구하고 서로 다른가 하면 태양인은 소양인보다도 양항지세(陽亢之勢)가 우심(尤甚)하므로 肺胃脘의 음이 본성을 발(發)할만큼 여유가 없는 것이다. 그렇기 때문에 내외가 모두 이열수병(以熱受病)하게 되는 것이므로 동무가 다만 외감요척병과 내촉소장병으로 구별하고 표리한열(表裏寒熱)을 구별하지 않았던 것이다.

그런데 태양인은 간소폐대한 체국을 타고난즉 소양인의 기본음(脾腎之陰)이 부족한 것과 비하여보면 이것은 金木의 음(肝肺之陰)이 불급한 것을 의미하는 것이다. 그러므로 그 체국은 양다음소(陽多陰少)라기 보다도 오히려 전양 무음(專陽 無陰)상태에 가까운 것이다. 그런즉 간의 부착부위인 요척(腰脊)이 陽性인 외사(外邪)를 받아들이기 쉬울 것은 물론이고 또 간의 腑인 小腸이 그것을 받아 들여서 내촉(內觸)되기도 용이할 것이다. 그렇게 되면 태양인은 내외지화(內外之火)가 상박(相搏)되어서 근소(僅少)한 陰을 소삭(消爍)하여 버리게 되므로 해역증(解㑊症)이나 열격증(噎膈症)과 같은 양항지병(陽亢之病)이 내외상수(內外相隨)하게 될 것은 물론이다.

내경 왈 척맥 완삽 위지해역
內經에 曰 尺脈이 緩澁을 謂之解㑊이라 한다.

석왈 척위음부 간신 주지 완위열중 삽위망혈고
釋曰 尺爲陰部니 肝腎이 主之라. 緩爲熱中이오 澁爲亡血故로

위지해역 해역자 한불한 열불열 약불약 장불장
謂之解㑊이니 解㑊者는 寒不寒 熱不熱 弱不弱 壯不壯하야

영불가명 위지해역
獰不可名을 謂之解㑊이니라.

대 의

내경에 말하기를 척맥尺脈이 완삽緩澁한 것을 해역解㑊이라고 한다고 하였다. 이것을 해석하면 척尺은 음부陰部에 속하는 것이므로 肝腎의 움직임이 여기에서 나타나는 바 완맥緩脈이 나타나는 것은 열熱에 맞았다는 증거요 삽맥澁脈이 나타나는 것은 망혈亡血이 되었다는 증거이므로 이것을 해역解㑊이라고 한다고 하였다. 그러므로 해역병解㑊病(㑊:감질병 역)은 한불한 열불열 약불약 장불장寒不寒 熱不熱 弱不弱 壯不壯한 것이니 이것이 바로 무음無陰하여서 陽이 항쟁의 대상을 잃은 상태인 것이다. 그런즉 이것은 양증陽證이라고 말할 수도 없고 또 음증陰證이라고 말할 수도 없는 상태인즉 바로 영불가명獰不可名(獰:영락할 영)한 상태이다. 그러므로 이것을 해역이라고 하는 것이다.

영추 왈 수상즉 소삭 행산 체해역연
靈樞에 曰 髓傷則 消爍하야 胻痠하며 體解㑊然하야

불거의 불거 위불능 행거야
不去矣이니 不去는 謂不能 行去也니라.

대 의

영추에 말하기를 골수骨髓가 상傷한즉 골중지수骨中之髓가 소삭消爍하게 되므로 행산胻痠하며 또 일신一身의 기운이 모두 풀린 것 같이 되어서 운동할 수 없게 되는 것인바 여기에서 「불거不去」라고 한 것은 걸어갈 수 없다는 말이다.

논왈 차증 즉 태양인 요척병 태중증야 필 계심애
論曰 此證은 卽 太陽人 腰脊病 太重證也니 必 戒深哀하고

원진노 수청정연후 기병 가유
遠嗔怒하며 修淸淨然後에라야 其病이 可愈니

당용 오가피장척탕
當用 五加皮壯脊湯이니라.

대 의

이 병은 태양인의 외감요척병外感腰脊病의 중증인즉 반드시 계심애 원진노 수청정戒深哀 遠嗔怒 修淸淨하여서 보간 사폐 생음補肝 瀉肺 生陰한 연후에라야 그 병이 나을 것인즉 마땅히 오가피장척탕五加皮壯脊湯을 써야 한다. 그런데

여기에서 심애深哀와 진노嗔怒를 경계한 것은 노怒한즉 간음肝陰이 상하고 애哀한즉 폐양肺陽이 상하게 되므로 만약에 심애진노深哀嗔怒하게 되면 그 상傷하는 도度가 더욱 클 것이므로 이와 같이 주의를 환기시킨 것이다.

解㑊者는 上體完健而 下體解㑊然하야 脚力이 不能行去也라.

而其脚이 自無痲痺 腫痛之證하고 脚力이 亦 不甚弱하나니

此 所以 弱不弱 壯不壯 寒不寒 熱不熱이 其病이 爲 腰脊病也니라.

有 解㑊症者는 必無 大惡寒 發熱 身體疼痛之證也니

太陽人이 若有 大惡寒 發熱 身體疼痛之證則 腰脊表氣 充實也니

其病은 易治오 其人이 亦完健이니라.

대 의

해역解㑊이란 것은 상체는 완건完健하고 하체가 풀린 것 같아서 각력脚力이 행거行去할 수 없으리만큼 약한 것을 말하는 것이다. 즉 다리에 종통 마비지증腫痛 痲痺之證이 없고 또는 다리가 심약甚弱하지도 않은 것을 말하는 것이니 이것이 바로 약불약 장불장 한불한 열불열弱不弱 壯不壯 寒不寒 熱不熱한 것인즉 그 병이 바로 요척병腰脊病이다. 해역병解㑊病이란 것은 대오한 발열 신체동통大惡寒 發熱 身體疼痛이 없는 것이니 가령 태양인이 만일 대오한 발열 신체동통증이 있으면 이것은 요척표기腰脊表氣가 충실하다는 증거인즉 그

병은 치료하기가 오히려 용이할 것이고 그 사람은 또한 완건完健할 것이다.

보 주

오한발열惡寒發熱이 나는 것은 한사寒邪가 체중지음體中之陰과 합세하여서 이열裏熱을 압박할 때에 이열裏熱이 이것을 물리치기 위해서 반발하는 상태이다. 그런즉 만일 체표體表에 음이 없으면 한사寒邪가 열화熱化되어 가지고 침입하게 되므로 오한발열증이 있을 수 없게 되는 것이다.

태양인 내촉 소장병론

太陽人 內觸 小腸病論

朱震亨이 曰 噎膈 反胃之病은 血液이 俱耗하야 胃脘이 乾枯하나니
其枯在上近咽則 水飮은 可行이나 食物이 難入하여 入亦不多하나니
名之曰 噎이오 其枯在下近胃則 食雖可入이나 難盡入胃하야
良久에 復出하나니 名之曰 膈이오 亦曰 反胃라.

大便이 秘少하야 若羊屎然하나니 名雖不同이나 病出一體니라.

又曰 上焦噎膈은 食下則 胃脘이 當心而痛이라가 須臾에 吐出하야
痛乃止하고 中焦噎膈은 食物이 可下나 難盡入胃하야 良久에
復出하고 下焦噎膈은 朝食暮吐하며 暮食朝吐로되 氣血이 俱虛者는
口中에 多出沫이니라. 但見沫多出者는 必死오 大便이 如羊屎者는
難治오 不淡飮食者도 難治니라.

대 의

주진형이 말하기를 열격병噎膈病이나 반위병反胃病은 피와 진액津液 등의 수토지물水土之物이 구모俱耗하게 됨으로써 위완이 건고乾枯하게 되어서 이루어지는 것인바 만약 그 고枯가 위로 식도부근에 있으면 물은 내려갈 수가 있으나 식물食物은 내려갈 수가 없으며 만일 내려간다고 할지라도 조금밖에 내려가지 못하므로 이것을 일噎(목메일 일)이라고 하고 만약 고枯가 위 부근에 있으면 식물食物이 들어갈 수 있으나 위가 이것을 완전히 용납할 수 없으므로 얼마 후에 토하게 되므로 이것을 격膈이라고 하며 또는 반위反胃로고도 하는 바 이 증은 대변이 비결秘結되어서 마치 양시羊屎와 같게 된다. 그런즉 열 격噎 膈 양증兩證은 병명에 구별이 있을 뿐이고 그 병은 일체 건고지원乾枯之源에서 나온 것이다.

또 말하기를 상초열격上焦噎膈은 식물食物이 하인下咽하면 위완胃脘이 심장근처에서 아프다가 곧 토출吐出하면 통증이 멎게 되고 중초열격中焦噎膈은 식물食物이 내려갈 수는 있으나 위가 이것을 용납하지 못하므로 얼마 후에 토출하고 하초열격下焦噎膈은 조식모토朝食暮吐 모식조토暮食朝吐하는 것이다. 그런데 만일 기혈이 구허俱虛하면 입에서 흔히 거품이 나오는바 거품이 많이 나오게 되면 반드시 죽을 것이오, 대변이 만일 양시羊屎와 같으면 난치증이오, 또 담식淡食하지 않은 사람도 난치하게 되는 것이다.

장계봉 왈 열 당시 신사간병
張鷄峰이 曰 噎은 當是 神思間病이니

유 내관자양 가이치지
惟 內觀自養이라야 可以治之니라.

대 의

장계봉이 말하기를 열증噎證은 신사간병神思間病인즉 오직 양陽을 잘 내관內觀하면서(內觀이라는 것은 陽을 속에 포장(包藏)하는 것을 말하는 것이다) 자양自養하여야만 치료할 수가 있는 것이다.

보 주

신사간병神思間病이란 것은 비토脾土가 조화작용을 잘 하지 못하기 때문에 사화邪火가 항승亢升함으로써 목구멍이 질색窒塞하는 것을 말하는 것이다. 그런데 신사간神思間이라고 하는 것은(內經원리로 볼 때) 즉 심비간心脾間이란 말이다. 왜냐하면 신神과 사思의 작용은 심비지간心脾之間에서 일어나는 것인데 익증嗌症의 기병起病이 또한 심비간心脾間에서 화토합덕지용火土合德之用이 불균不均하기 때문에 일어나는 것이므로 신사간병神思間病이라고 한 것이다. 그러나 동무의 논법으로 이것을 고찰해보면 신神은 폐肺에서 이루어지고 사思는 간肝에서 이루어지는 것인즉 신사간神思間이란 것은 肺肝에서 일어나는 병이란 말이다. 그렇지만 이것은 결코 이설異說이 아니다. 왜냐하면 신사神思는 현상적으로 보면 肺肝에서 일어나지만 그의 오리奧理를 따져보면 心脾에서 일어나기 때문이다.

(공신의감 / 왈 반위야 격야익야 / 수병 / 개동)
龔信醫鑑에 曰 反胃也 膈也嗌也는 受病이 皆同이로대

(열격지증 / 불속허 불속실 불속냉 불속열)
噎膈之證은 不屬虛 不屬實 不屬冷 不屬熱하니

(내신기중 일점병이)
乃神氣中 一點病耳니라.

대 의

공신 의감에 말하기를 반위 열격지증反胃 噎膈之證은 그 수병受病원인이 동일하여서 허실한열虛實寒熱의 아무 곳에도 속하지 않는 것인즉 이것은 신기神氣중의 일점一點에서 생긴 것이다.

보 주

신기神氣중의 일점一點이란 것은 즉 肺脾중의 일점一點이란 말인즉 肺脾중의 일점一點은 바로 土다. 그런데 土의 본성은 불한 불열 불허 부실不寒 不熱 不虛 不實인즉 이 병을 치료하려면 다만 토화작용土化作用을 잘 하도록 유도하여야 할 것이다.

논왈 차증 즉태양인 소장병 태중증야 필원진노
論曰 此證은 卽 太陽人 小腸病 太重證也라. 必 遠嗔怒하고

단후미연후 기병 가유 차증 당용 미후등식장탕
斷厚味然後에 其病이 可癒니 此證에 當用 獼猴藤植腸湯이니라.

대 의

차증此證은 즉 태양인의 소장병小腸病이 태중太重한 것인즉 반드시 진노嗔怒를 멀리하고 후미지물厚味之物을 금禁한 연후에라야 치료할 수 있으니 마땅히 미후등식장탕獼猴藤植腸湯을 써야 한다.

食物이 自 外入而 有所妨碍曰 噎이오 自 內受而 有所拒格曰 膈이오
朝食暮吐하며 暮食朝吐曰 反胃니라. 然이나 朝食而 暮吐하며
暮食而 朝吐者는 非 全食皆吐也오 有所妨碍而 拒格於胃之上口者
經宿而 自吐也則 反胃도 亦 噎膈也니라. 盖 噎膈者는 胃脘之噎膈也오
反胃者는 胃口之噎膈也니 同是一證也니라. 有 噎膈證者는
必無 腹痛 腸鳴 洩瀉 痢疾之證也니 太陽人의 若有 腹痛 腸鳴 洩瀉
痢疾之證則 小腸裏氣 充實也니 其病은 易治오, 其人이 亦 完健이니라.

대 의

식물食物이 외부로부터 들어 갈 때에 식도에서 가로막기 때문에 내려가지 못하는 것은 열噎이오, 위완에서 내려가려고는 하되 胃가 거격拒格하기 때문에 수용하지 못하는 것은 격膈이오, 조식모토朝食暮吐하거나 모식조토暮食朝吐하는 것은 반위反胃라고 한다. 그런즉 조식모토하거나 모식조토하는 것은 먹은 것이 모두 토출吐出되는 것이 아니고 다만 식도에서 방애妨碍된 것이 위구胃口에 유체留滯되었다가 토출되는 것인즉 반위라는 것도 또한 열격噎膈에 불과한 것이다. 대개 열격이란 것은 위완胃脘에서 일어나는 것이오, 반위란 것은 위구胃口에서 일어나는 것인즉 열격噎膈과 반위反胃는 동일 증에 불과한 것이다.

그런데 열격에는 복통 장명 설사 이질증腹痛 腸鳴 洩瀉 痢疾證이 없는 것인바

태양인이 만약 복통 장명 설사 이질증이 있으면 이것은 소장이기小腸裏氣(즉 小腸陰氣)가 충실하다는 증거인 것이다. 그런즉 그 병은 치료하기 쉽고 그 사람은 또한 완건完健할 것이다.

해역 열격 구시중증이 중증지중 유경중지등급언
解㑊 噎膈은 俱是重證而 重證之中에 有輕重之等級焉하니

해역이무열격즉해역지경증야 열격이무해역즉열격지경증야
解㑊而 無噎膈則 解㑊之輕證也오 噎膈而 無解㑊則 噎膈之輕證也니라.

약 해역 겸열격 열격 겸해역즉기위중험지증
若 解㑊이 兼噎膈하며 噎膈이 兼解㑊則 其爲重險之證을

불가승언이 중험지중 우유 경중야 태양인 해역 열격
不可勝言而 重險之中에 又有 輕重也니라. 太陽人 解㑊 噎膈이

부지사경지전 기거음식 여상 인필역지 시이 예병고
不至死境之前에 起居飮食이 如常키로 人必易之하야 視以 例病故로

입어위경이 막가만회야 여 품장어태양인
入於危境而 莫可挽回也니라. 余 稟臟於太陽人하야

상득차병 육 칠년 구토연말 수 십년 섭신
嘗得此病하고 六 七年 嘔吐涎沫이로대 數 十年 攝身하야

행이 면요 녹차 이위 태양인 유병자계
倖而 免夭하였기로 錄此하야 以爲 太陽人 有病者戒하노니

약론 치법 일언폐왈 원진노이이의
若論 治法컨데 一言蔽曰 遠嗔怒而已矣니라.

대 의

해역과 열격은 모두 중증重證인데 그 가운데에도 경중輕重의 구별이 있으니 만일 해역증만 있고 열격증이 겸하지 않으면 이것은 해역의 경증輕證이

오 열격증만 있고 해역증이 겸하지 않으면 이것은 열격의 경증輕證인 것이다. 그런즉 해역증과 열격증이 구유俱有하면 중험증重險證인 것은 말할 것도 없거니와 중험증 가운데에도 또한 경중輕重이 있을 것은 물론이다. 대저 태양인의 해역 열격병이 사경에 이르기 전에는 음식기거가 여상如常하기 때문에 예사로 생각하기 쉬우므로 위경危境에 들어가게 되면 만회할 수 없게 되는 것이다. 내가 품부稟賦를 태양인으로 받았는바 6-7년동안 구토 연말嘔吐涎沫하였지만 수십 년 조섭調攝하고 요행 면사僥倖 免死하였기로 이 사실을 여기에 기록하여 태양인 유병자有病者를 경계하는바 만일 이것을 한 마디로 말한다면 진노嗔怒를 멀리하는 것뿐이다.

태 양 인　의 강 이 유 약
太陽人이 意強而 柔弱하니

의 강 즉 위 완 지 기 상 달 이 호 산 자 태 과 이 월 야
意強則 胃脘之氣 上達而 呼散者 太過而 越也오

유 약 즉 소 장 지 기 중 집 이 흡 취 자 부 지 이 뇌 야
柔弱則 小腸之氣 中執而 吸聚者 不支而 餒也니

소 이 기 병　위 열 격 반 위 야
所以其病이 爲 噎膈 反胃也니라.

대 의

태양인의 장국臟局은 의기意氣(肺脾之陽)는 강強하고 심지心志(肝腎之陰)는 유약柔弱하게 타고났다. 그런즉 의강意強하게 되는 것은 위완지기胃脘之氣가 상달上達할 때에 호산지기呼散之氣가 태과太過한 것을 말하는 것이오, 심지心志가 유약하게 되는 것은 소장지기小腸之氣가 중中에서 집취작용執聚作用을 지탱해

내지 못하기 때문이다. 그런즉 열격 반위증은 그 때문에 일어나는 것이다.

보 주

인간의 장부臟腑는 항상 호흡과 출납작용을 교호반복交互反復하면서 생을 영위하는 것이다. 가령 태양인은 폐대肺大하므로 위완이 지나치게 호呼하게 되어서 소장흡기小腸吸氣가 이것을 견제해 낼 수 없게 되고 간소肝小하므로 소장흡기가 부족하게 되어서 위완의 호력呼力을 더더욱 조장助長하게 되는 것이므로 열격 반위증이 일어나게 되는 것이다.

그런즉 사상인이 각각 이러한 체질적 특징이 수반되는 병이 있을 것은 물론이다. 즉 태음인과 소음인에게는 제종諸種의 함하증陷下證과 협착증狹窄症이 수반하기 쉽고 태양인과 소양인에게는 제종의 항상증亢上證과 분열증分裂證이 뒤따르기 쉬울 것이다. 그런데 이와 같이 제병이 수반되기 쉬운 것은 장부의 호용互用 관계가 어그러지기 때문이다.

다시 말하면 위완은 폐의 계통이므로 호呼에 속해 있는 부腑인즉 호呼하기 위한 흡작용吸作用을 하여야 하고 위는 납納하기 위한 출出작용을 하여야 하고 소장小腸은 후嗅하기 위한 호呼작용을 하여야 하고 대장大腸은 출出하기 위한 납納작용을 하게 마련인 것이다. 그렇지만 장臟에 대소大小가 있기 때문에 그들의 호용互用작용이 균형을 잃게 되는 것인즉 이것이 바로 체질에서 수반되는 병이다.

문 주진형소론 열격 반위 왈 혈액 구모 위완 건고
問 朱震亨所論 噎膈 反胃 曰 血液이 俱耗하고 胃脘이 乾枯하야

食物이 難入이라 하니 其說이 如何오. 曰 水穀이 納於胃而 脾 衛之하고 出於大腸而 腎이 衛之하나니 脾腎者는 出納水穀之府庫而 迭爲補瀉者也오 氣液이 呼於胃脘而 肺 衛之하고 吸於小腸而 肝이 衛之하나니 肺肝者는 呼吸氣液之門戶而 迭爲進退者也라. 是故로 少陽人 大腸은 出水穀이나 陰寒之氣不足則 胃中 納水穀陽熱之氣必 盛也오 太陽人小腸은 吸氣液이나 陰涼之氣不足則 胃脘 呼氣液 陽溫之氣 必盛也니 胃脘陽溫之氣 太盛則 胃脘血液이 乾枯는 其勢固然也니라. 然이나 非但 乾枯而然也오 上呼之氣 太過而 中吸之氣 太不支故로 食物이 不吸入而 還呼出也니라.

대 의

주진형이 논한 바의 열격 반위증을 물어 가로대 「혈액이 구모俱耗하고 위완이 건고乾枯하야 식물食物이 난입難入이라」고 하니 그것은 무엇을 의미하는 것인가? 대답하기를 수곡은 위에서 소화되는 것이나 그렇게 하게 하는 것은 비脾오, 수곡水穀이 대장大腸에서 도출導出하는 것이나 그렇게 하게 하는 것은 신腎인즉 비신脾腎은 수곡을 출납하는 부고府庫인 바 이것은 脾腎이 서로 보사補瀉하면서 출납하고 있기 때문이다.

기액氣液은 위완에서 호呼하나 그렇게 하게 하는 것은 폐肺오, 소장에서 흡吸하나 그렇게 하게 하는 것은 간肝인즉 간폐肝肺는 호흡기액呼吸氣液의 문호門戶인 바 이것은 肺肝이 서로 진퇴하면서 호흡하기 때문이다. 그러므로 소양인의 대장은 비록 수곡水穀을 나아가게 하지만 음한지기陰寒之氣가 부족하기 때문에 胃중에서 수납收納할 때에 수곡水穀의 양열지기陽熱之氣가 과다하게 되어서 위중胃中의 혈액이 반드시 건고乾枯하게 될 것이고 태양인의 소장은 비록 기액氣液을 흡수하는 것이나 음량지기陰凉之氣가 부족하므로 위완이 호기액呼氣液할 때에 양온지기陽溫之氣가 필성必盛하게 되는 것이다.

그러므로 위완에 양온지기陽溫之氣가 태성太盛한즉 위완의 혈액이 건고乾枯하게 될 것은 물론이다. 그러나 비단 건고乾枯하게 될 뿐만 아니라 이렇게 되면 중흡지기中吸之氣가 부족하게 되기 때문에 수곡이 흡입되지 못하고 반호출反呼出하게 되는 것이다.

혹 왈 주진형소론 열격 반위자 안지 비 소음인 소양인
或이 曰 朱震亨所論 噎膈 反胃者를 安知 非 少陰人 少陽人

태음인병이 오자 필명목왈 태양인병 내경소론 해역자
太陰人病而 吾子 必名目曰 太陽人病이라 하며 內經所論 解㑊者를

안지 비 소음인 소양인 태음인병이 오자 필명목왈 태양인병
安知 非 少陰人 少陽人 太陰人病而 吾子 必名目曰 太陽人病이라 하니

막비 견강부회야 원문기설 왈 소양인 유 구토즉
莫非 牽强附會耶아 願聞其說하노라. 曰 少陽人이 有 嘔吐則

필유 대열야 소음인 유 구토즉 필유 대한야 태음인
必有 大熱也오 少陰人이 有 嘔吐則 必有 大寒也오 太陰人이

유 구토즉 필병유야 금차 열격반위 불한 불열 비실 비허즉
有 嘔吐則 必病癒也로대 今此 噎膈反胃는 不寒 不熱 非實 非虛則

此非 太陽人病而何也오 解㑊者는 上體完健而 下體解㑊然하야 胻痠不能行去之謂也니 少陰人 少陽人 太陰人이 有 此證則 他證이 疊出하며 而亦必無 寒不寒 熱不熱 弱不弱 壯不壯之理矣니라.

대 의

어떤 사람이 말하기를 주진형이 논한 바의 열격 반위병이 어찌 소음인 소양인 태음인의 병이 아닌 줄을 알고 태양인병이라고 하였으며 또 내경에 말한 바의 해역병이 어찌 소음인 소양인 태음인병이 아닌 줄을 알고 태양인병이라고 하였는지 그 까닭을 듣고자 합니다.

대답하기를 소양인이 만일 구토가 있으면 반드시 대열大熱이 있고 소음인이 구토가 있으면 반드시 대한大寒이 있고 태음인이 구토가 있으면 반드시 병이 낫게 되는 것인바 여기에서 말하는 열격 반위는 불한 불열 비실 비허不寒 不熱 非實 非虛한즉 이것이 태양인병이 아니고 무엇이겠는가?

해역解㑊이란 것은 상체가 완건하고 하체가 풀린 것 같아서 족무력이 불능행거足無力而 不能行去하는 것인바 소음인 소양인 태음인이 만일 이와 같은 병증이 있은즉 타증他證이 첩출疊出할 뿐만 아니라 한불한寒不寒 열불열熱不熱 약불약弱不弱 장불장壯不壯할 이치가 없을 것이다.

或이 曰 吾子 論 太陽人 解㑊病治法에 曰 戒深哀 遠嗔怒

修淸淨이라 하고 論噎膈病 治法에 曰 遠嗔怒 斷厚味라 하니

意者 太陽人 解㑊病이 重於 噎膈病而 哀心所傷者 重於 怒心所傷乎아.

曰 否라 太陽人 噎膈病이 太重於 解㑊病而 怒心所傷者 太重於

哀心所傷也니라. 太陽人이 哀心이 深着則 傷表氣하고 怒心이

暴發則 傷裏氣하나니 故로 解㑊表證에 以 戒哀 遠怒로 兼言之也니라.

曰 然則 少陽人 怒性이 傷 口膀胱氣하며 哀情이 傷 腎大腸氣하고

少陰人 樂性이 傷 目膂氣하며 喜情이 傷 脾胃氣하고 太陰人喜性이

傷 耳腦顀 氣하며 樂情이 傷 肺胃脘氣乎아 曰 然하다.

대 의

어떤 사람이 묻기를 태양인의 해역병 치법治法에서는 말하기를 심애深哀와 진노嗔怒를 경계하고 청정지도淸定之道를 닦으라고 하였고 열격병 치법에서는 말하기를 원진노遠嗔怒 단후미斷厚味하라고 하였은즉 태양인의 해역병이 열격병보다 중重하고 애심哀心에 상傷한 것이 노심怒心에 상傷한 것보다 중하다는 말입니까? 대답하기를 그런 것이 아니다. 태양인의 열격병은 본래 해역병보다 중重한즉 노심怒心에 상한 것이 애심哀心에 상한 것보다 중한 것이다. 왜 그런가 하면 태양인이 만일 애심哀心에 심착深着하게 되어서 애성哀性이 상하게 되면 표기表氣를 상하고 노심怒心이 폭발하게 되어서 노정怒情을 상하게 되면 이기裏氣를 상하게 되는 까닭이다. 그러므로 해역병에서는

애성哀性과 노정怒情을 겸하여 경계하였던 것이다. 만약 그렇다면 소양인의 노성은 위와 방광기膀胱氣를 상傷하며 애정哀情은 신대장기腎大腸氣를 상하고 소음인의 낙성樂性은 목려지기目膂之氣를 상하며 희정喜情은 비위지기脾胃之氣를 상하고 태음인 희성喜性은 이耳와 뇌추지기腦顀之氣를 상하며 낙정樂情은 폐와 위완지기를 상합니까? 동무는 그렇다하고 대답하였다. 그런즉 吾人이 여기에서 성性은 표기表氣를 상하므로 병경病輕하고 정情은 이기裏氣를 상하므로 병심病深하게 된다는 것을 알 수 있으며 따라서 사상인의 노애희락지정怒哀喜樂之情은 애노락희지성哀怒樂喜之性보다 수병受病이 우중尤重하다는 것을 알 수 있는 것이다.

태양인 대변 일즉의활야 이즉의체대이 다야
太陽人 大便은 一則 宜滑也오 二則宜體大而 多也며

소변 일즉의다야 이즉의삭야 면색 의백불의흑
小便은 一則宜多也오 二則宜數也며 面色은 宜白不宜黑하며

기육 의수불의비 구미하 불의유괴
肌肉은 宜瘦不宜肥하고 鳩尾下에 不宜有塊니

괴소즉 병경이 기괴이소 괴대즉 병중이 기괴난소
塊小則 病輕而 其塊易消하고 塊大則 病重而 其塊難消니라.

대 의

태양인의 대변은 첫째로 활滑해야 하고 둘째로 체대體大하면서 많아야 한다. 소변은 첫째로 많아야 하며 둘째로는 자주 보아야 한다. 또 면색은 희어야 하며 검어서는 안되고 기육肌肉은 살이 없어야 하며 비후肥厚하여서는 안되고 또 구미하鳩尾下가 괴견塊堅하여서는 안되는 것인 바 괴塊가 작으면 소멸시키기 쉬운즉 병도 또한 경輕하고 괴대塊大하면 소멸시키기 어려운즉 병도 또한 중重한 것이다.

본초소재 태양인병 경험요약 단방십종급 이천공신 경험요약 단방이종

本草所載 太陽人病 經驗要藥 單方十種及 李梴龔信 經驗要藥 單方二種

본초　왈 오가피　치 양각동통 골절련급 위벽
本草에 曰 五加皮는 治 兩脚疼痛 骨節攣急 痿躄이니

소아 삼세 불능행　복차　변행주
小兒 三歲 不能行에 服此하면 便行走니라.

송절　요 각연약
松節은 療 脚軟弱이니라.

목과　지구역　자즙음지　최가
木瓜는 止嘔逆이니 煮汁飮之하면 最佳니라.

포도근　지구홰　농전취즙　세세음지　가
葡萄 根은 止嘔噦이니 濃煎取汁하야 細細飮之면 佳니라.

미후도　치 열옹반위　취즙복지
獼猴桃는 治 熱壅反胃니 取汁服之하라.

등즙　지활　주위폐　토역　전 취즙복지　심가
藤汁이 至滑하야 主胃閉니 吐逆에 煎 取汁服之하면 甚佳니라.

노근　치 건구열 급오열 번민　노근 5냥 수전돈복일승
蘆根은 治 乾嘔噎 及五噎 煩悶이니 蘆根 五兩을 水煎頓服一升하라.

불과삼승　즉차
不過三升에 卽差니라.

방합 치 반위토식
蚌蛤은 治 反胃吐食이니라.

즉어 치 반위
鯽魚는 治 反胃니라.

순화즉어 작갱식지 주 반위 식불하 지구
蓴和鯽魚를 作羹食之하면 主反胃 食不下에 止嘔니라.

교맥 실장위 익기력
蕎麥은 實腸胃 益氣力이니라.

이천왈 저두강 주 열식불하인후색 세강일냥 백죽청
李梴 曰 杵頭糠은 主 噎食不下咽喉塞이니 細糠一兩을 白粥淸으로

조복 공신 왈 방합 치 반위
調服하라. 龔信이 曰 螃蛤은 治 反胃니라.

신정 태양인병 응용설방약 이방

新定 太陽人病 應用設方藥 二方

오가피장척탕

오가피 4돈, 모과 청송절 각 2돈, 포도근 노근 앵도육 각 1돈, 교맥미 반시半匙니라. 청송절 궐재즉 이호송엽대지青松節 闕在則 以好松葉代之하라. 우방右方은 치 표증治 表證이니라.

방 해

이 처방은 태양인이 폐목지기肺木之氣가 과다하므로 간금지기肝金之氣가 흡인하지 못하기 때문에 양다음소陽多陰少하게 되어서 표사表邪가 그 체질적 결함과 부화뇌동附和雷同함으로써 일어나는 일체 표증表證을 치료하기 위하여 입방立方한 것이다.

오가피는 견골익정堅骨益精하면서 거풍승습祛風勝濕하는 약인즉 이것으로써 상초폐목上焦肺木의 과항過亢때문에 해害를 받는 신원腎元을 보양하게 하고 모과는 염폐 벌간斂肺 伐肝(즉 斂肝金 伐肺木)하면서 화비위 조영위和脾胃 調榮衛하고 송절로써 골절간 풍습骨節間 風濕을 제거하면서 木氣의 항승亢升을 제어하게 한즉 하초근골下焦筋骨이 보강득력補强得力하게 될 것이다. 그러므로 이상 삼미三味로써 군신君臣을 삼았던 것이다.

다음에 포도근과 노근으로써 과항지양過亢之陽을 견제함으로써 金氣의 수렴을 보호하고 앵도(和中)와 교맥(降氣)으로써 강기화중降氣和中하게 한즉 태양인의 폐대간소로 인하여 상성하허上盛下虛하게 된 바의 요척腰脊은 다시 음기陰氣를 회복하게 되어서 상하가 균형을 얻게 될 것이다.

미후도식장탕

미후도獼猴桃 4돈, 모과 포도근 각 2돈, 노근 앵도육 오가피 송화 각 1돈, 저두강 반시半匙니라. 미후도 궐재즉 이등 대지獼猴桃 闕材則 以藤 代之하라.

우방右方은 치 이증治 裏證이니라.

방 해

이 처방은 이증裏證의 열격반위를 치료하기 위하여 입방한 것이다. 즉 이것은 肺木의 항상지력亢上之力이 과다하고 肝金의 흡인지력吸引之力이 부족하기 때문에 위완에서 金木이 조절되지 못함으로써 일어나는 병이다. 그러므로 미후도獼猴桃로써 해갈제번解渴除煩하면서 상역上逆하는 열을 제어하면 반위지원反胃之源이 정지될 것이고 모과로써 염금벌목斂金伐木하고 노근 포도근으로써 구역지기嘔逆之氣를 제거하고 앵도 오가피로써 보음화중補陰和中하고 송화로써 윤심폐潤心肺하고 저두강으로써 인후폐색지기咽喉閉塞之氣를 열어 주게 한 것이다.

그렇게 한즉 金氣가 허함으로써 일어나는 태양인의 열격증이 자유自癒하게 될 것은 물론이다. 그러나 정심안신定心安神함이 없이 다만 약력에 의존하는 것만으로 폐대간소지음허肺大肝小之陰虛를 교정할 수 있다고 생각하여서는 안 된다.

범 채과지속 청평소담지약 개위간약 합속 역보간
凡菜果之屬은 淸平疏痰之藥이니 皆爲肝藥이오 蛤屬도 亦補肝이니라.

대 의

채과菜果의 종류는 병방소간病傍疏肝에는 대인도 모두 간을 치유하는 약이오, 합蛤의 종류도 역시 보간補肝하는 것이다.

논왈 약험 불광자 병험 불광고야 태양인수 종고 희소고
論曰 藥驗이 不廣者는 病驗이 不廣故也니 太陽人數 從古 稀少故로

자고 방서중 소재증약 역희소야
自古로 方書中에 所載證藥이 亦稀少也니라.

금차 오가피장척탕 미후등식장탕 입방 초초
今此 五加皮壯脊湯과 獼猴藤植腸湯은 立方이 草草하야

수 흠불박 이약사 태양인유병자 인시이방
雖 欠不博이로대 而若使 太陽人有病者 因是二方하야

상구기리이 우변통치방즉 하환호무호약재
詳究其理而 又變通置方則 何患乎無好藥哉리오.

대 의

약험藥驗이 불광不廣한 것은 병험病驗이 불광不廣하기 때문이니 태양인은 그 수가 옛적부터 희소하기 때문에 방서方書중에도 그에 대한 증약症藥이 또한 희소하였던 것이다. 그러므로 여기에서 말하는 오가피장척탕과 미후등식장탕은 입방이 초초草草하고 결점이 많을 것이지만 태양인병에 이 2방으로써 표준을 삼은 것은 후인後人이 상구기리詳究其理함으로써 변통한즉 좋은 방약方藥을 발견할 수 있다는 것을 예거例擧하기 위하여 예시하는 것이다.

광 제 설

廣濟說

(註) 이 글은 선생이 수양(修養)의 대도를 개발한 것인바 그것은 통속적인 수양서(修養書)가 아니고 변화무쌍한 우주법칙을 직시하면서 그것을 기반으로 하고 광제인류(廣濟人類)의 철학과 철리를 논술한 것이다. 그러므로 일견하면 인사에 관한 수양서인 것 같지만 그 내용과 진리는 진실로 호호탕탕한 대우주에 뿌리박고 있다. 그런즉 이 일편을 정독음미(精讀吟味)함으로써 거기에서 무량대도의 율동(律動)이 인간의 심신(心神)을 타고 어떻게 달음질치고 있는가 또는 어떻게 수양하여야 하는가 하는 것을 알 수 있게 될 것이다.

초일세 지십육세왈 유 십칠세 지삼십이세 왈 소
初一歲로 至十六歲曰 幼요 十七歲로 至三十二歲 曰 少요

삼십삼세 지사십팔세왈 장 사십구세 지육십사세 왈 노
三十三歲로 至四十八歲 曰 壯이오 四十九歲로 至六十四歲 曰 老니라.

대 의

한 살로부터 16세까지를 유년이라고 하고 17세로부터 32세까지를 소년이라고 하고 33세로부터 48세까지를 장년이라고 하고 49세로부터 64세까지를 노년이라고 한다.

범인 유년 호문견이 능애경 여춘생지아
凡人이 幼年에 好聞見而 能愛敬하니 如 春生之芽오

소년 호용맹이 능등첩 여하장지묘
少年에 好勇猛而 能騰捷하니 如 夏長之苗오

장년 호교결이 능수칙 여추렴지실
壯年에 好交結而 能修飭하니 如 秋斂之實이오

노년 호계책이 능비밀 여동장지근
老年에 好計策而 能秘密하니 如 冬藏之根이니라.

대 의

모든 사람이 유년시기에는 문견聞見을 좋아하고 경애敬愛하는 데에 능하니 이것은 춘생지아春生之芽가 발하는 것과 같기 때문이오, 소년시기에는 용맹을 좋아하고 등첩騰捷하는 데에 능하니 이것은 하장지묘夏長之苗가 자라는 것과 같기 때문이오, 장년시기에는 교결交結하는 것을 좋아하고 수칙修飭하는 데에 능하니 이것은 수렴收斂하면서 결실結實하는 것과 같기 때문이오, 노년시기에는 계책을 좋아하고 비밀에 능하니 이것은 겨울에 숨어서 작용하는 뿌리와 같기 때문이다. 그런즉 인간생리도 역시 우주의 일환에 끼어 있음으로 그 이치에서 벗어날 수가 없는 것이므로 인생의 본질도 근본적으로 이와 같다는 것을 논한 것이다.

유년 호문자자 유년지호걸야
幼年에 好文字者는 幼年之豪傑也오

소년 경장노자 소년지호걸야
少年에 敬長老者는 少年之豪傑也오

장년 능범애자 장년지호걸야
壯年에 能汎愛者는 壯年之豪傑也오

노년 보가인자 노년지호걸야
老年에保可人者는 老年之豪傑也니

유 호재능이 우유 십분쾌족어 호심술자 진호걸야
有 好才能而 又有 十分快足於 好心術者는 眞豪傑也오

유 호재능이 종불십분쾌족어 호심술자 재능이이
有 好才能而 終不十分快足於 好心術者는 才能而已이라.

대 의

유년시기에 문자를 좋아하는 것은 외음내양外陰內陽이 충실하게 타고난 유년의 천부天賦를 가장 잘 공경하는 것인즉 이것은 유년의 호걸이오, 소년시기에 어른을 잘 공경하는 것은 하장지묘夏長之苗와 같은 소년의 용맹이지만 그러한 소년은 장로長老(陽長爲陰者)의 덕으로 생명의 출입을 가능케 한다는 것을 잘 아는 소년인 것이므로 가히 소년의 호걸이라고 할 것이오, 장년시기에 사랑이 넘쳐흐르는 것은 육체와 생명이 잘 조절되는 것을 의미하는 것인바 그러한 장년은 장년의 호교결好交結 능수칙能修飭하는 천부天賦—즉 장년시기에 왕旺한 미토未土의 작용을 잘 이용하는 것이니 그것은 곧 장년의 호걸이오, 노년시기에 자기를 올바른 인간으로써 보호할 줄을 아는 것은 수양이 충만하였다는 증거인 바 그러한 노년은 호계책 능비밀好計策 能秘密하는 노년의 천부天賦를 가장 잘 살리는 것인즉 이것은 노년의 호걸인 것이다.

그런데 인간은 본질적으로 이와 같이 좋은 재능을 타고났는바 만일 좋은 심지心持로서 이것을 충분히 쾌족快足하게 하면 진호걸眞豪傑일 것이오, 그렇지 못하면 재능을 버리는 결과가 되는 것이다.

幼年 七八歲前에 聞見이 未及而 喜怒哀樂이 膠着則 成病也니

자모 의보호지야 소년 이십사오세전 용맹 미급이 희노애락

慈母 宜保護之也오 少年 二十四五歲前에 勇猛이 未及而 喜怒哀樂이

교착즉 성병야 지부능형 의보호지야

膠着則 成病也니 智父能兄이 宜保護之也오

장년 삼십팔구세전즉 현제량붕 가이조지야

壯年 三十八九歲前則 賢弟良朋이 可以助之也오

노년 오십육칠세전즉 효자효손 가이부지야

老年 五十六七歲前則 孝子孝孫이 可以扶之也니라.

대 의

유년이 7-8세 이전에 아직 문견聞見이 미급한 때인바 이때는 아직 연세年歲가 미급未及하여서 호문견 능경애지심好聞見 能敬愛之心을 살릴 수 없으므로 희노애락이 교착膠着하여서 병이 되기 쉬운즉 이때에는 어머니가 보호해야 마땅하고, 소년이 24-5세 전에는 용맹이 미급한 때이므로 호용맹 능등첩지심好勇猛 能騰捷之心이 경장노敬長老하도록 발달하기 어려운 때인바 이때에 만일 희노애락이 교착한즉 병이 되는 것이니 이때에는 지부智父와 능형能兄이 보호하여야 마땅하고, 장년이 38-9세 전에는 호교결 능수칙지심好交結 能修飭之心이 미급한 때이므로 희노애락이 성병成病할 것인즉 현제賢弟와 양붕良朋이 도와주어야 하고 노년이 56-7세 전에는 아직 호계책 능비밀好計策 能秘密하기에 미급할 것인즉 효자孝子와 효손孝孫이 부양하여야 하는 것이니 인간은 이렇게 행동하여야만 합천기 법인사合天機 法人事하는 인간이 될 것이다.

선인지가 선인 필취 악인지가 악인 필취
善人之家에 善人이 必聚하고 惡人之家에 惡人이 必聚하나니

선인 다취즉 선인지장기 활동 악인 다취즉 악인지심기
善人이 多聚則 善人之臟氣 活動하고 惡人이 多聚則 惡人之心氣

강왕 주색재권지가 악인 다취고
强旺하나니 酒色財權之家에 惡人이 多聚故로

기가 효남 효부 수병
其家孝男 孝婦受病이니라.

대 의

그런즉 선한 사람의 집에는 선인이 많이 모이고 악한 사람의 집에는 악인이 많이 모이는 법인 바 선인이 많이 모이면 선인의 장기臟氣가 활동하게 마련이고 악인이 많이 모이면 악인의 심기心氣가 강왕强旺하게 되는 것이다. 그러므로 주색재권지가酒色財權之家에는 악인이 많이 모이기 때문에 그 집의 효남 효부가 병들게 되는 것인즉 그렇게 함으로써 인간은 합천기 법지리合天機 法地理하면서 살 수 있는 환경을 조성하는 일에 힘써야 할 것이다.

호권지가 붕당 비주 패기가자 붕당야
好權之家는 朋黨이 比周하나니 敗其家者는 朋黨也오

호화지가 자손 교우 패기가자 자손야
好貨之家는 子孫이 驕愚하나니 敗其家者는 子孫也니라.

대 의

호권지가好權之家는 붕당朋黨으로 들끼어 있으니 그 집을 패敗하게 하는 것은 바로 붕당이오, 호화지가好貨之家는 자손이 교우驕愚하게 되는 것인즉 그 집을 패하게 하는 것은 바로 자손인 것이다. 이것을 좀 더 자세히 말하면 호권지가란 것은 호문견 능경애好聞見 能敬愛하지 않는 가문이므로 즉 용맹만을 숭상하는 가문이므로 붕당朋黨(陰朋들)이 모이게 되고 호화지가란 것은 호교결 능수칙好交結 能修飭하지 않는 가문이므로(즉 和化作用을 거부하는 가문이므로) 항상 자손이 교우驕愚하게 되는 것이니 이것은 바로 천기天機에 있어서 폐가 과왕過旺한 상태이므로 陽이 지나치게 되어서 후천수렴지기後天收斂之機가 이루어질 수 없게 되는 것과 같은 상태가 인도人道에서 이루어지는 것이므로 이와 같이 말한 것이다.

人家(인가)에 凡事不成(범사불성)하고 疾病(질병)이 連綿(연면)하면 善惡(선악)이 相持(상지)하나니

其家將敗之地(기가장패지지)라. 唯明哲之慈父(유명철지자부) 孝子(효자)라야 處之有術也(처지유술야)니라.

대 의

인가人家에 모든 일이 이루어지지 않고 질병이 뒤따라 일어나는 것은 선악이 서로 버티고 있기 때문이니 이것은 그 집이 패하려는 징조인 것이다. 그런즉 이런 때에는 오직 명철한 자부 효자慈父 孝子라야 바르게 걸을 수 있을 것이다.

(註) 술(術)이란 것은 목도 불위시 불위공 불위간이 정행(木道 不違時 不違空 不違間而 正

行)하는 것을 말하는 것이다.

왜냐하면 자부慈父란 건도乾道를 바르게 생生하는 것이므로 호학인애지가好學仁愛之家를 이룰 수가 있을 것이고 효기孝子란 것은 능범애能汎愛함으로써 화화작용和化作用을 잘하는 것인즉 이것은 곤덕坤德을 선통善通하게 할 것이므로 처지유술處之有術하게 되는 것이다.

교사 감수 나태 감수 편급 감수 탐욕 감수
驕奢 減壽하고 懶怠 減壽하고 偏急이 減壽하고 貪慾이 減壽니라.

위인교사 필탐치색 위인나태 필기주식
爲人驕奢하면 必耽侈色하고 爲人懶怠하면 必嗜酒食하고

위인편급 필쟁권세 위인탐욕 필순화재
爲人偏急하면 必爭權勢하고 爲人貪慾하면 必殉貨財니라.

교사驕奢는 수렴收斂을 방해하는 것이므로 수壽를 감減하게 되고 나태懶怠는 교역交易의 준비를 게을리 하는 것이므로 수壽를 감하게 되고 편급偏急은 향발지세向發之勢에 조급躁急하는 것이므로 수壽를 감하게 되고 탐욕貪慾은 장이불출藏而不出하려고 하기 때문에 수壽를 감하는 것이다. 그러므로 사람이 교사驕奢하게 되면 반드시 치색侈色을 좋아하게 되고 나태懶怠하게 되면 반드시 주식酒食을 즐기게 되고 편급偏急하게 되면 반드시 권세를 다투게 되고 탐욕에 빠지게 되면 반드시 재화財貨를 따라 죽게 되는 것이다.

보 주

색욕色慾이 생어교사生於驕奢하고 주식酒食이 생어나태生於懶怠하고 편급偏急

이 생어권세生於權勢하고 재화財貨가 생어탐욕生於貪慾하나니 시是는 목화금수지도木火金水之道 횡고야橫故也니라. [illegible]이 역기도즉逆其道則 인사부정人事不正하고 사장四臟이 괴리乖離하나니 고故로 순천도즉 여시자정順天道則 如是者 正하고 여시자 정즉 무괴리지리고如是者 正則 無乖離之理故로 행기정 득기리行其正 得其理하나니 시是를 여지즉 위지 행수양지인如之則 謂之 行修養之人이니라.

簡約(간약)이 得壽(득수)하고 勤幹(근간)이 得壽(득수)하고 警戒(경계) 得壽(득수)하고 聞見(문견)이 得壽(득수)니라.

爲人簡約(위인간약)은 必遠侈色(필원치색)하고 爲人勤幹(위인근간)은 必潔酒食(필결주식)하고

爲人警戒(위인경계)는 必避權勢(필피권세)하고 爲人聞見(위인문견)은 必淸貨財(필청화재)니라.

대 의

간약簡約이란 것은 시공간時空間의 「간間」에서 생명을 집약하는 것이므로 행동을 간약簡約하게 하면 득수得壽하게 되고 근간勤幹이란 것은 동생명動生命의 대간大幹에서 근면勤勉하는 것이므로 득수得壽하게 되고 경계警戒란 것은 봉항룡逢亢龍의 위기危機에서 근이행지謹而行之하는 것이므로 득수得壽하게 되고 문견聞見이란 것은 처함감處陷坎의 고집固執에서 능탈能脫하는 것이므로 득수得壽하게 되는 것이다.

그러므로 사람이 간약簡約하려면 반드시 치색侈色을 멀리하여야 하고 사람이 근간勤幹하려면 반드시 주식酒食을 정결淨潔하게 하여야 하고(즉 陽升陰降 작용을 잘하는 것을 말함) 사람이 경계警戒하려면 반드시 권세權勢(亢龍之道)를 피

하여야 하고 사람이 문견聞見을 넓히려면 반드시 화재지항貨財之巷에서 탈출하여야 하는 것이다.

거처황량　색지고야　행신탑용　주지고야
居處荒凉은 色之故也오 行身闒茸은 酒之故也오

용심번란　권지고야　사무착난　화지고야
用心煩亂은 權之故也오 事務錯亂은 貨之故也니라.

대 의

거처居處가 황량荒凉하게 되는 것은 색色때문이오 행신行身이 가치價値없이 두드러지는 것은 술酒때문이오 마음이 번란煩亂하는 것은 권세權勢때문이오 사무事務가 착란錯亂하게 되는 것은 재화財貨때문인 것이다.

보 주

거처居處인 서북西北이 황량荒凉하게 되는 것은 화모수火侮水를 하는 까닭인즉 이것은 색色때문이오 동북東北인 행신지처行身之處가 탑용闒茸하게 되는 것은 목모금木侮金을 하는 까닭이니 이것은 술때문이오, 용심지처用心之處인 동남東南에서 번란煩亂이 일어나게 되는 것은 수극화水克火를 당하는 까닭이니 이것은 권權때문이오 사무지처事務之處인 서남西南에서 착란錯亂이 일어나는 것은 금극목金克木을 당하는 까닭이니 이것은 화貨때문인 것이라고 하였은즉 吾人은 여기에서 주색재(화)권酒色財(貨)權이란 것은 肝(酒) 肺(色) 腎(財) 脾(權)의 타락墮落에서 생긴다는 것을 알 수 있는 것이다.

若敬淑女면 色得中道하고 若愛良朋이면 酒得明德하고

若尙賢人이면 權得正術하고 若保窮民이면 貨得全功이니라.

대 의

그러므로 만약 숙녀淑女를 공경하면 색色이 중도中道를 얻을 것이오, 만약 양붕良朋을 사랑하면 술酒이 명덕明德을 얻을 것이오, 만약 현인賢人과 교우交友하면 권세가 정행正行하게 될 것이고 만약 궁민窮民을 보호하면 재화財貨가 전공全功을 얻게 될 것이다.

보 주

이 구句는 위에서 논한 바를 부연 설명하는 구절이다. 즉 숙녀淑女(坤土)를 공경하면 화모금火侮金을 받지 않을 것이므로 색득중도色得中道하게 되고 양붕良朋(광대하게 되는 陰 즉 艮土와 같은 陰)을 사랑하면 술(즉 金中之木)이 명덕明德(木이 生한 바의 알맞은 陰)을 얻을 수 있을 것이고 현인賢人(丑辰土의 덕이 있는 사람)을 공경하면 권權(生長之權)이 수극화水克火를 당하지 않으므로 정행正行하게 될 것이고 만약에 궁민窮民(相火와 같은 입장에 있는 陰을 말하는 것임)을 잘 보호한다고 하면 이것은 수중지화水中之火를 잘 포용할 수가 있을 것이므로 그 화貨(즉 金)는 성수成遂의 목적을 달성할 수 있을 것이다.

주색재권　자고소계　위지사도장이 차지뇌옥
酒色財權은 自古所戒라. 謂之四堵牆而 此之牢獄이니

비단 일신 수요　일가화복지소계야
非但 一身 壽夭와 一家禍福之所繫也오

천하치란　역재어차　약사 일천하 주색재권
天下治亂도 亦在於此니 若使 一天下 酒色財權으로

무괴려지기즉 서기근어 요순주소남지세의
無乖戾之氣則 庶幾近於 堯舜周召南之世矣리라.

대 의

상술한 바와 같이 신물화변神物化變의 상생상극相生相克이 인간사인 주색재권酒色財權에까지 미치는 것이므로 이것을 자고로 사도장四堵牆으로써 경계하되 뇌옥牢獄으로 비유하였던 것이다. 그런데 이것은 일신의 수요壽夭와 일가의 화복禍福뿐만 아니라 천하의 치란治亂도 또한 여기에 매여 있은즉 만약 천하의 주색재권酒色財權으로 하여금 괴려지기乖戾之氣가 없게 한다면 요순지세堯舜之世나 소남지치召南之治와 방불彷佛한 태평성세가 될 것이다.

그러나 인간사회에서 일어나는 주색재권酒色財權은 모두 천기天機의 金(酒) 木(色) 水(財) 火(權)의 변화과정에서 일어난 변화현상인 바 이것이 인간사에 이르러서 타락됨으로써 사도장지금四堵牆之禁으로 변하게 된 것이다.

범인　간약이 근간　경계이 문견　사재원전자
凡人이 簡約而 勤幹하며 警戒而 聞見하야 四材圓全者는

自然 上壽하고 簡約勤幹而 警戒커나 或 聞見 警戒而 勤幹하야

三材全者는 次壽하고 嬌奢而 勤幹하며 警戒而 貪慾커나

或 簡略而 懶怠하며 偏急而 聞見하야 二材全者는

恭敬則 壽하고 怠慢則夭니라.

대 의

범인凡人이 폐간약 간근간 비경계 신문견肺簡約 肝勤幹 脾警戒 腎聞見을 완전히 하면 이것은 인간의 사재질四材質이 원전圓全한 것이므로 자연히 상수上壽하게 되고 만약 폐간약 간근간 비경계하거나 혹은 신문견 비경계 간근간 삼자三者만 완전하면 차수次壽하게 되고 혹 폐교사이 간근간肺嬌奢而 肝勤幹하며 비경계이 신탐욕脾警戒而 腎貪慾하거나 혹 폐간략이 간나태肺簡略而 肝懶怠하며 비편급이 신문견脾偏急而 腎聞見하면 이것은 사장四臟중에서 이장二臟만 완전한 것인즉 이러한 사람은 공경하면 수壽하고 태만하면 요夭하게 되는 것이다.

凡人이 恭敬則 必壽하고 怠慢則 必夭하며

謹勤則 必壽하고 虛貪則 必夭하나니라.

기자지장 급어득식즉 장기탕의
飢者之腸이 急於得食則 腸氣蕩矣오

빈자지골 급어득재즉 골력 갈의
貧者之骨이 急於得財則 骨力이 竭矣니

기이안기즉 장기유수 빈이안빈즉 골력 유립
飢而安飢則 腸氣有守하고 貧而安貧則 骨力이 有立하나니라.

시고 음식 이능인기이 불탐포 위공경
是故로 飮食은 以能忍飢而 不貪飽로 爲恭敬이오

의복 이능내한이 불탐온 위공경
衣服은 以能耐寒而 不貪溫으로 爲恭敬이오

근력 이능근로이 불탐안일 위공경
筋力은 以能勤勞而 不貪安逸로 爲恭敬이오

재물 이능근실이 불탐구득 위공경
財物은 以能謹實而 不貪苟得으로 爲恭敬이니라.

대 의

범인凡人이 腎脾가 공경한즉 정기精氣가 공경하게 되므로 수壽하게 되고 肺肝이 태만怠慢한즉 신혈神血이 태만하게 되므로 요夭하게 되는 것이다. 또는 肺肝이 근근謹勤하면 신혈神血이 정양正養될 것이므로 수壽하게 되고 脾腎이 허탐虛貪하게 되면 정기精氣가 괴리乖離하게 되므로 요夭하게 되는 것이다.

예컨대 기심飢甚할 때에 급식急食하게 되면 위와 소장에서 火가 과왕過旺하게 되므로 장음腸陰이 수상受傷하게 되고 빈한貧寒한 사람이 불의의 득재得財를 하게 되면 肺腎의 陽이 낭발浪發하여서 골수骨髓가 고갈하게 될 것이다. 그러므로 기飢에는 기飢에 알맞게 하는 것이 안기지도安飢之道인즉 그렇게 하여야 장기腸氣가 불갈不竭하게 될 것이다.

빈貧에는 빈에 알맞게 하는 것이 안신지도安身之道인즉 그렇게 하여야만 골력骨力이 상하지 않을 것이다. 그러므로 음식은 탐포貪飽하지 말고 의복은 탐온貪溫하지 말고 근력筋力은 안일을 탐내지 말고 재물은 구득苟得을 탐내지 말아야 하는 것인즉 다만 인기 내한 근로 근실忍飢 耐寒 勤勞 謹實하는 것만이 공경지도恭敬之道인 것이다. 다시 말하면 신혈神血과 정기精氣는 공경과 근근謹勤으로써 가득영보可得永保하는 것인 바 그의 대적大賊은 바로 탐욕에 있는 것이다.

산곡지인 몰문견이 화요 시정지인 몰간약이 화요
山谷之人이 沒聞見而 禍夭하고 市井之人이 沒簡約而 禍夭하고

농무지인 몰근간이 화요 독서지인 몰경계이 화요
農畝之人이 沒勤幹而 禍夭하고 讀書之人이 沒警戒而 禍夭니라.

(畝-이랑 무)

대 의

산곡지인山谷之人(地方人)은 머리를 들기 어려운 것인즉 문견聞見(發首)할 수 없기 때문에 화요禍夭하게 되고 시정지인市井之人(天時人)은 생활양식이 복잡한 것인즉 간약簡約(重首)에 게으르기 때문에 화요禍夭하게 되고 농무지인農畝之人(世會人)은 해이解弛하기 쉬운즉 근간根幹을 기르는 일을 미워하므로 화요禍夭하게 되고 독서지인讀書之人(人倫人)은 향상向上만을 목적으로 하는 것인즉 경계警戒(火亢之戒)에 소홀하기 때문에 화요禍夭하게 되는 것이다.

산곡지인 의 유문견 유문견즉 복수
山谷之人이 宜 有聞見이니 有聞見則 福壽하고

시정지인 의 유간약 유간약즉 복수
市井之人이 宜 有簡約이니 有簡約則 福壽하고

향야지인 의 유근간 유근간즉 복수
鄕野之人이 宜 有勤幹이니 有勤幹則 福壽하고

사림지인 의 유경계 유경계즉 복수
士林之人이 宜 有警戒니 有警戒則 福壽이니라.

대 의

이 구절은 위에서 논한 바를 부연한 것이니——즉 산곡지인山谷之人은 마땅히 문견聞見이 있어야 하는 것인즉 문견이 있으면 복수福壽하게 되고 시정지인市井之人은 마땅히 간약簡約하여야 하는 것인즉 간약하면 복수福壽하게 되고 향야지인鄕野之人(農人)은 마땅히 간幹을 멸시하지 않는 데에 부지런하여야 하는 것인즉 여기에 부지런하면 복수福壽하게 될 것이고 사림지인士林之人(讀書之人)은 마땅히 화항火亢을 경계하여야 하는 것인즉 이것을 경계하면 복수福壽하게 될 것이다.

산곡지인 약 유문견 비단 복수야 차인 즉 산곡지걸야
山谷之人이 若 有聞見하면 非但 福壽也라 此人은 卽 山谷之傑也오

시정지인 약 유간약 비단 복수야 차인 즉 시정지걸야
市井之人이 若 有簡約하면 非但 福壽也라 此人은 卽 市井之傑也오

향야지인 약 유근간 비단 복수야 차인 즉 향야지걸야
鄕野之人이 若 有勤幹하면 非但 福壽也라 此人은 卽 鄕野之傑也오

사림지인 약 유경계 비단 복수야 차인 즉 사림지걸야
士林之人이 若 有警戒하면 非但 福壽也라 此人은 卽 士林之傑也니라.

대 의

산곡지인이 만약 문견聞見이 있으면 복수福壽할 뿐만 아니라 바로 산곡山谷의 호걸일 것이오, 시정지인이 만약 간약簡約이 있으면 복수福壽할 뿐만 아니라 바로 시정市井의 호걸일 것이고 향야지인이 만약 근간勤幹이 있으면 비단 복수福壽할 뿐만 아니라 바로 향야鄕野의 호걸일 것이고 사림지인이 만약 경계警戒가 있으면 바로 사림士林의 호걸일 것이다.

혹 왈 농부 원래역작 최시 근간자야이 하위 몰근간
或이 曰 農夫 元來力作하나니 最是 勤幹者也而 何謂 沒勤幹이며

사인 원래독서 최시 경계자야이 하위 몰경계야
士人이 元來讀書하니 最是 警戒者也而 何謂 沒警戒耶아

왈 이백무지불치 위이우자 농부지임야
曰 以百畝之不治로 爲己憂者는 農夫之任也니

농부이비지 사인즉 진시나태자야
農夫而比之 士人則 眞是懶怠者也오

사인 파독서고 심항 망긍 농부 목불식자고
士人이 頗讀書故로 心恒 妄矜하고 農夫 目不識字故로

심항패명 사인 이의지농부즉 진불경계자야
心恒佩銘하나니 士人이 而擬之農夫則 眞不警戒者也라

약 농부 근어식자 사인 습어역작즉
若 農夫 勤於識字하고 士人이 習於力作則

재성　조밀　장기견고
才性이 調密하고 臟氣堅固니라.

대 의

어떤 사람이 말하기를 농부는 원래 역작力作하는 것인즉 이것은 근간勤幹을 의미하는 것인바 왜 이것을 몰근간沒勤幹하다고 하며 사인士人은 원래 독서하는 것인즉 이것은 경계警戒를 의미하는 것인바 왜 몰경계沒警戒한 자라고 하는가? 대답하기를 백묘지불치百畝之不治를 걱정하는 것은 농부다. 그러므로 농부와 사인士人을 비교하면 농부는 나태懶怠한 자인 것이다. 그러나 사인士人은 항상 독서하므로 자연히 심지心志가 망긍妄矜하게 되지만 농부는 글자를 알지 못하므로 항상 명심銘心하는 것인즉 사인과 농부를 비교하면 사인士人은 진실로 경계하지 않는 자인 것이다. 그런즉 농부가 만일 식자識字하는 데에 부지런하고 사인이 만일 역작力作하는 일을 습득習得한즉 나태지심懶怠之心과 경계지심警戒之心을 균득均得하게 되므로 재성才性이 조밀稠密하게 되고 장기臟氣가 견고하게 될 것이다.

보 주

농부란 것은 진수辰水의 곡예曲藝를 말함이오, 백묘百畝란 것은 평면수平面數가 진盡하는 한계를 말하는 것이다. 그런즉 농사란 것은 진수辰水가 작화作火하기 위하여 평면수平面數가 진盡하면서 입체수立體數에 돌입하는 수화동덕지지水火同德之地에서 이루어지는 천도天道의 변화를 뜻하는 것이므로 여기에서 나태의 근성이 생기게 되고 사인士人이란 것은 화생지양化生之陽이 아직 잠룡상태에 놓여있는 상인즉 욕발이 불발欲發而 不發하는 것을 뜻하는 것이오, 독서란 것은 습습 향상習習 向上하면서 종이승지從而升之하는 상象을 뜻하는 것인즉 이것은 수토동덕지지水土同德之地에서 수화동덕지지水火同德之地에로 들어가려는 준비단계를 말하는 것이다.(此論은 이해하기 대단히 어려울 것이다. 그러나 심사숙고하면서 습습전진(習習前進)하면 드디어 깨닫게 될 것이다.)

교사자지심 막시려염생활 경이천하실가 안계교호
嬌奢者之心은 藐視閭閻生活하며 輕易天下室家하니 眼界驕豪하여

전매산업지간난 심열재력지방략 매위 여색소함
全昧產業之艱難하며 甚劣財力之方略이니 每爲 女色所陷하여

종신불회 나태자지심 극기추맹 불욕 적공지촌루
終身不悔하고 懶怠者之心은 極其麤猛하여 不欲 積工之寸累하며

매유 허대지옹산 개 기심 심탄근간고 욕도 기신어주국
每有 虛大之甕算이니 蓋 其心이 甚憚勤幹故로 欲逃 其身於酒國하야

이고피 근간지계야 범 나태자 무불종주
以姑避 勤幹之計也니라. 凡 懶怠者 無不縱酒하나니

단견 종주자즉 필지 기위나태인심 추맹야
但見 縱酒者則 必知 其爲懶怠人心이 麤猛也니라.

대 의

교사嬌奢한 사람의 마음은 이웃사람의 생활을 업신여기며 또한 천하실가지계天下室家之計를 경이輕易하게 여기는 버릇이 있어 이러한 사람은 안계眼界가 교호驕豪하여서 전혀 산업產業의 간난艱難을 알지 못하며 따라서 재력財力에 대한 방략方略이 심열甚劣하므로 여색에 빠져서 종신불회終身不悔하게 되고, 나태한 사람의 마음은 극히 추맹麤猛하여서 근검적루지심勤儉積累之心이 없고 매양 대허大虛한 옹산甕算에만 사로잡히므로 그 다음은 근간勤幹을 꺼리

고 오직 몸을 주국酒國에 도피시켜서 잠시라도 근간勤幹을 피하려고 하는 것이다.

그러므로 모든 나태한 사람들은 술을 좋아하는 것인즉 그것으로 보아도 나태인심懶怠人心이 추맹麤猛한 것을 알 수 있는 것이다.

보 주

교사자嬌奢者란 것은 태양인을 지적한 것인바 태양인은 폐중에 양陽이 많고 음陰이 약하므로 산업의 간난艱難에는 무관심하고 오직 재화를 축적방략蓄積方略하는 것과 같은 일에만 몰두하므로 여색에 빠지기 쉬운 것이다. 왜냐하면 폐양肺陽이 충실하면 水를 잘 생하지만 횡기도橫其道하면 여색에 빠지기 쉽고 종기도縱其道하면 득도得道하기 쉬운 것인바 태양인의 폐는 사실상 색토色土에 의해서 과왕過旺하는 것이기 때문이다. 나태인懶怠人이란 것은 태음인을 말하는 것인바 태음인은 간의 발생지기發生之氣가 구후俱厚하므로 추맹麤猛하여서 옹산甕算이 많으나 한편으로는 간양肝陽의 과대過大때문에 陰이 유랑游浪하면서 나태에 빠지게 되므로 거기에서 적공촌루지심積工寸累之心이 적게 된다. 왜 그런가 하면 간음肝陰이 많고 간양肝陽이 질강質强하면 폭발력이 많기 때문에 그 성질이 추맹이 굉대麤猛而 宏大하고 따라서 누적지심累積之心이 부족하게 되는 것이다. 그러므로 술에 빠지기 쉬운 것이니 술은 그 성性이 확이승지擴而升之하는 것이므로 태음인의 간담지기肝胆之氣를 과대하게 하는 것이다. 그런즉 주기酒氣란 것은 바로 인간 장기의 간담지기와 같은 것이다. 이와 같이 볼 때에 태소음양인 사이에 다소간의 차이는 있지만 태소음양지간에 있어서는 그 성질이 유사할 것은 물론이다. 즉 소양인은 태양인에 가깝고 소음인은 태음인에 가까운 성질을 가지고 있다는 것을 알 수 있는 것이다.

주색지살인자 인개왈 주독 고장
酒色之殺人者를 人皆曰 酒毒이 枯腸하고 色勞 竭精云하나

차 지기일 미지기이야 종주자 염근기신
此는 知其一이오 未知其二也라 縱酒者 厭勤其身하니

우환 여산 혹색자 심애기녀 우환 여도
憂患이 如山하고 惑色者 深愛其女하니 憂患이 如刀하여

만단심곡 여주독 색로 병력공지이 살인야
萬端心曲이 與酒毒 色勞로 並力攻之而 殺人也니라.

대 의

주색酒色으로 인하여 죽는 것을 말하기를 주독酒毒이 고장枯腸하고 색로色勞가 정精을 갈진竭盡하기 때문이라고 하나 이것은 하나만 알고 둘은 모르고 하는 말이다. 왜냐하면 술을 좋아하는 사람이 근간勤幹하기를 싫어하므로 우환이 많은 것이고 색에 혹한 사람이 심애기녀深愛其女한즉 또한 우환이 많을 것이다. 그런즉 만단심술萬端心術이 행할 때에 여산 여도如山 如刀한 우환과 주색酒色의 병공並攻으로 말미암아 살인하기에 이르는 것이다.

보 주

종주자 염근기신縱酒者 厭勤其身하여 우환憂患이 여산如山한 것은 간담지기肝膽之氣가 폭발함으로써 금화교역金火交易을 방해할까 두려워함이오 혹색자 심애기녀惑色者 深愛其女함으로써 우환이 여도如刀한 것은 양기陽氣가 갈진竭盡하여서 水를 공낭空囊으로 만들까 두려워하는 것이다.

광동 필애음녀 음녀 역애광동
狂童은 必愛淫女하고 淫女는 亦愛狂童하며

우부 필애투부 투부 역애우부
愚夫는 必愛妬婦하고 妬婦는 亦愛愚夫하나니

이물리 관지즉 음녀 단합 광동지배야
以物理로 觀之則 淫女는 斷合 狂童之配也오

우부 역의 투부지필야
愚夫는 亦宜 妬婦之匹也니라.

개 음녀투부 가이 위악인천인지배필야
盖 淫女妬婦는 可以 爲惡人賤人之配匹也오

불가이 위군자귀인지배필야 칠거지악중 음거 투거
不可以 爲君子貴人之配匹也니 七去之惡中에 淫去 妬去로

위수악이 세속 부지투자지 의 단이 증질중첩 위언
爲首惡而 世俗이 不知妬字之 義하고 但以 憎嫉衆妾으로 爲言이나

귀인지 계사최중즉 부인 필불가 증질귀인지유첩
貴人之 繼嗣最重則 婦人은 必不可 憎嫉貴人之有妾이니

이난가지본 미상 부재어중첩즉 부인지증질 중첩지사미자
而亂家之本이 未嘗 不在於衆妾則 婦人之憎嫉 衆妾之邪媚者는

유위부인지현덕야 하소당어투자지의호
猶爲婦人之賢德也니 何所當於妬字之義乎아

시 운 도지요요 기엽 진진
詩에 云하되 桃之夭夭에 其葉이 蓁蓁하고

지자우귀 의기가인
之子于歸에 宜其家人이라 하니

의기가인자 호현락선이 의어 가인지위야
宜其家人者는 好賢樂善而 宜於 家人之謂也오

불의기가인자 투현질능이 불의어 가인지위야
不宜其家人者는 妬賢嫉能而 不宜於 家人之謂也니라.

범인가 질병 연면 사망 상수 자손 우치
凡人家에 疾病이 連綿하여 死亡이 相隨하고 子孫이 愚蚩하며

資産이 零落者는 莫非 愚夫 妬婦 妬賢嫉能之 所做出也니라.

대 의

광동狂童은 반드시 음녀淫女를 사랑하고 음녀는 또한 광동을 사랑하며 우부愚夫는 반드시 투부妬婦를 사랑하고 투부 또한 우부를 사랑하는바 이것을 물리物理로써 보면 음녀는 단연 광동의 짝일 것이오, 우부愚夫는 또한 투부妬婦의 짝일 것이다.

대개 음녀나 투부는 악인惡人이니 천인賤人의 배필은 될지언정 군자나 귀인의 배필은 될 수 없으므로 칠거지악七去之惡중에서 음투지악淫妬之惡을 수위首位로 하는 것이다. 그러나 세속지인은 투妬字의 뜻을 알지 못하고 단지 중첩衆妾을 미워하지만 귀인의 계대繼代를 위한 축첩蓄妾은 투기妬忌하여서는 안 되는 것이다. 그러나 난가지본亂家之本이 또한 축첩蓄妾에 있기도 한 것인즉 남자가 만일 여자의 사미邪媚에 끌려서 축첩蓄妾하는 것을 부인이 미워하는 것은 질투가 아니라 오히려 부인의 현덕賢德에 속하는 것인즉 이것은 어찌 투妬字의 뜻과 부합될 것인가?

시詩에 말하기를 복숭아가 요요夭夭할 때에 그 잎이 진진蓁蓁하고 나아갔던 아들이 돌아올 때에는 그 가인家人이 마땅하여야 한다고 하였으니 의기가인宜其家人이란 말은 호현낙선好賢樂善함으로써 가인이 마땅하게 되는 것을 말하는 것이오 불의기가인不宜其家人이란 것은 투현질능妬賢嫉能함으로써 가인이 마땅하지 못하게 되는 것을 말하는 것이다.

그런즉 인가人家에 질병이 잇따라 일어나며 사망이 뒤따르고 또 자손이 우치愚蚩하며 자산資産이 영락零落하게 되는 것은 우부투부愚夫妬婦가 투현질능妬賢嫉能함으로써 야기惹起되는 것이다.

보 주

여기에서 말하는 광동狂童이란 것은 상하장유上下長幼의 질서를 무시하고 낭동浪動하는 것을 말하는 것인즉 이것은 인화寅火의 광동상태狂動狀態를 말하는 것이오, 우부愚夫란 것은 날 때부터 사심巳心의 상象을 받고 난 사람을 말하는 것이므로 미련하기 한량없는 것을 말하는 것이다. 다시 말하면 사심巳心은 신申에서 이루어지기 시작하는바 그것은 자기의 배腹가 터질지언정 배속에 수용하는 일을 사양하지 않는다. 그러므로 이것을 우부愚夫라고 한다. 음녀淫女란 것은 어떠한 남자든지 또는 아무리 많은 남자든지 다다익선多多益善으로 생각하며 또는 사미邪媚하는 여자를 말하는 것인즉 이것은 사우지상巳遇之象을 말하는 것이오, 투부妬婦란 것은 비록 현군자賢君子의 위계사지작첩爲繼嗣之作妾이라고 할지라도 투기妬忌하는 것을 말하는 것인즉 이것은 해심亥心이 귀장歸藏하는 상이다.

이와 같이 고찰해 보면 광동狂童이란 것은 태음광동지상太陰狂動之象이오, 우부愚夫란 것은 태양우용지상太陽愚容之象이오, 음녀淫女란 것은 소양음무지상少陽淫舞之象이오, 투부妬婦란 것은 소음투장지상少陰妬藏之象인 것이다. 그런데 천기天機의 동정은 오직 공리公利나 공욕公慾의 동정이기 때문에 사심私心이 없지만 인간은 항상 사리사욕이 동정하기 때문에 광우狂愚와 음투淫妬가 작용하게 되는 것이다. 그런즉 인간이 이와 같이 편파성을 띠고 태어났기 때문에 사상형四象型을 띠고 탄생하게 된 것이거니와 소우주인 인간은 육체가 너무 협착狹窄하기 때문에 천기본연天機本然의 운동이 극도로 축소되어서 이와 같이 타락하게 된 것이다.

그러므로 동무는 이것을 결론함에 있어서 시詩에 말한 바의 「도지요요桃之夭夭에 기엽其葉이 진진蓁蓁하고 지자우귀之子于歸에 의기가인宜其家人」이라고 한 일절一節을 인용하여서 결론했던 것이다. 이것을 좀 풀어 말하면 즉「목기木氣가 진盡하여서 요요夭夭하게 될 때에는 그 잎은 더욱 무성하게 되고 나갔던 자식이 다시 돌아올 때에는 그 가인家人이 마땅하여야 한다고 한 것이다.」 이것은 무엇을 의미하는가 하면 천하만물이 싹芽이 터져서 많은 가지가 벋어지기 시작한 모습을 「도지요요桃之夭夭」로써 설명했고 또 그렇게 되면 한편으로는 자라나면서 다른 한편으로는 여물기 시작하는 때(즉 金火交易이 시작되는 때)를 기엽其葉이 진진蓁蓁하다고 표현했던 것이다.

이와 같이 하여서 만물은 결실하게 되는 바 그 결실이란 것은 바로 감坎에서 나아갔던 씨가 다시 돌아오는 것에 불과한 것이다. 그런즉 그 씨가 돌아와서 거처할 만한 집이 마땅하여야 할 것이다. 그러므로 「지자우귀之子于歸에 의기가인宜其家人」이라고 한 것이다.

그런즉 시詩의 이 뜻은 바로 만물이 생장하였다가는 다시 성숙되고 성숙되었다가는 또 다시 생장을 되풀이하는 조화의 과정을 논한 것이다. 그런데 동무가 여기에서 이 시를 인용한 것은 인간사도 또한 동일하기 때문인 것인바 유독 인간은「지자우귀之子于歸」할 때에 「의기가인宜其家人」할 수 있는 태세에 결점이 있다는 것을 지적하기 위하여서 이 글을 인용 교시教示한 것이다. 즉 우주와 자연은 어느 하나 할 것 없이 「의기가인宜其家人」할 준비를 갖추고 있는 바 만물지장萬物之長인 인생이 천기본연지도天機本然之道를 잃어서야 되겠느냐고 경계함으로써 광제설의 결론을 맺는 것이다.

천하지악 막다어 투현질능
天下之惡이 莫多於 妬賢嫉能이오

천하지선 막대어 호현낙선
天下之善이 莫大於 好賢樂善이니

불투현질능이 위악즉 악필부다야
不妬賢嫉能而 爲惡則 惡必不多也오

불호현락선이 위선즉 선필부대야
不好賢樂善而 爲善則 善必不大也니라.

역 제 왕 첩　　　천 하 지 수 병　　도 출 어 투 현 질 능
歷稽往牒컨대 天下之受病이 都出於妬賢嫉能이오

천 하 지 구 병　　도 출 어 호 현 낙 선
天下之救病이 都出於好賢樂善이니

고　　왈 투 현 질 능　　천 하 지 다 병 야
故로 曰 妬賢嫉能은 天下之多病也오

호 현 낙 선　　천 하 지 대 약 야
好賢樂善은 天下之大藥也니라.

대 의

천하의 악惡이 투현질능妬賢嫉能보다 더 많음이 없고 천하의 선善이 호현낙선好賢樂善보다 더 큼이 없으니 투현질능妬賢嫉能하지 않고 악한 일을 하는 것은 악이 많지 않고 호현낙선好賢樂善하지 않고 선한 일을 하는 것은 선이 크지 못한 것이다. 역왕지사歷往之事를 계고稽考해 보면 천하의 모든 병은 투현질능妬賢嫉能에서 나왔고 천하의 모든 구병救病은 호현낙선好賢樂善으로써 이루어졌던 것이다. 그런즉 투현질능妬賢嫉能은 다병多病의 원인일 것이오, 호현낙선好賢樂善은 천하의 대약大藥일 것은 물론이다.

보 주

이 일편一篇은 광제질병廣濟疾病하는 방법이 오직 심성을 올바르게 가지는 데에 있다는 것을 의철학적醫哲學的 입장에서 논한 것이다. 다시 말하면 동무선생은 성명론性命論에서 인간의 정신과 생명이 생겨난 본원이 무엇인가 하는 것을 밝혔고 그 다음에는 사단론四端論에서 인간의 성명性命은 선악과 애욕의 분기점에서 대립하게 되는 것인바 그것은 태과불급太過不及하게 타

고난 인간 지행知行의 부정不正 때문에 결국에는 질병과 악을 자초하고 만다는 것을 논하였다.

그 다음에 선생은 또 계속하여서 확충론擴充論으로써 이상 이편二篇의 내용을 확이충지擴而充之하였던 것이다. 그런데 인간의 성명性命과 지행知行의 사단四端이 그러한즉 인간 사장四臟의 운동도 또한 거기에 따라서 이루어진다는 철학적 근거를 세우면서 폐비간신과 위완과 위 소장과 대장의 계통을 논한 것이 바로 장부론臟腑論이다. 그런데 동무는 성명론에서 심心은 중앙태극中央太極이라고 논했을 뿐이고 심心이 인체의 건강과 어떠한 관계가 있는가 하는 점을 논하지 않았던 것이다. 그러므로 광제설을 써서 광제인류廣濟人類하는 방법이 인간심리人間心理의 근근공경謹勤恭敬에 있다는 것을 논함으로써 폐비간신의 주재자主宰者는 심心이란 것을 밝혀 놓았던 것이다.

사상인 변증론
四象人 辨證論

太少陰陽人을 以今時目見 一縣 一萬人數로 大略論之則

太陰人이 五仟人也오 少陽人이 三仟人也오 少陰人은 二仟人也오

太陽人數는 絶少하야 一縣中에 或三四人 十餘人而已니라.

대 의

태소음양인을 목견目見되는바 대로 볼 때에 한 현縣의 인구를 1만인으로 하고 약론略論하여 보면 태음인은 5천인 소양인은 3천인 소음인은 2천인의 비례로 되는 바 태양인은 수가 절소絶少하여서 한 현縣중에 3-4인에서부터 10인 내외에 불과한 것이다.

太陽人 體形 氣像은 腦顀之起勢盛壯而 腰圍之立勢孤弱하고

소양인 체형 기상 흉금지포세성장이 방광지좌세 고약
少陽人 體形 氣像은 胸襟之包勢盛壯而 膀胱之坐勢 孤弱하고

태음인 체형 기상 요위지립세성장이 뇌추 지기세고약
太陰人 體形 氣像은 腰圍之立勢盛壯而 腦顀 之起勢孤弱하고

소음인 체형 기상 방광지좌세성장이 흉금지포세고약
少陰人 體形 氣像은 膀胱之坐勢盛壯而 胸襟之包勢孤弱이니라.

대 의

태양인의 체형을 이룬 바의 기상氣像을 보면 뇌추腦顀의 기세는(태양인은 폐대하므로) 성장盛壯하나 요위腰圍(허리의 모습을 옷을 입고 선대로 볼 때)의 입세立勢는(肝小하므로) 고약孤弱하고 소양인의 체형기상은 흉금지포세胸襟之包勢(흉억을 옷 입은 대로 볼 때에)는 성장盛壯하나(脾大하므로) 방광膀胱의 좌세坐勢는(腎小한즉 방광음(膀胱陰)이 부족하므로) 고약孤弱한 것이다.

태음인의 체형기상은 요위지립세腰圍之立勢는 장성壯盛(肝大하므로)하나 뇌추腦顀의 기세는(肺小하므로) 고약孤弱하고 소음인의 체형기상은 방광의 좌세坐勢는 성장盛壯하나(腎大하므로) 흉금胸襟의 포세包勢는(脾小하므로) 고약孤弱한 것이다.

보 주

여기에서 뇌추腦顀는 기세起勢로서 요위腰圍는 입세立勢로서 흉금胸襟은 포세包勢로서 방광은 좌세坐勢로서 논한 것이다. 그런데 동무는 이와 같이 일면一面에서는 체형기상을 논하면서 또 타면他面에서는 폐호이기肺呼而起하며 간흡이립肝吸而立하며 비납이포脾納而包하며 신출이좌腎出而坐하는 대응작용對應作用이 있다는 것을 불언이명지不言而明之한 것이다. 다시 말하면 동무는 여

기에서 인간체국人間體局의 체형과 기상만을 논한 것이 아니고 그 체국이 그렇게 이루어진 바의 바탕이 무엇인가 하는 것을 밝혀 놓은 것이다. 즉 인간의 폐간신비肺肝腎脾는 자연의 木金水火이 운동으로써 이루어진 것이므로 인간의 木(폐) 金(간) 水(신) 火(비)도 또한 그것을 바탕으로 한 것이기 때문에 호흡출납의 작용이 기립좌포起立坐包의 기상과 체형을 주출做出하는 데에 절대적인 주도권을 쥐고 있으므로 거기에서 사상인의 체국體局과 기상氣像이 이루어진다는 것을 밝혀 놓은 것이다.

태양인 성질 장어소통이 재간 능어교우
太陽人 性質은 長於疏通而 材幹이 能於交遇하고

소양인 성질 장어강무이 재간 능어사무
少陽人 性質은 長於剛武而 材幹이 能於事務하고

태음인 성질 장어성취이 재간 능어거처
太陰人 性質은 長於成就而 材幹이 能於居處하고

소음인 성질 장어단중이 재간 능어당여
少陰人 性質은 長於端重而 材幹이 能於黨與니라.

대 의

태양인은 폐호지기肺呼之氣가 풍부한 바 폐호지기는 호이납지呼而納之하려는 것이므로 이 때에는 통通의 시점始點인 소통疏通(대체적으로 포위하는 것) 작용이 일어나는 것이다. 그런데 소통작용은 교우지지交遇之地인 脾에서 납納하려고 할 때에 생기는 것이므로 태양인은 교우에 능한 것이다. 그러므로 그 성질은 청탁淸濁을 병탄倂呑할 수 있는 영웅호걸의 소지素地를 지니고 있지만 만일 그가 지닌 바의 호출지력呼出之力을 억제하지 못할 때에는 여광여취如狂

如醉하게 되는 것이다. 소양인은 비납지기脾納之氣가 풍부한 것인 바 비납지기란 것은 포이입지包而立之하려는 것이다. 그러므로 그 성질은 강무剛武를(강무(剛武)란 것은 陽을 武器로 한다는 말이니 우주의 변화가 납이염지(納而斂之)하는 金火作用을 하려면 반드시 강무(剛武)즉 金中之火가 있어야 하는 바 동무는 그것을 가리켜서 강무(剛武)라고 한 것이다) 장기長技로 하는 바 만일 강무剛武인 금중지화金中之火가 없다면 사무화이 귀지事務化而 歸之하는 시점始點을 주출做出할 수는 없는 것이다. 그런데 소양인은 비대脾大하여서 이것이 풍부하므로 귀이장지歸而藏之하는 능력은 없지만 화이귀지化而歸之하는 사무事務 즉 통通에만 능하므로 그 성질은 용두사미가 되기 일수一手인 것이다. 태음인은 간흡지기肝吸之氣가 풍부한 바 간흡지기는 흡이출지吸而出之하려는 것이므로 그 성질은 성취결실하여 가지고 나아가는 것에 능하므로 그 재간이 항상 서북금수지지西北金水之地에서 거이처지居而處之하는 일에 능한 것이다. 그러므로 그 성질은 크면서도 음흉한 면이 있으며 또는 후이동지後而動之할지언정 선이출지先而出之하려고 하지 않는 것이다.

소음인은 신출지기腎出之氣가 풍부한 바 신출지기는 출이납지出而納之하려는 것이므로 단수端首를 소중히 하는 면에 능한 것이다. 그런데 단수란 것은 천도天道에서는 혼륜지본混綸之本이지만 인도人道에 있어서는 당여지기黨與之基이므로 항상 당여를 만드는 데에 기울어지기 쉬운 것이다. 그러므로 소음인의 성질은 단정하면서도 내약耐弱하기 때문에 유의이불발有意而不發하며 숭대이벌소崇大而伐小하는 경향이 많을 뿐만 아니라 청탁淸濁을 병탄倂呑할 수 있는 아량이 부족하기 때문에 당여지교黨與之交(뜻맞는 사람끼리만 交友하는 것)에 기울어지기 쉬운 것이다.

(註) 오행원리의 연구는 우에서 좌로 전운轉運하는 것을 표준으로 할 수도 있고 또 좌에서 우로 전운轉運하는 것을 표준으로 할 수도 있다. 그런데 동무는 우이좌전右而左轉하는 것을 표준으로 하고 입론立論하였던 것이다. 그러므로 필자의 논법이 혹은 목화토금수의 좌전방

향左轉方向으로 논하기도 했고 혹은 목화금수의 우전방향右轉方向으로 논하기도 하였은즉 독자제현은 이 점을 항상 머리에 두고 연구하여야 한다는 것을 부언하여 두는 바이다.

태양인 체형 원불난변이 인수희한고 최위난변야
太陽人 體形은 元不難辨而 人數稀罕故로 最爲難辨也니

기체형 뇌추 지기세강왕 성질 소통 우유과단
其體形이 腦顀 之起勢强旺하야 性質이 踈通하며 又有果斷하고

기병 열격 반위 해역증 역자이변
其病은 噎膈 反胃 解㑊症이니 亦自易辨이로대

이병미지중험지전 별무대증 완약 무병장건인야
而病未至重險之前에 別無大證하야 完若 無病壯健人也니라

소음인노인 역유열증 불가오작 태양인치
少陰人老人이 亦有噎證하니 不可誤作 太陽人治하라

태양인여체형 장실이 간소협착
太陽人女體形이 壯實而 肝小脅窄하야

자궁 부족고 불능생산 이육축 완리
子宮이 不足故로 不能生產이니 以六畜으로 玩理컨대

이태양빈우마 체형 장실이 역불생산자 기리 가추
而太陽牝牛馬 體形이 壯實而 亦不生產者하니 其理를 可推니라

대 의

태양인의 체형은 원래 변별하기 어려운 것이 아니나 다만 사람 수가 드물기 때문에 가장 변별하기 어려운 것뿐이다. 그런데 태양인은 뇌추腦顀의 기세가 강왕强旺하므로 그 성질이 포괄包括적일 뿐만 아니라 또 과단성이 있으며 그 병은 열격 반위 해역증噎膈 反胃 解㑊症인즉 이것으로써 가장 변별하기 쉽다. 그러나 병이 중증 험증重證 險證이 되기 전에는 마치 무병인과 같은

것이다.

그런데 소음인 노인이 열증熱證이 있는데 이것을 태양인의 열증으로 오치誤治하여서는 안 된다. 또 태양인의 여자가 체형은 장실壯實하나 간소협착肝小脅窄한즉 이것은 자궁이 부족하다는 증거이다. 그러므로 생산生産하지 못하는 것이니 이것을 육축六畜으로 추리하여 보면 태양의 빈우마牝牛馬가 체형은 장실하면서도 생산하지 못하는 것은 바로 그것을 반증하는 것이다.

소양인 체형 상성하허 흉실족경 표예호용이 인수역다
少陽人 體形은 上盛下虛하며 胸實足輕하며 剽銳好勇而 人數亦多하니

사상인중 최위이변
四象人中에 最爲易辨이니라.

대 의

소양인의 체형은 상성하허上盛下虛하므로 흉부胸部는 발달하고 하체는 약하면서 발의 동작이 경쾌하며 또 행동이 민첩하면서 용기가 많은 것이 특징이다. 그런데 또 인수人數도 많은즉 사상인중에서 가장 변별辨別하기 쉬운 것이다.

소양인 혹유 단소정아 외형 흡사 소음인자
少陽人이 或有 短小靜雅하야 外形이 恰似 少陰人者하니

관기병세한열 자세집증 불가오작소음인치
觀其病勢寒熱하야 仔細執證이오 不可誤作少陰人治니라.

대 의

소양인이 혹 체형이 단소短小하고 또 행동이 정아靜雅하여서 마치 소음인과 방불한 자가 있는바 이런 때에는 반드시 그 병세의 한열寒熱을 관찰함으로써 자세히 집증執證하여야 할 것인즉 경솔히 소음인으로 오치誤治하여서는 안 된다.

태음소음인 체형 혹 약상방불 난변의사
太陰少陰人 體形이 或 略相彷彿하야 難辨疑似로대

이관기병증즉 필무불변
而觀其病證則 必無不辨하리니

태음인 허한즉 완실야 소음인 허한즉 대병야
太陰人이 虛汗則 完實也오 少陰人이 虛汗則 大病也며

태음인 양강견밀즉 대병야 소음인 양강견밀즉 완실야
太陰人이 陽强堅密則 大病也오 少陰人이 陽剛堅密則 完實也니라.

태음인 유 흉격정충증야 소음인 유 수족만란증야
太陰人은 有 胸膈怔忡證也오 少陰人은 有 手足悗亂證也며

태음인 유 목자상인증 우유 목청내동증야
太陰人은 有 目眥上引證하고 又有 木睛內疼證也로대

소음인즉 무차증야
少陰人則 無此證也오

소음인 평시호흡 평균이 간유 일태식호흡야
少陰人은 平時呼吸이 平均而 間有 一太息呼吸也나

태음인즉 무차 태식호흡야
太陰人則 無此 太息呼吸也오

태음인 학질오한중 능음냉수
太陰人은 瘧疾惡寒中에 能飮冷水로대

소음인 학질오한중 불음냉수
少陰人은 瘧疾惡寒中에 不飮冷水하며

태음인맥 장이긴 소음인맥 완이약
太陰人脈은 長而緊이나 少陰人脈은 緩而弱하며

태음인기육 견실 소음인기육 부연
太陰人肌肉은 堅實이나 少陰人肌肉은 浮軟하며

태음인 용모사기 기거유의이 수정정대
太陰人 容貌詞氣는 起居有儀而 修整正大하나

소음인 용모사기 체임자연이 간이소교
少陰人 容貌詞氣는 體任自然而 簡易小巧니라.

대 의

태음인과 소음인은 그 체형이 혹시 서로 방불彷彿(비슷한 것)한 점이 있어서 그 의사점疑似點(서로 같은 것 같기도 하고 또 같지 않은 것 같기도 한 것)을 구별하기 어려우나 그 병의 정情과 상象을 잘 보아서 변별하면 어렵지 않다.

즉 태음인이 땀이 많이 나는 것은 완실完實하다는 증거이나 소음인이 만일 땀이 많이 나면 이것은 대병大病인 것이다. 또 태음인이 양강陽剛하여서 대변이 견밀堅密하면 그것은 대병大病의 징조이지만 소음인이 만일 양강견밀陽剛堅密하면 이것은 건강하다는 증거인 것이다.

그 뿐만 아니라 태음인은 흉격에 정충증怔忡證이 있고 소음인은 수족에 문란증悗亂證이 있으며 태음인은 목자인상증目眥引上證과 목청내동증目睛內疼證이 있지만 소음인은 이런 병증이 없으며 소음인은 호흡이 평시에는 평균하다가 간혹 태식太息(한숨) 호흡을 하는 수가 있으나 태음인은 이런 병증이 없으며 태음인은 학질 오한 중에 냉수를 먹으나 소음인은 이러한 병증이 없으며 태음인의 맥은 장이긴長而緊하나 소음인의 맥은 완이약緩而弱하며 태음인의 기육肌肉은 견실堅實하나 소음인의 기육은 부연浮軟하며 태음인의 용모와 사기詞氣를 보면 그 용모는 남성의 정대성整大性을 갖추고 있으며 또 그의 기거동작起居動作에는 위의威儀가 있지만 소음인은 그 몸이 생긴 바대로 용모는 교소巧小하며 동작에는 깊이가 없어서 표정表情을 간직하지 못하는 것이다.(즉 희노애락지정(喜怒哀樂之情)을 숨기지 못하는 것)

소음인 체형 왜단 이역다유 장대자
少陰人은 體形이 矮短이나 而亦多有 長大者하니

혹유 팔구척장대자
或有 八九尺長大者하며

태음인 체형 장대 이역혹유 육척왜단자
太陰人은 體形이 長大하나 而亦或有 六尺矮短者니라.

대 의

소음인은 체형이 본래 왜단矮短하나 장대長大한 자도 있으니 혹 8-9척 장대자長大者도 있으며 태음인은 본래 체형이 장대하나 혹 6척 왜단자矮短者도 있는 것이다.(여기에서 말한 바의 척법(尺法)은 古時의 관용 척법인 바 이것은 현행 척법에 비하면 약 2할 가량이나 작은 것이다.)

太陰人은 恒有怯心이니 怯心이 寧靜則 居之安하며 資之深하야

而造於道也로대 怯心이 益多則 放心桎梏이니 而物이 化之也니라.

若 怯心이 至於怕心則 大病이 作而怔忡也니

怔忡者는 太陰人病之重證也니라.

대 의

태음인은 항상 겁심怯心이 있는바 만일 태음인의 겁심이 영정寧靜하면 정신이 안심하고 육체에서 살 수 있을 것이며(巨之安) 또 정신과 생명을 깊이 간직할 수 있는 것이니(資之心) 이것이 바로 조화造化를 주출做出하는 정체正體—즉 도道인 것이다. 그러므로 태음인이 만일 겁심이 많으면 이것은 질곡桎梏에다가 그의 心(芽)을 방출하는 상象인 바 만물이 화생化生할 때는 그러한 상象이 나타나는 것이다.

그러나 태음인이 만일 겁심이 변하여서 파심怕心에까지 이른즉 이것은 목화위화木化爲火하는 상인 것이다. 그러므로 만일 파심怕心에까지 이르게 되면 정충증怔忡證이 생기게 되는 것이니 이것은 대병大病인즉 태음인이 주의하여야 할 중병인 것이다.

보 주

겁심怯心이란 것은 간음肝陰이 부족에서 생기는 것인즉 태음인은 간대肝大하므로 겁심은 태음인의 항유지병恒有之病이다. 그런데 간음肝陰의 부족은 드

디어 심화心火를 과왕過旺하게 하고 심화心火의 과왕은 비폐脾肺의 陰을 소모하게 되지만 내종奈終에는 심화가 중음지실重陰之室(폐)에 유폐幽閉하게 되는 바 이 때에 심음心陰이 화왕자음火旺灼陰에 견디어 내지 못하게 되므로 드디어 파심怕心이 생기게 되는 것인즉 파심이란 것은 金이 火를 포용할 때에 음조양성陰燥陽盛함으로써 생기는 마음이다. 그런데 이것은 천기운행의 상象인 바 유독 인간인 태음인에 이러한 병정病情이 나타나는 것은 간대폐소肝大肺小한 체질 때문에 천기天機를 본받지 못하기 때문이다.(즉 천기에는 이러한 결점이 없다.)

소양인　　항유구심　　구심　　영정즉 거지안　　자지심
少陽人은 恒有懼心하니 懼心이 寧靜則 居之安하며 資之深하야

이조어도야　　구심　　익다즉 방심질곡　　이물　　화지야
而造於道也로대 懼心이 益多則 放心桎梏이니 而物이 化之也니라.

약구심　　지어공심즉 대병　　작이건망야
若懼心이 至於恐心則 大病이 作而健忘也니

건망자　　소양인병지 험증야
健忘者는 少陽人病之 險證也니라.

대 의

소양인은 항상 구심懼心이 있는바 만일 구심이 영정寧靜하면 정신이 안거安居할 수 있으며 따라서 생명과 정신을 일으키는 자원資源은 깊게 될 것인즉(資之深) 이것은 우주운행의 도道가 조화造化하는 것과 동일한 것이다. 그런데 구심懼心이 많은 것은 질곡桎梏(오라틀)에다가 火를 방출하는 것과 같은 상이다. 그러나 만물화생의 모습이 토화土化할 때에 항상 그렇게 되는 것이다.

그러지만 만약 구심懼心이 공심恐心으로 변한즉 소양인의 대병大病인 건망증이 생기게 되는 것이다.

보 주

인간에 있어서 구심懼心이란 것은 비화脾火가 과왕할 때에 생기는 것인즉 이것은 간목肝木이 비화脾火를 창조하려고 할 때에 생기는 현상인 것이다. 그런즉 이것을 우주의 운동에서 찾아보면 인간의 구심발생지처懼心發生之處라는 것은 金火가 교역의 준비를 시작하는 화왕지지火旺之地를 말하는 것이다. 그러므로「구심懼心이 영정즉 거지안寧靜則 居之安하며 자지심資之深하야 이조어도야而造於道也」라고 했던 것이다.

그런데 소양인은 비대脾大하기 때문에 구심懼心이 영정寧靜해 내지 못하고 그의 화왕지맹위火旺之猛威때문에 항양亢陽하게 되어서 공심恐心이 일어나기가 일수一手인 것이다. 그러므로「지어공심즉 대병至於恐心則 大病이 작이건망야作而健忘也」라고 한 것이다. 그런즉 소양인의 건망증은 비양脾陽이 과왕過旺하고 신음腎陰이 부족하게 됨으로써 생긴다는 것을 알 수 있는 것이다.」

少陰人은 恒有 不安定之心하니 不安定之心이 寧靜則 脾氣卽活也오

太陽人은 恒有 急迫之心하니 急迫之心이 寧靜則 肝血이 卽和也니라.

대 의

소음인은 항상 불안정지심不安定之心이 있으니 불안정지심이 영정寧靜하면 비기脾氣가 즉활卽活할 것이오, 태양인은 항상 급박지심急迫之心이 있으니 급박지심이 영정寧靜하면 간혈肝血이 즉화卽和하게 될 것이다.

보 주

인간은 비화脾火가 적당하면 금화교역이 잘 되어서 신수腎水를 잘 생하게 될 것인바 소음인은 비소脾小하여서 항상 비중지양脾中之陽이 부족하게 되므로 마음에 안정성이 없게 된다. 또 사람이 만일 간음肝陰이 적당하면 金木이 균등한 세력을 가지게 되므로 급박지심急迫之心이 있을 수가 없는바 태양인은 폐대간소한즉 폐중지양肺中之陽은 많으나 이것을 포용하여야할 금기金氣가 부족하게 되므로 급박지심이 생기게 되는 것이다.

소음인 유 인후증 기병 태중이 위완병야
少陰人이 有 咽喉證이니 其病은 太重而 爲緩病也라.

불가등한임치 당용 삼계팔물탕 혹용 장간 금사주
不可等閒任置니 當用 蔘桂八物湯하라. 或用 獐肝 金蛇酒니라.

대 의

소음인이 인후증咽喉證이 있는 바 그 병은 태중太重하기는 하나 완병緩病에 속하는 것인즉 등한시하기 쉬우나 방임하여서는 안 되는 것인즉 마땅히 삼계팔물탕을 써야 한다.(삼계팔물탕은 동무의 처방에 없어 잘 알 수 없다) 혹 장간獐肝

이나 금사주金蛇酒도 가하다.

태양인 유팔구일 대변불통증 기병 비태증야
太陽人이 有八九日 大便不通證이나 其病은 非殆證也니

불필의혹이 불가무약 당용 미후등오가피탕
不必疑惑而 不可無藥이니 當用 獼猴藤五加皮湯이니라.

대 의

태양인이 8-9일동안 대변이 불통不通하는 병증이 있으나 그 병은 위태하지 않은 것이니 의혹疑惑할 필요가 없다. 그러므로 약이 없을 수 없으니 마땅히 미후등오가피탕을 써야 한다.

태양인 소변 왕다즉 완실이무병
太陽人은 小便이 旺多則 完實而無病이오

태음인 한액 통창즉 완실이무병
太陰人은 汗液이 通暢則 完實而無病이오

소양인 대변 선통즉 완실이무병
少陽人은 大便이 善通則 完實而無病이오

소음인 음식 선화즉 완실이무병
少陰人은 飮食이 善化則 完實而無病이니라.

대 의

태양인은 소변이 왕다旺多하면 무병할 것이나 호다흡소呼多吸少하기 때문에 수승이불능제水升而不能濟하는 수가 많고 태음인은 한액汗液이 통창通暢하면 무병할 것이나 흡다호소吸多呼少하기 때문에 한불통창汗不通暢할 염려가 있고 소양인은 대변이 선통善通하면 무병할 것이나 납다출소納多出少하기 때문에 이열불통裏熱不通이 되기 쉽고 소음인은 음식이 선화善化하면 무병할 것이나 출다납소出多納少하기 때문에 소화되기 어려운 것이다.

태양인 열격즉 위완지상초 산활여풍
太陽人이 噎膈則 胃脘之上焦 散豁如風하고

태음인 이질즉 소장지중초 질색여무
太陰人이 痢疾則 小腸之中焦 窒塞如霧하고

소양인 대변불통즉 흉격 필여열화
少陽人이 大便不通則 胸膈이 必如烈火하고

소음인 설사부지즉 제하필여빙냉
少陰人이 泄瀉不止則 臍下必如冰冷하리니

명지기인이 우명지 기증즉 응용지약 필무가의
明知其人而 又明知 其證則 應用之藥이 必無可疑니라.

대 의

태양인이 열격병이 생긴즉 본시 폐화肺火가 과왕過旺하므로 위완胃脘의 상초上焦가 산활散豁하게 되어서 바람 뒤의 난마지흔적亂麻之痕跡과 같게 될 것이고 태음인이 만일 이질에 걸리게 된즉 태음인은 본시 간화肝火가 과항過亢하므로 소장小腸의 중초中焦가 질색窒塞되어서 마치 안개가 낀 것 같이 되고 소양인이 만일 대변이 불통하게 된즉 소양인은 본시 비위지화脾胃之火가 과 과왕過旺하한 것이므로 흉격은 열화烈火의 독 안으로 화化할 것이고 소음인이 만일 설사가 부지不止하게 된즉 소음인은 본시 허대虛大하므로 기하함氣下陷하게 되어서 제하臍下가 얼음처럼 차갑게 될 것이다. 그런즉 병을 치료하려면 반드시 그 사람이 지닌 바의 체질과 병증을 잘 파악한 다음에 용약用藥하여야 할 것이다. 그렇게 하면 응용할 약방에 의심이 없게 될 것은 물론이다.

人物形容을 仔細商量하야 再三 推移하되 如有 迷惑則 參互病證하야
明見無疑然後에 可以用藥이오 最不可輕忽이니
而一貼藥을 誤投重病險證하면 一貼藥이 必殺人이니라.

대 의

체질을 변별하는 법은 그 형용을 자세히 헤아리되 재삼추이再三推移하여야 한다. 그리하여도 만일 의혹할 만한 점이 있으면 사상인의 병증을 서로 참간參看하여서 소호少毫의 의혹도 없으면 용약用藥할 것이다. 가장 주의하여야 할 것은 경솔히 투약하지 말아야 할 일이니 만일 1첩약을 중병 험증에 오투誤投하면 1첩약이 반드시 살인하기 때문이다.

華佗曰 養生之術이 每欲少勞니 但莫大疲하라 하니라.

유일노인 왈인가일재식이불가사오식야 우불가기식후첨식
有一老人이 曰 人可日再食而 不可四五食也며 又不可旣食後添食이니

여차즉 필무불수
如此則 必無不壽라 하니라.

대 의

화타가 말하기를 양생지술養生之術은 매양 소로少勞하는 데에 있은즉 단지 주의하여야 할 것은 많은 피로를 삼가는 일이라고 말했다.

어떤 노인이 말하기를 사람은 반드시 하루에 2식만 할 것이고 4-5식을 하면 안되며 또 식사 후에 간식을 하여서는 안 되는 것인즉 이와 같이 하면 수壽하지 않을 수가 없을 것이라고 말하였다.

여족지왈 태음인 찰어외이 항유 영정겁심
余足之曰 太陰人은 察於外而 恒有 寧靜怯心하고

소양인 찰어내이 항유 영정구심
少陽人은 察於內而 恒有 寧靜懼心하고

태양인 퇴일보이 항유 영정급박지심
太陽人은 退一步而 恒有 寧靜急迫之心하고

소음인 진일보이 항유 영정불안정지심
少陰人은 進一步而 恒有 寧靜不安定之心이니

여차즉 필무불수
如此則 必無不壽니라.

대 의

내가 이것을 보충하여 말하면 태음인은 밖을 살피면서 항상 겁심怯心이 영정寧靜할 수 있도록 노력하고 소양인은 안을 살피면서 항상 구심懼心이 영정寧靜할 수 있도록 노력하고 태양인은 일보 후퇴하여서 항상 급박지심急迫之心이 영정寧靜할 수 있도록 노력하고 소음인은 일보 전진하여서 항상 불안정지심不安定之心이 영정寧靜할 수 있도록 노력할 것이니 이와 같이 하면 수壽하지 않을 수 없는 것이다.

우왈 태양인 항계 노심애심 소양인 항계 애심노심
又曰 太陽人은 恒戒 怒心哀心하고 少陽人은 恒戒 哀心怒心하고
태음인 항계 낙심희심 소음인 항계 희심낙심
太陰人은 恒戒 樂心喜心하고 少陰人은 恒戒 喜心樂心이니
여차즉 필무불수
如此則 必無不壽니라.

대 의

태양인은 항상 노심怒心과 애심哀心을 경계하고 소양인은 항상 애심哀心과 노심怒心을 경계하고 태음인은 항상 낙심樂心과 희심喜心을 경계하고 소음인은 항상 희심喜心과 낙심樂心을 경계할 것이니 이와 같이 하면 수壽하지 않을 수 없는 것이다.

보 주

태양인은 폐대간소한 바 간금肝金이 소小하면 흡력吸力이 부족하여서 노심

怒心이 크게 될 것이고 폐목肺木이 대大하면 호력呼力이 많아서 애심哀心이 크게 될 것이다. 그런즉 태양인은 이 두 가지를 주의하여야할 것이고 소양인은 비대신소한 바 비화脾火가 대大하면 화납지기火納之氣가 많아서 애심哀心이 크게 될 것이고 신수腎水가 적으면 귀장지기歸藏之氣가 적으므로 노怒가 많게 될 것이다. 그런즉 소양인은 이 두 가지를 주의하여야 할 것이다.

태음인은 간대폐소한 바 간금肝金이 크면 흡력吸力이 많아서 낙樂이 크게 될 것이고 폐목肺木이 작으면 호기呼氣가 부족하여서 희喜가 많게 될 것이다. 그런즉 태음인은 항상 이 두 가지를 주의하여야 할 것이고 소음인은 신대비소한 바 신수腎水가 크면 신출지력腎出之力이 많아서 희喜가 크게 될 것이고 비화脾火가 적으면 귀납지기歸納之氣가 적으므로 낙樂이 크게 될 것이다. 그런즉 소음인은 항상 이 두 가지를 주의하여야 할 것이다. 그러므로 이와 같이 하면 수壽하지 않을 수가 없을 것이다.

대순 자경가도어 무비취제인 이위선
大舜이 自耕稼陶漁는 無非取諸人이로되 以爲善이라 하고

부자왈 삼인행 필유아사 이차관지즉 천하중인지재능
夫子曰 三人行에 必有我師라 하니 以此觀之則 天下衆人之才能을

성인 필박학심문이 겸지고 대이화야
聖人이 必博學審問而 兼之故로 大而化也니라.

대 의

대순大舜이 몸소 경가도어耕稼陶漁를 체험하였지만 이것은 백성들에게 견문見聞한 것임에도 불구하고 순舜은 이것을 선善하다고 했고 공부자孔夫子는 말하기를 삼인행三人行중에는 반드시 자기의 스승이 있다고 하였으니 이것

은 모두 학學이 비천卑賤한 곳에서 이루어지는 것을 지적한 것이다. 이와 같은 고성古聖의 말에서 그 사리事理를 찾아보면 비록 성인이라 할지라도 그 지智는 박학심문博學審問함으로써 중인衆人의 지智를 겸유兼有하여서 크게 만든 것이라는 것을 알 수 있는 것이다.

태소음양인 식견재국 명유소장
太少陰陽人 識見才局이 名有所長하니

문필사어 가무읍양 이지어박혁소기 세쇄동작
文筆射御 歌舞揖讓으로 以至於博奕小技 細鎖動作이로대

범백주조 면면부동 개이기묘
凡百做造 面面不同하야 皆異其妙하니

진호중인재능지호다 어조화중야
儘乎衆人才能之浩多는 於造化中也니라

대 의

태소음양인의 식견識見과 재국才局에는 각각 장점이 있어서 문필 사어 가무 읍양文筆 射御 歌舞 揖讓에서부터 박혁소기博奕小技와 세쇄동작細鎖動作에 이르기까지 범백주조凡百做造하는 재능이 모두 달라서 그 묘용妙用이 각이各異하는 바 진실로 중인의 재능이 호호다다浩浩多多하는 것은 우주가 조화하는 속에서 본받은 것이다.

보 주

여기에 「진호중인재능지 호다儘乎衆人才能之 浩多는 어조화중야於造化中也」라고 한 말에 깊은 의미가 내포하고 있으니 즉 「대순大舜이 자경가도어自耕稼陶漁는 무비취저인無非取諸人이로대 이위선以爲善」이라고 한 것이나 공자가 「삼인행三人行에 필유아사必有我師」라고 한 것은 모두 중인재능衆人才能을 칭찬한 것인바 그렇다면 무엇 때문에 중인의 재능을 이와 같이 치하하였는가 하는 문제를 해답하지 않을 수가 없는 것이다.

그러므로 여기에서 해답한 것이 바로 「진호중인재능지 호다儘乎衆人才能之浩多는 어조화중야於造化中也」라고 한 것이다. 이제 이것을 상술하면 중인지재능衆人之才能이란 것은 다지다분多支多分하는 재능인바 이것은 호호연연浩浩然然하는 가운데에서 발전하는 재능을 말하는 것이다. 그런데 우주는 호연지중浩然之中에서 다지다분多支多分하면서 모든 변화를 일으키는 것인즉 그 호연지중에서 다지다분하는 상象이 바로 인간과 만물을 창조하는 기본형질이 되는 것이다. 그런즉 중인지재능衆人之才能이라는 것은 이와 같은 우주조화의 재능을 그냥 본받은 것이라는 것을 말하는 것이다. 그러므로「儘乎衆人才能之 浩多는 於造化中也」라고 한 것이다. 다시 말하면 중인지재능이 호호다다浩浩多多하면서 발전하는 자연에 충실하게 되는 것은 자연의 조화가 행해질 때에 그 속에서 인물재능의 요인이 흐르고 있었기 때문인 것이다. 그러므로 동무는「호다浩多는 어조화중야於造化中也」라고 함으로써 천도변화의 원리가 이와 같으므로 중인지재능이 성인지재능聖人之才能을 창조하는 기본이 된다는 것을 여차암시如此暗示하는 동시에 본서에서 이미 논술한 철학적 기본이 바로 여기에 있다는 것을 밝히면서 사상의학을 결론하였던 것이다.

영추서중 유 태소음양오행인론이 약득외형 미득장리
靈樞書中에 有 太少陰陽五行人論而 略得外形하고 未得臟理하니

蓋 太少陰陽人은 早有 古昔之見而 未盡精究也니라.

대 의

영추靈樞에 태소음양오행인太少陰陽五行人의 구별이 있다는 것을 논한 바 있기는 하지만 그것은 다만 외형이 어떻게 생겼는가 하는 것을 약론하는 데에 그쳤을 뿐 상술하는데 이르지는 못하였으며 더욱이 인간장리人間臟理가 어떻게 운행하는가 하는 것은 말하지 못한즉 고석지인古昔之人은 사상체질의 구별이 있다는 것은 알았지만 그 심부深部까지를 정구규명精究規明하지 못하였다는 것을 알 수 있는 것이다.

此書는 自癸巳 七月十三日 始作하야 晝思夜度하며

無頃刻休息하야 至于翌年 甲午 四月十三日이로대

少陰少陽人論則 略得詳備나 太陰太陽人論則 僅成簡略이니

蓋 經驗이 未遍而 精力이 已憊故也니라.

記에 曰 開而不達則 思라 하니

若 太陰太陽人을 思而得之則 亦何損乎 簡略哉리오.

대　의

이 글은 계사癸巳 7월 13일에 시작하여 주사야도晝思夜度하되 경각지간頃刻之間의 휴식도 없이 하기를 익년翌年인 갑오甲午 4월 13일까지 하였는 바 소음인과 소양인론은 거의 상비詳備하였으나 태음인과 태양인론은 겨우 간략한 정도에 그치고 말았던 것이니 이것은 내가(동무) 그때까지 경험이 미급未及하였을 뿐만 아니라 또 정력이 쇠비衰憊했기 때문인 것이다. 예기禮記에 말하기를 개이부달開而不達하면 사思하라고 하였은즉 태음인과 태양인의 병리를 만일 사思함으로써 깨닫는다고 하면 어찌 간략簡略에 그칠 리가 있을 것인가?

만실지읍　　일인　　도즉 기부족야
萬室之邑에 一人이 陶則 器不足也오

백가지촌　　일인　　의즉 활인　　부족야
百家之村에 一人이 醫則 活人이 不足也리니

필광명의학　　　가가지의
必廣明醫學하야 家家知醫하며

인인지병연후　　가이수세보원
人人知病然後에 可以壽世保元이니라.

대　의

만실지읍萬室之邑에 도공陶工이 1인씩 있으면 그릇器이 부족할 리가 없을 것이고, 백가지촌百家之村에 의사가 한 사람씩 있은즉 활인活人에 지장이 있을 리가 없을 것인즉 반드시 의학을 장려하여서 사람마다 병리病理를 알 수 있게 하고 집집마다 의도醫道를 알 수 있게 한 연후라야 가히 세상을 수壽하게 할 수 있으며 또 인간의 생명을 보호할 수 있을 것이다.(그러므로 책명을 수세보원壽世保元이라고 한 것이다.)

광서光緖 갑오甲午 4월 13일 함흥咸興 이제마李濟馬 필서우 한남산중畢書于 漢南山中.

저자 한동석 선생에 대하여

〈우주변화의 원리〉와 〈동의수세보원주석〉의 저자인 한동석 선생은 1911(辛亥)년 음력 6월 5일(양력 6월 30일) 寅時에 함경남도 함주군 하조양면에서 출생하였다. 선생은 청주한씨(淸州韓氏) 예빈윤공파(禮賓尹公派) 22世孫으로 父 한희춘(韓希椿)과 母 辛卯生(1891년) 李氏(李泰欽의 딸)와의 사이에서 3남 4녀의 장남으로 태어났다.

선생은 태어날 때 다리가 먼저 나오는 역산(逆産)으로써 어머니 李氏가 난산(難産) 끝에 가까스로 선생을 낳았다고 전한다. 본명은 항렬의 돌림자인 欽字를 써서 국흠(國欽)이었으나, 1950년 월남후 동석(東錫)으로 개명(改名)하였다. 호는 동암(東岩) 또는 두암(斗岩)이라고 하였다.

선생은 유년기에 상기천면에 있는 오로리 초등학교를 다녔으며, 15 · 6세가 되던 1920년대 중반에 집에서 정혼한 사람과 첫번째 결혼을 하였으며 이때 영흥 중학교를 다니다가 중퇴하였다.

17 · 8세가 되던 해 집안의 어른들이 공부를 그만시켜야 되겠다는 말을 듣자 공부를 하기위해 장진으로 도망을 쳤는데, 이때 어느 정도의 한문공부가 되어있었다고 하며, 초혼 부인과의 사이에 딸이 하나 있었으나 이때 이혼을 하였다.

20대 초반기에는 만주를 유력하였고, 27 · 8세 때에는 함흥으로 가서 장사를 하였으며, 이때 재혼을 하여 딸 둘을 두었다.

32세 되던 1942년에 재취부인이 폐병으로 죽고 난 뒤에 본격적으로 한의학 공부를 시작하였다. 부인이 죽기 전에 동무 이제마 선생의 二傳弟子인 김홍제 선생에게 치료를 받았는데, 그가 부인의 병을 치료하면서 지금은 이렇게 고쳤으나 나중에 재발하면 못 고친다고 하였는데, 후에 병이 재발하여 사망하자, 한의학에 관심을 갖게 되었고, 이것이 인연이 되어 김홍

제 선생 밑에서 한의학을 배웠다고 한다. 이후 조선 민주당 함경남도 조직국장(선전부장이었다고도 한다.)을 맡았는데 음성이 좋고 언변이 뛰어나이 직책을 맡았다고 한다.

6·25 발발 이후 함흥에서 민선 경찰국장을 지내다가 중공군의 참전이후 월남을 하였는데, 40세 이전에 세번째로 결혼하여 1남 1녀를 두었다.

월남한 이후 41세가 되던 1951년 부산에서 한약방을 경영하는 사람과 동업하여 진료를 시작하였고, 이때 네번째로 결혼을 하였으나, 그 후 네번째 부인은 출가하여 스님이 되었다 한다.

1952년 부산 영도에서 진료하는 틈을 내서 동양의학 전문학원에 강사로 출강을 하였고, 1953년에는 부산 영도에서 제2회 한의사 국가고시에 응시하여 면허를 취득한 후 정식으로 개원하여 仁溪漢醫院을 운영하였다.

1956년 선생의 나이 46세 때 이웃에서 산부인과를 경영하던 이영자 씨로부터 동생인 이옥자 를 소개받아 결혼을 하여 슬하에 3남 2녀를 두었다.

이때 12월 서울로 와서 인사동 사거리에서 '韓東錫漢醫院'을 개원하였다. 이후 〈역학원론〉의 저자이며 周易에 대해서 깊이 연구한 한장경(韓長庚) 선생으로부터 설태훈 등과 함께 주역을 배웠다. 한장경 선생과는 북한에 있을 때부터 정치생활을 함께 하여 서로 아는 사이였다.

또한 서울로 이사한 이후, 선생은 계룡산 국사봉을 출입하면서 주역과 正易 등을 심도있게 공부하였다. 이 당시 李正浩**는 정역을 연구하기 위하여 김일부 선생께서 말년에 은거하던 계룡산 국사봉에 강학의 터전을 마련하고 권영원, 유승국, 백문섭, 이용희, 김근수, 한장경, 김경운, 유남상, 육종철 등과 더불어 밤낮을 가리지 않고 정역을 공부하고 토론하였다. 이때 한동석 선생은 한달에 3~4회, 어떤 때는 1주일에 2회씩 방문하여 이들과 학문을 연구하고 토론하였는데 〈우주변화의 원리〉에 나오는 정역에 대한 깊은 이해는 이때에 이루어진 것으로 추측이 된다.

1960년을 전후하여 선생은 〈내경〉 '운기편', 〈주역〉, 〈본초〉 등에 관한 내용을 한의사, 한의과 대학생 등에게 한의원 2층에서 강의를 시작하여 몇 년간 지속하였으며, 경희대학교 한의과 대학의 전신인 동양의약대학에 시간강사로, 이후 전임강사로 출강하기도 하였다.

1960년대의 전반기에 선생은 많은 원고를 집필하여 한의학 관련 잡지에 기고를 하였고, 일본의 天理教 大學에 6~7 개월간 음양오행에 관한 원고를 연재하기도 하였다. 이때 〈우주변화의 원리〉를 집필하기 시작한 것으로 보이며 여름만 되면 계룡산에 내려와 목욕재계를 하며 원고를 수정하고 정리하였다고 한다.

1963년에는 건국대학교 정치외교학과에 편입하여 공부를 하였고, 이후 성균관대학교 대학원 동양철학과에 입학을 하여 수료를 하고, '인간이란 무엇인가?' 라는 논문을 집필하였으나, 석사학위를 받지는 못하였다.

이때 전하는 이야기로는 선생이 대학원 석사 논문으로 교수들에게 '우주변화의 원리' 에 대해 쓰겠다고 하자 이를 황당하게 생각해 비웃었다고 한다. 이에 교수들의 무지함에 실망하여 직접 책을 쓰게 되었다고 한다.

53세(1963)가 되던 4월 1일 대한한의사협회 초대 이사에 임명되었고, 56세 때에는 인사동에서 삼선교 돈암동 쪽으로 이사를 하였다.

〈우주변화의 원리〉는 1966년 5월 5일에 초판발행 되었고 2000년 10월 대원출판사에서 저작권을 인수, 새롭게 편집하여 발행하게 되었다. 또 선생은 이제마선생의 자손집에 전해 내려오던 동무 이제마 선생의 〈동의수세보원〉 친필주를 입수하여 〈동의수세보원 주석〉을 집필하여 성리회출판사에서 출판을 하였으며 이 역시 대원출판사에서 저작권을 인수, 이번에 복간하게 되었다.

선생은 58세가 되던 1968년 자신의 태어난 날인 음력 6월 5일에 세상을 떠났는데, 병상에서 자신의 생일날 生時인 寅時를 넘기면 살 수 있다고 하였으나 이를 넘기지 못하고 서세(逝世)하였다. 선생의 묘소는 도봉산 밑의 방학동에 위치해 있다.

---

* 1931年生, 충북 옥천 출생, 아버지가 세무서에 근무를 하여 이곳 저곳으로 전근을 다녔는데, 옥천에서 근무할 때 이옥자씨를 낳았다. 현재 생존.

** 전 충남대학교 총장. 정역연구의 대가. 저서에 『정역과 일부』, 『정역: 원문대조국역주해』, 『주역정의: 그 정역적 의의』등이 있다.